인권을
생각하는
개발지침서

Development As a Human Rights : Legal, Political, and Economic Dimensions

edited by Bård Andreassen and Stephen P. Marks
Copyright ⓒ 2010 Intersentia N. V., Mortsel(Antwerp), Belgium
All Rights reserved.

Korean translated edition copyright ⓒ 2010 by Humanitas Publishing Co.
Published by arrangement with Intersentia Uitgevers N. V.
Through Bestun Korea Agency, Seoul, Korea
All Rights reserved.

인권을 생각하는 개발 지침서

1판1쇄 펴냄 2010년 2월 19일
1판2쇄 펴냄 2015년 4월 6일

엮은이 | 보르 안드레아센, 스티븐 마크스
옮긴이 | 양영미, 김신

펴낸이 | 박상훈
주간 | 정민용
편집장 | 안중철
책임편집 | 이진실
편집 | 최미정, 윤상훈, 장윤미(영업)
외부 교정·교열 | 김수현

펴낸 곳 | 후마니타스(주)
등록 | 2002년 2월 19일 제300-2003-108호
주소 | 서울 마포구 양화로 6길 19(서교동), 3층(121-893)
편집 | 02-739-9929, 9930 영업 | 02-722-9960
홈페이지 | www.humanitasbook.co.kr

인쇄 | 표지·본문 인성인쇄 031-932-6966
제본 | 일진제책사 031-908-1406

값 23,000원
ⓒ 보르 안드레아센·스티븐 마크스, 2010

ISBN 978-89-6437-109-1 03000

이 도서의 국립중앙도서관 출판시도서목록(CIP)은 e-CIP 홈페이지(http://www.nl.go.kr/ecip)에서 이용하실 수 있습니다.(CIP제어번호: CIP2010000331)

Development
As a
Human Rights

인권을
생각하는
개발 지침서

보르 안드레아센 ● 스티븐 마크스 엮음

양영미 · 김신 옮김

후마니타스

차 례 Development

약어 목록

AI Amnesty International	**국제사면기구** 국제앰네스티
CAT Convention against Torture and Other Cruel, Inhuman or Degrading Treatment or Punishment	**고문 방지 협약** 고문 및 그 외의 잔인하고 비인도적이거나 모욕적인 처우나 형벌의 방지에 관한 협약
CEDAW Committee Committee on the Elimination of Discrimination against Women	**여성차별 철폐 위원회** 여성에 대한 모든 형태의 차별 철폐에 관한 위원회
CEDAW Convention on the Elimination of Discrimination against Women	**여성차별 철폐 협약** 여성에 대한 모든 형태의 차별 철폐에 관한 협약
CERD Committee Committee on the Elimination of Racial Discrimination	**인종차별 철폐 위원회**
CERD International Convention on the Elimination of All Forms of Racial Discrimination	**인종차별 철폐 협약** 모든 형태의 인종차별 철폐에 관한 국제 협약
CMW International Convention on the Protection of the Rights of All Migrant Workers and Members of Their Families	**이주노동자 보호 협약** 모든 이주노동자와 그 가족의 권리 보호에 관한 국제 협약
CPR Committee Commission on Civil and Political Rights	**자유권 위원회** 시민·정치적 권리에 관한 위원회
CPR Civil and Political Rights	**자유권** 시민·정치적 권리
CRC Committee Committee on the Rights of the Chid	**아동권 위원회** 아동의 권리에 관한 위원회
CRC Convention on the Rights of the Child	**아동권 협약** 아동의 권리에 관한 협약
CSR Corporate Social Responsibility	**기업의 사회적 책임**

DRD Declaration on the Right to Development	**개발권 선언** 개발에의 권리에 관한 선언
ECHR European Commission of Human Rights	**유럽 인권위원회**
ESCR Committee Commission on Economic, Social and Cultural Rights	**사회권 위원회** 경제·사회·문화적 권리에 관한 위원회
ESCR Economic, Social and Cultural Rights	**사회권** 경제·사회·문화적 권리
FAO Food and Agriculture Organization	**식량농업기구**
HRBAD Human Rights Based Approach to Development	**개발에의 인권에 기초한 접근법** 인권적 개발 또는 인권에 기초한 개발
IACHR Inter-American Commission on Human Rights	**미주 인권위원회**
ICC International Criminal Court	**국제형사재판소**
ICCPR International Covenant on Civil and Political Rights	**자유권 규약** 시민·정치적 권리에 관한 국제 규약
ICESCR International Covenant on Economic, Social and Cultural Rights	**사회권 규약** 경제·사회·문화적 권리에 관한 국제 규약
ICJ International Court of Justice	**국제사법재판소**
ILO International Labour Organization	**국제노동기구**
IMF International Monetary Fund	**국제통화기금**
MDGs Millennium Development Goals	**새천년개발목표**
NAM Non-Aligned Movement	**비동맹 운동**
NGO Non-governmental Organization	**비정부기구**

NIEO Declaration Declaration and Programme of Action of the New International Economic Order	NIEO 선언 신국제경제질서에 관한 선언 및 실천 프로그램
NIEO New International Economic Order	신국제경제질서
ODA Official Development Assistance	공적개발원조
PRSPs Poverty Reduction Strategy Papers	빈곤 감축 전략서
SUNFED Special United Nations Fund for Economic Development	유엔 경제개발 특별기금
UDHR Universal Declaration of Human Rights	세계인권선언
UN United Nations	유엔 국제연합
UNCTAD UN Conference on Trade and Development	유엔 무역과 개발 회의
UNDP United Nations Development Programme	유엔개발계획
UNESCO United Nations Educational, Scientific and Cultural Organization	유네스코 유엔 교육과학문화기구
UNHCHR United Nations High Commissioner for Human Rights	유엔 인권고등판무관
UNICEF United Nations Children's Fund	유니세프 유엔 아동기금
WHO World Health Organization	세계보건기구

『인권을 생각하는 개발 지침서』
한국어 출간을 환영하며

조효제_성공회대 사회과학부 교수

개발은 인권 실현의 과정이어야 한다.

지구화는 지구적 빈곤을 가속화한 동시에 우리에게 지구적 양극화의 심각성을 알려 주었다. 지구화는 단지 자본과 정보의 지구화만이 아니라 이주의 지구화와 질병의 지구화를 가져왔다. 이제 지구상의 어떤 나라도 온난화와 같은 지구적 환경문제에서 자유로울 수 없으며, 사스와 신종플루, HIV/AIDS와 같은 질병으로부터 안전하지 않다. 동시에 10억의 빈곤층이 지구상에 존재하는 한 어느 부강한 나라도 그 책임을 외면할 수 없다.

"세상에는 두 종류의 사람이 있다"고 시작되는 농담이 있다. 사물에는 항상 이면이 있는 것처럼 세상에는 가진 사람과 가지지 못한 사람이 있다. 지구화가 눈부시게 진행되는 동안 지구상의 인구는 조금씩 늘어났고 두 부류의 사람들은 점점 더 분명하게 구분되어 가고 있다. 가진 자는 더 가지려 하고 가지지 못한 자는 가질 기회조차 박탈당하는 현상이 더욱 두드러지고 있다.

동시에 이런 양극화 흐름에 대해 우려하는 사람들의 목소리도 커지고 있다. 빈곤 퇴치와 개발도상국의 발전을 위해 국제개발협력이 확대되고 있으며, 많은 사람들이 부유한 나라의 책무에 대해 이야기하고 있고 국제기구가 이에 발 벗고 나서고 있다. 국제개발협력은 공적개발원조, 혹은 ODA라는 이름으로 가난한 나라의 발전을 지원하기 위해 다양하게 제공되고 있다. 지금 국제사회는 UN이 제안한 지구적 빈곤 퇴치를 위한 조치 — 국내총생산의 0.7퍼센트를 ODA 예산으로 사용하자는 권고 — 를 광범위하게 동의하고 실천 중이다.

한국은 6·25전쟁 이후 전쟁 복구 사업 시기부터 1990년대 중반까지 많은 나라의 원조와 차관에 힘입어 가난을 딛고 경제성장을 이루었다. 그리고 1996년 OECD 가입 이후 작은 액수이지만 공여국으로 새롭게 출발했다. 이런 변화는 한국 사람들에게 국제 빈곤 퇴치에 기여한다는 자긍심을 주며 최근의 많은 젊은이들이 국제개발협력에 자신의 미래를 연결시키도록 하고 있다.

이 책은 개발의 문제를 인권의 눈으로 바라볼 것을 촉구하고 설명하는 목적으로 쓰였다.

어떤 나라가 자원이 부족하거나 전쟁 혹은 천재지변으로 인간다운 삶을 영위하지 못할 때 구호 차원에서 물자를 제공하는 것은 일차적인 원조이자 세계 시민으로서 당연히 가져야 할 연대 의식이라는 합의가 존재한다. 하지만 단지 기본적 식량과 임시적 거처와 깨끗한 물만을 제공받는 것이 양질의 삶을 보장해 주는 것은 아니다. 모든 사람들은 세계인권선언의 주장처럼 자신의 선택에 의해 식량과 깨끗한 물, 적절한 교육과 병에 걸리지 않을 위생적 환경을 누리면서 살만한 주거에서 자기 계발을 위해 교육을 받으며 살아갈 권리가 있다. 이런 것들을 기본적 권리라고 하며, 이를 스스로가 지키지 못할 때 국가가 나서서 보호해 줄 의무가 있다. 개발원조나 개발협력은 시혜가 아니라 의무인 것이다.

이렇게 개발은 인권 실현의 과정이며, 바로 그렇기 때문에 개발의 모든 단계마다 대상이 되는 개인과 집단이 능동적으로 참여해서 그들의 인생에 대해 내려지는 중요한 결정 과정에 개입할 수 있어야 한다.

이런 절차는 당연한 것처럼 보이지만 불행하게도 개발의 현장에서는 종종 이런 기본적 인권이 침해되고 있는 것이 현실이다. 그리고 이런 불행은 반드시 가난한 나라에서만 일어나는 것은 아니다. 인도네시아나 인도에서 댐 건설과 같은 대규모 공사가 수반하는 비자발적 이주 문제는 수많은 이들의 인권을 침해했고, 사업이 취소되거나 시공 후 피해 주민의 소송이 뒤따르기도 했다. 이 때문에 공여국들은 직접적 인권침해를 피하기 위해 사회간접자본의 직접적 지원이 아닌 거버넌스 개혁 등의 간접적 방식으로 선회하기도 한다. 2010년 OECD의 개발원조위원회DAC 가입을 앞두고 있는 한국의 수도인 서울에서도 도시 개발은 심각한 인권 문제를 발생시켰다. 용산 참사는 개발의 인권적 측면이 무시된 결과로 일어난 사건이었다. 국민의 기본권을 지키는 개발 정책을 수립해야 하는 국가의 의무와 국민의 생명과 재산을 보호해야 하는 국가의 의무가 모두 방기된 것이다.

이처럼 인권의 원칙은 그 중요성에도 불구하고 외면당해 왔다. 개발협력의 국제 담론에서 효율성과 효과성을 높이고자 하는 시도는 경제협력개발기구 차원에서 꾸준히 지속되고 있었지만, 1986년 유엔총회에서 개발권 선언이 채택된 이래 20년이 지나는 동안 개발의 문제를 인권으로 통합하고자 하는 시도는 번번이 공여국 정부들의 눈치 보기에 밀려 상대적으로 지지부진했다. 국제적으로 경제·사회적 권리의 실천이 부진한 것과 같은 이유이다. 그러나 용산 참사의 경우에서 볼 수 있듯이 어떤 개발이나 건설 계획도 주민의 동의와 충분한 보상이 따르지 않는다면 반발과 인권침해가 뒤따른다는 교훈을 얻을 수 있다.

이 책에 실린 인권과 개발의 관계를 다양한 각도로 바라보는 글들은 한국에서 최근 주목을 받고 있는 국제개발협력에 대해 올바른 접근법을 제시해 줄 것이라 생각한다. 저명한 경제학자인 아마티아 센을 비롯한 이 책의 필자들은 각국에서 이 분야의 내로라하는 전문가들로 구성되어 있다. 이 책을 번역한 이들은 한국 시민사회에서 국제 연대 운동과 인권을 접목시키기 위해 오랫동안 노력해 온 현장 활동가이자 연구자들이다. 원서가 출판된 하버드 대학과 같은 해외 대학에서 그러하듯 이 책이 정부의 국내 개발 사업뿐만이 아니라 대외 개발 협력 활동, 그리고 지구촌의 좋은 이웃이 되는 것에 관심을 가진 일반인들에게 개발원조에 대한 길라잡이가 될 것이며, 국제 관계나 개발학을 공부하는 학생들에게 훌륭한 교재가 될 수 있을 것으로 기대한다.

머리말

루이스 아버Louise Arbour_전 유엔 인권고등판무관

이 책은 '개발에의 권리'Right to Development(개발권)와 이와 관련된 '인권에 기초한 개발'이라는 개념을 다루고 있는 여러 편의 뛰어난 논문으로 구성되어 있다. 국제기구와 회원국, 시민사회는 개발권의 이행과 관련해서 개발의 경제적 측면 이외의 다른 측면에서도 의미 있는 개입을 시도하고 있으며, 그들 간의 입장 또한 점진적으로 수렴하고 있다. 이런 징조가 점점 더 뚜렷해지고 있는 점은 환영할 만한 일이다. 이런 현상은 2000년 새천년선언Millennium Declaration이나 2002년 개발에 필요한 재정을 확보하기 위해 국제회의에서 채택된 개발 재정에 관한 몬테레이 합의문(몬테레이 합의문)Monterrey Consensus of the International Conference on Financing for Development, 2005년 유엔 정상회의 결의문World Summit Outcome과 같은 지구적 차원의 합의에서도 잘 나타난다. 정부와 시민사회, 양측의 접근은 개발권을 다루는 유엔 인권 기구들 — 특히 유엔 인권위원회UN Commission on Human Rights, 개발권 이행에 관한 실무 그룹Working Group on the Implementation of the Right to Development, 개발권 이행에 관한 고위급 전문위원회High-Level Task Force on the Implementation of the Right to Development 등 — 의 활동에서 더욱 뚜렷하게 나타난다. 현재의 세계화 과정이 전 세계 사람들의 웰빙well-being*을 증진시키는 방향으로 나아갈 수 있도록 필요한 절차와 방법론을 제시할 정치적 책임은 이제 새로 설립된 유엔 인권이사회UN Human Rights Council**로 넘어가게 되었다.

국제사회가 개발권의 가치를 재확인한 지[*] 20여 년이 지난 지금 개발권은 모든 정부와 시민사회의 가장 우선적인 인권 의제가 되었음에도 불구하고, 여전히 인간의 삶에 영향을 미칠 수 있는 실천적 정책이나 행위보다는 정치적 공약으로만 남아 있다. 개발권을 정책적·실천적 측면에서 심도 깊게 다루기 위해서는 두 가지 도전 과제가 먼저 해결되어야 한다. 우선 개발권의 토대를 이루는 원칙들을 현실적으로 수용 가능한 개발 개념으로 확고히 해야 한다. 두 번째로 개발권이 회원국의 법 제도 안에서 운용되는 다른 권리들과 마찬가지 방식으로 이행될 수 있도록 실천적 절차를 규명해야 한다.

개발 개념의 견고화

최근에 개발 개념은 점점 더 견고한 개념으로 변화하고 있으며, 인권과 인간 개발이 공통의 목적을 추구한다는 인식은 폭넓게 자리 잡아 가고 있다. 개발 개념은 물질적 성취나 경제성장으로부터 인간 개발이라는 넓은 의미로 발전해 왔다. 이 책에 실린 논문들이 분명하게 제시하고 있듯이 단순한 경제성장은 인류의 자유, 웰빙과 존엄성을 강화하기보다는 오히려 제약하고 있을 뿐이며, 우리가 의존하고 있는 자원을 위협한다는 측면에서 부정적이다. 이와 비슷하게 우리가 세계화라고 부르는 것들, 즉 사고방식과 이미지, 상품, 사람, 자본거래의 증가가 반

---

[*] 유엔 개발권에 관한 민간 전문가 아준 센굽타(Arjun Sengupta)는 웰빙의 개념을 "권리에 기초한 과정을 통한 인권과 기본적 자유의 실현"이라고 정의하고 있다. 더 자세한 내용은 2장 참조.

[**] 유엔 경제사회이사회의 산하 기구였던 인권위원회는 유엔 내 인권 주류화를 위한 개혁의 움직임 속에서 이사회로 승격되어 상설 기구가 되었다.

[*] 개발과 인권은 유엔헌장과 세계인권선언에서 통합적으로 다루어졌으나, 냉전과 함께 서로 분리되어 각자의 영역으로 발전해 왔으며, 1986년 개발권 선언에서 양자의 통합성을 다시 인정받았다.

드시 부정적인 것만은 아니다. 세계화가 빈부 격차를 확대하기보다는 축소하고, 개발 과정에서 지역공동체를 소외시키기보다는 강화하는 방향으로 작동할 수 있다면, 반드시 부정적이지만은 않을 것이다.

개발권의 진정한 목적은 인간 조건human condition의 물질적 증진을 향한 열망과 자유와 존엄을 향한 열망이 서로 조화롭게 발전할 수 있도록 하는 데 있다. 이와 같은 목적은 빈곤 상태에서는 성취될 수 없다. 빈곤은 의도적인 무시와 차별의 결과로 나타난다. 적절한 개발이 이루어지지 않거나 자원에 대한 접근과 분배에서 소외와 차별을 허용하는 부적절한 개발은 불평등을 증가시키며 가난하고 취약한 계층을 소외시킨다. 이는 그들의 인권을 부정하는 것이다. 정치권력과 정의, 기초적 재화와 서비스에 대한 접근성은 인권의 온전한 실현에 필수적이다. 그러나 사회경제적 불평등으로 인해 개인 간 또는 집단 간의 접근 능력에 차등이 생긴다.

개발 과정은 권리를 소유한 모든 사람들, 특히 가난하고 소외된 사람들의 인권을 실현하는 과정이 되어야 한다. 그러기 위해서는 개발 과정이 수요needs에 기초한 자선적 원조의 관행에서 벗어나 삶의 모든 영역, 즉 시민·정치적 권리와 경제·사회·문화적 측면을 모두 포괄한 진정한 권리 자격entitlement을 만들어 내고 이를 유지하는 방향으로 나아가야 한다.

개념의 현실화

이 책에서 강조하고 있는 두 번째 도전 과제는 정치적 공약에 불과했던 개발권을 실제 개발 과정에서 현실화하는 것이다. 여기서 중요한 것은 인권의 틀 안에서 사람들이 스스로 선택하고 자유를 행사할 수 있도록 세력화empowerment하는 과정을 정착시키는 것이다. 인권 기준과 원칙을 지침으로 개발 정책이 수립되고 프로그램이 운영되어야 하며, 인권을 시행 가능한 것으로 만들어야 하고, 동시에 그 과정에서 나온 혜택이 가장 가난하고 취약한 사람들에게 돌아갈 수 있도록 관련된 정치적·법적·행정적 제도를 보장해야 한다.

사회적으로 정의로운 개발은 인권에 대한 존중 없이는 이루어질 수 없다. 실제로 법적 절차를 통해서 스스로 자신의 권리를 주장하는 것은 매우 중요하다. 그래서 인권은 가장 소외된 사람들에게 더 많은 의미가 있는 것이다. 인권은 가난하고 취약한 사람들이 타인들과 동등한 가치와 이익을 실현하기 위해 취하는 능동적 행위를 지지하고 옹호해 준다. 그런 의미에서 국제인권법은 인권침해에 대한 사법적 구제를 강조하지만, 행정적 구제라도 그것이 "적시의, 접근 가능한, 저비용의, 효과적인" 것일 때는 인정한다.● 잠정적으로 모든 인권은 재판에 회부 가능하다. 이때 더욱 효과적인 법률 집행은 권리의 내재적 성격보다는 의무 담지자가 권리 소유자의 청구를 받아들이도록 보장할 수 있는 법정에 달려 있다. 이와 비슷하게 국제적 차원에서도 개인이나 집단의 진정에 대한 소송과 심의는 국제 규범의 실질적 내용에 대한 이해를 높이고 개개인이 스스로 자신들의 삶을 결정할 수 있도록 도움으로써 개별 국가 차원에서 개인들을 위한 진정한 변화가 일어날 수 있도록 한다.

모든 인권은 개별 국가 차원에서 효력을 발휘할 수 있어야 한다. 사회경제적 개발에 대한 일차적 책임은 국가에 있다. 그러므로 국내 정책과 국내 개발 전략의 중요성은 아무리 강조해도 지나치지 않다. 개발권의 실현과 관련해서 현장의 상황을 민감하게 반영할 수 있는 법·정치·경제·사회적 환경이 조성되어야 한다. 그런 환경의 조성은 개별 정부의 독자적·집단적 의지에 달려 있다. 국가가 인권 원칙, 즉 참여, 책무, 반차별, 평등, 세력화, 국제 협력의 원칙을 자국의 개발 과정에 적용하고 준수하며, 이를 위반할 시에는 국가를 재판에 회부할 수

● 행정적 구제란 관청의 행정명령에 불복하여 이의신청, 심사청구 등을 통해 이의 시정과 이에 의한 손실 보상을 신청하는 것이다. 사법적 구제에는 형사상 고소·고발과 민사상 소송이 있는데, 통상 행정적 구제 신청 결과에 불복할 때 사법적 구제 절차로 나아간다.

있어야 그런 환경이 조성될 수 있다. 이런 원칙에 따라 개별 국가의 개발 이니셔티브와 국제적 노력은 새천년선언에서 언급하고 있는 바와 같이 '개발권이 모두를 위한 현실'이 되는 방향으로 경주되어야 한다.

개발뿐만 아니라 인도적 원조에 대한 집단적 책임이라는 도덕적·윤리적 동기 역시 항상 확고한 공약이나 구체적 실천으로 이어지는 것은 아니다. 국제적 원조에 의존해 살아가야 하는 사람들은 의도와 실천 사이의 간극으로 인해 국제사회에 대한 신뢰를 잃어 가고 있다. 최근 자연재해에 대한 국제사회의 대응은 신속하고 실용적 연대를 보여 주었지만, 말라리아, 결핵, 에이즈에 대한 치료와 보호 프로그램을 확대하기 위한 지구적 공약과 노력에 대해서는 너무 느리고 제한적인 행보를 보여 왔다. 개발 분야의 도전 과제를 해결하고 효과적이고 지속 가능한 국가적 행동을 만들어 내기 위해서는 집단행동에 기반을 둔 진정한 파트너십과 협력을 공고히 해야 할 것이다.

이 책은 궁극적으로 일국적·국제적 인권 의무와 책임에 관한 논의를 통해서 학자와 개발 실무자, 외교 분야 종사자, 시민사회 활동가들이 주의 깊게 고려해 볼 만한 이론적 배경, 현황 분석, 규범적 틀, 정책적 권고를 제시하고 있다. 개발과 인권, 그리고 개발권에 대해 충실히 논의할 수 있도록 노벨 심포지엄을 주관해 준 노벨연구소Nobel Institute에 깊은 감사를 표한다. 또한 심포지엄에 참석한 이 분야의 세계적 석학들의 의견과 경험을 이 한 권의 책으로 엮어 준 마크스Stephen P. Marks와 안드레아센Bård A. Andreassen 교수에게도 감사를 표한다. 두 편집인을 비롯해 이 책에 참여한 다른 필자들의 글은 최고 수준의 이론적 성찰과 경험에 근거한 실천적 방법론을 제시하고 있다. 양자의 결합은 개발권과 '개발에의 인권에 기초한 접근법'이 진일보할 수 있는 기회를 제공했다. 유엔 인권고등판무관실은 본서가 담고 있는 사고와 분석을 채용해서 개발권을 더욱 현실화할 수 있는 전략을 규명하고 그것을 주창하기 위해 노력할 것을 약속한다. 궁극적으로 개발권은 우리가 존엄성을 추구하는 데 활력을 불어넣고 있을 뿐 아니라 이 세계에 필요한 세계화가 무엇인지 그 전망을 제시해 주고 있다.

서론

스티븐 마크스Stephen P. Marks
보르 안드레아센Bård A. Andreassen

세계인권선언이 채택된 이후 인권과 개발은 국제 외교 무대에서 서로 다른 발전 경로를 밟아 왔기 때문에 서로 영향을 미치지 못했다. 개발 이론이 성장 중심 모델을 버리고 인간 개발human development 모델을 수용하기 시작한 것은 불과 10여 년 전인 1990년대의 일이다. 인간 개발 모델은 인간의 역량을 강화하는 과정으로 정의되었다. 이는 인권과 개발의 내재적 연관성과 상호 보완적 관계를 인정하고 있다. 이것이 바로 1986년 유엔총회에서 채택된 '개발에의 권리에 관한 유엔 선언'UN Declaration on the Right to Development(이하 DRD 또는 개발권 선언)이 전제로 삼고 있는 내용이다. 1993년에 비엔나에서 개최된 유엔 인권회의Vienna World Conference on Human Rights(이하 비엔나 회의)는 개발에의 권리를 '기본적' 권리라고 선언했다.[1] 또한 1998년, 세계인권선언 50주년을 맞아 유엔총회에서 개발권 선언에 세계인권선언과 동등한 지위를 부여하자는 제안이 제기되었다.[2] 이렇게 개발권에 대한 관심과 논의가 확대되었음에도 불구하고, 여전히 많은 문제들이 해결되지 않고 남아 있다.

　2003년 10월 13일부터 15일까지 노르웨이 오슬로에서 개최된 '개발권과 개발 내 인권에 관한 노벨 심포지엄'에서는 경제학, 국제법, 국제관계학, 사회과학 분야의 전문들이 함께 모여 미해결 과제들을 살펴보았다. 노벨 재단이 노벨 심포지엄 기금을 통해서 후원했던 이 심포지엄에서 대학, 국제기구, 정부 기관에서 초빙되어 온 참석자들은 주어진 의제에 대해 개발경제학과 국제 인권법이 어떤 함의를 가지고 있는지를 다양한 관점에서 모색했다. 이 책은 노벨 심포지엄의 논의 결과를 15편의 논문으로 재구성한 것이다. 심포지엄의 참석자들은 개발에서 인권이 차지하는 의미와 실질적 함의가 무엇인지를 논의하면서 '개발에의 인권에 기초한 접근법'human rights-based approach to development[인권적 개발 또는 인권에 기초한 개발]의 개념이 무엇인지 정의하고, 그 개념이 기존의 인권과 개발에 관한 이해와 사고에 무엇을 보탤 수 있는지 묻고 있다. 서론에서는 이와 같은 질문의 맥락에서 각 장의 논문을 살펴보고자 한다.

이 책은 네 가지 쟁점을 기본 틀로 삼아 4부로 구성되어 있다. 먼저 1부에서는 인권적 개발의 개념적 토대와 개발에의 권리에 관해 논의하고 있다. 이 두 개념은 모든 인권이 점진적으로 실현되는 과정을 전제하고 있으며, 그 과정 자체가 참여적이고 반차별적이며 투명하고 책무성accountability이 있어야 한다는 인권 원칙에 기반해야 한다고 전제한다. 2부에서는 개발 과정에서 인권을 보장하기 위한 의무와 책임을 규명한다. 필자들은 대체로 인권 실현의 일차적 책임은 국가에 있다는 원칙을 지지하고 있으며, 그런 책임이 국가적·국제적 의무를 어떤 식으로 이끌어 내는지를 보여 주고 있다. 또한 국가적·국제적 행위자의 ― 그것이 국가이든 비국가 행위자이든 ― 정책 선정 방식을 어떻게 규제하고 우선 과제를 어떻게 강제하게 되는지를 밝히고 있다. 3부에서는 일국 차원에서 개발권을 이행하기 위해 필요한 메커니즘이 무엇인지에 대해서 다루고 있다. 정부와 시민사회가 그들이 열망하고 목표한 바가 개발권임을 깨닫지 못한다면 개발 절차와 개발 자원 배분에 관한 중요한 결정을 내릴 때 개발권이 큰 영향력을 발휘하지 못할 것이다. 마지막으로 4부에서는 인권 기구, 개발 기구, 금융기구와 같은 다자간 기구를 통해서 개발권을 실현하는 국제사회의 역할과 책임에 관해 다루고 있다. 국제사회의 개입이 없다면 개발권 이행에 필요한 운영 모델을 모색하고 그에 대한 원칙과 메커니즘을 합의해 내기 어려울 것이다.

개발권의 개념화

1986년 개발권 선언과 1993년 비엔나 회의를 통해서 개발권이 인권으로서의 지위를 인정받게 되면서, 이 역시 다른 인권들과 마찬가지로 기능하고 이행될 수 있을 것이라는 기대를 불러일으켰다. 그러나 그런 공식적 선언들에서는 개발권의 내용을 둘러싼 논란이나 다른 인권과의 개념적 연관성이 전혀 언급되지 않았다. 개념적 토대를 다루고 있는 1부는 개발권 개념의 타당성과 그 실행 가능성을 둘러싼 회의론을 분석하는 아마티아 센의 논문(1장)으로 시작된다. 그는 인권을 법적 권리보다는 사회윤리와 공적 이성의 측면에서 바라본다. 센은 개발권이 실행 가능하지도 않고 법적 구속력을 가질 수도 없다는 비판에 대해 반론을 제기하면서, 개발권은 "기본 교육, 보건, 영양에서 정치적 자유, 종교적 자유와 시민권에 이르기까지 다양한 권리 주장의 조합"이며, 법적 보호보다는 정치·사회적 주창과 선동을 통해 개발권을 보호하는 것이 더 적합하다고 보고 있다. 센은 그런 권리들의 조합이 현재 상황에서 완전히 실현될 수 없다는 사실 때문에 개발권이 권리가 아니라고 부정하는 것은 적절하지 않다고 본다. 즉, '불완전한 의무'imperfect obligation의 문제를 비롯해 의무의 모호성 때문에 사람들 간의 연대와 자유를 위한 좀 더 큰 도전으로서의 개발권이 법적 정당성과 설득력을 잃게 되는 것은 아니라는 것이다.

데이비드 비담 또한 제2부 5장에서 집단적 권리와 개인적 권리 간의 추정推定상의 대립 요소putative antithesis를 설명하면서 개발권의 정의가 모호하다고 지적한다. 그는 개발을 개별 인권의 필요조건으로 상정함으로써 그런 대립의 문제를 풀어 간다. 비담은 개념적으로 개발권이 가지는 부가가치는 개발에 인권적 조건을 부가하는 것인데, 이는 이론적으로는 합당하나 제도적으로는 지나친 요구가 될 수 있다고 말한다. 그는 개발권의 개념적 '인플레 경향'에 대한 문제를 제기하면서, 개발권이 '개인의 사적 개발'로까지 확장되고 개발의 비경제적 영역을 지나치게 강조하는 점에 대해 의문시한다. 비담은 그런 비경제적 영역에 대한 지나친 강조 때문에 국제 제도 또는 국내 정책이 개발권을 침해한 시점을 분명히 밝히기가 어렵고, 따라서 개발권 침해에 대해 구제 조치를 결정하기도 어려워진다고 지적하고 있다.

'유엔 개발권에 관한 민간 전문가'를 역임한 아준 센굽타는 1부에 실린 그의 논문과 유엔에 제출한 보고서에서 개발권을 다른 모든 인권을 위한 '벡터'라고 규정하고, 인권에 기초한 접근법과 조화로운 방식으로 실현되는 일련의 특정한 선善과 가치를 보호하는 권리라고 설명하고 있다. 그에 따르면 적어도 하나의 권리가 증진되고 다른 권리들이 악화되지 않는다면 벡터 값은 상승한다. 반면 어떤 한 권리라도 침해된다면 벡터 값은 내려가는데, 이는 결과적으로 개발권의 침해라는 것이다. 센굽타는 개발권 선언 서문과 제1조에 근거해 "개발권은 불가침의 인권이며, 모든 인권과 기본적 자유가 점진적으로 실현될 수 있는 특정한 개발 과정에 대한 권리"라고 정의했다.

그의 접근법은 대부분의 정부, 국제기구, 학자들의 주장과 마찬가지로 개발을 경제성장뿐만 아니라 사회·문화·정치적 변화를 포함한 포괄적 과정으로 전제하고 있다. 여기서 개발의 궁극적 목적은 웰빙의 점진적이고 공정하며 지속적인 증진이다. 이런 관점은 국민총생산, 산업화, 수출 성장, 자본 유입의 단순 증가에 초점을 두었던 기존의 전통적인 경제성장 개념과 대조적이다. 센굽타는 개발권을 '과정'으로 정의한 후, 권리에 기초한 경제성장, 권리와 그에 상응하는 의무의 성격, 권리 소유자의 개념이 무엇인지 모색하고 있다. 그는 경제성장, 국제법적 기준, 상호적 의무의 측면에서 개발권의 운영에 매우 중요한 도전 과제를 제시하고 있다.

개발권 선언에 정의된 바와 같이 개발의 과정은 "전체 인구와 모든 개인"의 "능동적이며 자유롭고 의미 있는 참여"[3]를 촉진함으로써 실질적인 참여가 이루어지도록 해야 한다. 이것이 목적한 바는 분명하다. 중앙정부가 발주한 것이든 국제사회가 지원한 프로그램이든 기술 관료적 정책 결정을 피하고 현지의 지식과 수요를 개발 과정에 통합한 프로그램이 실행될 수 있도록 하는 것이다. "전체 인구" 또는 "모든 개인"의 참여를 문자 그대로 해석하는 것은 무의미한 것이지만, "능동적이고 자유롭고 의미 있는 참여"는 개발 "혜택의 공정한 분배"[4]를 보장할 수 있을 만큼 지역사회가 개발 과정에 참여할 것을 요구하는 것이다. 참여는 또한 특정 계급이나 정치 엘리트, 특정 주민층, 특정 지역이 아니라 모든 사람의 웰빙을 점진적으로 향상시키는 결과를 가져와야 한다.

이 책의 주요한 목적이 인권으로서의 개발에 대한 이해를 정교화하는 것이지만, 개발권만이 문제를 바라보는 유일한 또는 필수 불가결한 방식은 아니다. 많은 경우 개발 내 인권은 개발에 대해 '인권에 기초한' 혹은 '권리에 기초한' 접근법을 정의하고 적용하는 것, 그 이상의 문제이다. 야콥 키르케만 한센과 한스-오토 사노는 그런 접근법의 등장과 범위를 검토하고, 이를 이행하기 위한 운영 전략을 검토한다(3장). 두 저자는 권리에 기초한 접근법의 네 가지 요소에 대해 분석하고 있는데, 정의 규범의 가치와 그 적용, 거버넌스 기구와 제도, 법치주의, 개발 과정과 빈곤 분석에 대한 법제 적용이 그 네 가지 요소이다.

의무와 책임

다른 권리와 마찬가지로 개발권도 센이 제시한 조건을 충족할 수 있을 만큼 충분한 실행 가능성과 법적 구제책을 확보하고 권리와 의무를 구성해야 한다. 센은 개발권과 같은 인권이 정당성과 타당성을 얻기 위해서 반드시 완전한 입법화, 사법적 강제력, 완벽한 실행력을 갖출 필요는 없다는 주장에 대해 조심스러운 입장을 보인다. 인권이 필요로 하는 책임은 권리침해를 예방함으로써 권리 소유자를 보호하고 권리 실현을 위해 적극적으로 행동해야 한다는 도덕적·법적 의무를 수반한다. 그러므로 개발 내 인권에 대한 모든 논의는 예방과 촉진에 대한 의무와 책임이 무엇인지 그 의미와 범위를 다루어야 한다. 2부에 수록된 세 편의 논문은 인권의 예방·촉진 의무와 책임에 대해 집중적으로 다루고 있다. 국가는 인권이 향유될 수 있도록 법과 절차를 구성하고 이를 이행할 일차적 책임을 지고 있다. 그러나 인권의 타당성, 정당성, 실용적 가치는 국내법과 국제법에서 인권을 공식적으로 채용한다고 해서 해결되는 것이 아니다. 또한 개별 국가들과 마찬가지로 국제사회도 협력할 의무를 갖는다는 이론적 주장으로 해결될 수 있는 문제도 아니다. 이 책의 많은 논문들이 인권의 신장과 보호를 위한 조치를 취할 의무에 관한 철학적·정치적·법적 주장이 가진 복잡성을 다루고 있다.

스티븐 마크스는 그의 논문(4장)에서 개발권 선언이 함의하고 있고 책임과 의무를 결정하는 데 필요한 세 가지 원리를 평가하고 있다. 그는 1986년 개발권 선언에 포함된 4개의 객관적 의무 조항과 21개의 필수적 명령 조항 이면에 존재하는 원리를 밝히는 데 초점을 맞춘다. 이 의무들은 그 의미가 명확하지 않고, 국가 차원의 정의 개념을 국제적 체계로 확장하기도 어렵다. 하지만 제도적 세계시민주의는 그런 의무에 강력한 정당성을 제공하고 있으며, 자연주의, 계약론, 결과론과 같은 법 이론에서도 그런 의무를 인정하고 있다. 정치적 분절은 고위급의 공약이 개발 실무와 법적 의무로 구체화될 수 있는 잠재력을 제약하는 경향이 있다. 법의 정치적 토대를 감안해 마크스는 개발권의 법적 구속성은 윤리적 동기와 실천적 실행 가능성, 법적 주장과 정치적 권력관계의 변화에 따라 달라진다고 결론 내린다.

비담은 위에서 언급한 개념적 주장에서 더 나아가 개발권의 주요 의무는 타자에게 피해를 주지 않는 것이라고 규정한다. 즉, 정부는 "국가적·국제적 차원에서 체계적으로 다른 나라의 경제개발에 피해를 야기하고 매우 불평등한 형태의 개발을 촉진하는 정책이나 제도를 주도하거나 지지"하지 말아야 한다는 것이다. 그는 원조를 제공할 의무를 적극적 의무의 형태로 규정함으로써 나타나는 이점을 낮게 평가하는데, 이는 그런 형태가 "원조 받는 쪽의 의존성"과 "자선적 이미지 전달"을 강화하기 때문이다. 그는 원조보다 권리침해를 강조하는 것이 더 바람직한 이유에 대해서도 설명한다.

마고트 살로몬의 논문(6장)은 정의롭지 않은 세계경제체제에 대한 우려를 드러내고 있다. 그녀는 조약 기구들이 해석을 담당하고 있는 현행 국제인권법에 이미 국제사회의 집단적 의무가 존재한다고 가정한다. 그녀는 유엔헌장 제55조와 56조, 세계인권선언 제28조에 근거해 개발권이 함의하는 지구적 불평등을 다루는 문제는 이미 법체계의 한 부분이 되어 있다고 주장한다. 또한 국가 관할권 안과 밖의 의무를 규명하고 부정의한 제도적 구조를 개선하기 위해 행동해야 할 국제사회의 의무에 관한 법률적 주장을 제시하고 있다. 살로몬은 유엔헌장, 인권 조약, 정치적 합의문에서 뿐만 아니라 일반 논평이나 국가 보고서에 대한 최종 견해와 같은 조약 기구의 의견서에서도 주장의 근거를 찾는다. 국제 인권 기구들은 지구적 금융과 무역 구조가 인권 의무의 충족에 미치는 영향을 점진적으로 규명해 왔다. 살로몬은 특히 위반 행위를 예방하고 조사하고 처벌할 때 지켜야 할 '성실성의 의무'due diligence를 구체적으로 다루고 있다. 그는 국가가 개발권의 실현을 방해하지 말아야 할 소극적 의무와 함께 개발권의 실현이 가능하도록 우호적인 국제 환경을 조성할 적극적 의무도 가지고 있다고 말한다.

개발권에 대해 국가만이 의무를 갖는 것은 아니다. 안드레아센은 그의 논문(4장)에서 국제법은 비국가 행위자의 직접적·간접적 의무를 내포하고 있다고 설명한다. 간접적 의무란, 국내 법규를 통해 비국가 행위자로 하여금 국제법을 효과적으로 따르도록 보장할 의무가 국가에 있음을 의미한다. 국제법 또한 비국가 행위자가 국제법을 존중하도록 직접적 의무를 부과할 수 있다. 안드레아센은 기업 업무와 영리 활동에서 인권을 존중해야 할 도덕적 책임과 성격에 대해 중요한 문제를 제기하고 있다. 그는 기업들이 세계인권선언 서문의 내용에 상응하는 도덕적 의무를 가진다고 주장한다. 세계인권선언의 서문은 "사회의 모든 단체"는 인권의 효과적 인지와 준수에 기여해야 한다고 쓰여 있다. 안드레아센은 기업의 자발적 윤리 기준과 인권 기준의 채택을 강화하기 위한 다양한 시도와 노력을 검토하고, 비국가 행위자의 인권적 책임은 여전히 연성법적 차원의 문제로 남아 있음을 강조한다. 그러나 그는 국내법이 국제인권법을 수용하고 국내 법정이 기업의 행위를 다투는 사건에서 국제 인권 기제와 그 조항을 적용함으로써 연성법적 책임이 점차로 법적 의무에 가까워질 수 있다고 주장한다. 그렇다면 다국적기업은 개발권의 이행을 존중하고 이에 기여해야 할 국제법상의 책임을 가지고 있다거나 가져야 한다고 주장할 수 있을까? 분명한 것은 아직 이 질문에 대한 답이 확정되지는 않았다는 것이다. 지속 가능한 인간 개발이 국제법상의 단호한 강행규범jus cogens으로 부상한다면 투자 협정을 비롯한 다른 다국적기업에 관한 조약들이 개발권과 모순되어서는 안 된다는 주장이 가능해진다. 도덕적·정치적 경우에는 개발권에 지상명령categorical imperative[칸트가 말한 양심의 절대적 도덕률]을 적용할 수 있으나 법적으로도 그런 설득력을 가지려면 많은 장애물을 극복해야 한다. 안드레아센이 강조한 바와 같이 점점 더 많은 수의 다국적기업들이 인권 기준을 반영한 자발적인 가이드라인과 행동 규범을 채택하고 있다. 이런 가이드라인과 행동 규범의 효과는 시민들의 개입과 시민들이 기업에 가할 수 있는 압력에 달려 있다. 비국가 행위자의 인권 의무가 모호함에도 불구하고, 그와 같은 개입은 국가 개발에 대한 대중적 참여와 개입이라는 중요한 원칙을 보여 주는 것이며, 결과적으로 권리를 강화하고 권리를 촉진하는 개발을 이끌어 내는 데 기여할 수 있을 것이다.

　개발권은 분명하게 정의되지 않았다는 주장이 정부와 학계 대표, 개발 실무자들 사이에서 여전히 제기되고 있다. 개발권 선언 제1조는 국가가 개발을 시행하는 데는 다양한 방식이 있지만, "모든 인권과 기본적 자유가 온전히 실현될 수 있는" 과정만이 개발권의 목적으로 합당하다는 점을 함축하고 있다. 이론상으로 인권의 보호와 촉진이 다른 정책적 목적보다 우선하며, 원칙적으로 사회의 자원과 제도적 수단의 사용에 우선권을 갖는다. 충분히 성숙한 인권으로서 개발권은 많은 정책과 자원 배분에 대해 결정력을 행사해야 할 것이다. 그러나 개발권의 의미에 대한 이와 같은 직설적인 정의는 지나치게 단순한 접근법임이 증명되었다. 특히 개발권의 실용화는 이론과는 일치하지 않는다. 이론과 현실 사이의 격차를 메우기 위한 전망과 그 어려움은 3부와 4부에서 다루고 있다.

개발권의 실용화

'개발'이라는 용어의 사용은 지난 60년 동안 진화해 왔다. 이와 같은 진화는 개발권을 실용화할 수 있는 환경을 조성했다. 제2차 세계대전 직후에 개발은 일인당 실질소득의 성장과 동일한 의미였다. 일인당 실질소득은 서로 다른 삶의 목적을 달성하는 수단인 동시에 목적으로서 국민의 생활수준을 대변하는 평균 웰빙 지수로 사용되었다. 실질소득의 증가가 필요한 것이긴 하지만 삶의 조건을 증진시키기 위한 최소한의 요건조차 모두 충족시키기에 불충분하다는 것을 점차 깨닫게 되면서, 개발경제학자와 유엔 기구들은 웰빙의 척도를 확대해 '기본욕구 지표'basic needs indicators를 그 안에 포함시키고 이에 부합하는 개발 정책을 개발했다. 이후 점차 생필품 영역에 한정된 기본욕구 지표로부터 개인당 실질소득 지표를 보완하는 기대 수명, 영아 생존율, 성인 문맹률과 같은 역량, 기능 영역의 인간 개발 지표로 이동하게 되는데, 이는 기본욕구에 기초한 접근법이 인간 개발 중심의 접근법으로 확장된 것이라 볼 수 있다.

아마티아 센의 역량 이론은 이보다 한걸음 더 나아가 한 사람의 역량은 그 사람이 성취할 수 있는 행위와 상태를 나타내는 함수들의 다양한 조합으로 나타난다고 말한다. 센에 따르면 인간의 역량이 삶의 다양한 방식 가운데 자신의 삶의 방식을 선택할 수 있는 자유를 의미한다.[5] 선택적 함수의 조합으로부터 자유를 대변할 집합 지표를 만들 수 있다면 함수 영역에서 각각의 성취 지수는 역량 영역에서의 자유 지표와 상응하게 될 것이다. 이런 자유가 권리로서 인식되고 주장된다면 개인의 웰빙은 그 권리가 향유되는 수준과 일치하게 된다.

개별 권리 지표는 이 정의를 실용화하는 데 매우 중요한 수단이다. 어느 특정 지표의 가치가 증가하게 되면 거기에 상응하는 권리가 신장된 것을 의미하게 된다. 동시에 개발은 일정한 시간 동안 나타나는 하나의 과정 또는 변화를 수반하게 되는데, 그 과정 속에서 개발과 관련된 모든 권리가 서로 연속적이고 수평적으로 연결되어 있다. 하나의 권리가 가지는 가치는 다른 한 권리 또는 다른 여러 가지 권리의 가치에 의존하는 방식으로 서로 연관되어 있다.

1970년대 '신국제경제질서'New International Economic Order, NIEO에 관한 남반구 국가들과 북반구 국가들 간의 논쟁에서 개발권은 종종 개도국의 권리로 여겨졌는데, 왜냐하면 그런 가설들이 개발권의 혜택을 받게 될 사람들이 아니라 탈식민지화 과정에서 등장한 정부들에 의해 대변되었기 때문이다.⁶ 그러나 개발도상국 정부가 항상 국가 영토 내에 거주하고 있는 모든 사람들을 온전하게 대표하는 것은 아니기 때문에 그들 정부가 개발권의 정당한 소유자가 된다고는 볼수 없다. 게다가 이런 정부는 모든 주민이 개발권을 향유할 수 있도록 보장할 능력이 사실상 없거나 의지가 없을 수도 있다.

센굽타가 제시한 정의에 따르면, 개발권은 한 국가의 시민들이 개인적으로 누릴 수 있고 동시에 정책과 제도를 통해서 집단적으로도 행사할 수 있는 집단적 권리로 볼 수 있다. 만약 개도국 정부가 그 주민을 대신해 국제사회를 향해 개발권을 주장한다면, 그 주장의 정당성은 그 권리의 혜택이 일부 엘리트들의 자원으로 변질되는 것을 막고 모든 주민들이 이를 향유할 수 있도록 보장할 수 있는 적절한 메커니즘이 실행될 때만 확보될 수 있다.

개발권에 대한 이와 같은 개념화는 한편으로는 인권에 기초한 접근법을 국가 차원에 적용하는 것과 관련되며, 다른 한편으로는 개발권의 실현을 위해 협력할 의무를 충족시키기 위한 국제적 조치와 메커니즘과 관련된다.

국가 차원에서의 권리에 기초한 개발

개발권을 승인함으로써 부과되는 가장 명백한 국가의 의무는 개별 국가 차원에서 권리에 기초한 개발을 이행해야 한다는 것이다. 3부에 실린 세 개의 논문은 개별 국가 차원에서의 권리에 기초한 개발의 현실성과 도전 과제를 분석하고 있다.

야시 가이Yashi Ghai는 8장에서 국가의 역할을 다루고 있는데, 특히 국가정책과 헌법의 역할에 주목하면서 정책과 헌법이 개발권의 의무를 따르도록 재설계되어야 한다고 주장한다. 그는 헌법 개정 과정에서 개발권의 원칙들이 인간 중심의 거버넌스와 개발을 추구하는 데 어떻게 작용할 수 있는가에 특히 관심을 기울이면서, 최근 케냐의 헌법 개정 과정을 사례로 제시하고 있다. 그는 케냐의 사례를 통해서 개발에 대한 권리에 기초한 접근법에 상응하는 참여 과정이 장점이 될 수도 있고, 단점이 될 수도 있다는 사실을 보여 준다. 참여는 사실상 권력에 대한 욕구에 기인한 파벌적인 정치적 이해관계로 왜곡될 수 있다. 이런 위험성은 지역사회의 이해관계 때문에 분화된 사회에서 특히 높게 나타난다. 가이의 논문은 개발권의 비전이 현실화되는 것이 매우 어려울 수 있으며 국가 차원에서의 개발권 이행 약속이 수반하고 있는 함정에 대해서 우리에게 경고하고 있다.

산드라 리벤버그Sandra Liebenberg는 인종차별정책Apartheit이 종식된 이후 남아프리카공화국이 겪은 경험을 분석하면서 인권에 대한 국가의 법적 공약이 사회정책과 입법에 얼마나 긍정적인 성과를 가져올 수 있는지를 보여 준다(9장). 그런 공약이 국가 시스템 속에 존재하고, 사회적 행동과 동원으로 지지된다면 권리에 기초한 접근법은 더욱 성공적인 기회를 만들 수 있다. 전형적인 예가 바로 남아공의 시민사회단체 '트리트먼트 액션 캠페인'이다. 리벤버그의 분석은 인권 주창 활동의 비사법적 영역을 강조하고 결사의 권리와 집단적 행동권이 인권의 존중과 충족을 위해 얼마나 중요한가를 상기시켜 준다.

개별 국가 차원에서의 개발권 이행 노력은 어떤 형태로든 감독과 평가의 대상이 되어야 한다. 모니터링의 핵심은 사용될 지표와 방법론의 엄격한 개발과 적용이다. 라지브 말호트라Rajeev Malhotra는 10장에서 개발권 지표는 권리 실현 수준을 포착해 내고 동시에 권리 실현을 위한 의무 담지자의 노력을 측량하는 측면에서 유용하다고 주장한다. 그는 개발권 이행 수준을 측정하기 위해 구체적인 인권 지표를 선정할 필요가 있다는 주장에 대해서 신중한 입장을 취하고 있다. 그런 지표는 국민들의 개발에 대한 열망과 우선순위에 상응한 것이 되겠지만, 개발권 지표는 운용되는 정도를 측정할 필요가 있으며, 또한 그 과정이 개발권의 원칙에 적합한가를 반영해야 한다고 말한다. 이를 위해서는 두 부류의 지표가 필수적인데, 하나는 과정이 권리에 기초한 개발의 원칙들, 즉 참여, 책무성, 반차별, 지속 가능성 그리고 세력화의 원칙을 준수하고 있는지 그 질을 따질 수 있는 것이어야 하고, 다른 하나는 개발권의 모든 중요한 영역에서 개인이 권리를 성취하는 데 필요한 조건에 관한 것이어야 한다. 그는 이 두 부류의 지표가 상호 보완적 관계를 형성해 개발의 과정과 결과를 모두 포괄할 수 있다고 본다.

이밖에 종합적인 개발권의 이행을 검토하고 권고를 내릴 수 있는 국제적인 위원회의 설립이 절대적으로 필요하다. 하나의 통일된 상시 기구의 설립을 목적으로 최근에 이루어진 인권 조약 기구들의 개혁은 비정부단체와 기타 시민사회의 효과적인 참여와 함께 개발권과 관련된 지표, 모니터링, 권고를 도입할 수 있는 기회를 제공할 수 있게 되었다. 그러나 현재까지는 정부 또는 비정부기구가 개발권의 이행에서 부딪히게 되는 어려움과 진행 사항을 평가할 수 있는 기제는 보고된 바 없다. 개발 관련 정책과 실행 전략을 개발하고 적용함에 있어서 국가 차원에서 수많은 방법론상의 어려움이 드러나고 있다. 어려움 가운데 많은 부분은 인권을 포괄적인 시스템으로서 통합적이고 전체론적인 관점에서 다루어야 한다는 생각이 어떻게 현실화될 것인가라는 문제와 관련되어 있다. 또 다른 어려움은 한정된 자원, 인권과 경쟁적인 다른 패러다임과 관련된 것이다. 사실 '빈곤 감축 전략'poverty reduction strategies이나 '포괄적 개발 프레임워크'comprehensive development frameworks와 같은 개발 금융과 연결된 프로그램을 개발하고 이행하는 것이 개발권을 이행하는 것보다 훨씬 혜택이 많다. 빈곤 감축 전략이나 포괄적 개발 프레임워크와는 대조적으로 개발권은 부대 자원을 갖고 있지 않다. 따라서 개발권은 추정적 의무를 규명하는 것을 시작으로 국제 정책의 흐름에 집중할 필요가 있다.

국제기구의 지구적 운영 체제

인권 이론의 전제 가운데 하나가 가난하고 취약한 사람들의 역량과 자유를 확장시키는 것이다. 이런 확장은 자원 배분에 있어서 우선순위의 변화를 의미한다. 그러나 이런 목적을 향해 취해진 조치가 민주주의 사회에서 모두의 복지와 다른 사람의 권리를 보호하기 위해 엄격하게 요구하고 있는 다른 조치들을 무시해서는 안 되고, 또한 더 운 좋은 사람들의 자유를 대가로 한 것이어서는 안 된다.[7]

이런 관점은 세계인권선언이 규정하고 있는 권리들 간의 상호 연관성에 대한 이해를 돕는다. 생명권, 노예나 강제 노동으로부터의 자유, 자유의 일방적 제한과 같은 가장 근본적인 인간 존엄성에 관한 권리로부터 이주와 거주의 자유, 표현과 정보의 자유, 종교와 믿음의 자유, 집회 결사의 자유, 지역사회의 문화생활에 참여할 자유, 그리고 과학적 연구와 창조적 활동의 자유와 같은 자율적 행위에 대한 자유에 이르기까지 전통적인 자유는 자유권으로 정의되었다. 행위의 자유를 향유할 수 있는 개인의 역량은 다른 권리 — 주로 사회권 — 가 보장되는 정도에 따라 달라진다. 이와 같은 행위의 자유를 실현하기 위한 수단적 권리에는 교육권,[8] 식량과 건강 그리고 주거를 포함한 적절한 생활 기준을 누릴 권리,[9] 직업을 가질 권리,[10] 그리고 효과적이고 용이하며 비용을 감당할 수 있는 사회보험을 포함한 사회보장권[11] 등이 있다.

일반적으로 사회권의 충족은 자유권이 자유롭고 의미 있게 행사되기 위해 필요하며 반대의 경우도 마찬가지이다. 이런 권리들의 상호 연관성은 교육권이 표현과 정보의 자유, 과학적 연구와 창조적 활동의 자유, 문화생활에 대한 참여의 자유에 필수적이라는 사실로 설명된다. 또한 식량권은 교육권, 보건권, 생명권을 향유하기 위해서 반드시 필요하다. 이와 비슷하게 우리가 여러 해 동안 HIV/AIDS의 확산과 최근 사스SARS(중증 급성 호흡기 증후군)의 확산에서 목격했듯이 건강권의 실현은 정보의 자유가 얼마나 보장되느냐에 따라 달라진다.

권리들은 서로 시공간을 초월해 사방으로 연결되어 있다. 한 권리의 실현 수준은 다른 권리의 실현 수준에 달려 있으며, 오늘의 한 권리의 실현은 내일의 권리 실현 수준에 영향을 미친다. 개발의 과정에서 모든 권리가 함께 실현될 수 있을 때 이런 권리의 상호 의존성을 충족시킬 수 있다. 주어진 시간에 특정 권리를 어느 정도까지 실현할 것인가는 분명하게 정할 수 있다. 그러나 그런 권리의 실현은 다른 권리의 실현과 일관되게 이루어져야 하며 시간의 흐름에 따른 권리들 간의 실현 정도도 조화를 이루어야 한다.

이와 같은 복잡한 상호 연관성에도 불구하고 냉전기 이념적 대립은 자유권과 사회권을 억지로 떼어 놓았으며, 이는 분명히 인권의 발전에 도움이 되지 않았다. 이런 역사적 경험에 반해, 개발권은 권리에 관한 전통적인 이분법적 정당성과 필요성을 파괴하면서 권리에 기초한 개발을 통해서 권리들을 통합할 것을 요구하고 있다.

인권에 대한 국가의 의무는 이런 권리들 간의 상호 연관성을 반영하고 이 연관성이 실제로 작동할 수 있도록 하는 데 있다. 인권이 매우 광범위한 의미로 사용되고 거기에 상응하는 의무가 불명확하다는 이유로 국가의 의무에 대한 해석을 둘러싸고 많은 논란이 있어 왔다. 사실 많은 일반적 권리들이 일련의 권리 군#으로 묶여 있는데, 각각 상응하는 구체적인 의무를 부과하기 위해서는 다발로 묶인 권리 군을 낱개의 권리로 하나씩 분리할 필요가 있다. 개발권은 특히 상위 권리로서 많은 권리들을 포괄하고 있어서 상응하는 의무의 내용을 결정하려면 세분화가 필수적이다. 그런 의미에서 '불완전한 의무'라는 문제 제기는 아직 충분히 세분화되지 않은 개발권과 같은 권리의 복합성에 대한 지적으로 볼 수 있다.

개발권은 모든 인권과 주요 사회경제적 절차를 구성 요소로 포함하고 있는데, 특히 사회권에 속하는 식량·보건·직업·교육에의 권리를 중시한다. 그래서 개발권은 사회권에서 말하는 점진적 실현과 자원의 역할을 두고 그동안 제기된 것과 같은 오해를 받기 쉽다. 사회권 규약 제2조는 본 규약이 인정하는 권리의 완전한 실현을 '점진적으로 성취'하기 위해서 국가가 가용 자원이 허용하는 최대한도까지 필요한 조치를 취할 것을 요구하고 있다.

'점진적 성취'에 대해서 국가에 아주 가벼운 의무만을 부과하고 있다거나 아예 의무를 부과하고 있지 않다는 잘못된 해석이 이루어지곤 했다. 사회권 위원회는 본 규약에서 인정하고 있는 권리의 완전한 실현은 보통 짧은 기간에 이루어질 수 없기 때문에 점진적 실현 개념은 규약의 전체적인 목적에 부합하도록 해석해야 한다고 설명했다. 그러나 사회권 위원회는 본 규약이 인정하고 있는 권리의 실현을 위해서 회원국이 가능한 한 신속하게 움직여야 한다는 명확한 의무를 부과하는 것을 목적으로 한다는 일반 논평[12]을 발표했다. 이외에도 사회권에 대한 다른 일반적인 오해들을 보면, 사회권을 국가가 공급해 주어야 한다거나, 비용이 높다거나, 지나치게 큰 국가기구를 필요로 한다거나, 사회권이 권리가 되기 위해서는 재판에 회부할 수 있어야 한다는 등이 있다. 이런 오해는 본 권리와 이에 상응하는 국가 의무의 성격에 대한 매우 좁은 해석에서 비롯된 것이다. 사실 사회권을 존중하고, 보호하고, 충족시켜야 할 국가의 의무가 항상 막대한 자원과 즉각적인 법적 구제를 요구하는 것은 아니다. 국가의 의무는 개발권 선언 제2조에서 규정하고 있는 바와 같이 모든 사회경제적 개발의 능동적 주체로서의 개인이라는 맥락 속에서 봐야 한다. 여기서 개인은 가능하다면 자신의 노력과 자원을 통해서 자신의 욕구를 개별적으로 또는 다른 개인과 함께 충족시키는 방법을 모색하도록 되어 있다. 국가는 개인이 자신의 욕구를 충족시킬 수 있도록 기초적 수준에서 개인이 소유한 자원과 선호하는 직업을 선택할 수 있는 자유, 필요한 행위를 취할 수 있는 자유, 필요한 자원을 독자적으로 또는 다른 사람과 함께 사용할 수 있는 자유를 존중해야 하는 것이다. 예를 들어 자원의 소유를 존중해야 한다는 국가의 의무는, 선주민의 경우에는 그 토지에 대한 권리를 인정하고 등록하기 위한 공적 조치를 취하는 것이고, 자격이 불분명한 소자작농의 경우에는 토지 소유권에 대한 공적 조치를 마련해 주는 것이다.

다음 2차 단계에서 국가는 강력한 경제 세력과 같은 약탈자의 위협으로부터 개인의 행위와 자원 사용에 대한 자유를 보호할 의무를 가진다. 이와 같은 의무는 거래나 계약에 있어서 사기와 비윤리적 행위, 독성 유해 상품의 마케팅이나 투매로부터 개인을 보호할 의무를 수반한다. 이렇게 개인에 대한 보호 기능은 사회권에 대한 국가의 의무 가운데 가장 중요한 측면이며 자유권의 보호자로서의 국가의 역할과 비슷하다. 법률 제정을 통해서 법적 구제를 보장하고 제도적 조치를 제공한다면, 사회권의 재판 회부 가능성 여부는 더 이상 문제가 되지 않는다.

그 다음 3차 단계에서 국가는 사회권을 지원하고 충족해야 할 의무를 갖는다. 이 의무는 일정한 조치를 취함으로서 권리 실현을 지원해야 하는 의무를 포함하고 있다. 예를 들어, 사회권 규약 제11조 2항에서 규정하고 있는 바와 같이, 국가는 "기술적·과학적 지식을 충실히 이용해 영양소에 관한 지식을 배포하고 농법의 개발과 개혁을 통해 식량 생산과 분배 방식을 개선"하기 위해 지원할 의무가 있다. 충족의 의무는 기초 생필품을 직접적으로 제공해야 한다는 의무를 포함한다. 예를 들어, 실업률이 높은 기간이나 자연재해와 같은 위기 상황에서는 식량 또는 식량을 얻기 위한 수단을 직접 제공해야 한다. 이는 경제적 구조조정과 같은 원인으로 소외된 사람들을 위한 직접적인 원조를 제공해야 함을 의미하기도 한다.

이와 같은 국가 의무의 모든 구성 요소에 비추어 보면, 사회권이 자유권과 다르다는 주장은 지나치게 단순한 생각이다. 이런 단순화 속에서 흔히 전자는 국가의 자원 사용을 요구하고 있는 반면, 후자는 그렇지 않다는 주장이 제기되는 것이다. 이런 주장은 자유권을 기초 단계, 즉 존중의 의무 측면에서 바라보고, 사회권에 대해서는 충족의 의무를 다루는 3차 단계에 초점을 놓고 봤을 때에만 그 타당성을 인정받을 수 있다. 그러나 이런 시나리오는 자의적인 것이다. 자유권 가운데 어떤 권리들은 국가가 직접적 원조를 제공해야 할 의무를 비롯해 모든 단계에서 국가의 의무를 요구하는 권리들이 있다.[13] 반대로 사회권의 경우에는 많은 경우 국가에 의해 간섭받지 않음으로써 개인의 자유와 자원 사용이 가장 잘 보호될 수도 있다.

개발권의 실현 과정과 결과

개발권은 개발 과정에 대한 권리와 개발 결과에 대한 권리로 구성되는데, 이들의 구분은 국제법상 잘 알려진 행위의 의무와 결과의 의무를 구분하는 관행에 상응하는 것이다.[14] 사실 대부분의 인권은 행위의 의무와 결과의 의무를 모두 충족해야 한다. 예를 들어 생명권은, 아직 사형제를 폐지하지 않은 국가에서 매우 엄격하고 제한적인 조건에서 행하는 사형을 제외하고 어떤 식으로든 생명을 박탈해서는 안 된다는 의무와, 살인을 법률로 금지해야 한다는 의무뿐만 아니라, 풍토병이나 전염병 또는 굶주림으로 생명이 위협당하지 않도록 상황적 조건을 형성하고 보장할 의무를 국가에 요구한다.

쟁점이 복잡하고 서로 다른 상황에 대처할 수 있는 유연함이 필요하다는 점에서 볼 때, 사회권 규약 중 특히 제2조와 11조가 행위의 의무보다는 결과의 의무 형태로 규정된 것은 충분히 납득할 만한 일이다. 또한 이런 의무가 쉽게 재판에 회부할 수 없다는 점도 수긍할 수 있다. 그럼에도 불구하고 행위의 의무는 인권의 기초이다. 행위의 의무는 국가들이 그들이 서명한 조약의 의무를 준수하면서 경험을 축적해 나간다면 좀 더 발전할 수 있을 것이다.[15]

위의 분석은 개발권에 대한 다양한 함의를 제공한다. 개발권의 구성 요소로서 사회권에 대한 분석에서 볼 수 있듯이 개발권은 그 자체로 자원의 증가와 동의어가 아니다. 오히려 권리를 증진하는 방식으로 자원을 활용할 수 있도록 개인의 능력을 보호하고 존중하는 데 자원을 결합시켜 주는 것이다. 나아가 개발권은 전통적 범주의 인권, 즉 자유권과 사회권이 개발 국가 차원에서 통합된 방식으로 이행될 것을 요구하고 있다.

불행히도 개발권에 대한 국가정책은 아직 립 서비스 정도에 머물러 있으며, 자원 배분에 있어서 우선순위를 정하거나 개발권을 전혀 고려하지 않고 있다. 비록 일국의 외교부 장관은 유엔 인권이사회나 총회에 나가는 대표단에게 개발권을 위한 표를 던지도록 지시를 내리겠지만, 이런 외교정책적 입장은 국가 개발 정책과 그 실행에서 중요하게 여겨지지 않는다. 이런 격차를 좁히기 위해서는 국가정책의 우선순위와 혜택, 그리고 관련 공직자의 교육 내용에 변화를 가져올 수 있는 최고위급의 리더십이 요구된다.

개발권의 규범적 내용을 준수할 국가의 책임과 의무에 대한 해석과 상세한 설명은 국제적 차원에서 상당한 논쟁거리가 되고 있다. 개발권 선언은 이중의 책임을 기본 전제로 한다. 유엔총회는 "사람들[집단]의 의미과 개인의 개발에 우호적인 환경을 조성하는 것이 국가의 일차적 책임"[16]임을 승인했다. 다른 한편으로는 "국가는 개발권의 실현에 우호적인 국가적·국제적 조건의 조성에 일차적 책임을 가지며 …… 적절한 국가 개발 정책을 수립할 권리와 의무를 가진다"[17]고 했다. 전자는 개발권 선언의 원칙에 따라 개발 정책을 정교하게 수립하고 이를 이행할 책임이 있는 개도국에게 우선 적용될 것으로 보인다. 반면 후자는 권리 실현에 우호적인 "국제적 조건"을 조성하기 위해서 자원 부족의 압박을 줄여야 하는 의무와 "개발권의 충분한 실현을 촉진한다는 관점에서 국제 개발 정책을 수립하기 위한 절차를 독자적·집단적으로 취해야 할 의무"[18]가 있는 개발국[선진국]developed country에 주로 적용된다고 볼 수 있다. 비록 개발권 선언이 외교적 타협의 언어로 가득하지만, 선언은 좀 더 명확하게 의무를 규정하기 위해서 "효과적인 국제 협력", 즉 공여국의 지원을 "개도국의 노력에 대한 보완"이라고 정의하고 있으며, "개도국의 포괄적 개발을 촉진하기 위한 적절한 도구와 설비를 제공함에 있어서 필수 불가결한"[19] 것이라고 기술하고 있다. 이와 같이 개발권 선언은 선진 공여국이 무역이나 외채, 기술, 금융 등의 분야에서 개도국의 자원 부족의 압박을 덜어 줌으로써 개도국이 좀 더 쉽게 개발권을 실현해 나갈 수 있도록 도와줄 것을 명시하고 있다.

국제적 메커니즘 : 실현 가능한 모델을 찾아서

상호 책무성에 대한 착안은 본래 '인간 개발 콤팩트'Compact for Human Development[20]를 마련하기 위해 구성된 민간 전문가 그룹이 '개발에 대한 권리-개발 콤팩트'Right to Development-Development Compact라는 접근법에서 제안한 것이다. 민간 전문가 그룹은 개발 콤팩트를 "모든 이해 당사자가 '의무의 상호성'을 인정하도록 하는 메커니즘"이라고 정의하고 있다. 따라서 "권리에 기초한 프로그램을 실행할 개도국의 의무는 그 프로그램이 이행될 수 있도록 협력할 국제사회의 의무와 조화를 이룬다"[21]고 설명한다. 그러나 이 모델을 따르고 있는 실제 사례를 찾아보기란 어렵다. 비록 많은 공여국의 개발 정책이 개도국 가운데 인권에 기초한 접근법을 채택하고 있거나 개발권적 접근을 객관적으로 취하고 있는 국가에 자원을 지원하려는 의지를 보여 주고는 있지만, 그런 정책이 실행으로까지 나아간 사례는 거의 없다. 여기서 정책적 의지를 실제로 보여 주고 있는 국가로는 덴마크, 네덜란드, 노르웨이, 스웨덴, 영국, 캐나다를 들 수 있다. 이와 비슷하게 2002년 3월에 몬테레이에서 열린 '유엔 개발재정회의'UN Conference on Financing for Development에서 미국의 부시 대통령이 처음으로 제안한 '새천년도전기금'Millennium Challenges Account, MCA의 경우도 실제로 실행되지 않고 있다. 당시 부시 대통령은 "개발국은 자신의 부를 공유할 의무뿐 아니라 부를 창출할 수 있는 원천, 즉 경제적 자유, 정치적 자유, 법치와 인권을 촉진할 의무를 가지고 있다"[22]고 연설했다. 몬테레이 회의는 지속 가능한 발전을 위한 요소들 가운데 "개발권을 포함한 인권 존중, 법치, 성 평등, 시장 중심 정책, 그리고 정의롭고 민주적인 사회에 대한 포괄적 공약"[23]을 포함한 합의문을 채택했다. 새천년도전기금은 결과적으로 마크스가 그의 논문에서 설명하고 있는 바와 같이, 인권과 개발의 통합보다는 경제 성장과 시장 활성화에 초점을 두고 있는 것으로 밝혀졌다.

어쨌든 국가에 상술한 의무가 있다는 인식을 보여 주면서 충분히 일관되게 합의를 실행해 나간다면, 개발권 실현을 위한 국제 협력의 의무가 국제법상의 관습법적 지위를 가진다고 주장할 수 있을 것이다. 그런 새로운 관습 규범은 개발권과 일관되게 개발국의 자원 부족의 압박에 대한 완화 조치를 개발권의 여섯 가지 원칙 ─ 즉, 인권에 대한 통합적 접근, 공정성, 반차별, 참여, 책무성 그리고 투명성의 원칙 ─ 을 준수할 수 있는 개도국의 개발 정책에 연계하게 될 것이다. 그러나 그렇게 법적 의무가 부과되어 있다는 인식에 근거해서 정책을 실행하는 국가가 아직 없다는 것이 작금의 현실이다.

국가 차원의 실행에 관한 이와 같은 지적은 좀 더 철저한 검토가 이루어져야 한다. 이 책에 참여한 필자들 대부분이 개발권을 양도할 수 없는 인권으로 인정하는 것은 국가와 개인을 포함한 사회의 모든 단체에게 적어도 그들의 국제 관계 속에서 개발권을 이행할 도덕적 의무를 부과하는 것이라고 주장하고 있다. 심지어 개발권에 대해 법적 의무를 주장하는 학자도 적지 않다.

어떤 국가가 개발권에 기초한 적절한 정책을 수립하고 이행한다고 가정한다면, 다른 국가들은 그 정책이 성공할 수 있도록 무엇을 해야 하는가? 이 질문에 대한 다양한 해답이 국제기구의 지구적 운영 체제에 대해서 다루고 있는 4부에 제시되어 있다.

아스비에른 에이데는 그의 논문(11장)에서 권리에 기초한 개발의 가치와 내용을 위협하는 신자유주의와 외채 위기, 워싱턴 컨센서스, 그리고 국제무역 체제가 세력을 떨치고 있는 현재 인권 실현을 위한 국가의 책임이 무엇인지에 초점을 맞추고 있다. 그는 개발권 선언이 인정하고 있는 권리에 기초한 개발에 대한 책임을 근거로 그런 개발을 위한 전략을 뒷받침할 수 있는 11가지 명제를 제시하고 있다.

시디크 오스마니는 12장에서 국제사회와 개별 국가 차원의 정책 논의를 세계화의 맥락에서 바라봄으로써 권리에 기초한 접근법과 관련된 쟁점들을 더욱 확장시키고 있다. 그는 주로 세계화가 성장과 관련해서는 기회를 제공한다는 세계화의 긍정적 측면과 노동, 재정 정책, 생산과 고용구조에 대해서는 압박을 가한다는 부정적 측면을 분석하고, 이를 통해 권리에 기초한 개발 정책에 필요한 것이 무엇인지 제시하고 있다. 그는 그런 정책의 수립 과정은 참여적이어야 하며, 그 목표는 어떤 타협적 상황에서도 인권의 불가분성과 불가역성, 그리고 효과적인 모니터링과 평가의 필요성을 인정하고 있는 국제인권법에 근거해야 한다고 주장하고 있다.

마르틴 샤이닌은 13장에서 다양한 국제 법정과 지역 법정, 그리고 조약 기구들이 암묵적으로는 적어도 국가가 개발권에 대해 책무가 있다는 판결을 내리고 있음을 보여 준다. 사생활이나 사유재산, 그리고 소수자의 권리에 근거한 권리 주장을 포함해서 개발 결과에 대한 권리를 추구하는 경로는 다양하다. 그러나 인권의 상호 의존성은 그런 진정 절차와 이런 경로를 통해서 개발과 관련된 주장에 정당성을 부여해 준다.

시그룬 스코글리는 14장에서 국제금융기구의 역할을 논의하면서 개발에 대한 인권에 기초한 접근법의 가장 중요한 특성 중 하나에 초점을 맞춘다. 그녀는 '개발권과 인권에 기초한 접근법 사이의 강한 수렴 현상'에 대해서 확인하고, 양자 모두 개발 과정에서 인권 충족을 요구하고 있다고 주장한다. 이 과정은 국제 금융기구의 재정 지원 및 기타 국제기구의 자원에 대한 국제금융기구의 지렛대 역할, 국제금융과 개발 이론의 방향 설정에 대한 권고를 내포하고 있다. 이를 완성하기 위해서 국제금융기구들은 그 회원들이 채권국이든 채무국이든 상관없이 국제 인권 조약이 부과하고 있는 의무를 따르도록 해야 한다. 나아가 필자는 인권이 인간 개발을 위해 국제금융기구들이 취하고 있는 노력의 효율성과 효과성을 강화할 것이라고 주장한다.

다자간 금융 대출은 개발권을 촉진할 기회를 제공하고, 양자 간 국제 협력은 개발권 실현을 위한 새로운 가능성을 제시할 수 있다. 그리고 이는 국제경제, 특히 개발국과 개도국 간의 관계가 공정성과 파트너십에 기반을 두는 것으로 급격한 전환을 이루어 낼 수 있다. 개발권의 수립을 이끌어 온 인권 운동의 근원적 동기는 개발국과 개도국 사이의 국제경제적 교류에 있어서 공정성을 보장하고 개도국의 역량을 강화하기 위한 것이었다. 1970년대 신국제경제질서에 대한 요구 이면에 있었던 남반구과 북반구의 대립 논리의 대부분은 오늘날 그 타당성을 인정받기 어렵다. 특히 개발과 관련된 국제 관계가 개별 국가 차원의 제도적·정치적 요구와 조건의 희생을 강요하던 경향은 더 이상 정당성을 갖지 못한다. 반면에 국제적·국가적 차원의 의사 결정과 개발 혜택의 배분에 있어서 공정한 대우와 참여의 논리는 오늘날에도 그때와 마찬가지로 강력한 정당성을 유지한다. 이런 관점에서 개발권은 기존과 같은 대립보다는 파트너십에 기초한 개도국과 개발국 간의 협력적 관계 형성을 위한 새로운 영역을 제공하고 있다고 할 수 있다. 이제 중요한 도전 과제는 개발을 촉진할 수 있는 메커니즘과 제도적 틀을 마련하는 것이다.

개발권은 자유권과 사회권의 통합을 전제로 한다. 정보와 결사의 자유, 민주적 의사 결정, 참여 그리고 차별 금지는 사회권 실현에 필수 불가결한 것이다. 이와 비슷하게 보건, 교육 등 사회권의 다른 권리들은 자유권이 번성할 수 있는 사회적 조건을 제공한다. 중요한 것은 이와 같은 상호 의존성과 호혜성의 결과로서 개발권을 위한 모니터링 메커니즘이 전통적 인권 영역에서 사용되던 것들과는 다른 것이어야 한다는 것이다. 유엔 조약 기구들은 각각의 개별 조약이 인정하고 있는 권리를 감독하고 있다. 개발권에 대한 감독은 모든 개별 조약들의 권리 실현과 정책에 초점을 두고 통합적으로 접근해야 하며, 개발 과정이 공정하게 경제성장을 촉진하는지도 살펴봐야 한다.

그와 같은 모니터링 메커니즘은 원칙적으로 새로운 협약 없이도 가능하다. 예를 들어 자유권 위원회와 사회권 위원회가 상호 연계성의 측면에서 각각의 권리를 평가하고 감독할 수도 있다. 사실 두 위원회는 한 권리의 향유가 어떻게 다른 권리의 향유를 촉진 혹은 저해하는가에 대해서 주목해 왔다. 이 감독 기능을 개발권으로 확장하기 위해서는, 권리의 상호 연관성에 관한 조사 수준을 넘어서 국가 개발 정책의 바람직한 구성 요소를 개발하고 국제 관계와 개별 국가 내에서 적용할 수 있는 공정성의 기준을 제시해야 할 것이다.

이 책에 참여한 모든 저자들은 개발권의 모호한 개념을 파악하고 그동안 무척이나 필요했던 개발권의 내용에 대해서 설명하면서, 동시에 개발권이 갖는 의미와 중요성을 보여 주고 있다. 또한 개발권이 국가적·국제적 개발 정책 수립과 그 이행 과정에서 어떻게 인권을 신장시킬 수 있는지에 관한 실천적 지침을 제공한다. 필자들은 공통의 결론에 도달하기보다는 개발권을 둘러싼 여러 가지 문제들을 다양하게 조명하고 있다. 이들의 뛰어난 논문과 노벨 심포지엄의 토론 내용을 검토한 후 우리는 편집자의 결론을 마지막 장에 실었다. 개발권은 앞으로도 수년간 국제 인권 담론의 핵심 주제가 될 것이다. 우리는 이 책이 개발권 개념에 새로운 생명을 불어넣을 수 있기를 바라며 인간 조건의 개선이라는 개발권의 공언된 목적에 개발권 개념이 한층 더 가까워질 수 있기를 바란다.

1장
인권으로서의 개발●

아마티아 센
Amartya Sen

인권은 확실히 선정적인 개념이다. 모든 사람은 어디에 있든 시민권이나 거주권과 상관없이 기본적 권리를 가지며, 다른 모든 사람은 그 권리를 진지하게 배려해야 한다는 전제 속에는 우리를 매혹하는 그 무언가가 있다. 이 개념이 비판적 평가를 거쳐 적절히 사용된다면 강력한 지적 개념이 될 수 있다. 인권의 개념을 공정하게 정의 내리기 위해서는 인권의 자격 요건을 살펴보아야 한다. 즉, 단순한 권리 주장이 인권으로서의 지위를 인정받으려면 무엇을 필요로 하는지 살펴보아야 한다. 어떤 차이로 어떤 권리 주장은 인권으로 인정을 받고, 또 어떤 권리 주장은 그렇지 못한가? 무엇이 인권을 존재시키고 유용한 개념으로 만드는가?

● 이 글은 2003년 10월 13일부터 15일까지 오슬로에서 개최된 노벨 심포지엄에서 발표한 것으로 저자가 2002년 옥스팜(Oxfam) 설립 60주년을 기념해 옥스퍼드 길버트 머레이(Gilbert Murray)에서 강의한 "Why Invent Human Rights?"를 발전시킨 것이다.

개념적 정당성 논쟁

'개발에의 인권에 기초한 접근법'의 타당성과 정당성을 이해하고 면밀히 검토하기 위해서 무엇보다 인권 일반에 제기되는 보편적 질문과 개발권에 대해서만 제기되는 특수한 질문을 구분해서 접근해 볼 필요가 있다. 즉, 일반 인권의 정당성 및 존재 가능성과 개발권 고유의 정당성 및 존재 가능성을 각각 분리해서 보아야 한다.

많은 비평가들이 인권의 일반적 프레임워크와 그 프레임워크를 개발권에 적용하는 것에 대해 심각하게 문제를 제기해 왔다. 인권 전문가들은 세계 도처에서 발생하고 있는 잔혹한 인권침해에 대응해야 한다는 절박한 긴급성 때문에 그런 개념적 문제 제기에 대해서 성급하게 대처한 경우가 많았다. 행위를 우선하는 입장은 일국적 차원에서 뿐만 아니라 지구적 차원에서도 인간의 자유와 안전을 수호하는 데 기여해 왔다는 나름의 의미를 지니고 있다. 하지만 인권이 좀 더 견고한 토대 위에서 합리적 규제력을 가지려면 개념적 문제 제기에 대해서도 충분히 대응해야 한다. 세계가 불확실성 속에서 단순히 위기를 극복하는 것에만 급급하고 현장에 국한된 활동만을 벌이는 만큼, 인권의 감성적 호소력을 합리적 정당화를 통해 강화하고자 하는 시도는 매우 중요한 일이다.

먼저 일반 인권의 프레임워크를 살펴보면, 인권 사상이 거대한 호소력을 갖고 있음에도 불구하고 인권은 법적 강제력을 갖고 있는 다른 권리들과는 달리 그 기반이 견고하지 못하고 지적으로도 부서지기 쉬운 약한 개념으로 여겨진다. 추정상의 주장이 입법화되지 않는다면 그 주장은 어떻게 되겠는가? 어떻게 주장에만 그치지 않고 '진짜' 권리가 될 수 있을까? 지금부터 2세기 전인 1792년에 벤담Jeremy Bentham은 프랑스 인권선언French Declaration of Rights of Man and Citizen을 비판하는 "무정부주의적 오류"Anarchical Fallacies라는 글에서 근본적인 회의주의를 분명하게 드러내고 있다. 그는 "권리, 즉 실질적 권리는 법의 자식이며, 진짜 권리는 상상 속의 법이 아니라 진짜 법에서 나오며, '자연법'law of nature으로부터 상상의 권리가 나온다"[1]고 했다. 이런 이유 때문에 가상의 권리가 진짜 권리가 되려면 합법화되어야 하는 것이다.

그러나 회의론자들은 어떤 권리가 실제로 법적 효력을 가지게 되더라도 그 효력은 국민국가법과 같은 법의 테두리 안에 갇히게 될 것이므로 그렇게 법적 효력을 갖게 된 권리를 인권 혹은 그 무엇이라고 부르든 실제로 달라지는 것이 없을 것이라고 말한다. 그런 권리는 근본적 인간애가 아니라 일국의 법률 또는 국제적 협약에 의존하는 단지 법적으로 인정된 권리일 뿐이라는 것이다. 이 때문에 인권의 개념은 그 자체가 입법화*되기 전에는 공허한 메아리 — 벤담은 이를 "서류상의 고함"bawling upon paper라고 불렀다 — 에 지나지 않으며, 또 입법화된다고 해도 모두 중복적인 요구에 지나지 않게 된다는 것이다. 이와 같이 인권 개념에 대한 거부는 벤담을 시작으로 지난 두 세기 반 동안 다양한 형태로 표명되었다. 벤담은 "인간의 권리"는 "단순한 넌센스"에 지나지 않으며 "자연법적 권리 그리고 불가침의 권리"라는 것은 "수사학상의 넌센스나 허풍"[2]에 지나지 않는다고 말했다.

이런 일반적 회의주의와 함께 좀 더 구체적인 의문들이 개발권에 대해서 제기되었다. 우리는 어떻게 개발권을 명확하게 구성할 것인가라는 일반적인 문제 제기뿐만 아니라 개발권의 재판 회부 가능성과 실행 가능성을 구분해 각각에 관련된 문제에 접근할 필요가 있다. 먼저 개발권은 좀처럼 재판에 회부 가능한 권리가 될 수 없다는 주장이 있다. 예를 들어 굶주림을 없애기 위해서 필요한 행위를 하는 데 실패한 정부를 비난할 수는 있지만, 정부를 법정에 세우고 형벌을 가하는 데는 어려움이 있다는 주장이다. 만약 권리가 재판에 회부될 수 없다면, 단순히 바람직한 목표는 될 수 있겠으나 권리로서의 주장은 의미가 없어진다는 것이다.

● 이 글에서 저자는 합법화(legalization)와 법률 제정(legislation)을 엄격하게 구분해 쓰고 있다. 다른 국제법이나 국내의 기존 법률에 의해 합법화되거나 적법한 것으로 인정받는 것과 인권 그 자체가 법적 실천을 통해 법률로 제정되는 것과의 차이를 강조하고 있다.

둘째로 정치 이론가와 법률 이론가들 중에는 어떤 권리 주장도 그것이 완전히 실행 가능하지 않다면 권리로 볼 수 없다는 입장을 취하는 사람들이 있다. 모리스 크랜스턴Maurice Cranston은 이런 입장을 이용해 경제·사회적 권리를 거부하고 있다. 그는 권리의 범주는 언론의 자유나 사생활 침해 금지와 같은 '제1세대 권리'로 불리는 시민·정치적 권리로 한정되어야 한다고 주장한다.[3] 이와 같은 주장이 맞는 것이라면, 개발권은 기초 교육이나 보건 서비스를 받을 권리, 굶주리지 않을 권리 등과 같이 이미 그 내용이 시민·정치적 권리의 범주를 넘어선 것이기 때문에 잘못된 것이다.

이 글에서는 먼저 인권 일반에 제기되고 있는 전반적인 문제를 다루고 난 후, 개발권의 재판 회부 가능성과 실행 가능성에 대해 제기되고 있는 문제들을 좀 더 자세하게 논의할 것이다.[4]

인권이란 무엇인가

인권이란 무엇이며, 왜 중요한가? 벤담과 같은 공리주의자들의 주장을 수용한다면 인권은 기본적으로 다른 윤리적 교의와 비교 가능하면서도, 그것들과는 매우 다른 사회의식적 공약이라고 보는 것이 최선일 것이다. 다른 윤리적 교의와 마찬가지로 인권도 논란의 대상이 될 수는 있다. 그러나 인권은 어떤 공개적·전문적·엄격한 시험에도 살아남을 수 있는 생존력을 가지고 있다.[5] 아무것도 꺼릴 것 없는 거친 논쟁에서도 살아남을 수 있는 바로 그 생존력으로부터 인권의 보편성이 나오는 것이다. 그러므로 오직 인권이 공개적이고 대중적인 시험에서 살아남을 수 없을 것이라는 점을 입증할 경우에만 인권의 정당성에 의문을 제기할 수 있다. 공개적이고 대중적인 토론을 금지하고 있는 억압적인 체제 하에서 인권이 심각하게 받아들여지지 않는다는 이유로 인권의 정당성에 문제를 제기하는 것은 무의미한 일이다.

이런 의미에서 인권의 생존 가능성은 존 롤스John Rawls의 "공적 이성"public reasoning[6]과 밀접하게 연관되어 있다고 할 수 있다. 그러나 롤스는 그런 공개적 생존 시험을 국가 또는 "국민"Peoples[7]의 테두리 안에 제한하는 경향이 있다. 롤스와는 대조적으로 애덤 스미스Adam Smith는 인권에 관한 논증을 지역적 선입견에서 벗어나 '일정한 거리'를 두고 바라볼 필요가 있다고 주장하고, 그 필요성에 대해서 아래와 같이 강조한다.

> 우리가 우리 자신을 우리 자신의 자연적 위치로부터 떼어 내지 못한다면, 그리고 우리가 우리 자신으로부터 일정한 거리를 두고 우리 자신의 감정과 동기를 바라보려 하지 않는다면, 우리는 결코 자신의 감정과 동기를 제대로 볼 수 없으며, 그것에 관해 어떤 판단도 내릴 수 없다. 그러나 다른 사람의 눈으로, 또는 다른 사람이 우리의 감정과 동기를 바라보는 방식으로 그것들을 바라본다면, 그것들을 볼 수도, 판단할 수도 있다.[8]

인권을 사회윤리와 공적 이성의 측면에서 바라보는 관점은 인권을 법적 권리의 선행물 또는 인도적 입법humane legislation의 결과물로 바라보는 관점과는 대조적이다. 인권은 법률 안에 잘 반영될 수 있으며 새로운 입법을 촉진할 수도 있다. 그러나 이는 인권 그 자체의 성격에 대한 정의라기보다는 겉으로 드러난 현상이라고 보는 것이 맞다.

결과로서의 입법

많은 입법 행위와 국제 협약이 이전부터 존재해 왔던 모든 인류의 권리에 대한 믿음으로부터 촉구되었다는 것은 분명한 사실이다. 허버트 하트Herbert Hart는 1955년에 쓴 그의 고전적 에세이 "자연권이란 실재하는가?"에서 사람들은 "주로 법 제도 속에 자신을 편입시키고자 할 때 도덕적 권리를 주장한다"[9]고 했다. 이는 확실히 인권을 공식화하는 방법 가운데 하나이다. 이런 방식으로 인권 사상과 그 유용성에 대한 하트의 검증된 주장은 영향력을 발휘해 왔다.

여기에서 두 가지 점을 언급할 필요가 있는데, 먼저 인권이 벤담이 주장한 바와 같이 법의 '자식'이 아니라 법의 '부모'라고 한 점에서 하트의 주장은 옳다. 법이 사회윤리를 낳는 것이 아니라 사회윤리가 입법을 낳을 수 있기 때문이다. 둘째, 입법은 인권의 사회의식적 용도 가운데 하나일 뿐 유일한 용도는 아니다. 인권 사상은 실제로 다양한 방식으로 사용되고 있다. 이와 같은 관점에서 하트의 자연권에 대한 해석은 너무 제한적이다. 하트가 인권을 '도덕적 권리'로 보고 제안한 바와 같이 우리가 인권을 강력한 도덕적 주장으로 본다면, 그 주장을 촉진할 수 있는 다른 방법, 즉 입법 외의 방법을 추구하는 것에 대해서 유연해질 필요가 있다. 인권 윤리를 제시하는 방식과 수단이 단지 새로운 법을 만드는 것에 한정될 필요는 없는 것이다. 예를 들어, 국제사면위원회나 휴먼 라이츠 워치Human Rights Watch, 옥스팜Oxfam, 국경 없는 의사회Medecins Sans Frontiers, 세이브 더 칠드런Save the Children과 같은 시민사회단체가 수행하고 있는 감사나 주창 활동도 사회윤리로서의 인권을 효과적으로 성취해 나가는 데 도움을 줄 수 있다. 이와 같이 여러 가지 맥락에서 입법의 문제는 그다지 중요한 것이 아니다.

사실 입법은 인권을 지원하기 위한 수단으로서 매우 잘못된 것이 될 수도 있다. 예를 들어 가족 문제를 결정할 때 아내에게 주어진 협의권은 남성 우월적 사회에서 주장해야 할 중요한 권리이지만, 그와 같은 협의의 권리를 입법화해서 아내의 협의권을 거부하는 남편을 감옥에 가두는 것은 뭔가 잘못된 것이다. 사회적 변화는 다른 방식으로 추구되어야 한다. 즉, 징벌주의적 입법을 통해서가 아니라 여권신장운동이나 정치적 캠페인, 여성의 교육과 고용 기회의 확대와 같은 방식으로 이루어져야 하는 것이다.

정치·사회적 활동을 통해 발전한 권리는 법적 지위를 가질 수도 있고 그렇지 않을 수도 있다. 법적 지위가 없다고 해서 그 권리를 촉진하는 행위가 쓸모없게 되는 것은 아니다. 또한 권리를 촉진하는 기관이 특별한 법적 지위를 가질 수도 있고 그렇지 않을 수도 있지만, 그것과 상관없이 정치·사회·행정적 실천에 변화를 가져올 수 있다. 예를 들어, 파키스탄의 인권위원회는 인도와 남아공의 인권위원회와는 달리, 국내법에서 인정하지 않는 비정부기구의 성격을 가지고 있지만, 인권침해를 밝혀내고 이를 막아 내는 데 매우 효과적으로 기능하고 있으며, 종교적 소수자와 학대받는 여성을 포함해 사회적으로 취약한 사람들을 보호하는 데서도 활약하고 있다.[10]

인권의 효과성은 구체적인 입법뿐만 아니라 사회적 행위 양식에 따라서도 달라진다. 인권적 방법론을 창시한 토머스 페인Tomas Paine과 메리 울스턴크래프트Mary Wollstonecraft와 같은 선구자들은 사회적 실천과 행위의 중요성에 열성적으로 관심을 쏟았다. 페인의 『인권』The Rights of Man과 울스턴크래프트의 『여권의 옹호』The Vindication for the Rights of Women는 모두 벤담이 "무정부주의적 오류"에서 '인간의 권리'의 폐지를 주장하던 1792년에 출판되었다. 둘 다 사회적 변화를 목적으로 세상을 바꿀 수 있는 다양한 수단들을 제시하고 있는데, 입법은 단지 여러 수단들 가운데 하나로 다루어지고 있다.

개발권의 재판 회부 가능성과 실행 가능성

여기서부터는 개발권으로 논의를 옮겨 개발권의 재판 회부 가능성과 실행 가능성을 둘러싸고 제기되고 있는 반론에 대해 이야기해 보자. 앞서 논의한 바와 일관되게 재판 회부 가능성은 인권을 효과적으로 만드는 하나의 방법에 불과하다는 논지를 유지하고자 한다. 사실 강제력을 갖게 되는 입법화가 항상 개발권을 진전시키는 가장 효과적인 방법이 아닐 수도 있다. 개발권은 기초적 교육, 보건, 영양으로부터 정치적 자유, 종교적 자유, 시민의 권리에 이르기까지 다양한 권리 주장이 결합된 복합체로 볼 수 있다.

이런 권리 주장 가운데 어떤 것은 강제력을 갖는 입법의 대상으로서 적합한 것들이 있다. 예컨대, 고문이나 임의적 체포, 여성에 대한 차별, 언론의 자유에 대한 억압을 금지하기 위해서는 확실히 입법화를 추구하는 것이 옳으며 이 경우에는 법적 수단과 재판 회부가 적절한 구제 방법일 것이다. 이런 상황에서도 정치·사회적 운동은 그와 같은 입법이 이루어지도록 사회적 압력을 형성하고, 그 결과 제정된 법률의 효력을 보장하기 위한 감독과 조사 기능을 형성하는 데 중요한 역할을 담당하게 된다. 법이 존재하지 않는다고 해도 정치·사회적 운동은 인권침해자를 지명하고 비난하는 등 대중적 압력을 행사하는 방식으로 존재해야 한다. 특히 경제·사회적 권리의 경우에 그러하다. 정치·사회적 선동과 촉구 활동이 적절하게 작용할 수 있는 영역이 있는데, 인권 의식은 이런 활동에 매우 긍정적인 작용을 한다.

실행 가능성에 대한 비판의 핵심은 인권이 모두를 위해서 성취되어야 하는 것이므로 '완전한' 실행 가능성을 가지고 있어야 한다는 맹목적인 가정에 근거한다는 것이다. 이 가정은 개발권의 중심을 이루고 있는 경제·사회적 권리를 당장에 인권의 영역 밖으로 끌어내 버린다. 경제·사회적 권리는 현실적으로 모두를 위해 즉각적으로 실행 가능한 권리가 아니며 특히 가난한 사회에서는 더욱더 그러하다.

모리스 크랜스턴은 고문과 임의적 구금의 금지와 같은 제1세대 인권에 집중해 왔는데, 그는 경제·사회적 권리를 인권으로 수용하는 문제에 대해 아래와 같이 분명하게 선을 긋고 있다.

전통적 시민·정치적 권리는 제도화하는 데 어려움이 없다. 대부분의 권리는 대체로 정부로 하여금 인간을 자유로운 한 개인으로 인식하도록 만드는데 …… 경제·사회적 권리가 상정하고 있는 문제는 또 다른 질서를 함께 놓고 있다는 데 있다. 아시아와 아프리카 그리고 남아메리카와 같이 산업화가 거의 시작되지도 않은 지역의 정부에게 어떻게 그 지역에 거주하는, 빠르게 증가하고 있는 수백만의 사람들에게 유급휴가와 사회적 안정을 제공할 것을 합리적으로 요구할 수 있겠는가?[11]

넓은 범위의 개발권에 포함되어 있는 많은 경제·사회적 권리가 당장에 모두를 위해서 실행 가능할 수는 없다는 것은 분명한 사실이다.

그러나 인권의 실현 가능성을 확대하는 것이 목적이라면, 왜 완전한 실행 가능성이 인권으로서의 타당성을 갖기 위한 조건이 되어야 하는가를 묻지 않을 수 없다. 어떤 권리가 완전히 실행되지 않는다거나 현재의 상황에서 완전히 실행될 수 없다는 사실 그 자체로 인해 그 권리가 인권이 아니라고 결정할 수 있는 것은 아니다. 사실 인권 신장이란 이미 인정된 권리가 그 실행 가능성을 확대해 나가는 것을 포함해서 인권 실현을 위해 아직 촉진되어야 할 것이 많다는 것을 의미하며, 이런 점이 우리가 개발권에 집중해야 하는 중요한 동기가 될 수 있다.[12]

더욱이 실행 가능성에 대한 의문은 경제·사회적 권리에만 한정된 것이 아니고 훨씬 광범위하게 제기되고 있다는 점을 지적할 필요가 있다. 인간을 '홀로 자유롭게 존재'하도록 보장하기 위한 자유와 자율에 있어서도, 크랜스턴의 주장과는 달리 완전한 실행 가능성을 확보하는 것은 결코 쉽지 않다. 이런 사실은 적어도 2001년 9·11 테러 이후 더욱 분명하게 인식되고 있다. 만약 완전하고 포괄적인 충족을 보장할 수 있는 실행 가능성이 어떤 권리의 타당성을 위한 필요 조건이라면, 경제·사회적 권리(사회권)뿐만 아니라 자유와 자율, 심지어 정치적 권리(자유권)마저 권리로서의 타당성을 전혀 갖지 못했을 것이다.

결론

지금까지 논의는 주로 변증법적 접근을 취했다. 글의 서두는 인권을 공적 이성으로 보호받는 사회의식적 관점에서의 공약으로 바라보는 건설적인 관점으로 시작했음에도 불구하고, 대부분의 논지가 다양한 비판들, 특히 인권 일반에 관한 법률 형식주의의 거부와 완전한 실행 가능성과 재판 회부 가능성을 이유로 한 개발권에 대한 회의론에 대한 반론이 되고 말았다.

결론을 내리기 위해서 다시 건설적인 관점으로 되돌아가자면, 자유가 사회적 가치이고 바로 그 때문에 다른 사람의 자유를 존중할 필요성을 깨닫는 데 사람들 간의 연대가 중요하다고 주장할 수 있는 것처럼, 우리가 합리적으로 할 수 있는 것들을 생각해 볼 필요가 있다. 사실 인권침해를 막기 위해 전혀 아무것도 하지 않겠다고 거부하는 것은 직무 태만이며, 동시에 도덕의 본질적 실패로 볼 수 있다. 인권을 지지하기 위한 제삼자의 의무는 대부분 다른 사람이 무엇을 하고 있으며, 무엇이 효과적이고, 또 어떻게 효과적이 될 수 있는가에 달려 있기 때문에 정확하게 알 수 없는 것이다. 실정법과 비교해 보면, 다른 사람을 도와줄 의무가 법체계 안에 존재할 수 있지만, 실제로 이를 적용하는 데도 마찬가지의 어려움이 나타난다. 좋은 예가 프랑스 법에서 규정하고 있는 '부작위不作爲의 형법적 책임'Criminal Liability of Omissions인데, 이는 어떤 사람이 다른 사람에게 제공할 것으로 기대되는, 사실상 요구되는, 적절한 도움 주기의 실패에 관한 것이다. 이에 대한 법적 책임의 적용 범주와 범위에 대한 연구들이 말하고 있는 바와 같이 그 모호함은 심각하다.[13]

그러나 의무가 모호하다고 해서 법적인 것이든 윤리적인 것이든 의무가 전혀 없다거나 별것이 아니라는 것은 아니다. 사실 그렇게 느슨하게 구성된 의무는 임마누엘 칸트Immanuel Kant가 '불완전한 의무'imperfect obligation로 명명한 중요한 의무 군群에 속한다.[14] 칸트는 이런 의무 군에 큰 중요성을 두고 있는데, 이는 더욱 완전하게 형성된 의무, 즉 '완전한 의무'와 양립할 수 있다.

이를 증명하기 위해 오래되지 않은 사례를 들자면, 뉴욕의 퀸즈에서 한 여성이 다른 사람들이 완전히 볼 수 있는 상태에서 비참하게 폭행을 당한 일을 들 수 있다. 그녀는 도움을 요청하며 울부짖었지만 목격자들은 이를 무시한 채 아무런 행동도 취하지 않았다. 이 사건에서 다음의 세 가지 가공할 만한 일이 발생했다는 주장은 그럴듯해 보인다. 먼저, 폭행당하지 않을 피해자의 자유와 권리가 침해되었다. 둘째로, 가해자는 폭행당하지 않을 권리를 침해함으로써 '완전한 의무'를 위반했다. 마지막으로, 희생자를 돕기 위한 아무런 행위도 하지 않은 사람들은 적당히 제공할 것으로 기대되는 막연한 의무, 즉 '불완전한 의무'를 거역했다. 이 세 가지 위반 행위는 서로 연관되어 있으며, 인권의 프레임워크를 지지하고 있는 윤리 구조 속에서 권리와 의무가 얼마나 복잡한 상응 양식을 갖고 있는지를 보여 준다.

권리의 개념은 구체적인 자유에 초점을 두고 있을 뿐만 아니라 거기에 상응하는 의무도 요구하고 있다. 이 개념은 개발권에 근거하고 있는 권리 주장에 적합하다. 경우에 따라서 어떤 의무는 완벽하게 구체화될 수 있다. 고문을 금지시켜야 한다거나 모든 사람에게 초등교육의 기회와 기초 의료를 제공해야 한다는 등의 국가의 의무가 이에 해당된다. 그러나 많은 경우 의무는 불완전하다. 아마도 한 국가의 시민들이 멀리 떨어진 다른 나라의 빈곤 감축을 도울 의무를 당연한 것으로 느끼는 정도에 대해서는 관점의 차이가 있을 수 있다. 여기서 주장하고자 하는 것은 특정한 외부 원조의 수준이 어떠해야 한다는 것이 아니라 이런 문제들을 공개적으로 토론하고 생각해 볼 필요가 있다는 것이다. 사전에 결정된 공식을 자동적으로 적용하는 것이 아니라, 각각의 국가에서, 그리고 국경을 넘어서 사회윤리를 실천하는 과정에 참여하고자 하는 노력이 필요하다.

인권은 자유의 중요성과 연대의 필요성에 그 기반을 두고 있다. 이와 같은 인식은 일국적 차원과 지구적 차원의 관심과 참여를 필요로 한다. 개발권은 이처럼 좀 더 큰 도전의 측면에서 접근해야 한다.

아마티아 센

인도 출신 후생경제학자로 빈곤과 기아에 시달리는 인도의 현실에 주목하여 빈곤과 불평등에 관심을 갖고 주요 경제적 문제들에 윤리와 철학을 복원시킨 공을 인정받아 1998년 노벨 경제학상을 수상했다. 수리적 모형인 빈곤 지수(센 지수)를 통해 빈곤을 측정한 연구가 특히 유명하다. 1988년부터 1998년까지 하버드 대학에서 뛰어난 정치경제학자에게 수여하는 라몬트 교수직을 지냈으며, 현재 동대학에서 경제학과 철학을 가르치고 있다. 케임브리지 트리니티 칼리지 학장, 옥스퍼드 대학 올소울 칼리지, 델리 대학, 런던정경대학 교수, 계량경제학회, 인도경제협회, 미국경제협회, 국제경제협회 회장직을 역임했다. 옥스팜의 명예 대표였다가 현재는 자문직을 맡고 있다.

그의 책은 30개 이상의 언어로 번역되어 있으며, 주요 저서로는 *Collective Choice and Social Welfare*(1970), *On Economic Inequality*(1973, 1997), *Poverty and Famines*(1981), *Choice, Welfare and Measurement*(1982), *Resources, Values and Development*(1984), *On Ethics and Economics*(1987), *The Standard of Living*(1987), *Rationality and Freedom*(2002) 등이 있고, 국내에는 『불평등의 재검토』*Inequality Reexamined*(1992), 『자유로서의 개발』*Development as Freedom*(1999), 『살아 있는 인도』*The Argumentative Indian*(2005), 『정체성과 폭력』*Identity and violence : The Illusion of Destiny*(2006) 등이 소개되어 있다. 연구 주제는 사회적 선택 이론, 후생경제학, 개발경제학, 공공 보건, 젠더 연구, 도덕과 정치철학, 평화경제학을 포함한 경제학, 철학 등 광범위한 분야에 걸쳐 있다.

2장

개발권의 정의와 실천*

아준 센굽타
Arjun Sengupta

서론

1986년 유엔총회에서 개발권 선언[1]이 채택됨으로써 개발 과정에서의 인권에 대해 완전히 새로운 관점이 도입되었다. 다른 인권의 실현과 마찬가지로 개도 국에 살고 있는 모든 개인의 개발권 실현은 이제 모든 국가의 정책적 우선순위 와 사업 수행 기준이 되었다. 국제사회는 이 합의에 이르기까지 수십 년 동안 개 발권의 배경에 대해서 다방면에 걸친 매우 광범위한 논의를 해왔다. 냉전기의 긴장을 반영하면서 국가들 간의 정치적 입장의 차이와 개념적 차이가 뒤섞였 다. 어떤 권리들은 일명 제1세계 국가들의 입장과 동일한 것으로, 또 어떤 권리 들은 제2세계 사회주의 국가의 정치적 입장과 일치하는 것으로 간주되었다. 개 발권은 미약하나마 제3세계 개도국의 정치적 입장을 반영한 것으로 여겨졌다.

● 이 글은 이 책에 실린 다른 저자들(아마티아 센, 스티븐 마크스, 아스비에른 에이데, 토마스 포게, 보르 안드레아센, 시다크 오스마니, 마고트 살로몬, 라지브 말호트라 등)의 글들에 대한 포괄적인 논평과 함께 전개되고 있다. 이 글의 일부는 *Oxford Development Studies* Vol. 32, No. 2, 2004/06에서도 볼 수 있다.

냉전이 끝나 갈 무렵 이는 1986년 채택된 개발권 선언으로 종합되었는데, 이 선언은 국가들 간의 숱한 타협을 반영한 불분명한 언어의 합의문이었다.

개발권 선언은 미국의 반대와 8개국의 기권을 제외한 유엔 회원국 절대 다수의 지지로 채택되었지만, 한동안 개발권의 국제적 승인 문제가 논쟁이 되기도 했다. 그러나 1993년 비엔나에서 개최된 제2차 세계인권회의에서 개발권을 인권으로 인정하는 합의가 이루어졌다. 당시 미국도 이 합의에 공식적으로 지지를 표명했다. 그 이후로 거의 모든 국제회의와 정부 간 회의[2]에서 개발권은 인권으로서 거듭 확인되었다. 이와 같은 폭넓은 지지의 결과로 개발권은 이제 보편적으로 국제적 인정을 받고 있다고 말할 수 있다.[3]

그러나 여전히 개발권의 정확한 내용을 둘러싼 선언의 해석에는 중요한 차이가 존재하고 있다. 국제사회는 다양한 실무 그룹을 구성해 개발권을 해석하고 분석해 왔는데, 가장 최근의 분석이 내가 '개발권에 관한 유엔 인권위원회 민간 전문가'Independent Expert on the Right to Development to the Human Rights Commission 자격으로 작성한 일련의 보고서[4]이다. 나의 보고서는 선언의 각 조항에 근거해 개발권의 정의와 내용을 규명하고, 개발권의 이행 방법과 그 이행에 대한 서로 다른 책임 기관들의 의무를 실례와 함께 제시하고 있다.

이 글의 목적은 개발권의 내용을 운용 가능성의 측면에서 분석하고, 개발권이 무엇이며 어떻게 이행될 수 있는지, 그리고 그 이행에 있어서 인권법을 따를 경우 어떤 이점이 있는지에 관해 논의하는 것이다. 이 글은 개발권의 측면에서 개발 과정을 바라보는 것이 오늘날 논의되고 있는 개발 담론에 중요한 가치를 부가한다는 점을 주장하고 있다. 즉, 권고된 방식대로 개발권을 이행하는 것이 경제성장을 이루는 데 가장 효과적인 방법이며, 나아가 개발권을 하나의 국제법제로 다룸으로써 개발 프로그램의 이행에 대한 전망을 높일 수 있다고 주장한다.

글의 첫 부분은 개발권의 정의에 초점을 맞추고 있다. 여기에서 나는 개발권에 관한 유엔 민간 전문가 자격으로 작성한 보고서에서 정교하게 설명하고 있는 바와 같이 개발권의 내용을 정리하고 있다. 이는 국제인권법, 인권의 성격,

개발권 이행을 위한 의무와 함의로 이어지는 다음 논의들을 위한 토대를 제공할 것이다.

개발권의 정의

개발권 선언의 서문과 조항5에 근거한 민간 전문가들의 보고서에서 제시한 개발권의 정의는 다음과 같다.

> 개발권은 양도할 수 없는 인권으로, 모든 인권과 기본적 자유가 온전히 그리고 점진적으로 실현될 수 있는 개발 과정에 관한 권리이다(정의 1).

이 정의는 선언의 본문으로부터 도출된 여러 가지 요소를 포함하고 있다. 그런 요소들은 인권 제도에 관한 일반적 논의에 비추어 설명이 가능하다

개발권 선언의 서문에 명시된 바와 같이, 개발은 경제를 넘어 사회·문화·정치적 영역을 망라해 '지속적인 증진', 즉 웰빙의 점진적이고 상시적인 증진을 목적으로 하는 포괄적 과정이다. 이 정의는 국민총생산, 산업화, 수출 성장, 자본 유입의 단순한 확대를 의미하는 전통적인 개발의 정의와 다르다. 또한 개발의 과정은 단지 특정 집단의 이익이 아니라 모든 사람의 웰빙을 점진적으로 증진시킬 수 있도록 공평하고 공정하게 혜택을 분배해야 하며 진정으로 참여적이야 한다.

참여와 혜택의 공정한 분배는 일명 권리에 기초한 개발, 즉 인권 기준을 준수한 개발 과정의 주요한 특징이다. 이런 특징은 '경제·사회·문화적 권리의 위반에 관한 마스트리히트 가이드라인'(이후 마스트리히트 가이드라인)Maastricht Guideline on Violations of Economic, Social and Cultural Rights 사회권 위원회의 일반 논평, 여러 국제 인권 기구의 선언문과 같은 다양한 문건에서 설명되고 있다. 내 보고서에

서도 권리에 기초한 개발 과정의 성격은 다섯 가지 원칙, 즉 공정성, 반차별, 참여, 책무, 투명성으로 요약되고 있다. 이 원칙들은 모두 개발의 과정이 인권 기준을 따르도록 하는 데 기여하는 것이다.

　권리에 기초한 개발 과정과 개발권은 다른 것이다. 모든 개발 과정과 그와 관련된 활동이 인권 기준을 준수하는 방식으로 수행된다면 그것은 권리에 기초한 개발 과정이 될 수 있다. 그런 개발 과정이 권리가 될 수 있거나 권리로서 주장될 때, 그것은 개발권의 대상이 될 수 있다. 국가마다 서로 다른 방식의 다양한 개발 과정을 취할 수 있다. 그 방식들 가운데 몇 개만이 인권 기준을 따르는, 즉 권리에 기초한, 그리고 선언에서 규정하고 있는 개발의 정의에 부합하는 것일 것이다. 선언의 제1조에 따르면, 다양한 권리에 기초한 개발 과정 가운데 "모든 인권과 기본적 자유를 목적으로 하고, 그것을 실현하는" 과정만이 개발권을 주장할 수 있는 대상으로서의 자격을 갖는다.[6] 그 과정의 결과는 인권이며, 과정 그 자체도 인권으로 주장될 수 있다.

　선언의 서문에서 정의하고 있는 바와 같이 개발은 '웰빙의 지속적인 증진'을 보장하는 과정이다. 이와 같은 정의는 웰빙의 개념을 '권리에 기초한 과정을 통한 인권과 기본적 자유의 실현'으로 확장시키고 있다. 이와 같은 웰빙 개념의 진화는 1945년 이후 개발 이론의 진화를 잘 반영하고 있다. 개발은 처음부터 적어도 원칙적으로는 모든 사람의 웰빙의 증진과 동일한 개념이었다. 개발을 기능적 측면에서 정의하기 시작하면서 차이가 생겨나게 되었고 기능적 정의에 적합한 개발 정책이 수립되기 시작했다. 처음 몇 년 동안 개발은 일인당 실질소득의 성장과 동일시되었다. 여기서 일인당 실질소득은 '총체적 선호-만족도'aggregate preference-satisfaction[7] 지수로서 삶의 서로 다른 목적을 성취하는 수단이라는 측면에서나, 그 자체로서 목적이 되는 측면에서나 국민의 생활수준을 대변하는 평균 웰빙 지수가 되었다. 그러나 실질소득의 증가가 필수적이기는 하지만 삶의 조건을 개선하는 데 필요한 최소한의 요구 조건을 모두 충족시키기에는 부족한 것이라는 인식이 확산되면서, 웰빙의 개념은 기본욕구basic needs에 관한 지수를 포함하게 된다. 확대된 개념에 상응하는 개발 정책은 일인당 실질소득뿐만 아니라 기본욕구의 충족을 증진시키는 것을 목적으로 하게 되었다.[8] '인간 개발 중심의 접근법'human development approach은 위와 같은 기본욕구에 기초한 접근법의 확장으로 볼 수 있으며, 물질적 수요에 관한 기본욕구 지수로부터 인간 개발 지표로 초점이 옮겨지고 있는 것이다. 인간 개발 지표는 일인당 실질소득 지수에 기대 수명, 영아 생존율, 성인 식자율 등을 추가해 그 개념을 보완한 것이다. 인간 개발 중심의 접근법을 제시한 아마티아 센은 인간 개발 지표를 물질적 생필품이 가치 있는 '행위와 상태'doings and beings로 전환되는 함수functioning 공간에서의 성취라고 설명하고 있다.

센의 역량 이론capacity approach은 한걸음 더 나아가 한 사람의 역량은 그 사람이 성취할 수 있는 "함수들의 다양한 조합", 즉 행위와 상태를 반영한다고 한다. 역량은 삶의 다양한 방식들 중에서 자신이 방식을 선택할 수 있는 자유를 의미한다.[9] 자유가 권리로서 주장되고 인정될 때 웰빙은 이런 모든 권리의 향유 수준을 반영하게 되고, 웰빙의 증진으로서의 개발은 자유와 권리의 실현이 확대됨을 의미하게 된다. 인권의 틀 속에서 웰빙 함수는 적합하게 설계된 권리 지표로 나타낼 수 있다. 일인당 실질소득은 권리나 생활수준에 반영되지 않은 여타의 개발 목적을 나타내는 지표로서 웰빙 함수에 포함될 수 있다.[10] 실질소득 지수는 권리 기준과 일관성을 유지하도록 알맞게 조정되어야 한다. 그래서 권리 신장이 실질소득의 증가를 보완하도록 해야 한다. 다시 말해, 인권의 틀 속에서 웰빙 개념은 '상품과 서비스의 가용성에 관한 일반적 개념'을 '기본적 자유의 향유에 관련된 상품과 서비스에 대한 모든 개인의 권리에 기초한 접근 가능성' 그리고 '실질소득을 발생시키는 권리에 기초한 과정'으로 확장시키고 있다. 그래서 웰빙의 수준은 기본권의 실현 수준과 권리에 기초한 일인당 실질소득 수준 또는 생활수준으로 설명될 수 있다. 결과적으로 개발은 웰빙[11]의 증진을 의미하게 된다.

이런 주장을 받아들인다면, 위에서 언급한 개발권의 정의(정의 1)를 알맞게 조작할 수 있다. 먼저 개별 권리에 대한 적절한 지표를 구성할 필요가 있다. 그러면 각 지표 값의 상승은 각 지표에 해당하는 권리 신장을 보여 주게 된다. 그러나 이와 같은 지표의 구성은 어려울 뿐만 아니라 구성하더라도 그것은 근사치에 불과하다. 이는 한 권리가 다양한 측면을 가지고 있기 때문이다. 그럼에도 불구하고 개별 권리의 신장을 위한 프로그램이 성공적인지 아닌지를 평가하기 위해서는 그와 같은 개별 지표를 구성할 필요가 있다. 이때 다른 정책이 그 프로그램에 미친 영향뿐만 아니라 그 권리와 상호 의존 관계에 있는 다른 권리의 상호작용에 대해서도 고려해야 한다. 또한 지표의 증가에 대한 자원 비용의 원천에 대해서도 고려해야 한다. 예를 들어 센의 정당성legitimacy과 일관성coherence 시험을 통과한 권리로서의 자격을 갖춘 기본적 자유에 근거하고 있으며, 실제로 정당한 국가적·국제적 규범의 형성 과정을 거쳐 권리로서 인정받은 'n'이라는 권리가 있다고 가정해 보자. 그리고 n의 향유 수준을 나타내는 지수를 R_i라고 하면, 권리에 기초한 웰빙(WR)은 벡터($R_1, R_2, \ldots\ldots R_n, y^*$)로 정의될 수 있다. 여기서 y^*는 권리에 기초한 규범으로 조정된[12] 일인당 실질소득으로 측정한 일반적 생활수준을 의미한다. 인권으로서 주장할 수 있는 개발은 다음과 같은 벡터로 설명될 수 있다.

$$DR = d(WR) = (dR_1, dR_2, \ldots\ldots dR_n, g^*)$$

여기서 dR_i는 일정 기간 동안의 권리 R_i의 신장을 의미하고, g^*는 같은 기간 동안에 나타난 권리에 기초한 경제성장을 의미한다. DR은 권리에 기초한 웰빙의 점진적 증진으로서의 개발을 나타낸다.[13]

그래서 (정의 1)로부터 도출한 개발권의 운용적 정의는 아래와 같이 변용될 수 있다.

개발권은 인권 기준을 준수하고 있는 경제성장 과정뿐만 아니라 시민·정치적 권리와 경제·사회·문화적 권리와 (그리고 국제법에서 인정하고 있는 다른 권리와)

같은 모든 승인된 권리의 점진적·단계별 실현으로 구성된 개발 과정에 대한 권리이다(정의 2).

여기서 DR은 인권이지만, g^*는 인권으로 인식할 필요가 없다. 효력에 있어서 g^*은 권리로 인정되지 않는 웰빙의 다른 모든 구성 요소 또는 인권으로서 주장될 수 없는 다른 모든 자유를 대변한다. 이 공식에서 g^*, 즉 경제성장을 빼버리면, 개발권은 단순히 "모든 인정된 권리의 점진적·단계적 실현으로 구성된 개발의 과정", 즉 $dR = (dR1, dR2, \ldots\ldots dRn)$이 된다(정의 2a). 인권 기준을 준수하면서 수행된 경제성장은 모든 권리의 충족을 촉진함에 있어서 내용적 역할보다는 도구적 역할을 수행한다. 이는 이 공식에 $dRi = f(g^*, Pi)$라는 조건, 즉 개별 권리의 증진은 권리에 기초한 경제성장(g^*)과 개별 권리에 대한 정책 프로그램(Pi)에 따라 달라진다는 조건을 더하면 나타난다.[14]

센의 접근법은 개발권 선언 제1조에서 규정하고 있는 정의와 일관되게, $dR = (dR1, dR2, \ldots\ldots dF1, dF2, dFs)$이다(정의 3). 여기서 Ri's는 인정된 권리이고, Fj's는 아직 인권으로 인정받지 못한 기본적 자유이다. 이 정의에서 개발은 모든 인권과 자유가 실현되는 과정을 의미한다. 센에게 자유는 사람이 함수의 특별한 조합, 즉 그 사람이 할 수 있고 될 수 있는 것을 선택할 수 있는 역량의 정도를 나타낸다. 그리고 개발은 그런 역량의 확대를 의미한다. 그러나 모든 자유가 자동적으로 권리가 될 수 있는 것은 아니다. 자유가 권리가 되려면, 중대성과 사회적 영향력의 '임계 조건'threshold conditions을 충족시켜야 한다.[15] 나아가 이런 자유는 국제인권법에서 적합한 절차를 거쳐 인권으로 인정되어야 한다. (정의 3)은 이런 조건을 반영한 것이다. 즉, 개발은 자유를 확장하는 과정인데, 어떤 자유는 이미 인권으로 인정된 것이고 어떤 자유는 아직 인권으로 인정되지는 않았지만 웰빙의 실질적 요소로서 충분한 중요성을 가진 것으로 간주된다. 권리로서 인정되지 않은 이와 같은 모든 자유는 (정의 2)에서 그런 자유들 간의 밀접한 일대일의 관계성을 가정하고 g^* 대리 지표proxy indicator로 표현되었다. 만약 이런 자유를 모두 열거할 수 있고 적합한 지표로 나타낼 수 있다면, (정의 3)에서 정의하고 있는 바와 같이 개발 벡터의 구성 요소가 될 수 있다. 그리고 권리에 기초한 경제성장 $g*$는 $dFj = F(g*, Pf)$ 조건 속에서 단순한 수단이 될 수 있다. 여기서 $Fj(j=1 \ldots s)$는 아직 인권으로 인정되지 못한 자유를 의미하고, Pfj는 그런 자유들 j에 대한 프로그램과 정책을 의미한다. 그러나 이를 운용화하려면, (정의 2)에서와 같이 $g*$ 대리 지표를 실질 변수로 사용하고 권리 실현 정책에 집중하고 권리에 기초한 경제성장을 촉진하는 것이 훨씬 편리하다.

세 가지 정의 모두 인권의 세 가지 기본 성격, 즉 불가침성, 상호 의존성, 그리고 불가분성을 완전히 수용하고 있다. 불가침성은 개발권의 실현 과정에서 어떤 개별 권리도 침해해서는 안 된다는 것을 의미한다. 즉, $DR > 0$은 $dRi > 0i = 1, \ldots n$이 되어야 한다. 이는 어떤 권리 지수도 마이너스가 되어서는 안 된다는 것을 의미한다.[16]

만약 한 권리의 실현 수준이 다른 권리의 실현 수준에 의존한다면 두 개의 권리는 상호 의존적이다. 즉, $Ri = f(Rj)$ $i = j$라는 공식이 성립한다. 만약 한 권리의 침해가 다른 권리의 침해를 유도한다면, 두 권리는 불가분하거나 통합된 것으로, $dRi > 0$, $i = j$라는 공식이 성립된다. 이 두 가지 조건은 개발권에 대한 정의의 측면에서 $Ri = f(Rj, g)$, $j = 1, 2 \cdots n, i = j$이면 $¥Ri > 0$, 그리고 $¥Ri > 0$이면, $j = i$로 나타낼 수 있다. 이와 같은 조건에서 개발권으로 간주되는 개발 과정의 벡터가 상승하면, 즉 $DR > 0$ 또는 $(dR1, dR2 \cdots dRn, g) > 0$은 $g > 0$되면 적어도 하나의 i가 존재함을 의미한다. 그래서 $dRi > 0$이 되고, 다른 모든 권리 $dRj > 0$, $j = i$가 된다. 나아가 어떤 권리 i에 있어서 $dRi < 0$이면 그 권리가 침해되었음을 의미하게 되고, 그래서 $DR < 0$이면 개발권이 침해된 것을 의미한다. 이는 개발권의 통합적 성격에 따른 결과이다.

개발권의 두 가지 성격은 개발권을 벡터로 나타내면 명확해진다. 먼저 개발권은 종합적 권리이다. 개발권의 모든 권리는 권리별 집단성뿐만 아니라 권리들 간의 상호 의존성을 인식하면서 함께 실현되는 것이다. 전체는 부분의 합보다

커진다. 다스굽타Partha Dasgupta가 주장한 바와 같이, 개발권을 구성하고 있는 권리들은 서로 정正의 상승작용을 하면서 다차원적으로 연관되어 있다.[17] 개발권의 창안자 가운데 아비사브As G. Abi-Saab[18]는 개발권에 대해 "개개의 인권을 하나하나 끌어 모으는 절차를 거치지 않고" 총체적인 관점으로 접근할 수 있다고 확신했다. 개발권은 자원이 증가한다는 상황적 조건하에서 이루어지는 개발 프로그램의 일부로서, 권리들이 통합된 방식으로 다함께 이행되는 인권의 복합체이다.

둘째로 다른 권리가 침해되지 않으면서 적어도 하나의 권리라도 개선되면 개발권은 증진될 수 있다. 개발권은 시민·정치적 권리와 경제·사회·문화적 권리를 모두 포함하고 있기 때문에 이 권리들 가운데 하나라도 침해받는다면 개발권 전체가 침해받는 것이다. 이와 같이 모든 권리의 복합체로서 개발권이 갖는 통합적 성격은 권리를 개별적으로 다뤘을 때보다 더 큰 가치를 갖게 되는 것이다. 개발권에서는 어떤 권리라도 다른 권리를 보호하기 위한 조치가 동시에 취해지지 않는다면 개선될 수 없다. 따라서 개발권은 시민·정치적 권리만을 인정했던 국가들과 심지어 시민·정치적 권리를 희생하더라도 경제·사회·문화적 권리의 충족을 우선시했던 정부들 간의 초기 갈등을 효과적으로 조정하게 된다. 이제 국제사회의 인권 논의 경향은 시민·정치적 권리와 경제·사회·문화적 권리의 통합을 천명하고 있는 1948년 세계인권선언으로 완전히 한 바퀴 되돌아간 듯하다.[19]

개발의 과정

개발의 과정에 관한 정의 역시 정교하게 나타낼 필요가 있다. 개발권은 개발의 과정과 결과를 모두 포괄하는 권리이다. 개발은 유한한 것이 아니라 지속적인 과정이다. 개발은 자원과 국민총생산의 성장, 기술과 제도의 변화뿐만 아니라 다른 권리들에 대한 향유가 증진됨으로써 나타난 결과를 단계적으로 실현하는 것이다. 그 과정은 다른 권리들 못지않게 실체적인 것이다. 어느 한 시점에 권리들의 실현을 어느 정도까지 신장하겠다는 목표는 그 권리들 간의 종적·횡적 상호 연관성을 유지함으로써 달성될 수 있다. 어느 한 권리의 향유는 다른 권리의 충족 여부에 달려 있고, 오늘 어느 한 권리가 실현된 정도가 내일 다른 권리의 실현 수준을 결정하기 때문이다. 개발 과정 그 자체가 권리에 기초한 방식으로 수행되어야 한다. 즉, 국가와 그 밖의 관련 기관은 참여적이고 반차별적인 태도로 인권 기준을 준수하면서 정책을 수립하고 수행해야 하며, 모든 결과에 대해서 공정성과 책무성을 가져야 한다. 여기서 경제성장은 여러 부담들을 가볍게 해줄 것이며 결과의 실현을 촉진시킬 것이다. 그래서 개발권은 종합적 목표로서의 본질적이고 실질적 역할과, 동시에 그 목표를 달성할 수 있는 방법의 성격을 규정짓는 수단적 역할을 가지고 있다.[20]

인권은 일반적으로 본질적 가치와 수단적 가치를 모두 가지고 있다. 인권은 그 자체로도 추구해야 할 목적이면서 동시에 다른 목적을 달성하기 위한 수단으로도 바람직하다. 그러나 단순히 본질적으로나 수단적으로나 추구할 만한 바람직한 것이라고 해서 모두 인권이 되는 것은 아니다. 앞에서 논의한 바와 같이 인권은 그 주장과 실현 과정이 충분한 정당성과 다른 인권과의 일관성을 가질 것을 요구하는 적절한 규범을 통해서 인정된다. 개발권은 위에서 논의한 바와 같이 그런 시험들을 통과한 것이다. 개발권에 대한 비판론자의 관점과는 달리, 개발 과정이 단지 다른 권리의 실현에 수단적 역할을 수행할 수도 있다는 이유만으로 권리의 자격을 인정받은 것은 아니다.

경제성장

권리에 기초한 경제성장(g^*)은 개발권을 구성하는 한 요소이지만, 그 중요성에 대한 인식은 부족하다. 벡터의 증가는 개발을 의미하는데, 벡터를 구성하는 다른 모든 권리들은 경제성장을 제외하고 다양한 국제조약에서 인권으로서의 지위를 인정받아 왔다. 그러나 이런 권리들이 개발권으로서 일정한 시기를 거쳐 점진적으로 함께 실현되는 것이라면, 인권 기준을 따르는, 즉 권리에 기초한 경제성장 과정을 벡터의 구성 요소로 포함하는 것이 타당하다. 경제성장은 자원에 대한 부담을 경감시키고, 개발과 연관되어 있으나 권리라고 주장할 수 없는 다른 모든 자유를 대변한다.

개발권이 인정하는 상호 의존적인 권리들의 실현은 개개의 권리를 충족하는 데 필요한 재화와 서비스에 대한 접근과 그 가용성에 달려 있다. 이는 경제·사회·문화적 권리뿐만 아니라 시민·정치적 권리에도 적용된다. 흔히 경제·사회·문화적 권리는 적극적 권리로서 그것을 신장시키려면 관련 재화와 서비스에 대한 가용성을 높임으로써 사회적 개발 지표가 신장되어야 한다고 한다. 반면 시민적·정치적 권리는 일반적으로 소극적 권리, 즉 간섭받지 않을 권리로 여겨지는데, 그런 권리를 존중하기 위해서는 의무 담지자의 행위를 금지하기만 하면 되는 것이기 때문에 많은 자원을 사용할 필요가 없다. 그러나 의무 담지자, 즉 국가가 그런 권리를 보호하려면 반드시 재화와 서비스 그리고 기구나 제도와 같은 자원을 필요로 한다. 어떤 한 재화 또는 서비스의 가용성은 다른 재화나 서비스에 대한 가용성을 줄이지 않고는 무한대로 증가할 수 없다. 특히 국가의 자원이 증가하지 않는 상황이라면 더욱더 그러하다. 이와 비슷하게 적절한 재화와 서비스에 대한 접근성은 공공 지출을 포함한 공공 정책에 따라 달라지는데, 공공 지출은 공공 수입의 증가 없이는 무한대로 확대될 수 없으며, 공공 수입은 다시 국민총소득의 증대 없이는 증가할 수 없다. 어떤 권리는 경제성장 없이도 제한된 기간 동안 다른 권리들과는 독자적으로, 그리고 제한된 정도까지 상응하는 재화와 서비스에 대한 접근과 가용성을 통해서 실현될 수도 있다. 그러나 모든 권리는 경제성장을 통해 자원 부족의 압박을 경감시킴으로써 지속적으로 실현될 수 있다. 자원의 용도를 조정하는 정책만으로는 장기적으로 다른 권리들을 위한 자원을 줄이지 않으면서 한 권리를 충족하는 데 성공할 수 없으며, 이는 결과적으로 종합적 인권으로서의 개발권을 위반하는 것이다. 경제성장을 분명하게 전면으로 가져오지 못한다면 개발권은 단지 몇몇 권리에 대한 잠재적 실현 가능성을 가진 것으로 한정될 것이다.

경제성장을 개발권의 구성 요소로 포함시키려면, 앞서 언급한 바와 같이 경제성장이 인권으로서의 다른 모든 권리를 실현하기 위한 조건들과 일관성을 유지해야 한다. 그러기 위해서는 경제성장 과정이 공정하고 정의로우며 반차별적이고 참여적인 방식으로 수행되어야 하며, 책무성과 투명성이 확보되고, 권리에 기초한, 즉 인권 기준을 준수한 것이어야 한다. 그렇게 권리에 기초한 과정을 통한 경제성장이 실현 가능하도록 적절한 정책의 설계가 가능해야 한다. 그리고 이런 정책 수행을 책임질 국가기관과 국제기구를 명확히 지정하고 권리에 기초한 경제성장 과정의 일관성을 보장할 수 있어야 한다. 경제성장이 개발권의 구성 요소가 되어야 한다는 주장은 경제성장이 개발권의 동시적, 점진적 실현에 필요하기 때문이기도 하지만 경제성장이 다른 권리들과 마찬가지로 정당성과 일관성을 가지고 있기 때문이다. 그러나 경제성장이 개발권의 구성 요소가 되기 위해 반드시 인권이 될 필요는 없다.

경제성장을 모든 인권 실현을 가능하게 하는 것이라고 그 성격을 규정할 수 있는 이유는 개발권의 수단적 역할로부터 기인한다. 그러나 권리에 기초한 공정하고 정의로운 경제성장은 그 자체로도 추구해야 할 바람직한 목표이다. 이와 같은 경제성장은, 위에서 정의한 웰빙의 개념에서도 알 수 있듯이, 기존에 인정된 권리들의 실현만으로는 얻을 수 없는 웰빙의 다른 모든 요소가 증진되는 것을 의미한다. 그런 경제성장은 또한 저개발의 곤경으로부터 해방된 개도국 사람들의 존엄한 삶과 개도국에 대한 다른 나라의 공정하고 평등한 대우를 의미하기 때문에 바람직하다. 이런 이유 때문에 개도국은 개발권을 모든 개별 권리들을 합한 것보다 높이 평가하고, 개발권의 향유를 가능케 하는 국제 질서와 사회제도 속에 경제성장을 포함해야 한다고 주장해 왔다.

그와 같은 경제성장에 대한 개도국의 촉구는 충분히 이해할 만하고 정당한 것이지만, 이는 개도국이 시민·정치적 권리를 희생시키면서 경제·사회·문화적 권리만을 지지하는 것으로 잘못 해석되곤 했다. 이와 비슷하게 시민적·정치적 권리만을 정당한 인권으로 인정하고자 하는 국가들의 압박은 공평한 국제 질서 하의 경제성장에 대한 개도국의 요구를 거부하는 것으로 받아들여져 원망을 사왔다. 이 글에서 체계적으로 다룬 개발권의 개념은 이 두 세력 간의 화해를 불러올 수 있다. 시민·정치적 권리와 경제·사회·문화적 권리는 모두 개발권의 구성 요소로서 권리에 기초한 경제성장이 요구되는 상황 아래서 완전히 통합된 것으로 볼 수 있다. 개발권의 어떤 구성 요소도 침해되어서는 안 된다. 국가와 국제 사회의 의무 담지자들은 국가별 특수성과 국민의 여론에 따라, 모든 권리의 실현이 어렵다면 일부의 권리만이라도 최대한 실현하는 것을 정책의 목적으로 수립해야 할 것이다.

개발권에 대한 인식을 끌어올리고 개발 담론과 그 실천에 가치를 부가하는 권리에 기초한 접근법이 만들어 내는 차이를 알아내기 위해서는 권리가 무엇이며, 어떻게 이 권리들이 각각에 상응하는 의무를 사회에 부과하게 되는지, 그리고 언제 그런 권리가 인권으로서 인정받게 되는지를 이해해야 한다. 이에 대해서 아래에서 논의해 보자.

국제법상의 개발권

인권 사상은 오랜 역사를 가지고 있다. 그러나 개발권 선언의 토대를 제공하고 있는 인권 프레임워크는 제2차 세계대전 후에 등장한 국제법 체계로부터 나온 것이다. 그런 국제법 체계는 제2차 세계대전 동안 일어났던 국제 인권 운동의 부산물이었다. 루이스 헨킨Louis Henkin은 당시의 인권 운동에 대해 "인간이 어디에 있든 어떻게 대우를 받아야 하는지에 대한 광범위한 확신으로부터"[21] 나온 것이라고 설명했다. 당시에는 모든 개인이 세계 어디에 있든 없어서는 안 될 인권과 기본적인 자유를 가지고 있다는 인식과 이를 보호하고 촉진하는 것은 그런 개인들이 속해 있는 곳이 국가이든 단체이든 상관없이 모든 사회의 목적이라는 인식이 넓게 퍼져 있었다. 유엔헌장은 제2차 세계대전 후에 만들어진 최초의 국제적 합의인데, 우리 "국제연합의 사람들[국민들]"The Peoples of the United Nations은 스스로에게 기본적 인권을 부여했으며, 모든 국가는 이를 국제적 사안으로 수용할 것에 동의했다고 표현하고 있다. 회원국들은 스스로 협력해 기본적 인권을 정의했으며, 유엔 인권선언은 "모든 나라의 모든 사람들을 위해 달성해야 할 공통의 기준"으로서 기본적 권리를 그 안에 수용했다. 1966년에 회원국 정부들은 시민·정치적 권리에 관한 국제 규약International Covenant on Civil and Political Rights, ICCPR(자유권 규약)과 경제·사회·문화적 권리에 관한 국제 규약International Covenant on Economic, Social and Cultural Rights, ICESCR(사회권 규약)을 채택하고, 스스로에게 이런 권리를 보호하고 촉진할 의무를 부과했으며, 의무의 준수 여부에 관해 국제적 조사와 감독을 받기로 했다. 자유권 규약과 사회권 규약은 오늘날 국제사회의 공통 기준이 되었으며, 국제사회는 이 규약들의 기준에 따라 모든 정부의 의무 이행 정도를 조사하고 평가할 수 있게 되었다.

만약 국가 차원에서 인권의 보호가 불충분할 경우, 헨킨이 말한 대로 "국제인권법은 국가가 그와 같은 불충분함에 대해서 구제를 하도록 명시"하고 있으며, 이의 준수 여부에 대해 국제적인 "모니터링 기제"[22]에 복종하도록 요구하고 있다. 즉, 국제인권법과 인권 기구는 국내법에 맡겨진 권리 보호의 의무를 보완하도록 되어 있는 것이다.

이와 같은 국제인권법의 성격 때문에, 최근 다양한 국제 포럼에서의 개발권에 관한 심의는 개발 담론과 관행에 중요한 이정표를 제시하고 있다. 비록 개발권이 국제적 인권으로 승인되긴 했지만 개발권에 상응하는 권리와 의무를 국가적 차원에서 법률 또는 헌법에 적절하게 수용한 국가는 거의 찾아보기 어렵다. 또한 개발권의 권리와 의무는 국가의 국제 정책이나 국제기구의 관행에도 거의 반영되지 않고 있다. 개발권이 실제로 국제적 관행과 국내법 체계에 수용된다면, 기존의 개발 원칙과 관행에 중대한 변화가 일어나게 될 것이다.[23] 개발권에 대한 국제법적 승인이 의미하는 바는 이 권리가 법질서 속에서 법적 권리의 지위를 가질 수 있으며, 권리 소유자는 의무 담지자에게 그 의무 이행에 대한 책무를 정당하게 요구할 수 있고, 의무 담지자는 그 의무 이행 정도에 대해 감독하고 판결하는 기구와 제도에 복종해야 하고 의무 이행에 실패했을 경우 구제를 제공해야 함을 내포하고 있다.[24]

이와 같이 인권을 법적 권리 또는 법적 권리로 발전할 수 있는 도덕적 권리로 보는 관점이 인권에 대한 유일한 접근법은 아니다. 사실 인권을 적극적[실정]법positive law으로 보는 입장에서 본다면, 인권이 도덕적 질서 속에 미리 포함되어 있지 않다고 해도, 입법이나 헌법, 판결, 국제조약과 같은 규범 메커니즘으로부터 인정받는다면 그것으로도 충분할 것이다. 센이 지적한 바와 같이 그런 입장은 "인간이 완전히 옷을 입고 태어나지 않은 것과 마찬가지로 처음부터 인권을 가지고 태어난 것이 아니다. 옷이 재봉을 거쳐 얻어지듯이, 권리는 입법을 통해서 얻어진다. 재봉 전에는 옷이 없듯이, 입법 전에는 인권도 없다"[25]라는 주장이다. 인권을 본질적으로 도덕적 권리로 보는 입장도 있는데, 이는 정의로운 사회질서 속에서 모두가 인권의 혜택을 누려야 한다는 것으로 인권은 정치·사회적 구조의 토대이며 반드시 입법화된 법적 권리로 명확히 밝힐 필요가 없다는 입장이다. 센은 그의 논문 "결과론적 평가와 실천이성"Consequential Evaluation and Practical Reason에서 "인권의 중요성이 단지 입법을 위한 추정적 제안putative proposal이 되는 것에만 한정될 필요가 없다. …… 인권은 뒤에 따라오는 입법에 기생하지 않고도, 즉 입법으로 강화되지 않고도, 그 자체로서도 중요성을 가지며 영향력을 발휘하는 고유의 영역을 가질 수 있다"²⁶고 주장하고 있다.

여기서는 법적 권리로 전환될 수 없는 인권이 존재할 수 있다는 점에 대한 토론보다는 개발권이 도덕적 규범에 근거한 합법적 인권일 뿐만 아니라 국제법 상으로도 인정된 권리라는 점을 강조하고자 한다. 그동안의 국제적 합의, 관행, 관습을 살펴보면 정부의 정치적 공약이 점차 책무를 갖는 법적 의무로 전환되어 갈 것이라는 강한 기대를 갖게 만든다. 그러므로 개발권이 인권으로서의 특성을 갖추도록 하고, 그 의무 담지자와 의무를 명확하게 규명하며, 거기에 상응하는 국가적·국제적 감독, 판결, 시행을 위한 법적 메커니즘을 설립할 필요가 있을 것이다.

권리와 의무

권리는 여러 가지 다양한 방식으로 설명되어 왔다. 그러나 그 근본적인 성격은 모턴 윈스턴Morton E. Winston이 편집한 『인권의 철학』The Philosophy of Human Rights²⁷에서 제시한 정의로 요약될 수 있다. 이 책에서 윈스턴은 여러 저자들의 의견을 종합해 권리의 정의를 다음과 같이 제시했다. "어떤 행위자 A가 어떤 특정한 가치 G에 대한 권리 R을 가진다면, A에 의한 R의 소유는 사회가 A의 G에 대한 향유를 보호할 의무를 가진다는 주장을 정당화한다."²⁸

윈스턴은 이 정의를 더욱 정교하게 발전시켜, 권리의 대상인 특정한 가치 G는 "이익, 자유, 권력, 또는 자신의 이해를 충족하기 위해 필요한 수단에의 접근, 자신의 자유 또는 권력을 행사하기 위해 필요한 수단에의 접근"과 같이 다양하게 분류할 수 있다고 했다. 권리 R에서 나온 권리 주장은 그것이 도덕적인 것이든 법적인 것이든 아니면 둘 다이든 사회의 다른 구성원, 예를 들어 정부, 개인, 경우에 따라서는 비정부기구, 사적 기관, 기업에 의무를 부과한다. "권리에 있어서 중요한 것은, 권리는 그 소유자가 어떤 가치를 향유하는 것에 대해 사회 내의 다른 행위자는 존중해야 할 의무를 가지고 있음을 주장할 수 있는 근거를 제공한다는 것이다."[29]

만약 권리 R이 사회 내 다른 구성원들에게 의무를 부과하는 '정당화된' 권리 주장을 할 수 있도록 근거를 제공한다면, 정당화가 실제로 이루어지도록 하는 것이 중요하다. 즉, 사회 내 다른 구성원이 권리 주장에 따른 의무를 받아들이도록 하는 것이 중요하다. 좀 더 구체적으로는 국가 또는 국제사회의 구성원들이 권리를 사회에 대한 도덕적 또는 법적 주장으로 받아들이도록 설득해야 한다. 이와 같은 정당화는 규범적인 동시에 절차적인 것이다. 규범적 정당화는 사회 구성원들이 그들의 성취 목표로 기꺼이 받아들일 수 있는 일련의 도덕적·법적 원칙으로부터 이끌어 낼 수 있다. 절차적 정당화는 사회 구성원 모두는 아니더라도 대부분이 수용할 수 있는 적절한 규범 형성의 절차에 기반을 두어야 한다. 그래서 무엇이 선(善)인가에 관한 추상적인 원칙이 명확한 사회적 행위규범으로 바뀌어야 한다. 법적 권리를 낳는 법규범을 정당화하는 절차는 도덕적 권리를 낳는 도덕규범을 정당화하는 절차와 반드시 일치하는 것은 아니다. 도덕적 권리가 법적 권리로 승인받기 위해서는 의회 절차뿐만 아니라 입법, 제헌, 판결과 같은 적절한 법적 절차를 거쳐야 한다.[30]

사회의 다른 행위자에게 권리 소유자의 요구를 충족시킬 수 있는 의무를 부과할 수 있도록 근거를 제공하는 권리는 두 가지 성격을 조건으로 해야 한다. 먼저 권리 주장이 의무를 수행하도록 요구하고 있음을 입증할 수 있어야 한다. 의무의 성질이 권리의 정확한 성질에 따라 결정되는 것이라면 모든 권리는 적어도 권리에 상응하는 하나의 의무를 가질 것이다. 의무의 이행이 항상 권리를 완전히 충족시킬 수 있는 것은 아니다. 많은 요소들이 가시적 또는 비가시적으로 권리의 충족을 방해하기 때문이다. 만약 어떤 의무가 권리 충족을 위해서 필수적인 것이라면, 그 의무의 이행은 그것이 없이는 권리가 충족될 수 없다는 의미에서 필수 조건이 되어야 한다. 그러나 그런 의무를 규명하려면 권리를 실현시킬 수 있다는 실행 가능성을 전제로 해야 한다. 만약 권리가 실행 불가능한 것이라면 그 권리를 실현할 의무는 존재할 수 없기 때문이다. 따라서 어떤 열망 또는 추구할 만한 바람직한 무언가를 그에 상응하는 의무를 가진 권리로 전환하기 위해서는 그 권리가 '실행 가능한' 것으로 확립될 필요가 있다. 즉, 사회의 행위 기관은 그 권리가 잘 실현될 수 있도록 필요한 조치나 조건을 형성할 수 있어야 한다.[31]

어떤 특정 시점 또는 주어진 상태에서 사회적 설비와 제도에 적절한 변화가 이루어지지 않는다면, 권리 실현에 대한 실행 가능성은 현저하게 낮아질 수 있다. 따라서 실행 가능성은 의무 담지자에게 권리가 실현될 수 있도록 제도를 개선할 수 있는 일련의 정책과 행위를 채택할 것을 요구하고 있다. 그렇게 제도를 바꾸는 것, 즉 권리의 제도화는 의무 담지자에게 부과되는 의무의 일부분을 구성하게 되는 것이다.[32]

두 번째 조건은 특정한 의무에 대한 의무 담지자를 규명하는 것과 관련되어 있다. 권리에 대한 존중의 의무를 규명한다고 해서 자동으로 그 의무 담지자가 정해지는 것은 아니다. 종종 하나 이상의 기관이 같은 의무를 부분적으로 또는 상호 의존적인 형태로 수행해야 하는 경우가 생기는데, 때로는 한 기관이 의무를 수행할 근본적인 책임을 지는 일차적 의무 담지자가 되고, 다른 기관들은 그 책임을 공유하는 형태로 존재한다. 결국 권리 행사를 위한 제도적 설비에 따라 의무 담지자의 형태는 달라진다. 그러나 의무 담지자가 규명되어 권리에 상응하는 의무가 특정 기관에 부과될 때까지 권리 소유자의 권리 주장은 권리로 인정될 수 없다. 권리는 다른 누군가에게 부과된 의무의 근거가 되지만, 권리 소유자의 권리 청구 행위는 특정한 의무 담지자에게 의무를 부과하는 행위와 짝을 이루어야 한다.[33]

권리 소유자와 하나 또는 그 이상의 의무 담지자 간의 이와 같은 관계 설정은 모든 권리에 있어서 그것이 도덕적이든 법적이든 아니면 계약에 의한 것이든 상관없이 매우 중요하다. 권리는 필연적으로 책무를 수반하기 때문이다. 누군가는 권리 소유자의 권리 청구를 충족해야 할 의무를 가져야 하는 것이다. 법적 권리의 경우에는 권리에 상응하는 의무를 다하지 못한 자가 구제 행위를 취할 것을 책무로 하고 있다. 심지어 의무에 대한 의도적 무시나 태만이 입증될 수 없고 의무 담지자를 형벌에 처할 수 없다고 하더라도, 의무 담지자는 적어도 구제에 대한 부담을 공유해야 한다.[34]

권리 주장이 권리로 인정되기 위해서는 권리의 규범적·절차적 내용과 관련된 두 가지 시험, 일명 정당성과 일관성 시험을 통과해야 한다.[35] 어떤 권리 주장이 이 두 가지 시험을 통과하게 되면, 센이 명명해 '센의 시험'으로 불리는 '정당성 비판'과 '일관성 비판'에 저항할 수 있는 권리로서의 자격을 얻게 된다. 정당성 비판은 권리의 지위와 능력에 대해 의문을 제기하는데, 어떤 규범적 질서로부터 그 권리의 능력이 유래한 것인지, 그리고 무엇이 그 권리 주장을 정당화하는지 묻고 있다. 일관성 비판은 기본적으로 어떤 경우에 의무 담지자를 정확하게 지정할 수 없는지, 그리고 어떤 경우에 권리를 실제로 실행 가능토록 하는 의무를 명확하게 구체화할 수 없는지에 관한 질문으로 구성된다.[36]

권리로서의 인권

인권과 일반적 권리의 구분은 정당성과 일관성 시험을 거치게 되면 좀 더 명확해진다. 인권도 다른 모든 권리와 마찬가지로 이 두 가지 시험을 거쳐야 한다. 그러나 인권은 사회의 행위자를 한데 묶는 기준, 즉 사회의 근본적 규범이라는 측면에서 다른 권리들보다 기초적이고 근본적인 것이다. 인권이 침해된다면 사회는 분해되기 때문에 인권은 불가침의 것이다. 그래서 인권이 통과해야 하는 시험은 다른 권리들에 비해 훨씬 광범위하고 엄격한 것이어야 한다. 인권의 정당성은 다른 일반 권리들보다 높은 차원의 토대 위에서 확립되어야 한다. 일관성을 확립하기 위해 필요한 권리와 의무의 관계 또한 사회 행위자들에게 영향력이 더욱 넓게 미칠 수 있도록 훨씬 광범위한 범주에 적용되어야 한다.

정치적 사회에서 인권의 기본적 성격과 권리 주장이 갖는 힘은 폭넓게 수용되고 있다. 필립 앨스턴Philip Alston이 주장한 바와 같이 "인권의 성격은 인권의 목표를 다른 경쟁적인 사회적 목표보다 상위의 것으로 우선시하고, 그것이 쉽게 도전받지 않도록 하며, 일반적으로 그것에 무한성과 절대성, 유효성의 기운을 불어넣어 준다."[37] 따라서 암암리에 인권의 충족은 자원의 사용과 공공 정책의 설계에 있어서 압도적인 우선권을 확보하게 된다.[38] 인권은 다른 의무를 압도하고 사회의 다른 행위자들에게 적절한 행위를 하도록 책임을 부여하면서 권리 이행을 위한 자원의 우선적 사용을 권고할 수 있다. 행위자들에게 행위에 대한 책무를 지우고, 그들의 의무를 효과적으로 모니터링하고 강제할 수 있는 기구와 제도를 설립한다면, 개발이 인권으로 인정될 때 개발의 절차뿐만 아니라 그 이행 방법에도 변화가 일어나게 될 것이다. 개발의 문제는 국가별로 다양한 차이가 있겠지만, 그 문제들을 국가적·국제적 차원에서 권리와 의무의 틀 속에서 극복하려 한다면 개발의 목표뿐만 아니라 성공적 이행 가능성에 대해서도 분명한 지향점을 제공해 줄 것이다.

인권의 정당성과 일관성 시험에서 인권 운동을 이끌어 온 정치적 힘을 무시해서는 안 된다. 정당성과 일관성 시험은 어떤 권리 주장이 인권으로서의 자격을 갖는지를 판단할 때 이론의 여지가 없는 명확한 결론을 도출해 내기는 어렵다. 그러나 적어도 권리 주장의 성격을 목적에 맞게 면밀히 밝히고 정치적 과정이 그런 권리 주장을 심의하도록 할 수는 있다. 어떤 권리 주장이 권리가 될 수 있는지, 또는 인권의 지위에 도달할 수 있는지를 궁극적으로 결정하는 것은 정치적 과정에 달려 있다. 인권의 절차적 정당화는 당연히 일반적 권리가 인정될 때 요구되는 모든 규범 형성의 조건을 포함한 것이어야 한다. 게다가 이런 규범은 대중의 참여가 보장된 좀 더 광범위한 공론의 장에서 토론과 시험을 거쳐야 한다. 왜냐하면 주장된 권리가 사회규범으로 승인되기 위해서는 그 사회 속에서 광범위하게 받아들여져야 하며, 광범위한 사회적 합의 없이 입법만으로는 권리의 실현을 보장할 수 없기 때문이다.

　개발권은 그동안 국제적 선언과 지역 차원의 조약을 통해서만 인정되어 왔기 때문에, 개발권에서 도덕적 권리와 법적 권리 간의 관계는 매우 중요하다. 권리 주장이 특별히 도덕적 교의를 지지하는 것과 상관없이 법적으로 구속력을 가지는 법적 권리가 되기 위해서는 국가들이 더욱 분명한 조약의 의무를 수용하고 국가 체계 속에서 적합한 입법 절차를 채택해야 할 것이다. 권리가 법체계에 수용되어 입법화된다면 도덕적으로 정당하든 그렇지 않든 존재할 수 있는 토대를 구축하게 된다. 반면, 어떤 권리가 아무리 도덕적으로 정당하더라도 법적 권리로 수용되지 않았다면, 적합한 법적 인정을 얻기 위한 지속적인 캠페인이 필요하다. 국제사회는 개발권의 근거를 인정하고 있다. 이제는 정당성과 일관성의 측면 모두에서 정당화된 법으로 인정받을 수 있도록 압력을 가할 필요가 있다.

개인적 권리 소유자와 집단적 권리 소유자

어떤 행위자 A가 권리 R을 가지려면, A는 R을 가질 만한 자격을 얻어야 한다. 다른 행위자가 A의 웰빙과 권익을 증진시키기 위해서 필요한 행위를 하도록 구속할 만큼 A의 웰빙과 권익이 사회적으로 중요한 것임을 인정받아야 하는 것이다. 또한 A는 개인 혹은 집단으로서 그의 웰빙과 권익이 더 나아질 수 있는 상황이 어떤 것인지 분명하게 설명할 수 있어야 한다. 이는 의무 담지자가 취한 정책 P가 권리를 신장시키고 있는지 여부를 확인하는 데 매우 중요한 기준이 된다. 이것이 인권을 개인의 권리로 취급하는 이유이다. 개인은 권리의 향유를 통해서 증진될 수 있는 자신의 웰빙, 즉 행복이나 기호, 효용, 권익의 측면에서 판단할 수 있는 어떤 양질의 삶에 대한 관념을 갖고 있을 것이다. 그러나 서로 다른 웰빙 함수를 갖고 있는 집단에 대해서 어떤 사회적 구조나 상황이 다른 것보다 좋다고 명확히 말하기란 어렵기 때문에 권리가 신장되었다고 확인하는 것은 불가능하다.

집단적 권리 개념이 정당화되기 위해서는, 집단의 구성원이 개별적으로 향유할 수 있으면서 동시에 집단적으로 행사할 수 있는 권리들을 분별해 내야 한다. 예를 들어, 소수자의 권리나 언어적 권리, 종교적 권리, 선주민의 권리는 집단의 한 개인이 집단의 다른 구성원들과 함께 향유할 수 있는 권리다. 이와 달리 집단 자체가 개별 구성원의 정체성과는 별도로 혹은 그것을 초월해 역사, 법, 영토로 구분된 집단적 정체성을 가질 수도 있다. 여기서 정체성은 권리 실현을 확인할 수 있는 분명한 절차를 가지게 된다.[39]

신국제경제질서를 둘러싼 지구촌 남북의 논쟁에서 개도국은 개발권을 '개도국의 권리'라고 주장했다. 이런 개도국의 입장을 최대한 수용한다고 해도 국가는 법에 의한 권리를 가질 수는 있지만 인권을 가질 수는 없으므로 그런 개도국의 주장은 정당화될 수 없다. 남반구의 개도국들이 독립적인 집단으로서의 정체성을 가질 수는 없다. 또한 그들 국가가 개도국의 모든 시민 전체를 대표하고 있다는 이유로 그들이 청구하고 그들에 의해 실현된 권리를 개별 시민들이 확실히 향유할 것이라는 주장은 성립될 수 없다. 따라서 개발권이 개도국의 권리가 되어야 한다는 개도국의 주장은 국제 인권 운동의 주요 흐름에서 빗나간 것이다. 위에서 설명한 집단적 권리의 개념에 따르면, 개발권이 집단적 권리로 인정받기 위해서는 그 권리를 개인적으로 향유하는 동시에 집단적으로 행사함으로써 모든 개인들이 그 권리를 함께 향유할 수 있어야 한다. 한 개도국의 정부가 그 시민들을 대표해서 국제사회에 개발권을 청구하려면, 그 권리를 행사함으로써 발생하는 모든 혜택이 그 시민들에게 돌아가도록 하는 적합한 장치를 마련해야 한다.

기본적 권리와 응용 권리

법적 권리와 도덕적 권리의 구분은 정당성과 일관성 시험을 통과한 권리가 실제로 실현될 수 없거나 주어진 시간 안에 실현되지 않을 수 있음을 보여 준다. 권리의 실현 가능성을 최대화하기 위해 취해야 할 정책과 실행 계획, 그리고 이에 대한 실행 기관을 규명할 수는 있다. 그러나 외부로부터의 개입이 이런 정책을 헛되게 만들 수 있고, 정책과 결과가 연결되지 않아 기대와 달리 효과가 없을 수도 있다. 자원의 압박과 제도의 미비는 즉각적이거나 가까운 미래에 충분한 진전을 이루지 못하게 한다. 결과적으로 권리가 실현되지 않고 책임질 행위자가 없어지게 되면, 권리는 재판 회부가 가능하고 강제력 있는 법적 권리가 되지 못한 채 행위자의 태도에 영향을 미치는 '그림자'background, 즉 도덕적 권리로만 남게 된다. 센은 식량권을 예로 들어, 이 권리는 자원 부족의 압박을 경감하고 배고픔으로부터의 자유를 현실화하는 정책을 통해서 점진적으로 실현될 때까지 충족되지 못하거나 실현되지 못한 채로 남을 수 있다고 주장했다.

센은 응용 권리meta-rights의 개념을 도입하면서 "어떤 x에 대한 응용 권리는 x에 대한 권리 실현의 목적을 성실하게 추구하는 정책 p를 가질 권리 p(x)로 정의될 수 있다"[40]고 했다. x에 대한 권리가 충족되지 않은 채로 또는 당장 실현되지 않은 상태로 남아 있을 지라도 x에 대한 응용 권리, 즉 p(x)와 연관된 모든 의무가 분명하게 구체화될 수 있고 의무를 수행할 행위자와 의무의 불이행에 대해서 책무를 갖는 행위자를 분명하게 규명해 낼 수 있다면, p(x)는 충분히 실현 가능하고 유효한 권리가 될 수 있다는 것이다. x에 대한 권리는 도덕적 권리 또는 정치적 결정을 정당화하기 위한 추상적인 정치적 권리로 남아 있지만, p(x)에 대한 권리는 미래에 x를 성취할 수 있도록 하는 실제적 법적 권리가 될 수 있다.

개발권에 있어서 개발 과정에서 이룬 성과도 인권에 해당한다. 이는 그 성과를 가져오는 개발 과정이 그 자체로 인권인 것과 마찬가지이다. 이런 권리들의 정당성과 일관성을 입증할지라도 개발의 최종 성과는 목표한 시간 내에 충족되지 못한 채로 남아 있을 수 있다. 그럼에도 불구하고 최종 성과를 가져오는 개발 과정은 효과적으로 실현될 수 있다. 개발 과정은 최종 성과를 가져올 수 있도록 최종 성과와 높은 개연성을 가져야 하며, 이와 함께 일관성과 지속성을 유지하면서 목표한 권리를 단계적으로 실현할 정책 프로그램을 수반한다. 이때 개발 정책 프로그램을 수행할 사람과 그의 의무는 분명하게 밝힐 수 있고 관리 감독과 적절한 법적 강제에 종속되도록 할 수도 있다. 바로 이런 개발 정책 프로그램을 개발권에 대한 응용 권리로 볼 수 있다.

응용 권리는 즉시 실현할 수 없는 권리에 매우 유용한 개념이다. 정당성과 일관성 시험을 통과했다는 의미에서 유효하다고 할 수 있지만 당장에 실현할 수는 없는 그런 권리를 청구할 수 있다면, 국가와 다른 의무 담지자가 그 권리에 상응하는 의무를 수행하도록 요구할 수 있게 된다. 그래서 개발권을 그 결과와 과정 모두 정당하고 일관성 있는 것으로서 실행 가능하고 유효한 것으로 받아들인다면, 여기에 상응하는 개발 정책 프로그램의 채택 또한 개발권을 승인한 모든 국가의 거역할 수 없는 의무가 될 것이다.

많은 국가가 아직 개발권을 유효하고 실현 가능한 권리로 받아들이지 않고 있다. 그러나 개발 정책 프로그램에 대한 권리를 응용 권리로 받아들인다면, 이 정책은 비록 당장이 아니더라도 점진적으로 개발권이 실현 가능해지도록 해야 한다는 것을 의미한다. 그러므로 그것이 개발에 대한 유효한 권리이든, 당장 성취할 수 없는 인권으로서의 응용 권리이든 개발 정책에 관심의 초점을 맞춰야 한다.

헨리 슈Henry Shue의 정의 방식에 따르면, 개발 과정에의 권리로서 개발권은 '기본적 권리'로 설명이 가능하다.[41] 여기서 기본권이란 문명화된 국제사회가 문명화된 사회의 도달 기준으로 삼을 수 있는 최소한의 권리를 의미한다. 기본권은 다른 모든 권리를 향유하기 위해서 반드시 필요한 것이지만 반드시 다른 권리보다 우월하거나 더 나은 것일 필요는 없다. 그러나 다른 권리를 "향유"하거나 "행사"할 수 있어야 한다는 점에 강조점을 둔다면, "기본권은 다른 권리들이 공고화되기 전에 먼저 확립될 필요가 있다." 나아가 "어떤 권리가 기본권이라면, 그 권리를 희생하면서 다른 권리를 향유하려는 어떤 시도도 근본적으로 스스로를 해치는 행위가 될 것이다."[42] 이와 같은 의미에서 개발 과정에 대한 권리를 다른 모든 권리, 즉 시민·정치적 권리, 경제·사회·문화적 권리와 관련된 기본권으로 효과적으로 설명할 수 있게 된다. 기본권의 실현 없이는 어떤 권리도 효과적으로나 실질적으로 향유될 수 없다.

개발권의 이행

개발권을 양도할 수 없는 인권으로 인정한다는 것은 개발권에 국가적·국제적 자원에 대한 청구권을 부여하는 것이며, 국가와 개인을 포함한 사회 행위자에게 개발권의 이행에 기여해야 한다는 의무를 지우는 것이다.[43] 개발권 선언에 따르면, 개발권 이행의 일차적 책임은 국가에 있으며 그 수혜자는 개인이 되어야 한다. 국제사회에서 국가들은 유엔헌장 제1조, 55조, 56조에서 밝히고 있는 것처럼 각자의 의무를 이행할 수 있도록 상호 협력할 의무를 가진다. 비엔나 선언은 국제적 차원에서의 공정한 경제 관계와 우호적인 환경 조성과 함께 국가적 차원에서의 정책 수립을 통한 개발권의 효과적인 이행을 요청하고 있다. 그러므로 국가적·국제적 차원에서 개발권에 상응하는 의무들을 규명하는 것은 개발권 이행의 첫걸음이 될 것이다.

국가의 의무

국가의 의무는 개발권을 구성하는 각 권리를 이행하기 위해 필요한 정책을 구성하는 것으로부터 시작되어야 한다. 정책은 개발 프로그램의 일부분으로서 권리들 간의 상호 조합 속에서 적용되어야 하며, 동시에 각 권리별로도 적용되어야 한다. 그래서 이는 각 권리의 침해를 막기 위한 조치가 되어야 하며, 모든 권리 신장을 촉진하는 조치가 되어야 한다. 앞서 설명한 개발권에 관한 정의에 따르면, 어느 한 권리의 침해는 개발권 자체의 침해를 의미한다. 그러므로 어느 한 권리를 촉진하기 위한 프로그램은 다른 권리들에 역효과를 유발하지 않도록 확고히 설계되어야 한다.

그런 권리들이 기능할 수 있도록 하고 언제 실현되는지를 알기 위해서는, 권리들 Ri's가 어떤 지표들로 표현될 필요가 있다. 여기서 지표는 Ri가 실현될수록 그 값이 상승한다. 그런 지표를 개발하는 일은 개별 권리에 따라 서로 다른 어려움이 상정되어 있기 때문에 쉽지가 않다. 자유권의 경우 그 안의 많은 권리들이 침해되기도 하고 실현되기도 하는데, 거기에 상응하는 권리들은 0 또는 1의 값을 가질 수 있다. 물론 여기서도 수많은 개인들로 구성된 국가 전체의 종합 척도를 구성하는 것은 매우 복잡한 일이다. 점진적으로 실현되어야 할 사회권의 경우에 지표 값은 권리의 점진적 실현에 따라 지속적으로 상승해야 한다. 이는 지표가 실제 숫자로 표현될 수 있는 지수일 때 가능하다. 하나의 권리를 이행하기 위한 절차를 간소화하려면 그 권리의 다양한 특성을 조합해 가중치를 더해 나가는 방식으로 단수 지수로 만들어 나타내야 한다.

사실 이런 권리의 대부분이 여러 가지 특성과 차원을 갖게 될 것이다. 예를 들어, 경제적 권리는 그에 상응하는 경제적 재화의 유효성과 재화에 대한 인권적 기준을 준수한 접근법의 유효성을 조합해야 할 것이다. 여기서 인권적 기준은 앞서 논의한 바와 같이 적어도 다섯 가지 특성을 가지고 있다. 그러므로 재화에 대한 접근은 적어도 공정성과 반차별, 참여, 책무, 투명성을 보장해야 한다. 이 모든 것이 하나의 지표 속에 반영되어야 하고 각각 확인이 가능해야 하며, 다시 이 지표는 재화의 유효성 지표와의 조합을 통해 권리 실현에 관한 지수로 나타나야 한다. 예를 들어, 식량권 지수는 가용할 만한 식량이 충분히 있는지, 그리고 모든 인구 혹은 목적 대상으로 삼은 가난하고 취약한 집단이 차별 없이 공정하게 식량에 접근할 수 있는지, 두 상황을 모두 반영해야 한다. 물론 이를 실제로 활용한다면 부정확한 어림값으로만 제시될 것이다. 그러나 중요한 것은 정책 프로그램은 관련된 쟁점에 민감해야 하고, 무엇이 성취되었는가뿐만 아니라 어떻게 성취했는가에 대한 결과를 포괄적으로 평가하기 위한 이와 같은 시도가 갖는 목적을 인식하고 있어야 한다.

개발권에 관한 종합 지표를 개발한다는 것은 쉬운 일이 아닐 것이다. 여러 가지로 구분되는 요소를 절충하고 있는 벡터를 하나의 스칼라나 지수로 전환시키려면 상호 충돌할 가능성이 있는 다양한 요소들을 평균화하거나 그 가중치를 더하는 과정이 필요하기 때문이다. 그러나 개발권을 모든 권리들의 벡터로 나타내게 되면 개발권의 실현이 어느 정도 이루어졌는지를 입증할 수 있다. 물론 둘 이상의 국가가 성취한 바를 서로 비교하거나 한 국가 내에서 성취한 바를 시기별로 비교하는 것은 불가능할 것이다. 하지만 성취 수준에 따라 달라지는 권리들 간의 상대적 중요성에 대해서 공론을 통한 합의를 이끌어 내기 위해서는 필요하다.

이 과정은 위에서 언급한 바와 같이 자원과 국민총생산을 확대하고 기술과 제도를 개선할 필요성을 포함해 다양한 권리를 실현하기 위한 목적들 간의 연관성을 고려한 개발 프로그램을 만드는 데 기여할 것이다. 개발권을 실현하기 위한 프로그램을 다른 전통적인 개발 프로그램과 구분하는 것은 실현 목적에 있어서의 차이뿐만 아니라 그 방식 역시 다르기 때문이다. 개발권을 실현하기 위한 개발의 형태는 모든 개발 프로그램에서 투명성, 책무성, 공정성, 반차별성을 유지해야 하는 등 개발 과정에 별도의 조건을 부과하고 있다. 게다가 그런 프로그램은 개발의 전 과정이 공정할 것을 보장해야 하므로 지역 간, 사람 간의 격차와 불공정성을 줄일 수 있도록 생산구조가 확실하게 변해야 한다.

다른 모든 개발 프로그램과 마찬가지로, 이 프로그램도 자원과 기술, 그리고 제도적 제약을 받을 수 있다. 독자적으로 개인의 권리를 실현하고자 한다면 그런 제약은 별로 중요하지 않다. 그러나 한 국가의 종합적 개발 프로그램의 일부로서 개발권은 근대화의 문제이며, 시간이 흐름에 따라 기술적·제도적 제약을 경감할 수 있는 구조적 개혁에 관한 문제이다. 그러므로 개발권은 적합한 재정, 금융, 무역, 시장 경쟁, 자원의 성장, 무역 기회의 확대를 통해 가지고 있는 자원을 가장 효율적으로 사용함으로써 시간이 흐름에 따라 자원을 증가시키는 문제와도 관련되어 있다. 개발권을 성취하려면 전통적인 경제관리와 마찬가지로 재무와 금융에 관한 규율, 거시경제적 균형, 경쟁적 시장과 같은 세심한 관리 정책이 필요하다. 전통적 경제관리와의 근본적 차이점은 개발권의 성취를 진척시키기 위한 관리 정책은 개발권을 구성하는 모든 권리가 신장될 수 있도록 좀 더 공평한 경제활동의 결과를 가져올 것이라는 점이다.

국제 협력

세계화가 진척되면서 오늘날에는 어느 국가도 자신의 정책을 독자적으로 수행할수 없게 되었다. 즉, 자국의 정책이 다른 나라에 미치는 효과를 고려해야 하며, 동시에 다른 나라의 움직임이 자국의 정책에 미치는 영향력을 생각해야 한다. 개발국의 정책과 행위가 개도국에 미치는 영향 혹은 개도국이 개발국에 미치는 영향은 국제 협약들과 개발권 선언에서 강조하고 있는 국제 협력의 개념으로 인식되어 왔다. 그런 영향력이 상호작용하듯이 국제 협력의 의무도 상호작용한다.

개발권과 관련된 권리들이 국가적 개발 프로그램의 일부로서 실현된다면 자원과 기술, 제도에 있어서의 제약은 국제 협력의 내용과 성격에 따라 달라질 수있다. 제도적 지원뿐만 아니라 국외 저축foreign savings, 투자, 시장 접근, 기술을 공급할 수 있는 국제사회는 권리의 실현을 촉진할 수 있다. 국제 협력의 내용이 국외 저축의 공급, 즉 자원의 이전에 한정될 필요가 없다. 물론 자원의 이전이 필수적인 것은 사실이다. 가난한 나라는 자체 자원이 부족한데, 이는 국외 저축을 조달함으로써 보완될 필요가 있다. 그래서 개발권에 관한 어떤 담론도 국제사회가 국내총생산GDP의 0.7퍼센트를 해외 원조로 제공하기로 한 공약을 거론하지 않을 수 없으며, 현재 몇 개의 국가만이 그 목표 근처에 다다랐다는 점을 지적하지 않을 수 없다. 그러나 개발권을 충족시키기 위해서 국제사회는 기술을 공급하고 개발국의 시장에 대한 개도국의 접근성을 보장하고, 기존의 무역과 금융체제의 작동 방식을 조정하고, 지적재산권을 보호하고, 개도국의 요구를 충족시킬 만한 새로운 국제기구와 제도를 설립하기 위한 국제 협력으로 그 의무를 확장해 나가야 한다.

이와 같은 국제 협력은 일반적으로 두 가지 차원으로 구분된다. 먼저 다자간 과정을 통해 국제적으로 협력 수단을 마련하고 이를 집행하는 것이다. 다자간 과정은 모든 개발국과 다자간 기구, 국제기구가 참여할 수 있으며, 자격을 갖춘 모든 개도국이 접근할 수 있는 편의를 제공한다. 두 번째 차원의 국제 협력은 특수한 상황에서 별도의 조치를 요하는 문제를 다루기 위해서 양자 간 기구 또는 한 국가 고유의 제도로 다자간 과정을 보완하는 것이다. 개도국의 외채 문제, 구조조정, 국제금융기구에 의한 무상 융자를 다루는 다자간 기구들이 있는가 하면, 개도국의 개발국 시장 접근성을 보장하기 위한 다자간 과정을 보완하고 무역과 금융거래의 미숙과 불안정의 문제를 해결하기 위한 국가 프로젝트를 지원하는 양자 간 기구들이 현재 활동하고 있다. 이와 같은 두 가지 차원의 국제 협력 방식이 의사 결정과 혜택 분배의 과정이 투명하고 반차별적이며 공정하고 공평해야 한다는 국제 협력의 의무를 충족하고 있는지 집중적으로 검토할 필요가 있다. 이런 인권적 틀을 수용하고 있는 산업국과 국제기구에 대한 보상은 그들의 의무가 개발의 구성 요소로서 인권의 실현을 촉진시켜야 할 개도국의 의무와 짝을 이루고 있다는 데서 찾을 수 있을 것이다. 그 자체로도 국제 협력에 있어서 비용 효과를 높이고 더욱 공정하고 호혜적인 국제경제질서를 이끌어 낼 수 있기 때문이다.

국제 협력의 양자 간 또는 다자간 국제경제 관계 모두, 특히 개도국과 개발국의 관계를 공정성과 파트너십에 기초한 것으로 빠르게 재구성하면서 개발권 실현을 위한 새로운 가능성을 열어 놓고 있다. 개발권의 체계화를 이끌어 온 인권 운동의 주요한 동기 중 하나는 개발국과 개도국 간의 경제적 거래에서 공정성을 높이고 개도국의 역량을 강화하는 것이었다. 1970년대 신국제경제질서에 대한 개도국의 요구 이면에 있었던 지구촌 남북의 대립 논리 가운데 대부분은 현재 그 타당성을 잃었다. 그러나 의사 결정 과정에서의 공정한 대우와 참여, 그리고 혜택에 대한 접근 가능성에 대한 요구는 아직도 당시와 마찬가지로 강력한 논리로 남아 있다. 개발권에 대한 인권적 접근은 과거처럼 개도국과 개발국 간의 대립이 아닌 파트너십에 기초한 협력적 관계를 형성할 수 있는 여지를 제공하고 있다.

모니터링 메커니즘

개발권에 있어서 자유권의 실현은 사회권의 충족과 서로 연관되어 있으며, 그 반대의 경우도 마찬가지이다. 자유권을 개발권의 일부로서 실현하기 위한 프로그램은 정보의 자유, 결사의 자유, 민주적 의사 결정, 참여, 반차별 등 사회권의 실현을 통해 자유권을 어떻게 촉진시킬 것인지 명확하게 구체화해야 한다. 이와 비슷하게 사회권을 실현하기 위한 프로그램은 자유권의 촉진에 특정 시점에서뿐만 아니라 항상 지속적으로 의존적이어야 한다. 더 중요한 점은, 이런 상호 의존성 때문에 개발권의 모니터링이 자유권이나 사회권의 모니터링과 달라야 한다는 것이다. 유엔의 조약 기구들은 각각의 조약에 포함된 권리에 따른 모니터링을 독자적으로 시행하고 있다. 개발권을 모니터링하는 장치는 다양한 권리들의 이행을 개발 과정의 한 부문으로서, 그리고 공정한 경제성장의 맥락에서,

권리별로 동시에 복합적으로 검토해야 할 것이다.

모니터링 메커니즘은 원칙적으로 새로운 협약이 없이도 그동안 개발권을 둘러싸고 형성된 국제사회의 합의와 개발권의 개념으로 가져올 수 있는 기존 협약의 조문들에 근거해서 설치할 수 있다. 먼저 인권의 양대 규약에 근거해 설립된 위원회는 관할하고 있는 각자의 권리들을 상호 연계성의 측면에서 검토하고, 한 권리의 행사가 다른 권리 충족을 촉진하는지 아니면 저해하는지를 판단해야 한다. 나아가 권리의 이행이 성장과 기술적 진보를 촉진시키기 위한 국가 개발 프로그램의 발전에 어떻게 작용하는지를 총체적으로 평가할 필요가 있다. 또한 국가 개발 프로그램이 권리에 기초한 국제 협력의 접근법을 통해서 국내와 국가들 간의 형평성을 어떻게 촉진하는지를 평가하는 것도 중요하다. 궁극적으로는 통합된 개발권의 이행을 감독하고 국제적 합의의 의미로 권고를 발행할 수 있는 국제위원회의 설립이 필요할 것이다. 이 위원회는 비정부기구와 그 외 시민사회단체가 위원회가 참조할 만한 평가 보고서를 제출할 수 있도록 해야 한다. 또한 개별 국가도 개발권을 이행하면서 직면하는 어려움과 불만에 대해 보고서를 제출할 수 있도록 해야 하며, 국제사회는 이런 보고서와 관계가 있는 국가와 국제기구를 불러 위원회의 평가 결과에 대응할 수 있도록 해야 한다.

개발 콤팩트

나는 개발권에 관한 유엔 인권위원회 민간 전문가의 자격으로 작성한 보고서에서 개발권의 이행을 위한 국제 협력의 실행 모델로서, 관련 국가들 내에 감독시스템을 설립하기 위한 국제 협력까지 포함하고 있는 '개발 콤팩트'Development Compact을 제안한 바 있다. 개발 콤팩트는 모든 이해 당사자들에게 '의무의 상호성'을 인정하도록 하기 위한 제도이다. 개발 콤팩트의 목적은 개도국들에게 그들이 의무를 충족시킨다면 그들의 개발권 실현 프로그램이 재정 부족으로 중단되는 일이 없도록 보장하기 위한 것으로, 이때 개도국이 지닌 의무는 권리에 기초한 프로그램이 이행되도록 협력해야 한다는 국제사회의 의무와 조화를 이루게 된다. 개발 콤팩트를 제도화하는 과정은 다음과 같은 여러 단계를 포함한다.

- 인권 규범을 준수하면서 몇 개의 권리 혹은 빈곤 감축에만 집중하더라도 다른 권리를 침해해서는 안 된다.
- 개발 콤팩트에 가입한 국가가 스스로 자국의 국가 개발 프로그램을 설계한다.
- 시민사회와의 협의를 통해 프로그램을 개발한다.
- 인권을 국내법으로 수용하기 위한 법률을 채택한다.
- 국가인권기구를 설립한다.
- 국가의 의무와 국제사회의 의무를 구체화한다.
- 해당 개도국을 위한 후원 그룹을 조직한다. 특히 후원 그룹은 개발 프로그램을 면밀히 조사 검토하고, 구체적인 의무 이행 사항을 평가해, 협정이 부여하고 있는 각자의 의무를 충족시킬 이해 당사자로 구성되어야 한다. 이들은 국제사회 구성원들 간의 부담을 공유할 것을 결의해야 한다.
- 양자 간·다자간 차원에서 적절한 조치가 무엇인지 검토하고 이를 이행한다(예를 들어, 외채 탕감, 무역, 투자).
- 개발협력의 다른 모든 수단을 이행한 후, 그리고 해당 국가에 특별한 관심을 가지고 있는 다자간·양자 간 공여국(자)의 기여 가능분을 참작한 후 나머지 미해결분에 대한 자금 조달을 결의한다.
- 공여국 사회로부터 일명 '수시 상환 출자'callable commitment 형태의 기여금을 모아 재정 기금을 설립한다.
- 후원 그룹의 도움으로 미해결분의 자금 조달에 대한 부담 공유의 원칙에 따라 이 출자를 촉구할 수 있는 장치를 마련한다.

개발 콤팩트는 조약 기구의 개발권에 대한 감독 기능을 보완하는 효과적인 국제적 장치가 될 수 있다. 이는 특정 조치에 필요한 자금 조달을 고려할 뿐만 아니라 다양한 권리의 이행에 대해 각 권리별 평가와 모든 권리에 대한 종합 평가를 병행하며 개발권의 이행을 촉진할 것이다.

결론

개발권은 지금까지 국제 인권으로 확립되어 왔다. 국제사회는 개발권을 개인과 집단이 청구할 수 있는 권리로 인정하고 있으며, 국가와 국제사회에 부과할 의무 또한 인정하고 있다. 이제 남은 것은 모든 권리 소유자가 개발권을 향유할 수 있도록 실제로 그것을 이행할 프로그램과 수단을 만들어 내는 것이다.

아준 센굽타
ARJUN SENGUPTA

MIT 출신 인도 경제학자로 인도 내에서는 경제 고문 및 주의회 의원 등 다양한 정치 활동에 관여해 왔으며, 국제통화기금에서 인도·방글라데시·부탄 지역에 대한 사무총장직과 '개발권에 관한 유엔 민간 전문가'를 역임했다. 현재 하버드 공중보건대학 겸임교수로 재직하면서 '절대 빈곤과 인권에 관한 유엔 민간 전문가'로 활동하고 있으며, '가난한 사람들의 경제적 세력화에 관한 고위급 위원회' 위원으로도 참여하고 있다.

3장

권리에 기초한 접근법의 함의

야콥 키르케만 한센(Jakob Kirkemann Hansen)
한스-오토 사노(Hans-Otto Sano)

서문

지난 몇 년간 소위 '권리에 기초한 접근법'rights-based approach에 대한 관심이 급격히 상승하면서 이를 촉진하는 활동도 현저히 성장했다. 권리에 기초한 접근법 속에서 국제 원조의 목적과 과정은 국제인권법이 구현하고 있는 원칙과 규범을 반영하고 있다.

권리에 기초한 접근법이 반드시 개발 활동에만 제한되어 적용될 필요는 없지만, 특히 개발 분야에서 이에 대해 관심을 기울여 왔다. 개발 전반에 걸친 중요한 요소로서 인권과 민주화를 강조하기 위한 많은 시도들 덕분에 권리에 기초한 접근법은 그동안 거의 개발 분야에만 한정된 것으로 여겨져 왔다. 하지만 이 접근법은 개발 분야뿐만 아니라 개발국에서 취하고 있는 다른 제도적·정책적 변화에 대한 노력과도 잘 어울릴 수 있다는 점을 강조할 필요가 있다.

우리는 기본적으로 권리에 기초한 접근법은 인권 원칙을 계획적·제도적 개혁 조치 속에 통합시키기 위한 수단이라고 보고 있다. 이 글에서 초점을 두고 있는 중요한 권고 내용 가운데 하나는 권리에 기초한 접근법이 모든 경제·사회·

문화·정치·제도적 변화에 적용되는 것은 아니며, 그래서도 안 된다는 것이다. 인권 원칙은 개발 분야에 적절히 적용될 수 있고 인권은 개발을 위한 노력에 충분히 스며들어야 하지만, 개발의 세계에서 해야 할 것과 하지 말아야 할 것을 결정함에 있어서 인권이 한걸음 물러서야 할 영역은 분명히 존재한다.

이것이 이글의 중요한 출발점이다. 권리에 기초한 접근법은 모든 종류의 개발에 대한 간섭 활동이 아니라, 개발에 대해 조금 다르게 설계된 개입을 의미한다. 따라서 권리에 기초한 개발을 모든 개발을 위한 만병통치약으로 여겨서는 안 된다.

권리에 기초한 접근법에 대한 관심은 국제 인권 환경의 변화 속에서 고조되어 왔다. 국제 인권 사회는 경제·사회·문화적 권리의 중요성을 재차 확인하고, 빈곤은 인권에 대한 부정이라는 점을 거듭 강조하고 있으며, 이제 인권의 도전 과제는 규범 설립의 문제를 넘어 이행의 문제가 되었다는 합의를 형성해 나가고 있다. 이와 같은 인권 사회의 변화는 인권을 국제 원조에 대한 합당한 관심사로 받아들이고, 개발원조가 말만으로 그치는 것이 아니라 실제로 빈곤에 초점을 두어야 한다는 관점을 수용하게 된 개발 사회의 변화와도 일치한다. 개발에 대한 개입은 세력화, 책무, 참여의 개념을 화폐처럼 일상적으로 사용하는, 과정 지향적이고 인간 중심적인 것이어야 한다.

이 글에서는 개발권에 기초한 접근법의 등장 배경을 검토하고 그 목적과 함의, 그리고 이 접근법을 채택했을 때의 가치가 무엇인지 탐색하고 있다. 권리에 기초한 접근법의 배경이 되는 논리는 인권과 개발은 상호 연관되어 있고, 권리에 기초한 접근은 이런 상호 연관성으로 인해 부가가치를 창출한다는 것이다. 그러면 부가되는 가치는 정확하게 무엇이며, 어떤 정책과 제도적 변화를 의미하는가? 이 글은 이 문제를 다루는 데 있어 기존의 권리에 기초한 접근법의 개념과 사례에서 출발해 그 개념적 구성 요소를 검토하고 운용 방식을 서술하고 있다. 이는 권리에 기초한 접근법의 고유한 전제와 장단점을 정밀하게 분석해 개발원조 분야에서 실제로 운용될 수 있는 방법을 제시하기 위해서이다.

권리에 기초한 접근이 개발원조의 공여자와 수혜자에게 어떤 의미를 갖는지 많은 부분이 불확실하다. 이 글은 이런 불확실성을 다루고자 하며, 그럼으로써 개발원조 분야에서 인권이 성공할 수 있는 현실적 방법을 강구하는 과정에서 권리에 기초한 접근법에 대해 제기된 쟁점들에 관한 분명한 해답을 제공할 수 있기를 바란다.

이 글에서는 첫 번째로, 권리에 기초한 접근법이 생겨난 근원이 어디인지 추적하고, 접근법에 대해 현재 제시되고 있는 다양한 정의를 설명하기 위해 관련 이해 당사자의 입장을 검토한다. 두 번째로, 권리에 기초한 접근법의 원칙을 따르고 있는 개발 기관의 정책과 사례를 검토할 것이다. 여기서 말하는 원칙은 보편성, 불가분성, 책무, 참여, 세력화, 반차별을 의미한다. 세 번째로, 권리에 기초한 접근법의 주요한 가설들에 대해서 다룰 것이다. 그 가정들은 어떻게 정당화되는가? 그와 같은 접근법의 장단점은 무엇인가? 그 가정과 명제가 어느 정도로 견고한가? 이 질문들에 대한 답변을 찾아내고 거기에 근거해서 운용 가능한 정의를 제안하고자 한다. 마지막 결론 부분에서는 권리에 기초한 접근법의 부가가치와 그 한계에 대해서 논의해 볼 것이다.

배경

2000년에 개최된 새천년정상회의에서 당시 유엔 인권고등판무관이었던 메리 로빈슨Mary Robinson은 다음과 같이 천명했다.

세력화가 없는 빈곤 퇴치는 지속 가능할 수 없다. 소수자의 권리가 배제된 사회 통합은 상상할 수 없다. 여성의 권리가 없는 성평등은 착각이다. 노동자의 권리가 없는 완전고용은 착복과 갈취, 노예노동에 대한 약속에 지나지 않는다. 개발에 있

어 인권의 논리는 불가피한 것이다.[1]

개발에의 권리에 기초한 접근법은 이와 같은 논리를 가지고 있다. 좀 더 정확히 말하면 권리에 기초한 접근법은 그런 논리를 운용 가능하게 표현한 것이라고 할 수 있다. 그러나 그런 논리의 정확한 성격이 무엇인지 불분명하다. 사실 인권과 개발의 상호 관계성과 그 의미에 관한 논쟁은 1948년 세계인권선언 채택 이후 끊임없이 이어져 왔다고 할 수 있다. 나중에는 개발권에 관한 논쟁이 폭발했고 다시 권리들 간의 상호 관계성에 관한 논쟁이 일어났다. 즉, 시민·정치적 권리가 개발을 위해 희생될 수 있는지, 또는 개발이 권리를 존중하는 정치체제보다 우선시되어야 하는지 등을 둘러싼 논쟁이 지속되어 왔다. 이와 같은 상호 관계성 논쟁은 탈식민화 정책에서 뒤엉키게 되었고, 다시 빠르게 냉전기의 대립점이 되었다. 인권 체제는 국가주권에 도전하는 것으로 여겨졌고, 개발 과정에 인권 문제를 제기하는 것이 자유주의적 자본주의의 숨은 의도가 아닌가 하는 의문이 제기되곤 했다.[2]

각자가 취하고 있는 입장의 차이가 순전히 정치적인 이유 때문이라는 것을 감안하더라도, 사회권의 정당화에 관한 많은 문제 제기가 있었다. 이는 곧 인권과 개발 간의 중대한 연계성에 관한 논쟁으로 이어졌다. 사회권의 정당성은 사회권이 집단적 권리라는 점에서부터, 현실적으로 충족할 수 없는 적극적 의무를 수반함으로써 권리와 목표를 혼동하고 있으며, 구체적인 의무 담지자를 명확하게 지정할 수 없다는 등의 이유로 도전을 받았다. 결과적으로 사회권은 인권의 내재적 성격이라고 할 수 있는 재판 회부 가능성과 타당성이 부족하다는 것이었다.[3]

사실 1980년대에 인권과 개발은 제도적 측면이나 운용의 측면에 있어서 서로 분리된 영역으로 존재했었다. 최근의 인권과 개발의 수렴 현상은 정치적·이론적·제도적 맥락에서 함께 일어난 일련의 사건과 변화 덕분인데, 그런 변화는 권리에 기초한 접근법의 논리를 입증할 수 있는 환경을 조성해 주었다.

세계인권선언의 입안자들은 자유권과 사회권 간의 밀접한 상호 관계성뿐만 아니라 이들 권리와 개발과의 상호 관계성을 상정하고 있었으나, 그것을 입안하는 과정에서 발생한 논란으로 이들 권리를 두 개의 분리된 조약으로 조문화했고, 개발 또한 두 권리들과 분리해 다른 영역으로 밀어 놓게 되었다. 1986년 개발권 선언의 채택은 개발과 인권을 재통합하고 세계인권선언에서 예견된 바와 같이 인권들 간의 상호 관계성을 강조하기 위한 시도로 볼 수 있다. 개발권 선언은 그 서문에서 인권과 개발이 상호 의존적 관계임을 명시하고 있다. 나아가 개발권은 "절대 양도할 수 없는 권리이다. 그렇기 때문에 모든 개인과 집단은 인권과 기본적 자유를 모두 실현할 수 있는 정치·경제·사회·문화적 개발에 참여해, 거기에 기여하고, 이를 향유할 자격을 부여받았다"[4]고 했다. 계속해서 "인간은 개발의 핵심 주체이며 개발권에 대한 능동적 참여자인 동시에 수혜자여야 한다"[5]고 명시하고 있다. 선언은 개발권의 주요 의무 담지자를 국가로 남겨 놓고 있지만, 개발을 촉진하고 개발권의 실현을 막는 장애물을 효과적으로 제거해야 할 국제사회의 의무를 더욱 강조하고 있다.

개발권과 관련된 쟁점이 다시 전면에 출연하게 된 데는 국제 정치를 둘러싼 정세의 변화가 결정적이었다. 소련의 붕괴로 새로운 국제 질서가 등장하기 시작했다. 새로운 국제 질서는 민주화, 참여, 국제 협력의 원칙을 내세웠다. 국민국가의 범주를 넘어 수많은 도전 과제들이 영향을 미치는 지구화된 세계에서 국제사회가 강화될 필요가 있다는 인식과 함께 새로운 국제적 공약이 부각되었다.

이와 같은 새로운 정치 환경 속에서 낡은 논리들은 매장되었고 인권이 국제 정치의 새로운 명사로 등장하게 되었다.[6] 국제사회는 1990년대에 주목할 만한 일련의 국제회의와 정상회담을 개최하면서, 먼저 개발 목표를 설정하고[7] 이를 2000년 유엔 새천년총회에서 채택한 뒤 새천년보고서에서 그 내용을 명확한 용어로 정교화했다. 새천년개발목표MDGs는 권리에 기초한 접근을 반영한 것으로, 특히 유엔의 기관들이 이를 명시하는 데 앞장섰다. 그러나 인권의 측면에서 보면 새로운 국제 질서를 위한 의제를 확립한 1993년 비엔나 선언이 좀 더 중요한 의미를 갖는다. 비엔나 선언은 모든 권리, 즉 경제·사회·문화적 권리와 시민·정치적 권리들 간의 불가분성과 평등성을 강조하고 있다. 특히 민주주의와 개발, 인권은 서로 상호 의존적 관계이며 서로를 강화시키는 상승작용을 한다는 점을 인정하고 있다.[8]

이와 같은 정치적 변화와 함께 개발과 인권의 관계는 개념적인 것에서 실천적인 목적으로 전환되었고, 개발 사회의 주요 행위자들은 인권적 관심사를 그들의 임무와 정책에 통합하기 시작했다. 이와 같이 1990년대는 개발과 인권의 상호 의존성을 지지하는 성명들이 주류를 이루었다. 특히 개발과 인권 간의 더욱더 강한 통합과 주류화, 좀 더 많은 협력과 분석의 필요성에 관한 정책 선언들이 발표되었다. 이런 흐름에 맞추어 유엔은 1998년 개발권에 관한 민간 전문가를 임명하고 개발권의 성격과 범위를 정의하기 위한 작업에 착수했다. 이런 노력은 주로 경제·사회적 권리의 내용을 분명하게 밝히는 데에 집중되었다.

냉전 이후의 정치적 변화는 인권 의제를 다시 고취하고 인권과 개발의 상호 의존성을 재확인한 것이었다. 이는 권리들 간의 관계를 규정하는 규범적 요소를 제공하는 사회권의 개념화 작업을 의미한다. 사회권 위원회의 일반 논평과 마스트리히트 가이드라인, 림버그 원칙Limburg Principle●과 같은 합의는 자유권

● 정식 명칭은 '경제·사회·문화적 권리에 관한 국제 규약 이해에 관한 림버그 원칙'(Limberg Principle on the Implementation of the International Covenant on Economic, Social and Cultural Rights). 1986년 채택된 유엔 사회권 규약 이행에 관한 원칙이다. 림버그 원칙은 당사국의 이행 의무의 성격과 범위, 규약 당사국이 제출하는 보고서와 국제적 협력에 대한 고찰로 표준적인 규약 해석의 틀을 제공했다. 이어 1990년 발표된 사회권 규약 '일반 논평 3'과 1997년 '사회권의 침해에 관한 마스트리히트 가이드라인'에서 당사국의 사회권 침해를 설명하기 위해 더욱 정교한 틀을 확립했다. 즉, 존중·보호·실현의 의무, 행위 및 결과의무, 국가가 개입함으로써 의무를 위반하는 경우와 방관함으로써 위반하는 경우, 즉각적인 사회권 실현 의무와 반드시 이행되어야 할 핵심적인 국가의 의무 등을 구체적으로 규정하고 있다. 1993년에 채택된 비엔나 선언과 행동 계획(VDPA, 제2부 75항)은 사회권에서 규정하고 있는 권리를 침해당한 사람들의 청원 제도를 도입하기 위한 선택의정서의 채택을 촉구했고, 현재 유엔 인권위원회에서 사회권 규약 선택의정서 채택에 관한 논의가 진행 중이다. 사회권 위원회는 1989년부터 일반 논평을 통해 사회권 규약 이행을 위한 국가의

과 사회권 간의 충돌을 완화하는 데 크게 기여했다. 국제사회가 사회권에 집중하게 되면서 엄격한 국가 중심의 인권 체제에 머물러 있던 전통적 관심사는 새로운 의무 담지자에게로 확장되었고, 책무에 있어서도 엄격한 법적 절차를 초월한 새로운 방법론과 수단이 쏟아져 나왔다. 그중 하나가 바로 권리에 기초한 접근법이며, 이를 운영하는 데 개발은 중요한 것이었다.

　인권의 역할을 강조하면서 나타난 국제 관계의 또 다른 경향은 1997년에 시작된 유엔의 개혁 과정이다. 유엔이 그 개혁 과정에서 인권을 유엔의 최우선 과제로 설정하게 되면서 인권은 유엔의 네 가지 핵심 분야⁹를 관통하는 공통의 쟁점이 되었다. 당시 코피 아난Koffi Anan 유엔 사무총장은 유엔의 모든 기구들에게 각자의 활동에서 인권을 주류화mainstreaming할 것을 요구했는데, 이는 권리에 기초한 접근에 대한 유엔의 정치적 승인을 의미했고 동시에 증폭된 관심을 반영한 것이었다. 이와 같이 인권과 개발의 관계는 1990년대를 거치며 학문적 차원을 넘어 둘 간의 통합이라는 목적을 실행하고자 하는 의지로 나아가게 되었다.

　개발에의 권리에 기초한 접근법을 지지한 결정적 힘은 성장 위주의 개발에서 좀 더 인간 중심의 개발과 빈곤 위주의 개발로 그 의제가 전환된 것이었다. 이미 1970년대에 개발에는 기본욕구의 충족을 목표로 삼아야 한다는 접근법이 등장했다. 그리고 젠더와 취약 계층의 중요성과 효과적 지속 가능성을 위한 참여와 주인 의식ownership의 가치, 그리고 빈곤의 '전체론적 성격'과 같은 다른 개념들도 등장하기 시작했다. 심지어 1980년대 후반에는 세계은행World Bank이 굿거버넌스good governance● 개념을 도입했다. 이 개념들은 당시에는 주로 비정치적이고 기술적인 정의에 그친 것이었지만, 개발 패러다임의 핵심 행위자로서 국가의 재등장을 암시했다. 이와 같은 개념의 혁신은 개발 분야 속에 인권의 핵

조치 사항들을 구체적으로 제시하고 있다.

● 유엔에 따르면, 굿거버넌스는 평등하고 참여적이고 투명하며, 책임을 묻고 또 책임을 질 수 있는 법치가 보장되는 체제를 말한다.

심 쟁점을 부각시켰을 뿐만 아니라 개발 활동에 인권을 통합하기 위한 이후의 시도들에 영향을 미칠 수단과 방법의 발전을 가져왔다.

권리에 기초한 접근법의 정의

인권고등판무관실은 권리에 기초한 접근법을 다음과 같이 정의했다. "개발에의 권리에 기초한 접근법은 인간 개발의 과정에 필요한 개념적 틀이다. 이는 규범적으로는 국제 인권 규범에 근거하고 있으며, 그 운영에 있어서는 인권을 촉진하고 보호하는 방향으로 나아간다." 이에 따르면 개발에의 권리에 기초한 접근법은 다음과 같은 요소를 포함한다.

- 권리들과의 분명한 상호 연계성
- 책무
- 세력화
- 참여
- 반차별과 취약 집단에 대한 배려[10]

인권고등판무관실이 채택한 이 개념은 유엔개발계획UNDP과 같은 다른 유엔 기구에서도 사용되고 있는데, 국제적인 비정부기구인 케어인터내셔널Care International의 정의와 비교해 볼 만하다.

> 케어인터내셔널에 있어 권리에 기초한 접근법은 인간이 존엄한 삶을 살기 위해 필요로 하는 최소한의 조건을 획득하는 데 명확하게 초점을 둔 것이다. 그것은 취약성과 주변화의 원인을 밝히고, 대응의 범위를 확장함으로써 가능하다. 이는 사

람들이 자신의 권리를 주장하고 의무 담지자들이 그들의 의무를 충족할 것을 청구할 수 있도록 사람들의 역량을 강화하는 것이다. 권리에 기초한 접근법은 가난한 사람들과 이주민, 그리고 전쟁의 피해자들이 안정된 생활에 반드시 필요한 고유의 권리를 갖고 있다고 인정한다. 그와 같은 권리의 효력은 국제법이 인정하고 있는 것이다.[11]

인용한 두 개의 정의 모두 권리에 기초한 접근법을 특정한 형태의 개발과 연결 짓고 있다. 즉, 빈곤이나 공평성, 또는 주변화된 집단에 초점을 두고 있는 점이나, 권리에 결부된 세력화와 참여에 초점을 두고 있다는 점에서 그러하다. 그러나 케어인터내셔널은 권리에 기초한 접근법을 인권으로만 한정하지 않고 있으며, 인권고등판무관실은 반차별과 책무성을 강력하게 역설하고 있다는 점에서 차이점을 보인다.

두 개념의 주요 차이점은, 인권고등판무관실이 그 개념에서 책무성을 강조한 만큼 의무 담지자와 권리 청구자에게 동등한 무게로 초점을 맞추고 있는 반면, 케어인터내셔널은 권리에 기초한 세력화, 즉 권리 소유자의 권리 주장에서 출발하고 있다는 점이다. 그러나 두 정의 모두 권리에 기초한 접근법이 특정한 성격의 개발 — 평등, 빈곤 퇴치, 참여, 세력화에 기초한 개발 — 을 전제로 하고 있음을 보여 준다. 이런 방식으로 해석한다면 권리에 기초한 접근법은 인간 개발 접근법의 필수적 구성 요소로 볼 수 있다. 이는 인간 개발 접근법이 참여와 세력화, 그리고 취약하고 주변화된 집단에 대한 지원과 같은 개념으로 특징 지워지는 것이기 때문이다.[12]

유엔 인권위원회가 개발권에 관한 민간 전문가로 임명한 아준 센굽타는 인간 개발 접근법과 권리에 기초한 접근법의 관계에 대해서 다음과 같이 주장했다.

개발에의 권리에 기초한 접근법은 개발 이론에 새로운 차원을 더해 주었다. 인간 개발 접근법은 개발 정책을 통한 세력화를 통해 개인의 자유를 실현하는 것을 목적으로 하고 있는 반면, 권리에 기초한 접근법은 개인의 역량과 자유를 보장하도록 국가와 다른 행위 기관(자)의 행위를 요구할 수 있는 개인의 권리 주장에 초점을 맞추고 있다.[13]

이 관점에서 더 나아가, 권리에 기초한 개발에 관한 최근의 견해는 의무 담지자의 책무성을 강조한다. 따라서 권리에 기초한 접근법은 아래 세 가지 기준에 따라 정의될 수 있을 것이다.

- 권리에 기초한 접근법에서는 인권의 성취가 개발이 추구하는 통합된 목적 가운데 일부라는 점을 명시하고 있다. 이는 인권고등판무관실이 이 접근법의 정의에서 '인권과의 명확한 연계성'을 언급하면서 설명한 바 있다.[14] 여기서 인권적 성취는 개발의 다른 여러 가지 목적들 가운데 하나로 해석될 수 있다.
- 권리에 기초한 접근법은 인간 개발의 과정에 적용되는 틀로 인권을 촉진하고 보호하는 방향으로 운영된다. 따라서 권리에 기초하지 않은 목표가 권리에 기초한 접근법에 포함될 수는 있지만, 권리에 기초한 접근법은 인간 개발과 인권을 강화하는 개발과 반드시 연관성을 가져야 한다. 이런 이유로 권리에 기초한 접근법은 의무 담지자의 책무의 범위에 초점을 맞추고 있다.
- 권리에 기초한 접근법은 개인이 자신의 권리를 주장할 수 있도록 역량을 강화시킨다. 그래서 권리에 기초한 접근법은 권리 소유자의 세력화를 최종 목표로 한다. 이를 케어인터내셔널은 인권으로 접근하기보다는 일반적 권리의 문제로 접근하고 있다.

위의 정의들에서 알 수 있듯이, 이 기준들은 서로 뒤섞이기도 한다. 이런 정의들의 성격은 책무, 참여, 세력화, 그리고 빈곤 퇴치와 같이 권리에 비중을 두고 인간 개발 의제를 강조하는 실질적 내용과 관련되어 있다. 그러나 이렇게 규범적·비규범적 내용들로 결합된 정의들은 책무, 참여, 세력화 등의 원칙들 가운데 어떤 것이 더욱 우월적 지위를 차지하는지에 대해서는 분명히 언급하고 있지 않다.

아래에서는 권리에 기초한 접근법이 상정하고 있는 가정들을 면밀히 살펴보고, 그런 원칙들 간의 균형에 대해서 논하고자 한다.

권리에 기초한 접근법의 범위

권리에 기초한 개발에서 가장 큰 질문은 그 범위에 관한 것이다. 개발에 대한 개입과 지지의 의미로서 권리에 기초한 접근법은 그 범위를 어디까지 확장할 수 있는가? 그리고 개발 행위자들은 그런 개념을 어느 정도 수용해야 하는가? 개발권에 관한 유엔 민간 전문가는 개발권을 해석하는 과정에서 권리에 기초한 접근법과 개발권 간의 밀접한 연관성을 확립해 세 번째 보고서에서 다음과 같이 설명하고 있다.

> 개발권을 인권으로 인정한다는 것은 두 가지 가정을 내포하고 있다. 특히 개발권을 개발 과정에 대한 권리로 본다면 더욱 그러하다. 먼저 모든 인권의 독자적 실현이나 집단적 실현은 모두 권리에 기초한 방식으로 수행되어야 한다는 것이다. 즉, 시민·정치적 권리를 존중하면서도 의사 결정과 결과 분배에 있어서 공평성을 보장하고, 그 절차는 참여적이고 책무적이며 투명해야 한다. 두 번째는 공정성과 정의를 반영하고 있는 국제 인권 기준에 따라 의무 담지자가 보호하고 촉진해야 할 권리 당사자의 수급권과 청구권의 맥락에서 개발의 목표를 설정해야 한다는 것이다.[15]

여기서 두 번째 가정은 개발원조의 제공을 포함해 개발 절차를 재구성할 것을 요구하고 있다. 즉, 개발의 목적을 권리의 개념으로 다시 설정해야 하는 것이다.

이런 논리에 따르자면 권리에 기초한 접근법이 모든 개발 활동의 길라잡이가 되어야 한다는 매우 단정적이고 매우 포괄적인 결론에 도달하게 되는데, 사실 이는 비현실적이다. 이와 비슷한 개념의 권리에 기초한 접근법을 호주 인권 위원회의 안드레 프랑코비츠Andre Frankovits와 패트릭 얼Patrick Earle이 제안한 적이 있었다. 그들은 "개발과 인권은 그 효과적 측면에서 서로 뚜렷하게 분리된 영역이 아니다. 사실 개발을 인권의 일부분으로 봐야 한다"[16]고 주장했다.

이 입장은 인권 규범 및 법제에 따라 개발원조 전반을 재구성하려는 웅대한 계획으로 볼 수 있다. 인권 학자들 가운데 전통적 개발 모델은 실패했으며, 이는 가난하고 소외된 사람들에게 부정적이거나 유해한 영향을 미쳤다고 주장하고 싶어 하는 학자들이 있다. 그러나 여기에도 중요한 질문이 하나 남아 있다. 권리에 기초한 프레임워크가 개발 진영의 구조적·제도적 병폐를 치유할 수 있는가? 좀 더 구체적으로 개발 정책이 실패했다면 그것이 인권의 틀을 수용하지 않아서인가, 아니면 정치적 간섭이나 부패한 국가 지도자와 제도, 불충분한 자원과 역량, 계급투쟁이나 정치적 분쟁 때문인가?

단정적이면서도 모든 것을 총망라해 포괄하고 있는 접근법이 비현실적이라고 비판하는 이유는 부분적으로는 권리에 기초한 접근법이 거의 드러나지 않았던 기존의 개발 관행으로부터 배운 교훈이 있기 때문이다. 그러나 여기서 좀 더 중요한 것은 그런 비판보다는 우리의 논점이 무엇인가 하는 것이다. 우리의 논점은 그렇게 포괄적인 방식에 따라 개발 프로그램을 재구성하기 위해서는 개발 개념 구석구석까지 권리에 기초한 접근법을 적용함으로써 발생하는 현실적 부가가치가 무엇인지를 밝혀야 한다는 것이다. 즉, 그와 같은 프로그램의 재구성은 규범적 해석뿐만 아니라 현실적 전제에 근거해야 한다.

권리에 기초한 접근법의 운용 전략

개념과 운용화의 모순 권리에 기초한 접근에 관한 비판들 가운데 하나는 인권 원칙과 실제 권리 간의 모순에 관한 것이다. 네덜란드의 정치인인 바스 드 가이 포트만Bas de Gaay Fortman의 말에 따르면, "모두가 인권을 말하고 있는 듯 보이지만, 정작 그 이행의 측면을 말하자면 우리는 여전히 위기 상황에 놓여 있다고 말해야 한다."[17] 그는 인권이 이행되기보다는 주로 선언되기만 한다는 점을 인권의 근본적 약점으로 지적했다.[18]

현실이 뒤따르지 않는 법이라도 그 법의 타당성을 제거할 필요는 분명 없다. 잭 도널리Jack Donnelly가 훌륭하게 주장한 바와 같이, 권리의 역설은 권리를 적게 가지면 가질수록 그 중요성은 더욱더 커진다는 것이다.[19]

페터 우빈Peter Uvin이 제기한 비판은 더 심각한데, 그는 권리에 기초한 접근법이 운용 가능한 실행 방법에 대해서는 아무것도 제시하지 못한 채, "수사적이고 자기만족적인 변화"[20] 그 이상을 제시하지 못하고 있으며, "현상을 유지하려는 의도를 숨기기 위한 속임수"[21]로 쓰이고 있다고 주장했다. 항상 그렇듯이 누군가 임금님이 벌거벗고 있다는 사실을 지적해 내면 후련한 기분이 들기 마련이다. 권리에 기초한 접근법의 개념 단계와 운용화 단계 사이에 모순이 존재한다는 점은 인정하지만, 그런 규범과 운용의 불일치가 개념적으로 사악한 동기에서 기인한다는 가정은 받아들일 수 없다. 그런 모순은 오히려 아직 실용화 과정에 있는 법의 원칙들로부터 권리에 기초한 접근법이 유래한 것이기 때문에 생겨난 것이다.

일반 원칙 권리에 기초한 접근법에 관한 비판은 이 접근법의 운용 결과의 중요성이 무엇이며, 변화가 필요한 현실에 실제로 변화를 가져올 수 있는가에 대한 주의를 불러일으킨다. 그래서 우리는 다음과 같은 질문에 대한 해답을 찾아야 한다. 즉, 권리에 기초한 접근법이 현재의 개발 패러다임에 무엇을 제공해야 하는가? 권리에 기초하고 있는 행위 기관(자)은 어떤 종류의 변화를 제안해야 하는가? 어떻게 프로그램이 바뀌는가?

위에서 언급한 바와 같이 권리에 기초한 접근법을 개념화하는 방식은 행위자마다 다르다. 이와 같은 차이는 그것을 운용하는 방법을 보면 더욱더 명확해진다. 그런 차이는 피할 수 없는 것이고 사실 필요한 것이기도 하다. 이는 각 행위 기관이 서로 다른 임무와 프로그램, 그리고 실행력을 가지고 있기 때문이다. 그러나 접근법들이 일관성과 투명성 그리고 향상된 조정 가능성을 핵심적 가치로 상정한다면 서로 간의 일관성이 보장될 수 있을 것이다.

이런 차이에도 불구하고 권리에 기초한 접근법의 다양한 적용 방식들 속에서 공통의 구성 요소와 원칙들을 발견할 수 있다. 행위자마다 사용하는 용어는 다를 수 있지만, 대부분이 권리의 보편성, 권리들 간의 상호 의존성, 책무, 참여, 반차별, 그리고 세력화와 같은 원칙을 강조하고 있다.[22] 아래에서는 이 원칙들을 면밀히 검토하고 그것들이 어떻게 해석되고 운용operationalize[23]되고 있는지를 살펴본다.

보편성　　　　인권에 있어서 보편성은 세계인권선언의 기본 원칙과 관련된 것이다. 세계인권선언은 "모든 인류 구성원의 타고난 존엄성과 그들의 동등하고 양도할 수 없는 권리를 인정하는 것이 자유와 정의, 그리고 평화의 근간이다"라고 천명하고 있다. 이 원칙을 폭넓게 이해하면, 인간의 욕구는 "모든 사람이" 단지 인간이기 때문에 "언제 어디서나" 갖게 되는 권리로 바꾸어 해석할 수 있다. 이는 소위 권리의 향유는 보편적으로 이루어져야 한다 — 그래서 권리의 결손이 발생한 곳을 목표로 설정해야 한다 — 는 꿈과 모든 개인을 권리 소유자로 대우해야 한다는 의무를 함축하고 있다. 따라서 개발은 자선이 아니라 권리의 문제가 되고, 권리로서의 개발은 스스로를 정의의 문제로 전환시킨다.[24]

1998년에 유엔 사무총장은 이 원칙들을 권리에 기초한 접근법의 뚜렷한 특성으로 인정하면서 아래와 같이 장려했다.

> 개발에의 권리에 기초한 접근법은 단순히 인간의 욕구 또는 개발에 대한 요구의
> 측면에서가 아니라, 개인의 양도할 수 없는 권리에 대한 사회적 의무라는 의미에
> 서 상황을 설정한다. 이는 자선이 아니라 권리로서의 정의를 요구할 수 있도록 인
> 간의 역량을 강화하고 지역사회가 필요한 곳에 국제적 원조를 청구할 있도록 하
> 는 도덕적 토대를 제공한다.[25]

이와 비슷한 해석은 권리에 기초한 접근법을 지지하는 다른 기관의 성명에서도
찾아볼 수 있다. 유엔개발계획은 이 접근법의 전망을 "모든 사람의 자유와 웰빙,
그리고 존엄성을 어디에서든지 보장"[26]하는 것이라고 밝히고 있다. 유엔아동기
금UNICEF은 보편성을 최상의 지배 원칙[27]으로 공공연히 채택했다. 옥스팜과 스
웨덴 개발원조청SIDA도 개발의 수혜자를 권리 소유자로 볼 필요성과 보편적 규
범의 타당성에 대해서 위와 유사한 개념으로 표현하고 있다.[28]

공식적으로 말하자면 권리에 기초한 접근법에서 보편성의 원칙은 모든 개발
프로그램이 인권 신장을 목적으로 해야 한다는 것을 의미한다. 개발의 목적으
로 인권을 보편적으로 적용한다는 것은 현실적으로 인권의 타당성을 검증하고
권리에 기초하고 있는 많은 행위자들이 인권 신장을 위한 좀 더 함축적인 전략
을 취하는 것을 의미한다. 일반적으로 인권의 보편성을 촉진하기 위한 시도들
은 그 명확성의 정도에 따라 세 가지 부류로 구분될 수 있다. 즉, ① 특정 인권의
촉진, ② 인권 관련 기구의 역량 형성, ③ 인권의 신장 또는 가능한 환경 조성이
그것이다.

인권고등판무관실은 이 접근법을 처음으로 주장했는데, "인권을 개발의 목
적으로 명시하고, 국제적·지역적·국가적 인권 기제와의 연결을 확고히 하는 것
이 권리에 기초한 접근법의 중요한 내용이다"라고 발표했다. 이 주장은 주로 옥
스팜과 같은 비정부기구들뿐만 아니라 유니세프의 지지를 받았다. 유니세프는

자신들의 프로그램이 아동의 권리를 촉진시키는 데 그 목적이 있다고 분명하게 규정하고 있다.

유엔개발계획과 스웨덴 개발원조청은 주로 정책적 차원에서 개발과 인권의 관계를 정의하고 있으며, 주로 두 번째와 세 번째 부류에 속하는 특정한 프로젝트에 권리 신장의 목적을 한정시키고 있다.[29] 이런 유형은 일반적으로 전통적인 개발 기구의 활동에서 나타나고 있는데, 이는 '개발 영역'이라고 생각되었던 분야의 의제를 확장시키는 형태이다. 유엔개발계획은 인권적 환경을 조성한다는 측면에서 참여와 세력화뿐만 아니라 전통적 굿거버넌스에 지속적인 관심을 보여 왔다. 이제 유엔개발계획의 프로젝트들은 의회나 옴부즈맨, 국가인권기구에 대한 지원을 포함하고 있다.[30] 이런 접근법은 원론적으로 부가적add-on 접근법이라고 할 수 있는데, 이는 특정 프로그램이나 프로젝트에서 인권을 반드시 그 목적으로 명시하는 것은 아니기 때문이다.

불가분성　　　권리들 간의 불가분성의 원칙은 비엔나 선언과 개발권에 관한 민간 전문가 보고서Reports from the Independent Expert에서 강력한 지지를 얻었으며, 이제 권리에 기초한 접근법의 중요한 구성 요소가 되었다. 불가분성의 원칙은 긍정적으로 표현하면, 한 권리의 지속 가능한 진전은 다른 모든 권리의 지속 가능한 진전에 달려 있다는 것을 의미한다. 부정적 어법으로 표현하자면, 어떤 권리도 다른 권리를 손상하면서 추구되어서는 안 된다는 것이다. 인권고등판무관실은 이 원칙에 대해 다음과 같이 정의하고 있다.

> 권리에 기초한 접근법은 자유권과 사회권 간의 불가분성, 상호 의존성, 상호 관계성의 모든 범주를 포괄적으로 고려하고 있다. 이는 보건에서 교육, 주거, 사법, 개인 안보, 정치적 참여 등에 이르기까지 국제적으로 보장하고 있는 권리가 반영될 수 있는 구역을 개발의 프레임워크 안에 마련할 것을 요구한다.[31]

일반적으로 불가분성의 원칙은 개발에 대한 전체론적 프로그램의 구상 또는 포괄적인 개발 의제가 필요하다는 점을 지적하고 있다. 행위 기관(자)은 다음의 네 가지 항목을 제도화하는 것을 포함해 몇 가지 변화를 통해서 불가분성의 원칙을 존중한, 권리에 기초한 접근법을 운용할 수 있다.

- 새로운 프로그램 구상
- 새로운 분석 방식
- 강화된 조정
- 개발의 기본 규칙

개발을 포괄적으로 기획하는 방법은 빈곤 감축의 비경제적 측면에 초점을 둔 새로운 프로그램을 채택하는 것을 포함한다. 권리에 기초한 단체들 대부분은 부문 간inter-sectoral 전략과 접근법의 필요성, 그리고 서로 다른 유형의 프로그램들 간의 상승작용을 확립할 필요성을 강조하고 있다. 유엔개발계획은 권리에 기초한 접근법이 제도 구축, 민주적 지원, 법·정치적 개혁에 대해 특별한 주의를 요구한다고 강조하고 있다. 그러나 유엔개발계획은 법과 사회적 규범이 그 프로그램의 대상 집단[32]에게 어떻게 영향을 미치는지에 대해서는 거의 주의를 기울이지 않고 있다. 다만 굿거버넌스 프로그램과 관련해 변화가 있을 뿐이다. 스웨덴 개발원조청은 선거 지원, 미디어 후원, 사법적 역량 개발 프로그램들이 권리에 기초한 접근법을 도입한 즉각적 효과라고 강조하고 있다.[33] 유니세프 또한 전체론적 프로그램 구상의 필요성을 강조하고 있으며, 주창, 커뮤니케이션, 역량 개발, 파트너십 형성을 결합한 통합된 전략[34]에 대한 필요성을 중요하게 여기고 있다. 옥스팜은 권리에 기초한 접근법을 채택하면서 완전히 새로운 유형의 프로그램을 보여 주고 있는데, 그 가운데 정치·경제·사회적 정책 및 의사 결정에의 공평한 참여를 목적으로 한 것도 있다.[35]

전체적인 프로그램 구상을 위해서는 새롭고 포괄적인 상황 분석이 요구된다. 그리고 어떤 행위자도 모든 권리를 다 다룰 수 없다는 점을 인정하고, 포괄적인 프로그램을 운용하는 데는 다른 행위자와 더 많은 조정을 필요로 한다는 점을 인식해야 한다. 유엔개발계획은 국가공동평가/유엔 개발원조 프레임워크 Common Country Assessment/UN Development Assistance Framework, CCA/UNDAF의 절차[36]를 통해서 전체론적 구상을 시도하고 있다. 그 외의 다른 행위자들은 아직 전체론적 구상에 필요한 조건들을 충족할 만한 방법론을 개발하지 못하고 있다.

불가분성의 원칙이 갖는 결과적 함의는 어떤 프로그램이라도 인권을 침해해서는 안 된다는 것인데, 이는 단지 몇몇 공여자의 정책에서만 찾아볼 수 있다. 유엔개발계획은 인권을 침해할 수 있는 프로그램의 시행을 방지하기 위해서 공식적인 점검 목록을 개발했다. 노르웨이 개발원조청NORAD 또한 인권 평가 핸드북*Handbook on Human Rights Assessment*에 점검 목록[37]을 수록하고 있다. 놀라운 것은 이런 시도가 인도주의적 원조 부분에서는 광범위하게 이루어지고 있는 반면, 정작 권리에 기초한 개발 프로그램의 구상 부문에서는 미약하게 이루어지고 있다는 점이다.

책무성　　　　책무성은 개발에 대한 다른 모든 접근법들과 분명하게 구분되는 권리에 기초한 접근법만의 특징이라고 할 수 있다. 책무성은 분명히 모든 개발 활동에서 공통적으로 요구되는 것이지만, 권리에 기초한 접근법에서 이는 특별한 성격을 띠고 있다. 그 이유는 권리에 기초한 접근법에서 책무성은 법률적 문제로서 권리 소유자를 원조의 수동적 수혜자에서 법적 자격을 부여받은 권리 청구자로 전환하는 데 그 초점을 맞추고 있기 때문이다.

욕구가 권리로 전환되면 원조 수혜자에 대한 책무는 원조의 공여자에 대한 책무와 함께 매우 중요한 것으로 부상하게 된다.[38] 권리에 기초한 프레임워크에서는 조직적 책무와 동시에 의무 담지자와 권리 소유자 간의 책무에 초점을 맞추고 있다. 이는 권리에 기초한 접근법이 법, 정책, 제도, 행정절차, 그 밖의 구

제 장치들과 같은 새로운 양식의 책무에 주의를 기울이고 있음을 의미한다.[39]

유엔 기구들은 인권고등판무관실에서 정의한 책무성의 원칙들을 그대로 따르고 있으며 권리에 기초한 다른 행위자들 역시 대부분 그 원칙들을 책무성을 강화하는 핵심적 요소로 수용하고 있다. 이 원칙들의 운영은 각 행위자마다 다르지만 대부분의 시도는 다음의 세 가지 활동을 중심으로 이루어지고 있다.

- 권리 소유자와 의무 담지자에 초점을 둔 분석
- 의무 담지자의 책무 확대
- 책무에 대한 유기적 절차 강화

위에서 언급한 바와 같이 프로그램 구상에서 크게 확대되고 있는 책무는 의무 담지자와 권리 소유자 간의 관계에 초점을 두고 있다. 캐롤린 모저Carolin Moser와 앤디 노턴Andy Norton은 책무에 관한 인권적 관점이 의무와 그에 상응하는 권리의 토대로서 지나치게 국가와 그 시민의 관계에만 집중하고 있다는 점을 지적하고, 그것이 인권적 관점의 잠재적 한계라고 설명한 바 있다.[40] 한편 권리에 기초한 접근법에서는 의무 담지자의 범위를 개인, 국가, 단체, 공공 기관, 사기업, 원조 공여자, 국제기구에 이르기까지 모든 관련 행위자로 확장한다. 이는 권리에 기초한 접근법이 갖는 특징으로 권리에 기초한 아이디어를 좀 더 넓은 개발 의제로 통합할 때 법 중심의 접근법을 엄격하게 유지하는 것이 어렵다는 점을 반증하고 있다.

책무성을 둘러싼 다양한 전략들은 보통 의무 담지자의 성격과 권리에 기초한 행위자의 권한에 따라 서로 다르게 채택되고 있다. 유엔개발계획은 일차적으로는 국가의 책무를 중심에 두고 역량 개발에 힘쓰고 있다. 여기에서 유엔개발계획이 초점을 두고 있는 것은 인권이 아니라 개발에 대한 부가가치이다. 즉, 유엔개발계획은 "견고한 법적 프레임워크와 독립적이고 양심적인 사법제도가 없다면 사회경제적 개발은 붕괴될 위험이 있다"[41]는 입장이다. 이는 의무 담지자의 책무성을 강화하는 데 있어서 인권 프레임워크가 목표와 척도의 설정에 필요한 더 강력하고 엄격한 체계를 제공한다는 부가가치의 측면을 강조한 것이다.

옥스팜의 전략은 의무 담지자의 역량 개발보다는 지구적 인권 주장에 초점을 맞추고 있다. 그래서 옥스팜과 같은 행위자들은 전통적 인권 기능과 대립적인 역할을 수행한다.[42] 그들은 또한 책무성 자체보다는 그와 연관된 것에 더 많은 관심을 갖고 있다. 즉, 개인과 시민사회의 능력을 강화해서 스스로 권리를 청구하고 감시하도록 하는 것이다. 이런 측면은 아래에서 세력화를 다루면서 더 구체적으로 논의할 것이다.

마지막으로 권리에 기초한 접근은 일반적으로 개발의 결과뿐만 아니라 그 과정에 대한 책무성을 요구하는 것으로 알려져 있는데, 이 원칙은 자연스럽게 모든 이해 당사자뿐만이 아니라 원조 기구에도 적용된다. 인권고등판무관실은 권리에 기초한 행위자들이 "개발의 과정, 제도, 정보, 보상 또는 배상 장치에 대한 책무를 포함한 책무성에 충분한 주의"[43]를 기울일 필요가 있다고 주문했다. 아직 그렇게까지 나아가진 않았지만, 많은 행위자들이 수혜자의 참여 확대를 시작으로 책무성을 강화하려 노력하고 있으며, 조직적 효율성, 투명성, 책무성에 바탕을 둔 관리의 측면에서 책무를 제도화할 필요가 있다고 인식하고 있다.

참여, 반차별, 세력화

참여, 반차별, 세력화는 각각 별개의 원칙이지만 행위자에게 미치는 그 영향력에 있어서는 어느 정도 서로 중첩된다. 이 원칙들은 권리에 기초한 접근에만 고유하게 적용되는 것이 아니기 때문에 이 원칙들이 권리에 기초한 접근법에서 어떤 특수성을 갖는지 규명하는 것이 중요하다.

참여　　　　　수단적 의미로서의 참여는 개인이 자신의 삶에 영향을 미치는 쟁점에 대해 효과적인 의사 결정을 할 수 있도록 한다. 권리에 기초한 접근법은 "공동체, 시민사회, 소수자, 선주민, 여성과 같은 집단의 높은 수준의 참여"를 요구한다. 또한 "참여는 '능동적이고 자유롭고 의미 있는' 것이어야 한다. 따라서 단지 수혜자와의 형식적이고 '의례적'인 접촉만으로는 충분하지 않다"[44]고 인권고등판무관실은 말하고 있다.

　권리에 기초한 접근법에서 참여는 개발 과정의 내재적 요소로 봐야 하며, 동시에 대중적 참여를 형성한다는 광의의 목적으로 이해되어야 한다. 또한 참여 그 자체를 개발의 목적 가운데 하나로 봐야 한다. 이 원칙을 운용화한 시도들을 다음과 같은 두 가지 부류로, 즉 ① 프로그램에 대한 참여 확대, ② 프로그램을 통한 대중적 참여의 확대(반차별 부분 참조)로 구분할 수 있다.

　프로그램 운영 및 진행에 참여를 확대하는 문제는 일차적으로 프로젝트의 주기를 운영하는 것과 관련되어 있다. 원조 기구들은 참여는 프로그램의 구상에서 이행, 감시에 이르기까지의 모든 단계를 포함해야 한다고 강조하고 있다. 프로그램 운영 및 진행을 통해 대중의 참여를 확대시키는 것은 공적인 의사 결정에 미디어, 이해 집단, 시민사회의 개입을 강화하는 데 초점을 맞추고 있다. 옥스팜은 한발 더 나아가 국제적 의사 결정 기구에 대한 공평한 접근성과 그 기구들을 개혁할 필요성을 주창하는 활동과 같은 국제적 차원에서의 참여 문제에 초점을 맞추고 있다.

반차별　　　　　개발에 있어서 소수자나 사회적으로 취약한 집단이 공적인 의사 결정 과정에 접근할 수 있어야 한다는 것은 참여의 중요한 영역이다. 반차별이란 "차별, 평등, 공정 그리고 취약 집단에게 특별한 주의를 기울이는 것을 의미한다. 여기서 취약 집단은 여성, 소수자, 선주민, 수감자 등을 포함한다. 그러나 주어진 상황에서 누가 가장 취약한지를 판단하는 보편적 기준은 없다."[45]

차별은 경제적 빈부의 개념을 넘어, 법, 정책, 행정 관행이 구조적 차별을 어떻게 조장하는지, 그런 차별에 어떻게 저항하는지를 중요하게 여긴다. 권리에 기초한 접근법은 거대한 빈곤이 국제적·국가적·지방적 차원에서의 공식적·비공식적인 정치·사회·문화·제도적 차별 관행에서 비롯된다는 사실을 강조하고 있다. 반차별 원칙은 근본적으로 방법론적 요건과 취약 집단을 목표로 설정하는 것과 관련해서 운용화가 가능하다.

거의 모든 행위자들이 개발 프로그램에서는 취약한 인구 집단을 파악할 필요가 있다는 점을 잘 인식하고 있다. 나아가 유엔개발계획은 프로그램을 시행하고 있는 대상 집단뿐만 아니라 미대상 집단 또한 고려해야 한다고 명시하고 있다.[46] 취약 집단을 목표로 설정한다는 것은 일반적으로 프로그램의 모든 측면에서 반차별을 주류화하고, 취약 집단을 소외시키거나 배제하지 않으며, 이들의 세력화를 위한 메커니즘을 개발한다는 것을 의미한다.

세력화　　세력화는 권리에 기초한 접근법이 최종적으로 견지하고 있는 것이라는 점에서 중요하다. 세력화의 가장 중요한 전제는 개발을 단순히 경제성장을 통한 소득 증대의 과정으로 이해해서는 안 되며, 그렇다고 인간의 기본적 선택권과 자유를 확대하는 과정으로만 이해해서도 안 된다는 것이다. 세력화는 빈곤의 근본적 원인을 목표로 설정해야 할 필요가 있다는 점을 중요시한다. 빈곤은 비경제적 또는 구조적 문제가 그 원인이 되기도 하며, 위에서 언급한 바와 같이 단순히 인권의 부재가 그 원인이 되기도 한다. 인권고등판무관실은 세력화의 원칙에 대해서 다음과 같이 정의하고 있다.

권리에 기초한 접근법은 자선적 대책보다는 세력화를 위한 전략을 우선시한다. 이 접근법은 권리 소유자로서의 수혜자와 개발의 방향에 초점을 맞추고 있으며, 인간을 개발 과정의 중심으로 강조하고 있다. 이를 통해 사람들이 자신의 삶을 바꾸고 자신의 공동체를 개선하고 자신의 운명을 결정하기 위해 필요로 하는 권력

과 역량, 그리고 접근 가능성을 제공하는 것을 목적으로 한다.[47]

세력화는 다른 원칙들을 실현하기 위해서 취하는 모든 시도들과 관련되어 있지만, 근본적으로 빈곤의 비경제적 측면과 권리를 주장할 수 있는 역량의 강화에 초점을 맞추는 시도들과 관련해서 세력화의 원칙을 운용한다는 점에서 다른 원칙들과 구분할 수 있다. 세력화 개념은 센의 역량 이론에서 출발한다. 경제적 개발은 세력화와 인간의 자유를 확대하는 여러 방법들 가운데 하나일 뿐이다. 세력화는 또한 권리 주장과 효과적인 권리 행사가 가능한 인간의 역량을 의미한다. 스웨덴 개발원조청은 개인과 시민사회를 세력화하기 위한 근간으로서 참여를 촉진한다는 개념을 채용하고 있다.[48] 유엔개발계획은 책무성의 원칙이 효과적으로 운용되려면 이에 대한 요구가 있어야 하는데, 이를 위해서는 권리 소유자의 세력화가 필요하며 시민사회가 포함되어야 한다고 역설하고 있다.

유니세프는 빈곤과 취약성의 근원에 주의를 기울여야 한다고 강조하고, 권리를 주장하고 향유할 수 있는 역량으로서의 세력화를 촉진하고 있다. 유니세프는 법적 틀을 포함해 주어진 상황에 대한 다양한 원인에 역점을 둠으로써 주장과 역량 형성 전략을 통합하고 있다.[49]

유엔개발계획은 좀 더 일반적으로 '가능한 환경'의 조성을 이야기하고 있는 반면, 옥스팜은 좀 더 직접적으로 사회정의를 요구할 수 있는 집단의 역량을 중요하게 여기고 있다.[50] 옥스팜은 여기에 국제적 관점을 더해 경제적 세계화 속에서 지역공동체에 영향을 미치는 많은 문제들이 국경을 초월해 발생하고 있다고 주장하고, '지구적 경제를 위한 공정한 규칙'[51]의 확립과 이행의 필요성을 강조한다.

원칙과 함의

권리에 기초한 접근법의 핵심 영역이 무엇인지 두 가지 차원에서 보다 깊이 탐색할 필요가 있다. 먼저 권리에 기초한 접근이 개발권과 어떻게 관련되는지, 두 번째로는 이 접근법을 개발 분야에 적용할 때 그 핵심 원칙과 함의가 무엇인지를 밝히는 것이 중요하다.

권리에 기초한 접근법의 정당화

권리에 기초한 접근법은 개발 관행에서 나타난 우려에 대응하는 차원에서 심화되고 전략화되어 왔다. 그러나 그 문제들 가운데는 불분명하고 일반적인 것들이 많았다. 이에 대해 인권고등판무관실은 "개발 전문가들이 갖는 본질적인 실용주의적·경험주의적 접근법"이라고 언급한 바 있는데, 그런 접근법이 선천적으로 갖고 있는 제도주의적 입장은 법규범적 입장과 충돌한다.[52] 인권 전문가들은 구조조정 정책과 조건부 공여와 같은 과거 개발 정책이 대부분 개도국 정부에 차관과 원조를 조건으로 성취해야 할 정책적 도달점을 강요하는 특성을 가지고 있었다고 분석했다. 그런 정책들은 경제학적 정책을 최우선으로 보는 편견을 더욱더 악화시킬 것이라는 것이다.[53]

그러나 그런 입장은 인권 분야의 행위자들이 각자의 권리에 기초한 접근법을 설계하는 데에 있어 개발 담론을 좀 더 철저히 탐구하기보다는 인권의 프리즘에 집착한 결과라고 볼 수 있다. 그래서 바로 다음 장에서 논의할 기본 원칙들은 개발 분야의 관심사가 아니라 보편적 인권 분야의 관심사로 특성화된 것들이다. 이런 사실은 권리에 기초한 접근법의 내용이 개발 분야에 충분히 알려지지 않아서 그 부가가치가 제대로 이해되지 않고 있음을 의미한다. 이는 인권의 보편성과 불가분성과 같은 기본적 개념을 생각해 보면 특히 그러하다.

〈그림 1〉은 시디크 오스마니Siddiq Osmani가 고안한 것으로, 권리에 기초한 접근법의 발단과 그 계보에 관한 특수한 해석을 보여 주는 동시에 이 접근법과

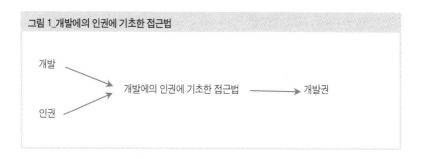

그림 1_개발에의 인권에 기초한 접근법

개발 ──────▶
              개발에의 인권에 기초한 접근법 ──────▶ 개발권
인권 ──────▶

개발권의 관계를 설명하고 있다.[54] 이는 개발에 관한 인권적 접근이 두 가지 원천, 즉 개발 활동과 인권 활동에서 유래되었다는 점을 보여 준다. 그와 같은 접근은 결과적으로 개발권의 이행 또는 실현을 가져온다는 것이다.

이에 대해 두 가지 중요한 반론을 제기할 수 있다. 먼저 그림은 개발권이 개발 경험에 근거해 형성된 것으로 가정하고 있지만, 실제로 그런 사례는 아주 제한적일 뿐이다. 개발권은 지구촌 남북 관계에 관한 매우 일반적인 의견을 제외하고는 개발 경험으로부터 무언가를 습득하고 있다는 인상을 거의 주고 있지 않다.

두 번째 반론은 〈그림 1〉이 연대기적 의미에서 권리에 기초한 접근법이 개발권을 우선시한다는 의미로 해석될 소지가 많다는 점이다. 그런 해석은 권리에 기초한 접근법과 개발권이 수평 궤도 위를 달리고 있다는 해석만큼이나 문제가 크다.

대안적으로 반론들을 수용해 〈그림 1〉을 재구성해 보면, 〈그림 2〉와 같은 거의 동시에 시작되는 수평 궤도를 그릴 수 있다. 개발과 인권 프로그램은 공통의 영감, 즉 인권에 기초한 접근법이라는 개념을 낳았다. 이 접근법은 최근 국제적·국가적 비정부기구들뿐만 아니라 공여자(국)들 사이에 권리에 기초한 접근법의 새로운 실천을 촉진하고 있다.

〈그림 2〉의 아래쪽의 진행 과정, 즉 규범적 차원을 보여 주는 궤도는 유엔 인권이사회 민간 전문가도 채택한 바 있는데,[55] 여기서 권리에 기초한 접근법은

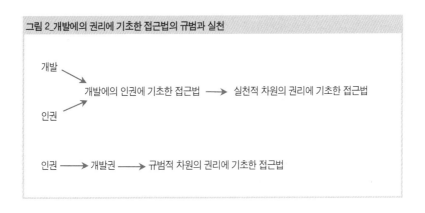

그림 2_개발에의 권리에 기초한 접근법의 규범과 실천

개발
인권 → 개발에의 인권에 기초한 접근법 → 실천적 차원의 권리에 기초한 접근법

인권 → 개발권 → 규범적 차원의 권리에 기초한 접근법

개발권으로부터 촉진된 규범적 차원의 접근법이다. 인권고등판무관실과 유엔 개발계획에서도 권리에 기초한 개발을 규범적으로 이해하고 있다. 〈그림 2〉는 권리에 기초한 접근법의 정당화에는 실천적 치 원뿐만 아니라 규범적 차원도 존재한다는 것을 강조하고 있다. 규범적 궤도가 함의하는 바는 권리에 기초한 접근법이 개발권에 관한 담론에서 유래하고 있다는 가정이다.

따라서 권리에 기초한 접근법을 광범위하게 적용하기 위해서는 개발의 규범적 관심사와 실천적 관심사 간의 연결점을 찾아내는 것이 중요하다. 즉, 개발 경험과 개발에 관한 인권 규범 간의 왕성한 대화를 촉진할 필요가 있다. 개발권 선언이 담고 있는 규범이 주류화 시도의 일환으로 실천적 개발 노력에 수용되어야 한다. 그런 규범이 개발 이론과 그 실천에 수용되고 있다고 주장하기에는 아직 이르다.

권리에 기초한 접근법의 네 가지 구성 요소

개발에 있어서 규범적 사고와 실천적 사고가 어디에서 만나게 되는가라는 질문은 여기서 다룰 수 없는 매우 치밀한 이론적 작업을 필요로 한다. 그러나 권리에 기초한 원칙들을 면밀히 살펴보면 분명하게 구분되는 네

표 1_권리에 기초한 접근법의 원칙과 함의

원칙 1	원칙 2	원칙 3	원칙 4
국제인권법의 원칙을 포함해 그 정의가 분명한 규범적 원칙에 기초한 개발은 보다 정의롭고 지속 가능한 개발을 가져온다.	권리에 기초한 개발은 권리 소유자·의무 담지자 프레임워크에 근거해 분명한 책무의 분립을 가져온다.	개인적·집단적 권리와 자격 부여는 공평성, 반차별성, 웰빙의 필수 불가결한 요소다.	인권은 정치경제적 편익보다 우월하다.
함의	함의	함의	함의
국제법상의 자격 부여를 포함한 법적 자격 부여는 개발 정책의 중요한 관심사가 되어야 한다.	책무성이 중대한 역할을 하는 프레임워크를 적용하면 굿거버넌스 차원에서 분명히 이득이 있다.	권리에 기반을 둔 세력화는 빈곤 감축과 횡행하고 있는 정의롭지 않은 권력과 경제구조 개선을 위한 효과적인 수단이다.	인권을 침해하지 말라! 개발에서 인권을 주류화하라!

가지 분야가 드러난다. ① 가치의 개발과 정의 규범의 적용, ② 권력과 거버넌스의 구조와 제도, ③ 법치주의 및 율법주의와 개발의 통합, ④ 빈곤과 권리 자격 entitlement의 분석이 그것이다.

위의 규범적 원칙들은 이상의 네 가지 분야에서 철저한 검토가 필요하겠지만, 권리에 기초한 접근법의 네 가지 구성 원칙과 그것이 개발에 대해 갖는 함의는 명료하게 밝힐 수 있을 것이다. 비정부기구들은 권리에 기초한 접근법을 이행하는 데 있어 이 원칙들과 동떨어지지 않게 그들의 전략을 정의하려는 경향이 있다.[56] 〈표 1〉은 그런 원칙들과 그 함의를 요약한 것이다.

첫 번째 원칙은 개발은 규범적·법적 영역(전형적으로 국제인권법) 속으로 들어와 정착하게 되면 일반적으로 유익한 것이지만, 케어인터내셔널과 같은 비정부기구는 권리에 기초한 접근법과 국제인권법을 관련짓는 데 있어 매우 신중할 필요가 있다는 입장이다. 이 원칙의 함의는 규범적·법적 자격 부여가 개발 정책의 구성 요소가 된다는 것이다.[57]

두 번째 원칙은 잘 알려진 것으로 권리에 기초한 프레임워크에서 개발된 가장 완벽한 주장 가운데 하나이다. 이 원칙은 주로 분석적 목적으로 사용된다. 그러나 이 원칙의 가장 강력한 함의는 의무 담지자의 책무성을 강조함으로써 인권을 거버넌스 개발 프로그램에 연결하는 데 필요한 수단을 제공한다는 데 있다. 권리에 기초한 접근법에서 책무성은 인권에 대한 의무 담지자의 책무를 규정한다는 점을 상기할 필요가 있다.

세 번째 원칙은 정의와 권리에 대한 서로 다른 의미를 연결해 준다는 것이다. 유엔에서는 빈곤 감축을 위한 인권의 역할에 점점 더 주목하고 있다. 유엔개발계획은 인간 개발 의제에 주목해 오고 있으며, 인권고등판무관실과 유네스코는 빈곤 문제에 더욱더 집중하고 있다.

마지막 원칙은 개발 기구들이 지지하고 있는 경제정책이 어떻게 인권을 침해하는지에 관한 것이다. 예를 들어, 구조조정 정책은 공공 부문의 예산 감축을 필연적으로 수반하는데, 이는 인권에 부정적 영향을 미친다. 이 원칙의 함의는 인권이 최저 생계선, 즉 그 아래에서는 편협한 정치경제적 합리성이 아무런 의미가 없게 되는 최소한의 기준을 확립했다는 것이다. 그래서 '인권을 침해하지 말라'는 원칙은 존중되어야 할 최소 조건의 확립을 의미한다.

결론

권리에 기초한 접근법에 대한 해석은 운용적 측면보다 개념적 측면에서 먼저 발전했다. 현재 유엔 기구, 공여국(자), 비정부기구가 지역사회에서부터 국제사회에 이르기까지 이 접근법의 운용화 과정에 참여하고 있다. 이 과정은 다른 접근법들과 비교해 어떤 부가가치를 갖는지에 대한 이해뿐만 아니라 더 분명하고 실행 가능한 개념화를 요구하고 있다.

위의 분석에 따르면 권리에 기초한 접근법의 함의는 분석적이면서도 실질적인 것이다. 분석적 차원에서 보면 권리 프레임워크는 권리와 세력화에 대한 초점뿐만 아니라 책무와 거버넌스에 대한 초점도 함께 강조하고 있는 다른 종류의 분석법을 의미한다.

실질적 차원에서 보면 권리에 기초한 접근법은 욕구보다는 권리에, 권리에 기초한 주창에, 권리의 이행과 관련된 역량 강화에, '인권을 침해하지 말라'는 원칙에 각각 초점을 맞출 것을 요구한다. 또 인권침해를 구제할 수 있는 제도적 개발을 포함해 벤치마킹과 모니터링, 특히 인권 존중, 세력화, 책무, 제도적 역량 구축에 관한 수행 평가를 함의하고 있다. 반차별과 취약 집단을 대상으로 삼는 것도 수행 척도에 포함시켜야 하지만 반차별 방식은 아직 충분히 개발되지 않았다.

위의 분석은 무엇이 권리에 기초한 접근법이고 무엇이 아닌가를 보여 준다. 권리에 관한 담론은 참여, 세력화, 책무에 초점을 두는 경향이 있는데, 이는 개발 분야에서도 주기적으로 부각되는 주제이다. 권리에 기초한 접근법의 고유한 특징은 아래 세 가지로 요약할 수 있는데, 이는 독자적으로 작용하기도 하고 복합적으로 드러나기도 한다.

- 프로그램과 프로젝트는 인권 법과 원칙에 따라 개발된다.
- 프로그램과 프로젝트는 권리 실현과 세력화라는 목적을 가진다.
- 프로그램과 프로젝트는 인권적 책무성을 구성하고 있는 요소들로 정의된다.

인권에 기초한 프레임워크가 개발에 대한 모든 사고 영역에서 동일한 관련성을 갖는 것은 아니다. 권리에 기초한 접근법과 인권 문제 및 인권 제도와의 관련 정도는 중요한 리트머스 시험지가 될 수 있다. 결과적으로 권리에 기초한 접근법이 개발에 잠재적으로 기여할 수 있는 영역은 아래와 같다.

① 보편적으로 수용된 규범과 법적 기준을 토대로 제공
② 지속 가능성을 강화하는 법적 강제력 제공

③ 인권적 사고에 강력하게 내재된 정의의 개념 제공

④ 가해 여부 판단을 위한 최소한의 기준 제공

권리에 기초한 접근법은 실천적·규범적 영감을 포함하고 있으며, 이는 개발의 네 가지 분야, ① 거버넌스, ② 법치, 법제 개혁, 정의에 대한 접근, ③ 빈곤, 취약성, 반차별, ④ 보호 정책에 적용 가능하다.

실천적 차원에서 개발 옹호자와 인권 옹호자 간의 대화는 권리에 기초한 접근법을 진전시키고 공고히 하는 수단으로, 양자가 대립할 때보다는 훨씬 더 효과적인 결과를 낳을 것이다. 현재 양자 간의 경험이 축적되고 있으므로 이런 경험으로부터 교훈을 얻는 것이 권리에 기초한 접근법을 개념화하고 공고히 하는 데 중요한 의미를 가질 것이다.

야콥 키르케만 한센

JAKOB KIRKEMANN HANSEN

덴마크 인권연구소 프로그램 매니저이다. 인류사회학과 인권과 민주화를 전공했다. 현재 인권적 접근의 실행에 초점을 맞춘 장기 프로그램에 참여하고 있으며, 코펜하겐 대학 인류학연구소의 인권과 민주주의 강의를 담당하고 있다. 중앙아시아, 발칸, 터키, 동티모르, 캄보디아, 남아프리카공화국, 수단, 말라위, 에티오피아 등에서 근무한 바 있으며, 세계은행, 유럽연합, 덴마크 원조청DANIDA, 스웨덴 원조청SIDA에 자문을 제공하고 있기도 하다.

한스-오토 사노

HANS-OTTO SANO

덴마크 인권연구소 연구소장. 경제사와 조직 사회학을 전공했으며, 20년 넘게 개발 문제, 특히 빈곤, 정책과 굿거버넌스에 초점을 맞춰 연구 활동을 해왔다. 지난 6년 동안에는 권리에 기초한 개발, 인권과 굿거버넌스, 인권 지표에 초점을 맞춘 인권과 개발에 관한 연구를 해왔다. 최근에는 권리에 기초한 개발 연구 프로젝트에 참여하여 개념적이면서도 현실적인 관점에서 연구를 수행하기도 했다. 1년 이상 잠비아, 탄자니아, 나이지리아에서 현지 연구 조사를 수행한 바 있고, 덴마크, 노르웨이, 네덜란드, 독일의 공적개발원조 기관과 세계은행, 유럽연합의 개발 정책에 대해서도 컨설턴트로 참여했다.

제2부

인권과 개발,
누구의 의무이고
누구의 책임인가

4장
개발권 이행의 의무

스티븐 마크스
Stephen P. Marks

개발권 선언은 국가가 개발권이라 일컬어지는 권리에 대한 의무를 가진다고 가정하고 아래와 같이 네 가지 의무와 책임을 열거하고 있다.

① 개발의 과정과 그로 인한 혜택의 공정한 분배 과정에 모든 개인과 주민 전체의 능동적이고 자유롭고 의미 있는 참여를 보장하면서 웰빙의 지속적인 증진을 목적으로 한 국가 개발 정책을 수립할 의무[1]
② 개발권 실현에 우호적인 국가적·국제적 조건의 형성에 대한 일차적 책임[2]
③ 개발을 보장하고 그 장애물을 제거하기 위해 서로 협력할 의무[3]
④ 개발권의 온전한 실현을 촉진하기 위한 국제 개발 정책의 수립에 필요한 조치를 개별적으로 그리고 집단적으로 취할 의무[4]

개발권 선언에서는 권고적 명령어인 '해야 할 것이다'should가 열여덟 번이나 등장하는데, 주로 국가가 해야 할 것들을 규정하고 있다. 또 더 강제성을 갖는 명령어인 '해야 한다'shall는 세 차례 사용되고 있는데, 두 번은 국가의 의무를 규정하기 위해서 사용된 것이고,[5] 나머지 한번은 선언을 해석하는 방식을 가리키고 있다.[6] 그러나 개발권의 의무와 책임이 기존에 이미 수용된 도덕과 법의 요소로서 국제법과 국제 관계 안에서 확립된다는 주장은 철학적·정치적·법적 관점에서 논란의 여지가 있다. 이 글에서는 개발권의 맥락에서 의무를 이해하는 각각의 방식에 대해서 간략하게 살펴보고자 한다.

철학적 원리

철학자들은 사람은 누구나 자기보다 불행한 사람들의 복지에 책임이 있다는 관념을 설파해 왔다. 대부분의 종교적 전통에서는 자선을 공동의 의무로 여기지만, 개발권을 준수할 국가의 의무는 자선이나 덕행에 바탕을 두고 있는 것이 아니다. 오히려 다양한 철학적 접근을 통해 설명할 수 있는 인권의 논리, 즉 권리 소유자가 의무 담지자에 대해 정당하고 강력한 권리를 청구할 수 있다는 데 근거하고 있다. 나는 자연법적 관점, 계약론contractarianism, 결과론consequentialism, 그리고 그것들의 현대적 변형물인 도덕적 세계시민주의moral cosmopolitanism의 관점에서 개발권의 의무에 관한 해석들을 분석하고 그 결과를 단순화해 제시하려 한다.

자연권 이론[7]에 따르면 의무의 내용은 정치적 공동체가 결정하지만 타인(국경이나 국적과 같은 인위적인 구분이 아니라 내가 아닌 다른 사람)에게 의무를 부과하는 도덕적 토대는 인간의 본성에 있다. 토마스 아퀴나스Thomas Aquinas에서 윌리엄 블랙스톤William Blackstone, 로널드 드워킨Ronald Dworkin에 이르기까지 자연권 이론가들은 각각의 사회 또는 정치 공동체 내에서 모든 인간은 평등하게 자연권을 부여받았으며 따라서 자유와 평등이 가져오는 혜택에 대해 동등한 자격을 갖는다고 주장한다. 이와 같은 관점에서 보면 개개인의 생명이 동등한 중요성을 가진다는 것은 도덕적으로 객관적 진실이다. 드워킨은 동등한 중요성의 원칙을 "주권자의 특별하고도 불가결한 미덕"[8]이라고 언급했다. 이는 정치 공동체가 모든 시민을 동동하게 대우해야 함을 의미한다.

자연법 이론이 개발권에 대해 가지는 함의가 무엇인지에 관한 초기의 논의는 자연법과 직접적으로 충돌하는 인간법human law은 법률이 아니라는 고전적 자연주의의 입장[9]을 취했는데, 흥미롭게도 이 사고방식이 개발권에 적용된 것으로 보인다. 개발권 선언은 '양도할 수 없는 권리'와 같은 자연법의 용어를 채용하고 있다. 여기서 양도할 수 없는 권리의 정수는 "각 인간every human person과 모든 사람들all peoples은 모든 인권과 기본적 자유를 실현할 수 있는 정치·경제·사회·문화적 개발에 참여하고, 기여하고, 향유할 수 있는 자격을 부여받았다"라는 선언이다. 예컨대 국내법이 국민의 개발권에 반하는, 부패한 지도자의 사리사욕을 채워 주기 위한 자원 착취를 허용한다거나, 나라가 아직 그럴 만한 수준에 도달하지 않았다는 이유로 헌법과 국제조약에서 보장하는 인권을 보류한다면 이는 '양도할 수 없는 개발에의 인권'에 반하는 '법의 타락'이 될 것이다.

개발권은 국가의 사회구조에 초점을 맞추고 있는 만큼 국제사회의 구조적 측면에도 같은 정도로 주의를 기울이고 있다. 고전적 자연주의의 논리를 국제법으로 확장시키면 여기에도 이와 비슷한 주장을 적용할 수 있다. 특히 투자 대상 국가의 개발을 희생시키면서 과도한 투자 수익을 노골적으로 보장하는 약탈적 투자 협정에 이를 적용해 보면, 그런 협정은 모든 사람이 개발로부터 비롯된 혜택을 향유하는 데 직접적인 영향을 미치기 때문에 고전적 자연주의 논리에 따라 국제법으로 유효하다고 할 수 없다.

자유주의 정치철학의 도덕적 평등주의는 국가 테두리 내부보다는 그 밖에서 (인간 가치의) 차이를 인정하는 경향이 있다. 이는 지리적 관할권의 임의적 분할이 옳기 때문이 아니라 공동체의 중요성 때문이다. 공동체의 범위는 국가의 테두리와 상당 부분 겹쳐진다. 기회와 자원의 정의로운 분배는 그것이 자원의 평등[10]이든 복지의 평등[11]이든 간에 국가 내에서 이루어진다. 개발권은 "전체 주민과 모든 개인의 지속적인 웰빙 증진,"[12] 즉 복지의 평등에 대한 권리를 포함하며,

개발권 선언의 다른 조문들은 자원의 평등과 기회의 평등에서 한발 더 나아가고 있다. 선언은 구체적으로 국가가 "기본적 자원, 교육, 보건 서비스, 식량, 주거, 고용, 공정한 수익 분배에 대한 평등한 접근 기회를 모두에게 보장"할 것을 요구한다. 개발권 선언에서는 "양도할 수 없는"과 "보편적"이라는 표현을 자주 언급하고 있으며, "동등한" "공정한" 처우, "개발 과정의 핵심적 주체로서의 인간"이라는 표현도 자주 사용하고 있다. 이는 확실히 자연법의 울림이 반영된 것이다.

개발권에서 의무에 대한 철학적 원리를 조명하기 위해서는 자연법 이론을 살펴볼 필요가 있다. 자연법 이론은 자신의 정치적 공동체의 경계를 벗어난 사람들의 동등한 가치에 주목하고 있으며, 이런 도덕적 인류 평등주의를 세계적 차원으로 확장시킨 접근법은 '지구적 자유주의'global liberalism와 '세계시민주의적 자유주의'cosmopolitan liberalism의 지지자들 사이에서 공유되고 있다. 이에 대해서는 아래 계약론적 맥락에서 더 구체적으로 다뤄진다. 그전에 자연법 이론의 또 다른 변형 이론인, 일명 신자연주의neo-naturalism 관점을 살펴볼 필요가 있다. 신자연주의는 우정, 종교, 유희, 지식, 심미적 경험, 건강, 생명 그 자체 등과 같은 기본선basic goods은 보편적인 것이고, 그래서 이들과 똑같은 도덕적 원칙들이 인간이 어디에 있든 선을 추구하도록 인도한다고 한다. 법은 기본선의 향유에 관한 접근성의 문제를 해결하기 위해서 강제력을 가진 권위 있는 규칙과 재판할 수 있는 수단을 제공함으로써 결과적으로 공공선common goods에 기여하게 된다.[13]

개발권은 공공선에의 접근성 문제를 지구적 차원에서 조정하기 위한 노력이라고 볼 수 있다. 그러므로 가난한 국가에서 개발권이 실현되는 것에 대한 부유한 국가의 책임을 확립하고 있는 국제적 규범은, 모든 인간은 기본선에 대해 동등한 자연적 권리를 가진다는 명제에서 그 근거를 찾을 수 있다. 이 주장에 따르면, 모든 인간은 자국 내의 가용 자원이 창출하는 혜택에 대해서 동등한 자연권을 가질 뿐만 아니라 기본선에 대한 접근성을 국제적으로 공유하기 위한 조정노력의 결과에 대해서도 동등한 권리를 갖는다. 개발권 선언은 "모든 자연 자원과 부에 대한 완전한 통제권"을 사람들[국민]의 "양도할 수 없는 권리"[14]라고 재차 강조하고 있다. 그래서 개발에 대한 '자연권'은 개발과 그 혜택에 대한 참여를 가능하게 하는 최적의 사회구조를 중요시한다. 이는 경제적으로 더 부유한 나라의 사람들은 더 가난한 나라의 사람들이 이 권리를 향유할 수 있도록 잠재력을 증대시키는 방향으로 행동할 의무가 있다는 주장을 뒷받침한다. 노예제도의 폐지와 노예무역의 금지, 식민주의에 저항한 투쟁은 개발권을 보장하기 위한 도덕적 의무를 충족한 훌륭한 사례이다. 이와 같은 행동을 정당화하기 위해서 채용되어 왔던 자연법 이론은 그것이 개발권과 관련되어 있다는 점을 분명하게 보여 준다.

사회계약론자들[15]에게 법과 국가권력이란 자연 상태의 야만성(홉스) 또는 자연 상태의 폭력적 재산 다툼(로크)으로부터의 필수 불가결한 보호를 의미한다. 시민 정부civil government는 입법·사법·행정적 힘을 동원해 사람들이 자연법을 위반하지 못하도록 막는다. 홉스와 로크보다는 루소의 주장이 오늘날 개발권을 실현할 의무가 존재한다는 이론적 입장과 좀 더 관련이 깊다. 루소는 사유재산은 종속적 관계와 사회경제적 불평등을 가져오며, 자연법칙을 따르는 사회계약 하에서 확립된 법은 사유재산으로 권력을 쥔 사람들을 보호한다고 보았다. 규범적 사회계약은 개인의 의지를 집단적이고 일반적 의지에 종속시키고 개인의 이익보다는 집단적 선을 우선시하게끔 함으로써 그런 현실을 개선하고 있다. 즉, 일반의지는 사회 내 개인들의 선을 따르고 개인들은 다시 민주적 절차를 통해서 집단적 선을 추구한다. 사회계약에 따라 그들은 정치사회를 구성하고 천부적 자유와 평등을 보장할 법을 제정하게 된다는 것이다.

이와 같은 계약의 개념을 국제사회로 확장시키면, 지구 공동체의 구성원들을 일반의지에 종속시키고, 사유재산의 비도덕적 영향력을 줄이고, 다수의 희생에 기반해 군림하는 소수의 권력 축적을 줄일 수 있는 일종의 지구적 차원의 사회계약을 정당화할 수 있다. 개발 콤팩트의 개념은 개도국이 국제 협력으로부터 나오는 혜택을 대가로 자신의 특권을 포기한다는 의미에서 지구적 사회계약에 가깝다. 구체적으로 말하면 개도국은 개발권을 진전시키기 위한 집단적 노력에서 나오는 혜택과 국제 협력으로부터 개발에 필요한 자원을 얻는 대가로 참여적이고 공정하며 투명하고, 책무를 수용하고, 인권을 존중하는 방식의 개발을 추구할 것에 동의하고, 개발국은 국가적·국제적 분쟁과 불안정을 줄이는 인간 중심의 개발에 그들의 자원을 사용하는 것을 대가로 더 나은 조건의 원조와 무역을 제공하고 개도국의 부채를 탕감해 주는 것이다. 이와 같은 지구적 사회계약은 공여국의 원조 기관, 특히 노르웨이, 덴마크, 영국의 개발원조 부처에서 두드러지게 나타나고 있는 윤리 의식, 즉 빈곤과 억압을 줄일 수 있는 위치에 있는 자가 빈곤과 억압이 줄어들게 하는 것이 바람직하다는 정의관과도 부합한다.

계약론의 중요한 변형은 존 롤스의 『정의론』*A Theory of Justice*[16]인데, 이는 정치적 자유주의[17]의 관점에서 수정된 것이다. 어떤 원칙이 사회적으로 공정한 것인가에 관해 선입견 없이(무지의 베일veil of ignorance을 쓰고) 내린 합리적 판단에 따라, 이론적으로 공정성에 근거한 정의의 원칙들이 결정된다. 정의의 원칙들 가운데 첫 번째는 시민적 자유가 시민들 사이에 동등하게 분배되어 있는 한, 모든 시민들은 시민적 자유를 가능한 한 많이 향유해야 한다는 것이다. 두 번째 원칙은 경제적 불평등은 (원칙적으로 허락될 수 없으나) 현재 가장 불리한 위치에 있는 사회 구성원이 겪고 있는 경제적 불평등이 그나마 다른 대안적 사회구조에서 겪게 될 불평등보다 덜 심할 경우에만 허용될 수 있다는 것이다. 이 두 원칙은 우리가 경제적 이익을 얻기 위해 시민적 자유를 양도할 수 없다는 주장과 일맥상통한다. 또한 위에서 언급한 가장 불리한 처지에 있는 구성원들의 상황을 개선함에 있어서 경제적 이익이 발생하기 이전에 시민적 자유의 동등한 분배가 먼저 이루어지도록 보장해야 한다는 주장과 일맥상통한다. 그러므로 이와 같은 정의의 원칙은 사회계약에 제약을 가하게 된다.

정의의 개념을 개발권과 관련된 의무의 공정성 영역으로 확장하는 것은 어려운 일이 아니다. 시민적 자유가 결과적으로 경제적 이익보다 우월하다는 정의론의 원칙은 시민·정치적 권리를 희생시키면서 개발이 이루어져는 안 된다는 개발권의 요구를 뒷받침해 준다.[18] 가장 불리한 위치에 있는 사회 구성원이 겪고 있는 경제적 불평등이 그나마 다른 대안적 사회구조에서 겪게 될 불평등보다 덜할 경우에만 허용될 수 있다는 원칙은 개발은 모두에게 혜택이 되어야하며, "적절한 사회경제적 개혁은 사회의 부정의를 퇴치하겠다는 관점에서 수행되어야 한다"[19]는 개발권의 의무에서 확인되고 있다. 개발권에서 자주 언급되는 빈곤 감축과 새천년개발목표의 실현은 개발권이 가장 불리한 사회 구성원에 대해 정의론에 비해서 더 많은 관심을 가지고 있음을 보여 준다. 즉, 지구적 파트너십에 관한 새천년개발목표 제8항을 통해서 개발권이 정의론보다 최빈국에 대해 더 많이 고려하고 있음을 알 수 있다. 그러나 공정성 개념을 통해 정의를 지구적으로 적용하고자 하는 생각은 롤스의 모델을 벗어난 것이다. 롤스는 일국 차원에서의 시민들 간의 상대적 결핍에 초점을 맞추고 있다. 마이클 블레이크Michael Blake가 국제 정의에 관한 이론들을 조사한 논문[20]에서 지적한 바와 같이, 롤스에게는 "부유한 국가와 가난한 국가들 간의 격차를 윤리적 문제로 여길만한 도덕적 이유가 없었다." 롤스는 자족적인 민족국가를 상정하고 영토 국가의 기본 구조와 그 안의 시민들 간의 관계에 집중하고 있다. 롤스는 『만민법』The Law of Peoples[21]에서 국제정치에 대해 다루면서 국제사회가 국가와 달리 개별적인 도덕적 행위자로 다룰 수 없는 법인체들로 구성되었다는 이유로 분배적 정의에 관한 자유주의적 원칙의 적용을 거부했다. 나아가 국제사회에는 국민국가가 가지고 있는 것과 같은 기본 구조가 부족하다고 주장했다. 블레이크는 롤스가 국가와의 관계 속에서 개인이 자율성을 갖는 것과 마찬가지로, 국가들 간의 관계에서 국가도 자율성을 가진다고 보는 점을 비판하고 있다. 롤스는 자유주의 국가 내에서 개인들의 다양한 신념을 인정하는 것과 마찬가지로 국가들 간의 관계에서도 비자유주의 국가를 묵인해야 한다고 강력하게 주장하고 있는 것인데, 블레이크는 이 주장이 개인들의 인권 향유를 허용하지 않는 비자유주의 국가를 묵인하는 결과를 야기한다고 비판했다.[22] 롤스는 이에 대해 보편적 인권을 위반한 무법 국가는 "지탄받아야 하며, 그런 위반이 중차대한 경우에는 강제적 제재를 받을 수 있고 심지어 내정간섭까지 받을 수 있다"[23]고 응대했다. 그러나 그는 "인권"을 다소 생소한 방식으로 사용한다. 그는 인권은 "부족하긴 하지만 국내의 정치·사회적 제도의 질서유지에 필요한 기준들을 설정"[24]하고 있는데, 시민·정치적 권리를 다루고 있는 세계인권선언 제3–8조만이 이런 기준 설정에 "적합한 인권"을 규정하고 있다고 했다. 또 경제·사회·문화적 권리는 "특수한 제도"를 전제로 하고 있는데, 이는 기준 설정에 "적합한 인권"이 아니라고 주장했다.[25] 또한 인종차별이나 학살과 같은 대규모 인권침해를 금지하는 규범에 대해서는 "이류 인권"으로 취급했다.

롤스에게 분배적 정의는 국제 관계에 적용될 수 없는 개념이다. 국제 관계에서 원조를 제공할 의무는 오직 기본적 정치제도, 공법적 기능 체계, 다른 국가와 무난한 관계를 유지하는 데 적용될 뿐이다. 부유한 국가와 가난한 국가 간의 격차나 국가 내 사람들 간의 격차를 줄일 의무는 국제 관계에서 필요하지 않다는 것이다. 블레이크는 롤스가 "자유주의와 근본적으로 긴장 관계에 있는 실질적 억압substantive oppression을 허용"[26]한 것으로 보인다고 비판했다. 신기하게도 이 점에 대해서 개발권 선언은 모든 국가는 개발에 있어서 모든 인권을 존중해야 한다고 요구하는 방식으로 접근하고 있다. 여기서 "신기하다"고 표현한 것은 개발권 선언은 정교하게 다듬어진 정의론에 기초한 것도 아니고 그것을 목적으로 한 것도 아니기 때문이다. 개발권 선언은 타협의 언어로 가득 찬 매우 정치적 문건이며, 그 지속성이나 명료성이 반드시 의도된 것도 아니었다. 그럼에도 불구하고 개발권은 국제 협력의 개념에 바탕을 두고 있다. 그 안에서 분배의 정의(이익의 공정한 분배)와 인권(모두를 위한 모든 인권과 기본적 자유에 대한 보편적 존중과 준수를 촉구하고 장려하고 강화함)이 개별 국가에 "적절한 국가 개발 정책을 수립할 의무"를 강요하고 있다. 따라서 개발을 촉진하기 위한 국제 협력이 '비자유주의적 국가'의 인권 거부를 허용한다면, 이는 개발권의 원칙과 충돌하게 된다. 이 관점에서 개발권은 롤스에 대한 블레이크의 비판과 부합한다고 할 수 있다.

롤스는 "자유롭고 민주적인 사람들 사이에 익숙한 전통적인 정의의 원칙들" 가운데 여덟 가지 원칙을 수용하고 있는데, 맨 마지막 원칙이 "모든 사람은 정의롭고 바른 정치·사회적 관리 체제의 형성을 방해하는 불리한 조건 아래 살고 있는 다른 사람을 도와줄 의무를 가진다"[27]는 것이다. 이 의무는 "짐을 짊어진 사람들"burdened peoples에게 적용시킬 수 있다. 즉, "역사·문화·경제적 환경이 질서정연한 관리 체제를 — 그것이 자유주의적이든 아니면 정의론적이든 간에 — 확립하는 것을 어렵게 하거나 불가능하게 하는 사회"에 적용시킬 수 있다.[28] 그런 사회는 "질서정연한 체제를 확립하기 위해 필요한 정치 문화, 전통, 인적 자본과 경험이 부족하고, 흔히 물질적·기술적 자원도 부족하다."[29] 롤스는 사회의 정치 문화뿐만 아니라 "구성원의 근면성과 협동력은 물론이고 종교·철학·도덕적 전통"[30]도 중시한다. 그는 "질서정연한 사회의 사람들은 부담을 진 사회를 원조할 의무를 가진다"고 인정한 반면, 이와 같은 원조의 의무가 "사회 간의 사회경제적 불평등을 규정하는 분배적 정의의 원칙"[31]을 포함한 것은 아니라고 한다. 대신 "인권에 관한 주장"을 포함하고 있다고 주장한다. "단순히 기금을 제공하는 것만으로는 정치·사회적 부정의를 근본적으로 바로잡을 수 없다. ……반면 인권에 대한 강조는 비효율적인 정치체제와 국민의 웰빙에 무감각한 지도자의 행위를 변화시킬 수 있을 것이다"[32]라고 한 롤스의 주장은 옳은 것이다. 원조의 의무를 강요하는 것은 적절하지 않다. 대신 '권유'나 여성의 권리 존중과 같은 문제를 조건으로 하는 원조가 바람직하다. 만민법의 이런 요소는 개발권의 한 측면을 지지하는 것이지만 거기서 더 나아가지 못하고 사람들 간의 분배적 정의와 지구적 인류 평등주의를 명백히 거부하고 있다.

　롤스의 주장 가운데 개발권의 맥락에서 깊이 살펴볼 가치가 있는 것들이 있다. 먼저 롤스는 지구적 분배 정의의 원칙을 "극도로 부정의하고 심각한 빈곤과 불평등으로 가득 찬 세계"[33]에 적용시키는 것을 거부하지는 않는다. 다만 이와 같은 적용은 부담을 진 사회가 자유주의 또는 적합한 정부를 확립하는 것을 돕기 위해서 임시로 정해진 기간 동안에만 적용되어야 한다고 한다. 그런 사회는 전이의 원칙principle of transition*에 따라 "그들 자신을 위해 스스로의 미래를 결정"[34]할 수 있어야 한다. 이 원칙은 각 국가가 "적절한 국가 개발 정책을 수립할 권리와 의무"를 갖는다는 개발권의 원칙과 모순되지 않는다. 그러나 롤스에게 있어서 그런 부담 사회가 "정의로우면서도 자유주의적인, 또는 어지간한 기본 제도" 혹은 "자유롭고 평등한 자유주의적인, 또는 어지간한 정치적 자율"이라는 "목표점과 한계점"에 도달하면 원조의 의무는 정지되어야 하는 것이다.[35] 롤스는 다시 그 목표점을 "사람들의 기본욕구가 충족되고 개인이 자립할 수 있는 지점"[36]으로 옮긴다. 이로부터 롤스의 관심사가 사람의 웰빙이 아니라 정의로운 사회제도에 있다는 것을 알 수 있다.

둘째로 개발권은 원조나 더욱 우호적인 무역과 투자 환경을 필요로 하는 국가들에게 문화적 가치, 근면성의 기준, 또는 롤스가 말한 정의로운 제도의 기준을 충족할 것을 요구하지는 않지만, 개도국에게 "그들의 포괄적인 개발을 촉진하기 위한 적절한 수단과 설비를 제공하는 효과적인 국제 협력"의 대가로 "지속적인 노력"을 취할 것을 요구한다.[37] 롤스가 나열한 선을 공평, 반차별, 책무, 투명성, 인권 존중의 원칙으로 대체한다면, 만민법과 개발권이 서로 유사성을 갖게 된다. 그렇다면 센굽타가 제안한 '개발 콤팩트'는 롤스가 생각한 대로 인권 존중뿐만 아니라 부와 빈곤의 결정 요소인 선을 행한 국가들을 격려하고 보상할 의무를 확립시킬 수 있을 것이다. 그러나 만민법과 개발권 사이에는 여전히 차이가 존재한다. 만민법하에서는 가난하지만 질서정연한 사회도 원조에 대해 권리 주장을 할 수 없는 반면, 개발권하에서는 가난한 사회가 인권 존중의 측면에서 질서정연한 국가를 추구한다면 그 사회는 원조를 받을 권리 자격을 가질 수 있게 되어 있다. 물론 잘 정돈된 사회를 추구하지 않는다면 개발권하에서도 원조를 받을 자격이 부여되지는 않을 것이다.

셋째, 롤스는 확실히 어떤 선의 부족보다는 빈곤의 문제에 좀 더 많은 비중

● 롤스는 지구적 재분배의 정의를 거부하고 있지만, "원조의 의무"를 "전이의 원칙"으로 상정하고 있다. 그래서 자유 사회가 부담을 진 사회 —통칭 제3세계— 에서 정치경제적 자치에 필요한 기본 요소가 보장될 수 있도록 도울 것을 요구하고 있다.

을 두고 있다. 좀 더 구체적 차원에서 가치 있는 삶을 선택하고 추구함에 있어서 불평등한 기회와 빈곤의 문제는 불가피하게 국경을 넘나들게 된다. 초국적 기업의 투자와 고용 방식, 국제무역의 규칙과 관행, 상품의 가격 결정, 이주, 국제 재정 정책, 국제금융 등 국제경제의 수없이 많은 구조적 영역은 롤스가 말한 선만큼이나 많은 기회들을 결정한다. 중국과 인도가 근면과 효율의 선을 갑자기 깨달은 것이 아니다. 중국과 인도는 매년 8~9퍼센트의 성장을 보여 주고 있으며, 천천히 빈곤을 감축해 나가고 있다. 이는 중국과 인도가 국제경제구조의 이점을 취하는 것을 가로 막았던 장애물을 극복했기 때문이다. 개발권은 일국적·다국적 차원에서 분배적 정의를 추구하는 개발 개념에 기초한 것이라고 주장할 수 있다. 그렇다면 그런 과정에 기여할 의무를 갖고 있는 국제정의론에 적합한 훌륭한 실천 사례를 만들어 낼 수도 있을 것이다.

공리주의는 개인의 웰빙에 미친 영향으로 어떤 결정에 대한 공정성을 평가한다. 벤담이 "근본적 공리"Fundamental Axiom에서 표현한 바와 같이, "최대 다수의 최대 행복이 옳고 그름의 척도이다."[38] 센굽타가 논문에서 입증하고 있는 바와 같이, 공리주의를 다양한 국제적 거래 양식과 변화 과정에 확장해 적용하는 것은 복잡한 일이지만, 공리주의자들은 다른 나라의 개발 필요에 대응할 의무가 실리를 극대화하는지, 어느 정도의 의무가 실리를 극대화하는지를 모색할 수 있을 것이다. 여기서 관건은 A국 국민이 B국 국민의 개발 욕구를 지원할 만한 공리주의적 이점이 있는가이다.

결정론은 개발권적 의무를 분명하게 지지하는 주장이다. 결정론적 가치 평가의 틀 속에 인권을 도입한 아마티아 센은 '권리적 결정론'rights-inclusive consequentialism을 제안했다. 이는 공리주의의 "권리-독립적인 결정론적 평가"rights-independent consequential evaluation와 자유의지론libertarianism보다 우월한 측면이 있다.[39] 여기서 "모든 개인이 인간이기 때문에 당연히 갖게 되는 인권"으로 논의를 옮기자면, 센은 "시민권이나 국적과 같은 소속과 상관없이 누군가 이러저러한 자유를 얻을 수 있도록 도울 타자의 책임"을 인정하고 있으며, "만약 타자가 도울 능력이 있다면 도울 의무가 존재한다"는 것이다.⁴⁰ 여기에서 중요한 것은 "이런 의무 가운데 완벽하게 구체화될 수 있는 것들이 있다"는 점이다. 그리고 "분명하게 구체화된 의무의 충족 또는 위반은 보편적 방식으로 도움을 제공하는 타자의 불완전한 의무와 결부될 수 있다." 센은 도움을 제공할 일반적 의무는 "결정론적 방법론을 거쳐 오히려 부정확해질 수 있지만(누가 이 일반적 의무에 대한 주도권을 가져야 하는지, 어디까지 이행해야 하는지를 말해 주지 않기 때문이다), 이렇게 느슨한 의무 ― 칸트에 따르면, '불완전한 의무' ― 는 책임감 있는 사람에게는 중대한 것으로 여겨져 영향력을 발휘할 수도 있다"⁴¹는 점을 지적하고 있다. 다른 나라의 개발 인권을 지원해야 한다는 의무를 부과하기 위한 철학적 원리에서 중요한 요점은 다음과 같다.

> 인권을 완전한 의무와 불완전한 의무, 둘 다에 연결함에 있어서 누구도 권리와 의무의 상응 관계를 부인하지는 않는다는 점이 중요하다. 사실 권리와 의무의 이항 관계binary relation는 매우 중요한 것이 될 수 있다. 이 관계 때문에 인권은 확실히 일반적 가치로서의 자유(이는 보다 큰 인간의 자유를 실현하기 위해 도움을 제공해야 한다는 타자의 의무를 수반하지 않음)와 구분된다. 여전히 남은 질문은 이런 관계만으로 불완전한 의무가 법적 권리나 완전한 의무의 경우에서처럼 누가 무엇을 해야 하는지 정확하게 규명하지 않고도 인권에 상응할 수 있을 것인가이다.⁴²

센은 "완전한 의무가 없다면 인권에 대한 요구는 그저 어설픈 주장으로 여겨진다"⁴³고 지적하고, 여기에 두 가지 질문으로 대응한다. "왜 추정상의 권리가 사실적 권리로서의 자격을 갖기 위해서는 거기에 상응하는 완전한 의무가 절대적으로 필요하다고 주장하는가? 분명히 완전한 의무는 권리의 실현에 커다란 도움이 될 것이다. 그런데 왜 실현되지 않은 권리, 심지어 실현하기 어려운 권리가 존재해서는 안 되는가?"⁴⁴ 센은 "완전한 의무와 짝을 이루지 못한 권리는 설득력이 부족하다는 주장"에 반대해 "인권은 시민권과 상관없이 모두가 공유하고 있는 권리라고 본다. 그리고 그 혜택을 모두가 향유해야 한다. 그런 권리는 일반적으로 칸트의 용어를 빌자면 '불완전하게' 도울 수 있는 누구에게라도 주장할 수 있다. 특정한 사람이나 행위 기관에게 불완전한 의무를 수반한 권리를 충족할 의무를 부과하지 않았더라도 그 권리 주장은 여전히 매우 영향력이 있다"[45]라고 설명하고 있다.

이 주장을 개발권에 적용할 수 있다. 사실 개발권 선언의 언어는 불완전한 의무들로 가득한 일람표와 같다. 어떤 절차를 취해야 하는지, 누가, 언제, 어떤 형태의 원조를 제공해야 하는지, 자원의 배분은 어떻게 해야 하는지, 점진적 실현의 속도는 어떻게 설정해야 하는지, 어떤 수단을 동원해야 하는지는 구체화되어 있지 않다. 마르틴 샤이닌이 이 책의 13장에서 인권 법정의 법체계는 개발권의 재판 회부 가능성을 시사하고 있다고 기술한 바와 같이, 개발권은 완전한 의무를, 적어도 미발달된 형태로서의 완전한 의무를 가지고 있다. 산드라 리벤버그는 남아공이 개발권의 의무에 대해 어떤 조치를 취했는지를 보여 주고 있으며, 아시 가이는 이런 의무를 충족하기 위해서 국가의 법률 구조가 어떻게 조정되어야 하는지, 즉 불완전한 의무가 어떻게 완전한 의무로 바뀌게 되는지를 보여 주고 있다.

국가가 책임이 있는지, 어느 정도까지 책임을 져야 하는지에 관한 보편적 질문은 스탠리 호프만Stanley Hoffman,[46] 헨리 슈Henry Shue,[47] 토마스 포게Thomas Pogge[48]와 같은 저자의 논문에서 광범위하게 다루어져 왔다.

슈는 신체적 안전에 대한 최소한의 보호와 생존에 대한 최소한의 보장 없이는 다른 인권의 실현은 불가능하다고 주장한다. 그는 세 가지 의무를 가정하고 있는데, ① (권리를) 박탈하지 말아야 의무, ② 박탈로부터 보호할 의무, ③ 박탈당한 사람을 지원할 의무가 그것이다.[49] 세 번째 지원의 의무는 앞의 두 가지 의무가 위반되었을 때에만 타당성을 갖게 된다는 점을 분명히 하고 있다. 이와 같은 슈의 주장 가운데 두 번째의 보호할 의무는 개발권에 중요한 의미를 가진다. 보호할 의무는 두 가지 유형으로 나눌 수 있는데, 먼저 첫 번째 의무, 즉 박탈하지 말아야 할 의무를 강제하는 것이고, 두 번째 의무는 첫 번째 의무를 위반하게

끔 하는 강력한 동기를 통제할 수 있는 제도를 고안하는 것이다. 슈는 적절한 제도적 보호에 필요한 조건을 충족시키기 위해서 어떤 국가가 국민의 기본권을 제약하거나 기본권 보호에 실패할 경우 (국제사회는) 이에 개입할 수 있음을 정당화하고 있다. 그는 "국제사회는 개입할 수 있을 뿐만 아니라 개입해야 할 의무가 있다"[50]고 주장한다. 그는 이와 같은 주장을 개발 분야로 확장하면서 "정부가 실패할 경우 거기에 개입할 제도가 필요하다"고 단언하고 있다. 그는 "자신의 정부에 의해 박탈당하고 무시당하고 잘못된 대우를 받고 있는 사람들의 생존권을 적절하게 보호할 제도가 현재로선 없다"고 안타까워하고 있다.[51] 이 목적을 위해서 철학적으로 "초국적 책임감을 양성할 수 있는 초국적 원칙을 채택"[52]할 것을 지지하고 있다. 그는 "정부가 자신의 관할권 밖에 있는 사람들의 권리를 침해하거나 그런 행위를 지원한다면, 그 정부는 희생자에 대한 의무 이행에 실패한 것이며, 동시에 봉사의 의무를 가진 대리 행위자로서 국민에 대한 의무를 다하는 데 실패한 것이다"[53]라고 결론 내리고 있다.

포게는 이와 같은 문제를 도덕적 세계시민주의의 관점에서 다루고 있다. 그에 따르면 세계시민주의는 인간을 도덕적 문제의 기본 단위로 삼는데, 모든 사람은 서로가 동등한 가치를 지니고 있으며 심지어 아무 관계없이 멀리 동떨어져 있는 사람들조차도 동등한 가치를 가진다.[54] 포게의 도덕적 세계시민주의는 "인권을 심각한 학대, 박탈, 불평등을 규제하는 것으로 최소한으로 개념화"하고 있다. 최소화된 개념 속에서도 인권은 여전히 광범위한 정치·도덕·종교적 문화와 모순되지 않는다.[55] 그는 "초국적 사회구조에서 영향력과 특권을 행사할 수 있는 사람들은, 그 구조하에서 일상적으로, 당연하게, 고의적으로 배제당하고 있는 사람들이 인권에 접근할 수 있도록 보장하고 …… 인권 충족에 대한 책임을 널리 공유해야 한다"[56]고 주장한다.

그는 '상호적 세계시민주의'interactional cosmopolitanism와 '제도적 세계시민주의'institutional cosmopolitanism를 구분하고 있는데, 상호적 세계시민주의는 개인과 집단적 행위자에게 인권 충족의 직접적인 책임을 부과하고 있는 반면, 제도적 세계시민주의는 제도적 구조scheme에는 직접적인 책임을 부과하고 개인에게는 모든 행위의 정의justice에 대해 간접적 책임만을 부과하고 있다.**57** 포게는 제도적 세계시민주의에 일차적인 중요성을 부여하고 있지만, 양자는 서로 보완적으로 작용한다고 본다. 분배의 정의에 대한 그의 제도적 접근법은 "재산, 협력, 거래를 규제할 수 있는 경제적 기본 규칙을 선택하거나 수립함으로써 경제 질서를 확립한다는 관점에서 생산과 분배를 제약"하는 것이다. 그는 "경제 질서는 모든 참여자가 기초적인 사회경제적 욕구를 충족할 수 있도록 해야 한다"**58**며, "이로써 경제·사회적 인권에 대한 주장이 제도적 세계시민주의의 주장과 일치하게 된다"**59**고 결론 내리고 있다. 개발권 선언이 "모든 인간은 개인적으로든 집단적으로든 개발에 대한 책임을 가지고 있다"라고 한 의미에서 보면, '개발권'이란 단어는 — 그것이 '경제적 기본 규칙'을 다시 쓰기 위한 것은 아니지만 — '경제·사회적 인권'으로 대치될 수도 있을 것이다.

포게의 제도적 세계시민주의는, 지구촌의 가난한 사람들이 국가들이 사용하거나 파는 자원의 가치 가운데 작은 일부분이나마 이용할 수 있도록 하는 장치를 포함하고 있다. 이와 같은 '지구적 자원 배당'Global Resources Dividend, GRD**60**은 '개발에의 권리-개발 콤팩트'Right to Development-Development Compacts, RTD-DC와 비슷하며, 국경을 초월한 의무를 정당화하고 있는 포게의 주장은 개발권의 실현을 위해 (국제사회에게 부과된) 협력할 의무의 개념을 지지하는 것으로 보인다.

이와 같이 제도적 세계시민주의는, 부유한 국가는 가난한 국가가 개발권 실현의 의무를 수행하는 데 필요한 제도적 개혁에 기여하고 자원을 제공해야 할 의무가 있다는 주장에 가장 강력한 도덕적 논거를 제공하고 있다. 그러나 부유한 국가에 이런 책임을 수용하도록 하는 동시에 개도국이 정치적 자유주의의 도덕적 의무가 내포하고 있는 정치적 함의에 동의할 수 있도록 하는 정치적 원리를 제공하는 것은 별개의 문제이다.

정치적 원리

개발권의 정치적 원리는 당사국의 상대적 힘과 이해관계에 따라 달라진다. 1970년대에 개발권에 관한 규범적 수단을 초안하기 시작한 이래, 국가들 사이에는 경계선이 존재해 왔다. 경계선의 한편에는 유엔 인권위원회의 맥락에서 개발권의 법적 의무는 인정하지 않으면서 막연하게 건전한 개발 정책을 도덕적으로 지지한다는 입장의 국가들이 버티고 있었고, 다른 한편에는 부유한 국가로부터 가난한 국가로의 자원 이전을 법적으로 제재하는 의제로 개발권을 바라보는 국가들이 서 있었다.[61] 이렇게 서로 다른 개발권의 원리는 오늘날까지도 남아 있는 건강하지 못한 경향을 만들어 냈다. 즉, 한편에서는 손실 관리damage control의 입장을 고집하고, 다른 한편에서는 비생산적인 도발을 일삼고 있다. 그러나 그 가운데 고려할 만한 가치가 있는 정치적 원리가 존재한다.

현재 비교적 높은 비율의 공적개발원조Official Development Assistance, ODA를 제공하고 있는 개발국이나 대부분의 개도국과 국제기구, 비정부기구가 개발권에 포함된 상호 책무성에 대해서는 불분명한 입장을 보이고 있지만, 개발권의 개념에 대해서는 지지를 보내고 있다. 미국, 일본과 같이 완전히 회의론적인 공여국과 호주, 뉴질랜드, 캐나다, 스웨덴과 같이 회의론적 태도를 가끔씩 드러내는 공여국들은 그들의 의무가 도덕적 공약 그 이상이라는 어떤 주장도 수용하지 않는다. 그들은 자신들 스스로 그 적절성을 판단하고 아무런 법적 제약 없이 공적개발원조를 수행할 수 있는 도덕적 의무를 주장한다.

비동맹 운동Non-Aligned Movement, NAM●에 속한 개도국들은 유엔 문서들 속에

● 제2차 세계대전 이후 미국과 소련이 주도한 '냉전'의 동서 블록 중 어느 쪽에도 가담하지 않기 위해 탄생한 아시아와 아프리카 신생 국가들의 모임. 인도, 유고슬라비아, 인도네시아 등의 주도로 1950년대 중반에 '비동맹 운동'의 형태로 출발했으며, 1961년 25개 회원국이 유고슬라비아 베오그라드에서 첫 회의를 열면서 공식 출범했다.

개발권의 운용에 필요한 법적 의무를 명시하는 내용을 끼워 넣었다. 반대에 부딪힐 것을 알면서도 공여국이 원조를 제공할 의무를 갖는다는 주장을 강화하기 위한 것이었다. '개발권에 관한 실무 그룹'Working Group on the Right to Development 가운데 가장 활발한 비동맹 운동 회원국들은 스스로를 '동지 그룹'Like-Minded Group이라 불렀다. 거기에는 알제리, 방글라데시, 부탄, 중국, 쿠바, 이집트, 인도, 인도네시아, 이란, 말레이시아, 미얀마, 네팔, 파키스탄, 필리핀, 스리랑카, 수단, 베트남 등이 포함되어 있었다. 그들은 개발권에 관한 결의문이나 연설문에 국제무역의 불공정성, 세계화의 부정적 영향, 기술에 대한 차별적 접근성, 부채의 압박, 2001년 인종차별주의에 관한 더번 회의Durban Conference의 후속 작업과 "개발권 실현에 도움이 되는 국제적 환경의 필요성"에 관한 언급을 삽입하려고 했다.[62]

이와 같은 경향은 제13차 비동맹 운동 국가 정상회의에서 개발권에 관한 "국제 협약"의 도입이 제안되면서 좀 더 분명하게 나타났다. 그들은 "국가의 의무는 그들의 정치·경제·문화적 체계와 상관없이 모든 사람의 모든 인권과 기본적 자유, 특히 개발권을 촉진하고 보호하는 것이다"[63]라고 단언했다. 나아가 유엔이 "기본적 인권으로서의 개발권 이행에 필요한 조치를 제도화하고 필요한 정책 수립에 착수할 것을 요구하고," 유엔이 "개발권 협약의 정교화를 포함해 이 중요한 권리의 작동에 우선권을 부여할" 것을 요청했다.[64] 비동맹 운동의 간절한 요청에 따라 유엔 인권위원회는 '인권의 촉진과 보호에 관한 소위원회'Sub-Commission on the Promotion and Protection of Human Rights에 '구속성에 관한 국제법적 기준'에 관한 논의를 안건 보고서에 포함할 것을 요구했다. 이에 대해서 많은 회원국 정부가 찬성했으나 미국, 일본, 호주가 반대표를 던졌고 한국, 캐나다, 스웨덴은 기권했다.[65] 소위원회가 안건 보고서 작성에 실패하자 위원회는 우려를 표명하면서 소위원회에게 "더 이상 지체하지 않고 2006년 제62차 위원회 회기에 안건 보고서를 제출"[66]할 것을 요청했다. 하지만 최종적으로 제출된 안건 보고서의 작성자는 구속력 있는 법적 수단에 관한 문제를 직접적으로 다루지 못하고 한걸음 물러섰다. 보고서의 작성자는 "개발권이 법적으로 구속력을 가지는 틀 안에 들어갈 수 있는지에 관한 법조계 지도자들 간의 의견 차이가 크다"[67] 는 점을 언급하면서, "의무 담지자, 파트너, 이행 당사자들 사이에 진행되고 있는 논쟁을 생각해 볼 때 인권적 가치와 원칙을 개발 과정에 불어넣을 수 있는 방식을 성공적으로 규명해 내는 것이 개발권의 실현에 더 도움이 될 것이라고 생각한다"[68]면서도, "구속력 있는 법적 기준의 개발은 지금으로서는 시기상조다"[69]라고 결론 내렸다. 소위원회는 보고서의 작성자에게 관련 임무를 계속하도록 요청했지만[70] "구속성에 관한 국제법적 기준"에 대해서는 언급하지 않았다. 소위원회는 보고서의 작성자가 그랬듯이 개발권의 법적 구속성이 비동맹운동에게는 중요한 것이지만 그것을 추구하기에는 국제사회의 정치적 의지가 부족하다고 결론 내린 것으로 보인다.

개발권 선언은 거의 망각되었던 신국제경제질서를 여러 차례 언급하면서 개발국의 자원 제공에 대한 개도국의 요구를 크게 확장하고 있다. 그러나 공여국은 개발원조에 대한 자원 배분과 무역정책, 부채 탕감의 문제를 구속력 있는 국제적 의무가 아니라 그들의 의회와 정부가 자주적으로 결정할 선택의 문제로 여기고 있다.

미국 정부는 원조, 무역, 금융 분야에서의 인권에 기초한 의무의 적용 가능성을 검토하고 있는 유엔 인권위원회의 가장 강력한 반대자였지만, 조시 W. 부시 대통령은 2002년 3월 22일, 멕시코 몬테레이에서 개최된 '유엔 개발재정회의'에서 "개발국은 자신의 부를 나눌 의무뿐만 아니라 부를 창출하는 원천, 즉 경제적 자유, 정치적 자유, 법치, 인권을 촉구할 의무를 갖고 있다"[71]고 발표했다. 이와 같은 의무에 대한 긍정은 개발권 논쟁이 보여 준 황홀한 역설이었다. 이어 2003년 미국 대표단은 위원회에게 "국가는 '개발권'이라고 알려진 것의 이행을 보장할 의무가 없다"[72]고 설명했다. 부시 대통령은 몬테레이 회의에서 '새천년도전기금'을 통해서 "정의롭게 통치하고 국민에게 투자하고 경제적 자유를 촉진하는 국가가 프로젝트에 충당할" 공적개발원조를 매년 50억 달러씩 증액할 것을 제안했다. 그리고 부시 대통령은 2004년 1월 23일 새천년도전기금을 행정적으로 추진할 '새천년도전협회'Millennium Challenge Corporation, MCC의 설립 근거에 관한 법에 서명했다. 새천년도전협회는 2004년 2월부터 그 이사회의 운영에 착수했다.[73]

'새천년개발기금'과 '개발에의 권리-개발 콤팩트'가 서로 상당히 유사하다는 점도 역설적이다. 둘 다 의무의 상호성을 언급하고 있고, 건전한 개발을 추진하고 인권을 존중하는 국가에 대한 보상의 의미로서의 자원 제공에 기초하고 있으며, 콤팩트라는 단어를 사용하고 있다(새천년개발기금에서는 "지구적 개발을 위한 새로운 콤팩트"라고 표현하고 있고, 개발에의 권리-개발 콤팩트에서는 제목에서와 같이 "개발 콤팩트"라고 쓰고 있다). 또한 둘 다 교육과 보건에의 투자를 주장하고 있으며, 굿거버넌스의 일환으로 책무와 투명성을 강조한다. 양자가 같은 방향으로 나아가고 있는 것처럼 보이지만, 실제로 새천년개발기금은 자유 시장, 자유무역, 기업가 정신, 경제적 자유를 지지하고, 사람에 대한 투자, 즉 보건, 교육, 기타 이와 관련된 분야에의 공공 지출에는 최소한의 주의만을 기울이고 있으며, 재산권을 제외하고는 다른 인권에 아무런 주의도 기울이지 않는 성장과 반부패 개발 정책을 지원하는 수단에 불과하다.[74]

국가가 개발권을 존중하고 촉진하고 제공할 국제적 의무를 갖는지, 그렇다면 어느 정도의 의무를 가지는지를 둘러싼 정치적 논란이 거세다. 이런 논란의 정치적 동기는 매우 분명하다. 개도국은 개발권을 원조, 외채 탕감, 무역협정 등 좀 더 공정한 지구화를 통해 자신들에게 유리한 방식으로 자원을 이전받을 수 있는 권리 자격을 형성해 주는 것으로 간주하고, 개발권이 산업국과 국제기구에게 구속력 있는 의무를 부과하고 있다고 주장한다. 이와 달리 개발국들은 법적 의무의 개념화에 강력하게 반발하고 있으며, 국제기구들은 유엔총회의 결의에 주의를 기울일 필요성은 인정하지만 법적으로는 자신의 설립법과 이사회의 결정에 따라 움직인다.

상당량의 국민 세금을 개발원조에 지출하고 있는 국가들은 그들이 개발권과 관련해 법적 의무를 가지고 있다는 주장을 환영하지 않는다. 여러 대표단이 '책임의 공유'를 언급해 왔으며, 이는 법적 의무와 도덕적 의무의 대결을 피하기 위한 것이다. 공유된 책임은 어떤 국가에게는 체계적으로 인권을 개발에 통합시킴으로써 나타나는 개발 패러다임의 변화를 의미할 것이고, 또 다른 어떤 국가에게는 개도국의 부채를 탕감해 주고 좀 더 우호적인 무역과 투자 조건을 조성할 책임을 의미할 것이다. 책임 공유의 원칙은 최소한 각국의 개발 정책이 — 공여국, 투자자, 채권자와의 관계를 포함해서 — 인간 개발과 인권의 목적과 모순되지는 않는지, 그렇지 않다면 어느 정도 일치하는지를 평가할 수 있는 기회가 존재해야 한다는 것을 의미한다.

요약하자면, 개발권을 실현하기 위해서 협력할 의무가 있다는 생각의 정치적 원리는 서로 다른 국가 집단 간의 균형적 이해관계에 바탕을 두고 있다. 개도국은 자원 부족의 압박을 감소시키기를 바라고, 개발국은 개도국의 웰빙과 거버넌스 개선을 통해 안보와 안정을 얻고자 한다. 달리 말하면, 정치적 원리가 원조 증가, 부채 탕감, 외국인 투자, 동일한 무역 조건에의 접근을 희망하는 국가 집단과 안정적이고 값싼 노동력, 열린 시장, 자연 자원에의 접근을 희망하는 국가 집단 간의 경제적 이익을 경쟁적으로 촉진하는 문제를 다루어야 한다는 것이다. 경제적 이익을 실현할 수 있는 방법 가운데 하나는 인권 존중을 포함한 거버넌스의 개선이다. 거버넌스의 개선은 안정성과 공정한 경제개발을 위해서 바람직한 것이며 필요한 것이기도 하다. 개도국은 개발국으로부터 받는 혜택과 상관없이 그들의 개발 정책과 관행에 인권을 통합할 의무를 수용하려는 의지를 가져야 한다. 그런데 개도국 쪽에서는 개발국이 혜택을 제공할 의무를 가지고 있음을 주장하기 위한 정치적 근거로 개발권을 이용하고 있고, 반대로 개발국 쪽에서는 개도국이 개발의 한 부문으로서 인권을 존중할 의무를 가진다고 주장하기 위해 개발권을 이용하고 있다고 서로 비난하고 있다. 여기서 어려운 것은 누구도 자기 쪽만의 일방적 의무를 원하지 않는다는 점이다.

신생 개발국의 정치적 의제 역시 선진 개발국의 의무를 강조하고 있다. 그러나 개발권 선언 제4조에서 요구하고 있는, "개도국의 포괄적인 개발을 촉진하기 위한 적절한 수단과 설비"를 더 가난한 개도국에 제공해야 할 "효과적인 국제적 협력"에 — 예를 들어 지구촌 남남 협력을 통해 — 기여해야 하는 의무는 신생 개발국 자신의 의무로 되돌아온다. 각 국가 집단이 각자의 의무를 수용하지 않으면서 다른 무리의 의무만을 강조하는 정치를 계속한다면 개발권은 결코 중요하게 받아들여지지 않을 것이다. 정치가 변화하게 된다면 상호 의무성에 관한 법적 원리가 좀 더 쉽게 수용될 수 있을 것이다.

법적 원리

정치적 담론은 개발권 선언이 함의하고 있는 의무에 대한 다양한 접근법을 보여 주지만, 이 책의 저자들은 대부분 개발권에 대한 국가의 의무는 법적 근거를 가지고 있다고 주장하고 있다. 다른 국가들에 대한 한 국가의 의무와 국제기구의 의무를 공정하게 평가하기 위해서는 개발권에 적용할 수 있는 국제법을 신중하게 검토할 필요가 있다.

개발권의 법적 의무에 대한 주장은 개발권 선언의 법적 성격으로부터 비롯된 것은 아니다. 개발권 선언은 회원국의 관점을 보여 주는 결의문으로서 법적 구속력을 가진 권리와 의무를 내포하는 것은 아니기 때문이다. 개발권의 법적 의무는 오히려 유엔헌장 제55조와 56조에 명시된 바와 같이, 인권과 "사회경제적 진보와 개발"을 실현하기 위해 독자적으로 또는 공동으로 행동할 법적 의무에 근거하고 있다. 사회권 규약 제2조는 회원국에 대한 법적 요구 사항을 담고 있는데, '모든 권리'의 온전한 실현은 그것을 단편적으로 추구할 경우 이룰 수 없으며 오직 모든 권리를 가용 자원에 따라 점진적으로 성취하도록 정밀하게 정책을 설계해야 이룰 수 있다고 규정하고 있다. 이는 개발권의 논리와 일치한다. 그런 의미에서 사회권 규약은 필연적으로 개발권이 요구하는 바를 수행할 법적 의무를 그 회원국에 부과하게 된다. 즉, 규약의 153개 회원국(2006년 5월 기준)은 각각 개발권의 요구를 충족하기 위해 국내 정책을 바꾸고 국제적으로 협력해야 한다. 더 구체적으로 규약 제2조의 "독자적으로 그리고 국제적 원조와 협력을 통해서 조치를 취할" 의무는 위에서 언급한 상호 의무성에 대한 법적 근거를 제공한다. 개발권의 실현을 위해 협력할 의무를 추정적으로 확장한 것이 개발권 선언 제4조 2항이다. "보다 조속한 개발을 촉진하기 위한 개도국의 노력에 대한 보완으로서 효과적인 국제 협력은 개도국의 포괄적인 개발을 촉진할 적절한 수단과 설비를 제공하는 데 있어서 필수 불가결하다."

　법적 의무로서 협력할 의무는 협의의 해석과 광의의 해석이 모두 가능하다. 협의의 해석에 따르면 개발권을 실현하기 위해 '효과적인 국제 협력'에 참여할 부유한 국가의 법적 의무는 세 가지 대외 정책으로 충족될 수 있다. 첫 번째는 대외 원조이고, 두 번째는 유엔개발계획과 경제협력개발기구OECD와 같은 개발 기구, 세계은행과 지역별 개발은행 같은 금융기구에 참여하는 것이다. 나머지 하나는 유엔총회, 경제사회이사회, 국제회의, 정상회의에서 개발 문제를 심의하는 역할이다. 이와 같은 협의의 해석에 따르면, 국가는 국제 협력 과정에의 일반적 참여 외에 다른 법적 의무를 가지지 않는다. 그래서 개도국들의 경제성장이 협의의 해석 아래서 설정한 국내총생산의 0.7퍼센트에 훨씬 못 미치더라도 회원국들은 단지 원조를 제공하고, 혁신적인 개발 정책의 촉진에 별로 기여한 바도 없이 개발 기구에 참여하며, 어느 쪽에 표를 던졌는가와 상관없이 유엔에서의 개발 심의에 동참한 국가라면 그 이상의 개발권적 의무를 갖지 않게 되는 것이다. 그런 국가는 개발 '협력'을 충족했으며, 개발권 선언의 제4조 2항에서 언급하고 있는 "효과적"이라는 표현이 그 이상을 요구하기엔 너무 모호하다고 주장할 수 있다. 이런 협의의 접근은 고위급 회의에서 채택된 정치적으로 중요한 결정이나 전문 기구에서 채택된 법적으로 중요한 해석에 대해 충분한 주의를 이끌어 내지 못한다.

　인권 정책에 관한 국제 이사회International Council on Human Rights Policy[75]는 국경을 초월한 의무에 대한 연구에서 다음과 같은 결론을 제시했다. "부유한 국가와 부유한 국가 내 행위자의 중대하고 지속적인 역량 강화는 그들이 효과적으로 원조를 제공할 수 있음을 의미한다. …… 그들의 역량은 부가적 책임을 수반한다. 이 책임은 국제인권법에 상정되어 있다. 국제인권법은 부유한 국가가 경제·사회·문화적 권리를 촉진하기 위해 국제 협력을 통해 자신의 위상에 맞게 가난한 국가를 원조할 의무를 가진다고 규정하고 있다."[76] 연구에 참여한 저자들은 "부유한 국가는 자신의 정책이 다른 나라의 경제·사회·문화적 권리의 손실을 야기해도 그 결과에 대해 보상하려 하지 않는다. 그들은 자신들이 직간접적으로 책임이 있는 것에 피해를 주지 말아야 한다는 의무를 이행하려 하지 않는다"[77]고 평가했다. 이와 같은 경제·사회·문화적 권리에 대한 이사회의 국제적 의무 분석은 개발권에도 적용될 수 있다. 사실 좋은 의도를 가지고 있으면서도 개발권에 기초하고 있는 국가 개발 정책을 비효율적으로 만드는 커다란 외부 요인은 부유한 국가가 "그들의 정책이 야기한 결과를 구제하려 하지 않았기" 때문에 나타난 결과이다.

협력의 의무를 더욱 광의적으로 해석하면 공허한 협력의 의무에 내용을 채워줄 수 있다. 이는 협력의 특성을 다루고 있는 주요 문건들에서 언급하고 있는 바를 수용함으로써 가능하다. 광의의 해석에 따르면, 협력할 의무의 내용은 인권 조약 기구들의 일반 논평, 국제회의와 정상회담의 선언과 실천 프로그램, 국제법의 점진적 발전에 기여하고 있는 결의문, 선도적 전문가와 기구의 의견문과 같은 문건들에서 찾아볼 수 있다.[78] 국제회의와 정상회담의 선언과 실천 프로그램은 인권 조약 기구의 일반 논평과는 달리 직접적으로 구속력 있는 법적 수단은 아니지만, 유엔총회의 결의문과 마찬가지로 유엔헌장과 인권 규약에 포함된 국제 협력에 대한 법적 의무의 일반적 특성에 관해 상당히 중요한 지침을 제공한다.

그 외의 중요한 관련 문건으로는 마스트리히트 가이드라인을 들 수 있는데, 이는 사회권 규약 가입국의 의무에 대해서 다음과 같이 설명하고 있다.

경제·사회·문화적 권리를 보호할 국가의 의무는 그들이 집단적으로 행동하는 국제기구에 대한 참여의 의무로 확장된다. 이는 회원국으로 가입한 국제기구의 프로그램과 정책이 그런 인권을 위반하지 않도록 영향력을 발휘할 수 있는 국가에서 특히 중요하다.[79]

그래서 사회권 규약은 회원국들이 안전보장이사회의 제제 심의에서 뿐만 아니라 국제기구나 금융기구의 정책과 프로그램에서도 다른 나라의 경제·사회·문화적 권리를 침해하지 않도록 행동할 것을 요구한다. 이 접근은 세계인권선언 제30조와 일치한다. 세계인권선언 제30조는 "선언에서 제시하고 있는 어떤 인권과 자유라도 그것을 파괴하는 것을 목적으로 하는 활동에 개입하거나 그런 행위를 저지르려는" 국가, 집단, 개인에게 선언의 사용을 금지시키고 있다. 또한 이는 개발권 선언 제9조 2항과 일치한다. 이 규정에 따르면 "어떤 국가, 집단 또는 개인도 세계인권선언을 비롯해 인권에 관한 국제 규약들이 제시하고 있는 권리의 침해를 목적으로 하는 활동에 개입하는 등의 행위를 저지를 수 있다"고 암시하는 방식으로 선언을 해석해서는 안 된다. 무역, 금융, 개발 정책이 규약에서 보장하고 있는 권리를 위반했다는 혐의를 가질 수는 있겠지만, "침해를 목적으로 하는" 이라는 말이 가진 의도적 목적을 증명하기가 매우 어렵기 때문에 어떤 활동이나 행위가 위의 조문을 위반하고 있다고 주장할 수 있는 경우는 극히 드물 것이다.

이런 방식으로 사회권 규약을 비준한 국가의 의무, 나아가 법적 의무를 주장할 수 있다. 이 의무는 비단 개발국에만 해당되는 것이 아니라 개도국에도 적용된다. 개발권 선언은 비록 많은 개발국들이 이런 의무를 인정하려고 하지 않지만, 광의의 해석하에서 그들은 의미 있는 참여, 공평한 공유, 인권의 온전한 실현에 바탕을 둔 개발 정책을 추구할 법적 의무를 가진다는 것을 분명하게 말하고 있다. 이와 같이 개발권 선언은 기존의 조약 의무로부터 법적 강제력을 빌려 일련의 의무 사항들을 실제로 납득할 수 있는 방식으로 모든 나라에 분명하게 말하고 있는 것이다. 개발권 선언의 완전한 실현을 목적으로 한 국제 협력의 의무를 포함해, 개발권 선언의 이상과 같은 독특한 방식의 의무 규정이 새로운 조약 또는 관습 규범을 통해서 법적 구속력을 획득하게 될지는 불확실하다. 안건보고서의 작성을 위임받았던 소위원회의 결론은 "구속력 있는 법적 기준을 마련하는 것은 현재로선 시기상조"[80]라는 것이다. 이는 비록 법적 구속력을 가지는 수단의 잠재력에 대해 제대로 평가하지 못했지만, 선언이 조약이 되기까지는 아직 험난한 여정이 남아 있으며, 고위급 외무 회담에서 개발권의 의무에 대해 자주 언급한다고 해서 관습 규범의 문제에 대한 해답이 자동으로 제시되지 않음을 보여 주었다.

유엔 정상회담은 개발권에 대해 마지못해 한 정치적 타협이었다고 치부하는 경향이 있다. 그래서 개발권에 대해 어떤 부가적 언급 없이 정상회담에 상정된 관련 쟁점과 절차를 처리해 버리곤 한다. 예를 들어 2000년 9월에 열린 유엔 새천년정상회의에서 세계 정상들은 빈곤, 굶주림, 질병, 문맹, 환경 파괴, 여성차별에 맞서기 위한 새천년개발목표에 동의했고, 정상회담 선언문은 "개발권을 모두에게 현실화하고 모든 인류를 결핍에서 해방"[81]시키겠다는 공약을 포함하고 있다. 그러나 새천년개발목표의 이행에 관한 유엔 사무총장의 보고서를 살펴보면 빈곤 감축에 대한 부분에서는 개발권에 관한 위 문장을 인용하면서도 인권과 관련된 부분에서는 이를 인용하지 않았음을 알 수 있다.[82] 그는 개발권이 새천년개발목표에 어떤 역할을 어떻게 할 수 있는지에 관해 아무런 지침도 제공하지 않았다. 이에 반해 개발 기구와 유엔 기관들은 새천년개발목표와 인권의 관계에 상당한 주의를 기울였다. 새천년개발목표를 주제로 한 2003년 유엔개발계획의 『인간개발보고서』*Human Development Report*는 새천년개발목표가 개발권에 기여할 것이며, 특히 "목표의 달성은 인권을 신장시킬 것"이고 "목표는 개발에 대한 열망뿐만 아니라 청구할 수 있는 권리가 될 것이다"라고 인정하고 있다.[83] 보고서는 의무라는 용어를 사용해 "이런 방식으로 새천년개발목표를 본다면, 목표를 성취하기 위해 행동을 취한다는 것은 자선이 아니라 의무이다. 이 접근법은 정부, 시민, 사단, 국제기구를 포함해 다양한 행위자에게 책무를 갖도록 하는 프레임워크를 만들어 낸다. 인권은 인권침해를 억제하고 인권 실현을 촉진 및 보호하기 위해서 다른 편에 있는 상대방에게 의무를 부과한다"고 쓰고 있다. 보고서는 최종적으로 "새천년개발목표 속에 모든 국가가 동의한 바를 좀 더 명확하게 정의해 넣으려면, 국가들이 공약한 바를 측정할 수 있는 기준이 필요할 것이다"라고 쓰고 있다.

유엔 인권이사회는 2004년에 개발권에 관한 실무 그룹의 틀 속에 개발권의 이행에 관한 고위급 특별전문위원회를 구성하고, 그 첫 번째 회기에서 "개발권과 관련해서 새천년개발목표를 이행함에 있어서 부딪히게 되는 걸림돌과 도전 과제"가 무엇인지 검토하고, 특별히 개발권의 이행이 갖는 사회적 영향의 평가와 개발권 이행의 모범 사례를 규명하도록 임무를 부여했다.[84] 2005년 두 번째 회기의 임무는 "새천년개발목표 제8항, 즉 개발에 필요한 지구적 파트너십을 검토하고 개발권 실현의 관점에서 지구적 파트너십의 효과성 개선을 목적으로 한 정규적 평가 기준을 제시"하는 것이었다. 전문위원회는 2005년 9월에 주어진 임무를 끝마쳤다. 전문위원회 보고서[85]는 2006년 2월에 개발권에 관한 실무 그룹의 승인을 얻었다.[86] 인권이사회가 실무 그룹의 권고 사항을 승인한다면, 고위급 특별전문위원회는 실험 단계에 있는 15개의 기준을 선정된 파트너십에 적용할 것이다. 그리고 이는 "그 기준을 점진적으로 개발하여 다자간 금융, 무역, 개발 기구들을 포함한 모든 관련 행위자의 국가적·지역적·국제적 정책과 그 운용에서 개발권을 주류화한다는 관점에서 시행"[87]될 것이다.

필립 앨스턴은 새천년개발목표에서의 인권 주류화에 관한 주장을 한 단계 더 발전시켜, "이 목표는 국제적 차원에서 채택되는 끝없이 펼쳐진 정책 문건에서 뿐만 아니라 이 목표들과 관련성이 큰 국가의 정책과 프로그램에서도 승인되어 왔다"[88]고 말했다. 국제관습법하에서 새천년개발목표가 의무를 포함하고 있는지에 관한 평가에서 그는 두 가지 기준을 적용했다. ① 권리는 (인권에 기초한) 인간 존엄성이라는 의미 있는 개념에 긴요한 것이며, ② 권리는 국제사회로부터의 적절한 원조를 감안해 정부들이 그 세력범위 내에서 분명하게 충족해야 한다는 두 가지 명제를 인권 주장이 충족시키고 있는지를 시험하고, "새천년개발목표는 큰 논란의 여지없이 그 기준을 충족시킬 수 있는 가치를 가지고" 있으므로 "새천년개발목표 가운데 적어도 몇 개의 목표는 국제관습법의 규범을 반영하고 있다"고 결론 내렸다.[89] 그는 여덟 번째 목표인 지구적 파트너십에 대해서는 "국제관습법 속에 이미 이 항목과 관련된 특정 의무가 존재한다는 주장을 개발국 정부가 강력하게 거부할 것으로 여겨진다"[90]는 이유로 결정을 보류했다. 그는 원조를 제공할 보편적 법적 의무에 대한 개발국의 지속적인 거부와 "가장 관대한 공여국조차 자국의 원조 정책을 그런 의무로 규정하지 못하고 있다는 사실은 그런 의무가 이미 관습법의 일부가 되었다는 점을 입증하려는 노력에 커다란 걸림돌로 작용할 것"[91]이라고 지적했다.

그럼에도 불구하고 앨스턴은 "새천년개발목표에 대한 국제적 합의 수준이 점차 높아지고 있다는 사실"은 센굽타가 유엔 개발권에 관한 민간 전문가 자격으로 제안한 개발 콤팩트를 "앞으로 몇 년 안에 다시 되돌아봐야 할 것이라는 강력한 주장"[92]을 뒷받침해 준다고 했다. 나아가 그는 "새천년개발목표를 공약한 나라들이 필요한 추가 자원을 확보할 수 있도록 자원을 동원하자는 공약이 반복되는 것이야말로 그런 의무가 관습법에 이미 구체화되어 있다는 논거를 제공할 것이다"[93]라고 주장했다. 이런 주장은 개발 콤팩트의 맥락에서 개발권과 직접적으로 관련되어 있을 뿐만 아니라 좀 더 보편적으로는 국제사회의 불완전한 의무가 개발권의 원칙에 따르는 국가의 자원 부족 압박을 감소시키는 방향으로 진화할 수 있다는 사고의 한 부분으로서 개발권과 직접적으로 관련되어 있다.

앞서 논의한 철학적·정치적 주장도 법적 근거, 일명 신흥 관습 규범에 기초하고 있다. 신흥 관습 규범에 따라 개도국은 개발권의 원칙들을 자국의 개발 정책에 적용해야 하며, 개발국은 개도국이 새천년개발목표와 그 외의 개발 목표를 충족시키기 위해 최선의 노력을 경주하고 있는 영역에 대해 자신들이 통제하고 있는 경제적 압박(그 때문에 개도국은 목표 충족을 위해 최선의 노력을 경주할 수 없다)을 완화시켜 주어야 한다.

결론

비엔나 선언, 몬테레이 합의문, 새천년선언이 재차 확인하고 있는 개발권 선언의 의무는 지구적 자유주의, 계약론, 결정론, 제도적 세계시민주의를 포함해 국제적 의무를 다루고 있는 다양한 철학적 이론들과 모순되지 않는 도덕적 입장을 취하고 있다. 또한 정치적으로도 그런 의무를 수긍하고 있다는 점에는 의심의 여지가 없다. 그러나 모든 법의 토대는 정치다. 유엔 인권위원회와 그 후신인 인권이사회, 유엔총회, 국제회의, 정상회담의 정치를 통해 지속적인 법제화 노력이 다음과 같은 두 가지 방식으로 이어졌다. 첫 번째 방식은 개발권 선언이 그 법적 의무의 단계적 승인과 법제화에 필요한 근거를 제공하는 것이다. 그래서 샤이닌이 인용한 인권 법정과 인권위원회의 판결과, 살로몬이 6장에서 인용한 조약 기구의 법 해석이 개발권을 지지하는 국가들의 미숙한 정치적 의지로부터 나오게 되었다. 두 번째 방식은 개발권 선언이 개발에의 법적 권리가 최종적으로 인정되는 데 필요한 규범적 근거를 제공하는 것이다. 비동맹 운동의 제안과 "구속성에 관한 국제법적 기준"[94]의 실행 가능성을 조사하도록 소위원회에 주어진 임무는 현재로서는 성공할 가능성이 희박하다. 그리고 구속력 있는 법적 수단의 개발이 인권이사회에 좀 더 좋은 기회를 가져올 것인지의 여부는 현재로서는 판단이 불가능하다. 법적 수단의 신중한 검토를 위해서는 개발권 선언의 법적 의무가 먼저 탈정치화되어야 하고, 그런 의무의 이행을 프로젝트나 양자 간 프로그램 단위에서 시험해 보아야 한다는 조건이 선행되어야 한다.

"개발권을 전면적으로 현실화하고 모든 인류를 결핍으로부터 해방"시키겠다는 새천년정상회담의 공약은 가볍게 볼 것이 아니다. 법적 의무가 존재한다고 해서 철학적 교훈이나 정치적 강령이 규범을 승인하는 것으로 바뀌지는 않는다. 센이 주장한 바와 같이 "인권은 법률 안에 잘 반영될 수 있으며, 새로운 입법을 촉진할 수도 있다. 그러나 이는 인권 그 자체의 성격에 대한 정의라기보다는 뒤따르는 현상이다."[95] 그래서 개발권의 '실체'와 그것이 함의하고 있는 의무는 법적 구속력을 가진 공식적 수단보다는 '사회윤리와 공적 이성'에 좀 더 의존하게 된다.

국가가 이 글 처음에서 다룬 네 가지 의무와 책임, 그리고 '권고어'와 '명령어'의 의도에 부합할 수 있을지 여부는 복잡하게 뒤엉킨 의사 결정 과정과 이익과 영향력 사이에 형성된 균형에 따라 결정될 것이다. 법과 도덕은 개발권의 원칙에 거스르려는 세력을 억제할 것이다. 이 점은 이 책의 다른 글들에서 분석적으로 규명하고 있다. 그러나 힘의 억제는 권력관계가 개발권의 추정적 수혜자, 즉 개발의 결과를 향유하지도, 인권을 존중받지도 못하는 다수의 인구를 지원하는 쪽으로 기울어질 정도로만 가해져야 한다. 행동하는 개인과 시민사회단체, 정부, 국제기구는 이런 균형 잡기에 기여할 것이다. 그들이 사용하는 정치적·법적·철학적 원리의 누적 효과는 개발권을 점차 국가 집단의 정치적 수단에서 국가 공동체의 법적 권리, 즉 강제력을 갖는 더 완전한 권리로 바꿔 낼 것이다.

스티븐 마크스

STEPHEN MARKS

하버드 공중보건대학 인구와 국제보건학과 교수이며 인권학위원회 특별 연구원으로 활동하고 있다. 그의 연구는 공중 보건, 국제법, 국제정치, 국제기구, 경제개발, 평화, 분쟁과 같이 인권과 관련된 포괄적인 문제를 다룬다. 유엔개발계획, 세계보건기구, 유네스코, 유니세프를 비롯한 여러 국제기관에 자문을 제공해 오고 있으며, 아준 센굽타와 함께 개발권에 관한 연구 프로젝트를 지휘했다. 현재 '개발권 이행에 관한 유엔 고위급 전문위원회' 의장을 겸임하고 있다. 최근 연구 주제로는 인권과 담배 규제, 빈곤과 인권, 필수 의약품에 대한 접근권, 빈곤 감축의 맥락에서 아동권의 신장을 보여 주는 인권 지표 등이 있다.

5장
개발에 대한 권리와 의무

데이비드 비담
David Beetham

> "그리고는 선생님이 이렇게 말했어요. 자, 지금부터 이 교실을 국가라고 하자. 이 국가에는 5천만 파운드의 돈이 있어. 그러면 이 국가는 부유한 국가가 아닐까? 20번 여학생, 이 국가는 부유한 국가가 아닌가요? 학생은 번성한 국가에 살고 있는 게 아닌가요?" ……
> "저는 모르겠다고 대답했어요. 누가 돈을 갖고 있는지, 그 가운데 내 돈은 얼마인지 알지 못한다면 말이에요. 그러나 사실 그런 것도 별로 중요치 않아요. 그건 수치로는 전혀 파악할 수 있는 게 아니잖아요……."
> 그러자 루이자는 이렇게 말했다. "그건 네가 정말 잘못 생각한 거야."
>
> _찰스 디킨스, 『어려운 시절』(*Hard Times*)

개발권의 정의

이 글에서는 개발권에 수반된 의무와 책임에 관해 다루고 있다. 논의의 핵심은 개발권이 무엇을 포함하고 있는지, 어떻게 정의되어야 하는지를 명확하게 개념화하는 것이다. 나는 개발 주제에 관한 전문가가 아니다. 그러나 개발 문제에 대해 신선한 시각으로 접근할 수 있다는 이점은 있을 것이다. 이런 고백이 개발권 그 자체에 대해서 뿐만 아니라 개념적 인플레이션 또는 '용어상의 불명확함'에 대해서 취하고 있는 나의 회의론적 입장에 대한 해명이 되길 바란다. 나에게 개발권은 본질적으로 불명확한 것으로 보인다. 특히 회원국 간의 정치적 합의를 이루겠다는 강박관념하에서 더더욱 그렇게 된 듯하다. 따라서 나는 개발권의 개념에 오컴의 면도날Occam's Razor을 적용하고자 한다. 즉, 개발권의 개념을 다른 모든 권리를 포함하는 것 또는 권리들 간의 상호 관계성의 합으로서가 아니라, 다른 권리들과는 확연하게 구분되도록 최소한의 의미로 개념화할 것이다.

이와 같은 접근은 경제개발이 민족nation 혹은 국민people의 권리인가라는 문제에 쉽게 집중할 수 있도록 해 준다는 이점을 가지고 있으나, 개발권과 개별적 인권과의 관계에 대해서는 충분히 설명해 주지 못한다는 단점을 가지고 있다. 내가 이해하기로 처음에 개발권은 개도국 대표들에 의해 공식화된 것이었다. 그 과정에서 프랑스어를 사용하는 아프리카 국가들이 배제되지 않았다는 점은 특기할 만하다. 개발권은 두 가지 요구와 밀접하게 관련되어 있다. 하나는 저개발국들의 경제개발을 지원하는 새로운 국제 질서에 대한 요구이고, 다른 하나는 자연 자원과 부에 대한 국민의 완전한 통제권에 대한 요구이다.[1] 이 두 가지 요구는 1986년에 채택된 개발권 선언 제1조와 3조에 수용되었으나 다른 여러 조항들과 섞여 그 의미가 어느 정도 희석되었다.[2]

개발권은 본래 경제적 독점과 착취를 통해 식민주의가 영속화되던 상황에서 개도국이 개발국에 대항해 주장한 것이다. 개발에 대한 집단적 권리를 제3세계의 특수한 권리로 정의하고 개발국이 우월하게 여겨 온 개별적 인권과 대치 구도 속에 놓았다는 점이 개발권의 형성 과정을 더욱 삐걱거리게 만들었다. 그 전형적인 예가 1967년 G77 경제 회의에서 세네갈 외무부 장관 두두 티암Doudou Thiam이 발표한 성명이다.

> 우리의 임무는 낡은 식민주의적 사고를 타파하고 그 자리에 새로운 권리를 채워 넣는 것이다. 개발국이 교육, 건강, 직업에 대한 개인의 권리를 선언한 것과 같은 방식으로 우리도 여기서 제3세계 국가들은 개발권을 가지고 있음을 우렁차게 그리고 분명하게 주장해야 한다.[3]

개발에 대한 집단적 권리와 개인의 인권을 안티테제(대립 관계)로 보는 관점은 지속적으로 부정되어 왔는데, 이는 당연한 것이라 생각된다. 경제개발에 대한 민족 또는 국민의 권리와 개별적 인권 간의 연결은 아래의 두 가지 기본적 입장을 통해서 확고하게 성립된 것으로 보인다.

① 경제개발 없이는 국민의 인권 실현을 제한하는 자원 부족의 압박을 극복할 수 없다. 이는 시민·정치적 권리(경찰력, 법원, 법적 원조 등)뿐만 아니라 경제·사회·문화적 권리에도 적용된다. 이 입장은 경제개발이 개별적 인권을 실현하기 위한 필요조건이라는 오해를 피하기 위해서 신중한 태도를 보이고 있다. 사회권에 관한 림버그 원칙이 주장하고 있듯이 자원의 부족을 인권 프로그램의 불이행에 대한 변명으로 이용해서는 절대로 안 된다. 즉, "점진적 달성의 의무는 자원이 증가하는 것과 관계없이 가용 자원을 효과적으로 사용할 것을 요구한다."[4] 그러나 경제적 저개발과 사회적 빈곤이 효과적으로 실현될 수 있는 범주의 인권에 심각한 제약을 가한다는 점에는 이의를 제기하기 어렵다. 센굽타 교수의 최근 논문은 그런 다양한 의견들을 반영해 논의의 흐름을 신중하게 이끌고 있다. 그는 "인권을 하나하나 분리해서 이행한다고 생각하면 자원 부족의 압박이 그렇게까지 구속적인 것이 되지 않을 것이다. 그러나 모든 인권을 이행하려고 하는 프로그램에서는 매우 심각한 구속이 될 것이다"고 보고 있다. 그는 이후에 다시 "소득의 증가는 항상 성장과 연관되어 있다. …… 수입 외의 변수를 고려해 본다면 …… 주어진 기간에 주어진 수입 내에서 자원을 재배치함으로써 그 가치를 높이는 것은 가능하나, 이는 자원의 가용성이 증가하지 않는다면 중기적 관점에서도 지속 가능하지 않다"고 주장했다.[5] 즉, 외부의 원조로 자원의 증가가 이루어질 수 있겠지만, 한 나라의 지속 가능하고 끊임없는 자원의 증가와 시민들의 경제적 기회를 확장할 수 있는 유일하고도 확실한 방법은 자립적 경제 발전이다. 불공평한 경제적 의존 상태를 점진적으로 극복하는 것은 확실히 개발권의 문제이다.

② 경제개발과 개별적 인권 간의 관계에 대한 두 번째 입장은 첫 번째 입장에 정당성을 더해 준다. 경제적 기회와 더욱 공정한 자원의 분배를 지향하는 것 외에 어떤 다른 경제개발 과정도 주민들의 인권을 보호하고 강화하지 않는다는 것이다. 디킨스의 용어를 빌리자면 부유한 국가에 산다는 것은 (그 국가의) 부유하지 않은 사람들에게는 아무런 의미가 없다. 디킨스의 아이러니는 산업 개발이 가져온 사회적 분열도 문제로 보고 있지만, 그보다 그것을 정당화하는 정치경제를 가르치는 학교를 더 겨냥하고 있다는 것이다. 이처럼 극단적 자유주의 경제 교리에 대한 경험은 훨씬 후대에 의해 받아들여졌는데, 이는 경제개발 그 자체가 불평등의 강화와 사회적 배제를 통해서 이루어질 수 있다는 과거의 교리를 소생시켰다.[6]

여기서 개발권은 특정한 유형의 경제개발에 대한 권리를 의미한다. 그 개발은 국민의 인권을 신장하고, 그럼으로써 사회적 개발에 기여할 수 있는 국민의 역량을 강화하는 것이어야 한다. 개인에게 개발권은 사회의 경제적 개발의 혜택을 나누어 가질 수 있는 권리를 의미한다. 그래서 위의 두 번째 입장은 경제개발과 개별적 인권 실현 간의 일직선상의 단순한 연결이 아니라 상호작용 관계를 설정하고 있는 것이다. 내가 기존의 인권과 관련된 문헌들로부터 개발권을 구성하는 기본적 요소를 요약하면 다음과 같다. 경제 발전에 대한 민족이나 국민의 권리로서 개발권은 국제 인권 규약들의 개별적 권리들과는 다른 것이지만, 그 권리들의 실현을 위해 없어서는 안 될 수단인 동시에 그 권리들을 실현시킨 결과라는 점에서 서로 밀접하게 관련되어 있다.

개념의 인플레이션 경향

이와 같은 개발권에 대한 비교적 좁은 해석을 정당화하고 분명히 하기 위해서는 관련 문건들에서 나타난 개념적 인플레이션 경향을 살펴볼 필요가 있다. 이 경향은 개발권 본래의 의미를 지나치게 확장함으로써 초점을 흐리게 만드는 위험을 안고 있다. 특히 아래 두 가지 경향이 이런 과잉 현상을 초래하고 있다. 첫 번째 경향은 사회적 차원의 경제적 절차와 개인의 사적 개발 사이에 끼어 있는 '개발'이라는 용어의 모호성을 악용하는 것이다. 물론 두 가지 의미 모두 과학적 담론에서 잘 확립되어 있고 일상적으로 사용되고 있으며 개인의 전면적 개발이 인권 의제의 목표를 구성한다고 말할 수 있다. 그러나 일상에서 통용되는 용어로는 다른 의미들을 갖고 있는데, 그렇다고 해서 거기에 상응하는 인권에 그 모든 의미를 포함시키는 것은 옳지 않다. 개인의 사적 개발을 다른 모든 인권의 합으로서 별도의 인권으로 만든다는 것은 개발권에 있어서 중요하고 결정적인 초점을 놓쳐 버리는 것이다. 나는 여기서 사회적 경제개발을 공유할 수 있는 개인의 권리와 별도의 '사적 개발에의 권리'를 명확하게 구분하려고 한다.

사적 개발에의 권리를 개발권에 포함시키려는 이유 가운데 하나는 개인의 존엄성을 원리로 삼고 이에 초점을 두고 있는 인권 규범에서 집단적 권리의 지위가 조금은 불안정하다는 우려의 목소리 때문이다.[7] 그러나 집단적 권리에 관한 사고를 보면 거기에는 두 가지 필수적인 구성 요소가 있음을 알 수 있다. 하나는 특정한 무리의 사람들에 의해, 혹은 이들을 대표해 집단적으로만 주장하고 행사할 수 있는 권리이다. 여기서의 집단은 집회나 결사의 자유와 같은 용어에서 사용되는 불특정 집단과는 다른 의미의 집단을 말한다. 여기서 말하는 집단적 권리의 예로는 선주민의 자결권이나 별도의 문화와 언어를 보호하고자 하는 소수민족의 자결권을 들 수 있다. 경제개발에 대한 국민들의 권리도 그런 집단적 권리에 속한다. 다른 하나는 집단적 권리가 권리이기 위해서는 반드시 그것이 집단 내 개인에게 가치 있는 것이어야 한다는 것이다. 따라서 권리를 침해하는 것은 집단 내 구성원 개개인에게 손해를 입히고 그들의 개인적 웰빙과 존엄성을 손상시키는 것을 의미하게 된다.

달리 말하면 집단적 권리는 필연적으로 집단적 영역과 개인적 영역을 가지고 있다. 또 이 글에서 나는 '민족' 또는 '국민'을 권리의 주체라는 의미로 사용할 때는 '공동의 국가를 공유하고 있는, 그리고 그 국가의 법적 권한에 종속된 사람들'을 의미하며, 그 이상의 무게는 두고 있지 않다. 세계화에 관한 급진적 이론가나 급진적 세계시민주의자는, 서로 이유는 다르지만, 개인만이 경제개발에의 권리주체가 될 수 있다고 주장할 것이다. 전자는 현상적 문제로서 국가가 그 자신의 경제정책을 결정할 모든 권력을 잃었다고 보기 때문이고, 후자는 좀 더 규범적인 입장에서 국가나 국민이 지구적 정의 체계에 어떤 특별한 도덕적 의미를 갖지 못한다고 보기 때문이다.[8] 이 두 가지 이론에서, 국민으로서 무리를 형성한 사람들은 개발권의 주체로서 아무런 의미를 갖지 못한다.

그런 관점에 대응하기 위해서 인간들이 각각 독립된 국가에 분할 배치된 것이 최선이라는 사고로까지 나아갈 필요는 없을 것이다. 다음의 세 가지를 인정하는 것으로도 충분하다. ① 세계는 국가들로 구성되어 있다. ② 국가는 국제사회와 함께 국민들의 웰빙에 중요한 정책과 규제를 만들어 내는 가장 중요한 현장이다. ③ 결과적으로 국가의 구성원들은 상호 관계 속에서 — 비구성원들이 갖지 않는 — 특별한 권리와 책임을 나누어 갖는다. 이는 '민족' 또는 '국민'의 이름으로 무리를 이룬 사람들에게 규범적·실천적 중요성을 부여한다. 이런 생각은 국가 정체성에 형이상학적이거나 본원적인 심오한 의미를 부과하지 않으며, 국가의 경계가 일방적으로 정해진 것임에도 불구하고 충분히 그 효력을 유지하게 해준다.

첫 번째의 개념적 과잉 경향이 사적 개발에 대한 개인의 권리를 개발권 안으로 끌어들이기 위한 것이었다면, 두 번째 과잉 경향은 개발 연구 분야에서 나타나는 것으로, 사회개발을 다면적인 과정으로 개념화하고 있는 것이다. 개발권 선언의 서문에서는 "개발은 포괄적인 정치·경제·사회·문화적 과정이다"라고 천명하고, 이를 다시 선언의 제1조에서 반복하고 있다. 제1조는 개념을 더욱 확장해 그런 개발은 조건 — "그 안에서 모든 인권과 기본적 자유가 온전히 실현될 수 있다"[9] — 이라고 규정하고 있다. 사회적 차원에서 개발은 사실 여러 가지 다양한 측면을 포괄하고 있는 과정이다. 그러나 그렇다고 그 모든 다면성이 동등하게 '개발에의 권리'에 포함되어야 하는 것은 아니다. 여기서도 경제적 개발에의 권리라는 본래의 개념을 확장함으로써 초점이 흐려진 것으로 보인다. 확장된 개념을 다시 좁히려면 많은 논란이 뒤따를 것이나, 아래 두 가지 생각은 개념을 좁히는 데 강한 설득력을 가질 것으로 보인다.

① 자원의 제약을 인권 실현의 핵심적 장애물로 보고(자원 제약의 중요성), 이를 극복하거나 적어도 경감시키는 데 있어서 경제개발이 핵심적 역할을 담당하도록 하는 것(경제개발의 중요성)이 매우 중요하다. 개별적 인권의 합과 구분되는 개발권만의 특성을 정의하고, 다른 한편으론 양자를 서로 연결하는 것이다. 만약 개도국으로부터 전해져 오는 유아 사망률의 증가, 진학률의 감소, 식량 안보의 실패, 예방 가능한 질병 발병률의 상승 등과 같은 좌절적인 이야기를 듣게 된다면, 그 근본적 원인이 경제적 저개발과 왜곡된 개발이 아니라고 부정하기는 어려울 것이다. 그 외의 다른 원인들도 더욱 분명한 분석을 위해 목록에 추가되었고 그 가운데 많은 것들이 개발권 선언의 조문들 속에 나열되어 있지만, 경제개발 문제가 가장 주요하며 보편적인 원인이라는 점은 분명하다.

② 개발권이 개발의 모든 가능한 측면들을 포함하면 할수록 무엇이 개발권의 침해 또는 위반에 해당하는 것인지 밝히기 어려워진다. 개발권의 범주에 해당되지 않는 것이 거의 없게 되고, 따라서 개발권에 대한 불충족의 책임은 산만해지고 입증할 수 없게 된다. 사회권 위원회는 규약의 각 권리를 구체화하기 위해서 "그것이 없으면 회원국 정부가 그 의무를 위반한 것으로 인정할 수 있는 최소한의 절대적 권리 자격"[10]이 무엇인지 구체화하는 데 오랫동안 공을 들였다. 권리 보호의 책임을 분명하게 할당하고 현실화하기 위해서 그와 같은 구체화가 절실하다고 인식되어 왔다. 그러나 개발권을 광범위하고 다면성을 가진 것으로 개념화함으로써 논의는 역방향으로 흘러가고 있으며, 이는 불가능한 권리 — 사실상 무한한

것이기 때문에 — 에 대한 책임을 우리에게 부과하고 있다. 마찬가지로 세계 어느 정부도 어떤 식으로든 그들이 개발권의 실현에 기여하고 있다고 주장할 수 없다. 결과적으로 지나치게 광범위한 개발권의 개념은 책임 회피에 편리한 변명을 제공하고 있는 것이다.

이 글의 주제가 의무를 정의하고자 하는 것이기 때문에, 위의 두 번째 설명은 저자의 목적에 특히 부합한다. 우리가 경제적 개발에 집중할 수 있다면, 적어도 개발권의 위반 또는 침해 행위에 해당하는 것이 무엇인지 구체화할 수 있을 것이다. 즉, ① 정부의 정책이나 제도가 그 국민의 경제개발에 손해를 끼치거나, 현저하게 불평등한 발전을 조장하는 경우, ② 국제적 정책이나 제도가 어떤 국가의 경제개발에 손해를 끼치거나 현저하게 불평등한 경제개발을 촉진하는 경우가 개발권의 위반 또는 침해에 해당할 것이다.

이것은 앞으로 더 확실히 규정되어야 할 의제이다. 그러나 적어도 개발권을 공고히 하기 위해 필요한 잠재적 책임자와 그 책임을 규명할 수 있다는 이점을 가지고 있다. 바로 이 지점에서 본격적인 주제로 들어가 보자.

피해를 끼치지 않을 의무

위에서는 개발권의 개념을 다룸으로써 원칙적으로 개발권의 위반 또는 침해에 해당하는 행위가 무엇이며, 누가 그 책임자가 될 것인지를 분명하게 밝혔다. 그 책임자는 정부이며, 그 책임에 상응하는 의무는 국내적으로든 국제적으로든 체계적으로 어떤 나라의 경제개발에 손해를 끼치거나 현저하게 불평등한 경제개발을 촉진하는 정책과 제도를 추동하거나 지원하지 말아야 한다는 것이다. 정부의 의무는 단지 이것만이 아니다. 다른 모든 인권이 그러하듯, 정부는 또한 '지원하고 보호할' 적극적 의무를 갖는다.[11] 그러나 경제개발에 대한 한 나라의 권리를 위반하고 침해한 행위가 무엇인지를 구체화함으로써 얻게 되는 이점은 모두가 개발권에 따르는 강력한 의무라고 동의할 수 있는 것, 즉 손해나 손상을 입히지 말아야 할 의무에 주의를 집중시킨다는 점이다. 그러나 다른 모든 공공 정책과 마찬가지로 무엇이 정확하게 손해나 손상을 야기하는지, 그리고 그런 가해가 더욱 큰 선善을 위해 필수 불가결한 것으로 입증될 경우 그것이 정당화될 수 있는지에 관한 의견이 불일치할 가능성이 있다. 정부의 첫 번째 의무가 손해나 손상을 야기하지 말아야 한다는 것을 반박하기는 어려울 것이다. 개발권과 관련해서 일국적 차원과 국제적 차원에서의 적용은 서로 다른 문제이므로, 나는 이를 분리해서 다룰 것이다. 먼저 국제적 차원을 다루고자 하는데, 이는 국제적 경제정책이 국내의 정책적 재량에 점점 더 많은 제약을 가하고 있기 때문이다.

국제 개발 정책이나 연구서에서 '책임'은 거의 대부분 저개발국에게 원조를 제공하는 것과 같은 적극적인 의무로 표현되어 있다. 개발권 선언 제4조 2항은 "개도국의 개발을 촉진하기 위한 지속적인 행동이 요구된다. 개도국의 노력에 대한 보완으로서 효과적인 국제 협력은 개도국의 포괄적인 개발을 촉진할 적절한 수단과 설비를 제공하는 데 필수적이다"[12]라고 강조하고 있다. 물론 그런 적극적 원조는 반드시 필요하다. 그러나 불명예스럽게도 그런 목적에 충당될 국내총생산의 0.7퍼센트라는 유엔의 소심한 목표조차도 달성한 국가는 거의 없다. 개발원조 또는 '협력'이라는 바로 그 언어와 정책이 개발국과 개도국의 관계를 어느 한편에 의존적인 것으로 만들고 개발국 쪽에 자선의 이미지를 덧씌운다. 그리고 개발국들이 개도국에게 상당한 손해를 입히는 국제 정책을 추구하거나 지원해 왔다는 사실을 감추어 버린다. 그러므로 개발권에 대해서 침해 또는 위반이라는 관점으로 접근함으로써 우리는 피해 그 자체와 피해를 야기하지 말아야 할 일차적 의무의 실패에 주의를 집중할 수 있게 된다. 개발권의 문제를 이런 방식으로 생각하는 데는 몇 가지 중요한 이유가 있다.

① 우리가 다른 타자와 맺고 있는 관계가 무엇이든 그들에게 손해나 손상을 입히지 말아야 한다는 의무에 대해서는 보편적 동의가 이루어져 있다. 이는 토마스 포게가 그의 생애에 마지막으로 집필한 『세계 빈곤과 인권』*World Poverty and Human Rights*에서 강력하게 주장한 것이다. 포게는 "우리는 …… 타자에게 잘못된 행동을 해서는 안 되며 부당하게 해를 입히지 말아야 한다는 도덕적 의무가 타자를 부당한 행위로부터 보호할 의무보다 훨씬 더 무겁다는 확고한 관점에서 출발해야 한다"[13]고 주장하고 있다. 솔직히 나는 포게의 주장에 과장이 있다고 생각한다. 이는 포게가 빈곤에 대한 그의 주장을 자유주의적 교의를 따르는 사람들에게 관철시키고자 했기 때문이다. 자유주의적 교의에 따르면, 우리가 타자에 대해 가지는 의무란 단지 그들에게 손해를 가하지 않는 것뿐이며, 거기에 원조의 의무는 없다. 내가 다른 글에서 주장한 바와 같이, 의무에 대한 자유주의적 구분은 결국 자의적이다. 왜냐하면 두 쌍의 의무는 모두 같은 기초적 원칙 — 즉, 개인적 웰빙과 자율, 그리고 모든 인간이 평등하다는 궁극적 가치 — 에서 그 정당성을 찾고 있기 때문이다.[14] 그러나 많은 사람들이 손해를 입히지 말아야 한다는 의무가 사실 훨씬 더 무겁다고 믿고 있다는 점을 감안한다면, 개도국과 개발국의 관계가 이 의무를 위반하고 있다는 입증은 잠재적으로 광범위하게 영향을 미칠 수 있는 아주 유력한 주장을 성립시켜 줄 것이다. 포게가 주장한 바와 같이, "우리는 그 원인이 우리 자신과 완전히 무관한 외부의 빈곤을 바라만 보고 있는 방관자가 아니다."[15]

② 개발에 대한 가해 사실이나 개발권 침해를 입증하게 되면 개발원조의 관행은 기존과는 다른 형태의 도덕적 판단 아래 놓이게 된다. 국제정의론의 이론가 가운데는 이런 피해가 원조 제공의 의무를 '자선의 의무'duty of benevolence로부터 훨씬 강제적인 '정의의 의무'duty of justice로 전환시킨다고 주장하는 사람들이 있다.[16] 여기서는 원조가 가해진 피해에 대한 보상의 형태로 작용하기 때문이다. 하지만 이런 사고는 잘못된 것이다. 왜냐하면 손해나 손상의 원천이 제거될 경우에는 원조 제공의 의무가 훨씬 더 약한 도덕적 강제력을 갖게 되기 때문이다. 그럼

에도 불구하고 정의론적 사고는 그 폐해와 상관없이 여전히 유용한 것이다. 우리가 정의론적 사고를 국제적 무대로 확장시킨 롤스주의적인 정의의 원칙(1979년 찰스 베이츠Charles Beitz가 최초로 시도)에서 이끌어 내든,[17] 아니면 이 글에서 내가 선호하는, 풍요로운 세상(부유한 국가)에서 기본적 권리의 실현에 실패한 결과로서 나타난 부정의로부터 이끌어 내든, 그것은 중요하지 않다. 원조 제공의 의무가 어떤 식으로든 도덕적 강제력을 갖는다고 하더라도 '공여국'이 손해를 입힌 개발 정책에 연루되어 있다면, 원조 그 자체가 매우 다른 형태의 도덕적 판단 아래 놓이게 된다는 점은 의심의 여지가 없다. 북반구 국가들이 자국 산업에 대한 보조금과 보호주의적 정책으로 남반구 생산자들에게 미친 손실이 그들의 개발원조금을 합친 것보다 몇 배나 많다는 통계에 놀라지 않을 사람이 누가 있겠는가? 더구나 이 통계에는 개도국에서 개발국으로 이전된 모든 경제적 가치는 포함되지도 않았다.

③ 이런 관점으로 문제를 바라본다면, 개발권에 관한 논의는 국제 경제구조와 그것을 지탱하고 있는 제도 및 정책, 소위 지구적 경제체제에 관한 비판적 주장과 탄탄한 연결성을 갖게 된다. 즉, 지구적 경제체제와 그것을 지배하고 있는 무역, 금융, 투자, 환경에 관한 규칙은 구조적으로 가난한 국가에 불리하게 작용하며, 가난한 나라의 경제개발에 피해를 야기하고 지구적 불평등을 심화시킨다는 것이다. 이는 국제경제기구가 개발국 정부에게 좀 더 많은 결정권을 — 개발국 정부가 국제경제기구들이 승인한 지구적 경제 제도에 큰 책임이 있다고 인정해야 할 만큼 — 부여하고 있기 때문이다.

세 번째 주장을 경험적으로 입증하기 전에 이에 대한 두 가지 반대 의견을 먼저 검토해 볼 필요가 있다. 첫 번째는 모든 나라, 심지어 최빈국도 국제경제질서에 참여함으로써 잃는 것보다는 얻는 것이 많고, '자급자족적 독재'의 형태로 국제경제질서 밖에 있는 것보다는 낫다는 것이다. 하지만 이런 입장이 입증될 수 있다고 하더라도 이는 핵심을 벗어난 이야기이다. 여기서는 국가들 간의 경제 관계가 전체적으로 혹은 원칙적으로 좋은 것인지 나쁜 것인지를 따지는 것이 아니라, 개도국에게 손해를 입히는 국제경제질서의 특정한 성질이 변할 수 있는 것인지, 그런 변화가 거기에 영향력을 행사할 수 있는 힘을 가진 나라들의 정책 변화에 따른 것인지를 문제 삼고 있기 때문이다. '세계화'에 관한 느슨한 주장은 국제적 경제 관계의 양식이 멈출 수 없는 자연적 힘이라는 인상을 주지만, 실제로는 무엇을 어떻게 규제하고 무엇을 어떻게 규제하지 않을 것인가를 포함한 정치적 결정으로 구축되고 유지되어 온 것이다.[18]

두 번째 반론은 개도국도 국제기구의 회원국으로서 그 의사 결정 과정에 참여하고 있기 때문에 국제기구의 정책은 개도국이 동의한 것이며, 따라서 그 결과가 개도국에게 유리하든 불리하든 관계없이 정당하다는 것이다. 그러나 이 반론은 첫 번째 반론보다도 합리적이지 못하다. 국제통화기금이나 세계은행과 같은 많은 국제경제기구에서 공식적 투표권의 비중이 개발국을 지지하는 방향으로 크게 기울어져 있다는 것은 이미 잘 알려진 사실이다. 세계무역기구wto와 같이 공식적 투표권이 개발국에 치우쳐 있지 않은 경우라도, 협상 위치를 위한 조사와 준비에 필요한 가용 자원 면에서나 찬성 안건에 대한 부동의 찬성표(국)를 이끌어 내기 위한 비용, 또는 거부 안건에 대한 동반 거부를 이끌어 내기 위한 상대적 비용 면에서 국가들 간의 엄청난 불평등이 존재하고 있기 때문에 그 의사 결정력은 여전히 부적절하게 개발국 쪽으로 기울어져 있다. 불평등한 조건에서 얻어진 동의는 표면적으로는 정당하다 할지라도, 계약 결과가 전혀 공정하지도 정의롭지도 않다고 인정될 경우에는 계약 당사자들 간의 실질적 평등을 요구하고 있는 자유주의 정치철학의 규범적 기준도 충족시키지 못하는 것이다.[19] 최근 칸쿤 회의*에서 개도국의 동의 거부는 무역 협상이 얼마나 개발국에

---

* 2003년 9월에 세계무역기구 제5차 각료 회의가 멕시코 휴양도시 칸쿤(Cancun)에서 열렸으나 각국

게 편파적인지를 보여 주었을 뿐만 아니라 회원국 간의 불평등한 관계를 만천하에 드러냈다.

그러면 개도국의 경제개발에 피해를 야기하는 국제경제체제의 주요 특성에 관한 증언으로는 어떤 것들이 있는가? 사실 그런 특성은 피할 수 있는 것들이다. 여기서는 세 가지의 핵심 영역인 무역, 금융, 환경에 한정해 증언을 간략하게 요약해서 보여 주고 있다. 중요한 것은 소로스George Soros[20]와 스티글리츠Joseph Stiglitz[21]와 같은 일명 '내부자'라고 말할 수 있는 사람들의 주장과 증언이 현재 국제경제질서에 대해 오랫동안 반대해 온 나오미 클라인Naomi Klein[22]이나 조지 몬비어트George Monbiot[23]같은 학자의 의견에 점점 수렴되는 현상을 보여 주고 있다는 것이다.

무역 • 개발국은 개도국의 생산자, 특히 농업과 섬유산업 분야의 생산자에게 손해를 입히는 관세와 보조금을 유지하는 한편, 협상력을 이용해 제3세계 국가의 시장을 그들의 상품에 개방하도록 하고 있다.

• 북반구 정부는 개도국에 개발 요구를 왜곡하는 국제적 계약(예를 들어 무기나 건설)을 승인하고 강요하고 있으며, 과도한 장기 상환 채무의 부담(예컨대 발전소나 다른 공공 설비)을 지우고 있다.

• 자연적으로 생산되는 식량과 약제에 대한 특허를 포함한 기술 특허권을 통해 북반구 기업들은 개도국의 자원을 대규모로 지속적으로 추출하고 있다.

• 이전가격 조작transfer pricing을 통해 다국적기업은 모든 관할권 내에서 납세를 회피할 수 있으며, 이는 예산 규모가 작은 국가에 특히 심각한 영향을 미친다.

소로스의 주장에 따르면,[24] "무역자유화는 너무나도 자주 스스로 약속한 바

의 입장 차이로 세계무역기구의 기본 골격에 대한 합의에 이르지 못해 선언문 채택에는 실패했다.

를 실천하는 데 실패했다. …… 서구 국가들은 그들의 상품 수출을 위해서 무역 자유화를 추진했다. 그러나 개도국과의 경쟁이 자국의 경제를 위협할 것으로 생각되는 영역은 계속해서 보호해 왔다." 그는 "세계무역기구가 부유한 국가와 다국적기업을 지지하는 쪽으로 치우쳐 있다는 비판은 옳은 것이다"라는 의견을 피력한 바 있다.[25]

금융
- 개도국의 기업들에게 높은 신용거래 비용은 그들이 국제적 기업과의 경쟁에서 직면하고 있는 어려움을 가중시킨다.
- 자본시장의 자유화는 경제성장을 방해하며, 국가 금융 위기를 야기하거나 가속화시키는 투기 자본의 흐름에 국가 경제가 취약해지도록 만들었다.
- IMF의 금융 위기관리 정책은 높은 이자율의 장기 상환이라는 짐을 국가에 부과하고, 공공 부문에 부정적인 영향을 미치며, 다른 나라로 위기가 확산되는 효과를 낳는다.

소로스는 "금융시장은 태생적으로 불안정하고 그 무대는 태생적으로 불균형적인 것이다. …… 신생 시장경제는 자본 유출과 높은 차관 비용으로 고통받는다"[26]라고 의견을 밝혔고, 스티글리츠는 "IMF가 단순히 개발의 모든 가능성을 달성하는 데 실패한 것이었다면 그것이 그렇게까지는 나쁘지 않았을 것이다. 그러나 많은 국가에서의 IMF의 실패는 개발 의제를 후퇴시켰다"[27]라고 주장하고 있다.

환경
- 지구온난화는 주로 개발국에 의해 야기된 것으로 가뭄과 홍수와 같은 극단적인 재해의 잦은 발생과 심화는 개발국에 책임이 있다. 지구온난화는 특별히 개도국과 생계가 어려운 사람들에게 심각한 영향을 미친다.
- 북반구 소비자의 욕구는 개도국의 재생 불가능한 자연 자원(석유, 광물, 목재, 어족 등)을 급속히 고갈시키고, 개도국의 환경오염을 야기하며 전통적 삶을 손

상시킨다.

- 북반구 기업들은 그들의 정부와 결탁해 효과적인 환경 규제를 위한 개도국의 열악한 역량까지도 광범위하게 착취한다.

로너건Stephen Lonergan은 "문제를 야기하지 않은 나라들이 그 문제들로 인해 가장 큰 고통을 받게 될 것이라는 인식이 있기 전까지는 많은 나라의 전망이 …… 엄혹하기만 하다"[28]고 분명하게 말했다.

여기서 주장하는 바는 세계경제로의 편입이 모두 부정적이라는 것이 아니다. 개도국 경제에 손상을 입히는 세계경제의 특성들을 정책과 규제 개혁을 통해 다소 덜 유해한 것으로 바꿀 수 있다는 것이다. 그럴 수 있는 힘을 가진 개발국 정부는 이에 대해서 많은 책임감을 가져야 한다. 스티글리츠가 그의 최근 저서에서 결론 내리고 있는 바와 같이 1990년대 국제경제 관계는 "폭력적으로, 위기 가운데 부적절한 조건을 강요하고, 약자를 위협하고, 불공정한 무역협정을 강요하고, 위선적 무역정책을 추구하는 가운데 형성되었다. 이 모두는 1990년대 미국이 확립한 패권주의의 유산이다. 그러나 다음 행정부에서 상황은 더욱더 나빠진 것으로 보인다."[29]

국가의 우선순위와 국제적 의무

개발국 정부가 주창하고 유지해 온 국제적 제도는 개도국의 개발권을 심각하게 침해했다. 즉, 개발국 정부는 타자에 대한 손해나 손상을 끼치지 말아야 할 기본적 의무를 어긴 것이다. 이는 포게가 주장한 바와 같이, "국제적 협상에서 우리의 대표가 가난한 사람들에 대한 이해를 자신의 임무로 생각하지 않았기 때문이다. 그들은 오로지 자국의 국민과 기업의 이익을 위해서 협정을 만들기 위해서만 최선을 다했다.”[30] 많은 사람들은 그들이 그렇게 할 권리가 있다고 주장할 수 있을 것이다. 그들은 공통의 시민권을 비롯한 다른 많은 특수성을 자국민들과 공유하고 있고, 상호 인정과 상호 책임의 결속력으로 연결되어 있다고 주장할 수 있을 것이다. 그래서 그들과 그들을 대표하는 정부는 특별한 관계가 없는 다른 나라의 국민들보다 자국민의 필요와 이해 충족에 우선순위를 두어야 하며, 이를 권리라고 주장할 수도 있을 것이다.

이런 관점은 일명 세계시민주의cosmopolitanism와 공동체주의communitarianism 사이에 활발한 철학적 논쟁을 불러일으켰다. 세계시민주의는 ‘모든 사람은 타자에 대해서’ 그들이 어디에서 살든 정의의 원칙을 고려할 것을 요구한다고 주장하고, 공동체주의는 정의의 원칙은 상호 인정의 강력한 결속이 존재하고 상호작용적인 의무를 인정하고 있는 경계 지워진 정치 공동체 내에서만 적용될 수 있다고 주장한다.[31] 두 가지 주장 모두 궁극적으로는 타당한 것이 아니다. 우리는 자국민에게 지고 있는 특별한 책임을 무시하거나 없앨 수 없다. 그러나 동시에 점점 더 상호 의존성이 강해지고 있는 세계에서 자국민에게만 도덕적 관심과 의무를 한정시킬 수도 없다. 새뮤얼 셰플러Samuel Scheffler가 주장한 바와 같이, 우리는 “특수 의무와 지구적 정의라는 두 개의 관념과 대면하고 있다. 이 둘은 분명히 서로 긴장 관계를 형성하고 있다. …… 그러나 두 가지 모두 많은 사람들의 도덕적 사고에 내재된 핵심 가치에 각각 뿌리를 두고 있다.”[32] 그러나 셰플러는 두 관념 간의 긴장 관계를 어떻게 화해시킬 것인가 또는 두 관념이 서로 충돌할 때 어느 쪽에 우선권을 부여해야 할지에 대해서는 고려하지 않았다. 이 질문은 인권 이론에 대한 질문들 가운데 핵심적인 것이며, 인권 이론은 이에 대해 설득력 있는 대답을 제시할 의무가 있다.

우리가 찾고자 하는 것은 명확한 원칙이다. 만일 두 관점을 모두 인정해야 한다면, 언제, 어떤 상황에서, 개발국에 사는 사람들과 그 정부가 자국민에 대한 특별한 책임보다 국제적 의무에 우선권을 부여하는 것이 정당화되는지를 결정할 수 있는 원칙을 찾아야 한다. 여기에 아래 두 가지 생각이 도움이 될 것이다.

하나는 최근 피터 싱어Peter Singer가 자신의 논문에서 주장한 것으로, 그는 이전 논문에서와 마찬가지로 한계효용의 원칙에서 출발하고 있지만 지금까지 보여 준 일상 세계ordinary mortals의 도덕적 한계에 대한 과격한 주장을 누그러뜨려 온 건한 입장을 보여 주고 있다. 그는 개도국과 개발국의 삶의 기준이 크게 다르고, 부유한 사람들에게는 중요치 않은 잉여분에 속하는, 상대적으로 적은 자원이 가난한 사람들의 삶을 변형시킬 수 있기 때문에, 개발국에서 개도국으로의 자원 이전이 정당화되어야 하며 이는 사실 도덕적으로도 요구되는 것이라고 주장한다. 이와 같은 자원의 이전은 가족이나 친구 등 관계를 맺고 있는 사람들에 대한 특별한 의무의 충족을 방해하거나 그들의 기본적 이익을 크게 손상시키지 않을 것이다. 이를 일반화하면 자원의 이전은 모든 사람의 최소한의 수요, 즉 "충분한 식량, 깨끗한 물, 비바람을 피할 수 있는 거처, 기초 보건"을 충족시킬 수 있을 정도로 이루어져야 한다.[33]

이런 주장은 원조에 대한 적극적 의무를 아예 인정하지 않는 사람들을 제외하고는 원칙적으로 누구에게나 분명한 설득력을 가진다. 이에 따르면 자원 이전의 성격은 삶의 필요조건과 특수 의무가 이미 충족된 사람들의 한계 가처분 소득marginal disposable income으로부터 구체화할 수 있고, 자원 이전의 한계점은 곧 모든 사람의 가장 기본적 인권이 충족되는 지점으로 나타낼 수 있다. 이는 국제 정의의 최대한이 아니라 최소한적 개념을 대변한다. 싱어는 자국민에 대한 특별한 의무를 지지하던 기존의 주장에서 한걸음 물러서서 국가들 간의 자원 이전이 국내에서의 이전보다 우선적으로 이루어져야 한다고 주장했다.[34] 그는 자국민에 대한 특별한 의무와 국제 정의가 서로 경쟁 관계에 있다는 사실을 입증하지 않고, 대신 둘 다 다수의 부유한 사람들의 한계 지출marginal expenditure과 경쟁한다고 주장했다. 사실 개발원조에 대한 유엔의 목표에 근접하고 있는 국가들 대부분이 국내적으로 재분배 정책을 실행하고 있음이 입증되었다. 달리 말하면 국가 정의와 국제 정의의 원칙들이 실제로 충돌하는 것이 아니라 서로 상승작용을 한다는 것이다.[35]

싱어는 특히 원조를 가장 필요로 하는 사람들에 대한 개인과 정부의 적극적 의무를 구체화하는 데 관심을 두었다. 그러나 그는 경제 질서가 개별 사회의 경제개발에 가한 피해에 초점을 둠으로써 개발권의 일면만을 본 듯하다. 여기서 소개할 두 번째 생각은 국제 정의와 자국민에 대한 특수 의무가 각각 주장하는 문제점을 해결하는 데 특히 중요한 의미를 가진다. 이는 포게가 제시한 것으로 최근 저서인 『세계 빈곤과 인권』*World Poverty and Human Rights*의 5장에서 '민족주의의 범위'를 논하면서 정한 의무의 서열에 따르면, "타자에게 나쁜 짓을 하지 말아야 한다는 소극적 불간섭의 의무"가 가장 높은 서열에 있다. 원조의 의무 또는 보호의 의무와 같은 의무에 대해서는 "외국인에게 원조를 제공하는 것보다 동포들이 필요로 하는 것에 주의를 기울이는 것이 도덕적으로 더욱 중요하다"고 주장하고 있다. 그러나 소극적 의무의 논법으로 본다면, 동포와 외국인의 구별 혹은 특별한 관계자와 제삼자 간의 구별은 자의적인 것이며, 제삼자에게 피해를 입히지 않도록 하는 것이 원조의 의무나 보호의 의무, 심지어 특별한 관계에 있는 사람들을 돕고 보호할 의무까지도 능가한다.[36]

이런 원칙이 개발권의 침해와 어떤 관련성은 갖는지 분명하게 밝혀 둘 필요가 있다. 포게는 이런 원칙의 문제점에 대해서 전혀 언급하지 않았지만, 거기에는 두 가지 문제점이 있다. 먼저 그 효과에 대한 고전적 개념의 문제이다. 분명한 책임과 역량을 갖고 있는데도 보호하지 않는다는 것은 피해를 입히는 것과 마찬가지이다. 그러므로 포게가 동포와 외국인을 구분한 점을 세심하게 검증해 보면, 더 이상 그의 주장은 인정받기 어렵다. 좀 더 실질적으로 제기될 문제는, 만약 개발국 정부가 개도국에 특별히 피해를 입히는 것으로 언급되었던 대부분의 정책을 전환한다면 이는 자국민과 그들의 진행 중인 사업에 어느 정도 피해를 입히게 될 것이라는 점이다. 그러므로 현재의 정책을 유지 또는 전환할 때, 국민과 비국민에게 각각 미치는 상대적 피해를 어떻게 평가하는가가 서로 다른 종류의 의무를 구별하는 것보다 중요하다.

따라서 정책 전환의 결과 서구의 국민들이 입게 되는 피해는 그 정책을 유지함으로써 개도국이 당하게 되는 피해보다 그 규모와 정도가 훨씬 작다고 결론 내릴 수 있다. 그와 같은 정책 전환은 자국민의 피해를 충분히 감당해 낼 수 있는 정부에 의해 시행될 것이다. 그러나 자국민의 피해를 감당해 낼 만한 여유가 없는 정부는 외부에 피해를 끼치는 현재와 같은 자국민에 대한 보조금이나 보호주의 정책 대신 전환 보조금transitional assistance과 같은 형태의 정부 지원책을 마련할 것이다. 여기서 싱어의 한계효용 원칙의 다른 면을 보게 된다. 나는 그것을 '피해에 대한 상대적 내구성'relative substantiality of harms의 원칙이라고 표현하고자 한다. 개발권의 개념은 이 원칙에 힘을 보태는 방향으로 작용할 수 있다. 즉, 발생한 피해가 개도국의 경제개발에는 분명히 손해를 입히지만, 개발국의 정책 전환으로 초래될 피해에 대해서는 같은 방식으로 말할 수 없다.

이와 같이 국제 정의에 대한 주장이 어디에서 자국민에 대한 특별한 책임을 초월해야 하는지, 국제적 의무가 국내적 의무를 ─ 그것이 국민의 의무이든 정부의 의무이든 ─ 언제 능가해야 하는지를 결정할 수 있는 확고한 원칙이 두 가지 있다. 그중 하나는 한계효용의 원칙인데, 이는 기본적 인권을 충족시키기 위해 원조를 제공해야 한다는 적극적 의무를 뒷받침한다. 여기서 재원은 부유한 국가 혹은 국민의 재량에 의한 지출discretionary expenditure로부터 나온다. 다른 하나는 내가 '피해에 대한 상대적 내구성'이라고 부른 원칙인데, 이는 개도국의 경제개발에 피해를 가하는 국제 정책의 폐기를 우선적 의무로 요구한다. 즉, 그런 국제 정책을 없앰으로써 개발국 국민에게 발생할 수 있는 피해보다는 그런 정책을 유지함으로써 개도국 국민에게 발생하는 피해를 우선시하는 것이다. 이 원칙에 근거해서 개발권은 인권 의제 내에서 특수성과 규범력을 갖는다.

주요 정부가 이런 원칙들을 인정하지 않거나 이런 원칙에 따라 행동하지 않는다고 해서 그 원칙들이 유효하지 않다거나 비현실적이라고 말할 수는 없다. 그러나 국제경제질서의 변화와 좀 더 많은 인권 보장을 위한 캠페인은 그 근거를 명확히 해야 하며, 깊숙이 자리 잡은 반대 세력에 대해서 대응할 수 있어야 한다. 가장 보편적인 반대 논리는 정부가 자국민의 이익에 우선순위를 두어야 한다는 것이다. 공개적으로 인권을 반대할 수 있는 사람은 거의 없다. 그러나 인권을 실제로 실현시키기 위해 반드시 필요한 의무에 대해서는 많은 사람들이 도전해 올 것이다. 그런 도전에 효과적으로 대응하려면 의무의 정당성에 관한 논리를 우선 분명히 세워야 할 것이다.

동시에 왜 정부와 국민들이 이런 의무의 이점에 비중을 두지 않는지를 이해해야 한다. 거기에는 일반적으로 두 가지 이유가 있다. 먼저 개발국의 보통 시민들이 갖고 있는 도덕적 한계를 지적할 수 있다. 흔히 우리의 도덕성은 세계가 변화하는 것보다 느리게 변화하고 있으며, 세계화의 속도는 국가 중심적 도덕관이 지구촌 사회의 확장된 상호 의존성에 적응할 수 있는 역량을 추월하고 있다.[37] 보다 좁은 관점에서 보면 신자유주의 경제학의 유해 효과를 알 수 있는데, 신자유주의 경제학은 공공 생활 전반에 걸쳐 이기주의를 극대화하려는 태도를 정당화한다. 그 결과 가운데 하나가 과세 증가에 대한 명백한 반대인데, 이는 그만큼의 개발원조 예산의 축소를 불러온다. 최근 영국과 같이 정부의 개발원조 예산이 증액된 나라들을 보면 그 정부가 마치 '도둑질'을 하듯이 예산 증액을 처리하고 있음을 알 수 있다. 그러나 국제적 비정부기구에 대한 지원 수준을 보면 일반 대중의 태도가 실제로 더욱 복잡하다는 것을 알 수 있다. 이는 또한 공적 원조 예산에 관한 공개적이고 진지한 대중적 논의가 증액에 도움이 된다는 점을 보여 준다. 싱어가 인용한 여론조사에 의하면, 대부분의 미국 시민은 공적 원조로 지출된 연방 예산의 비율이 실재보다 10~20배 높다고 생각하며, 공적 원조 예산이 현실에 맞게 증액되어야 한다고 생각하지 않고 오히려 축소되어야 한다고 생각한다. 그러나 축소비율에 대해서는 실제로 사용된 것의 다섯 배 이상이 적합하다고 한다. 이를 모두 합해도 2003년 이후 매년 증가한 국방 예산과 비교하면 극히 작은 일부분에 불과하다.[38]

이제 논의는 국제경제체제로 인한 개도국의 피해를 종식시키지 못한 서구 국가의 실패로 자연스럽게 옮겨 가고 있다. 서구 정부가 자신의 재선 비용을 지원하고 있는 제조업과 금융업의 이익에 사로잡혀 있으며, 정부 정책을 형성하는 데 있어서도 그 후원자들에게 우선순위와 특혜를 부여하고 있다는 것은 놀라운 사실이 아니다. 이런 관계는 부시 행정부에서 가장 극단적으로 나타났으며, 모든 개발국에서 정도의 차이는 있지만 그런 관계가 나타나고 있다는 점은 명백하다. 이는 정부가 국제적 의무를 다하지 못하는 것이 국내의 민주적 절차의 왜곡과 밀접하게 연관되어 있음을 보여 준다.[39]

현재의 도덕과 정치 간의 불균형한 권력관계에 바람직한 변화가 일어날 전망은 아직 아득해 보이지만, 그렇다고 희망이 아예 없는 것은 아니다. 최근 몇 년 동안 진보적 국제 여론이 점점 목소리를 높이고 있다. 개발국과 개도국 양쪽의 진보 세력이 국제경제질서의 변화를 요구하는 캠페인에서 힘을 합해 그 요구 사항을 어느 정도 관철시키고 있다. 최근 멕시코 칸쿤에서 중국, 브라질, 인도를 중심으로 새롭게 등장한 개도국 블록은 예전 산업 지대에서 노동조합주의가 등장한 것만큼이나 중요한 전환점이 될 수 있다. '개발권'이 그 초점을 분명하게 한다면, 이런 움직임과 관련된 여러 가지 의제에 대해서 통합된 기준을 제공할 수 있을 뿐만 아니라, 단순한 반세계화 슬로건보다 훨씬 더 중요한 지렛대 역할을 수행할 수 있을 것이다.

정부의 개발권 침해

지금까지는 국제경제체제가 경제개발에 야기한 피해에 초점을 맞추어 보았다. 그러나 앞에서 규명한 바와 같이 개발권 침해의 또 다른 원천은 당사국 정부의 정책과 제도에 있다. 학자에 따라서는 빈약한 경제개발에 대한 책임을 당사국 정부의 부패와 결함으로 돌리는 것이 편리하다고 주장하기도 한다. 이런 주장은 나머지 국가들의 책임을 소홀히 여기게 한다. 물론 당사국 정부가 경제적 저개발에 책임을 져야 한다는 데는 이견이 있을 수 없다. 특히 인권침해의 주범인권위주의 정권은 경제개발에서도 가장 해로운 존재이다. 바로 이와 같은 점이 경제개발과 민주화가 서로 만나는 지점이다. 이 책의 다른 필자들은 양자의 관계에 대해서 감동적으로 기술하고 있는데,[40] 나도 여기에 몇 가지 의견을 더하고자 한다.

먼저 선거 민주주의 그 자체로는 부패의 규모를 축소시키거나 민주적 절차에 대한 '엘리트 독점'을 막기에 불충분하다. 오히려 선거 캠페인의 비용은 부패와 엘리트 독점을 공고히 하는 데 사용될 수 있다. '개발권'이 함의하고 있는 경제개발은 거의 예외 없이 강력한 공공 책무 제도를 필요로 하며, 동시에 적어도 적당한 재분배와 사회적 세력화에 대한 정당의 공약이 있어야 가능하다.[41]

둘째, 개도국에서 권위주의 정권이 등장하는 것에 대해 서구 정부들은 일정 부분 책임을 져야 한다. 과거에 서구 정부들은 개도국에서 권위주의 정권이 수립되도록 적극적으로 부추기고 공모해 왔다. 현재도 서구 정부들은 개도국의 권위주의 정권이 국가 자원을 약탈하고 자국민들에게 수 세대에 걸쳐 장기적인 채무를 남겨 주도록 하는 국제 관계를 유지시키고 있다. 이런 측면에서 개발권 선언 제1조에서 천명하고 있는 "모든 자연 자원과 부에 대한 완전한 통제권"에 대한 국민의 권리는 양날의 칼과 같은 것이 되어 버렸다. 선언의 제1조는 원래 신식민주의적 자원 약탈로부터 개도국을 보호할 의도로 채택되었다. 그러나 이는 당사국의 지배 엘리트가 자원 생산을 사유화할 가능성을 간과했다. 실제로 자연 자원, 특히 광물자원의 사유화가 지배 엘리트의 토지사용권 분배 절차에 대한 재량권을 극대화시킴으로써 경제개발의 전망을 어둡게 하고 있으며, 사유화된 자원이 "쿠데타, 내전, 압제, 부패"의 자양분이 되고 있다는 사실은 점점 더 분명해지고 있다.[42]

그래서 개발권에 포함된 권리는 정부보다는 국민에게 속한 것이라는 주장이 중요한 의미를 갖는다. 개발권은 다른 인권과 마찬가지로 국민의 편에서 해당 정부에 대해 주장되어야 하는데,[43] 그런 주장을 뒷받침해 줄 수 있는 환경은 이미 조성되어 있다는 점을 강조할 필요가 있다. 국민의 권리 보호를 위한 외부의 지원과 개입이 언제 필요하며, 그와 같은 개입이 어떤 형태로 이루어져야 하는가가 오늘날 국제정치의 가장 긴급한 이슈이며, 동시에 국제사회에 분열을 일으키고 있는 쟁점이다. 분열의 원인은 우리가 두 개의 서로 다른 세계에서 각각 서로 다른 도덕관을 가지고 동시에 살고 있기 때문이다. 한편에는 국민성, 자결권, 자국민 우선주의로 무장한 주권국가의 세계가 버티고 있고, 다른 한편에서는 인권, 초국적 정의, 보편적 평등을 주장하고 있는 초국적 질서가 등장하고 있다. 개발권 선언은 이 두 가지 세계를 모두 반영하고 있다. 그래서 개발권 선언은 주권, 자결권, 자원에 대한 국가의 권리와 외국의 개입으로부터 자유로울 권리를 강조하는 동시에, 국경을 초월한 책임과 의무를 강조하고 국가주권을 제약해야만 작동이 가능한 제도를 필요로 한다. 어떻게 이 두 세계 간의 긴장을 완화시키고 도덕관의 차이를 절충해 낼 것인가가 일관성 있는 개발권과 거기에 상응하는 의무를 확립하는 비결이다.

결론

인권을 실현 가능하고 효과적인 것으로 만들기 위해서는 적합한 실행 기관은 누구이며, 권리를 보호할 의무가 누구에게 있는지, 권리침해에 해당하는 행위가 무엇인지를 규명하고, 그 의무의 범위를 결정할 수 있어야 한다. 이와 같은 규명과 구체화를 개발권에 적용하기 위해서는 "경제개발에의 '민족' 또는 '국민'의 권리"에 대한 개념적 범주를 좁혀야 한다. 정부가 국내적 차원이나 국제적 차원에서 체계적으로 어느 나라의 경제개발에 피해를 가져올 수 있고, 눈에 띄게 불평등한 형태의 개발을 촉진시키는 정책이나 제도적 협정을 창시하거나 지지할 경우, 개발권의 침해와 위반이 발생했다고 말할 수 있다. 이런 방식으로 행동하지 않을 의무는 타자에게 손해나 손상을 야기하면 안 된다는 보편적 신념과 연결되어 있다. 이 글에서는 현재의 국제적 경제협정이 개도국의 경제개발에 야기한 피해에 대해 다루었다. 그리고 언제 정부가 자국민의 이익보다 국제적 의무에 우선권을 부여해야 하는지, 양자가 어디에서 충돌하는지도 밝혔다. 나아가 자국의 경제개발에 피해를 가하는 정권과 그런 정권을 어떻게 다룰 것인가의 맥락에서 국제적 도덕관과 국가적 도덕관 간의 긴장에 대해 탐색했다. 결론적으로 개발권은 그 정의를 좁히고 초점을 분명히 한다면, 그리고 보편주의적 요구와 국가주의적 요구 간의 긴장을 효과적으로 해결한다면, 국제기구와 그 정책을 개혁하기 위한 캠페인의 기준으로 작용할 수 있다.

데이비드 비담

DAVID BEETHAM

사회이론가로 사회권과 경제권의 역할에 대한 연구를 포함해 민주주의와 인권 분야에 크게 공헌했다. 1980년 리즈 대학에서 랄프 밀리반드에 이어 정치학 교수직을 역임했으며, 막스 베버에 대한 권위자로 1974년 *Max Weber and the Theory of Modern Politics*를 출판했다. 이어 미헬스의 저작들에 초점을 맞춘 엘리트 이론에 대한 연구로 국제적 명성을 획득했다. 이후 마르크스주의 이론과 파시즘 분석에도 크게 공헌했으며 그 성과물로 *The Legitimation of Power*를 출판했다. 그는 또한 정치적으로도 왕성한 활동을 펼쳤는데, 에섹스 대학 인권센터에 기반한 시민단체인 '민주적 감사'Democratic Audit의 창시자로서 현재 부소장을 겸하고 있으며, 민주주의와 인권에 관한 전문 컨설턴트로서 유럽 의회, 유네스코 등 여러 국제기구 및 개발 기관에 자문을 제공해 왔다. 최근 저서로는 *Democracy and Human Rights*(Polity Press, 1999), *Democracy : a Beginner's Guide*(Oneworld Publications, 2005), *Parliament and Democracy in the Twenty-frist Century* (Inter-Parliamentary Union, 2006), *Human Rights : a Beginner's Guide*(Oneworld Publications, 2007)가 있다.

6장
지구적 정의와 국제 인권 의무

마고트 살로몬
Margot E. Salomon

오늘날 광범위한 경제·사회·문화적 권리의 결핍은 전 세계 인구의 절반에게 구조적으로 불이익을 주고 있는 지구적 체계가 작동한 결과이다.[1] 인권의 보호와 촉진을 목적으로 하고 있는 국제법 분야에서는 최소한의 기본적 인권조차 보장하지 못한 국제사회의 커다란 실패에 대응하기 위해 새로운 경향이 나타나고 있다. 이 경향은 책임에 관한 그동안의 결의들을 재검토할 것을 요구하고 있다. 이 글의 전반부에서는 규범적 인권 프레임워크가 오늘날 지구적 정의의 구조적 결정 요소로 적용되고 있다는 점을 유엔 개발권 선언과 여러 유엔 인권 조약 기구[2]의 권위 있는 해석에 근거해 집중적으로 조명하고자 한다. 인권 프레임워크의 진화는 세계적 빈곤의 양상을 분석하는 데에서 분명하게 드러나고 있다. 이 글의 후반부는 집단적 국가 행위에 대해 경제·사회적 권리 위반의 책임을 부과하는 것에 대해서 다뤄 볼 것이다. 마지막으로 결론 부분에서는 다음과 같이 제안하고자 한다. 첫째, 타자의 희생을 대가로 자신의 이익을 추구하는 불균등한 지구적 질서의 설계는 피해의 원인이 가해자에게 있다는 (가해자와 피해자 간의) 인과관계가 충족되므로 법적 책임을 지울 수 있다. 두 번째 주장은 공동 행동을 취하고 있는 강대국들의 책임에 관한 것으로, 그들이 자신의 결정이 가져올 유해한 영향에 대해 예측할 수 있었는지, 그와 같은 효과를 막을 수 있었는지의 여부에 따라 그 책임 범위를 확정할 수 있다는 것이다. 셋째는 스스로 빈곤에서 벗어날 수 있는 국가들의 능력을 통제하는 다자간 경제기구의 역량에 따라 국제협력에 대한 인권 의무의 범위가 결정된다는 것이다. 마지막으로 국제사회의 일차적 의무는 인간에게 닥칠지 모르는 인권적 대재앙을 구제하는 것인데, 이는 적극적 의무뿐만 아니라 소극적 의무도 실행할 것을 요구한다는 것이다. 결국 이 글은 경제적으로 상호 의존적인 지구적 질서 속에서 국가에 부과된 의무의 범주가 어디까지인지를 국제인권법의 틀 속에서 밝혀내는 것을 목적으로 한다. 국제법에서 지구적 정의의 추구란 가난한 국가와 국민에게도 공정하게 작동하는 지구적 제도를 확립하고 그 안에서 법적 의무가 무엇인지를 밝혀내는 것이다.

지구적 차원의 구조적 장애와 국제인권법

오늘날 국제인권법은 "국제적 목표, 즉 부유한 국가들이 지키지 않고 있는 약속"[3]에 대한 지구적 정의를 모색하는 것이라 말할 수 있다. 국제사회는 지난 10여 년 동안 몇 가지 대표적인 국제회의를 통해서 결핍이 없는 세계를 만들고, 인권 규범이 전제하고 있는 인간 존엄성과 평등의 원칙을 지키고, 지구적 차원에서 기본적 사회정의와 공정성의 원칙을 존중함으로써 지구적 정의를 성취하겠다는 공약을 반복해서 표명해 왔다. 이는 집단적 책임에 대한 공약이었다.[4] 오늘날의 상호 의존적 경제체제에 대한 광범위한 인식을 바탕으로 국가 차원의 개발은 그 안에서 인권이 실현되도록 하는 국제적 환경을 필요로 한다는 합의가 지구적 차원에서 이루어졌다.[5] 개발을 위한 지구적 파트너십을 요청하고 있는 새천년개발목표 8번[6]과 관련된 세부적 목표와 지표를 살펴보면, 공평하고 공정하며 반차별적이고 예측 가능한 다자간 무역 및 금융 체계의 확립을 그 목적에 포함하고 있음을 알 수 있다.[7] 그리고 무거운 부채를 지고 있는 가난한 국가에 대한 부채 탕감을 확대하고 개도국의 외채를 소멸시켜 줄 것을 요구하고 있다.[8] 또한 몬테레이 합의문에 반영된 바 있고 다시 2002년에 지속 가능한 개발에 관한 세계정상회의에서 채택한 이행 계획과 선언에서 재차 확인한 바 있는, 국내총생산의 0.7퍼센트를 해외 원조로 제공하기로 한 공약을 지킬 것을 공여국에게 요구하고 있다.[9] 유엔의 회원국들은 "현재 10억 명 이상에 달하는 우리의 동료인 남성, 여성, 어린이를 비참하고 비인간적인 극심한 빈곤 상태로부터 해방시키고 개발권을 모두에게 현실화하고 모든 인간을 결핍으로부터 자유롭게 한다"[10]에 동의했다. 그러나 이와 같은 지구적 합의에도 불구하고 국제사회는 ─ 물론 점진적인 개선이 이루어지고는 있지만[11] ─ 그런 핵심적 공약을 실현하기 위한 신속한 움직임을 취하지 않고 있다.[12]

세계적 빈곤은 오늘날 국제 인권 규범이 위반되고 있음을 보여 주는 것이다. 국제인권법 체제는 빈곤의 구제에 몰두하고 있다. 오늘날에는 적어도 빈곤 상태를 인권에 대한 거부의 문제로 이해하고, 수입 부족의 측면[13]뿐만 아니라 권력, 선택, 역량의 부족과 같은 질적 결핍의 측면[14]에서 빈곤을 정의하고 있다. 인권의 보호와 촉진을 목적으로 한 국제법은 권리가 그에 상응하는 의무를 수반한다는 논리를 토대로 삼고 있다. 이와 같은 상호 관계는 인권이 일반적인 자유가 가지는 가치 ─ 자유는 이에 상응하는 의무가 없이도 존재할 수 있다 ─ 와 구분되는 지점이다.[15] 대규모 인권침해는 전 세계 인구의 46퍼센트가 세계은행이 말한 하루 2달러 미만의 빈곤선 아래 살고 있고,[16] 그들 대부분이 개도국에 집중적으로 분포해 있다는 사실로 나타나고 있다. 그들의 평균 수입은 지구 총수입의 1.2퍼센트 수준에 불과하다.[17] 즉, 전체 인구 12억 가운데 5분의 1이 하루 1달러 이하의 수입을 가지고 생존하기 위해 몸부림치고 있는 것이다.[18] 그럼에도 불구하고 지구적 질서는 소수의 부유한 국가에 특혜를 제공하고 있으며, 부유한 국가들은 지구적 제도를 지배하고 있다. 그와 같은 지구적 제도는 협력의 혜택을 공평하게 공유해야 한다는 주장을 무력하게 만들고 빈부의 경계를 더욱 견고히 하고 있다.[19] 국제인권법은 이런 지구적 부정의에 어떤 식으로 대응해 왔는가?

현재의 지구적 체제가 부적절하게 다루고 있는 결핍의 문제에 대한 대응책으로 인권의 보장을 주장하게 되면, 두 가지의 매우 분명한 법적 영역이 나타나게 된다. 이 점에 대해선 점점 더 많은 공감대가 형성되고 있다. 하나는 각 국가의 의무 영역이고, 다른 하나는 이 글에서 초점을 두고 있는 국제사회의 집단적 의무 영역이다. 집단적 의무 영역은 지구적으로 정의로운 체계를 보장할 국제사회의 총체적 의무와 관련된 것이다. 국제 개발과 세계 빈곤 퇴치라는 맥락에서 '국제사회'international community라는 용어는 국제경제질서에 영향력을 발휘할 수 있는 국가들의 집단을 지칭하는 좁은 의미의 국제사회를 말한다.[20]

국제 협력의 집단적 의무와 개발권

1986년 유엔총회에서 채택된 개발권 선언[21]은 개도국의 요구에 부응해 등장하게 되었다. 당시 개도국은 만연한 국제경제체제의 불공정성을 줄일 수 있는 국제 협력을 위한 새로운 국제 질서를 요구했다.[22] 개발권 선언은 국제사회의 구조와 행위가 인권의 의무를 국내적으로 발전시키고 충족시킬 수 있는 국가의 능력을 제약한다는 주장을 법적으로 인정해 주었다. 선언은 인권에 기초한 국제 질서에 대한 보편적 권리를 명확히 표현하고 있는 세계인권선언뿐만 아니라, 사회경제적 자원을 둘러싼 국제적 문제를 해결하기 위해 국제적으로 협력하고 인권 존중을 촉진한다는 (유엔헌장[23]에서 정의한) 유엔의 목적에 의존하고 있다. 그래서 개발권 선언은 유엔헌장에 근거해 정의로운 국제 질서를 형성하고 지구적 불공평을 제거하고 인권을 실현하기 위해 협력할 집단적 의무를 구성한다.[24]

개발권 선언의 채택으로 유엔총회는 개발권을 양도할 수 없는 인권으로 인정했다.[25] 개발권 선언은 '개발'이 경제성장 그 이상의 것이며, 성장 그 자체가 목적이 아니라는 인식에 규범적 토대를 제공하고 있다는 측면에서 개념적으로 중요한 의미를 지니고 있다.[26] 최근에 '개발권에 관한 실무 그룹'이 결론 내린 바와 같이, "개발권의 이행은 공평한 성장을 필요로 한다. 개발은 사회정의와 함께 성장을 촉진시키는 경제정책에 바탕을 두어야 한다."[27] 실무 그룹은 "경제성장과 개발에 있어서 인권에 기초한 접근법만이 개발권의 실현에 기여할 수 있다"[28]고 발표했다. 따라서 국가적·국제적 분배 정책뿐만 아니라 성장 전략도 인권을 기준으로 결정되어야 한다.

개발권 선언은 개발을 인권이라고 분명히 정의하고 국민을 권리 소유자, 즉 개발의 능동적 주체로 인정하고 있다. 개발권 선언 제2조 1항은 "인간은 개발의 핵심 주체이며 개발권에 대한 능동적 참여자이면서 동시에 수혜자가 되어야 한다"라고 규정하고 있으며, 국제적 차원에서 협력하고[29] 일국적 차원에서 행동하는 국가를 의무 담지자로 인식[30]하고 있다. 국제적 차원에서 국가는 공평한 환경을 조성하기 위해 협력할 의무를 가진 행위자로 이해된다. 그런 국제적 환경은 인간의 권리 향유를 보장함으로써 그 존엄성과 자유를 증진할 수 있어야 한다.

개도국은 개발권의 의무 담지자인 동시에 권리 청구자로서 이중의 역할을 수행해야 하는데, 이는 지구적 차원에서 개발국의 입장과 비교해 보면 확실히 불리한 입장이다. 그런 불리한 입장 때문에 개발권의 이행을 위한 토대가 위태로워질 수 있다. 개발권 선언을 초안하고 채택하는 과정에서 이루어진 논쟁과 협상의 내용에서 알 수 있듯이, 개발권 옹호자들이 요구한 바는 공평성과 정의에 기초한 국제적 경제사회 질서였다는 점에는 의심의 여지가 없다.[31] 개발권 선언은 개도국에게 전통적 인권 실현의 의무를 완화해 주어야 한다는 일반적 견해를 반영하고 있는 반면,[32] 개발권은 효과적인 권리 이행을 위해 개도국이 국제사회에 도움을 요청하도록 하고 있다. 개발권은 국제사회의 행위 결과로서 국제사회와의 관계 속에서 존재하며 국제사회의 공동의 노력을 통해서만 성취할 수 있다.[33]

상호 의존적 세계에서 권리에 기초한 국가의 경제성장은 대부분 무역, 금융, 자본 이동에 영향력을 발휘할 수 있는 국가들이나 그와 같은 영향력을 가진 다른 행위자들에 의해 좌우되고 있다. 개발권 선언은 국가가 혜택의 공정한 분배를 통한 전체 인구의 삶의 개선을 목적으로 하고 참여를 보장하면서 국가 개발 정책을 수립할 "의무"를 가지고 있음을 승인했다. 동시에 국가가 그런 의무와 똑같이 "권리"[34]를 가진다고도 했다. 여기서 국가의 권리란 국제사회가 국가의 인권 실현 정책의 이행을 제약할 경우에 해당 국가가 국제사회에 대항해 행사할 수 있는 것으로 볼 수 있다.[35] 개발권 선언은 또한 "기회의 평등"을 "국민과 국민을 구성하는 개인들의 특권"[36]이라고 천명하고 있다.

개발권은 유엔이 선언한 바와 같이 빈곤 퇴치와 인권 실현을 촉구할 수 있는 국제적 환경을 조성하기 위해 서로 협력할 것을 조건으로 한다. 공동 책임에 관한 상보성의 원칙principle of complementary에 의하면 자국민을 위한 인권 정책을 수립하고 실행할 수 있는 개도국의 능력은 집단적으로 행동하는 국제사회 구성원 각자의 역할 및 영향력과 무관하지 않다.[37] 개발권은 대개의 경우 국가가 그 국민을 대신해 행사하게 되는 인권이다. 그러나 개발권의 충족이란 최종적으로는 각 개인이 빈곤으로부터 자유로운 삶 — 스스로 선택한 삶, 다시 말해 보다 큰 자유 속의 삶 — 을 살 수 있게 되는 것을 의미한다.[38]

국제 협력의 집단적 의무와 조약 기구

국가들은 사회권 규약[39]이나 아동의 권리에 관한 협약Convention on the Rights of the Child, CRC(아동권 협약)과 같은 인권 조약의 회원국이 됨으로써 인권과 관련된 국제 협력의 의무를 수용했다. 사회권 규약은 다른 모든 국제 인권 조약과 마찬가지로 회원국 정부의 관할권 내에 있는 사람들에게 적용된다. 규약의 제2조 1항에 의하면 각 회원국은 규약이 인정하고 있는 권리를 실현하기 위해 국제적 원조와 협력을 통해 필요한 조치를 취하도록 되어 있다.[40] 아동권 협약에서도 경제·사회·문화적 권리와 관련해 비슷한 요구를 하고 있으며,[41] 특별히 개도국의 국제 협력에 대한 필요성을 분명하게 언급하고 있다.[42] 그러나 사회권 규약과 아동권 협약이 국제 협력의 의무에 근거하고는 있지만 개발권 선언과는 달리 개인에 대한 권리침해에 초점이 맞춰져 있기 때문에 지구적 차원의 구조적 불이익의 구제와 같은 목적은 가지고 있지 않다.

그럼에도 불구하고 사회권 규약은 국제 질서의 구조적 결함을 강조하고 있으며 국가들이 그 문제를 어떻게 다루어야 하는지에 대해 검토하기 시작했다. 사회권 위원회는 국제 원조와 협력의 의무를 지구적 차원의 제도적 질서의 작위 또는 부작위에 의한 인권침해에 비추어 해석하기 시작했다. 아동의 권리에 관한 위원회Committee on the Rights of the Chid, CRC(아동권 위원회)의 업무에서도 유사한 경향이 나타나고 있다. 2003년 아동권 위원회는 "아동권 협약은 전 세계 국가들의 협력적 실천을 통해 이행된다"[43]라는 입장을 표명했다. 여기서 "전 세계 국가들"이라고 언급한 점은 미국과 소말리아를 제외한 모든 국가가 아동권 협약을 비준했기 때문에 이 조약에 대한 전 지구적 차원의 집단적 의무를 요구하는 매우 중요한 함의를 지니고 있다.

사회권 위원회는 회원국의 의무에 관한 일반 논평에서 유엔헌장 제55조와 제56조[44]를 인용하면서 "개발과 경제·사회·문화적 권리의 실현을 위한 국제 협력은 모든 국가의 의무이다"라고 확인하고, "특히 개발권 선언의 중요성"[45]을 강조했다. 아동권 위원회 역시 유엔헌장 제55조와 56조에 준해 유엔 회원국들이 서약한 국제 협력의 의무를 아동권 협약[46]의 이행 수단으로 주목하고 있다. 사회권 위원회는 "최대한의 가용 자원"을 이용해 필요한 조치를 취할 국가의 의무를 규명하는 과정에서 회원국이 가진 자원은 국내에 존재하는 자원뿐만 아니라 국제사회로부터 가용할 수 있는 자원까지 포함해야 한다고 했다.[47] 아동권 위원회는 2003년에 최대한의 가용 자원을 이용해 아동권 협약 내의 경제·사회·문화적 권리를 이행했음을 증명하기 위해서는 아동의 권리 실현을 위한 — 특히 가장 불리한 집단에 주의를 기울이면서 — 모든 가능한 조치를 취하기 위해, 필요한 경우 국제 협력을 추구했음을 입증해야 한다고 했다.[48] 이와 같이 다자간 인권 조약하에서 국가가 국제적 원조와 협력을 추구해야 한다는 의무는 상대적으로 원조를 제공할 만한 입장에 있는 국가들에게는 국제적 협력과 원조의 요청에 부응해야 할 의무가 있다는 점을 함의하고 있다.[49] 즉, 국제적 협력과 원조의 요청을 충분히 검토하고 방법을 심의하고 거기에 부응해야 할 의무가 그들에게 있다는 것이다.

사회권 위원회는 규약의 의무를 정교하게 규정하는 과정에서 규약의 제2조 1항의 범위를 확장한 것으로 보인다.[50] 첫째, 위원회의 임무가 규약의 권리에 관한 심의에 한정되어 있음에도 불구하고 '개발'을 위한 국제 협력을 의무로 언급하고 있다. 위원회는 개발을 경제·사회·문화적 권리에 구체적으로 연관시키면서 개발권 선언에서 설정하고 있는 바와 같이 규약의 권리를 실현하기 위해 보다 폭넓은 접근법이 필요하다는 점을 인정하고 있음을 보여 주었다. 그런 관점으로 위원회는 유엔헌장에 준거해 개발을 위한 국제 협력은 모든 국가에 부과된 의무라고 논평했다.[51] 이와 같이 위원회는 국제 협력의 의무를 회원국에만 부과된 것으로 한정하지 않고 유엔헌장하의 모든 국가에 부과된 것으로 분명하게 밝히고 있다. 이 해석은 이후의 성명들에서 재차 확인되었다. 위원회는 특별히 국제사회의 협력을 전제로 하고 있는 개발권 선언의 중요성을 강조하고 있다.

건강에의 권리에 관한 일반 논평에서 사회권 위원회는 "건강권의 온전한 실현은 전 세계 수백만 명의 인구에게는 아직 먼 목표"이며, "국가의 통제권 밖에 있는 국제적 요소 또는 그와 비슷한 요소에 기인한 강력한 구조적 장애나 그와 유사한 장애가 많은 회원국에서 규약 제12조의 실현을 가로막고 있다"[52]고 했다. 건강권에 관한 국제적 의무를 심의하면서 위원회는 권리를 성취하기 위해서 공동 행동과 동시에 독자적 행동을 취할 것을 요구하고 있는 규약과 유엔헌장 제56조를 인용하면서 "특히 개발국 국민과 개도국 국민 간의 건강 상태가 불평등하다는 사실은 받아들일 수 없는 일이며, 이는 모든 국가가 해결해야 할 공통의 문제이다"[53]라고 했다. 세계은행, 국제통화기금, 지역 개발은행들과 같은 국제금융기구들의 대출 정책과 신용 계약, 그리고 구조조정 프로그램이 건강권에 미치는 영향력[54]에 대한 위원회의 언급에서도 위원회가 사회권 행사에 구조적 장애가 존재한다는 사실을 인지하고 있음을 보여 준다.[55] 위원회는 식량에의 권리[56]와 물에의 권리[57]에 대해서도 비슷한 해석을 제공했다. 아동권 위원회 또한 국제금융기구들과 세계무역기구가 아동권 협약의 완전한 이행을 일차적 목적으로 한 국제 협력과 경제개발을 추구할 필요가 있다고 지적했다.[58]

1998년 사회권 실현이라는 맥락에서 세계화 문제를 논의한 적이 있는데, 사회권 위원회는 "정부뿐만이 아니라 국제기구들도 무겁고 지속적인 책임을 가지고 있다"[59]라고 강조하면서, 세계은행과 국제통화기금에게 사회권을 분명하게 인정할 것을 요구하고 세계무역기구에게는 무역과 투자 정책이 인권에 미치는 영향을 보다 체계적으로 심의할 수 있는 방법을 고안해 낼 것을 요구했다.[60] 1999년 세계무역기구 장관급 회의에 전달된 위원회의 성명[61]에서는 무역자유화는 인간의 웰빙에 — 인권법적 측면에서 정의된 — 기여할 수 있는 수단이지만 그 자체로서 목적이 될 수는 없다고 했다.[62] 2001년에는 국제기구를 포함해 국가 이외의 행위자들도 "의무를 가지고 있으며 감독을 받아야 한다"[63]라는 관점을 표명하고, 국제법의 의무 담지자에 관한 전통적인 해석과는 달리 "모든 행위자는 국제인권법하에서 부과된 자신의 의무를 소중히 여겨야 한다"고 부언했다. 2002년에는 '새천년개발목표와 사회권에 관한 유엔 인권이사회 특별 보고관'[64]과 공동으로 성명을 발표하고, 빈곤 퇴치와 지속 가능한 인간 개발 전략에 관한 지구적 합의를 반영한 일련의 목적과 목표 및 지표들로 구성된 새천년개발목표[65] 안에 인권을 통합할 것을 요구하고 이것의 부가가치를 강조했다.[66]

지구적 불평등에 대한 사회권 위원회의 우려는 물에의 권리를 다루고 있는 일반 논평의 첫머리에 잘 나타나 있다. 일반 논평은 "위원회는 개도국에서 물에의 권리의 부정이 만연하고 있음을 지속적으로 목격해 왔다. 10억 이상의 인구가 기본적으로 필요한 물을 공급받지 못하고 있으며 수십억 인구가 적절한 위생을 보장받지 못하고 있다. …… 계속되는 수질오염과 고갈 그리고 불평등한 분배는 빈곤을 가속화시키고 있다"[67]고 말하고 있다. 앞서 위원회는 2001년 '빈곤과 사회권 규약에 관한 성명'에서 일반적 인권과 규약의 권리를 보호할 국제사회의 집단적 의무를 다룬 바 있다. 빈곤은 인권을 부정하는 것에 해당하므로[68] 위원회는 인권의 불가분성과 상호 의존성[69]에 비추어 빈곤 퇴치의 문제를 개발권을 포함한 인권 규범의 이행에 관한 문제로 여기고 있다.[70] 또한 빈곤을 지구적 현상[71]으로 언급하면서 국제사회를 의무 담지자로 지목했는데, 이는 규약의 권리를 최소한도로 충족하기 위해 필요한 핵심적 의무가 모든 국가의 국가적 책임뿐만 아니라 "개발국의 국제적 책임을 수반한다"[72]는 위원회의 결의로 실체화되었다. 특히 위원회는 경제·사회·문화적 권리에 관련된 핵심적 의무는 점진적으로 실현할 것이 아니라[73] 오히려 즉각적으로 효과가 발효되는 것으로서, 이는 관습법에 의해 보장된 것이고 따라서 모든 국가와 다른 모든 법인을 구속한다[74]는 관점을 취하고 있다. 아동권 위원회는 빈곤 퇴치를 위해 국제적으로 협력할 새천년선언의 "서약"과 유엔헌장 제55조와 56조하의 "서약"을 연결 짓고 있다. 보편적 적용이 가능한 유엔헌장 제55조와 56조는 동일한 목적을 달성하기 위해 공동으로 행동할 것을 요구하고 있다.[75]

개발국의 국제적 책임은 개도국의 지속 가능한 빈곤 퇴치 전략poverty reduction strategies을 가로막고 있는 구조적 장애에도 적용된다. 사회권 위원회는 지구적 차원의 구조적 장애를 제거하는 것은 국제사회의 집단적 의무와 연관되어 있다고 했다. 이는 개도국의 효과적인 빈곤 감축 전략이 "현재의 국제 질서 속에서는 개도국의 통제권을 벗어난 것"[76]이기 때문이다. 세계인권선언 제28조와 개발권 선언 제3조 3항에 인권 충족을 위한 국제사회의 역할이 분명하게 언급되어 있다.[77] 세계인권선언 제28조는 모든 사람에게 인권이 실현될 수 있는 정의로운 국내와 국제차원에서의 정치·경제·사회적 체제 속에서 살아갈 자격을 부여하고 있고, 개발권 선언 제3조 3항은 "국가는 개발을 보장하고 개발에 대한 장애를 제거함에 있어서 서로 협력할 의무를 가진다"[78]라고 확인하고 있다.

이런 조문에 근거해서 사회권 위원회와 아동권 위원회는 지구적 금융과 무역 구조, 그리고 이 구조 안에서의 결정 사항이 인권의 행사에 미치는 커다란 영향에 대해 새로운 법리적 해석을 제시하고 있다. 이들 위원회는 앞으로 인권에 영향을 미칠 수 있는 국제적 의사 결정에 있어서 인권은 반드시 고려되어야 할 필수 요소가 될 것이라는 기대를 강조하고 있으며, 위원회가 관할하고 있는 인권에 상응하는 의무는 명시적으로든 암시적으로든 집단적 성격을 가진다는 입장을 취하고 있다.

국가가 자국민뿐만 아니라 다른 국가의 국민들의 인권도 보장해야 한다는 의무를 강화하는 데 있어서 주목할 만한 발전이 있었는데, '회원국에게 부과된 일반법적 의무의 성격'에 관한 자유권 규약[79] 제2조에 관한 일반 논평 31번이 그것이다. 자유권 위원회[80]는 2004년에 일반 논평 31번을 발표하고, "자신의 영토 내 그리고 자신의 관할권하의 모든 사람"은 "비록 회원국의 영토 내에 위치하고 있지 않더라도 회원국의 권한 혹은 유효한 통제력 내에 있는 모든 사람"[81]으로 간주해야 한다고 명확하게 해석했다. 위원회는 그 이전의 입장들과 일관되게 회원국의 "관할권"은 국가 또는 그 대리 행위자의 권한 혹은 유효한 통제력이 어디까지 미치는가를 기준으로 결정되며, 여기서 대리 행위란 "자국의 영토 밖에서의 행위"[82]를 포함한다고 밝히고 있다. 그래서 규약의 제2조가 규약의 권리를 보장하고 존중하도록 국가에 부과하고 있는 의무를 "자국 영토 내의 모든 사람과 그 통제권하에 있는 모든 사람"[83]을 위한 것으로 고쳐 쓰고 있다. 위원회에 따르면 권한과 유효한 통제권의 원칙은 "그 권한과 통제력이 주어졌던 상황"[84]과 상관없이 적용되며 침해가 발생한 영토의 정부가 그것을 묵인하거나 거부하더라도 그와 상관없이 적용된다.[85]

위원회는 사회권 규약하의 자국 법률의 역외 적용의 의무를 심의하면서 규약하에서 개별 국가의 의무는 "유효한 통제권하의 모든 영토와 인구"[86]에 적용된다고 결론 내리고, "규약은 회원국이 지리적·기능적·인적 관할권을 유지하고 있는 모든 영역"[87]에 적용된다는 의견을 발표했다. 국제사법재판소International Court of Justice는 회원국이 "자신의 가용 권력을 행사"[88]하는 데 있어서 규약의 조문에 구속받는다는 위원회의 입장을 지지하는 권고 의견을 발표했다.[89] 또한 아동권 협약하에서도 회원국의 사법권은 자국의 국경을 넘어 확장된다는 의견을 같은 권고 의견에 담고 있다. 국제사법재판소는 사회권 규약과 아동권 협약하의 국제 협력의 의무를 언급하지는 않았다. 이는 그것이 재판소의 심의 주제가 아니었기 때문이다. 그러나 재판소의 위라만트리Christopher Weeramantry 판사는 "국가가 사회권 규약하의 건강권을 승인한 것은 …… 단순히 자국민의 권리뿐만 아니라 '모든 사람'의 건강권을 인정한 것이다. 결과적으로 개별 국가는 국제 사회의 모든 구성원의 건강권을 존중할 의무를 가진다"[90]고 발표했다. 사실상 건강권뿐만 아니라 배고픔으로부터 자유로울 모두의 권리,[91] 적절한 삶의 수준을 누릴 모두의 권리[92]와 같이, 규약의 모든 권리는 '모두'에게 속하는 것으로 설계되어 있다.

국제사법재판소는 자유권 규약의 역외 적용은 유효한 통제력을 기준으로 결정된다는 자유권 위원회의 관점과 비슷한 입장을 표명했다. 재판소는 "국가의 관할권은 원래는 영토에 근거하고 있지만 종종 그 영토 밖에서도 행사된다. 이 경우 회원국이 자유권 규약의 목적을 고려해 규약의 내용을 준수해야 한다는 것은 자연스러워 보인다. 이는 자유권 위원회가 일관되게 보여 준 관행과도 일치한다. …… 결론적으로 재판소는 국가가 자신의 영토 밖에서 관할권을 행사하면서 취한 행위에 규약을 적용할 수 있다고 판단한다"[93]라고 강조했다.

이와 같은 해석은 규약이 인정하고 있는 권리의 향유가 회원국 국민에게만 한정된 것이 아니라는[94] 위원회의 입장과 일치한다. 나아가 규약의 제2조 1항에 대한 위원회의 해석을 좀 더 일반화함으로써 난민, 이주자, 무국적자와 같은 분야의 전통적인 주제에 새로운 영역을 추가하는 것이다. 이는 회원국에 의한 규약의 권리를 충족할 의무는 영토 내의 비시민권자뿐만 아니라 타 국적을 가진 사람과 다른 나라에 거주하고 있는 사람에게까지 적용된다는 것을 뜻한다.

종합하자면, 자유권 규약에 근거해 회원국은 다른 나라 사람들에 대한 일정한 의무를 가진다. 즉, 권한과 유효한 통제력의 행사를 기준으로 결정되는 법의 역외 적용 의무가 존재하는 것이다.

이처럼 경제·사회적 권리의 광범위한 결핍은 오늘날의 국가권력의 형태와 그 행사에 관한 새로운 국제법을 필요로 한다. 우리는 새로운 국제법을 만들기 위해서 관할권의 결정 요소로서 권한과 유효한 통제력을 강조하고 있는 자유권 규약하의 법적 의무에 대한 해석을 지지한다. 개발권 선언에서 강조하고 있는 바와 같이[95] 모든 인권은 상호 의존적이며 서로 관련된 것이고,[96] 빈곤이란 시민·정치적 권리와 경제·사회·문화적 권리를 향유할 능력의 부재를 의미한다[97]는 합의가 이미 이루어졌다. 국제적으로 다자간 공여국으로서 행동하고 있는 국가가 국내적 맥락에서 시민·정치적 권리와 관련해서 힘을 행사할 때 수원국recipient country이 자국의 경제·사회·문화적 권리를 보장하기 위한 능력에 간접적 영향을 미칠 수 있다. 그런 예로, 공여국이 요구한 빈곤 감축 전략서Poverty Reduction Strategy Papers, PRSPs[98]를 준비하는 개도국의 의회와 시민사회의 역할을 들 수 있다. 빈곤 감축 전략서는 경제·사회·문화적 권리를 최소한도로 필요한 수준까지 실현하는 데 상당한 영향력을 가진다.[99] 특히 국가 경제가 어려운 시기에 가장 피해를 입기 쉬운 사람들의 권리 실현에 많은 영향력을 행사할 수 있다. 이런 문제가 '영국의 세계은행과 국제통화기금에 관한 국제개발위원회'United Kingdom's International Development Committee on the World Bank and IMF의 입증 회기 동안에 제기되었을 때, 세계은행과 국제통화기금이 수원국 의회를 그들의 절차 안에 포함시키지 않았으며 주어진 기금 또한 효과적인 시민사회의 참여를 위한 역량 형성에 할당하지 않았다는 사실이 입증되었으며,[100] 양자 간 및 다자간 공여국은 자신들이 수원국의 민주적 거버넌스에 부정적 영향을 미쳤음을 스스로 인정했다.[101]

둘째, 권한이나 통제력이 책임의 결정적 요소라는 국제법적 원칙은 개도국이 개발국에게 국제인권법적 의무를 위반하는 방식으로 그들의 권한을 행사해서는 안 된다고 요구할 수 있고, 이와 같은 요구를 기대할 수 있도록 길을 열어 주고 있다. 즉, 개도국은 개발국에게 그들의 공무 행위("공공 행정의 모든 측면과 국제적·지역적·국가적·지방적 차원에서의 정책 수립과 그 이행")[102]에 시민들의 참여를 보장해야 하며, 또한 "시민 대표와의 대화와 논의 또는 스스로를 조직화할 수 있는 시민들의 역량을 통해 그 영향력을 행사"[103]해야 한다고 요구할 수 있게 되었다. 이와 같이 사회권 규약하의 의무와 관련해서 인권을 (개발국의 권한 행사에 대응하는 개도국의) 보호막으로 사용할 필요성이 꾸준히 강조되어 왔다.[104]

인권 조약의 역외 적용이 지구적 빈곤에 대한 의무를 다룰 수 있는 수단으로서 가치가 있는 세 번째 이유는 경제·사회·문화적 권리를 다루고 있는 국제조약하의 국제적 원조와 협력의 범위와 중요성을 규명할 수 있기 때문이다. 지금부터 이점에 대한 논의를 이어갈 것이다.

지구적 정의와 국제적 의무의 재인식

국제 협력의 의무에 수반되는 수많은 매개변수가 아직 분명하게 다 파악되지는 않았지만, 국제인권법이 의무로서의 국제 협력의 범위와 내용을 밝히기 위한 노력에는 주목할 만한 발전이 있었다. 그 가운데 유엔이 개발권의 이행[105]을 추진하며 빈곤 퇴치를 위한 국제법의 역할과 전 세계적 인권 실현에 관심을 집중하게 되었다는 점을 들 수 있다. 사회권 위원회는 규약의 조문들을 지구적 질서의 부정의와 밀접하게 연결시켜 해석하고 있으며, 그 정도는 덜하지만 아동권 위원회 역시 협약을 해석함에 있어서 같은 경향을 보여 주고 있다. 자유권 위원회는 자국의 권한 범위 내에서 지켜야 할 일반적 인권 의무 외에 외부에서 지켜야 할 인권 의무external human rights obligations의 범위에 관한 통찰력을 제공해 줄 역외 적용의 윤곽을 정교하게 다듬어 가고 있다.

새롭게 등장하고 있는 법리와 학설들은 역외 적용의 의무(한 국가의 정책과 활동이 다른 나라의 국민에게 미치는 부정적 효과에 대해 자국의 법률을 적용해 인권침해를 막을 의무)와 보다 넓은 개념의 국제 협력의 의무(국제기구의 회원국으로서의 책임 혹은 총체적인 지구적 질서와 관련한 집단적 역량에 대한 국가들의 책임)를 구분하는 경향이 있다.[106]

상호 의존적 국제경제 시대에 지구적 질서 내에서 이루어진 행위와 결정을 따로따로 분리해서 특정 국가에 그 책임을 묻기란 쉽지 않다. 그러나 빈곤으로 고통받는 사람들과 특정 국가의 [특정한 정책적] 작위[행위] 또는 부작위[의무 불이행] 사이에 직접적인 인과관계가 성립할 때만 책임이 있다고 국한시킬 필요는 없다. 세계적 빈곤은 현존하는 지구적 체계에서 기인한 것으로, 현재의 지구적 체계는 의도적으로 현존하는 광범위한 결핍을 야기하고 거기에 대한 구제를 제공하는 데 실패했다. 이런 실패에 대한 의무에 의미를 부여하는 데 있어서 우리가 직면한 문제는 국제적으로 행동하는 국가들이 원조를 너무 적게 제공하고 있을 뿐만 아니라 행동과 계획을 억제하지 못함으로써 개도국의 발전을 방해하고 세계적 빈곤을 더욱 심화시키고 있다는 것이다. 지구적 체계의 개혁을 통해 위반 행위의 원인을 찾아 이를 교정하는 데 실패함으로써 지금과 같이 광범위한 결핍이 지속되고 있는 것이다.

우리가 직면한 도전은 기본적 인권의 실현을 방해하는 구조적 장애물을 제거하는 데 필요한 '분화되지 않은 국제사회'의 의무를 정의하는 것이다.[107] 이는 국내 또는 역외에서 국가 행위와 같이 피해를 비교적 쉽게 입증할 수 있는 의무 담지자의 책임을 결정하는 것과는 다른 어려운 작업이다. 최근에 북반구 국가들이 세계 곳곳의 빈곤에 대한 상호 책무성을 공공연히 인정하는 추세이지만,[108] 이와 관련해 국제 협력의 의무가 존재한다는 주장을 수용하려는 의지는 보이지 않는다. 그들은 특히 자원 이전에 발목을 잡히는 것은 아닌지, 경제·사회적 권리를 충족시킬 개도국 스스로의 의무가 축소되는 것은 아닌지 두려워하고 있다.[109]

성실성의 의무와 미분화된 국제사회

국가는 인권 존중에 대한 책임의 의무 담지자로서 그 책임을 부과받지만 인권 위반에 대한 책임에 있어서는 인권침해의 가해자라고 전제되어 있지 않으며, 국가나 그 대리 행위자가 위반에 대해 직접적인 책임이 있다고 가정하고 있지 않다.[110] 그러나 인권침해의 가해자를 밝힐 수 없을 때에는 국가에 책임이 있다.[111] 나아가 국제인권법하에서 권리의 향유와 행사를 손상시키는 **효력**을 발생하는 작위나 부작위는 국가책임을 결정함에 있어서 계획이나 의도만큼이나 중요한 결정 요소이다.[112] 여기에서 우리는 국제인권법하의 책임 귀속에 대한 단서를 찾을 수 있다. 예를 들어, 매년 50만 명의 여성이 임신과 출산 과정에서 사망하는데, 그 사망률은 부유한 국가에서보다 사하라사막 이남의 아프리카 국가에서 100배 이상 높은 것으로 나타난다.[113] 매일 3만 명의 어린이가 예방 가능한 질병으로 사망하고 있는데, 그들 대부분이 개도국의 어린이들이다. 50만 명의 여성과 3만 명의 어린이에 대한 국제인권법적 책임은 누구에게 있는가?[114]

성실성의 의무due diligence를 다해 인권침해를 방지하고 이에 대한 적절한 대응책을 마련해야 한다는 적극적 의무를 충족하지 못한 국가의 실패는 그 성실성의 의무를 이행했는지의 여부에 따라 국가에 책임이 귀속되는지를 결정할 수 있으며, 성실성의 의무에 대한 위반 행위가 국가의 대리 행위자에 의한 것인지에 대한 입증 가능 여부에 따라 그 대리 행위자에게 직접적인 책임을 전가할 수 있다는 의견이 광범위하게 수용되고 있다.[115] 세계적 빈곤과 관련해 충분한 성실성의 기준을 국제사회에 적용한다면, 국제사회가 다르게 행동했어야 하는데 그렇지 않았는지, 그래서 현재의 상태에 대해서 전적으로 혹은 부분적으로 책임이 있는지를 질문해야 할 것이다. 즉, 국제사회의 대리 행위자들이 자신의 행위와 결정이 작금의 상태를 야기할 것이라는 점을 예측할 수 있었던 것인지,[116] 그리고 발생한 피해를 큰 비용을 들이지 않고 합리적으로 막을 수 있었던 것인지를 검토해 보아야 할 것이다.[117] 지구적 정책과 그것이 가난한 사람들에게 미치는 영향에 관한 권위 있는 연구가 부족한 것은 아니다. 그런 연구는 빈곤의 문제를 해결하기 위해 충족되어야 할 필요조건이 무엇인지에 관한 보편적 인식을 반영하고 있다. 예를 들어, 무역 보호 조치를 해결하기 위한 수많은 국제적 공약과 요구나 과거 비민주적 정권이 진 중오스런 빚을 포함해 외채를 탕감해 줄 것에 대한 요구 등 지구촌 사회에 넓게 퍼져 있는 인식들을 반영하고 있는 것이다.[118] 개도국에 집중된 굶주림은 충분한 식량이 부족해서 나타난 결과가 아니다. 그것은 먹을 것을 충분히 갖고 있지 못한 특정 사람들에 관한 문제이다. 이와 같은 관점은 분배와 접근성, 책무성에 관해 심각한 문제를 제기한다.[119] 성실성의 의무의 기준은 지구적 질서 속에서 몇몇 국가 행위자들에게 책임이 제한적으로만 귀속되는 것을 극복하기 위해, 지구적 차원의 집단적 국가 행위를 분해해 개별적으로 평가할 수 있는 변수를 결정하는 데 중요한 역할을 수행한다. 만일 개별적 평가를 통해 충분한 성실성의 기준을 국제적 차원에서 효과적으로 적용하게 된다면, 불완전한 의무(의무가 어느 특정한 행위자에게 분명하게 부과되지 않고 다수의 행위자에게 주어진 경우)를 완전한 의무로 전환시킬 수 있는 길을 찾을 수 있을 것이다.[120]

권한 또는 유효한 통제력 앞에서 언급한 바와 같이 '권한 또는 유효한 통제력'의 행사는 인권 조약상의 의무의 영토적 범위를 결정한다.[121] 이런 의무의 성질은 아직 어느 정도 모호한 상태로 남아 있는 경제·사회·문화적 권리와 관련된 국제적 원조와 협력의 변수를 분명히 하는 데 도움이 된다. 여기서 세계은행과 국제통화기금을 예로 들 수 있다. 세계은행과 국제통화기금은 각자의 권한 내에서 인권 신장에 대한 입장을 서로 비슷하게 반영하고 있지만,[122] 두 기구는 어떤 식으로든 국제인권법에 구속되는 선언을 할 생각이 없다.[123] 그러나 앞으로 권한 또는 통제력이 국제인권법하의 책임을 결정하는 요소라는 주장이 점점 강화된다면, 지구적 차원의 유일한 제도적 힘[권력]으로서 국제금융기구들의 책임 또한 위 주장에 따라 결정될 수 있을 것이다. 국제금융기구들은 인권에 미치는 그들의 영향력과 다른 행위자의 인권에 대한 유효한 통제력 때문에 국제인권법하의 의무 담지자로서의 지위를 갖게 될 것이다. 여기서 통제력은 인권을 준수하는 데 책임이 있는 다른 행위자, 특히 개도국 정부에 대한 통제력을 포함한다. 한걸음 더 나아가면 그것은 단순한 권한과 통제력일 뿐만 아니라 개도국에 따라 차별화되는 통제력을 의미한다. 좀 더 구체적으로 그것은 빚을 탕감해 줄 수 있고, 조건부로 차관을 제공하고, 대출을 제공하고, 국가 경제정책을 결정할 수 있는 국제금융기구들의 조직적 지위와 권한을 의미한다.[124] 어떤 행위자가 인권침해를 막을 "실제적으로 가능하고 의미 있는 방법"을 가지고 있지 않을 경우[125] 그 위반에 대해 책임이 없다는 설득력 있는 법적 전제를 수용한다면, 즉 "행위자와 행위 기관에게 단지 그들이 가진 적절한 역량 내에서 행해야 한다는 의무를 지울 수 있다면,"[126] 결과적으로 주어진 임무를 수행함에 있어서 최소한도의 인권을 보장할 수 있는 역량을 가진 행위자는 그 최소한도의 인권 위반에 대해 책임이 있다는 추론이 가능해진다.

유럽 인권재판소European Court of Human Rights의 판사 루케이드Loukis G. Loucaides도 유럽 인권 협약European Convention on Human Rights하의 국가책임에 대해서 비슷한 판결을 내렸다. 그는 "어떤 사람 또는 제소된 사건과 관련해서 그 사람이 개입된 영토에 대해서 국가가 권한을 직접적으로 또는 심지어 간접적으로 행사할 수 있는 입장에 있었다면, 그 사람에 대한 당사국의 적극적 의무를 면제할 수 없다"[127]고 국가의 의무를 책무와 연관 지어 해석했다. 특히 그는 "정치적·재정적·군사적 지원 또는 그 밖의 실질적인 지원을 통해서 그런 형태의 효과적인 영향력을 형성할 수 있다"[128]고 했다. 국제금융기구들이 행사한 "재정적 영향력"은 아마도 사회권 위원회가 언급한 인권 보호를 위한 국제법적 의무를 구성하는 다양한 형태의 관할권 가운데 "기능적 관할권"에 해당할 것이다.[129] 이와 같은 전제는 관할권의 원칙이 사실상의 유효한 통제력에도 적용된다는 입장과 일관된 것이다.[130]

인권침해를 예방하고 구제할 국제적 의무　　　　국제 협력의 의무는 소극적 측면
　　　　　　　　　　　　　　　　　　　　(불간섭의 의무)과 적극적 측면(행
위의 의무)을 모두 가진 것으로 이해되고 있다. 사회권 위원회는 다른 나라에서
규약의 권리를 '충족'시키기 위한 국가들의 국제적 의무에 대해서는 신중한 입
장을 취하고 있지만, 국제적으로 행동하는 국가들의 적극적 의무는 규약의 권
리 실현에 필요한 조치를 '촉진'하고 '제공'할 의무를 포함한다고 분명하게 설명
하고 있다.[131] 그러나 지구적 질서의 창시자, 통제권자, 수혜자가 실현 가능한
대안을 제공하지 못하고[132] 광범위하게 만연되어 있는 세계적 빈곤을 줄이기 위
한 충분한 성실성을 행사하지 않아서 나타난 인권의 결핍에 대해서는 소극적
의무와 적극적 의무의 구분이 좀 더 유동적으로 적용된다.

　세상 모든 사람에게 주어진 인권을 존중하고 지켜야 할 국가들의 의무는 세
계 어느 곳에 있는 사람이든 인권을 침해할 수 있는 행위를 자제하도록 요구받
는다는 측면에서 소극적 의무이다. 그러나 지구적 맥락에서 기본적 인권이 이미
침해되었다면, 예를 들어 굶주리는 사람들이 있다면, 이때의 의무는 적극적인
의무에 해당한다. 즉, 모든 행위자는 그 정도에 있어서는 다소의 차이가 있을 수
있으나 모두가 권리침해를 구제하고 위반 상태가 존속되지 않도록 예방 행위를
취해야 한다는 의무 아래 놓이게 된다. 일차적 의무는 지구적 질서를 강요하지
말아야 하는 것인데 이것이 소극적 의무인 반면,[133] 질서의 개혁은 행위를 요구하
게 되는데, 이는 적극적 의무이다. 개발권에 상응하는 적극적 의무와 소극적 의
무 간의 성격 구분은 보다 가변적이다. 개발권의 실현을 위해서 국제적 차원에
서 행동하는 국가의 의무의 범위는 개발권의 실현을 방해하는 행위를 절제할 소
극적 의무와 개발권이 실현될 수 있는 국제적 환경을 보장할 공동 책임에 기초
한 적극적 의무를 모두 포함한다. 그래서 상호 의존적인 지구적 질서 속에서 국
제 협력의 의무는 소극적 의무 또는 적극적 의무로 완전히 분리될 수 없다.

　모든 국가가 세계 빈곤 퇴치를 위한 공통의 목적에 기여해야 하지만, 정의로
운 제도적 질서를 만들어야 할 개발국의 책임은 크게 세계경제에서 그들이 차

지하는 비중과 역량에 따라 달라진다.[134] 인권을 위한 국제 협력의 맥락에서 이와 같은 '공통의 그러나 차별화된 책임의 원칙'의 내용은 어떤 국가가 문제의 발생에 얼마나 기여해 왔는지에 따라 달라진다.[135] 세계경제에서 차지하는 비중이 큰 국가들에게 차별적으로 큰 책임을 부과하는 것은 그들이 국제적 차원에서 상대적으로 큰 힘을 발휘하기 때문인데, 그와 같은 힘은 금융, 무역, 개발의 방향에 대한 영향력(유효한 통제력)으로 분명하게 드러난다. 그리고 그들 국가가 원조를 제공할 입장에 있고[136] 또 지구적 부와 자원의 분배에 있어서 가장 큰 혜택을 받고 있기 때문이다.

지구적 정의에 대해 탐색하고 현대적인 국제 의무에 의미를 부여하기 위한 위의 논점들을 요약하면 다음과 같다. 먼저 국제적 차원에서 적용되는 충분한 성실성의 기준과 '예방의 의무'는 분화되지 않은 의무 담지자에게 빈곤에 대한 국제법적 책임을 부과하는 데 있어서 중요한 역할을 담당할 수 있다. 둘째, 빈곤에 효력을 미칠 수 있는 힘과 그것을 예방하고 구제하기 위한 행위를 취할 수 있는 역량은 의무 담지자를 선정하는 데 중요한 결정 요소이다. 마지막으로 세계 빈곤의 존재는 경제·사회·문화적 권리의 침해를 구제하고 예방하기 위해 필요한 조건이 무엇인지, 그 윤곽을 보여 주는 국제적으로 협력할 의무에 대한 매개변수를 제공한다.

결론

국가들로 구성된 국제사회의 의무를 결정하려면 국가의 태도로부터 세계 빈곤에 이르기까지 일련의 인과관계를 세세하게 밝혀내려는 욕구에서 벗어나야 한다. 먼저 최근에 설계된 지구적 차원의 제도적 체계는 빈곤을 영구화하고 있으며, 적어도 빈곤을 충분히 구제하는 데 실패했을 뿐만 아니라 상황을 더욱 악화시키고 있다.[137] 둘째, 행위자가 다수인 것은 개발국의 책임에 대한 추정과 귀속을 극도로 어렵게 할 수 있다. 셋째, 지구적 체계의 구조적 성격 때문에 체계 내의 모든 행위자는 앞서 기술한 바와 같이 책임의 비중에 따라 결정되는 의무에 영향을 받는다. 상호 의존적 세계에서 지구적 빈곤 문제를 다루기 위한 효과적인 행동은 어느 한 국가의 역량을 초월한 것이라는 점은 분명하다. 결론적으로 국제 협력을 통해서 세계적 빈곤 퇴치의 목적에 기여할 각 국가의 의무는 그 권리와 의무가 각국의 역량에 따라 적절히 조절됨으로써[138] 강화될 것이다.

인권 규범과 원칙은 별개로 존재하지 않는다. 그것들은 국제 질서의 일부분을 구성한다. 경제적 세계화의 영향력 속에서 국제인권법은 지구적 정의 체계를 제시하는 방향으로 진화하고 있다. 이런 지구적 정의 체계 속에서 우리는 (HIV를 치료하기 위한) 항레트로바이러스를 필요로 하는 개도국 사람들 가운데 93퍼센트가 치료를 받지 못하고,[139] 매년 140만 명의 어린이가 안전하게 마실 물과 적절한 위생 환경의 결핍으로 죽어 나가는 상황[140]을 묵과하지는 않게 될 것이다. 개발권 선언은 이와 같은 진화를 압축적으로 보여 주고 있다.[141] 지구적 정의를 증진하기 위한 국제법하의 의무에 있어서 괄목할 만한 변화의 가능성은 일차적으로 인권을 보호하고 촉진하기 위한 법체계와 그것이 국가권력[142]의 형성과 행사에 미치는 영향력의 증대에 달려 있다. 이와 같은 경향이 지속된다면 국제사회는 인권과 부정의한 지구적 질서로부터 고통받고 있는 사람들의 열망과 기대에 대해 보다 더 부응할 수 있을 것이다.

마고트 살로몬

MARGOT E. SALOMON

영국 런던정경대학 '인권 연구와 법 개발 센터'에서 인권학을 강의하고 있다. 1999년부터 2004년까지 '국제 소수자 권리 집단'에서 법무관과 대표로 일하면서 유엔과 아프리카 인권위원회의 업무에 개입했다. 영국 에섹스 대학에 방문 교수로 있으면서 국제인권법 석사과정의 학생들에게 인권과 개발을 주제로 강의했다. 현재 '개발권 이행에 관한 유엔 고위급 전문위원회' 위원으로 활동하고 있다. 주요 관심사는 빈곤의 법적 차원, 소수자와 선주민의 권리, 아프리카의 인권 보호이다. 최근에는 세계적 빈곤과 관련해 국제법의 목적을 재개념화하는 것에 대한 글을 쓰고 있다. 최근 논문 가운데 "Towards a Just International Order : A Commentary on the First Session of the UN Task Force on the Right to Development," *Netherlands Quarterly of Human Rights*(2005)가 유명하고, 저서로는 아준 센굽타와 함께 집필한 *The Right to Development : Obligations of States and the Rights of Minorities and Indigenous Peoples*(2003)이 비교적 잘 알려져 있다.

7장
비국가 행위자의 인권 책임

보르 안드레아센
Bård A. Andreassen

> 위협과 기회가 뒤섞인 세계에서 이 모든 도전 과제에 대해 효과적으로 대처하는 것은 개별 국가의 이익과도 부합하는 것이다. 보다 큰 자유에 대한 이상은 국가들 간의 넓고 깊은, 그리고 지속 가능한 지구적 협력을 통해서 비로소 진전될 수 있다. 세계는 공동의 행동을 조직하고 조정하기 위해 열정적이고 유능한 국가들과, 시민사회와 민간 부문과의 효과적인 파트너십, 활기차고 효과적인 지역적·국제적 제도를 필요로 한다.
>
> 유엔 사무총장 코피 아난 보고서
> 『보다 큰 자유 안에서』(*In Larger Freedom*)
> 2005년 9월

비국가 행위자의 침묵

정치 이론에서 인권은 정치적·사회적 위협으로부터 보호받을 인간의 도덕적·법적 자격을 의미한다. 정치적·사회적 위협은 국민의 남부럽지 않은 삶을 누릴 권리, 자유에의 권리, 그리고 정치·경제·사회적 교류와 상호작용에서 형성되는 그들의 역량을 위태롭게 한다. 근대사 전반에 걸쳐 전제주의나 절제되지 않은 권력의 행사로 인한 국가권력의 악용은 그런 위협의 주요 원천이었다.

근대 인권 철학은 1945년 이후 나치의 야만적 행위가 휩쓸고 간 폐허 위에서 성장했다. 그것은 국가권력을 억제하고 규제하고 교화하기를 꿈꿨다. 이후 몇십 년 동안 국제 인권 체계는 느리지만 신중하고 꾸준하게 적절한 거버넌스와 국가 행위, 인간 생명의 기본적 가치를 보호하기 위한 법규범과 기준들을 형성해 왔다.

인권이 등장하게 된 역사적 배경을 토대로 근대의 인권 체계는 그 초점을 국가에 두고 있다. 특히 국가 행위로부터의 법적 보호를 강조함으로써 인권을 국가와 시민 간의 관계를 규제하는 수단으로 개념화했다. 전통적으로 국가와 시민 간의 관계를 정의하는 것은 국가의 특권이었다. 그러나 1945년 이후로 국가권력으로부터 시민을 보호하는 일은 국가의 입법 체계를 초월해 보편적 가치를 보호하도록 설계된 유엔 인권 레짐의 주요 관심사가 되었다.

근대 인권 체계의 가르침은 오늘날에도 여전히 타당성이 높고 필수적인 가치를 내포하고 있다. 혹자가 제안했던 바와는 달리 국가권력은 '잠들어 버리기'는커녕 지속적으로 악용되고 있다. 그러나 경제적 세계화가 가져온 거대한 변화와 통신 기술의 발달로 인해 국가 중심의 세계관은 쇠퇴하게 되었다. 인권학자들은 이제 인권의 성격에 대해 다시 정의하고 인권 레짐의 여러 행위자 간의 관계를 "다시 그릴 것을" 요구받고 있다.[1] 지구 공동체는 국가를 중심으로 일원적 세계에서 국가와 비국가 행위자를 포괄한 다원적 세계의 집합으로 나아가고 있다. 이와 같은 변화는 개발권을 포함해 개인과 집단의 인권과 자유를 이행하는 방식에 커다란 영향을 미치고 있다.

이번 장에서는 인권 체계의 맥락에서 점점 커지고 있는 국가 이외의 행위자, 즉 비국가 행위자의 중요성에 관해 다루고 있다.[2] 다양한 행위자가 비국가라는 범주로 분류될 수 있겠지만 여기서는 국제적으로 기업 활동을 하고 있는 초국적 기업을 주요 관심 대상으로 삼고 있다. 지난 15년 동안 초국적 기업은 세계화의 가속화로 인해 많은 혜택을 누려 왔다. 동시에 부패, 내전, 심각한 인권침해 등의 문제를 안고 있는 국가적 상황을 이용해 이익을 누려 왔다. 이는 인권

감시 기구의 우려를 자아냈고, 결국 국제인권법 진영은 초국적 기업이 인권에 미치는 긍정적·부정적 영향을 조사하고 초국적 기업의 인권적 책임을 확립시킬 수 있는 법적 원칙을 모색하게 되었다.[3]

우리의 특별한 관심사는 개발과 관련해서 초국적 기업과 '다른 기업체들이' 갖는 인권적 책임의 범위와 성격에 있다. '다른 기업체'를 언급한 것은 원칙적으로 모든 법인체가 인권적 책임을 갖고 있음을 말하기 위해서이다. 그러나 여기서는 지구적 경제체제 속에서 국제적으로 활동하고 있는 기업을 우선적으로 다룰 것이다. 공간적 제약 때문에 기업 분야 외의 비정부기구와 기타 비국가 행위자의 책임에 대해서는 간략하게 언급하고 넘어갈 것이다.

초국적 기업을 포함해 모든 기업이 개발의 주요 행위자이다. 그러나 개발 담론은 최근에 와서야 기업의 행위 윤리에 관해 관심을 표명하기 시작했다. 특히 지구적 경제체제에서 '개발의 행위자'로서 초국적 기업이 인권에 미치는 영향에 대해 관심을 보이기 시작했다. 이 글은 먼저 이 책에 실린 센굽타 교수의 개발권 논쟁과 다른 글들에서 다루고 있는 인권에 기초한 접근법에 비추어 개발권 담론의 개념적·실용적 영역을 검토하고 나서, 본격적으로 인권과 기업 행위자와의 관계, 특히 초국적 기업과의 관계를 정의할 것이다. 초국적 기업이 국제인권법하에서 개발권을 보호하고 그 이행에 기여할 책임이 있는가? 그렇다면 어떤 인권 기준이 초국적 기업에 적용되는가? 그리고 책임의 내용은 무엇이며, 그 범위는 어디까지인가?

인권침해에 연루된 기업의 책임에 관한 연구를 포함해 기업의 사회적 책임에 관한 연구가 지난 10여 년 동안 꽃을 피웠다. 이는 냉전의 종식, 세계화의 가속화, 급성장한 외국인 투자, 초국적 무역, 디지털 혁명이 결합되어 나타난 효과 덕분이라고 말할 수 있다.[4] 연구들은 주로 부패와 뇌물의 문제에 초점을 두고, 부차적으로 결사의 권리나 단체교섭권과 같은 노동조합의 권리나 성차별이나 불법 아동노동과 같은 여성과 아동의 권리에 대해서 다루고 있다.

'유엔 개발권에 관한 민간 전문가'는 주요 비국가 행위자의 종류에 대해 언급하면서 국가적·국제적 차원에서 인권 실현을 촉진할 의무는 "국가에만 적용되는 것이 아니라, 국제기구, 시민사회, 그리고 도움을 줄 수 있는 위치에 있는 모든 단체에도 적용된다. 비정부기구는 시민사회의 한 구성 요소로서 인권을 이행함에 있어서 매우 효과적인 역할을 수행할 수 있으며 수행하고 있다"[5]고 했다. 이 지점에서 제기되는 이슈는 초국적 기업이 "도움을 줄 수 있는 위치에 있다"고 가정한다면 인권 실현을 촉진할 의무가 초국적 기업에게도 부과되는가의 여부이다. 그래서 이번 장은 상업적 행위자가 가지는 인권적 책임의 성격과 범위를 시험하는 것을 목적으로 한다. 이 글에서는 구체적으로 다루고 있지는 않지만, 기업이 인권을 침해하도록 유도할 수 있는 동기와 위험 요소는 무엇인가, 인권 윤리와 양립할 수 있는 기업 문화와 실천 사례는 무엇인가, 초국적 기업의 인권적 관심이 경쟁력을 강화하는 자산으로 전환될 수 있는가 등의 문제는 이 주제와 관련된 흥미로운 주제들이다.

기업에 인권 책임은 없다?

비국가 행위자에게 인권적 책임을 면제시켜 주어야 한다는 다양한 주장들이 제기되어 왔다. 심지어 최소한의 '피해 주지 않기!'do not harm의 의무조차도 면제할 것을 요구하는 주장도 있다. 기업이 인권 조약에 대한 비준권이 없다는 것을 근거로 한 주장들도 있다. 이는 인권 조약은 국가만이 비준할 수 있고, 따라서 국가만이 국제법하의 의무를 가지며, 비국가 행위자는 당연히 조약 기구에 종속되지 않으며 법적 책임도 갖지 않는다는 주장이다. 그러나 오늘날 국제인권법은 비국가 행위자가 법인격을 가지고 있다고 전제하고 있다. 즉, 법이 비국가 행위자를 법적 지위를 가진 '인격체'person로 인식하고 있다는 것이다. 예를 들어 엠버랜드Marius Emberland는 '유럽 인권재판소'의 판례에 관한 최근의 연구에서 인권법이 어떻게 "비영리 조직과 자연인뿐만 아니라 회사"와 같은 기업체를 광범위하게 보호하는지를 보여 주었다.[6] 이와 같은 기업체의 권리와 기업체에 대한 보호가 책임과 의무를 수반하는지에 대해서는 아래에서 좀 더 논의할 것이다.

둘째는 거리 두기stay away/하향 침투trickle down*의 주장이다. 이 주장에 따르면 초국적 기업이나 다른 거대한 사업체와 같은 사적 행위자는 '정치와 인권'에 개입해서는 안 되며, 투자·생산·시장의 기능과 같은 상업적 문제에만 집중해야 한다. 그리고 그들의 개도국에서의 활동은 시간이 지남에 따라 그 효과가 하향 침투해 하층민과 가난한 사람들에게 더 많은 수입의 기회와 복지를 가져다 줄 것이라고 한다. 이런 고전경제학적 주장은 여전히 국제금융기구들과 초국적 기업 사이에 만연해 있는데, 이는 하향 침투 효과를 입증할 수 없을 경우의 책임 문제를 회피하고 있으며 하향 침투 효과가 발생하기 이전에 이루어지는 생산 활동과 기업 운영에 관한 행위 규칙의 중요성을 간과하고 있다.

셋째는 귀속 오류failure of attribution에 관한 주장인데, 이는 인권침해가 사기업이 아니라 정부에 의해서 자행되기 때문에 인권침해에 대한 책임을 사적 행위자에게 전가하는 것은 불가능한 일이며 비현실적인 것이라고 주장한다. 예를 들어 미국 정부는 '초국적 기업과 다른 기업체의 인권적 책임에 관한 유엔 규범 초안'UN Draft Norms on the Responsibilities of Transnational Corporations and Other Business Enterprises with Regards to Human Rights[7]에 대해서 "사기업이 정부가 자행한 인권침해에 연루되어 왔다거나 심지어 공조해 왔다는 주장은 사실이다. 그러나 그런 침해의 근본적 원인은 사업체가 아닌 정부의 작위 또는 부작위에 있다"라고 대응했다.[8]

이와 같은 입장에 서 있는 정부들은 그토록 강력한 행위자인 사기업들의 행위 — 경우에 따라서 초국적 기업과 같은 거대 기업은 경제적 자원에 대해서 국

● 흔히 적하 효과로 번역된다. 자금을 대기업에 유입시키면 중소기업, 가계 등으로 흘러 들어가 경기를 자극시킨다는 주장.

가 경제체제보다 많은 통제력을 행사한다 ― 가 국제적으로 인정하고 있는 인권 규범을 위반할 경우 왜 국제법하의 책임을 부과해서는 안 되는지에 대해 충분히 설명하지 못하고 있다. 현재 국제인권법이 이 쟁점을 어떻게 다룰 것인가에 관한 논의가 한창 진행 중이다. 논의의 한 축은 비국가 행위자가 갖는 인권적 책임의 성격과 범위를 둘러싼 이해의 차이를 어떻게 좁힐 것인가에 관한 것이고, 다른 한 축은 인권 레짐이 근거하고 있는 원칙을 존중하면서도 비국가 행위자의 권리와 책임을 인정한 프레임워크를 구축할 경우 나타나게 될 효과에 관한 것이다. 앨스턴은 인권 레짐이 기업체와 같은 강력한 비국가 행위자가 연루된 인권침해 상황에 대처하지 않고 그런 행위자에게 어떻게든 책무를 부과하지 않는다면, 스스로 신뢰를 잃게 되고 시대에 뒤쳐지게 될 것이라고 주장한다.[9]

저명한 초국적 기업들은 사회적 책임을 충족하기 위한 스스로의 행위 지침을 채택하고 있으며, 적어도 몇몇 인권을 기업의 목적으로 수용하고 있다는 점을 언급할 필요가 있다.[10] 그런 행위 지침은 두 가지 의제를 반영한 자발적 동의에 기반한다. 하나는 '인권 기업가 정신', 즉 인권 보호에 대한 공개적 약속을 통해서 판매 경쟁력을 높이기 위한 시도이다.[11] 이는 인권을 수단으로 이용하는 접근법인데, 인권 존중을 상업 행위를 포함한 모든 행위의 목표 또는 내재적 가치로 여기는 접근법과는 원칙적으로 다른 것이다. 다른 하나는 위와 같은 인권 존중에 부합한 새로운 시장 적응 전략이 가져온 기업 문화와 행위에 있어서의 변화이다. 규범적 인권의 관점에서 이와 같은 두 가지 경향은 서로 상승작용을 하고 결과적으로 인권 보호에 긍정적인 효과를 끼칠 것으로 보인다.

여러 가지 자발적 행위 지침들 가운데 유엔 글로벌콤팩트UN Global Compact가 가장 보편적으로 수용되고 있다. 이는 2000년 7월에 제시되었는데 현재 90개국의 2,500여 개 기업이 참여하고 있고, 노동조합과 시민사회도 이에 동참하면서 총 3,000여 개의 참여자를 확보하고 있다.[12] 글로벌콤팩트의 가이드라인은 주로 인권 존중(어느 정도는 인권 촉진)에 초점을 맞추고 있다. 이 가이드라인은 기업의 인권침해를 억제하도록('피해 주지 않기!'의 원칙) 구성되어 있으며, 노동 기준을 옹호하고 반부패 실천을 강화하는 것을 목적으로 한다. 다른 자발적 메커니즘으로서는 국제사회책무기구Social Accountability International가 제안한 SA8000이 있는데, 이는 약 50개국의 800여개 기업에게 '인증서'를 발급했다.[13]

이 조치들은 그 적용 범위가 상대적으로 제한적이고 그것이 미치는 인권적 영향에 대해서도 인식의 차이가 존재하지만, 기업 문화의 잠재적 변화를 반영한 새로운 경향(인증은 대부분 최근 5년 동안에 이루어졌다)을 입증하고 있으며, 적어도 위에서 논의한 '거리 두기/하향 침투' 모델에 대한 대안을 제시하고 있다. 이는 단순히 기업 간의 새로운 경쟁 방법으로서의 조금 다른 형태의 기업가 정신이 아닌, 그 이상의 가치를 내포하고 있다.

비국가 행위자, 의무, 개발권

비국가 행위자의 인권적 책임에 대한 관심은 세계화 과정에서 촉발되었다. 세계화는 점점 더 증가하는 국경을 초월한 경제적·금융적 교류와 상호작용을 의미한다. 세계화는 또한 인권 윤리와 법을 포함해 상징적 메시지, 아이디어, 가치의 교환을 의미한다. 세계화는 금융거래, 경제적 생산, 국경을 초월한 무역의 엄청난 성장과 가속화뿐만 아니라 심화된 국제 관계와 국가 간, 사회 간 상호 의존성을 분명하게 보여 주고 있다.

1980년대와 1990년대를 거쳐 빠르게 가속화된 세계화는 경제적 자유화, 규제 완화, 사유화를 확장하기로 한 정책으로 더욱 강화되었다. 세계화는 초국적 기업과 다른 비국가 행위자의 세력화를 촉진했고, 이는 다시 세계화를 강화했다. 특히 미디어의 국제적 네트워크 형성과 경제적·정치적 신자유주의 사상 및 모델의 확산은 주목할 만하다. 초국적 기업은 많은 사람들의 수입을 증가시켰지만 동시에 사회적 불평등을 심화하는 경제성장에 기여했다. 특히 동남아시아 국가에서 이런 현상이 두드러졌다. 라이니슈August Reinisch는 이런 과정에 대해서 "초국적 기업에 대한 국가 통제력의 상실과 국제금융기구들이 촉진한 자유화, 사유화, 규제 완화는 비국가 행위자가 환경과 같은 사회적 공공재뿐만 아니라 인권, 특히 노동권과 사회권을 크게 위협할 수 있도록 만들었다"[14]고 지적했다. 메리 로빈슨은 그와 같은 결과 때문에 "법적 체제가 윤리적 세계화의 가치를 강화"하는 데 도움을 줄 수 있다고 발표하면서 유엔이 앞장서서 만든 자발적 글로벌콤팩트만으로는 불충분하다는 점을 암시적으로 드러냈다.[15]

이와 같이 새로운 위협을 법적 인권 기준으로 저지해야 한다는 주장은 확장된 세계화에 대한 반발을 나타내지만 동시에 세계화로 인해 가능해진 수단들에 대한 신뢰를 반영하고 있다.[16] 예를 들어 소비자 불매운동은 지구적 미디어와 인터넷을 통해서 보급된 정보를 광범위하게 효과적으로 사용할 필요가 있다. 세계화는 윤리적 기준의 국제적 확산에 기여했으며 세계화된 기업의 윤리적 책임에 대한 담론을 촉발시켰다. 인권 규범이 기업 윤리의 유일한 주안점은 아니지만, 점차 기업의 윤리적 책임에 관한 담론의 개념적 프레임워크를 구성하는 핵심 요소가 되었다. 이런 경향은 국제사면기구Amnesty International와 같은 국제적 비정부기구들이 초국적 기업이 현지의 주민들과 환경에 미치는 '해로운 영향'에 저항하는 국제적 캠페인을 펼치면서 인권 규범을 가치판단의 기준으로 채용함으로써 생겨났다.

인권적 영향과 함께 신자유주의의 영향을 받은 개발 진영은 다른 관점에서 사회 기반 시설, 제약製藥, 고용, 경제성장과 같은 부문에서 사기업의 역할이 무엇인지에 주목하기 시작했다. 초국적 기업의 사회경제적 영향력이 거대하다는 점을 감안해 기업의 사회적 역할을 새롭게 볼 필요가 생긴 것이다. 역사적 관점에서 보면 새로울 것이 없지만, 그렇게 기업의 사회적 역할의 중요성이 다시 중대되었다. 1970년에 이미 기업 행위자의 책임이 논의된 바 있는데, 1976년 경제협력개발기구는 '다국적기업 가이드라인'Guidelines for Multilateral Enterprises을 발표하고 관련법을 준수하는 책임 있는 기업 행위를 촉구했다. 국제노동기구ILO

는 1977년에 '다국적기업과 사회정책의 개혁 원칙에 대한 삼자 선언'Tripartite Declaration of Principles concerning Multilateral Enterprises and Social Policy Reform을 채택했는데, 노동과 관련된 국제 협약들과 국제노동기구의 권고안들을 그 안에 수용하고 있다. 그러나 이와 같은 기제는 1990년대 후반에 나타난 세계화의 도전을 저지하기에는 불충분한 것이었다.[17]

기업의 사회적 책임Corporate Social Responsibility, CSR이라는 개념은 1990년대에 개발 의제 속에서 점차 되살아났는데, 이는 노동조건뿐만 아니라 직장 내 보건과 안전, 환경, 반부패, 지역사회개발 지원, 인권적 책임, 기업 윤리를 그 안에 포함하고 있다. 기업의 사회적 책임이라는 용어는 이제 그와 같은 모든 문제를 포괄적으로 함의한 용어가 되었고, 그것을 측정하는 수단은 기업의 행동 지침, 명성 관리reputation management, 사회 환경적 영향에 관한 자가 보고, 주주와의 대화 등을 통해서 개발되었다. 여기에서 가장 중요한 쟁점은 어떻게 개도국 현지의 지역사회와 환경을 덜 해치면서 기업의 이익을 창출할 수 있을 것인가의 문제였다. 기업이 어떻게 인권 규범을 존중할 수 있는지, 기업이 인권 원칙을 촉진 및 발전시킬 의무가 있는지, 기업이 인권에 기초한 개발의 파트너가 될 수 있는지에 대해서는 거의 관심을 보이지 않고 있다.

사기업 부문이 개발을 진척시킬 수 있으며 현지의 영세기업과 하청 계약을 체결함으로써 가난한 사람들에게 혜택을 줄 수 있다는 점은 인정되고 있다. 그러나 개발 기구들은 단순히 사적 부문의 행위자들과 함께 일한다고 해서 가난한 사람들에게 자동으로 혜택이 돌아가는 것은 아니라는 회의적인 입장을 드러내고 있다. 이는 초국적 기업이 개발에 기여할 수 있는 잠재력을 가지고 있음에도 불구하고 오히려 인권을 침해하는 행위에 연루되기 쉽기 때문이다. 땅, 물, 공기의 오염을 유발한 기업의 무책임은 거기에 영향을 받은 사람들의 안전하고 지속 가능한 환경에의 권리, 삶의 방식을 유지할 수 있는 능력, 최고 수준의 건강에 도달할 수 있는 능력을 박탈해 왔다. 특히 환경 파괴는 개도국의 주민들뿐만 아니라 개발국 사람들의 건강에도 상당한 영향을 미치고 있다.

개발권 논쟁은 경제개발에 기업 부문의 역할이 큼에도 불구하고 비국가 행위자와 기업의 사회적 책임에 대해서는 그다지 주목하지 않았다. 개발권 담론은 인권법의 주류화라는 측면에서 기본적으로 국가 중심의 접근법을 유지해 왔다. 위에서 언급한 바와 같이 새로운 경향이 등장하고 있음에도 불구하고 유엔개발계획이나 세계은행과 같은 국제개발기구들은 그와 같은 주제들을 크게 개의치 않았다. 유엔개발계획의 2005년 『인간개발보고서』는 "기로에 선 국제 협력 : 불평등한 세계에서의 원조, 무역, 안보"를 주제로 하고 있다. 이 주제는 초국적 기업과 특히 관련성이 깊은데도 불구하고 기업의 책임과 비국가 행위자의 책무는 말할 것도 없고 개발의 맥락에 있어서 비국가 행위자와 초국적 기업의 역할과 그 영향력에 대해서 전혀 언급하지 않았다.[18]

세계은행이 후원한 2005년 『세계개발보고서』 *World Development Report*는 "모두를 위한 더 나은 투자 환경"을 주제로 하면서 기업의 사회적 책임에 그나마 약간의 관심을 보이고 있다. 보고서는 기업이 자신의 명성에 대해 갖고 있는 관심을 환경보호와 부패 방지를 위한 협력에서 뿐만 아니라 국제적 거래에서도 스필오버spill-over 효과(잉여의 파급효과)를 만들어 내기 위한 전략으로 사용할 것을 제안하고 있다.[19] 보고서에 의하면, 인권 원칙을 존중하는 '투자 환경'을 위한 국제 협력은 부패 방지, 환경보호, 국제 노동 기준을 규칙으로 설정하고 있는 행위 지침들을 포괄해 낼 수 있다.

행위 지침들과 그와 비슷한 기제들의 확산은 어떤 기준을 우선적으로 적용해야 하는지에 대한 혼란을 야기할 수 있으며, 지침들은 국제적 명성의 강화와 유지에 분명한 이해관계를 가지고 있는 기업들의 관심사일 뿐, 그렇지 않은 기업에게는 그다지 영향력이 크지 않다는 인상을 줄 수 있다. 이런 사실은 세계적으로 약 6만 5,000개에 달하는 초국적 기업 가운데 겨우 4,000개의 기업이 사회와 환경에 대한 성과 보고서를 제출하고 있다는 통계만 보더라도 알 수 있다. 그러나 그런 기업 보고서들조차도 주로 과시적 내용과 상품명을 싣고 있어, 보고서 작성의 동기가 주로 광고와 홍보에 있음을 보여 준다.[20]

이것이 개발권 담론과 무슨 관련이 있는가? 개발권 선언은 개발권 실현에 우호적인 국가적·국제적 조건을 만들 일차적 책임이 국가에 있다고 주장하고 있다(개발권 선언 제3조). 개발권 선언은 전통적인 국가 중심적 인권 용어를 사용하고 있다. 그러나 그런 용어의 사용은 반대로 비국가 행위자에게는 기본적으로 개발권 이행에 대한 '이차적' 또는 '보다 낮은 순위'의 책임이 있다는 점을 드러내 주고 있는 것이다. 달리 말하자면 비국가 행위자의 인권적 책임을, 칸트의 용어를 빌자면 완전한 책임과 불완전한 책임으로, 법적 용어로는 행위의 의무와 결과의 의무로 구체화할 수 있는 여지가 존재한다는 것이다. 비국가 행위자의 역할은 "모든 사람과 국가가 달성해야 할 공동의 목표"로서 선포된 '세계인권선언' 서문에 "모든 개인과 모든 '사회 내 단체'가 …… 가르침과 배움을 통해서 권리와 자유를 존중하도록 노력하고 …… 권리와 자유를 보편적으로 인정하고 효과적으로 준수하도록 노력해야 한다"고 이미 제시되어 있다.

세계인권선언에서의 표현을 신중하게 해석하면 여기서의 '사회 내 단체'organs in society는 상업적 행위자나 비국가 행위자와 같은 국가의 궤도 밖에 위치한 제도와 기구를 포함하고 있음을 알 수 있다. 개발권 담론은 인권에 영향을 미치는 개발과 세계화의 중요성을 감안해 이런 개념적·실천적 도전에 정면으로 맞설 필요가 있다.

비국가 행위자의 간접적·직접적 인권 책임

비국가 행위자(주로 초국적 기업)의 인권적 책임은 그들의 책무에 대해 인권법을 간접적·직접적으로 적용함으로써 물을 수 있다. 국제법은 비국가 행위자가 국제인권법하의 법인격을 가지고 있기 때문에 이들에게 국제법을 존중할 직접적 의무를 부과한다. 또한 비국가 행위자는 자신이 적을 두고 있거나 자신의 사업이 수행되고 있는 국가의 직접적 의무로부터 발생하는 간접적 의무, 즉 인권 조약상의 의무를 충족할 의무를 갖고 있다. 간접적 의무는 국가가 국내법을 통해서 비국가 행위자를 구속하는 국제법을 효과적으로 시행할 의무를 가진다는 원칙에 근거하고 있다. 비국가 행위자가 활동하고 있는 국가에서 이 원칙을 국내법으로 입법화하지 않았거나, 입법화는 되었지만 시행할 의지가 없을 경우, 행위자의 본국에서는 해외에서 활동 중인 자국의 행위자에 대해 법적 조치를 취해야 한다. 달리 말하면 이는 비국가 행위자에게 적어도 몇 가지 인권 원칙을 준수할 직접적인 책임을 부과하고 있는 법의 역외 적용legal extraterritoriality을 의미한다. 이 분야에서의 쟁점은 현재 국제인권법이 초국적 기업과 같은 사적 집단에게 인권침해에 대한 직접적인 책임을 어디까지 부과할 수 있는가에 있다.

비국가 행위자의 간접적 책임　　　이 글에서는 국가가 인권침해에 대항해 사람들을 보호할 책임이 있다는 것이 국제인권법의 핵심 논리라고 강조해 왔다. 이는 국가가 비국가 행위자의 행위 결과에 대해서도 책임을 가진다고 해석될 수 있다. 예를 들어 '유엔 아동권협약'은 아동의 부모 또는 보호자가 아동을 양육할 일차적 책임을 갖는 것으로 간주하고 있다. 그러나 협약은 국가가 부모를 지원해야 하며 동시에 협약에 의해 아동이 사적 영역에서 보호받을 수 있도록 보장할 법적 의무를 갖는다고 강조하고 있다.

달리 말하면 국가는 비국가 행위자에 대한 간접적 인권 의무를 가진다. 이 의무는 국가가 인권을 존중해야 할 의무뿐만 아니라 인권을 효과적으로 보호하고 강화할 의무도 가진다는 법적 전제에 근거한다. 만약 국가가 '사회 내 단체'에 속하는 기구나 행위자의 침해 행위로부터 개인을 보호하지 못한다면, 국민의 인권을 보호해야 할 의무를 충족시키지 못한 것이 된다.

이는 설혹 국가가 사적 행위자가 야기한 모든 피해에 책임이 있다고 하더라도 비국가 행위자의 인권 존중 의무가 면제되는 것이 아님을 의미한다. 오히려 우리는 의무의 이중성 또는 상보성이 존재한다고 생각할 수 있다. 즉, 국가는 일차적 의무 담지자이지만 비국가 행위자 역시 다른 비국가 행위자의 권리를 존중할 의무를 가진다. 이와 같은 사고는 "누구의 권리라도 타자의 권리와 자유를 충분히 인정하고 존중하는 가운데 행사되어야 한다"는 세계인권선언 제29조에 잘 반영되어 있다.

그러나 인권 조약은 국가와 비국가 행위자의 의무의 이중성에 대해서 지나치게 일반적인 언어로 표현하고 있다. 인권 조약의 조문들은 비국가 행위자의 유해한 행위에 대한 국가의 직접적 책임의 성격을 명확하게 나타낼 수 있는 실천적 가치를 반영해야 한다. 유엔 여성폭력철폐 선언UN Declaration on the Elimination of Violence against Women[21]에서 사용된 충분한 성실성의 시험과 같은 보다 구체적인 기준이 요구된다. 이 선언의 내용에 따르면, 국가는 "여성에 대한 폭력 행위를 — 그런 행위가 국가에 의해 자행되었든 아니면 사적 행위자에 의해 자행되었든 상관없이 — 예방하고 조사하기 위해서, 그리고 국내법에 의거해 처벌하기 위해서 충분한 성실성을 행사해야 한다."[22] 이 성실성의 의무에 대한 시험은 국가뿐만 아니라 사적 행위자에 의한 잠재적 또는 실제적 폭력을 막기 위해서 "모든 적절한 수단에 의해, 그리고 지체 없이" 효과적인 조치를 취해야 할 국가의 일반적 의무이다. 또한 침해가 발생한 경우에는 보상, 즉 고통스러워하는 희생자의 피해에 대해 "정의롭고 효과적인 구제"를 제공해야 할 국가의 일반적 의무를 구성한다.[23]

이와 같은 성실성의 의무에 대한 시험은 모니터링 메커니즘을 의미하는데, 경우에 따라서는 국제 인권 감독 기구들의 권한에 의존해 사적 행위자에 관한 위법성을 다툴 수 있다. 유엔 여성차별 철폐 위원회UN Committee on the Elimination of Discrimination against Women는 일반 권고 제19번에서 "일반적인 국제법과 구체적인 인권 규약하에서 만약 국가가 권리 위반을 예방하거나 폭력행위를 조사하고 처벌하고 보상을 제공함에 있어서 충분한 성실성을 충족시키지 못했다면, 국가에 그 사적 행위에 대한 책임이 있다"[24]고 권고하고 있다. 유엔 인권고등판무관은 민간 전문가, 주요 국가 간 기구, 비정부기구, 전문기구, 프로그램들과 협의하에 인신매매에 관한 원칙과 가이드라인을 준비했다. 그 원칙들 가운데는 "국가는 인신매매를 예방하고 매매업자를 조사하고 추적하기 위해 성실성의 의무에 따라 행동할 국제법하의 책임을 가진다"[25]는 원칙이 있다. 비록 법으로 성실성의 의무를 규정한 것은 아니지만, 이는 그렇게 해야 한다는 정의론에 입각한 입법론 상의 문제de lege ferenda●로, 점차 많은 지지를 얻고 있으며 모든 국제 인권 조약에 적용할 수 있는 국제관습법의 규칙으로 부상하고 있다. 성실성의 의무에 대한 시험은 초국적 기업을 비롯한 모든 종류의 비국가 행위자와도 관련되어 있다. 그러므로 우리는 이 메커니즘이 국가의 간접적 의무를 '세계화의 추동자'에게로 확장할 기회를 제공한다고 주장할 수 있을 것이다.

국가의 간접적 의무에 관한 중요한 질문은 국가가 초국적 기업의 해외 활동에 대해 조치를 취할 책임과 의무를 갖는지, 그렇다면 그 의무와 책임은 어느 정도인지에 관한 것이다. 국가의 법체계에 따라 기업의 해외 활동이 국제 인권 원칙을 준수하도록 보장할 책임이 본국에 부과되기도 하고, 그렇지 않기도 한다.[26] 그러나 법적 의무나 책임보다는 자발적 가이드라인과 감독 체계가 주류를 이루고 있으며, 기업이 자신의 기업 활동에 대해 자가 보고서를 제출할 것으로 기대하는 것이 일반적 경향으로 자리 잡고 있다.[27]

비국가 행위자의 직접적 의무　　　　비국가 행위자의 직접적 의무에 관한 쟁점은 위에서 논의한 간접적 의무보다도 훨씬 논쟁의 여지가 많다. 또한 인권법 내에서도 간접적 의무보다 법적으로 잘 구성되어 있지 않다. 여기서 문제는 국제인권법이 비국가 행위자에게 인권을

● 입법론(de lege ferenda)은 일정한 이상에 입각한 입법 정책의 주장을 말한다. 장차 법률 제정이나 개정의 자료로 쓰이며, 법의 개선·발전을 위해 중요한 작용을 한다. 해석론에 대응해서 사용될 때에는 '해석론으로는 이러이러하지만, 입법론으로는 저러저러하다'는 식으로 사용된다.

존중하고 그 활동의 결과로 인권침해가 발생하지 않도록 할 의무를 직접적으로 부과하고 있는지의 여부이다.

심각한 국제범죄에 대한 개인의 책임은 뉘른베르크 재판Nuremberg Judgment● 을 통해서 그 개념이 확립되었다. 뉘른베르크 재판소는 "국제법이 국가뿐만 아니라 개인에게도 의무와 책임을 부과하고 있다는 점은 오랫동안 인정되어 왔다. …… 국제법상의 범죄는 추상적 존재가 아니라 사람에 의해 자행되는 것이며, 그런 범죄를 저지른 개인을 벌함으로써 비로소 국제법은 집행될 수 있다"[28] 고 판결했다. 이와 같이 심각한 국제적 범죄에 대한 개인적 책임의 원칙은 1998년 로마에서 채택된 국제형사재판소 규약Rome Status of the International Criminal Court 에서 더욱 강화되었다.[29] 또한 국제인도주의법은 비국가 행위자도 경우에 따라 그 법적 권한을 구속받을 수 있다는 점을 확고히 하고 있다. 예를 들어 무력적 반정부 운동은 제네바협정을 준수할 의무가 있고(공통 조항 3조), 또한 제네바협정의 부속 의정서(1977)는 반정부군의 포로를 보호할 의무와 민간인에 대한 공격, 테러 행위, 기아의 전투 수단화 금지와 같은 금지 사항을 존중할 의무를 언급하고 있다.

이미 위에서 인용한 바와 같이 세계인권선언의 서문은 '모든 개인과 모든 사회 내 단체'가 인권과 자유의 존중을 촉진할 의무를 가진다고 밝히고 있다. 비록 선언의 법적 구속성에 대해서는 논쟁의 여지가 있지만, 이 의무를 국제인권관습법의 일부로 보는 것이 일반적 견해이다. 그렇다면 인용한 서문은 인권법하에서 비국가 행위자에게 책임을 부과할 수 있다는 주장을 뒷받침해 준다. 일반적 인권법과 국제형사법상의 이와 같은 해석은 비국가 행위자의 직접적 책무를

● 뉘른베르크 전범 재판(Nuremberg trials)으로도 불린다. 1945년에서 1946년까지 독일 뉘른베르크에서 열린 나치 독일의 전범들과 유대인 학살 관여자들에 대한 연합국 측의 국제군사재판이며, 두 차례에 걸쳐 1급 전범 24명을 포함해 총 209명이 기소되었다. 이들의 기소 이유는 침략 전쟁에 공모, 참여, 계획, 실행한 것과 전쟁범죄, 비인도적 범죄(유대인 학살) 등이었다.

더욱 강화할 수 있는 잠재적 가능성을 보여 준다. 실제로도 초국적 기업의 직접적 책임을 다루고 있는 많은 국제적 조치들이 증명하듯이, 인권법을 그런 방향으로 발전시키고자 하는 국제사회의 정치적 의지가 서서히 나타나고 있다.

직접적 책임을 강화하기 위한 국제적 이니셔티브

위에서 언급한 바와 같이, 상업적 비국가 행위자의 책임에 관한 초기의 국제적 이니셔티브는 경제협력개발기구의 1976년 '다국적기업 가이드라인'과 국제노동기구의 1977년 '다국적기업과 사회정책의 개혁 원칙에 대한 삼자 선언'이었다. 유엔 글로벌콤팩트는 1999년에 제안되어 2000년에 공식적으로 발족했다. 현재 가장 논란이 되고 있는 이니셔티브는 '초국적 기업과 다른 기업체의 인권적 책임에 관한 유엔 규범 초안'이다.[30] 아래에서는 이와 같은 이니셔티브들의 주요 쟁점을 논의하고 있다.

경제협력개발기구의 다국적기업 가이드라인은 광범위한 투자자의 권리와 그 보호조치에 대한 대항책으로 1976년 6월 21일 터키를 제외한 나머지 회원국에 의해 채택되었다.[31] 이는 2000년 6월에 수정을 거쳐 30개 회원국과 8개 후보국(아르헨티나, 브라질, 칠레, 에스토니아, 이스라엘, 라트비아, 리투아니아, 슬로베니아)의 사기업에 대한 권고를 포함하고 있다. 이들 국가의 다국적기업은 전 세계 외국인 투자의 대부분을 차지하고 있다. 수정된 가이드라인은 고용 및 산업 관계, 환경, 뇌물, 소비자의 권익, 경쟁에 관한 윤리적 기준을 포괄하고 있으며, '일반 정책' 부분에서는 기업에게 그들의 활동 대상국의 정책을 존중하고 다른 이해 당사자의 관점을 고려할 것을 요구하고 있다. 이와 관련해 기업들은 "그들의 활동에 의해 영향을 받은 사람들의 인권을 대상국 정부의 국제적 의무와 공약에 모순되지 않게 존중"해야 한다.

이와 같이 수정된 가이드라인은 일국적 노동 기준과 고용조건에 대한 존중 그 이상을 요구하고 있다. 즉, 기업은 자신의 활동이 대상국의 국제적 인권 의무에 반하는지도 검토해야 한다. 수정된 가이드라인은 각 회원국에 국가연락사무소National Contact Point를 설치할 것을 권고함으로써 감독과 갈등 해결 메커니즘을 강화했다. 연락사무소는 보통 하나 또는 여러 정부 부처 내에 설치되어 가이드라인에 대한 촉진 활동을 하게 되는데, 경우에 따라 진정을 접수하기도 한다. 연락사무소들은 그들 간의 연례 회의를 개최하고 거기서 각각의 개별 보고서에 대해서 논의하고 정보를 교환하고 개념적 문제를 다루는 등 상호 협력 활동도 펼치고 있다. 2000년부터 2005년 사이에 100개 이상의 '특별 사건'(현지의 이행 당사자나 비정부기구 등이 제출한 가이드라인 위반에 관한 진정 사례)이 접수되었고, 이를 국가연락사무소에서 처리했다.[32]

유럽위원회European Commission, EC는 유럽연합의 기업은 OECD의 가이드라인을 지지하고 준수할 것을 다음과 같이 결의했다. "OECD의 가이드라인은 다국적기업의 활동을 규제하는 가장 포괄적이고 국제적으로 승인된 규칙이다. 개도국에서의 기업의 사회적 책임을 촉진하기 위해 유럽연합의 기업들은 OECD의 가이드라인을 세계적으로 준수하고 이를 공표해야 한다."[33] 유럽이 '국제적으로 승인된' 행위 지침에 대한 지지를 결의한 배경에는 유럽 기업의 경쟁력을 (특히) 미국의 기업들과 평등하게 유지하기 위한 목적이 숨어 있다. 유럽이 더 구체적인 유럽만의 가이드라인을 채택하고 자신의 기업들에게 적용한다면, 기업의 경쟁력은 약화되고 자발적 가이드라인의 효과성도 결과적으로 훼손될 것이다. 그런 가이드라인의 적용은 기업에 대해서는 자발적인 것이지만 국가에 대해서는 의무적인 것일 수 있다. 즉, 국가가 가이드라인을 촉진할 것을 공약한 이상 그 가이드라인이 존중되도록 감독할 의무를 가진다고 볼 수 있다.[34]

ILO의 삼자 선언은 1970년대에 논의되었던 신국제경제질서의 맥락에서 채택되었다.[35] 선언의 목적은 "다국적기업의 사회경제적 발전에의 능동적 기여를 촉진하고 다국적기업의 활동이 야기할 수 있는 어려움을 최소한으로 줄이기"

위한 것이었다. 선언의 일반 정책 부문에서 선언은 자발적 구속성을 가진다는 점을 밝히고, 모든 당사자(주로 다국적기업)는 그들의 활동 대상국의 주권을 존중하고 그 법과 규율에 복종하며 현지의 관습을 충분히 배려할 것을 촉구하고 있다. 또한 국제 기준을 존중할 것을 요구하면서, "세계인권선언과 유엔과 ILO가 채택한 인권 규약을 존중해야 한다. 특히 '지속적인 진보'를 위해 핵심적인 표현과 결사의 자유를 보호하는 기제에 주의를 기울여야 한다"고 표현하고 있다. 그러므로 모든 당사자(주로 다국적기업)는 선언을 따름에 있어서 국가의 국내법적·국제법적 의무를 존중하고 받들어야 하는 것이다.

이 선언은 기업의 사회적 책임에 관한 ILO의 의제에서 핵심적 항목을 구성하며, 국내 기업뿐만 아니라 다국적기업까지 그 대상으로 포괄하고 있다. 또한 집회 결사의 자유, 단체교섭권, 강제 노동의 폐지, 기회와 대우의 평등에의 권리와 같은 핵심 내용을 포함해 ILO의 구속력 있는 협약들이 담고 있는 많은 항목의 권리와 자유를 언급하고 있으며, 거기에 법적 근거를 두고 있다. 그러나 이 선언은 법적 구속성이 없고 주로 촉구의 성격을 띠고 있다. 선언은 초국적 기업에게 인권을 존중하도록 압박을 가할 뿐만 아니라 노동권이 인권의 일부로서 얼마나 중요한 것인지를 입증하고 있으며, ILO의 한 메커니즘으로서 모든 노동협약과 권고에 권위를 더해 주고 있다는 점에서 중요하다. 선언은 또한 노동협약과 권고의 무시가 "지속 가능한 개발과 사회적 개발을 (전 세계적으로) 위협"하게 된다고 강조하고 있다. 선언은 그렇게 감시·감독 체계를 견고히 확립하고 있고, 광범위하게 인정받고 있는 기존의 법제에 의존해서 그 효과성을 추구하고 있다.

1999년 1월 당시 유엔 사무총장 코피 아난은 다보스에서 열린 세계경제포럼 World Economic Forum에서 유엔 글로벌콤팩트를 발족하고 기업들이 인권, 노동, 환경 관련 9개의 주요 원칙을 존중할 것을 약속하라고 요청했다. 발족 이후 전 세계 수백 개의 사기업이 콤팩트에 가입하고 있다. 비정부기구인 '기업감시기구'Corp Watch는 2000년 1월에 '유엔과 기업에 대한 시민 콤팩트'를 발족하고 몇 가지 원칙을 제시했다. 그 가운데는 "유엔은 사기업의 어떤 상품이나 상품명도 추천하거나 홍보하지 말아야 한다"[36]는 원칙도 포함되어 있다. 실제로 유엔은 유엔의 로고 사용에 관해 엄격한 규칙을 확립하고 있다. 비록 시민 콤팩트가 계속 이어지지는 못했지만 기업감시기구를 비롯한 다른 비정부기구들이 유엔 글로벌콤팩트가 초국적 기업의 사회적·환경적·인권적 행위에 실질적인 변화를 가져오지 못한 채 기업의 대중적 이미지 재고에만 기여하고 있다고 비판하고 있다.

이 문제는 좀 더 체계적이고 실증적인 분석을 필요로 한다. 글로벌콤팩트는 사기업의 정책에 인권을 도입하게 하고 2003년 1월부터 기업들에게 가이드라인에 따라 콤팩트 준수에 관한 추진경과보고서Communication for Progress, COP를 제출할 것을 요구하고는 있지만, 여전히 자발적이고 자기 규제적인 메커니즘이다.[37] 콤팩트의 참여 기업들은 매년 다양한 이해 당사자와 콤팩트의 원칙을 얼마나 이행하고 있는지에 관해서 재정 보고서나 지속 가능성 보고서, 사보, 웹사이트 등과 같은 수단을 통해서 소통하도록 되어 있다. 슈타인하르트Ralph G. Steinhardt가 강조한 바와 같이, 콤팩트는 연례 자가 보고에 대한 요구 외에 다른 것을 요구하지 않고 '감찰'policing 권한이 없기 때문에, 참여 기업이 시장에서 그 경쟁자와 차별화를 시도할 경우 콤팩트는 '인권적 기업가 정신'을 그 차별화 수단으로 삼도록 촉구할 수 있을 것이다.[38] 이런 방식으로 기업의 사회적 책임에 관한 의제를 도구화하는 것 역시 인권을 촉진하는 기업 행위를 더 많이 이끌어 내는 데 기여한다.

이 모든 이니셔티브는 '인권적 책임'을 막연히 언급하고 있지만, 그 내용과 적용 조건을 분명하게 명시하고 있지는 않다. 다국적기업이 가지고 있거나 가져야 하는 실천적 책임이 무엇인지에 관해서는 상당한 의견 차이가 존재한다. 1997년 '인권 보호와 촉진에 관한 유엔 소위원회'는 '초국적 기업의 업무 방식과 활동에 관한 실무 그룹'Working Group on the Working Method and Activities을 구성하고 기업의 실천적 책임에 관한 문제를 다루었다. 1997년 11월 결의문을 통해 소위원회는 세네갈 출신의 엘 하지 귀세El Hadji Guisse 위원에게 인권과 초국적 기업을 주제로 한 새로운 이니셔티브 기획 보고서를 준비할 것을 요청했다.[39]

귀세의 보고서를 검토한 후 그것을 토대로 소위원회는 3년 임기의 실무 그룹을 구성했다. 실무 그룹은 소위원회의 위원인 데이비드 바이스브로트David Weissbrodt 교수가 작성한 초안에 기초해서 1999년부터 초국적 기업의 행동 지침에 관한 초안을 작성하기 시작했다. 수정된 초안은 2000년부터 2002까지 매년 소위원회의 회기에서 논의를 거쳐 다시 수정 보완되었다. 이는 다시 비정부기구들과의 협의를 통해 재수정을 거치고 난 후, 소위원회의 2003년 7/8월 회기에 회부되어 그 결의문 2003/16번에서 만장일치로 승인되었다. 이것이 '초국적 기업과 다른 기업체의 인권적 책임에 관한 유엔 규범 초안'이다.[40]

규범의 초안을 작성하는 과정에서 비국가 행위자의 책임에 관해 어느 정도 그 성격과 범위가 규명되었다. 규범에 의하면 "초국적 기업과 다른 기업"을 포함해 비국가 행위자는 인권 존중과 보호에의 직접적·간접적 의무를 갖는다. 바이스브로트는 "규범은 기업에게 이미 직간접적으로 적용되고 있는 기존의 국제적 의무들에 근거하고 있으며, 이 규범은 그 의무들을 모두 모아 담고 있는 것으로, 인권 기준은 기업에 적용 가능하다고 분명하고 직설적으로 규정하고 있다"[41]고 결론 내렸다.

규범의 초안을 마련하는 과정에서 규범의 강제성과 자발성을 두고 많은 심의가 이루어졌다. 결국 소위원회는 자발성 이니셔티브로 규범을 채택했다.[42] 규범은 많은 이행 수단을 마련할 것을 요구하고 있으며, 비정부기구와 '제삼자'의 정보 제공을 허용하고 있다. 또한 기업이 규범에 가입하자마자 규범 준수에 관한 보고서를 제출할 것을 요구하고 있다. 이 규범의 초안은 인권이사회(당시는 인권위원회)의 채택으로 발효되게끔 되어 있었는데, 인권이사회는 경제사회이사회에게 "인권위원회가 규범 초안을 요청한 바 없고, 규범은 초안으로서 법적 지위가 없다. 소위원회는 이와 관련해서 어떤 감독 기능을 수행해서는 안 된다"[43]는 점을 분명히 할 것을 권고했다. 이처럼 인권위원회의 초기 입장은 규범 초안에 법적 중요성을 부과하기 위한 노력에서 한발 물러나 있었다고 볼 수 있다.

인권위원회는 대신 인권고등판무관실에 규범 초안을 검토하고 기업의 인권적 책임을 강화할 수 있는 방법을 규명한 종합 보고서를 작성토록 요청했다. 인권고등판무관실의 보고서는 2005년 3월에 발표되었는데, 규범 초안뿐만 아니라 기존의 이니셔티브들을 포괄적으로 분석한 결과를 담고 있었다. 보고서의 결론을 보면 규범 초안과 부합한 견해도 있고 그에 반하는 주장도 담겨 있다. 보고서는 거의 대부분의 기업이 규범 초안을 환영하지 않지만, 몇몇 기업은 그 규범을 '기업 지도자의 인권 이니셔티브'를 통해서 어떻게 사용할 것인지를 모색하고 있다고 지적하고 있다.[44] 위원회는 2005년 4월에 인권과 초국적 기업과 다른 기업에 관한 특별 사절의 자리를 신설했고,[45] 유엔 사무총장 코피 아난은 2005년 7월에 글로벌콤팩트의 특별 자문관을 지내고 하버드 대학 케네디스쿨의 국제학 교수이면서 동 대학 '기업과 정부 센터' 소장인 존 러기John Ruggie를 특별 사절로 임명했다. 그는 2006년 2월에 중간 보고서를 제출했다.[46] 보고서는 소위원회의 규범이 갖는 유용성을 인정하면서도 소위원회의 "규범은 자체의 원칙 과다로 압도되어 그 행사가 어렵다"고 표현하고 있다. 또한 "과대한 법적 주장과 개념적 모호성"은 "심지어 주류 국제법 전문가들과 공정한 평론가들에게조차 혼란과 의문을 야기했다"라고 평가하고 있다.[47] 특별 사절의 소위원회 규범에 대한 원칙적 거부는 규범의 법적 권한에 관한 주장으로 이어졌다. 소위원회의 규범을 둘러싸고 한편에선 자발적 이니셔티브 이상의 그러나 기존 법에 대한 선언적 규범으로서의 법적 권한을 주장하고, 다른 한편에선 국가와 기업 간의 인권적 책임의 분산을 주장했는데, 이에 대해 특별 사절은 원론적인 문제를 제기했다.[48] 그는 소위원회의 "규범을 둘러싼 불화는 인권 존중에 있어서 기업, 시민사회, 정부, 국제기구 사이의 합의와 협력의 영역을 희망차게 밝히기보다는 오히려 어둡게 하고 있다"[49]고 결론 내렸다.

사실 소위원회의 규범은 애초부터 구속력을 갖는 조약으로 초안된 것이 아니었다. 그러나 구속력 있는 기존 협약의 조문에 의존해 모든 기업은 본국 또는 진출 대상국이 비준한 국제법적 기제를 포함해 관련 국내법에 의해서도 구속된다고 가정하고 있다. 달리 말하면 소위원회의 규범은 그 자체로서는 연성법적 기준이지만 그 안에 담고 있는 기존의 강성법적 인권 협약에 의존해 초국적 기업과 다른 기업들에게 규범의 준수를 강제하고 있는 것이다. 그와 같은 방식으로 소위원회의 규범은 국내법에 수용된 국제법 조문의 법적 지위를 강화하고, 그 조문이 초국적 기업을 포함한 비국가 행위자를 구속하고 있는 의무에 의존하고 있는 것이다. 소위원회의 규범이 지원하고 있는 주요 규범은 동등한 기회와 대우에의 권리, 인간 안보에의 권리, 노동자의 권리, 국가주권과 인권 존중에 관한 일반 조문들이다. 이와 같이 소위원회의 규범은 경제·사회·문화적 권리뿐만 아니라 시민·정치적 권리도 포함하고 있다. 소위원회의 규범은 개발권을 기업이 존중하고 촉진해야 할 권리라고 분명하게 언급하고 있으며, 기업이 광범위한 인권을 보호하고 존중하고 보장하고 촉진할 직접적 의무를 자발적으로 수용하며, 자가 보고서를 제출하고 외부의 조사와 검증을 받도록 요구하고 있다.

  소위원회의 규범에 따르면 비국가 행위자의 인권적 책임의 범위는 넓게 확장되는데, 그런 책임이 초국적 기업과 다른 기업에게 "활동의 국제적 또는 국내적 성격과 상관없이" 적용된다고 주장하고 있다.[50] 그래서 초국적 기업과 다른 기업들은 "선주민과 다른 취약한 집단의 권리와 이익을 포함해 국내법뿐만 아니라 국제법에서 인정하고 있는 인권을 촉진하고 보호하고, 그와 같은 인권의 충족과 존중을 보장할 의무"를 갖는다. 그러나 이런 책임의 법적 성격은 논쟁의 여지가 매우 많으며 법적으로도 확립되지 않았다. 그래서 소위원회의 규범 초안은 강력한 지지를 받기도 하고, 반대로 격렬한 거부에 부딪치기도 했다.[51] 규범에 대한 주요 반대 의견은 일반적으로 세 가지로 나눌 수 있는데, 먼저 규범은 기업이 윤리적·인권적 기준에 대한 자발적 준수로부터 이탈함을 의미한다는 것이다. 둘째는 규범의 어투가 과도하게 기업에 대해서 부정적이라는 것이다. 마지막으로 그 이행 조건이 너무 부담스럽고 실행 불가능하다는 것이다. 국제인권법하에서 단지 국가만이 의무를 가지고 있으며 그래야 한다는 주장에 반대하고 규범을 지지하는 입장에서는, 규범이 국가의 책임에 도전하기보다는 인권을 존중하고 보호하고 촉진할 국가의 일차적 책임과 비국가 행위자의 이차적 책임 간의 균형을 확립함으로써 국가의 책임을 보완하고 있음을 강조한다. 또한 규범이 기업의 인권적 책임에 관한 다른 이니셔티브와 중복되지 않는다는 점을 부각시키고, 오히려 규범이 모든 기업에 적용될 수 있는 공통의 기준을 정립하고 있으며 기업의 현재와 미래의 준수와 그 평가에 필요한 조건을 제시하고 있다고 주장한다. 특히 이들은 국가가 권리 보호에 대한 의지가 없거나 그럴 만한 능력이 없는 나라의 인권을 다룰 수 있는 기회를 제공한다고 강조한다.

소위원회의 규범은 여전히 논의 과정에 있는 것으로, 앞으로 수정과 조정을 받게 될 가능성이 높다. 규범 초안은 현재 '기업 지도자의 인권 이니셔티브'에 참여한 기업들의 '성능 시험'road-testing 과정을 통해서 그 실효성을 검토받고 있다. 여기에 참여한 기업들은 자신의 입장에서 모든 기업에게 적용할 수 있는 "중요한", "기대되는", "바람직한" 행위가 무엇인지를 시험하겠다고 공약했다.[52]

경향과 쟁점

이와 같은 국제적 이니셔티브는 연성법적 메커니즘을 통해서 직접적으로 기업을 규제하려는 국제법의 경향을 보여 준다. 국내법이 점점 인권 조약을 수용하면서 판례법과 사법권에서 인권을 사용하는 관행이 진화하고 있으며 인권 규범을 비국가 행위자에게 직접적으로 적용할 수 있도록 하고 있다. 법이 일국적·지구적 차원에서 드러나고 있는 사회적 위험으로부터의 새로운 보호 요구에 대응해 나타나는 것이라고 가정한다면, 위의 분석에서 도출할 수 있는 결론은 개발의 실행 주체로서 비국가 행위자는 유엔 인권선언 서문과 다른 인권 메커니즘에 표현된 원칙에 따라 인권을 존중할 도덕적 책임을 가진다는 것이다. 국제법 분야에서 비국가 행위자에게 인권에 대한 도덕적·법적 의무를 부가하려는 점진적인 그러나 분명한 경향은 ─ 특히 아동의 권리와 노동 기준과 관련해서 ─

인권을 존중하고 인권침해와 피해로부터 보호할 의무에 근거하고 있다.

초국적 기업의 윤리적·인권적 책임 또한 무역과 투자에 관련되어 있다. '인권, 무역, 투자에 관한 소위원회'Sub-Commission on Human Rights, Trade and Investment[53]가 제출한 보고서에서 인권고등판무관은 인권의 촉진과 보호를 투자 협정의 목적 속에 포함시킬 것을 권고했으며, 인권의 촉진과 보호를 목적으로 투자 정책을 규제할 국가의 '권리와 의무'가 보장되어야 한다고 주장했다. 보고서는 투자자의 권리가 강화되면 개인과 지역사회에 대한 그 의무 또한 강화되어야 한다고 제안하고 있다. 이와 관련해 지구적 차원에서 세계무역기구가 인권 규범에 책무성을 가져야 한다는 주장이 형성되고 있다.

비국가 행위자의 책임을 개념적으로 명료화하기 위한 작업에 진전이 이루어지고 있고 실천적 가이드라인과 콤팩트가 개발되었지만, 그 책임을 더 명료화해야 한다는 요구가 줄어들지 않고 있다. 예를 들어, 기업들이 본 계약과 하청 계약으로 서로 연결되어 있을 때 인권침해에 대한 책임은 누구에게 있는가? 인권에 대한 기업의 영향력의 범위는 어디까지인가? 여러 기업이 개입된 복잡한 경제적 거래에서 인권침해에의 연루 또는 공모는 무엇을 의미하는가? 또 다른 쟁점은 책임의 범위에 관한 것이다. 초국적 기업이 인권을 촉진하고 보호함으로써 인권적 책임을 능동적으로 받아들여야 하는가? 기업이 사회 기반 시설, 보건, 교육과 같은 지역사회개발 프로젝트에 투자함으로써 인권에 필요한 경제적 조건을 지원해야 하는가?

이런 질문들에 대해서 지금보다 훨씬 더 많은 해명 작업이 이루어져야 한다. 현재 내릴 수 있는 결론은 국가가 국제 협약을 보장하고 보증할 일차적 책임을 가진다는 것이다. 비국가 행위자의 인권적 책임을 주장한다고 해서 국가책임이 줄어드는 것은 아니다. 상업적 비국가 행위자는 국제법하에서 적용될 수 있는 국가의 의무에 관한 조항을 포함해 국내법을 준수할 의무를 가진다. 예를 들어, 기업은 계약서에 인권 조항을 삽입하거나 기본적 인권을 존중하는 윤리 경영의 기업 문화를 개발함으로써 인권 기준을 기업 활동에 수용할 수 있다. 그리고 위에서 언급한 바와 같이, 국제법은 법체계에 따라 해외에서 활동하는 기업에게도 본국의 법이 온전히 적용될 것을 요구하고 있다. 일례로, 미국의 경우 자국 기업이 해외에서 일으킨 피해에 대해서 외국의 시민이 미국의 법정에 제소할수 있도록 하고 있다.[54]

국제적 규범 설정의 과정은, 예를 들어 글로벌콤팩트의 경우, 기업에게 윤리적 정책과 실천 계획을 수립하도록 더 나은 수단을 제공해 왔다. 경제적 행위자, 특히 거대한 초국적 기업은 소위원회의 규범 초안 서문에서 강조하고 있는 바와 같이, 경제적 웰빙, 개발, 기술 증진, 부를 촉진시킬 수 있는 커다란 잠재력과 역량을 가지고 있다. 동시에 경영전략, 고용정책, 정부와의 거래를 통해서 인권을 해칠 역량 또한 크다. 이 모든 질문들을 인권의 문제로 다루려면 기업의 책임에 관한 개념적 공백을 먼저 메워야 한다.

간접적 의무는 국제인권법하의 국가의 의무로부터 나오는데, 국제인권법은 국가가 충족해야 할 인권 조문을 존중할 최소한의 법적 의무를 기업에게 부과하고 있다. 오늘날 모든 국가가 적어도 하나 이상의 인권 조약을 비준했으며, 모든 유엔 회원국은 국제관습법상 구속력을 가지고 있는 규범을 재확인하고 있는 세계인권선언하의 의무를 가지고 있다. 형사사건에 대한 공정한 재판권과 같은 법치주의의 문제는 전형적으로 국내법의 영역에 속한다. 그러나 기업의 사회적 책임에 관한 최근의 국제적 이니셔티브는 기업과 그들의 활동에 직접적으로 관련된 사안에 대해서 인권 조약하의 인권법이 규제를 가하고 있는 국내법의 테두리를 넘어선 법치주의를 제안하고 있다.[55] 간접적 책임의 메커니즘은 초국적 기업의 인권적 책임을 분명히 하는 데 효과적인 접근법이다. 그와 같은 규범은 인권에 대한 의지나 능력이 없는 국가 — 그런 이유로 자신의 관할권 내에서 활동하고 있는 초국적 기업이 인권에 미치는 영향에 관심을 가질 수 없는 국가 — 에서 활동하는 기업을 규제하는 데 특히 유용하다.

기업의 자발성과 국제인권법하의 의무

기업의 행동을 바꾸기 위한 방법 중 비국가 행위자의 자발적 협정이 법적 규제나 메커니즘보다 더 좋은 방법인가? 자발성은 참여를 강화하고 윤리적 서약에 대한 존중을 키운다. 수단적 측면에서 자발적 준수는 유효한 것이 될 수 있다. 기업의 이미지가 상품의 마케팅과 투자 유치에 영향을 미치는 요소라는 점에서 국제 기준의 준수는 상업성을 가지게 된다.

그러나 자발적 준수는 그 분명한 추세에도 불구하고 지구적 차원에서 지지받지 못하고 있으며, 그 결과 역시 기대 이하이다. 국제적 무역과 투자를 빠른 속도로 확대하고 있는 중국의 기업들은 대부분 자발적인 기업의 사회적 책임 메커니즘에 참여하지 않고 있다. 그리고 초국적 기업들은 지속적으로 억압적인 정권과 결탁해 상업적 이익을 추구하거나 노동자의 권리 보호, 아동보호, 반부패법 등이 미약한 국가로 그 활동을 이전하고 있다. 비국가 행위자의 거대한 힘은 국민의 기본권 향유를 결정할 만큼 많은 영향력을 발휘하고 있다. 비국가 행위자는 일할 권리, 적절한 임금, 결사의 자유, 단체교섭권과 같은 노동권뿐만 아니라 인권법에서 구체화하고 있는 성, 인종, 언어 등에 근거한 차별 금지, 건강에의 권리, 교육에의 권리, 적절한 삶에의 권리와 같은 기본권에 거대한 영향을 미치고 있다. 그러므로 비록 초국적 기업의 인권침해를 입증하고 측량하기가 매우 어려운 건 사실이지만, 그 거대한 영향력을 생각한다면 법적 메커니즘을 개발해 비국가 행위자(주로 초국적 기업)가 인권을 존중하고 그 보호에 기여할 수 있도록 하는 노력은 정당하다고 볼 수 있다.

국제 기준의 효과성은 국내의 법적·법외적 제도의 집행력과 국제적 감독 기구의 기능에 따라 달라진다. 인권법의 효과성은 국내법 체계에 달려 있다. 효과적인 법 제도뿐만 아니라 기업 문화가 인권적 책무성을 가질 만큼 성숙해지려면, 자유로운 언론을 비롯한 강력한 시민사회를 형성하고 인권적 책무를 분명히 정립하며 이에 대한 대중적 인식을 제고해야 한다. 국제인권법은 국가 규제력이

미약한 곳에서 도달 목표를 설정하고 국제적으로 허용할 수 없는 것들에 대한 최소한의 한계를 확립함으로써 규정들을 조화롭게 만들고, 국내법에 필요한 기준을 확립해 그 기준에 응집력을 불어넣는 데 도움이 된다. 그러나 더 중요한 것은 국가 또는 지방 차원에서의 이행이다. 즉, 기업의 행위가 인권 원칙에 도움이 되는지를 공적으로 감시하고 감독할 수 있는 역량이 무엇보다 중요하다.

나아갈 길 : 비국가 행위자, 책임, 개발

이번 장에서는 비국가 행위자의 인권적 책임을 다루는 것이 얼마나 긴요한 의제인지에 대해서 논의했다. 국제인권법의 국가 중심적 구조는 '사회의 다른 기관'의 인권적 책임을 둘러싼 역동적인 움직임을 방해해서는 안 된다. 물론 초국적 기업을 비롯한 기업에 대한 인권 규범이 인권 기준의 한 부분으로 구성되기 위해서는 많은 개념적 문제가 먼저 해결되어야 한다.

초국적 기업은 '개발의 대표 주자'이지만 그들의 활동은 너무나 오랫동안 인권과 개발에 관한 의제에서 벗어나 있었다. 그러나 비국가 행위자에 대처하기 위한 법적 담론이 점차 등장하고 있다. 기업은 인권 촉진을 위한 경제적 조건을 강화하는 것을 비롯해 인권을 지원할 거대한 잠재력을 갖고 있지만, 동시에 환경 파괴와 인권침해를 자행함으로써 지속 가능한 발전의 근간을 해칠 잠재력 또한 크다.

이상의 분석에서 내릴 수 있는 한 가지 결론은 비국가 행위자의 인권적 책임을 규정하기 위해서 인권법의 응용 방식이 점진적으로 한 단계씩 진화하고 있다는 것이다. 국가 판례법에서는 비국가 행위자의 인권적 책임을 정의하고 구체화하기 위해 국제인권법 조문에 의존하고 있고 그 잠재적 타당성을 이미 입증했음에도 불구하고, 초국적 기업의 인권적 책임은 여전히 거의 전적으로 연성법과 자발성의 문제로 남아 있다. 그러나 소위원회의 규범 초안에서 인용한 개발권에 대해 아직 어떤 결론도 내려진 것이 아니라는 점을 상기할 필요가 있다.

가까운 미래에도 국가가 여전히 인권 집행의 주요 대표 주자로 남아 있겠지만, 세계화의 흐름 속에서 국가는 개발의 주요 행위자로서 그리고 국제법하의 권리 보장을 위한 일차적 의무 담지자로서, 강력한 경제적 행위자들이 국제법상의 기본권과 자유를 침해하지 않도록 규제할 의무를 갖고 있다. 국가는 지금 어느 때보다도 시급하게 국가적·국제적 경제 행위자의 약탈적이고 해로운 잠재력을 통제할 수 있는 새로운 방식을 — 그것이 자발성에 기초한 것이든, 법적으로 구속력 있는 것이든 — 찾아야 할 것이다. 이는 결과적으로 현재의 세계화로 인한 새로운 사회경제적 위협으로부터 국민의 복지와 자유를 보호하는 것을 목적으로 인권이 진화해야 함을 의미한다.

현대 인권은 지구적으로 정의로운 법적 절차와 구제 그 이상을 요구한다. 현대 인권은 시민 참여, 공적 개방성, 정보의 자유로운 흐름, 시민사회운동, 인권을 위반한 기업을 압박할 수 있는 '수치심과 비난을 주는' 캠페인 단체 — 예를 들어 소비자 불매운동 — 를 필요로 한다. 제도권 밖에서의 대응은 초국적 기업과 다른 비국가 행위자가 인권 원칙에 책무성을 갖도록 하는 중요한 수단이며, 이는 자발적 메커니즘뿐만 아니라 법 제도가 더욱 견고해지도록 도울 것이다. 자발적 가이드라인은 대중적 참여로 보강될 필요가 있다. 동시에 기업의 자가 보고서는 비정부기구와 감독 기구의 비판적이고 독립적인 평가를 받아야 한다. 인권을 강화하기 위한 새로운 의제로서 초국적 기업의 광범위한 인권적 책임에 관한 실천은 끊임없는 시민적·정치적 참여가 지속되어야만 한 단계씩 발전할 수 있을 것이다. 초국적 기업의 간접적 의무를 규명하는 데 있어서 어느 정도 발전이 이루어지고 있으나 객관적인 법적 의무에 대한 개념적 설명을 명확히 하는 것이 더욱더 필요하다. 이를 발전시키기 위해 인권 진영은 국제경제 진영과 끊임없이 협력해야 한다. 자발적 윤리 강령이 아무리 인권에 기여한다고 하더라도 세계화 시대에 강력한 영향력을 발휘하고 있는 기업이 야기하는 국민의 복지와 자유에 대한 사회적 위협과 도전에 더 잘 대처하기 위해서는 여전히 법적 책무가 중요하다.

보르 안드레아센

BARD ADREASSEN

오슬로 대학 노르웨이 인권센터 겸임교수로 재직 중이다. 정치학과 국제인권법을 전공했다. 연구는 주로 종족 분리 사회(동부 아프리카)에서의 민주화 과정과 인권, 인권에 기초한 개발, 개발원조와 인권, 국제적 선거 모니터링, 사회경제적 권리에 초점을 맞추고 있다. 유럽 인권 기구들 간의 협력 프로젝트인 '개도국의 인권'에 편집자로 참여했으며,『노르웨이 인권 저널』*Nordic Journal of Human Rights* 편집장을 역임했다. 1991년부터 2001년까지 오슬로 대학 노르웨이 인권센터에서 개발과 인권에 관한 연구 프로그램을 지휘했으며, 현재는 동 대학 법대의 '인권과 개발 연구팀'을 이끌고 있다.

8장

올바른 개발을 위한 국가 설계
: 개발권에 기초한 케냐 헌법

야시 가이(Yash Ghai)●

이번 장에서는 국가 차원에서 이루어지는 제도 설계와 개발권의 연관성을 다루고 있다. 개발권은 헌법학자, 정치학자, 인권 활동가에게 아직까지 크게 영향을 미치지 못하고 있다. 개발권은 아직 외교 분야 관계자와 국제 변호사의 활동 영역 안에서 맹아 상태로 남아 있다. 개발권은 북반구와 남반구 외교 관계자들 간의 뜨거운 논쟁거리가 되어 왔다. 북반구 쪽에서는 남반구 국가들이 개발권을 이용해 자신들로부터 자원을 뽑아내려고만 하고 개발권에 표현된 국가적 의무를 이행할 의지가 없다고 의심하고 있다. 남반구 쪽에서는 개발권을 향한 서구 국가들의 미온적 태도를 두고 북반구 국가들의 불순한 의도를 보여 주는 것이라고 주장하고 있다. 즉, 북반구 국가들이 현재의 불평등한 사회경제적 질서를 유지하려 하고, 개발권이 담고 있는 사회적 정의의 의제를 자유주의적 입장에서 분명하게 거부하고 있다는 것이다.

개발권 선언[1]을 둘러싼 많은 논쟁들은 선언의 법적 지위와 구속성에 집중해

● 저자는 홍콩 대학으로부터 우수 연구자상을 수상하고 그 답례로 이 글을 준비하게 되었다. 동료 교수 질 코트렐(Jill Cottrell)이 편집에 도움을 주었다.

왔다. 그런 논쟁 속에서 인권의 개념, 권리 소유자, 의무 담지자의 성격에 관한 학술적이고 난해한 주장들이 서로 대립하고 있는 데 비해, 개발권의 광범위한 영역들이나 총체적 지향점에 대한 논의는 상대적으로 적다. 심지어 학자들조차 지구적 남북 대립에 사로잡혀 있다. 유엔 민간 전문가의 보고서는 이와 같은 교착상태를 벗어나고자 시도했으나, 보고서의 제안 사항은 여전히 국제적 역학 관계에서 크게 벗어나지 못하고 있다.[2]

개발권의 잠재력을 모색하기 위해서는 개발권을 국가정책과 헌법의 테두리 안으로 끌어들여야 한다. 이 접근법이 이제까지 거의 시도되지 않았다는 점은 놀라운 일이다. 명료한 사실 분석과 정교화를 목적으로 한 민간 전문가의 보고서는 개발권을 국가의 의무와 구조 속으로 끌어들일 수 있는 출발점이 될 수 있다. 나는 개발권의 개념과 이행에 관한 중대한 학술적 발전은 개발권이 국가의 국내적 의무와 그 제도의 설계와 연결될 때에만 비로소 가능할 것이라고 확신한다. 또한 북반구로부터 제공된 원조의 효과는 제한적이고 문제의 소지가 많기 때문에 개발권이 개도국의 법 제도 속에서 이행될 때에만 비로소 국민이 개발권의 혜택이 누릴 수 있을 것이다.

나아가 개발권의 국내 개입은 현재 크게 곤경에 처해 있는 권리의 사법적·국제적 시행에 관한 연구와 실천에 활력을 불어넣을 것이다. 실제로 변호사들은 권리를 지나치게 좁은 틀 안에서 분석한다. 그들은 주로 권리의 위반과 그에 대한 사법적 대응에만 초점을 두고 인권의 존중과 보호에 중대한 영향을 미치는 국가의 설계나 국가 내부의 역학 관계에는 주의를 기울이지 않는다. 개발권 선언은 인권의 불가분성과 상호 의존성을 강조하고 있는데, 이는 행정부와 입법부, 사법부, 심지어 사적 집단까지도 통합적인 관점에서 하나의 권리를 다른 권리들과 균형적으로 바라보게 하는 효과를 낳는다. 이 역시 나의 생각이지만, 개발권의 국가 중심적 분석과 이행 모델은 우리로 하여금 개발권의 역학 관계와 그 안에 내재된 정치적 어려움으로 주의를 돌릴 수 있게 할 것이다.

개발권 선언을 국가 헌법의 설계에 필요한 의제로 선택한 것은 개발권에 대한 접근법을 넓히기 위해서이다. 최근 몇 년 동안 진행된 헌법 개혁 과정과 그 내용에 있어서 흥미로운 발전이 많이 이루어졌는데, 이는 불과 몇 년 전의 접근법이나 사고와 매우 다른 모습을 보여 준다. 제2차 세계대전 이후 남반구 국가들에서 제정된 헌법들을 세대와 목적에 따라 ① 탈식민주의 주권, 국가 설립, 민주주의, ② 일당 체제, 군부독재 ③ 민족적 민주주의로 분류할 수 있을 것이다.[3] 이들 헌법은 각자 그 제정과 개헌에 있어서 서로 다른 방식을 반영하고 있다.

최근에 제정된 헌법들은 개발권과 유사한 내용들을 담고 있다.[4] 국민주권을 분명히 하고, 개인적·집단적 인권을 보호하고, 사회경제적 개발의 토대를 세우는 제도를 설계하면서 개발권을 여러모로 반영하고 있는 것이다. 이런 최근의 헌법적 실험은 국가의 통합적 구조 속에서 개발권의 통합적 열망이 영향력을 갖게 되는 접근법 가운데 하나를 보여 주고 있다. 분명한 것은 최근의 헌법들이 식민주의 또는 탈식민주의 국가와는 완전히 달리 인권의 우월성에 기초하고 있다는 것이다. 그것들은 단순히 권리의 수행 기제를 정교하게 하고 강화한다고 해서 이루어지는 것이 아니며, '공여국'(더 명확하게 채권국)과의 협상에 참여한다고 해서 이루어지는 것도 아니라는 점은 분명하다. 제도와 절차가 '권리 친화적'으로 만들어져야 한다.

헌법 또는 헌법 제정과 관련된 개발권의 중요한 측면은 자결의 원칙, 개발의 정의, 권리의 불가분성, 사회정의의 원칙, 대중의 참여에 대한 지속적 강조에 있다. 이와 함께 고려해야 할 중요한 점은 개발권이 개발권 선언에서 비롯된 국가 의무에 기초해 국가적 차원에서 실행될 것이라는 점이다. 나는 개발권의 논리와 일관성을 토대로 헌법을 설계할 것을 촉구한다. 이런 나의 주장이 낙관적이라고만 볼 수 없다. 왜냐하면 그런 헌법의 논리가 식민주의적 경제와 관료주의적 구조 속에 뿌리 깊게 자리 잡은 지배 엘리트(와 그들의 해외 파트너)의 이해와 상충하기 때문이다.

이 글에서는 여러 나라의 새로운 헌법에서 명확하게 드러나고 있는 바와 같이, 개발권의 국내적 함의가 무엇인지를 검토하고 있다. 헌법 제정과 채택에 있어서 참여 방식과 그 내용을 살펴봄으로써 새로운 헌법들이 이전의 것들과 어떻게 다르며, 개발권과는 어떻게 연결되는지를 보여 줄 것이다. 나는 개발권을 좀 더 창의적이고 신중하게 사용한다면 인간 중심적 거버넌스와 개발을 추구하는 데 도움이 될 것이라고 주장할 것이다. 이와 같은 방식으로 지금까지는 충분히 밝혀지지 않은 개발권의 다른 측면들을 이글에서 보여 줄 수 있기를 바란다. 나의 의도는 이 글이 개발권의 원칙을 실천적 측면에서 정교화하기 위한 하나의 지침이 되도록 하는 것이다.

이 글은 또한 국가를 더 넓은 인권과 사회정의로 나아가게 하는 방법과 그것이 얼마나 어려운지를 검토하고 있다. 그 과정에서 헌법은 인권과 국민의 권리를 주변화한 역학 관계를 폭로함으로써 국민들이 처한 곤경의 근본적 현실을 바꾸지 않고도 국민들의 기대를 충족시킬 수 있다(심지어 국민을 세력화할 수도 있다). 이 글에서는 먼저 개발권의 헌법 제정 과정과 그 내용에 대한 관련성을 개괄적으로 논의한 후, 여러 국가의 헌법 조문을 통해서 그 관련성을 입증하고, 좀 더 확실한 논의를 위해서 2000년부터 2005년까지 진행된 케냐의 헌법 제정 과정을 사례로 제시할 것이다.

헌법의 중요성

개발 분야의 논의에서는 국제사회의 역할과 국가 간 협력이 강조되어 왔다. 국가는 국가적 차원에서 발생한 문제에 대해서 일차적으로 책임을 져야 하며, 개발권의 온전한 실현을 촉진한다는 관점에서 국제 개발 정책을 수립하기 위해 독자적 혹은 집단적으로 (필요한) 조치를 취할 의무를 가지고 있다.[5] 국가는 "국민과 그들의 인권에 대한 대량의 극악한 침해 행위를 없애기 위해 단호한 조치를 취해야" 하며,[6] "개발에 대한 장애"가 되는 인권침해를 없애야 한다.[7] 개발권

선언 제8조는 "국가는 국가적 차원에서 개발권의 실현을 위해 필요한 모든 조치를 수행해야 한다"고 규정함으로써 조문들 가운데 국가의 역할을 가장 분명하게 제시하고 있다. 또한 같은 조항에서 국가가 모든 인권의 온전한 실현과 개발의 모든 단계에서 대중의 참여를 중요한 요소로서 독려할 것을 요구하고 있다. 제10조에서는 "개발권의 온전한 행사와 점진적 강화를 보장"할 국가의 의무를 재차 강조하고 "국가적·국제적 차원에서 정책, 입법, 그 밖의 조치를 수립, 채택, 이행"할 것을 권고하고 있다.

개발권은 그렇게 포괄적으로 국가의 주요 전망을 바꾸고 국가 구조를 재구성할 것을 요구하고 있기 때문에 개발권을 온전히 실현하기 위해서는 국가의 헌법이 수정되어야 한다. 단순히 권리장전을 수정하고 강화하는 것만으로는 불충분하다. 개발권을 온전히 국가 구조 안으로 수용하기 위해서는 인권의 행사 또는 보호를 가로막는 장애물이 — 예컨대 권력의 집중이나 악용, 자원의 잘못된 할당, 민주주의와 책무의 부족 — 무엇인지 분석하고, 인권에 우월성을 부여할 수 있는 제도와 절차를 설계해야 한다. 개발권을 온전히 실현하기 위해서는 국가 행정 업무에 국민의 참여를 촉구할 수 있는 절차와 같은 새로운 제도가 필요할 것이고, 서로 다른 이해들 간의 균형을 맞추기 위한 조치도 확립해 나가야 할 것이다. 균형이 필요한 분야 가운데 하나가 바로 개인적 권리와 집단적 권리 간의 관계이다. 소수자의 권리와 관계가 깊은 집단적 권리는 — 개발권 선언에서 직접적으로 언급하고 있는 것은 아니지만 — 참여 혹은 문화에 관련된 헌법 조항들 안에서 가장 잘 다루어질 수 있다. 개발권 선언에서 개발권의 토대 가운데 하나로서 언급하고 있는 자결권을 온전히 행사하기 위해서도 새로운 헌법이 필요할 것이다. 헌법은 국민의 충분한 참여로 만들어져야 하기 때문이다.

다행히 많은 나라의 헌법이 시대에 뒤떨어진 것이기 때문에, 인권의 우월성과 더욱 심화된 민주주의와 참여를 충분히 반영하고 있는지를 심의할 필요가 있다는 입장이 상당한 지지를 얻고 있는 것으로 보인다(사르토리Giovanni Sartori의 조사에 의하면, 오늘날 세계에서 헌법이라 불리는 문건은 170여 개인데 절반 이상이

1974년 이후에 작성된 것이라고 한다).[8] 그 헌법들 가운데 지구촌을 휩쓸었던 민주주의 물결 — 라틴 아메리카에서의 군정 체제 종식, 아프리카에서의 일당 체제 교체, 동유럽 공산주의의 붕괴, 아시아에서의 대중 참여 확대 — 속에서 초안된 것들도 있다. 이들의 공통점은 공정 선거, 권력분립, 헌법재판소 또는 일반 법정을 통한 법과 정책에 대한 사법적 심사, 시민·정치적 권리 법안과 같은 민주주의 요소들을 더 많이 기대할 수 있게 되었다는 것이다.

동유럽의 헌법은 다른 지역의 헌법과는 달리 사회정의와 권리에는 인색한 반면, 자유 시장경제를 비교적 솔직하게 옹호하며 국가의 역할을 제한하고 있다. 동유럽 국가들은 선거 절차를 통해서 조정되는 전통적이고 심지어는 보수적인 정치적 절차를 강조하고 있는데, 헌법은 가치와 정책의 선택을 정부와 의회에 맡김으로써 그런 정치적 절차를 위한 프레임워크를 제공하고 있다.[9] 인권과 사회정의를 활기차게 추진함에 있어서 보다 적극적인 국가의 역할을 지지하고 있는 다른 헌법들은 사회경제적 개혁에 필요한 의제를 설정하고 있다.[10] 그 가운데는 사회정의 또는 빈곤 퇴치를 주목적으로 삼고 이를 각 조항에 일관되게 적용하고 있는 헌법도 있다. 그러나 국가의 역할은 보다 철저한 책무 메커니즘의 확립과 시민사회의 역할 강화, 그리고 선거 행위, 감독 기능, 검찰의 책임, 판사의 임명 및 임기 등과 같이 민감한 부문에서 공권력을 행사함에 있어서 행정부나 정당의 정치적 압력을 차단하는 방식으로 확장되어야 한다.[11]

오늘날 국가들이 헌법을 더욱더 중대하게 다루고 있다는 것은 분명하다. 헌법은 보편적 협의 내용을 담고 있거나 의미 있는 대중적 참여 후에 채택된 것이기 때문에 많은 공동체와 집단이 그 이행에 관심을 가지게 된다. 시민사회단체는 헌법, 소송, 로비를 통해서 적법성과 완전성의 목적을 달성한다. 분쟁으로 곤경에 처한 국가를 복원하기 위한 국제적 절차 속에서 헌법이 채택되기도 하는데, 그럴 경우 국가는 헌법을 준수해야 한다는 압박을 심하게 받는다. 오늘날 헌법은 정당성, 대중적 인식과 지원에 의존할 뿐만 아니라 사법 심사(특히 헌법재판소의 경우), 헌법의 효용성에 관한 정기적 평가, 인권위원회, 독립적 선거위원회, 예산심의 절차와 같은 헌법의 이행과 준수에 필요한 메커니즘을 스스로 제공하기도 한다. 따라서 헌법 개혁과 개발권을 연결시키면 상당한 이점을 얻을 수 있는 것이다.

헌법 제정 과정

개발권 선언에서는 헌법에 대한 언급을 거의 찾아볼 수 없으며 헌법 제정에 대해서는 더욱 그러하다. 그러나 누구라도 선언이 헌법이나 헌법 제정에 대해 함의하고 있는 바를 쉽게 찾을 수 있다. 자결과 참여의 중요성을 반복해서 지속적으로 강조하고 있는 개발권 선언은 그것만으로도 충분한 실마리를 제공하고 있기 때문이다. 여기서 말하는 자결의 개념은 원칙적으로 분리나 독립에 대한 국가 권한이 아니라, 자신의 정치적 지위를 결정하고 자신의 경제·사회·문화적 개발을 추구할 수 있는 국민의 결정권을 의미한다. 즉, '결정'은 국민의 것이지 엘리트 집단의 것이 아니다. '결정'에 있어서 가장 중요한 것은 국민이 그들의 공공 부문을 규제하고, 국가적 가치와 열망을 정의하고, 국가권력의 임무와 권한을 확립한 기본 규칙, 즉 헌법인 것이다. 참여에 대한 강조는 이런 '결정'의 의미를 강화해 준다.

개발권 선언은 참여를 개발의 핵심적 요소로 보고 있다. 서문에서 개발은 "전체 인구와 모든 개인"의 "적극적이고 자유로운, 그리고 의미 있는 참여"에 기초해야 한다고 밝히고 있다. 그 외에도 여러 조문들이 대중의 참여를 요구한다. 예를 들어, 제8조 2항은 국가가 "모든 단계에서 대중의 참여를 개발과 모든 인권의 온전한 실현을 위한 중요 요소로서 촉진해야 한다"고 말하고 있다. 참여는 개발 개념의 중심에 놓여 있다. 제2조 1항은 "인간은 개발의 핵심 주체이며 개발권에 대한 능동적 참여자이면서 동시에 수혜자가 되어야 한다"고 강조한다.

개발은 자기 자신의 발전에 대해서 독자적·집단적 책임을 가진 개인들에 관한 것이다. 개인들은 또한 공동체에 대한 의무를 가진다. 자유권 규약을 위시해 국제적 인권 기제는 참여권의 보장을 추구하고는 있지만, 참여에 대해 다소 협소한 인식을 보여 주고 있으며 참여의 권리를 선거권, 피선거권, 공공서비스에의 접근권 정도로 한정하고 있다.[12] 어떤 국제 규약도 개발권 선언처럼 참여를 인권의 중심에 놓고 있지 않다.

최근에 헌법을 제정하는 과정에서 대중의 참여를 촉진한 바 있는 여러 국가들, 특히 아프리카 국가들은 헌법 제정에서의 대중의 참여가 어떤 가치를 가지는지를 잘 인식하고 있다. 이제 헌법에서 국민에게 주권을 부여하는 것은 관습이 되었고, 국민이 주권의 위임과 행사 방법을 결정한다는 것은 자연스러운 것이 되었다. 대중의 참여를 촉구하는 것에는 좀 더 실용적인 이유가 있다. 오래된 고전적 헌법과는 달리 오늘날의 헌법은 특정 계급 또는 종족 집단의 승리와 지배를 공고히 하는 기존의 국가 정치나 권력관계를 반드시 반영할 필요가 없다. 헌법은 이제 국가적 통합과 영토의 보전을 강화하고, 국가적 이념을 정교하게 정의하고, 강요가 아닌 협의에 의해 사회·정치적 변화를 위한 집단적 의제를 개발하는 것이 되었다.

이것이 현시대에 요구되는 헌법의 기능이라면, 헌법 제정 과정은 국가적 합의를 도출하기 위한 매우 중요한 수단이 된다. 대중의 참여는 개혁 의제를 정의하기 마련이고 헌법은 대부분 도시에 기반을 둔 엘리트 집단뿐만 아니라 전 국민의 관심과 열망까지 반영하기 마련이다. 최근 몇 년 동안 만들어진 많은 헌법들이 내전을 겪고 난 후 제정되었고, 그 과정에서 중요하게 다루어진 것은 분쟁에 연루되었던 공동체들 간의 화해를 도모하는 것이었다. 바람직한 헌법 제정 과정은 대중 권력의 성격과 입헌주의의 역할에 대한 국민의 이해를 높여 준다. 또 이런 효과적인 과정은 민주적 정치 문화, 관용, 다원주의를 학습할 수 있는 기회로 정치발전에 중요한 요소가 될 수도 있다. 또한 정치경제적으로 주변화된 사람들을 세력화하는 기회가 될 수 있으며, 다른 의견을 청취하고 함께 합치

점을 찾아가는 습관을 기름으로써 차이와 갈등에 대처할 수 있는 사회적 역량을 키울 기회가 될 수도 있다. 그런 과정에 대한 국민의 참여는 국민들로 하여금 헌법 용어와 내용을 더 잘 이해할 수 있도록 해주며, 국민 보호에 관한 조항을 국민 스스로가 구성할 수 있는 역량을 강화시킬 것이다. 이 모든 것들은 헌법의 정당성을 바탕으로 하는데, 국민들이 과정에 개입하고 결과에 대해서 주인 의식을 느끼고 주장할 때 헌법은 실질적으로도 정당성을 확보할 수 있다. 이와 같이 정당성을 확보하기 위해서는 이 과정에 모든 공동체, 주요 사회집단과 이해집단이 참여할 수 있도록 보장하는 것이 필수적이다.

이상은 의심할 여지없이 참여가 이루어지는 과정을 지나치게 낭만적인 모습으로 그린 것이기는 하지만, 이런 접근법은 열렬한 지지를 받아 왔다.[13] 그러나 지지자들 가운데 일부를 포함해 이를 비판하는 자들은 이런 접근법에 대해서 심각한 우려를 제기하고 있다. 참여 과정은 자발적 행위와 포퓰리즘의 위험에 빠져서는 안 된다. 사람들이 헌법 제정 과정에 참여할 만큼 정신적으로나 지적으로 충분히 준비가 되어 있는지를 살펴보아야 한다. 어떻게 대중과 특수 집단, 조직화된 집단의 의견을 끌어낼 것인가, 그리고 어떻게 그런 의견을 분석하고 평가하고 균형 있게 수용할 것인가? 이런 과정은 단지 '일회성'으로 끝나서는 안 되며 지속적으로 이루어져야 한다. 또한 앞으로도 기초적이고 의미 있는 형태의 참여를 이끌어 내기 위한 의견을 제시할 수 있도록 새로운 기회를 포함해야 한다. 헌법 제정 과정 전반에 걸친 투명성과 통일성은 사람들의 신뢰와 확신을 얻고 유지하며, 조작의 위험을 차단하는 데 있어서 매우 중요한 요소이다. 헌법 제정은 편협하고 단기적인 이익에 따라 움직이는 또 다른 정치형태가 되기 쉽다. 이는 결과적으로 선의보다는 고통을 야기하는 것이 될 것이다. 높은 수준의 참여는 만족될 수 없는, 혹은 만족되지 않을 기대감을 낳는다. 참여의 결과로 나타나는 문화에 대한 강조는 종종 헌법을 국가적·국제적 차원의 사회경제적 현실과는 연관성이 적은, 오래전에 흘러간 과거에 집착하게 만들 수 있다. 이는 헌법과 사회 간의 간극만 넓히게 된다. 그러므로 '국민'의 개념이 분화되지 않는다면, 또한 '국민'에 관한 낭만적 사고방식에 일정한 조정이 가해지지 않는다면, 대중적 참여가 어떤 영향을 미치는지에 대한 평가는 제대로 이루어질 수 없다. 즉, (획일적인 집단으로서의) 국민은 존재하지 않는다. 다만 종교 집단, 종족 집단, 장애인, 여성, 청소년, 원시적 집단, 유목민, 때로는 '선주민', 농부, 소작농, 자본가, 노동자, 변호사, 의사, 중개인 그리고 재직 중이거나 실패했거나 야심을 품고 있는 정치인 등 모두 각자의 의제를 추구하는 사람들이 존재할 뿐이다. 이들은 헌법 제정 과정에 대해 서로 다른 수준의 이해와 수단을 가지고 있다. 헌법 기구의 구성 또는 절차는 종종 이들 가운데 소수의 한두 집단에게만 유리하게 될 수 있다. 정치 시장의 보이지 않는 손을 믿지 않는다면 이들 중 어떤 집단도 '선한' 헌법을 만들 것이라고 기대할 수 없다 — 확실히 정치인에게는 그런 것을 기대할 수 없다. 또한 참여적 과정은 근본주의 또는 무자비의 원천이 될 수 있는 군벌, 종족주의자, 종교적 광신자에 의해 조작될 수 있다. 결과적으로 종족, 언어, 종교적 차이에 기초한 사회적 분열을 심화시킬 수도 있다.

이런 이유 때문에 참여의 범위와 방식을 주의 깊게 계획하는 것이 매우 중요하다. 사람들이 헌법적 언어에 익숙하지 않더라도 쉽게 이해할 수 있는 설명을 통해서 그들을 끌어들일 수 있는 시민교육 프로그램을 만들어야 한다. 즉, 대중과 전문가 간의 역할 관계를 규명하고 무엇보다 사람들이 의사 결정과 헌법 채택의 방식에 익숙해질 수 있도록 해야 한다.

헌법의 실질적 지향점

헌법 제정이 어렵고 복잡하고 비용이 많이 들고 때로는 분열을 일으킬 수 있기 때문에, 대부분의 나라에서는 매우 중대한 이유가 없는 한 좀처럼 새로운 헌법을 제정하려 들지 않는다. 정부, 정당, 종족 집단, 종교 집단은 헌법 제정의 목표와 심의 절차가 그들에게 부적합하거나 미리 결정되어 있지 않으면 그 과정을 시작하거나 개입하는 것을 꺼려한다. 그래서 적지 않은 협상과 타협이 공식적인 과정에 앞서 미리 이루어지는 것이다.

목표에 대한 사전 합의는 많은 이점을 가지고 있다. 우선순위의 설정은 헌법 제정 과정의 방향을 결정하고 서로 다른 목표와 이해를 조정하는 데 도움이 된다. 예를 들어 국가적 정체성을 확립하고 화합을 도모하기 위해서는 효과적인 국가 제도와 함께 지역적·공동체적 자치 정부가 필요하다. 그래야만 개인과 집단적 권리 간의 균형을 보장할 수 있을 것이다. 점점 많은 목표들이 문화(예를 들어 이슬람)와 국제적 규범(민주주의, 국가적 화합, 인권, 사회정의, 성평등 등)뿐만 아니라 지역사회의 전통에 의존해 정의되고 있다.

원래의 목표가 지나치게 많거나 특수적이거나 세부적이라면 심의 과정에서 도출된 다양한 의견들과 충돌할 것이고, 주요 이익집단들이 자기들끼리 이미 결의한 바가 있다는 인상을 줄 것이다. 그래서 사람들과의 협의 과정에서 나타날 아이디어와 권고를 수용할 수 있는 여지를 남겨 놓는 것이 중요하다. 특히 처음에 목표를 선정하는 과정에 영향력을 미치지 않았던 시골 지역의 주민들, 주변화된 여성, 소수자와 같은 사회의 특정 부문을 위한 여지를 남겨 두어야 한다.

개발권 선언은 헌법에 분명한 지향점을 제공하고 있다. 선언의 목표는 서문의 두 번째 단락에서 정의하고 있는 '개발'이다. 즉, "개발과 그 결과적 혜택의 공정한 분배에 전체 인구와 모든 개인의 능동적이고 자유롭고 의미 있는 참여를 통해서 전체 인구와 모든 개인의 웰빙을 지속적으로 증진하는 것을 목적으로 하는 포괄적인 정치·경제·사회·문화적 과정"으로서의 '개발'이다.[14] 이와 같은 개발 개념에 있어서 인권은 문제 해결의 열쇠이며, 개발권 선언은 인권을 부정하는 것을 개발에 대한 "심각한 장애"라고 규정하고 있다. 개발권 선언은 전체론적 관점에서 인권에 접근해야 한다고 요구하는데, 이는 사회권에 자유권과 똑같은 중요성을 부여해야 한다는 것을 의미한다. 즉, 모든 인권과 기본적 자유는 "불가분하고 상호 의존적"이며, "시민·정치적 권리와 경제·사회·문화적 권리의 이행, 촉진, 보호에 동등한 주의를 기울여야 한다." 특정 인권과 기본적 자유의 촉진과 보호가 다른 인권과 기본적 자유를 부인하는 것이라면, 이는 정당화될 수 없다.

개혁 의제에는 개발에 필요한 모든 조치가 포함되어 있다. 특히 빈곤, 부패, 자원의 불평등한 분배를 야기하는 요소를 고려해야 한다. 모든 종류의 인권과 기본적 자유는 개발의 중심에 위치해 있으며, 이를 보호하고 향유하기 위한 조치는 개혁 의제를 구성한다. 좀 더 구체적인 의제가 제8조에 제시되어 있다. 즉, 국가는 개발권의 실현을 위해 필요한 모든 조치를 취해야 한다고 요구하고 있다. 국가는 "기초적 자원, 교육, 보건 서비스, 식량, 주거, 고용, 수입의 공정한 분배에의 접근에 있어서 모두에게 기회의 평등을 보장해야 한다." 개발 과정에서 여성의 능동적 역할을 보장할 수 있는 "효과적인 조치"도 취해져야 한다. 제8조 1항은 더 광범위하게 "적절한 사회경제적 개혁은 모든 사회적 부정의를 척결한다는 관점에서 수행되어야 한다"고 요구하고 있다.

헌법과 관련해 인권의 측면에서 가장 먼저 고려해야 할 것은 선거 과정에의 참여권인데, 이는 민주적 질서를 확립하기 위한 필요조건을 구성하며 표현의 자유나 집회·결사의 권리와 같은 민주주의의 전제 조건도 여기에 포함된다. 물론 이와 관련해 상세한 사항들을 결정하는 것은 해당 국가에 달려 있다. 신념과 믿음의 자유는 자신의 언어를 사용할 권리, 자신의 문화를 향유할 권리와 함께 다원주의를 중요하게 여기는데, 이는 민주주의의 핵심적 요소이다. 사법부의 독립은 정당한 법적 절차와 보호를 위해서 분명히 필요한 조건이지만, 일반적으로 국제적 인권 기제는 투명성, 책무, 권력분립에 대해서 분명하게 언급하고 있지 않다. 반면 민주주의를 요구하는 지역적 인권 기제는 좀 더 넓은 의미의 민주주의 개념을 허용하고 있다. 그러나 위의 권리들은 국가의 권력을 제한하는 방향으로 설정되어 있다. 반대로 시민·정치적 권리의 보장에 있어서는 국가의 활발한 역할을 의무로 요구하고 있다. 또한 보호와 시행에 대해 강조함으로써 크게는 사법절차를 통한 구제에 주의를 집중하고 있는데, 최근 몇 년 사이 지역 법정들은 권리의 해석과 권리의 법적 제약에 관한 원칙과 규칙을 정교하게 만들어 나가고 있다. 그 밖의 법정 판결이나 권리의 해석은 국가 설계에 대한 분명한 함의를 가지고 있지 않다.

이런 측면에서 볼 때 개발권 선언은 다른 인권 기제들을 뛰어넘은 것이다. 개발권 선언은 인권을 개발의 원칙적 토대로 삼음으로써 권리 존중을 헌법의 시금석으로 만들었다. 즉, 헌법의 모든 조문이 인권에 순응하고 인권을 촉진시키도록 요구하고 있는 것이다. 헌법 제정 과정에의 참여가 얼마나 중요한지는 앞에서 이미 언급한 바 있지만, 개발권 선언하에서 참여는 헌법 제정 과정뿐만 아니라 국무 행위, 국정 수립, 사회정의의 이행에도 보다 강력하게 적용된다. 따라서 참여는 국가 운영의 중요한 부분을 구성한다. 이것이 개발권 선언이 국가의 제도 설계, 대표성, 의사 결정 방식, 책무에 대해 분명히 함의하는 바이다. 특히 참여를 보장하라는 명령은 권력을 지방과 나아가 마을 차원으로까지 확산되도록 한다.

개발권 선언은 또한 시민사회단체가 대중적 참여의 견인차로서 역할을 수행하는 것에 대해 인정할 것을 요구한다. 근본적으로 국가권력을 획득하는 데 여념이 없고 조작에 능한 정당은 일반적으로 책무에 대한 두려움으로 진정한 의미의 참여를 저지하고자 한다. 개발권 선언은 경제·사회·문화적 권리에 중요성을 두고 있는데, 이는 주로 국가의 목적과 관련된 것이며 국가의 확장된 역할을 규정한다. 여성의 참여를 확대하기 위한 차별 시정 조치affirmative action는 입법부와 그 외 국가기구나 사단에서 여성에게 일정 정도의 의석수를 보장해 주는 것을 비롯해 여러 가지 형태로 취해질 수 있다. 또한 수입의 공정한 분배, 자원과 기회에 대한 접근을 보장하라는 명령은 아직 식민주의의 잔재가 남아 있는 많은 국가들에게 국가 구조를 근본적으로 변화시킬 것을 요구하고 있다. 이와 같이 개발권 선언은 그동안 주변부에 위치해 있었던 것을 중심부로 가져오기 위한 시도이다. 우리가 이론적·실천적 노력을 통해 그 주요 함의를 끌어낸 바, 개발권 선언은 진실로 혁명적인 문건임이 확실해졌다. 이와 같은 함의는 분명 발의자들이 의도한 바도, 알고 있었던 바도 아니었을 것이다.

인권이 헌법에 미치는 영향은 인권과 빈곤과의 관련성을 검토함으로써 찾을 수 있다. 이 둘 사이의 관련성은 이미 잘 알려져 있다.[15] 인권의 중요한 목표인 존엄한 삶은 빈곤으로 인해 불가능해진다. 가난한 사람들은 매일의 생존 투쟁으로 인해 지속적으로 굴욕을 당하고, 국가와 경제에 하등의 도움이 되지 않는다고 스스로를 비하하게 된다. 그들의 보건, 교육, 주거 그리고 육체적·정신적 안전에의 권리는 지속적으로 심각하게 침해당하고 있다. 빈곤과 인권이 연결되는 또 다른 측면은 인권이 빈곤 퇴치에 매우 유효한 프레임워크라는 점이다. 인권 프레임워크는 개발의 진정한 목표로 모든 측면에서 인간 개발을 성취할 것을 요구한다. 즉, 일, 보건, 교육, 참여, 자유로운 삶, 조합, 연대에의 권리를 보호하도록 요구하고 있는 것이다. 이는 우리에게 공적 권한에 부과된 의무가 무엇인지를 상기시켜 준다. 그것은 위의 권리들이 개인, 가족, 공동체의 노력을 통해서 실현될 수 있는 정책과 제도를 확고히 하는 것이다. 인권 프레임워크는 또한 국제사회의 도덕적·법적 의무를 강조하고 있다. 국제사회는 모든 사람이 존엄하게 살 수 있도록 하는 정치·경제·도덕적 질서를 확고히 해야 한다. 이는 만민 평등의 근본 원칙에 근거한 것으로 개인과 공동체의 서로 다른 열망과 이해들이 균형을 이룰 수 있도록 하고, 서로 조화롭게 공존하는 방법을 제공함으로써 세계화의 실천과 정당화 논리에 내재된 사회경제적 정책과 사상이 극단으로 흐르지 않도록 한다.

인권은 경제·사회·정치적 정책과 그 이행 양식을 평가하기 위한 지표, 표적, 척도를 제공한다. 인권 프레임워크에 기반을 두지 않은 개발 정책과 자원 배분이 인간 복지를 향상시키고 사회적 안정을 강화하지 못할 것이라는 것은 점점 분명해지고 있다. 현실의 문제를 분석한 연구들 가운데 대부분이 그 해결책으로 민주주의, 평등, 참여, 세력화를 제시하고 있다. 이는 여성, 아동, 인구, 사회적 개발에 관한 국제회의에서도 분명하게 나타나고 있다.[16]

부패와 빈곤을 연결시킴으로써 헌법 제정을 위한 추론을 한 단계 더 끌어올릴 수 있다. 부패는 집단적 목표와 제도를 가진 살아 있는 공동체로서의 국가의 존립 자체를 위협할 수 있다. 부패는 마피아를 양성하고, 마피아는 다시 부패와 또 다른 불법적 행위를 만들어 낸다. 극단적 경우에는 불법 조직이 국가 관할권을 강탈함으로써 국가의 명령이 아무런 효력을 갖지 못하는 상황이 발생할 수도 있다. 주요 정치인과 사업가가 가난한 사람을 돕는 정책을 방해하는 상업적 거래에 연루되어 왔으며, 부패는 공공 세입을 고갈시키고 사적 축적을 위해 국고를 갈취한다. 부패는 국가의 조세 역량을 저하시키며 부패로 얻어진 많은 돈은 국가 경제에서 빠져나가 외국의 은행으로 흘러 들어간다.

또한 부패한 수단으로 축적된 엄청난 양의 돈은 정치권으로 흘러 들어가 정치를 오염시키며, 민주주의를 침식시키고 공무에 대한 기업의 영향력을 강화하고 투표의 가치와 존엄성을 떨어뜨린다. 부패는 많은 곳에서(예를 들어 케냐, 인도, 말레이시아, 파푸아뉴기니) 종족, 지역을 포함한 연고주의와 흔히 연결되어 있으며, 이는 후원 정치 관행을 북돋운다.[17] 그 결과는 전형적으로 도덕적 기준의 침식으로 나타난다. 부패가 폭로되더라도 부패 관행이나 거기에 연루된 사람들의 평판에는 아무런 영향을 미치지 않게 되며, 이런 상황에서 사람들은 급속도로 냉소주의와 절망감에 빠지게 되는 것이다. 부패는 국가와 국민 사이의 신뢰를 파괴하고 공권력의 정당성을 위협한다.

이 모든 방식을 통해서 부패는 가난한 사람들의 권리를 부정한다. 가난한 사람들의 참여에의 권리를 빼앗고 사회경제적 복지에 대한 접근을 가로 막는다. 부패를 척결하고 굿거버넌스를 촉진하는 것은 사회·정치·경제적 개발에 도움이 되는 환경을 조성하는 데 매우 중차대한 일이다. 따라서 헌법은 부패 문제를 다루어야 하며, 그런 이유로 이미 많은 국가의 헌법이 부패를 다루기 시작했다.

탈식민주의 국가의 해체?

위에서 주장한 바와 같이, 개발권은 탈식민주의 국가가 민주적이고 참여적인 국가로 탈바꿈할 것을 요구하고 있다. 그들 국가들은 아직도 식민주의적 행정 구조와 방법론에 뿌리를 두고 있으며 행정 구조는 흔히 특정 엘리트 집단에 의해서 악용되고 있다. 그들의 부패 정도는 식민 시기의 공공서비스보다도 심각하며, 직업적 자부심에 의해 활동하는 경우도 드물다. 많은 개도국, 특히 아프리카는 기존의 헌법적 규범이 얼마나 비효율적인지를 잘 보여 주고 있다. 헌법은 부패한 정치인과 관료의 권력을 통제하지 못하고 있다. 단순히 입법부와 국가의 행정기관을 설립하고 거기에 권한을 부여하는 헌법으로는 정치와 국가 행위에 근본적인 변화를 가져오기 어려운 것이다.

헌법은 국가기관을 재구성하고 권력을 사방으로 분산시켜야 하며 책무성과 청렴성을 보장할 수 있는 효과적인 규칙과 제도를 확립해야 한다. 그리고 진정한 권리의 행사와 시행 가능성을 확고히 보장해 주어야 한다. 무엇보다 정치 변혁에 가장 중요한 문제는 국민을 세력화하고 국민들이 지속적으로 국무에 개입할 수 있도록 보장하는 것이다. 이런 목적을 달성하기 위해서는 새로운 헌법의 구조와 내용뿐만 아니라 그 설계 과정 역시 매우 중요하다. 그런데 과연 정치의 변화가 가능할 것인가? 케냐에서 이루어진 헌법 심의 과정을 살펴보면 이 질문에 대한 중요한 단서를 찾을 수 있을 것이다. 케냐는 변화를 이끌어 내는 데 필요한 많은 특징들을 가지고 있기 때문이다.[18]

케냐 : 헌법을 통한 개발권 성취 투쟁

케냐에서는 수많은 사회·정치·종교적 전문가 집단이 국민적 정서를 대표해 새로운 헌법을 요구했다. 이들의 운동은 대체로 독재자들이 추동한 것이기는 하지만 거기에는 진정성이 담겨 있어서 시민사회에 활력을 불어넣었고 종교 및 사회단체의 헌법 개혁에 대한 열정을 고취시켰다. 시민사회단체는 사람들을 동원하고 국민적 토론을 위한 플랫폼을 제공하며 연맹을 구축하고 여론을 형성하는 등 운동을 체계화하기 위해 많은 활동을 주도했다. 오랫동안 계속된 일당 체제의 가혹한 법률과 자의적인 행정 아래 억눌려 있었던 정치적 집회가 되살아나 신랄한 저항을 이끌었고, 현존의 국가 제도와 법을 넘어서는 포럼과 담론이 형성되어 기존의 것들을 무력화시켰다.

사실 국가는 이미 정당성을 잃은 지 오래였다. 개혁에 대한 요구가 시작될 수 있었던 이유는, 사람들이 사회적 병폐와 고통의 원인이 국가보다는 왜곡된 헌법에 있다고 생각했기 때문이었다. 헌법은 국민들을 무기력하게 만들었고 국가권력이 극도로 독단적으로 행사될 수 있도록 했던 것이다. 케냐가 헌법 논의를 하게 된 배경은 지난 40여 년의 역사 속에서 찾아볼 수 있다. 1963년 케냐의 독립 헌법Independence Constitution은 민주주의, 인권(특히 소수자의 권리), 권력 분산, 억제와 균형을 촉진하도록 설계되었으나, 불과 몇 년이 지나지 않아 개정을 거치면서 식민 국가의 헌법으로 회귀했다.

이때 개정된 헌법은 자유와 다당제 민주주의를 허물어 버렸고, 권력 분산형 체제를 고도의 권력 집중형 통치 체제로 대체시켰다. 그리고 후원 정치에 힘입어 내각제를 강력하고 중앙집권적인 대통령제가 접목된 형태로 조정했다. 국가 자원은 부패와 협박으로 약탈당했다. 경찰은 국민을 보호하기는커녕 오히려 핍박했다. 많은 사회단체와 공동체는 정부에 반대하는 것처럼 보인다는 이유로 재산을 몰수당했고, 정부를 비난한 사람들은 왜곡된 사법절차를 통해 일상적으로 구금되고 희생당했다. 그리고 정당한 법적 절차는 이 과정을 침묵으로 일관했다.[19]

정부 기구와 경제 제도는 강력한 대통령과 그 내부 인사들의 그림자 아래에서 부패해 갔으며, 권력분립은 의미를 잃었고, 의회는 유명무실해졌다. 사법 독립의 원칙은 파괴되었고, 법원은 행정부에 종속되었다. 옴부즈맨과 같은 책무를 위한 제도는 존재하지도 않았으며, 감사원과 같은 기관은 존재했으나 아무런 영향력도 행사하지 못했다. 국가기관과 공공서비스에 대한 접근은 거의 불가능했다. 임명이나 승진의 기준으로서의 공과는 정치적·인종적 연줄과 금품제공으로 대체되었다. 경제는 급격히 침체되었고, 사회 기반 시설은 무너졌고, 생산과 수출은 줄어들었다. 방대한 규모의 불법적 토지 획득이 급상승했으며, 그 가운데는 미개척지도 포함되어 있었다. 실업률은 치솟았고 국민들은 생필품조차 구하지 못하게 되었는데도 소수의 사람들은 상상할 수 없을 정도로 풍요를 누렸다. 개인과 기업의 안전을 위한 보장 조치는 사라졌다. 결과적으로 남은 것은 공공 부문의 퇴행, 투명성과 신뢰의 부족, 광범위하게 퍼진 공포였다. 결국 많은 사람들이 망명 생활을 선택하게 되었다.

국민 참여를 통해 만들어 낸 헌법 초안　　이런 경험은 개혁 의제에 강력한 영향을 미쳤다. 케냐의 국민들은 외국의 전문가들을 초빙해 새 헌법을 초안하겠다는 대통령의 제안을 거부했다. 그들은 스스로가 새 헌법의 제정 과정을 통제하기를 원했다. 또한 참여 민주주의, 인권, 사회정의, 기본욕구를 포함해 그들의 가치와 열망이 반영된 헌법을 원했다. 그리하여 그들은 오랜 투쟁과 시민사회의 비공식적 헌법 심의 과정 끝에 이 두 가지 목적을 성취할 수 있었다.[20] 이로써 케냐는 매우 참여적인 과정을 가질 수 있었으며, 국민들은 그런 과정을 '완지쿠'Wanjiku라는 여성의 이름으로 상징화해서 불렀는데, 이는 '국민 주도'people-driven 과정이라는 의미로 사용되었다(원래는 모이 Daniel Toroitich Arap Moi 대통령이 국민들이 자격이 없다는 것을 보여 주기 위해 비하하는 의미로 사용하던 말이었다). '심의에 관한 법률'Review Act은 모든 심의기관에게 국민에 대한 책무를 가질 것을 명령했고, 심의 과정이 국민의 요구를 수용하고 대중의 참여를 보장해야 한다고 규정했다. 즉, "사회경제적 지위, 인종, 종족, 젠더, 종교적 신념, 나이, 직업, 학력, 장애"를 포함해 모든 다양성을 수용할 것을 요구했다. 국민들은 "헌법 개정 논의에 의견을 제안하고 토론에 능동적이고 자유롭게 참여할 수 있는 기회"를 법적으로 보장받았다. 또한 헌법 심의의 최종 결과물은 국민의 바람을 "성실히" 반영해야 한다고 명령했다.

초기의 심의 과정은 의회가 임명한 위원들로 구성된 케냐 헌법심의위원회Constitution of Kenya Review Commission라는 독립기관에서 주관했다. 위원들은 법 또는 공공 업무에 정통한 전문가들로서 지역, 종교, 사회적 이해관계를 각각 대표했다. 위원회는 처음 몇 달 동안 국민들이 헌법 제정의 과정과 목적뿐만 아니라 헌법 이행을 위한 헌법적 선택권constitutional option을 이해할 수 있도록 시민교육을 실시했다. 위원회는 비정부기구와 다른 관련 집단과의 협력을 통해 케냐 헌법의 역사와 정치 체계에 관한 자료를 준비했고, 여기에 다른 나라로부터 가져온 개념과 사고도 포함시켰다. 위원회는 여러 차례의 공개회의를 전국적으로 열었으며 미디어를 활용해 모든 지방에 정보를 제공했다. 국민들은 위원회가 준비한 긴 설문지를 통해서 그들의 의견을 전달했다. 수많은 전문적·사회적 기구들과 대중의 반응은 압도적이었다. 위원회는 결과 보고서와 헌법 초안을 준비하기 전에 국민의 의견을 신중하게 분석했다.

헌법 초안은 '심의에 관한 법률'에서 명령하고 있는 바와 같이 국민들이 제안한 원칙들과 위원회가 접수한 구체적인 권고들을 따라 작성되었다. 초안은 스와힐리어와 영어로 작성되었으며, 전국적으로 배포되고 광범위한 토론을 거쳤다. 국민들 대부분은 헌법 초안을 열광적으로 받아들였고, 이는 국가헌법회의 National Constitutional Conference에 제출되었다. 국가헌법회의는 케냐 역사상 가장 광범위한 대표성을 확보한 기구로, 모든 국회의원을 포함해 지방, 정당, 종교, 여성, 직업, 장애인, 비정부기구, 기타 이해 집단의 대표 629명으로 구성되었다. 그들의 책임은 초안에 대해 토론하고 필요하다면 수정을 거쳐 헌법을 채택하는 것이었다. 국가헌법회의는 가능한 한 합의에 의해 의사를 결정하고, 그렇지 못할 경우 구성원의 3분의 2이상의 득표로 의사를 결정하도록 했다. 국가헌법회의는 3분의 2이상의 득표를 얻지 못한 '논쟁적' 문제는 국민투표에 회부했다. 헌법 제정 절차에 관해서는 상당한 국민적 합의를 만들어 낼 수 있었지만, 국가헌법회의의 진행 과정은 그다지 순조롭지 못했다.

이와 같은 절차를 크게 무시해 온 정치인들(특히 새로 선출된 정치인)은 권력의 가치와 구조가 근본적으로 바뀌는 것을 우려했고, 특히 정치적 과정의 민주화에 대해서 깊은 우려를 드러냈다. 그들은 행정부의 구조조정과 중앙과 지방의 관계를 재설정하는 데 동의하지 않았다. 이는 본질적으로 권력을 향한 이권 다툼이었다. 전국적 토론과 대중적 협의를 통해 도달한 국민적 합의가 다시 흐지부지되는 듯했다. 그러나 국가헌법회의는 의회 내 대통령파의 격렬한 반대에도 불구하고 어느 정도 수정된 형태로 헌법 초안을 정족수의 다수에 의해 채택하려고 했다.

심의 원칙　　헌법 심의 과정에 대해서 분석하기 전에 먼저 헌법심의위원회의 원칙적 접근법과 국가헌법회의에서 살아남은 초안의 조문을 살펴볼 필요가 있다. 이 조문들은 개발권을 지향하는 헌법의 핵심적 구성 요소를 보여 준다. 헌법심의위원회의 요약 보고서[21]는 국민들이 제시한 주요 권고 사항을 규명하고, 아래와 같이 정리했다.

- 우리 스스로의 노력과 정부의 지원을 통해 식량, 물, 의복, 주거, 안보, 기본 교육에의 근본적 욕구를 충족할 수 있는 적합한 삶의 기회를 제공할 것
- 공정한 토지 접근 체계를 구축하고 과거의 잘못에 관한 정의를 실현할 것
- 정부가 우리에게 더욱더 가까이 다가옴으로써 우리의 삶에 영향을 미치는 결정에 대해 우리가 보다 많은 통제력을 행사할 수 있도록 하고, 우리에게 많은 영향을 미치지만 우리가 결정할 수 없는 사안에 대해 우리가 더 잘 이해할 수 있도록 할 것
- 한 사람의 손에 권력이 집중되지 않도록 할 것
- 의원들은 열심히 일하고 우리와 우리의 의견을 존중할 것, 그렇지 않을 경우 그들을 내칠 권한을 우리에게 제공할 것

- 지도자로서 적합한 지적·감성적·도덕적 자격을 갖춘 지도자를 선택할 수 있도록 할 것
- 부패를 종식시킬 것
- 경찰은 시민을 존중하고 시민들에게 존중받을 수 있도록 노력할 것
- 여성에게 동등한 권리와 젠더 평등을 보장할 것
- 고아와 거리의 아이들을 포함해 아동들에게 그들이 추구할 만한 미래를 가질 수 있도록 할 것
- 장애인을 존중하고 그에 맞게 대우할 것
- 모든 공동체를 존중하고 그들 자신의 문화와 신념을 자유롭게 지킬 수 있도록 할 것
- 모든 정부 부처의 책무에 대한 우리의 권리를 보장하고 그런 책무를 확고히 하기 위해 정직하고 접근이 용이한 기구를 설치할 것[22]

이상과 같은 원칙들은 헌법심의위원회에 영감을 불어넣었다.[23] 다행히 이 원칙들은 '심의에 관한 법률'에서 명령하고 있는 심의의 목적, 즉 국가적 화합, 다양성, 인권, 평등, 기본욕구, 권력분립 및 참여, 민주주의, 거버넌스, 법치를 준수한 것이었다. 이런 목적이 단순히 선거제도를 개선하고 더 강력하고 포괄적인 권리장전을 만든다고 성취될 수 있는 것이 아니라는 점은 분명하다. 권력기구, 즉 행정부, 입법부, 사법부, 공공서비스를 '참여, 인권, 민주주의'에 친화적으로 설계하고 구조화하지 않는다면, 권리장전은 이전 헌법에서 경험한 바와 같이 그냥 한 장의 종이로 남을 것이다.

국민과의 협의 과정에서 등장한 야심찬 개혁 의제는 국가가 힘을 갖출 것을 요구했다. 분명한 목적과 수용 가능한 절차, 즉 적절하고 효과적인 책무가 없는 권력은 국민들의 열망과 심의의 목적들을 뒤엎을 수도 있었다. 그래서 모든 제도와 절차는 시험을 거칠 필요가 있었다. 근본적 헌법 원칙을 준수할 것인지, 아니면 침해할 것인지, 헌법이 부과한 임무를 충족할 것인지, 아닌지를 따져 보아야 했다.

• 대중의 참여

헌법 제정 과정을 통해 국민들이 세력화되어야 한다는 점은 처음부터 분명했다. 권위주의 정권 아래서 오랜 세월을 보내는 동안 국민들은 무저항의 복종과 순종을 강요받아 왔었다. 국민들의 세력화 없이는 참여적이고 예방적인 헌법 조문을 구성하지 못했을 것이다. 초기의 무기력함을 극복한 후에 국민들은 열정적으로 온 힘을 다해 개입하기 시작했고, 기존의 제도, 정치, 인사에 대해 강력하게 비난했다. 이는 정부와 의회를 상당히 당혹스럽게 했다.[24]

참여는 개입의 지속적인 과정으로서 헌법을 초안하는 과정에서 헌법심의위원회의 중대한 관심사가 되었다. 위원회는 5년마다 열리는 투표에 그치지 않고 그 이상의 참여를 독려했다. 케냐 국민들은 이미 정기적으로 자유선거와 비슷한 형태로 참정권을 행사해 왔으나 이는 자신들에게는 아무런 도움도 되지 않았다. 그래서 국민들은 유권자를 섬기는 데 실패한 의원들을 내쫓을 수 있는 힘을 원했다. 이는 위원회의 입장과도 일치하는 것이었고, 위원회는 헌법 초안에 그 내용을 담았다. 장관 지지자들의 이해와 국가적 책임 사이의 갈등을 해결하기 위해서는 장관들을 입법부 밖으로 끌어내야 한다고 많은 사람들이 제안했고, 위원회는 이를 받아들여 권고안에 담았다.

다른 여러 가지 제안들 또한 대중의 참여를 독려했다. 그런 제안들에 따르면, 의회는 입법 과정에서 내부의 위원회를 통해서 공청회를 개최함으로써 참여를 촉구하고, 의회의 비회원의 입법 제안을 촉진하며, 비정부기구의 협의와 자문 기능을 인정하고, 공익 법정에 접근을 보장하는 등 국민들로 하여금 국가 제도와 절차에 참여하도록 독려해야 한다. 의회는 또한 특정 형태의 공동체 자치권을 인정하고(예를 들어 토지에 대한 집단적 소유와 관리, 지방 차원의 분쟁 해결), 민주화된 정당을 통해 참여를 증진하도록 해야 한다. 더 낮은 차원에서의 자치 수립과 강화된 권리(공적 정보에 대한 접근, 표현의 자유, 결사의 자유) 또한 대중의 참여를 촉진할 것이다. 그런 과정에 대한 대중의 개입과 참여는 정부가 국제적 의무, 특히 인권 조약의 준수와 이행의 측면에서 그 의무를 실행할 수 있도록 할 것이다.

▪ 대표성

제도적 의미에서 여성, 사회적·종족적 소수, 장애인을 사실상 배제하고 있던 국가 제도에서 대표성representativeness를 증대시키는 것은 매우 중요한 일이다. 이는 곧 국가 제도의 책무성을 높이는 일이다. 케냐에서 국민들의 대표성을 보장해 왔던 선거제도는 수많은 단체나 연구소의 주요 관심 대상이 되었으며, 헌법 심의위원회는 이에 대해 많은 시간을 할애했다. 심의위원회는 혼합형 비례대표제를 선택했다. 정당은 지역구 후보를 포함해 비례대표 후보들을 순위별로 등록해야 하는데, 이는 정당의 대표성뿐만 아니라 전체 비례성을 확고히 하기 위한 것이었다(국가헌법회의는 헌법회의 구성원들의 자리를 분명하게 확보해 줄 방법을 선호하면서 혼합형 비례대표제를 지지하지 않았다). 행정부는 참여와 책무를 높일 수 있도록 그 구조를 조정하도록 되어 있었다(많은 케냐 사람들이 말하듯이 이 과정에서 대통령제를 유지할 것인지를 시험할 것이다).

참여에 관한 한, 특히 다민족국가에서는 합의의회제[내각제]collegial parliamentary system가, 대통령이 헌법적 질서와 법치주의를 수호하는 역할과 국가 정상의 역할을 모두 수행하는 대통령제보다 적합한 것으로 보인다. 합의의회제는 행정 부처 간의 건설적인 긴장을 형성할 것이고, 또한 총리가 의회에 의존할 것이기 때문에 간접적으로 의회를 강화할 것이다. 독립국가로서 케냐의 역사를 통틀어 의회가 행정부에 종속되지 않았던 적은 한 번도 없었다. 이 때문에 수많은 책무성의 문제가 나타났다. 입법부와 행정부 간의 관계가 절대적으로 좀 더 균형을 이룰 필요가 있다는 인식 아래 새로운 헌법에 대한 심의가 이루어졌다. 심의위원회는 정부가 궁극적으로 입법부에 응하는 내각제, 의회 밖에서의 장관 임명, 더 강력한 위원회 체제를 채택함으로써 입법부와 행정부 간의 균형에 도달할 수 있기를 희망했다. 심의위원회는 또한 의회에 그 회기에 대한 통제력을 포함해 좀 더 많은 권한을 부여하려고 했다. 행정부에게 주어진 국회 해산 및 정회에 관한 권한을 회수하고, 다양한 국가 기관 부처장의 임명에 대한 거부권을 의회에 부여하고자 했다.

국민들은 참여뿐만 아니라 효과성을 위해서도 입법권과 행정권을 좀 더 낮은 차원으로 분산할 것을 요구했다. 가장 광범위하게 나타난 국민적 권고 가운데 하나가 바로 권력 분산이었다. 심의위원회는 권력이 '위에서 아래로'가 아니라 '지역에서 수도'로, '아래에서 위로' 흘러야 한다고 권고했다. 그리고 직접민주주의와 자치의 행사는 마을 단위에서 가능하다고 덧붙였다. 분권 체계는 필연적으로 권력과 책임의 분배, 즉 중앙에서 지역의 이해를 대표할 상원, 지역 차원에서 대표성을 갖는 하원과 같은 연방제의 특징을 필요로 했다.

▪ 사법부

케냐의 사법부가 최고위급에서까지 무능하고 부패했다는 점은 잘 알려져 있었다. 판사는 행정부와 결탁해서 행정 권력에 유리한 판결을 내려 왔다. 호의적이지 않은 사람에 대한 기소가 다반사였고, 판사는 민사소송에서 막대한 뇌물을 챙겼다. 정권의 인사나 친구가 아무리 가증스러운 범죄를 저질러도 그들에 대한 기소는 좀처럼 성립되지 않았다. 국민들은 모든 판사의 해고와 독립적 사법위원회judicial service commission가 판사를 임명하는 새로운 사법제도를 헌법으로 보장할 것을 요구했다. 사법위원회는 판사의 임기는 보장했지만 잘못된 행위에 대한 불만들을 조사했다. 판사에 대한 불만은 매우 심각하고 광범위했다. 헌법심의위원회는 그들이 수집한 불만 진술 내용과 사법부에 관련된 헌법 조문에 대해 '연방국 판사 고위급위원회'high level committee of Commonwealth judges에 자문을 구했다. 고위급위원회는 진술이 정당하다고 판단될 때에는 판사들을 퇴임시킬 것을, 또 그러지 못할 경우에는 판사들을 개별적으로 조사해 해임해야 한다고 권고했다.[25] 헌법심의위원회는 이 권고를 헌법 초안에 포함시켰다. 사법부의 변화는 법률 체계의 개혁을 동반했다. 헌법 초안은 독립적 법무장관, 독립적 기소 절차, 법정에 대한 자유로운 접근이 보장되도록 했으며, 공공의 수호자로 불리는 새로운 직원들이 법률 서비스를 누릴 재정적인 여유가 없는 사람들에게 법률적 지원과 변호를 제공하도록 했다.

책무   헌법 초안의 주요 주제는 공공 책무였다. 헌법 초안은 공공 책무를 이미 위에서 언급한 방식들을 통해서 확고히 해야 하며, 나아가 부패와 기타 잘못된 행위를 통제할 강력한 제도를 통해, 특히 관공서에서 이를 확고히 해야 한다고 했다. 의원과 장관을 포함해 모든 관공서의 장들은 일람표에 구체화된 행위 지침을 따르도록 했다. 지침의 이행과 감독은 독립적 위원회의 책임 아래 두도록 했다. '인권과 행정 정의에 관한 위원회'commission on human rights and administrative justice는 실정에 대한 국민의 불만과 인권침해를 조사했다(인권 법안은 행정 정의에의 권리라는 새로운 권리를 포함하고 있다). 헌법 초안은 국민들에게 정부 정보에 대한 접근권을 부여할 새로운 입법을 요구했다. 법안은 정부가 공공 이익과 중대사에 관한 정보를 배포하도록 하는 것이다. 이 조문은 부분적으로 정부에 만연한 비밀주의 문화와 위원회의 보고서 작성 요청을 거부해 온 정부의 태도를 겨냥한 것이었다.

▪ 제도적 개혁을 넘어서

이상의 개혁 조치는 국가권력과 제도에 관한 것이었다. 헌법 초안은 국가 구조 밖에 있는 단체들에게 중요한 역할을 부여하고자 했다. 여기에서 가장 중요한 요소는 정당의 민주화였다. 케냐의 정당은 종족 연합과 같은 성격을 띠어 왔으며, 사단으로서의 성격이 보다 강했다. 그들은 대중의 참여나 토론을 촉구하지도 않았고 좀처럼 정책을 결정하지도 않았다. 그들은 선거 외의 다른 어떤 것에도 거의 관심이 없었다. 헌법 초안은 민주적 사회에서 정당의 역할을 강화하고, 의회의 의석을 여성을 비롯한 기타 취약한 집단에게 확대하도록 독려하며, 보다 많은 책임을 지도록 정당의 등록과 감독에 관한 광범위한 규칙을 수립했다. 그 대신 정당은 국가 예산을 사용할 권리 자격을 부여받았다.

케냐의 종족적 다양성에 대한 깊은 인식과 함께 헌법 초안은 공동체에게 그들의 목적을 추구할 수 있는 기회를 부여했다. 이는 먼저 그들의 문화와 언어를 표현하도록 독려하고, 가족법을 채택하고, 공동체의 토지와 다른 자원에 대한 관리 및 소유권을 인정하는 등 다양한 조치를 제도화했다.

정당의 민주화에 이어 두 번째로 취한 전략은 민감한 국가권력의 행사와 기능을 정치적 직접 통제와 조정으로부터 분리시키는 것이었다. 여기에는 선거, 예산 감사, 예산 수립 절차, 환경보호, 공유지 관리, 중앙은행 업무, 민원 수렴 및 처리 등이 포함되었다. 이런 기능들은 독립적 위원회나 기관에 귀속되도록 했고, 그 위원회나 기관의 독립성과 자원은 헌법으로 보장하도록 했다.

헌법 초안이 다루고 있는 문제는 제도적 요소를 넘어 광범위한 범위를 포함했다. 국가권력은 특정한 목적을 위해서 행사되도록 강제했으며, 정치인에 대한 깊은 불신을 반영해 광범위한 개혁 의제를 수립했다. 먼저 사회정의, 기본욕구, 젠더, 세대 간 평등, 대중의 참여, 민주주의, 정무의 투명성, 시민사회 활성화를 포함해 국가적 목표, 가치, 원칙을 제안하고 있다. 둘째, 개인적 권리와 집단적 권리의 조화, 소수의 문화적·언어적 권리 보호를 목적으로 한 강력한 권리장전을 포함하고 있으며, 국가에 차별 시정 조치를 취할 의무를 부과하고 있다. 또한 권리장전의 시행 메커니즘도 수립하고 있다. 셋째, 헌법 초안의 각 장은 권력분립, 토지, 환경 정책과 같은 주제별로 구성되며, 각각의 목표를 제시하는 것으로 시작하고 있다.

마지막으로, 헌법심의위원회는 헌법 초안의 접근법과 조문의 범위가 넓다는 것을 인식하고 이행의 문제에 세심한 주의를 기울였다. 그래서 심의위원회는 헌법을 채택한 후 5년 이내에 취해야 할 입법적·행정적 조치를 구체적으로 설정하고 이에 대한 추진 과정을 감독하고 추동할 독립적 위원회를 설립하도록 했다. 그리고 의회에 정기적으로 경과 보고서를 제출하고 이를 공개할 것을 명시했다.

헌법심의위원회는 이 헌법 초안이 권력 행사의 목표, 구조, 방식에 근본적인 변화를 가져오기 위한 매우 야심찬 계획임을 알고 있었다. 국민의 관점에서 '심의에 관한 법률'에서 설정하고 있는 목표에 비추어 기존 헌법을 심의하도록 구성된 위원회는 단순히 기존 헌법의 결함을 보완하는 보다 현실적인 권고에 그칠 수도 있었을 것이다. 그러나 심의위원회는 국민들이 기존 헌법을 큰 결함 덩

어리로 인식하고 있으며 새로운 헌법을 절대적으로 필요로 한다는 것을 처음부터 분명하게 인식하고 있었다.

채택에 이르기까지 헌법심의위원회는 완전히 새로운 헌법 체계의 심의를 준비하기 위해서 대규모 프로그램에 착수했다. 위원회의 보고서와 권고안을 배포하고, 비판자들에게 그들의 반대 의견을 밝힐 기회를 제공했다. 이는 정치인들이 위원회의 권고 사항들, 특히 국가권력의 행사를 위한 구조와 절차를 다룬 권고를 환영하지 않을 것이었기 때문에, 대중의 이해와 지원을 이끌어 내기 위해 매우 중요한 절차였다. 국가헌법회의는 헌법 초안의 접근법과 조문들을 몇 가지 의견, 특히 문화 부문에 관한 의견을 추가해 통과시켰다. 대부분의 반대는 하나의 사회경제적 계급으로서의 정치인 개개인이 획책한 것이거나 권력에의 접근이 불리하다고 예상한 정치 파벌들에 의한 것이었다. 헌법 초안에 의해 가장 불리해진 사람들 가운데는 장관으로 임명될 자격을 얻지 못한 의원들과 유권자들에 의해 소환될 가능성이 높아진 무책임한 의원들이 섞여 있었다. 결국 그들은 국가헌법회의에서 빠져나갔다.

헌법심의위원회의 초안은 대대적인 환영을 받았고 국민들에 의해 승인되었지만, 신랄한 논쟁의 원천이 되기도 했다. 국가헌법회의는 최종 단계에서 종족을 기준으로 점차 분열되기 시작했고, 이는 핵심 파벌들 간의 격렬한 논쟁으로 이어졌다. 국가헌법회의 내에서 정치인들은 가장 무책임하게 행동하고 작은 이익에만 관심을 가지는 편협한 집단으로 각인되었다. 종족 간의 정치 파벌에 영향을 받은 종교 집단은 종교 법정Kadhi court에 대한 헌법적 승인을 주장했다. 시민사회와 비정부기구는 초기 단계에서와는 달리 그들에게 기대했던 건설적인 역할을 수행해 내지 못했다. 여성 집단만이 적어도 젠더 문제에 있어서 상대적으로 일관된 태도를 유지했다.

국가헌법회의를 분열시켰던 논쟁은 헌법 초안을 채택한 후에 더욱더 가열되었고 통제가 어려워졌다. 대통령 파벌에 의한 국가헌법회의의 보이콧을 도발적인 파업으로 이끌었던 법무부 장관은 헌법 심의 과정을 전복시켜 버렸다. 이는 법무부 장관과 대통령(음와이 키바키Mwai Kibaki, 야당 시절에는 대통령의 권한을 대폭 줄여야 한다고 캠페인을 펼친 바 있다)의 완전한 역전승이었다. 그들 파벌은 의회 다수를 점하고 있다는 자신감으로 의회에 전권을 위임함으로써 결국 국가헌법회의의 결정을 바꾸고 말았다. 대통령의 목적은 강력한 대통령의 지위와 권력의 중앙 집중화를 존속시키는 것이었다. 대통령의 파벌이 수정한 헌법 초안에는 상원의 구성안이 삭제되었다. 모든 파벌의 의원들에게 상원의 구성은 그들이 가진 권력의 축소로 여겨졌다. 포스트-국가헌법회의post-National Constitution Conference의 논의와 결정은 사회의 다른 부문을 철저히 배제한 정당만의 잔치가 되었다.

'심의에 관한 법률'은 의회에 의한 헌법 제정을 명령하고 있지만 그 권한은 단지 헌법 초안에 대한 찬반 투표에 한정되어 있었다. 정부는 그런 절차를 따르기를 거부하고 헌법 초안을 파괴하기 위해 움직이기 시작했다. 그리고 여기에 사법부, 헌법심의위원회, 다양한 사회·종교 집단들을 연루시켰다. 정당 간의 일정한 합의가 그들만의 공동 이익을 지켜 내기 위해서 구축되는 것 같다가 다시 붕괴되곤 했다. 개발권에 매우 중요한 조문들이 정당 간의 합의 구축 과정에서 삭제되었다. 가장 중요한 변화는 구舊 헌법에서보다도 더 국민과 의회에 무책임한 대통령제와 권력의 중앙집권화로 복귀했다는 데 있었다. 대통령과 그 일파가 헌법 심의 과정을 전복하고 파괴한 행위에 국민들은 크게 분노했다. 2005년 11월 21일 그들에 의해 새롭게 수정된 헌법안이 국민투표에 부쳐졌을 때 국민들은 가차 없이 그것을 무효로 만들어 버렸다. 8개 주 가운데 1개 주만이 찬성표를 던졌다. 대통령의 패배는 어떤 형태로든 헌법 제정 절차를 재개해야 함을 의미했으며, 2005년 12월까지 그 형태는 아직 결정되지 않았다.

기득권 세력의 저항

개발권의 직간접적 목표와 가치는 개도국 사람들에게 많은 호소력을 가지고 있다. 국민들의 권고 내용과 헌법심의위원회의 위임 사항은 일차적으로 사회정의, 기본욕구, 차별 시정 조치, 참여, 청렴성에 관한 것이었다. 경제적으로 가난한 국민들은 시장, 세계화, 사용자 지불user-payer 원칙들 대신 공정성을 원한다. 모든 의사 결정에서 배제된 국민들은 지역의 자치 정부를 희망한다. 정치인과 관료들에게 착취당한 국민들은 공무의 청렴성과 효율성을 원한다. 무엇보다 국민들은 존엄한 삶을 원하고, 자신의 가치를 인정받고 싶어 하며, 각자의 고유한 문화를 인정받고 싶어 한다. 헌법 초안자들은 이와 같은 국민의 관심사를 반영하지 못한 헌법이 정당성 부족으로 살아남기 어려울 것이라는 점을 잘 인식하고 있었다. 그러나 그들은 그런 국민적 목표를 스스로 지지하지 않기 때문에 보통은 법적 효력이 약한 일반 원칙 또는 국가정책의 나아갈 방향에 관한 장에 그런 목표를 희망 사항으로 배치한다. 그런 원칙들은 권력의 배분과 행사에 관한 실질적 조항들과 거의 관련성을 가지지 못한다. 그래서 남아공의 헌법은 서문이나 대단원들을 없애고 대신 실질적 조항들 속에 그런 목적을 구성해 넣었다. 케냐의 헌법 초안은 두 가지를 다 했다. 먼저 원칙들을 상당히 길게 구성하고 그 원칙들 대부분을 구속력을 가지는 각 장과 절의 주제로 삼았다.

이런 방식의 조항들은 구상하기나 조문하기가 쉽다. 적지 않은 헌법들이 그런 방식으로 조항들을 구성하고 있다. 경우에 따라서는 그런 헌법 조항의 함의가 법원 판결에 의해 정교화되기도 한다. 케냐는 다른 여러 나라들 가운데 인도, 남아공, 스페인에서 영감을 얻었다. 헌법의 내용에 관한 구상보다는 그 형식적 측면에서 영감을 구하고 원칙들을 변형시켜 구속력 있는 조항 속에 반영했다. 이는 논란의 원천이 되었다. 헌법 초안의 조항들은 행정적·입법적 책무에 관한 커다란 조치, 권력의 광범위한 공유, 대중의 참여, 경제·사회적 권리를 규정했다. 케냐에서 그런 헌법 조문을 지키기 위한 국민들과 이를 훼손하기 위해 정부와 정치인들 사이에 발생한 충돌만큼이나 국민과 그들 대표 간의 갈등을 잘 보여 주는 사례는 찾아보기 어려울 것이다. 헌법 조문을 둘러싼 충돌은 국가헌법회의에서 시작되어 나중에는 의회로 넘어가게 되었다.

헌법 초안의 명시적 목적과 가치는 크게 도전받지 않았다. 그러나 제도적 구조에 관한 조항에 대해서는 수많은 문제가 제기되었다. 즉, 권력 행사의 목적보다는 누가 어떻게 권력을 행사할 것인가가 논쟁의 중심이 되었다. 정치인들은 아마도 그들이 권력을 잡게 되면 그 권력을 어떻게 행사하든 누구도 효과적으로 통제하지 못하리라 생각했을 것이다. 정치인들의 계산은 권력에 대한 접근을 제한하는 규칙과 권력 행사를 위한 제도가 헌법에 새겨진 가치들보다 즉각적으로 운영되기 쉽다는 점에 주목한 것으로 보인다.

대중의 참여는 그 성격과 정도에 따라 헌법 초안의 과정에 의심할 여지없이 많은 영향을 미쳤다. 많은 대중의 참여는 개혁 의제를 확대했고, 엘리트 집단이 폐쇄적으로 독점해 온 일들을 국민적 사업으로 탈바꿈시켰으며, 정치와 정치적 절차를 재정의하려는 시도들을 촉진시켰다. 이는 케냐가 독립한 이래 거의 처음으로 국민들이 '이성적' 담론discursive 정치에 개입한 것이었으며, 동시에 처음으로 인종 이외의 문제에 집중한 사례이다. 정치에 대한 이와 같은 대중의 개입은 국민과 위원회와의 대화뿐만 아니라 국민들 간의 소통을 촉진시켰으며, 이는 종족적 연합의 테두리를 벗어난 집단들이 자신의 이해를 확고하게 주장할 수 있도록 했다(예를 들어 노동조합 대 고용주, 시골 대 도시, 전통성 대 현대성, 유목민 대 정착민). 국민들 간의 소통은 서로의 역사, 헌신, 분노, 열망이 무엇인지를 인식하게 만들었다. 국민들은 점점 정의감과 서로에 대한 깊은 이해가 국가 정체성과 화합을 위해 매우 중요한 요소라는 점을 깨닫게 되었다. 이는 서로 다른 이해를 균형적으로 반영해야 하는 헌법심의위원회의 업무가 용이해지는 데 일조했다. 그리고 이와 같은 참여는 헌법 초안의 과정에 상당한 정당성을 부여했다(이런 정당성은 키바키 대통령과 그 파벌이 헌법 초안을 희석시키려던 시도를 좌절시켰다).

효과적인 참여를 위해서는 정치인들이 모든 분파를 방문하고 국민들과 많은 모임을 가질 필요가 있다. 그런데 민주주의 문화가 빈약한 국가(예를 들어 우간다, 에티오피아, 태국)에서 종종 모든 사람이 개입할 수 있는 가장 참여적인 절차를 보여 주는 역설적인 상황이 나타나곤 한다. 민주주의가 미성숙한 국가에서는 제대로 된 정당, 노동조합, 비정부기구, 사회단체와 같은 효과적인 중개 수단이 없기 때문에 그런 참여의 절차가 반드시 필요하다. 참여의 절차는 보통은 제도화되지 않기 때문에 불행히도 장기적인 변화를 이끌어 내거나 사회적 역량을 확립해 내기 어렵다. 일단 참여의 공식적 구조와 절차가 해체되면 상황은 언제나 '정치'에 의존하기 쉽다. 그리고 국민들은 다시 주변화된다. 이런 현상은 케냐에서 1980년대에 정당이 대중의 참여 과정을 전복하고 의회로 그것을 옮겨 갔을 때 발생했다.[26] 그러나 이번에는 정당이 그렇게 하기가 쉽지 않아 보였다. 참여 자체가 헌법 제정 과정에 커다란 정당성을 부여했고, 최종 결정은 국민투표에 달려 있었기 때문이다.

이상의 분석은 참여가 구조화되어야 하며 국민들의 관점을 법적 내용으로 옮겨 갈 수 있는 책임 있는 기관이 필요하다는 점을 보여 준다. 헌법심의위원회가 처음부터 그 책임을 가지고 있었다. 심의위원회의 헌법 초안은 원래 국민들의 관점을 성공적으로 반영한 것으로 여겨졌다. 심의위원회는 국민들 사이의 동의가 이루어지지 않은 사안에 대해서 합리적인 균형과 합의의 조치를 제시했다. 헌법 초안은 비교적 일관성 있는 것이었다. 무엇보다 국가헌법회의가 여러 문제들을 논의할 수 있도록 기초를 제공했다. 국가헌법회의가 애초의 출발선에서 시작했다면 어떤 종류의 합의도 이끌어 내지 못했을 것이다. 국가헌법회의는 협상을 위한 목적으로 설치되었다. 다차원적 대표성을 토대로 한 국가의 축소판이었던 것이다. 복잡하게 얽힌 대표성은 상반된 이해관계를 반영했다. 즉, 실패한 현재의 야심찬 정치인 대 유권자들, 여성 대 지방의 노인 남성, 지방 정치인 대 중앙 정치인, 국제주의자 대 소공동체주의자, 종교주의 대 세속주의와 같은 상반된 이해관계가 국가헌법회의 속으로 들어왔다. 국가헌법회의는 그런 상반된 이해관계의 규모를 염두에 두고 헌법 초안을 따름으로써 차이점들을 해결해 나갈 수 있었다. 실제로 서로 다른 집단, 특히 여성, 소수자, 장애인을 크게 배려했다.

가장 큰 어려움은 정치권력에 관한 문제를 수용하는 것이었는데, 왜냐하면 그 문제는 원칙보다는 정치인 개인의 야심에서 나온 것이었기 때문이다. 대부분의 의원들은 전국적 차원에서 활동하는 정치인으로서의 그들의 역할을 강조하고, 국가 제도의 집중성과 독점을 유지하는 데 관심을 쏟았다. 그들은 정책 문제가 헌법 초안의 지배적 성격임에도 불구하고 거기에는 전혀 주의를 기울이지 않았다. 그들은 또한 헌법 초안이 강화하고자 했던 의회의 역할, 권한, 절차에 대해서도 무관심했다. 정당은 리더십 또는 결속력을 보여 주는 데 실패했고, 결국 아무런 제안도 제시하지 못했다. 케냐아프리카민족연합Kenya African National Union은 가장 초부족적trans-tribal 정당으로 알려져 왔는데, 어떤 일치된 입장을 보이려는 시도조차 하지 않았다. 국회의원들은 한 계급으로서의 이해관계를 기반으로 어느 정도는 일치된 입장을 취했는데, 이는 의원의 특권, 내각에 대한 야심, 그리고 자신들의 선거구민에 대한 책무감의 부재 속에서 서로 유착한 것이었다. 비슷한 이유로 그들은 그들과 상관없이 특정 책임을 가지게 될 독립적 위원회의 설립을 반대했다.

그와 같은 강력한 결속 요인에도 불구하고 정치 파벌들은 개인적 의제에 따라 분열되었다. 국가헌법회의에서 정치인의 개입이 가져온 효과 중에서 단연 으뜸은 그 모든 과정을 종족주의로 다시 물들였다는 것이었다. 그전까지 국가헌법회의는 놀랍게도 종족 정치의 악습에서 벗어나 종족적 관심사를 초월한 문제에 집중해 왔다. 종족주의는 정치인들이 그들의 종족 집단을 대표해 참석한 야간 회의에서 가장 극적으로 표출되었다. 정치인들은 종족주의를 이용해 자신의 입지를 견고히 하려 했다. 또한 국가헌법회의 과정은 정당 대회가 행해지는 방식에 의해서도 비슷한 영향을 받았다. 정당 대회는 주로 지역의 종족 집단의 천막 아래서 치러졌는데, 이는 시민사회와 비정치적 그룹의 분열을 야기했다. 종족적 요소는 또한 국가헌법회의에서 리더십과 화합을 보여 줄 수도 있었던 정당의 능력을 잠식해 버렸다. 이상하게도 토지 분배, 후원형 행정, 차별 시정 조치, 언어적 정체성과 같은 종족들과 관련된 중요한 문제는 국가헌법회의의 토론에서 하찮게 취급되었다. 정치인들은 자기들 종족의 권력에 대한 접근 보장이라는 측면에서 문제를 제기하는 데 성공했다. 예를 들어, 어떤 종족 그룹은 케냐인의 이중 국적을 반대했는데, 그들과 경쟁적인 다른 종족 그룹이 자신들보다 해외 거주자가 많다는 것이 그 이유였다.

헌법심의위원회에 제시한 보고서에 따르면 대부분의 공동체는 단순히 자신의 공동체 대표가 정부를 장악한다고 해서 자신의 사회경제적 지위가 달라지는 것이 아니라는 점을 분명히 알고 있었다. 그러나 국가헌법회의에 나온 모든 대표들은 "리더" 의식을 가지고 있었는데, 이들은 자신의 공동체가 정부를 장악했을 때의 이점(국가 고위직에의 임명을 포함한)에 대해 열망과 기대를 가지고 있었고, 그래서 특히 종족적 호소와 로비에 민감하게 반응한 것이었다.

케냐의 사례는 참여적 과정의 축복이 여러 가지 이해관계와 뒤섞여 있음을 보여 준다. 또한 헌법 제정이 상위의 정치적인 과정임을 보여 준다. 물론 헌법 제정은 긍정적 의미에서의 정치적 과정이 될 수도 있다. 즉, 원칙에 의거한 심의와 협의, 국가적 목표와 화합에 대한 동의와 공약, 리더십의 도덕적 책임 규명, 자유와 사회정의의 토대 마련이라는 의미에서는 충분히 정치적 과정이 될 수 있다. 이것이 사실은 많은 이해 당사자와 참여자가 헌법 제정 과정에 대해 이해하는 방식이다. 하지만 이와는 달리 케냐의 헌법 제정 과정을 지배했던 '정치적인 것'이란 특정 집단의 이익을 극대화하는 데 관여하고, 권력을 확대하고자 하는 욕망에 따라 움직이며, 합의가 아닌 강제와 부패에 기초한 무자비함을 의미했다.

국가헌법회의의 업무에 대한 다소 섣부른 결론은 1980년대 모이 대통령에 의해서 촉발되었던 논란을 상기시켜 준다. 당시 모이 대통령은 전문가가 헌법을 초안해야 한다고 주장했고, 그 과정에 참여할 '완지쿠'의 역량을 조롱했다. 이어서 정부는 국민 주도의 과정을 강하게 공약하면서도 현재의 국가헌법회의를 조기 해산하고 전문가 조직으로 대체할 것을 제안했다. 이는 헌법 초안을 의회에서 만들겠다는 것을 의미했다.

키바키 대통령의 파벌 역시 국가헌법회의에서 지지를 얻을 수 없다는 것을 알고 있었기 때문에 이 접근법을 선호했다. 그들은 국가헌법회의의 다루기 힘들고 제멋대로인 진행에 환멸을 느낀 사람들로부터 지지를 얻었다. 국가헌법회의는 출범할 당시에 가졌던 정당성을 상당 부분 상실했다. 국가헌법회의의 대표들은 상당히 많은 비용을 출석 경비라는 명목으로 요구했다. 이는 일반인들 눈에는 대표들이 수당을 받는 것으로 보였다. 텔레비전 보도에서 그들은 반대 의견에 대해 호전적이고 무자비하게 구는 사람들로 비쳤으며, 특별히 헌법 문제에 정통한 것도 아니라는 인상을 주었다. 그들 가운데 일부는 방송 카메라를 의식하고 인기를 노린 연기를 펼치기도 했다. 이는 국가헌법회의 안에서 비타협적이고 극단적 경향을 더욱 강화시켰다. 대표들은 전문적 충고에 주의를 기울이지 않았으며, 의사 결정보다는 헌법을 실무적으로 작성할 것을 주장했다. 그들은 정치인들을 신뢰하지 않았기 때문에 앞으로 정부와 의회에 남겨 두었어야 할 많은 사안을 헌법 초안 안에 삽입했다. 또한 법령에 의해 다루어지면 더 좋았을 세부 항목들까지도 헌법 초안 안에 끌어다 넣어, 헌법 초안을 무척이나 길고 복잡한 것으로 만들었다. 일관성은 떨어지고 실행 불가능한 조항들이 적지 않았다. 이는 국민들과 전문가들의 비난거리가 되었으며 결국 국가헌법회의의 정당성을 크게 훼손시켰다.

헌법심의위원회의 헌법 초안이 보여 주었던 신중한 균형성은 국가헌법회의에 의해 상당한 타격을 입게 되었으며, 새로운 합의를 형성하기 위한 시도는 정치인들의 방해로 무산되었다. 헌법심의위원회는 공정한 중재자의 역할을 수행할 수 없었으며 타협책을 촉구할 수도 없었다. 심의위원회 위원들 가운데 많은 이들이 두 패로 나뉘어 국가헌법회의의 두 수장 가운데 한 명을 각각 지지하고 있었기 때문이다. 이 가운데 많은 위원들은 법률 분야에 전문성을 갖고 있지 않았고, 처음부터 스스로를 정치인의 하수인으로 전락시켰다. 헌법심의위원회는 국민들에게 독립적이지도 전문적이지도 못한 것으로 인식되었다. 독립성과 전문성은 참여적 과정을 성공적으로 이끌기 위해서 반드시 필요한 것이었다. 전문성이 있었다면 분파들 간의 공통점을 찾아냄으로써 합의를 위한 토대를 제공할 수 있었을 것이다. 그리고 헌법 초안을 좀 더 일관성 있게 만들고 기술적으로도 개선시킬 수 있었을 것이다. 또 복잡한 이해관계가 대표되어야 할 때 합의를 형성하는 문제는 앞으로의 연구 과제로 남겨 두고 헌법에 대한 다른 접근법을 제안할 수도 있었을 것이다.

이런 어려움은 헌법을 채택하는 과정에서 뒤섞여 나타났다. 1990년대 제한적이고 폐쇄적인 절차를 원했던 모이 대통령과 참여적 절차와 제헌의회 설립을 주장했던 반대 세력 간의 정치적 타협 때문에, '심의에 관한 법률'은 헌법 초안이 국가헌법회의에 의해 3분의 2의 득표로 채택되어야 하며 다시 의회에 의해 제정되어야 한다고 결정했다. 그 모든 과정은 역동적이었다. 대중적 지지를 얻었던 집단은 의회의 역할이 최소한으로 줄어들기를 원했고, 의회에 다수 의석을 확보한 정치 집단은 의회의 역할을 확대하려고 했다. 국가헌법회의에서 빠져 나온 키바키 당파가 후자에 속했는데, 그들의 전략은 의회에서 주요 결정을 내리게 만드는 것이었다. 이는 심의에 관한 법률을 거스르는 것이었다. 사실상 정부는 참여적 과정을 전복시켰으며 헌법 초안의 급진적 조항들을 거세시키고 권력 집중형 대통령제를 복원시켰다. 지금까지는 정치인과 시민사회의 경쟁에서 정치인들이 시민사회보다 덜 신뢰할 만하다는 것을 스스로 보여 주고 있었다. 이와 같은 결과는 크게는 정치인들이 국가 자원과 제도를 장악하고 있었기 때문인데, 이는 그들의 자본축적과 통제에는 중요하지만 사회의 민주화에는 매우 부적절한 것이다. 정치인들은 또한 종족 요소를 조작하는 데 있어서도 시민사회보다 훨씬 더 능수능란하게 움직였다.

결론

모든 과정이 끝나지는 않았지만 당장이라도 두 가지 평가는 분명하게 내릴 수 있다. 첫 번째 평가는 최종 결정을 대의 기구에 위임하고 있는 헌법의 제정 및 채택 절차가 역설적으로 국민의 참여를 손상시킬 수 있다는 것이다. 두 번째는 국민들 스스로가 주변화되었다고 생각하거나 이보다도 더욱 나쁘게 부정적 수단의 희생자가 되었다고 생각한다면 참여가 이루어졌다고 하더라도 절차적 정당성은 확보될 수 없다는 것이다. 이는 키바키의 헌법 초안이 국민투표에서 거부된 사례에서 분명하게 나타난 사실이다. 그러나 국민에게 최종 결정권을 부여하는 국민투표가 다른 상황에서도, 즉 분열된 사회에서도 바람직한지에 대해서 원칙적으로는 확신할 수 없다. 국민투표는 오히려 사회적 분열을 반영하고 더 심화시킬 수도 있기 때문이다.

지금까지 분석한 케냐에서의 헌법 제정 과정이 앞으로의 과정에 많은 교훈을 남겨 주며 다른 나라들에도 많은 시사점을 던져 주고 있지만, 그것을 참여적 과정의 전형이라고 제시할 수는 없다. 맥락의 중요성은 아무리 강조해도 지나침이 없다. 케냐는 헌법 제정에서 극도의 정치성을 보여 주었지만, 그 과정은 합리적 조치와 국민의 참여를 매우 잘 보장하도록 설계될 수도 있었다. 정치인들은 항상 그런 과정에 별도의 장악력을 행사하려 할 것이고, 보통은 이에 성공한다. 참여를 통해 좀 더 좋은 결과를 얻어 내기 위한 전략과 국민들이 만들어 낼 수 있는 양질의 노력이 무엇인지를 숙고할 필요가 있다.

이것은 쉬운 일이 아니다. 그 과정이 당장 수중에 있는 업무, 즉 새로운 헌법을 만들어 내는 업무를 능가할 수 있어야 하기 때문이다. 새로운 헌법은 번성할 수 있는 비옥한 토지를 필요로 한다. 참여는 그와 같은 비옥함을 공급할 수 있다. 헌법이 채택되지 않거나 또는 적합한 헌법이 아니더라도 그 과정이 국가와 시민사회의 관계를 바꿀 수 있는 의식과 세력화를 가져오고 아이디어를 창출하고, 열망을 정의하고 미래의 개혁을 위한 토대를 형성한다면, 그것만으로도 성공적일 수 있다. 정치인과 다른 집단 간의 긴장은 당장의 결과와 상관없이 때때로 생산적인 것이 될 수 있다. 진보적 헌법의 이행 또한 중요한 문제이다. 현재의 세계는 훌륭한 헌법들의 묘지라고 해도 과언이 아니다. 거의 대부분의 헌법이나 헌법 제정 과정이 시행을 위한 적절한 프레임워크를 제공하고 있지 않다. 이 주제는 아쉽지만 이 글에서는 다룰 수가 없다.

개발권에 대해서는, 그 미래상은 확실히 고무적이며 그것을 법률안으로 옮기는 것은 어렵지 않으나, 기득권층에서 그런 미래상과 내용에 대한 저항이 나타나기가 쉽다고 결론 내릴 수 있다. 케냐의 경우 헌법 초안에 대한 반대자들의 동기는 대부분 국가에 대한 그들의 장악력(부의 축적을 위한 수단)을 유지하려는 데 있었다. 그래서 그들의 일차적 관심사는 효과적인 책무 기제를 최소화하는 것과 국가 구조 및 자원의 약탈 가능성에 있었다. 좀 더 발달된 시장경제와 계급적 구성을 갖춘 다른 국가에서도 개발권 헌법은 사회정의, 분배, 토지 소유의 제한, 엄격한 환경보호 레짐과 같은 접근법을 강조한다는 이유로 저항에 부딪히게 될 것이다. 케냐만 하더라도 여러 집단(국내 비즈니스 공동체, 외국인 비즈니스 공동체, 해외 국가)이 사회정의에 맞게 설계된 많은 헌법 조항들의 이행을 방해했다. 케냐의 경우에는 개발권이 고무하고 있는 미래상을 헌법에 수용할 수 있는 기회를 헛되이 보내 버렸다. 그러나 일반 국민들이 열정적으로 국민투표 캠페인에 개입하고 있으며, 헌법을 제정할 국민의 결정권이 국가헌법회의에 의해 승인된 점은 낙관의 여지를 남겨 두고 있다. 참여적 과정은 국민들을 세력화했고, 국민들은 결코 포기할 수 없는 케냐의 미래상을 밝혔다. 국민이 지지하는 헌법을 전복시킨 사건은 오히려 정의로운 헌법과 개발권을 위해 지속적으로 싸워 나가겠다는 결의를 강화시켰다고 할 수 있다.

야시 가이

YASH GHAI

케냐, 나이로비 출신의 헌법학자로 유엔의 네팔 개발 프로그램에서의 헌법 자문, 캄보디아의 '인권에 관한 유엔 사무총장 특별 대리' 임무를 수행한 바 있으며, 유엔과 관련해 캄보디아의 인권 문제에 관여하다가 2008년 캄보디아 정부와의 마찰 이후 유엔 사무총장 특별 대표직을 사임했다. 1989년부터 홍콩 대학 공법 교수였으며, 1995년 퇴임 이후 법대 명예교수로 있다. 현재 여러 개도국의 헌법 제정과 개정 과정에 국제 전문가로 참여하고 있다. 2000년부터 2004년까지 '케냐 헌법심의위원회'와 케냐의 제헌의회 격인 '케냐국민회의' 의장직을 역임했으며, 아시아 인권 헌장 초안을 작성하기도 했다. 주로 헌법, 종족 관계, 인권, 법사회학에 관한 집필 활동을 해왔으며, 가장 최근의 저서로는 *Ethnicity and Autonomy : Negotiating Competing Claims in Multi-ethnic States*가 잘 알려져 있다. *Hong Kong's New Constitutional Order : Basic Law and Chinese Resumption of Sovereignty*(2nd ed.)가 있다.

9장
구별 짓기 : 남아프리카공화국의 새로운 시도

산드라 리벤버그
Sandra Liebenberg

인권 변호사들은 다른 진보론자들과 마찬가지로 문제를 지나치게 이분법적으로 구상한다. 법은 모든 것을 변화시킬 수도 있지만 아무것도 변화시키지 못할 수도 있다.[1]

서론

그러므로 우리는 자유롭게 선출된 우리의 대표를 통해서 이 헌법을 공화국의 최상위 법으로 채택했다. 이는 과거의 분열을 치유하고, 민주적 가치, 사회정의, 근본적 인권에 기초한 사회를 건설하고, …… 모든 시민의 삶의 질을 개선하고, 각자의 잠재력이 발휘되도록 한다.[2]

남아프리카공화국의 헌법(1996)을 대충만 읽어봐도 국민들이 헌법의 역할에 얼마나 많은 기대를 걸고 있는지 알 수 있을 것이다. 헌법재판소 대법관 크리글러(Johann Kriegler)의 말을 빌자면 다음과 같다.

우리는 헌법 초안자들이 인정한 바와 같이, 정부의 통치력에 제한을 두려고 했었던 헌법하에서는 일하지 않을 것이다. 우리의 헌법은 엄청나게 이질적인 이 사회에 자유와 평등을 확립하는 것을 목적으로 한다.[3]

남아공만큼이나 전통적인 자유권[4]과 함께 사회권을 권리장전 안에 온전히 수용하고 있는 나라는 찾아보기 어렵다. 또한 남아공은 어느 나라보다도 분명하게 공권력을 행사함에 있어서 책무성과 투명성이 보장되도록 하고 있다.

이와 같은 인권에 대한 통합적 접근은 남아공의 식민주의와 인종차별주의의 역사적 경험에서 비롯된 것이다. 흑인 공동체는 정치·시민적 권리만을 박탈당한 것이 아니라, 토지와 집을 빼앗겼으며 교육, 보건, 식량, 물, 사회보장과 같은 사회적 서비스에 대한 접근권도 박탈당했다.[5] 남아공에서 처음으로 채택된 민주 헌법의 권리장전이 자유권과 사유재산권의 보호에 한정된 것이었다면, 이는 기존의 불평등을 더욱 공고히 하고 사회 재건과 개발을 방해했을 것이다.[6] 남아공 사람들은 경제·사회적 권리의 보장을 통해 인간 중심의 개발에 대한 정부의 새로운 공약이 실현되기를 희망했다.[7] 더 중요하게는 권리장전에 경제·사회적 권리를 포함시키는 것이 취약 계층, 특히 가난한 사람들의 세력화를 도와 개발 과정에서 그들의 기본적 이해가 보호되고 개선될 수 있도록 해줄 것이라 생각했다.[8] 이렇게 남아공 헌법은 인권의 전체론적·상호 의존적[9] 개념을 포용하게 되었다.

권리장전의 또 다른 혁명적 요소는 국가와 시민사회 간의 관계뿐만 아니라 개인과 단체 간의 관계에도 권리 개념을 분명하게 적용하고 있다는 점이다.[10] 그래서 인권 규범은 지나친 권력관계로 인해 발생하는 인권침해가 잠재되어 있는 모든 곳에 적용이 가능하다. 특히 인종차별정책이 유산으로 남긴 사회경제적 불평등을 고려한다면 이런 인권 규범은 남아공의 상황에 매우 절실한 것이었다.[11]

개발권은 모든 인권이 온전히 실현될 수 있는 특정한 절차에 따른 개발에 대한 권리로 개념화되어 왔다. 따라서 개발권은 인권 규범의 일관된 적용과 온전한 실현이라는 목적의 달성을 모두 포괄한다. 개발권의 근본적 가치는 자유권뿐만 아니라 사회권도 포함한 통합된 전망을 가진 인권을 촉진하는 데 있는 것이다. 이는 개발 과정에서 불리한 처지에 있는 사람들의 이해를 소외시키지 않도록 보장한다는 점에서 중요하다.

이번 장에서는 남아공의 '개발에의 권리에 기초한 접근법'의 경험을 성찰할 것이다. 내가 강조해 온 바와 같이 남아공의 권리에 기초한 접근법은 그 헌법으로부터 위임받은 것이다. 남아공의 경험을 살펴보기 위해 헌법재판소 판결의 진화, 국가인권위원회의 활동, 입법과 정책의 수립, 인권 원칙의 예산 절차에 대한 통합 여부, 시민적 참여와 동원의 영향을 살펴볼 것이다. 이 장에서 나는 경제·사회적 권리에 초점을 두고, 재판을 받을 수 있는 권리로서의 경제·사회적 권리에 대한 헌법적 보호라는 비교적 색다른 접근에 대해 분석하면서, 경제·사회적 권리가 개발 과정 내의 불평등과 경제적 박탈에 대한 구제를 촉진할 수 있는 역할이 중요함에도 불구하고 이에 대한 연구가 많이 부족하다는 점을 밝힐 것이다.[12] 개발권 또는 개발 과정에의 권리에 관한 모든 논의는 어떻게 경제·사회적 권리를 실제로 실현할 것이며, 어떻게 인권 보호의 촉진과 관련된 제도와 기구의 업무를 통합시킬 것인가에 집중되어야 한다. 여기에서는 인권이 개발 과정에 미친 영향에 관해 포괄적으로 분석하기보다는 남아공의 실증적 사례를 통해 분석할 것이다.

이 과정에서 나는 법과 법적 기구를 지나치게 많이 요구하는 인권 변호사들의 경향을 문제로 지적하고자 한다. 법과 법적 기구를 둘러싼 정치경제적 환경도 문제지만, 그것들은 스스로의 제도적 한계[13] 때문에도 많은 제약을 받는다. 그럼에도 불구하고 남아공의 경험은 통합적이고 재판 가능한 인권 보장이 개발 과정에서 가난하고 소외된 사람들에게 그들의 수요와 이해를 주장할 수 있는 기회를 제공했다는 점을 보여 줄 것이다.[14]

사회경제적 조건

헌법재판소장 채스칼슨Arthur Chaskalson은 수브라머니Soobramoney사례에서 남아공의 사회경제적 조건을 다음과 같이 사실적으로 묘사했다.

> 우리는 빈부 격차가 극심한 사회에 살고 있다. 수백만의 사람들이 처참한 환경과 지독한 빈곤 속에서 살고 있다. 실업률은 높고 사회적 보호망은 열악하다. 많은 사람들이 깨끗한 물과 적절한 보건 서비스에 접근할 수 없다. 이런 상황은 헌법을 채택할 당시에도 이미 존재하고 있었다. 이런 상황에 대처하고 우리 사회를 존엄하고 자유롭고 평등한 사회로 바꾸겠다는 공약은 새로운 헌법 질서의 중심을 이루고 있다. 그러나 이런 상황이 지속되는 한 우리의 열망은 공허한 울림에 그치고 말 것이다.[15]

성인 일인당 한 달 수입 353랜드를 기준으로 한 절대 빈곤선에 의하면, 남아공에서는 인구의 45퍼센트인 1,800만 명의 사람들이 빈곤선 아래 살고 있다. 이들 가운데 1,000만 명의 인구는 성인 일인당 한 달 수입이 193랜드에 못 미치는 '극빈한' 삶을 살아가고 있다.[16] 남아공의 빈곤은 강한 인종·젠더·연령·공간(시골/도시)적 요인을 가지고 있다.[17] 남아공은 높은 구조적 실업률에 시달리고 있으며,[18] 소득 격차의 측면에서 본다면 세계에서 가장 불평등한 사회 가운데 하나이다.[19] 토지 분배는 인간 개발에 있어 중요한 역할을 수행할 수 있다. 특히 시골 지역에서 "토지 분배는 지속 가능한 생계, 식량, 안보, 수입의 토대 구축에 기여할 수 있다."[20] 그러나 토지개혁은 더디게 진행되고 있다.[21] 빈곤 상황은 전국적으로 확산된 에이즈로 더욱 악화되었다. 에이즈는 남아공의 경제와 사회에 심각한 타격을 가하고 있다.[22]

1996년에 정부는 '성장·고용·재분배'Growth, Employment and Redistribution, GEAR라는 표제를 단 거시경제전략을 채택했다.[23] 이는 남아공 시민사회로부터 많은 비난

을 받았다. 그들은 정부의 새로운 전략이 '재건과 개발 프로그램'The Reconstruction and
Development Programme, RDP의 인간 중심 개발 정책으로부터 후퇴한 것이라고 주장했
다. 정부는 경제성장이 고용 창출과 같은 하향 침투 효과를 가져다 줄 것이라고
확신했다. 또한 국가의 지출과 경제 개입을 엄격히 규제함으로써 개인 투자를
이끌어 낼 수 있는 최적의 조건을 형성하면 경제성장이 이루어질 것이라고 믿고
있었다.[24] 많은 비평가들이 정부의 GEAR 전략은 그 목표 달성에 실패했다고 주
장했고, 특히 실업률을 대폭 낮추겠다는 계획은 더더욱 실패했다고 비난했다.[25]
그럼에도 불구하고 정부는 기초 공공서비스를 제공함으로써 사회경제적 개발
을 추진해 나갔다.[26] 최근 정보에 의하면 정부가 GEAR정책의 목표 일부를 개선
하고 있으며 분배에 있어서 더욱 적극적인 역할을 모색하고 있다고 한다.[27]

경제·사회적 권리의 시행을 위한 법원의 역할

헌법재판소는 이와 같은 역사적·사회적 조건 속에서 권리장전에 확립된 권리
에 의미와 효력을 부여해야 하는 도전에 직면해 있다. 헌법은 국가에 "권리장전
에서 확립된 권리를 존중하고 보호하며, 촉진하고 충족할"[28] 것을 요구하고 있
다. 헌법은 권리장전에서 보장하는 모든 권리에 의해 부과된 의무는 법원에 의
해 시행될 수 있다고 말하고 있다.[29]

　헌법재판소는 자유권 영역에서 몇 개의 획기적인 판결을 내렸다. 예를 들어
사형이 위헌임을 선언했으며,[30] 동성애자를 차별하는 법률 또한 위헌이라고 선
언했다.[31] 수형자의 선거권을 인정해 주었으며,[32] 장자상속의 관습법적 규칙이
성평등의 권리를 위반한 것이라고 판결했다.[33]

　경제·사회적 권리에 관한 주요 조항은 헌법 제26조와 27조에 포함되어 있
다. 이 권리는 "가용 자원 내에서 점진적 권리 실현을 달성하기 위해 합리적인

입법 등의 조치를 취하도록" 하는 적극적 의무를 국가에 분명하게 부과하고 있다.[34] 헌법재판소는 현재까지 경제·사회적 권리와 직접적으로 관련된 8개의 중요한 사건에 대해 판결을 내렸으며[35] 고등법원과 대법원에서도 경제·사회적 권리와 관련된 몇 가지 사건에 대해 중요한 판결을 내렸다. 여기서는 그 가운데 헌법재판소의 법리적 토대를 확립한 두 가지 사건을 집중적으로 살펴본다.[36]

그루트붐 사건   그루트붐 사건The Grootboom Case은 "소름끼치는 생존 조건" 때문에 임시 거주지로부터 사유지로 이주해 살아온 성인과 아동 집단에 관한 것이다.[37] 주민들은 사유지에서 퇴거당하고 근처의 스포츠 경기장에 캠프를 차렸다. 그들은 사유지에서 퇴거당할 때 집을 지을 재료가 대부분 파괴되었기 때문에 경기장에 적절한 주거 공간을 세울 수 없었다. 또한 자신들이 토지 보유권도 가질 수 없으며 비바람을 피할 적절한 거처도 마련할 수 없는 위태로운 처지에 놓여 있음을 알게 되었다.

그들은 케이프 고등법원에 모든 정부(중앙정부, 주정부, 지방정부)가 그들이 영구적인 주거 공간을 구할 때까지 임시 보호소나 주택을 제공해 줄 것을 요구하는 긴급 구제 명령을 청원했다.[38] 고등법원은 헌법 제28조 1항 c목에서 정하고 있는 아동의 주거에의 권리에 근거해 그들의 주장을 인정했다. 이에 대한 항소심에서 헌법재판소는 국가의 주택 프로그램은 헌법 제26조 2항(적절한 주거에 접근할 수 있는 모든 사람의 권리)을 준수하지 않았다고 공표했다.[39]

헌법재판소는 제26조의 해석에 있어서 불리한 처지에 놓인 사람들이 기본적 수준의 경제·사회적 권리에 접근할 수 있도록 보장해야 한다는 국가의 추정적 의무를 해석해 내려 하지 않았다.[40] 대신 제26조가 부과하고 있는 적극적 의무에 대한 심리에서는 권리를 실현하기 위해서 국가가 취한 입법 또는 기타 조치가 '합리적'인지를 따지는 것이 타당하다는 입장을 취했다. 재판소는 다음과 같이 기록하고 있다.

합리성을 다루는 법정은 보다 바람직한 또는 우호적인 조치가 채택될 수 있었는지, 또는 공적 자금이 보다 잘 사용될 수 있었는지를 심리하지 않을 것이다. 문제는 채택된 조치가 합리적인가이다. 국가가 그 의무를 충족하기 위해 여러 가지 다양한 조치들을 채택할 수 있다는 점을 인정할 필요가 있다. 그런 조치들 가운데 많은 것들이 합리성의 요건을 충족시켰을 것이다. 그렇다면 합리성의 요건은 충족된 것이다.[41]

헌법재판소는 이어서 정부의 행위가 합리적인지를 평가할 기준을 마련하기 시작했다. 기준에는 권리를 실현할 수 있도록 하는 포괄적이고 일원화된 실행 가능한 프로그램의 채택이 포함되어 있다.[42] 헌법재판소는 그런 프로그램이 개념과 이행이라는 양 측면에서 모두 합리적이어야 하며,[43] 균형 잡히고 유연성 있는 것이어야 하며, 단기·중기·장기적 수요에 대한 적절한 대책을 수립한 것이어야 한다고 했다.[44] 또한 정부 프로그램의 합리성은 경제·사회·역사적 맥락에서 평가될 것이며, 이는 국가의 자원 부족의 압박과 프로그램의 이행에 책임[45]이 있는 기구의 역량을 고려하게 될 것이라고 했다.[46] 더 나아가 헌법재판소는 가난한 사람들의 수요에 대해 그들이 특히 취약하다는 점을 고려해 특별한 주의를 기울여야 한다는 입장을 취했다.[47] '점진적 실현'의 의무와 관련해서는 국가가 사회 구성원 모두의 기본적 수요를 효과적으로 충족시키겠다는 목표를 달성하기 위해 단계별 절차를 밟아야 한다고 다음과 같이 말했다.

점진적으로 접근성을 높여야 한다. 법·행정·기능·재정적 장애물을 조사하고 가능한 곳에서 시간을 두고 단계적으로 장애물을 제거해야 한다.[48]

유엔 사회권 위원회는 '역행적 조치'는 점진적 실현의 의무와 명백히 모순되는 것이며 이는 특별한 해명을 요한다고 논평했는데, 헌법재판소는 이 입장에 찬성했다. 이 또한 남아공의 헌법 해석에 있어서 중요한 의미를 가진다.[49] 남아공 정부는 국가의 주택에 관한 법,[50] 정책, 프로그램이 포괄적임을 보여 주는 증거들을 헌법재판소에 제출했다. 재판소는 국가가 행한 조치들이 "큰 성과"[51]를 보여 주고 있으며 "긴급을 요하는 주택문제에 대해 체계적 접근"[52]을 하고 있다고 인정했다. 재판소는 다음과 같이 기록하고 있다.

> 많은 예산이 지출되었으며 상당한 양의 주택이 지어졌다. 효과적인 주택 공급 과정에 상당한 고민과 에너지, 자원, 전문가가 이미 투입되었으며 계속해서 투입될 예정이다. 이는 적절한 주택에의 접근권을 점진적으로 실현하는 것을 목적으로 한 프로그램이다.[53]

그렇지만 헌법재판소는 국가가 주택에 대한 중·장기적 필요에만 초점을 둔 나머지, 주택을 절박하게 필요로 하는 사람들에게 단기적이고 일시적인 구제 조치를 제공하지 못했기 때문에, 국가의 주택 프로그램이 헌법상의 합리성의 요건을 충족시키지 못했다고 판결했다.[54] 즉, "중·장기적 목적에 초점을 둔 프로그램의 전체 이익을 이유로 주민들의 절박한 필요를 무시해서는 안 된다"[55]는 것이다. 재판소는 비록 국가가 취한 조치들이 통계적으로 성공적이고 권리 실현을 전반적으로 증진시킬 수 있는 것이지만 "그들이 실현하기 위해 애쓰고 있는 권리를 부정한 정도를 고려하지 않을 수 없다"며, "주민들의 수요가 가장 긴급하기 때문에 모든 권리를 향유해야 할 그들의 능력이 가장 위태로운 상황에 처해 있다. 권리 실현을 목적으로 하는 국가적 조치는 이런 상황을 무시해서는 안 된다"[56]고 했다. 재판소는 이런 방식으로 합리성의 기준을 제시했다.

헌법재판소는 적절한 주택에의 접근권을 목적론적으로 해석했다. 재판소는 주택에의 접근권이 견고하게 확립된 것은 "우리가 인간을 소중히 여기고 그들이 기초적 생필품을 받을 수 있도록 보장하기를 원하기 때문"[57]이라고 해석했다. "인간 존엄성과 자유, 평등에 토대를 둔 사회라면 기초적 생필품이 모두에게 제공되도록 보장하기 위해 노력해야 한다"[58]고 덧붙였다. 그래서 헌법재판소는 국가의 주택 프로그램이 헌법 제26조 2항을 준수하지 않았으며, "국가의 주택 프로그램은 토지에의 접근권이 없고 머리 위에 지붕조차 없는 견디기 힘든 위기 상황에 처한 사람들을 위해 가용 자원 내에서 합리적인 대책을 세우는 데 실패했다"[59]고 판결했다.

그루트붐 사건의 판결은 경제·사회적 권리를 실현할 국가의 적극적 의무의 범위를 해석한 첫 번째 판결이자, 경제·사회적 권리의 시행을 위한 법원의 역할을 한층 더 엄격하게 규정한 판결이었다.[60]

트리트먼트 액션 캠페인 사건

트리트먼트 액션 캠페인Treatment Action Campaign 사건은 HIV의 모자 간 감염을 예방하기 위한 국가적 조치가 제한적으로 적용되는 것에 대해 문제를 제기했다. 트리트먼트 액션 캠페인은 역동적인 시민사회단체로서, 에이즈 환자 공동체뿐만 아니라 교회, 노동조합, 비정부기구들을 동원해 HIV/AIDS에 감염된 사람들에게 적절한 의료 조치가 제공될 수 있도록 캠페인을 펼쳐 왔다.[61] 트리트먼트 액션 캠페인은 국가가 정책적으로 몇 개의 제한적 연구 교육 시설을 제외하고 공공 병원과 보건소에서 항레트로바이러스 약품인 네비라핀Nevirapine의 투약을 금지함으로써 헌법 제27조의 보건 서비스에의 접근권을 위반했다고 주장했다. 이 약품은 분만 중에 일어날 수 있는 HIV의 모자 간 감염을 줄이는 데 효능이 있음이 입증된 것이었다. 트리트먼트 캠페인은 또한 국가가 HIV 모자 간 감염을 예방하기 위한 포괄적인 프로그램의 계획과 이행에 실패했다고 주장했다. 고등법원과 헌법재판소는 국가의 HIV 모자 간 감염에 대한 예방 프로그램은 헌법 제27조 1항과 2항의 의무를 준수하지 않았다고 판결했다. 헌법재판소는 이에 정부에게 선언적 명령과 동시에 의무적 명령을 내렸다.

헌법재판소는 정부가 네비라핀의 투약을 연구 교육 시설에 제한한 이유를 제출하자, 심의한 후 타당성이 없다고 이를 기각했다.[62] 정부는 "포괄적인 의료 서비스"가 제공되지 않는 곳에서 네비라핀의 투약 효능은 아직 입증되지 않았다는 점을 제한적 정책의 이유 가운데 하나로 들었고,[63] 약품에의 내성, 약품의 안전성, 기술적·행정적 역량의 부족, 예산의 문제를 들어 정당성을 주장했다.[64]

헌법재판소는 네비라핀의 제공을 제한한 정책은 그런 연구 교육 시설에 접근할 수 없었던 많은 HIV 양성 어머니와 아이들에게 심각한 영향을 미쳤음을 인정했다. 그들이 너무 가난해서 네비라핀을 구입할 수 없었다는 사실은 "간단하고 저렴하게 잠정적으로 생명을 구할 수 있는 의료"[65]에의 접근권이 전면적으로 박탈당했음을 의미하며, 정부의 제한적 정책이 유연성을 발휘하지 못했고,[66] 특별히 취약한 집단의 필요를 고려하지 못했기 때문에 불합리하다고 판결했다.[67] 재판소는 "연구 교육 시설을 벗어난 네비라핀의 사용을 결정하기까지 장기간을 기다려야 하는 정책" 또한 불합리하다고 판결했다.[68] 그래서 재판소는 정부로 하여금 공공 병원과 보건소에서 HIV 모자 간 감염을 줄일 수 있는 네비라핀의 사용을 금지한 제한 조치를 "지체 없이 제거하고"[69] 네비라핀의 사용을 "허용하고 촉진하도록" 명령했다.[70]

헌법재판소는 모자 간 감염을 예방할 수 있는 포괄적인 계획의 채택과 이를 이행하는 데 실패한 정부를 날카롭게 공격하면서, 네비라핀의 제한적 사용에 관한 정부 정책의 경직성이 HIV 모자 간 감염에 관한 정책 전체에 악영향을 미쳤다고 지적했다.[71] 재판소는 HIV 양성 임신부에 대한 검사와 상담을 위한 포괄적 정책이 처음에는 시도되었으나 일괄적으로 이행되지 않았음을 지적하고,[72] 상담원의 교육 내용에 네비라핀 사용에 관한 상담을 포함시키도록 명령했다. 정부에게는 공공 보건 부문 전반에 걸쳐 공공 병원과 보건소에 검사와 상담 시설을 확대할 합리적인 조치를 취하도록 명령하고, HIV 모자 간 감염의 위험을 줄이기 위한 네비라핀의 사용을 용이하게 만들도록 명령했다.[73]

나아가 정부 프로그램의 합리성을 평가하는 기준에 투명성을 추가했다.[74] 헌법재판소는 HIV/AIDS가 사회의 모든 부문에 던지고 있는 수많은 도전 과제는 특히 정부에 의한 적절한 소통이 이루어질 때에야 비로소 해결될 수 있다[75]며 프로그램을 "최적으로" 이행하기 위해서는 그 내용을 모든 이해 당사자가 알고 있어야 한다고 지적했다. 이런 맥락에서 중앙정부와 6개 지방정부가 HIV 모자 간 감염을 예방하기 위한 네비라핀 처치에의 접근을 확대할 수 있는 프로그램을 공개하지 않았다는 사실에 강하게 유감을 표했다.[76]

트리트먼트 액션 캠페인 사례는 그루트붐 사건에서 보여 준 합리성 심의의 법리가 경제·사회적 권리에의 접근성을 발전시키기 위해 보다 광범위한 시민사회 캠페인을 지원하는 전략적 수단으로 어떻게 사용될 수 있는지를 보여 준다. 트리트먼트 액션 캠페인은 HIV 모자 간 감염과 관련된 정부 정책의 불합리성을 입증할 조직화된 자원과 역량을 가지고 있었다. 그들이 가진 의학과 공공보건에 대한 전문성과 그들의 주장을 입증할 경제학적 증거는 깊은 인상을 남겨 주었다. 트리트먼트 액션 캠페인의 변호를 담당한 법률정보센터Legal Resources Center의 제프 버들렌더Geoff Budlender는 "어떤 점에서 보면 헌법재판소의 최종 결론은 트리트먼트 액션 캠페인이 이미 법정 밖에서 승리한 싸움에 대해 단순히 결론을 내려 준 것 뿐이다. 트리트먼트 액션 캠페인은 법정을 그들의 광범위한 투쟁 방법의 하나로 능수능란하게 사용한 것이다"라는 소견을 밝혔다.[77]

판결의 이행 그루트붐 사건의 판결에 대한 이행은 만족스럽게 진행되지 못했다. 이주민 공동체는 법원이 2000년 9월 21일에 내린 정주停住 명령의 합의의 대상이었다. 정주 합의란 국가 주택 프로그램에 따라 주택이 마련될 때까지 이주민 공동체가 스포츠 경기장에 임시로 거주하도록 허락하는 것을 뜻한다. 따라서 헌법재판소의 판결은 국가 주택 프로그램이 헌법 제26조와 일치하는지의 문제만을 다루었다. 헌법재판소의 최종 판결은 2000년에 내려졌는데, 2003년 8월에야 위급한 상황에 처한 사람들을 위한 주택 지원 프로그램을 갖춘 새로운 프로그램이 채택되었다.[78] 이 프로그램의 채택은 그루트붐 판결로 확인된 국가 의무에 대한 직접적 응답이었다. 이는 생명, 건강, 안전에 직접적인 위협을 가하는 견디기 힘든 상황이나 자연재해, 이주와 같은 위기를 직면한 공동체에 안전망을 제공하는 것을 목적으로 한다.[79]

트리트먼트 액션 캠페인에 관한 판결에서는 지역에 따라 정도의 차이는 있지만 그 이행에 있어서 상당한 진전이 이루어졌다.[80] 대체로 보건부의 역량 부족이 판결의 온전한 이행에 걸림돌이 되고 있다는 지적이 많았다.[81]

그러나 이 두 판례의 영향이 당장의 이행에만 그치는 것이 아니라 더 광범위한 파급효과를 가진다는 점을 인식하는 것이 중요하다. 판결문에 명확하게 표현된 가치와 원칙은 광범위한 시민사회의 주창 활동advocacy에 활기를 불어넣었으며, 가난한 사람들을 위한 사회경제적 정책과 입법을 채택하는 데 영향을 미쳤다.

국가인권위원회의 역할

남아공의 국가인권위원회는 "헌법상의 민주주의를 지원하는 국가기구"의 하나로 헌법 제9조에 근거해 설립되었다. 위원회는 인권을 촉진하고 인권의 준수를 감독 평가하는 임무가 있다.[82] 이런 임무를 수행하도록 헌법은 위원회에게 인권 준수에 대한 조사와 보고의 권한, 인권침해 시에 적절한 구제를 보장하기 위한 조치를 취할 권한과 연구를 수행할 권한, 그리고 교육의 권한을 부여하고 있다.[83] 헌법은 또한 경제·사회적 권리와 관련된 특별한 의무를 위원회에 부과하고 있다. 위원회는 매년 "관련 부처에 주택, 보건, 식량, 물, 사회적 보호, 교육, 환경에 대한 권리장전의 권리 실현을 위해 취해진 조치가 무엇인지에 관한 보고서를 제출할 것을 요구해야 한다."[84]

위원회는 설립 이래로 경제·사회적 권리와 관련해 5개의 보고서를 발표했다.[85] 이는 헌법 제184조 3항이 위원회에 부과한 임무이다. 보고서는 위원회가 관련 국가기관에 보낸 포괄적인 조사 설문지에 대한 응답에 근거해 편찬되었다. 그루트붐과 트리트먼트 액션 캠페인 판결에서 윤곽을 드러낸 원칙이 조사 설문지의 설계에 토대를 제공했다. 이 설문은 경제·사회적 권리의 실현을 위해 국가기관이 채택한 정책, 입법, 예산 등의 조치에 관한 정보를 취합하기 위한 것으로, 취약 집단의 경제·사회적 권리에의 접근성, 국가기관이 경험한 이행상의 어려움, 권리 신장을 위한 지표에 관한 질문들을 포함하고 있다. 위원회는 보고서의 각 장에 본 권리에 대한 결론과 권고 사항을 싣고 있다.

위원회의 권고는 광범위한 영향을 끼치며, 인권 원칙이 개발 과정에서 고취되도록 하는 것을 목적으로 한다.[86] 위원회의 권고는 보다 효과적인 인권 전략을 수립하고 경제·사회적 권리의 점진적 실현을 위한 활동 계획을 마련하는 데 이용될 수 있다. 또 위원회는 보고서를 의회에 제출함으로써 의원들이 행정부에 대한 감독 기능을 행사할 때에도 도움을 줄 수 있다. 위원회는 이런 모니터링 절차를 통해서 경제·사회적 권리를 침해받은 희생자들을 위해 적절한 구제책을 보장해 줄 수 있고,[87] 더 철저한 연구와 조사가 필요한 문제를 설정할 수 있다.[88] 가장 중요하게는, 이런 메커니즘을 통해서 정부와 일반 대중이 경제·사회적 권리의 조직적인 침해에 주의를 기울이도록 할 수 있다.

위원회에 주어진 도전 과제는 정보 수집, 권고 채택, 권고에 대한 주창과 감시의 과정에서 시민사회의 더욱 활발한 참여를 이끌어 내는 것이다.

국가인권위원회와 유사한 다른 헌법 기구로 젠더평등위원회Commission on Gender Equality가 있다.[89] 젠더평등위원회는 경제·사회적 권리와 관련해 명확한 임무를 가지고 있지는 않지만 그런 권리들 속에서 젠더 영역을 개발하는 데 중요한 역할을 수행할 수 있다. 젠더 요소의 영향이 경제·사회적 권리의 모니터링 과정에 완전히 통합되도록 하려면 두 위원회 간의 협력은 필수 불가결하다.[90]

가난한 사람들을 위한 정책, 입법 그리고 시민사회의 역할

인권을 지향하는 사회정책과 입법은 단순히 법원의 판결에 의해서만 채택되는 것이 아니라는 사실을 분명하게 인식할 필요가 있다. 법원의 판결 없이도 헌법적 권리에 효력을 부여하기 위해 채택된 사회정책과 입법의 예가 많이 있다. 이와 같은 성격의 입법은 다음을 포함해 여러 가지 목적을 가지고 있다.

- 경제·사회적 권리의 내용을 보다 명확하게 정의한다.
- 권리가 점진적으로 실현될 수 있는 일관된 프레임워크를 만든다.
- 특별히 취약한 집단을 위한 특별 보호조치를 규명하고 제공한다.
- 권리 실현을 위한 책임과 업무를 중앙정부, 주정부, 지방정부 모두에 할당한다.
- 적절한 재정적·인적 자원의 가용성을 확고히 한다.
- 경제·사회적 권리에의 접근에 있어서 주州들 간 공정성을 확고히 할 수 있도록 통일된 국가 규범과 기준을 수립한다.[91]

다음에서는 인권 원칙들을 통합하기 위한 시도가 이루어진 사회정책과 입법 이니셔티브를 잘 보여 주는 몇 개의 사례에 관해 다룰 것이다. 이 사례들은 사회정책과 입법 과정 속에 권리에 기초한 접근법을 주창함에 있어서 시민사회단체의 역할이 얼마나 중요한지를 부각시켜 준다.

HIV/AIDS와의 투쟁　　　트리트먼트 액션 캠페인은 1998년부터 공공 병원과 개인 병원에서 HIV 양성자에게 항레트로바이러스 치료를 제공하도록 하는 캠페인을 펼쳐 왔다. 2003년 8월은 공공 보건 부문의 항레트로바이러스 치료를 제한해 왔던 정부 입장의 전환점이 되었다. 내각은 보건부와 재무부의 공동 조사팀이 제출한 보고서를 검토하고,[92] 보건부 장관에게 공공 보건 부문에 단계적으로 항레트로바이러스 치료를 제공할 계획을 준비하도록 지시했다.[93]

에이즈와의 투쟁 과정에서 이런 분수령에 도달할 수 있었던 것은 이를 위한 많은 활동들이 있었기 때문이다. 가장 중요하게는 트리트먼트 액션 캠페인이 준비한 광범위한 사회적 동원이 있었다. 트리트먼트 액션 캠페인 사건에 대한 헌법재판소의 판결 결과로서 이루어진 헌법적 심의는 국가적 항레트로바이러스의 치료 계획 수립과 그 계획의 내용에 중요한 촉진제가 되었다.[94]

트리트먼트 액션 캠페인과 다른 시민사회단체들은 항레트로바이러스 프로그램의 포괄적 착수 계획에 개입하면서 그루트붐과 트리트먼트 액션 캠페인 사건에 대한 헌법재판소의 법리를 끌어들였다. 그들은 내각에 제출한 공동의 평가 보고서에서 항레트로바이러스 치료를 긴급하게 필요로 하는 사람들에게 그것을 제공하지 않는 것에 대해 경고했다.

> 우리는 '항레트로바이러스 치료를 도입하자는 결정이 이루어지더라도 …… 첫 번째 환자에게 치료를 제공하기까지 6~9개월의 준비 기간이 필요하다'는 주장에 반대한다. 대신 우리는 최소한의 질적 기준을 충족시킨 모든 보건 시설을 즉시 '긴급 치료 시설'로 지정하고, 치료가 필요하다고 생각하는 사람들이 자발적으로 HIV 검사를 받도록 독려하며, 상담, 진찰, 치료를 받을 수 있도록 지원할 것을 제안한다.[95]

그루트붐 사건의 판결에서 헌법재판소가 강조한 바와 같이, 정책과 입법을 합리적으로 설계하는 것만으로는 불충분하다. 그것은 합리적으로 이행되어야 한다. 2004년 말에 9개의 모든 주가 공공 보건 부문에서 항레트로바이러스 프로그램의 이행에 착수했다. 그러나 2005년 말의 통계에 따르면 항레트로바이러스 치료가 필요한 환자 가운데 18퍼센트만이 치료를 받을 수 있었으며, 주마다 치료받은 환자의 수에 상당한 차이를 보였다.[96] 시민사회단체들은 '시민사회 공동감시포럼'Joint Civil Society Monitoring Forum, JCSMF을 설립하고 공공 보건과 인권의 관점에서 정부가 HIV/AIDS 치료 계획을 이행하는지를 감시하고 평가했다. 공동포럼은 치료 계획의 이행 경과와 이행의 장애물에 대해서 의미 있는 정보를 대중에게 제공했다.

트리트먼트 액션 캠페인은 HIV 양성 환자의 치료를 촉진하기 위한 민간 보건 부문의 역할에도 주목해 항레트로바이러스의 비용을 절감하고 에이즈 관련 질병 치료제의 가격을 낮추기 위한 전략을 강구했다. 최근 보고서에서 트리트먼트 액션 캠페인은 정부가 발의한 입법안을 적극 지지했다.[97] 입법안은 상표 미등록 약품으로의 대체generic substitution(상표 등록 의약품을 상표 미등록 의약품으로 대체함으로써 약품의 가격을 인하함), 특허 약품의 병행 수입parallel importation(외국에서 적법하게 상표가 부착되어 유통되는 정품을 제삼자가 국내의 상표권자 또는 전용 사용권자 허락 없이 수입하는 행위), 가격책정위원회의 설립을 통한 투명한 약품 가격 책정 체계를 골자로 한 의약품 가격 인하 조치를 포함하고 있었다. 이는 제약 회사들의 반발을 샀고, 결국 법정 싸움으로 이어졌다. 고등법원은 이를 "제약·제조 회사 연합 대 남아공 대통령"Pharmaceutical Manufacturers' Association and Others v. The President of the Republic of SA and Others이라는 사건명으로 다루었다.[98] 제약 회사들은 위의 국가적 조치가 헌법 제25조에서 보호하고 있는 재산권의 위반이라고 주장했다. 트리트먼트 액션 캠페인은 사건에 법정 참고인의 자격으로 개입해 위의 조치가 HIV/AIDS 보유자의 보건 접근권을 보장하는 데 매우 중요하다는 의견을 제시했다. 결국 강력한 국내외 여론의 압력으로 제약 회사들은 정부 입법안에 대한 도전을 포기했다.[99]

이 사건은 시민사회가 힘을 모아 강력한 제약 회사들이 통제하고 있는 의약품에 대한 시민의 권리를 신장시키려는 목적으로 국가가 도입한 입법 조치를 통해 어떻게 의약품 접근권을 방어할 수 있었는지를 보여 주고 있다.[100]

교육에의 권리 실현　　기초 교육(성인 기초 교육 포함)뿐만 아니라 그 이상의 교육은 헌법 제29조에 보장되어 있다.[101] 법원은 아직 기초 교육에의 권리에 관한 내용적 해석을 내놓지 않았다.[102] 교육부는 교육과 훈련에 관한 백서에서 교육에의 권리가 부과하고 있는 의무에 대해서 다음과 같은 해석을 내놓았다.

제안된 일반교육 이수 자격(1년의 예비교육과 9년의 학교교육)의 수준에 준해 설계된 교육 프로그램은 학교에서 아동에게 제공되든, 다른 형태로 청소년 또는 성인에게 제공되든 상관없이 헌법상의 목적에 맞는 기초 교육으로 정의될 수 있을 것이다.[103]

남아공 학교법(1996)은 학교의 조직, 거버넌스, 기금에 관해 통일된 체계를 적용하도록 요구하고 있다. 학교법에 의하면 7세에서 15세의 아동과 청소년에게 의무적으로 학교교육을 제공해야 한다.[104] 국가는 교육에의 권리가 제대로 행사되도록 하고, 과거의 불평등한 교육 기회를 교정하기 위해 공립학교에 공정하게 기금을 지원해야 한다.[105] 그러나 학교법은 공립학교에서도 학비를 받도록 허용했다.[106] 학교법은 형편이 어려운 학생들의 학비를 전액 또는 부분적으로 면제해 주기 위한 공정한 기준과 절차를 마련하도록 해야 했다.[107] 시민사회단체들은 학비 체계가 저소득층 아동들에게 미칠 영향에 대한 우려를 표명했다.[108] 교육부는 공립학교의 재정, 자원, 비용을 검토하고,[109] 현재의 재정 체계가 저소득층 자녀의 교육에 걸림돌이 되고 있으며 그들의 교육에 필요한 충분한 자원을 제공하지 않고 있다고 인정했다.

한 대학 응용법률연구센터의 '법과 개혁 프로젝트' 팀이 교육부에 공립학교 재정 체계에 대한 평가 보고서를 제출했는데, 이 보고서에서는 학비가 가난한 사람들이 교육을 받는 데 걸림돌이 되고 있으며 궁극적으로는 남아공의 국제적 의무에 반하기 때문에 학비 제도를 폐지할 것을 제안했다.[110] 그들은 기초 교육에의 권리와 같이 헌법에 보장된 권리는 그에 상응하는 의무와 비용을 먼저 분석한 후 적절한 예산을 배정해야 한다고 주장했다. 그들은 이 접근법을 "폐쇄적 예산 정책"과 대조해 설명했다. 그들의 접근법은 "공립학교에서 이용 가능한 자원은 본질적으로 고정되어 있어야 한다는 전제로부터 나온다.[111] 이 접근법에서 토론할 만한 가치가 있는 질문들은 우선순위를 어떻게 설정할 것인가, 고정된 자원의 배분을 위해 어떤 행정 체계를 도입할 것인가이다."[112]

법원이 그루트붐 사건에서 적용한 접근법은 헌법에서 보장하고 있는 권리가 단지 정부에게 곤란한 정책적 요구에 응하도록 강요하기 위한 변호사들만의 수단이 아니라는 점을 분명하게 보여 준다. 오히려 헌법적 권리는 정부가 지향해야 할 업무 방식을 인도하도록 의도된, 정책 구성을 위한 장치이며 헌법 제2조는 이에 대해 '헌법은 공화국의 최상위 법이다. 헌법에 모순되는 법과 행위는 무효이며, 헌법이 부과한 의무는 충족되어야 한다'고 밝히고 있다.[113]

교육부는 이런 논평에 준거해 2003년 6월 14일 "모두를 위한 양질의 무료 기초 교육에의 접근 증진"이라는 실천 계획을 발표했다.[114] 실천 계획안에는 하위 40퍼센트에 속하는 학교에서 학비를 폐지한다는 내용이 포함되었다.[115] 기초 교육과 평등에의 헌법적 권리는 저소득층의 교육에 대한 경제적 접근성을 다루는 실천 계획에 있어서 중요한 고려 사항이었다.[116]

실천 계획은 2006년부터 이행되기 시작되었다. 따라서 이 계획이 저소득층 자녀의 교육에의 접근권을 증진했는지를 평가하기에는 아직 이르다.

강제 이주와 철거로부터의 보호   토지와 주택에 대한 인종차별정책의 가장 악랄한 모습 가운데 하나가 사람들을 그들의 토지와 주택으로부터 강제 철거하기 위해 법을 이용한다는 점이다. 강제 철거는 종종 법원의 명령 없이 즉결로 이루어지기도 했다.[117] 이런 역사에 대응해 헌법 제26조 3항이 채택되었다. 이는 법원이 "모든 관련 조건"을 심의한 후에 내려진 명령이 없는 상태에서 자의적으로 강제 이주와 철거를 하지 못하도록 금지하고 있으며, 나아가 "어떤 입법도 자의적인 강제 이주를 허용할 수 없다"고 규정하고 있다.

정부는 이 권리에 관한 중요한 법안을 도입했다. '불법적 강제 이주 금지와 불법적 토지 점유에 관한 법률'(1998)[118]이 그것인데, 이 법은 강제 이주에 직면한 불법적 토지 점유자에게 광범위한 절차적·내용적 권리를 부여하고 있다. 법원은 이 법에 의해 "이주하는 것이 정당하고 공정한지를" 판단하고 이주 명령을 내릴 수 있는 재량권을 부여받게 되었다. 법원이 심의해야 할 요소들 가운데는 불법 점유자를 이주시킬 토지를 합리적으로 구할 수 있는지, "노인, 아동, 장애인, 여성 등이 가장인 가정의 권리와 수요"를 충족시킬 수 있는지의 여부가 포함되어 있다.[119] 헌법재판소는 '포트엘리자베스 시市 지방정부 대 점유자 집단Port-Elizabeth Municipality v. Various Occupiers[120]을 다룬 사건에서 위의 법에 대한 선도적인 결정을 내렸다. 헌법재판소의 판결은 헌법 제26조 3항의 목적과 가치를 촉진시키기 위해서 위의 법률을 어떻게 해석해야 하는지에 대해 설명하고 있다. 헌법재판소는 "법원은 공식적 주택 프로그램 안에서 주택에 대한 궁극적 접근을 해결하지 않은 채, 임시 조치와 같이 법원이 만족할 만한 합리적 대안이 마련되지 않는 한, 비교적 안정적으로 정착한 점유자에 대한 이주 명령을 피해야 한다"[121]고 판결했다. 법원을 만족시키려면 이주가 "정의롭고 공정한" 것이어야 한다. 그래서 국가기관은 점유자 집단의 대안적 주거 설비에 대해 충분히 고려했음을 입증해야만 한다.[122] 또한 헌법재판소는 특별한 조건이 없는 한, "적절한 토론과 중재가 시도되지 않았다면 법원의 이주 명령은 일반적으로 정의롭고 공정한 것이 아니다"라고 판결했다.[123]

이와 비슷하게 시골의 토지[124]에 적용 가능한 법안도 채택되었다. 입법 취지는 장기적이고 안정적으로 토지를 보유할 수 있도록 하고[125] 거주민의 권리가 종결되는 조건을 규정하기 위한 것이다. 법률은 소유자가 따로 있는 땅을 10년 이상 점유해 온 거주민과 60세가 되었거나 건강상의 이유로 고용이 종료된 거주민의 토지에 대한 권리는 종결될 수 없다고 규정하고 있다.[126]

이주에 직면한 사람들의 절차적·내용적 권리는 헌법상의 보장, 입법, 판례의 조합을 통해서 구성되었다. 재산권을 자동적으로 우선시했던 이전의 법률적 입장은 크게 조정되었고, 토지 보유권이 불안정했던 사람들의 권리와 이해를 더 이상 무시할 수 없게 없었다. 이런 방식으로 인권 기관들은 공공 토지 및 개인 토지의 소유자와 점유자 간의 권력관계에 변화를 가져왔다. 그러나 법률의 점진적 발전에도 불구하고, 이주에 관한 전국적 조사에 의하면 지난 21년간 약 170만 명이 농장에서 강제로 이주당했다. 이 가운데 942,303명이 1994~2004년 사이에 이주당한 것으로 나타났다.[127] 연구 조사에 의하면 이 많은 이주 건수 가운데 단 1퍼센트만이 법적 절차에 따른 것이었다.[128] 그렇다면 왜 가난한 사람들은 그들의 헌법적·일반법적 권리를 보호하기 위해 법원에 호소하지 않았는가? 불리한 소송 결과에 대한 두려움,[129] 법률 서비스에 대한 접근 부족, 그들의 권리와 지원 통로에 대한 제한적인 지식 등이 그 이유인데, 이것들은 서로 복잡하게 얽혀 있다.[130] 이는 뿌리 깊은 사회적 권력관계와 권리 행사를 위한 제도적 지원의 부족, 그리고 경제·사회적 권리에 민감하지 않은 사법 문화가 가난한 사람들을 위한 입법과 정책의 개혁적 목표의 달성에 걸림돌이 된다는 점을 잘 보여 주는 것이다.

사회적 지원에 대한 보편적 접근을 위해　　헌법 제27조 1항 c목은 "모든 사람은 사회적 보호에 접근할 수 있는 권리를 가지고 있다. 이는 스스로와 그 가족을 부양할 수 없는 경우 사회적 원조를 제공받을 권리를 포함한다"고 되어 있다.

　민주 정부는 과거의 인종차별주의의 역사와 분열된 시정으로 인해 근본적 결함을 가지고 있는 사회보장제도를 이어받은 상태였다.[131] 정부의 주요 도전 과제는 국가 차원에서 포괄적인 사회보장제도를 확립하는 것이었다. 남아공에서 사회적 지원은 보조금의 형태로 시행되어 왔다. 보조금은 '사회적 보조금에 관한 법률'의 차원에서 가계조사를 통해 제공되는데, 현재로선 노인 보조금,[132] 장애인 보조금,[133] 입양아 양육 보조금,[134] 아동 지원 보조금[135]이 주를 이루고 있으며, 거의 1,200만 명의 취약 집단에게 제공되고 있다. 높은 수준의 구조적 실업을 고려한다면 정부의 사회적 지원 프로그램은 빈곤 퇴치를 위한 매우 중요한 장치이다.[136] 이는 또한 단독으로는 가장 큰 정부의 재분배 프로그램이다.[137]

　복지부(현재는 사회개발부)가 1997년 2월에 발표한 『사회복지백서』*White*

*Paper for Social Welfare*에서 정부는 "포괄적인 국가적 사회보장제도"를 제공하기로 공약했다.[138] 백서에 의하면 사회보장제도의 개혁은 두 가지 축을 중심으로 이루어져야 한다. 먼저 "가계조사를 통한 일반적 사회 원조 계획과 같은 다른 지원의 수단이 없는 사람들에게 포괄적인 사회적 지원"을 제공해야 한다. 둘째, "퇴직연금, 실업보험, 건강보험을 포함한 사회보험"을 재조정해야 한다.[139] 백서에 제시된 궁극적 목표는 "통합된 지속 가능한 사회보장제도에의 보편적 접근을 보장"하는 것이다. 또 모든 남아공 국민들은 기초적 생계를 꾸려나갈 수 있을 만큼 최소한의 수입을 보장받아야 하며, 국민들을 최소한의 기준 이하로 살게 해서는 안 된다. 사회보장제도는 빈곤 퇴치를 위해서 각 부처 간의 협력을 통해 운영될 것이다"[140]라고 되어 있다.

시민사회단체들은 사회적 안전망을 확대하도록 캠페인[141]을 펼쳐 왔다. 특히 18세 이하의 모든 아동과 청소년에게 아동 지원 보조금을 확대하고 단계적으로 '보편적 기초 소득 보조금'universal basic income grant을 도입할 것을 요구했다. 그들은 실업 규모를 고려해 볼 때 완전고용이나 고용의 획기적인 개선은 중단기적으로 이루어질 수 없을 것이라고 주장했다. 기존의 사회적 안전망은 아동 지원 보조금을 받을 수 있는 나이와 노인 보조금을 받을 수 있는 나이 사이의 연령대 가운데 기초적 수요를 충족시킬 만한 충분한 수입을 갖고 있지 않은 사람들을 완전히 배제하고 있었다. 시민사회단체는 모든 성인과 아동에게 매달 100랜드를 가계조사 없이 보편적으로 제공할 것을 주장했다. 그 보조금은 조세제도를 통해 고소득자로부터 점진적으로 충당될 수 있을 것이다.

정부는 2000년 2월에 '포괄적 사회 안전망 조사위원회'를 구성하고 기초 소득 보조금의 실행 가능성을 포함해 남아공 전체의 사회보장제도를 검토했다. 조사위원회의 보고서는 기존의 사회보장 프로그램이 빈곤 문제를 적절히 다루고 있지 못하고 있다는 것을 다음과 같이 지적했다. "가난한 가계의 절반이 사회보장제도의 혜택을 전혀 받고 있지 못하며, 나머지 절반은 사회보장제도의 혜택에도 불구하고 여전히 가난한 삶을 살고 있다."[142]

조사위원회는 '유엔 사회개발위원회'UN Commission on Social Development의 접근법을 지지하면서 저소득 빈곤, 역량 부족,[143] 자산 부족[144]을 다루고 있는 일련의 조치들과 특별한 수요 문제를 다루고 있는 조치들[145]로 구성된 "포괄적 사회 보호를 위한 종합 계획"comprehensive social protection package[146]의 채택을 제안했다. 조사위원회는 남아공에 적합한 포괄적 사회 보호의 목적을 다음과 같이 정의했다.

> 남아공에 살고 있는 모든 사람이 사회경제적 활동에 효과적으로 참여하고 거기에 기여할 수 있도록 그들에게 기본적 수단을 제공해야 한다. …… 이는 전통적 사회 보장 개념보다 넓은 개념으로, 적어도 모든 국민을 위한 최소한의 수용 가능한 삶의 기준을 집단적으로 보장할 수 있는 개발 전략과 프로그램을 내포하고 있다.[147]

조사위원회는 특히 저소득 빈곤과 관련해서 '포괄적 사회 보호를 위한 종합 계획'이 "모든 남아공 사람들의 빈곤과 굶주림을 줄이거나 없앨 수 있도록, 그들의 수입을 보장하는 적어도 하나의 기초 소득 이전primary income transfer 프로그램을 포함해야 한다"[148]고 제안했다. 위원회는 이전된 기초 소득이 "사람들을 보다 효과적으로 경제활동에 참여하도록 하는 파급효과를 가져올 것이다"라고 했다(일례로 구직 활동에 필요한 교통비).[149] 또 위원회는 기초 소득 보조금의 단계적 도입을 권고했다. 이를 위해 먼저 18세 이하의 모든 아동과 청소년에게 아동 지원 보조금을 확대하고, 2005~15년 사이에 단계별로 기초 소득 보조금을 도입할 것을 제안했다.[150] 위원회는 기초 소득 보조금제의 도입을 헌법 제27조 1항 c목의 사회적 지원과 연결 지어 다음과 같이 제안했다.

> 기초 소득 보조금은 모든 남아공 국민의 사회적 권리로서 작동할 것이다. 그와 같은 권리 자격은 사회복지에 관한 백서에서 제안된 포괄적 사회적 안전망의 전망에 입각한, 헌법 제27조 1항 c목에서 규정하고 있는 적절한 사회적 지원에의 권리로 간주된다.[151]

조사위원회의 보고서에서 주목해야 할 점은, 중·장기적 개발 정책을 추구하면서도 가난한 사람들의 당장의 생존 요구[152]에 많은 주의를 기울이고 있다는 것이다. 이는 견디기 힘든 조건 속에서 살고 있는 사람들의 절박한 요구를 즉각 구제할 국가정책을 요구한 그루트붐 사건과 트리트먼트 액션 캠페인 사건에 대한 헌법재판소의 판결에 강력한 힘을 실어 주고 있다. 앞에서 언급한 바와 같이 조사위원회의 보고서는 기본적으로 요구되는 사회적 요구의 충족은 장기적 개발 전략을 보완하고 강화한다고 보았다. 조사위원회의 보고서는 2002년 11월과 2003년 6월에 의회의 '사회개발 기획위원회'가 개최한 청문회에서 심의되었다. 내각에서는 2003년 7월에 조사위원회의 보고서를 심의했다. 그러나 국가는 아직 보고서에서 제기된 문제에 대해 포괄적인 대응을 하지 않고 있어서 조사위원회의 보고서 발표에 이은 분명하고 투명한 정책 개혁 과정이 뒤따르지 않고 있다. 정부는 대신 현재의 빈곤 위기와 역량 부족을 다룰 전략으로서 공공사업을 확장하는 데 집중하고 있다.[153]

시민사회단체들은 조사위원회의 조사 결과와 권고에 대한 체계적인 정책적 대응을 요구했다. 이 과정에서 시민사회단체들은 헌법재판소가 그루트붐과 트리트먼트 액션 캠페인 사건에 관한 판결에서 요구한 국가의 의무, 즉 사회보장에의 권리 실현을 촉진할 수 있는 포괄적이고 실행 가능한 계획을 수립할 국가의 헌법적 의무를 그 주장의 근거로 삼았다.

아동의 권리를 위한 시민사회단체의 캠페인은 아동 지원 보조금의 적용 나이를 7세에서 14세로 확대시키는 괄목할 만한 성과를 거두었다.[154] 이 캠페인 역시 아동의 경제·사회적 권리를 보호하고 있는 헌법 조항에 근거한 것이었다.[155]

무료 기초 서비스　　　　　정부는 2000년도에 모든 가계의 기초적 수준의 공공서비스에의 접근을 지방 차원에서 보장한 무료 기초 서비스 정책을 채택했다. 정부는 이 정책을 정치적 공약으로 삼았을 뿐만 아니라[156] 정당성을 뒷받침하기 위해 권리에 기초한 접근법을 취했다. 주정부와 지방정부는 이 정책이 "모든 남아공 국민들이 적어도 최소한의 공공서비스를 받을 권리에 대한 신념과 이를 달성하도록 중앙·주·지방정부에게 부과된 헌법적 의무"[157]에 기초한 것이라고 발표했다.

이와 같은 공약은 물에 대한 권리를 다루고 있는 '물 서비스에 관한 법률'(1997)에도 표현되어 있다. 법률은 모두에게 "기초적 물 공급과 기초적 위생에의 접근권"을 부여하고 있다.[158] "기초적 물 공급"은 "비공식적 가계를 포함해 모든 가계가 생명과 개인위생을 유지할 수 있도록 그들에게 양질의 물을 양적으로도 충분하게 안정적으로 공급하는 데 필요한 최소한의 서비스"라고 정의되었다.[159] 이와 같은 정의는 법률의 시행규칙에서 좀 더 구체화되었다. '최소한의 기초적 물 공급 서비스'는 ⓐ 효과적인 물 사용에 관한 적절한 교육을 실시하고, ⓑ 최소한 일인당 하루 25리터, 또는 가계당 한 달에 6킬로리터의 휴대용 물을 제공하는 것이라고 정의되었다.[160] 빈민 공동체를 위해 일하는 단체들은 이와 같은 할당량이 생명과 건강을 유지하기에 불충분하다고 여기고, 더 많은 양을 무료로 할당해 줄 것을 요구했다.[161]

법률은 물 공급이 제한되거나 중단되지 않고 공정하고 공평한 절차에 따라 시행되도록 조처하고 있다. 즉, "물 관리 당국에 지불 능력이 없음을 입증한 사람들의 경우에는 수도세를 납부하지 않았다는 이유로 그들의 기초적 물 서비스에 대한 접근권을 부정하는 결과를 초래해서는 안 된다"고 하고 있다.[162] 이는 물은 기본권이며 가난한 사람들이 그 비용을 지불할 수 없더라도 물에 대한 접근권을 부정해서는 안 된다는 인식을 가져왔다. 2003년 7월 1일에는 저소득 가계에 기초적 전기와 에너지를 한 달에 가구당 50킬로와트씩 무료로 공급하겠다는 공약이 만들어졌다.

예산상의 조치　　　　헌법재판소는 국가에 '가용 자원 내'에서 행위를 취하도록 요구하고 있는 경제·사회적 권리의 내적 한계에 대해서는 명확하게 정의하지 않았다.[163] 그루트붐 사건에서 헌법재판소는 "가용 자원은 합리성을 판단함에 있어서 매우 중요한 요소임"을 보여 주었다.[164] 그러나 이는 국가가 스스로 자신의 의무 내용을 결정하도록 하기 때문에 자의적으로 특정한 경제·사회적 권리에 대한 예산 배정을 제한함으로써 권리에 기초한 접근법을 침해할 수 있을 것이다.[165]

헌법재판소는 국가가 적절한 인적 자원과 재정에 대한 긴급한 수요가 발생할 경우나 위기관리가 요구될 때 사용되도록 보장할 의무를 가지고 있다고 판결했다.[166] 이는 예산 배정이나 거시경제정책에 대한 직접적인 도전은 아니지만 헌법재판소의 판결과 명령이 예산 정책에 함의를 가질 수 있다고 분명하게 말하고 있다.[167] 따라서 경제·사회적 권리에의 접근성 확대가 예산 정책에 광범위한 영향을 미치지 않으며 국가가 이를 굳이 제한할 합리적 정당성도 없다면, 헌법재판소는 특정 프로그램의 확장을 명령할 수 있을 것이다. 코사Khosa 사건[168]●에서 헌법재판소는 영주민永住民들의 도전에 직면했다. 그들은 단지 남아공 국민들에게만 사회적 보조금을 허용하고 있는 '사회적 지원에 관한 법률'Social Assistance Act에 대해 문제를 제기했다.[169] 영주민을 보조금 체계에 포함시킨다면 사회적 보조금 비용이 2퍼센트 가량 늘어날 것이라는 점은 명백했다. 취약한 비국민 집단을 빈곤으로부터 보호하고 그들의 인간 존엄성을 고취하는 데 사회적 보조금이 중요한 역할을 담당할 수 있다는 점을 고려해, 헌법재판소는 그들을 보조금 체계로부터 배제했다는 점에서 국가가 충분한 정책적·자원상의 정당성을 가지고 있지 않다고 결론 내리고, 보조금 체계로부터 배제된 영주민 집단에게도 '사회적 지원에 관한 법률'을 적용하도록 명령했다.

인권에 기초한 접근법을 보다 의식적으로 적용할 필요가 있는 영역이 바로 예산 정책을 수립하는 분야이다. 국가 예산과 주정부 또는 지방정부의 예산 배정을 위한 예산심의 과정은 헌법적 권리의 함의를 거의 고려하지 않는다.[170] 재

● 2004년 남아공 헌법재판소가 모잠비크 출신 영주민 집단을 남아공 국민이 아니라는 이유로 사회보조금 지원 대상에서 배제한 사회보조금 법안을 위헌이라 판결한 사건. 즉, 시민권자가 아닌 영주권자도 헌법에 보장된 평등과 사회 안전, 아동의 권리 등에 의해 보조금을 받을 자격이 있다는 것이다.

무위원회Financial and Fiscal Commission는 헌법 제220조에 그 설립 근거를 두고 있다. 위원회는 국가기관들에게 정부들(중앙·주·지방정부) 간의 세입 분할을 포함해 재무 문제 전반에 관한 권고를 내릴 수 있다. 위원회는 인권 원칙에 기초한 예산 배정의 필요성에 대해 더 큰 인식의 전환을 보여 주었다. 위원회는 2000년 지방정부의 예산 할당 방식과 서로 다른 정부들 사이의 재무 체계를 고칠 것을 권고했다. 권고의 핵심 내용은 보건, 교육, 사회 보호와 같은 헌법에서 보장된 기초적 사회 서비스를 위한 지방정부 예산 배정에 관한 것으로, 이에 대한 규범과 기준을 마련하라고 요구한 것이다. 이렇게 규범이나 기준이 일단 확립되면 지방 인구 구성을 계산함으로써 기초 서비스 제공에 필요한 자원을 산정할 수 있게 된다. 재무위원회에 따르면 "이런 절차는 효과적으로 기초 서비스에 우선권을 부여함으로써 헌법의 요구를 반영하게 된다."[171] 재무위원회는 또한 정부와 입법부에게 "헌법상의 기초 서비스를 결정함에 있어서 사법적 개입의 필요성"을 최소화하기 위해 "헌법상의 기초 서비스의 점진적 실현"이 무엇을 의미하는지 분명하게 밝히도록 제안했다.[172] 또한 규범과 기준의 점진적 실현을 측정하기 위한 일련의 지표(정책 결과, 산출물, 재정 투입)를 개발할 계획이다.[173]

국가인권위원회는 경제·사회적 권리에 관한 보고서에서 정부는 부문별 기초 서비스의 비용을 판단할 정확한 정보가 부족하다는 핑계로 재무위원회가 제안한 권고를 이행하지 못했으며, 아직까지도 헌법에서 보장하고 있는 기초 서비스의 정의를 만들어 내지 못하고 있다고 지적했다.[174] 국가인권위원회는 예산 이사회와 예산 포럼에 필요한 연구 조사를 실시할 것과 재무위원회가 제안한 접근법을 가능한 한 조속히 이행할 것을 권고했다.[175]

유엔 인권위원회 또한 남아공의 공공 재정 절차가 충분히 투명하지도 참여적이지도 않다고 비판하면서, 예산심의 과정에서 시민사회의 영향력을 강화하고 의회가 재정 법안을 수정할 수 있는 헌법적 권리를 행사하도록 요청했다.[176] 재무위원회의 접근법을 이행하게 된다면 분명히 예산 정책과 그 집행 과정에 대해 권리에 초점을 둔 접근법을 더욱더 촉진할 수 있을 것이다.

결론

사회적 동원과 정치적 공약은 가난한 사람들을 위한 개발 정책을 채택하는 데 있어서 무엇보다 중요한 요소이다. 이 글에서는 인권에의 강력한 법적 공약이 사회적 동원을 위해 어떤 역할을 수행하는지, 그리고 가난한 사람들을 위한 개발 정책에 어떻게 영향을 미치는지를 보여 주었다. 남아공에서는 사회 기반 시설이 점진적으로 개선되면서 가난한 사람들에게 기초 서비스를 무료로 제공하려는 경향이 자리 잡고 있다. 그러나 목표의 실현은 아직도 요원하다. 가난한 사람들이 기초 서비스에 접근하는 것을 방해하고 있는 사적 권력에 대항하는 권리에 기초한 도전과 접근법은 아직 상대적으로 미발달된 영역이다.[177]

법적 전략이 가난한 사람들을 위한 개발에 있어서 중요한 역할을 수행하려면 먼저 많은 제도적 요소가 갖추어져야 하며, 그것이 제대로 작동해야 한다. 이는 광범위한 인권 교육, 가난한 사람들의 법률 서비스와 법정에의 접근, 행정부로부터의 사법부의 독립, 강력한 기업 이익으로부터의 정부의 독립과 같은 요소들을 포함하며, 판사와 변호사가 경제·사회적 권리를 더욱더 인정할 수 있도록 법률 문화를 개혁해야 한다. 무엇보다도 근본적 개혁을 위한 시민사회의 사회적 동원 능력이 중요하며, 시민사회가 개혁의 목표를 달성하기 위해 법적 소송을 전략적으로 이용할 수 있어야 한다.[178] 본문에서 살펴본 바와 같이, 트리트먼트 액션 캠페인은 권리에 기초한 전략을 사용함으로써 국가로 하여금 그 경제·사회적 권리에의 의무를 실행하도록 했으며, 가난한 사람들의 권리에 대한 인식을 재고하도록 만들었고 그들의 조직화도 이루어 낼 수 있었다.

인권에의 통합적 접근법이 갖는 중요성은 아무리 강조해도 지나침이 없다. 인권 규범이 인간의 기본적 사회경제적 수요를 배제한다면, 개발 절차는 당연히 가난한 사람들의 이익을 무시할 것이다. 헌법에 시민·정치적 권리와 대등하게 경제·사회적 권리를 구성함으로써 사회정책은 가난하고 소외된 인구의 역량 형성에 집중하게 되고, 이는 가난하고 소외된 사람들의 개발 과정에의 능동적 참여를 가져올 것이다. 또한 사회적으로 취약한 집단에게도 자신의 기본적 이익을 보호받을 수 있는 권리의 소유자로서 개발권의 능동적 수혜자가 될 수 있도록 더 나은 기회를 제공하게 될 것이다. 이에 대해 남아공에서 공익 소송을 선도적으로 이끌고 있는 버들렌더는 다음과 같이 표현했다.

> 권리는 국민이 단순히 정책이나 정부 관료주의의 대상이 아니라, 자신의 주장을 심각하게 받아들이도록 요구하는 권리 소유자임을 확고히 해준다. 권리는 국가와 국민의 권력관계를 근본적으로 바꾼다.[179]

또한 인권에의 통합적 접근법은 국가의 개발 권한에 정당성을 부여함으로써 변화에 반대하는 기업체의 강력한 도전으로부터 국가를 보호해 준다. 남아프리카공화국의 경험은 인권이 개발의 모든 측면을 변화시킬 수는 없지만 중요한 변화를 가져올 수 있다는 사실을 보여 주고 있다.

산드라 리벤버그
SANDRA LIEBENBERG

2004년 스텔렌보스 대학 인권법학과장에 선출되었다. 1996년 남아프리카공화국 헌법의 권리장전에 대한 '제헌의회 기술자문위원회' 의장을 역임했고, 웨스턴케이프 대학 '공동체법 센터'에서 여성과 인권을 주제로 한 연구 프로젝트를 지휘했으며, 이어 사회경제적 권리에 관한 프로젝트를 발족시켰다. 현재 남아공의 '헌법 및 인권 문제 연구소'SAIFAC와 '인권 및 이주 문제 연구소'COHRE 이사로 활동하고 있으며, 『남아프리카 인권 저널』*South African Journal of Human Right*과 『아프리카 인권법 저널』*African Human Rights Law Journal*의 편집위원으로 참여하고 있기도 하다.

10장

개발권 이행을 위한 지표 개발과 모니터링 방법

라지브 말호트라
Rajeev Malhotra●

서론

인권을 촉진하기 위한 활동은 이제 그 보편적 실현을 위한 이행 단계로 나아갈 필요가 있다. 이는 인권 규범, 기준, 원칙을 반영한 지수의 개발과 모니터링 방법의 고안과 밀접한 관계를 가지고 있다. 여기에서 중요한 것은 "의도와 결과 간의 인과관계는 정보가 쌓여 차곡차곡 축적된다"[1]거나 "측정할 수 있다면 실행할 수 있다"[2]는 인식이다. 사실 어떤 목적을 향한 변화의 과정을 운영하려면 주어진 목적과 일관되게 목표나 기준치를 명확하게 수립한 뒤, 이에 필요한 수단을 동원하고, 그 수단들을 이용해 원하는 결과를 얻을 수 있게 하는 정책 기구와 메커니즘을 개발할 필요가 있다. 달리 표현하자면, 상황 분석을 위한 지표를 개

● 말호트라는 유엔 인권고등판무관실 산하 연구소의 개발경제학자이다. 그러나 이 글은 개인 자격으로 집필한 것이기 때문에 이 글의 관점은 유엔의 입장과 반드시 일치하지 않을 수 있다. 이 글은 2002년 뉴델리에서 개최된 개발권에 관한 세미나에서 발표한 내용을 수정 및 보완한 것이다. 여기에는 아준 센굽타와 니콜라스 파셀(Nicolas Fasel)의 토론이 큰 도움이 되었다.

발할 필요가 있다는 것이다. 지표는 적합한 공공 정책을 고쳐시키고 진행 과정을 모니터하고 성과와 결과를 측정 가능하게 할 것이다. 인권의 경우, 특히 그 개념과 내용이 아직 확립되지 않은 개발권의 경우에는 더욱더 지표 개발이 필요한데, 적합한 계량적 지표의 개발과 사용은 권리의 내용을 규명하고 권리의 이행을 촉진시키는 데 커다란 도움을 줄 것이다.[3] 적합한 계량적 지표는 명확성, 표출력, 데이터 생성 방법을 통해서 법이나 기타 제도적 문건에서 설명하는 인권의 규범적 내용을 실용적 도구로 변화시킬 수 있는 수단을 제공한다. 그러므로 이는 정책 입안자와 개발 시행자가 개발권을 보다 잘 이행할 수 있도록 많은 도움을 준다.

그러나 일반적으로 인권의 이행, 특히 개발권의 이행을 촉진시키기 위한 적합한 지표를 개발하는 일은 그 자체로서도 어려움이 많다. 이와 관련해 적어도 세 가지 해결 과제가 있다. 먼저 서로 다른 목적을 섬세하고 효과적으로 다룰 수 있는 지표가 개념적 프레임워크인 개발권의 개념과 그 이행에의 접근법 속에 안착되어야 한다. 둘째, 지표를 정의하는 데 필요한 자료를 만들 수 있는 적절한 방법론이 필요하다. 마지막으로 선택된 지표는 그것이 적용되는 맥락에서 타당한 것이어야 한다.

적절한 개념적 토대는 지표의 개발과 설계에 필요한 논리와 이론적 근거를 제공한다는 측면에서 필수적이며, 가능한 모든 대안의 모색을 위해서도 필요하다. 개념적 토대는 수단과 정치제도 간의 연관성에 관한 이해를 도울 뿐만 아니라 수단과 원하는 결과 간의 상관관계에 대한 이해를 돕는다. 이와 같이 결과와 그 결정을 낳은 요소 간의 관계를 인식하는 것은 인권 촉진에 도움이 되는 지표의 개발에 있어서 특히 중요하다. 이는 단순히 현재의 인권 상황을 수치화한다는 제한된 목적을 가진 지표와는 다른 차원의 것이다. 예를 들어 특정 국가에서 발생한 임의의 사형 집행에 관한 상세한 정보는 인권침해의 중대성을 보여 주고 있지만, 왜 그 권리가 존중, 보호, 촉진되지 않는지에 대해서는 아무것도 보여 주지 못한다. 이런 상황에서 적합하게 설계된 지표는 그런 문제의 배경에 관한 정보를 계량화할 수 있으며 다루고 있는 권리의 이행을 모니터링하는 데 도움을 준다. 그래서 개발권에 관한 지표 개발 과정을 지원하고 이끌어 갈 개념적 프레임워크의 윤곽을 그리는 것이 중요하다. 이는 권리의 정의와 권리에 기초한 운용 방식에 대한 이해를 필요로 한다.

개발권 지표의 개발과 설계를 위한 방법을 채택할 때 가장 먼저 고려해야 할 사항은 선정된 지표가 그 사용 목적에 대해 유효성과 적절성을 갖는지이다. 지표 개발을 위한 대부분의 다른 방법론적 요구 조건도 유효성과 적절성에 대한 고려로부터 시작된다.[4] 지표의 효과는 그 적용 과정에서 언제나 훼손된다는 사실이 간과되고 있다. 예를 들어 개발 과정을 사전 평가, 정책 형성, 프로그램 구성, 이행, 사후 평가와 같이 여러 가지 실행 단계로 나누어 보면 그런 현상이 분명하게 드러난다. 각각의 실행 단계는 지표의 성격과 선택에 관한 각자의 한정적이고 독특한 요구 조건을 제시하는데, 예컨대 인권을 충족시키기 위한 어떤 공공서비스의 실태를 평가하는 데 유용한 지표가 그 서비스에 대한 국민의 향유 또는 접근 정도를 측정하는 데 있어서도 최선의 지표가 될 필요는 없다. 또인권 실현의 정도를 측정하는 데 유용한 지표가 권리 이행의 위반을 항상 반영할 필요도 없다. 이와 비슷하게 전체 결과를 측정하는 데 적합한 지표가 정책 처방을 위한 최선의 지표가 되지도 않는다.[5] 따라서 지표가 의미 있는 것이 되려면 각각의 절차가 요구하는 조건과 기준에 부합하는 것이어야 한다. 여기에 두 가지의 중요한 방법론적 문제가 있다. 첫 번째는 데이터 수집 방법의 빈도와 성실성에 관한 것이다. 두 번째는 데이터와 지표의 분류 기준에 관한 것이다. 예를 들어 지표를 위한 데이터를 일 년 단위로 수집할 것인가, 아니면 더 긴 시간적 간격을 두고 수집할 것인가? 데이터를 통계용 설문을 통해 수집할 것인가, 아니면 전문가 인터뷰 혹은 가정방문 인터뷰를 통해 수집할 것인가?[6] 지표에 필요한 모집단을 지역, 젠더, 인종 등에 따라 분류할 것인가? 이와 같은 질문들은 지표의 사용 목적에 비추어 답을 찾아야 할 것이다. 이에 대한 결정이 이루어지고 나면 지표의 개발과 설계를 위한 적절한 방법을 선택하고 적용할 수 있게 된다.

선택된 지표가 적용될 맥락에 적합해야 한다는 점 역시 매우 중요하다. 임의의 사용자에게 지표의 적합성은 핵심 고려 사항이다. 국가별 정치·경제·사회적 상황이 서로 다를 뿐만 아니라 한 국가 내에서도 지역별로 처한 상황이 다르다. 인권 실현의 정도도 각각 다르며, 이 차이는 개발의 우선순위를 결정하는 데 영향을 미친다. 그러므로 인권의 실현 정도를 평가하는 데 있어서 보편적으로 적용 가능한 지표를 개발한다는 것은 불가능한 일이다. 시민·정치적 권리의 실현 또는 위반을 나타내는 인권 지표는 모든 나라와 지역에 보편타당하게 적용될 수 있을지도 모르지만, 교육권이나 주거권과 같은 경제·사회·문화적 권리의 실현 정도를 나타내는 인권 지표는 그 실현의 정도에 따라 각각의 조건에 맞게 조정되어야 한다. 따라서 인권 지표를 설계할 때는 사회적 변화를 측정하는 다른 지표들과 마찬가지로 보편적 지표와 문화적(맥락적) 특수성을 반영한 지표 간의 균형을 맞출 필요가 있다. 두 가지 지표는 모두 의미 있는 것으로, 하나는 지역 간·국가 간 비교에 적당하고, 다른 하나는 지역별·국가별 관심사를 반영하는데, 이 두 가지는 모두 '주인 의식'을 고취시키고 이행을 촉진하는 데 적절하다.

이상을 염두에 두고 이번 장은 인권 지표를 정착시킬 수 있는 개념적 프레임워크의 개발에 초점을 두고자 한다. 여기서 인권 지표는 보다 구체적으로 개발권에 관련될 수 있는 지표를 말한다. 첫 번째로, 개발권 선언(1986)과 최근에 등장한 권리에 기초한 접근법에 근거해 개발권의 개념을 간략하게 소개한다. 다음으로, 인권 지표를 정의하고 개발권의 개념을 사용해 그 이행에 도움을 줄 수 있는 지표의 개발 방법을 제안한다. 세 번째로, 개발권의 이행을 모니터링하기 위한 일련의 원칙과 기준들을 포괄적으로 다룬다. 마지막 결론 부분에서는 개발권을 포함해 인권 이행을 지원하기 위해 더 많은 작업이 이루어져 할 영역을 소개하고 관련된 몇 가지 문제를 제기한다.

개발권의 개념

1986년 유엔총회에서 채택된 유엔 개발권 선언 제1조는 다음과 같이 말하고 있다.

> 개발에의 권리는 양도할 수 없는 인권이며, 그로 인해 각 인간과 모든 사람들은 모든 인권과 기본적 자유가 온전히 실현될 수 있는 경제·사회·문화·정치적 개발에 참여하고, 기여하고, 향유할 수 있는 자격을 부여받았다.[7]

경제·사회·문화·정치적 발전이라는 광범위한 토대 위에 세워진 개발권 개념은 모든 인권과 기본적 자유의 온전한 실현을 지향하고 있으며, 탈식민주의 시기에 뿌리를 둔 원조형 국제경제질서에 대한 단순한 요구를 다면적이고 다차원적인 인권에 대한 요구로 변모시켜 놓았다.[8] 우리는 그렇게 변모된 권리의 특징을 어렵지 않게 찾아낼 수 있다. 먼저 개발권 선언은 1966년 두 개로 분리되어 채택된 자유권 규약과 사회권 규약 간의 연결 고리가 되었다. 이로써 개발권은 '인권의 불가분성'을 공식화하고 있다. 두 번째 특징은 개발권 선언이 개발의 결과뿐만 아니라 그 과정 자체에도 중요성을 두고 있다는 점이다. 여기서 개발의 결과는 다른 권리들의 실현이라고 볼 수 있는데, 개발권 선언은 그런 권리들이 실현되는 과정에도 중요성을 두고 있다. 개발권 선언은 개발권을 다면적 개발에 참여하고, 기여하고, 그 결과를 향유할 권리라고 정의했다. 그래서 개발권은 독립적 인권이면서 동시에 프레임워크이자 권능을 부여하는 권리로 볼 수 있다. 세 번째 특징은 개발권이 개인적 인권이면서 동시에 집단적 인권이라는 점이다. 각 "인간"과 모든 "사람들"을 권리 소유자로 지정함으로써 개발권은 개인적 인권과 집단적 인권 둘 다의 성격을 가지게 되었다. 동시에 개발권 선언은 개발권의 실현에 기여하도록 국가와 모든 사람들에게 개별적·집단적 의무를 부과해 개발권이 점진적 권리로 나타나도록 했다. 마지막으로 개발권 선언은 국가를 일차적 의무 담지자로 인정하고 있지만 동시에 개발권의 실현을 위한 국제 협력의 중요성을 강조하고 있다.

지구적 협의에서 정교화된 개발권 개념

개발권 선언이 채택된 후 1990년에 인권으로서의 개발권 실현에 관한 '지구적 협의'global consultation[9]가 개최되었다. 지구적 협의는 개발권의 내용과 이행에 관한 중요한 해석들을 내놓았으며 몇 가지 쟁점에 대한 결론을 도출했다. 먼저 개발권은 개발 과정의 모든 측면과 의사 결정 과정의 모든 단계에 효과적으로 참여할 권리를 포함한다고 했다. 즉, 개발권은 자원에 대한 동등한 기회와 접근권, 개발 혜택의 공정한 분배에 대한 권리, 시민·정치적 권리와 경제·사회·문화적 권리를 존중받을 권리, 모든 권리가 온전히 실현될 수 있는 국제적 환경에의 권리를 포함한다는 것이다. 지구적 협의는 인간을 개발권의 단순한 대상이 아니라 주체로 보았고, 참여의 개념을 권리 실현의 핵심 요소로 인정했다. 즉, 참여는 목적을 위한 수단이면서 동시에 그 자체로 목적이며, 개인과 집단의 권익을 보호하고 증대시키기 위해 필요한 조건과 우선순위를 집단적으로 결정할 수 있는 수단들 가운데 으뜸이다. 지구적 협의는 인적 자원과 자연 자원을 동원하고 불평등, 차별, 빈곤, 소외와의 싸움에서 참여가 효과적으로 이루어지기 위해서는 진정한 주인 의식, 즉 토지, 금융자본, 기술을 포함한 생산 자원에 대한 통제력이 필수 불가결하다고 보았다. 이와 같이 지구적 협의는 개발권이 여러 측면에서 자결권과 밀접하게 관련되어 있음을 보여 주었다.

개발권의 이행에 대해서 지구적 협의는 경제성장에 관한 문제뿐만 아니라 사회정의와 모든 인권의 실현과 관련된 문제를 포괄적으로 다룰 수 있는 개발 전략을 수립하도록 촉구했다. 덧붙여 개발 전략은 각기 다른 맥락 속에서 수립되겠지만 국제 인권 기준에 따르는 것이어야 함을 강조했다. 그런 개발 전략 안에는 차별 시정 조치의 역할이 예견되어 있었다. 차별 시정 조치는 국가적·국제적 차원에서 이루어지는데, 국가적 차원에서는 불리한 집단에게 유리한 조치를 취하고, 국제적 차원에서는 제한적인 가용 자원과 기술 역량으로 구속받고 있는 나라에게 개발원조를 제공하도록 했다. 지구적 협의는 개발, 평화, 인권 간의 상호 의존성을 중요하게 인식했다. 그래서 경제활동 분야에서 무역자유화와 같이 장애물을 제거하는 것만으로는 개발권을 실현시킬 수 없다고 생각했다.

지구적 협의는 개발권의 실현 정도를 측정할 수 있는 기준들을 몇 개의 분야로 분류했다. 여기에는 생명의 조건(식량, 건강, 주거, 교육, 여가와 같은 기초적인 물질적 필요, 안전하고 건강한 환경, 개인의 안보와 자유), 직업의 조건(고용, 직업 혜택의 공유 정도, 수입과 공정한 분배, 경영에의 참여 정도), 자원에의 동등한 접근(기본욕구 충족에 필요한 자원에의 접근과 기회의 평등), 참여가 포함되었다. 참여를 통해서 모든 다른 권리가 보호되고 행사될 수 있기 때문에 지구적 협의는 참여 지표를 개발권의 실현 정도를 측정할 수 있는 핵심 요소로 삼았다. 참여 지표는 참여 과정의 형태와 질적 상태, 민주성, 효과성에 관한 지표들로 구성되어 있다. 국제적 차원에서는 정부 간 기구의 평등성과 민주적 성격을 포함하도록 되어 있다. 더 나아가 참여에 대한 평가는 의사 결정 기구의 대표성과 책무성, 정보의 공개 정도, 의사 결정자의 여론에 대한 책임감을 평가 항목으로 포함해야 한다고 했다. 또한 참여의 효과성은 이해 당사자 집단의 의견에 기초한 주관적 평가가 이루어져야 한다고 했다.

민간 전문가의 해석　　　지구적 협의 이후에 '유엔 개발권에 관한 민간 전문가'인 센굽타는 개발권을 모든 인권과 기본적 자유가 온전히 실현될 수 있는 개발 과정에의 권리라고 정의했다.[10] 개발권의 실현은 원칙적으로 국가와 사회(국제사회 포함)에서 일련의 권리 청구가 보편적으로 향유되는 것을 의미한다. 즉, 개별적 역량 강화에 필요한 국가적·사회적 절차를 청구할 수 있어야 한다는 것이다. 이런 개발권의 실현은 사람들이 국제인권장전International Bill of Human Rights[11]에서 설정하고 있는 성과, 즉 일련의 권리와 자유를 통합적으로 실현할 수 있도록 필요한 기회를 제공하는 것이다. 그래서 개발권은 다른 인권의 실현으로 증진된 결과에 대한 권리가 된다. 동시에 개발권은 의무 담지자가 인권 규범, 기준, 원칙에 따른 정책과 개입을 통해서 결과를 만들어 가는 과정에 대한 권리이기도 하다.

개발권은 복합적 권리로 그 안에서 시민·정치적 권리와 경제·사회·문화적 권리가 상호 의존성과 불가분성에 기초해 모두 함께 실현되도록 되어 있다. 그 권리들 가운데 하나라도 위반된다면 복합적 권리로서 개발권이 침해되는 것이다. 센굽타는 이를 인권 벡터의 증진이라는 측면에서 기술했다. 인권 벡터는 개발권을 형성하는 개개의 권리들로 구성된다. 개발권의 실현은 이 벡터들 가운데 어느 것도 퇴보하지 않으면서 적어도 하나 이상이 증진했음을 의미한다.

센굽타는 개발권의 내용을 정의하면서 경제성장의 중요성을 강조했다. 그는 개발권의 이행을 가로막고 있는 자원 부족의 문제를 완화시키기 위한 경제성장의 역할에 주목했다. 어떤 권리도 퇴보시키지 않고 모든 권리를 실현시키기 위해서는 경제성장이 필요하다. 경제성장은 인권의 충족과 향유의 속도에도 영향을 미친다. 인권 실현에 부합하는 바람직한 개발의 결과와 현재의 도달 수준 간의 격차를 고려한다면 사회권은 점진적으로 실현될 수밖에 없다. 자유권과 같은 인권은 권리 충족에 많은 자원을 필요로 하지 않기 때문에 보다 직접적이고 즉각적으로 실현될 수 있다. 센굽타는 경제성장에 있어서 인권 규범과 원칙을 준수해야 한다고 주장했다. 따라서 경제성장은 모든 인권의 실현을 촉진시키기 위한 기본 조건을 충족시켜야 한다. 즉, 경제성장 정책은 공정해야 하며, 반차별적이고, 참여적이어야 한다. 센굽타는 더 나아가 경제성장 정책은 정의와 공정의 원칙을 지키기 위해 책무성과 투명성을 추구할 필요가 있다고 주장했다.[12] 이와 같은 센굽타의 틀 속에서 경제성장은 개발권 실현을 위한 도구로서 뿐만이 아니라 그 자체로서 목적이 될 만큼 개발권 실현에 중요한 것이다. 그러므로 센굽타는 경제성장이 반드시 복합적 개발권을 정의하는 벡터의 한 구성 요소가 되어야 한다고 주장했다.[13]

인권 이행에 대한 접근법　　　　개발권 선언과 그에 따른 해석들은 개발권의
　　　　　　　　　　　　　　　　이행 과정이 인권 원칙에 적합해야 함을 강조
하고 있다. 센굽타의 보고서는 인권 원칙들 가운데 몇 가지를 부각시켜 다루고
있다. 인권의 이행에 있어서 인권 원칙을 준수하는 것이 권리에 기초한 접근법
의 본질이라는 것은 보편적으로 수용되고 있다.[14] 다른 인권과 마찬가지로 개발
권의 이행에 있어서도 권리에 기초한 접근법은 아래의 항목에 기초한 과정을
필요로 한다.[15]

- 국제 인권 기제와의 분명한 연계
- 인권의 보편성과 양도 불가성
- 인권의 불가분성, 상호 의존성, 공동 실현성
- 참여와 포용에 대한 강조
- 세력화
- 반차별과 평등의 촉진
- 책무와 법치주의
- 어떤 인권은 점진적으로만 실현될 수밖에 없지만, 그렇지 않고 직접적으로 보
  장될 수 있는 인권은 부정되어서도 퇴보되어서도 위반되어서도 안 된다는 인식
- 법적·행정적 구제에 대한 청구권

법적 강제력을 가진 권리의 관점으로 개발 과정을 바라보는 것이 인권적 접근
법의 핵심 요소이다. 이는 의무 담지자에 대한 권리 요구를 보다 분명하게 하고
앞으로 나아갈 수 있도록 한다. 이런 관점으로부터 권리에 기초한 접근법은 국
제 인권 기제와 분명한 연계성을 갖게 된다. 이런 연계성은 개발 과정을 이끌어
나갈 목표의 설정과 수행에 도움이 되는 원칙을 제공해 준다.
　인권의 보편성 개념은 모든 개인은 인간이기 때문에 권리를 부여받았음을
뜻한다. 이는 인권은 어디서든 누구에게든 동일한 것이어야 함을 의미한다. 또

한 삶의 가치와 존엄성이 보편적으로 존중되고, 양도되지 않고, 웰빙을 방해하는 행위로부터 보호받도록 보장되어야 한다는 것을 뜻한다.

인권은 불가분하고 상호 의존적이다. 한 권리의 향유 수준이 다른 한 권리의 실현 수준에 따라 달라진다면 이 두 개의 권리는 상호 의존적인 것이라고 할 수 있다. 불가분성의 원칙은 어떤 한 인권의 실현이 다른 권리의 침해를 대가로 신장되어서는 안 된다는 것이다. 예를 들어 교육권의 실현이 건강권을 대가로 증진된 것이라면 사회적으로 가치 있다고 인정할 수도, 수용할 수도 없다. 보다 일반적 차원에서 사회권의 실현은 자유권을 대가로 증진되어서는 안 된다. 이와 비슷하게 인권 간의 상호 의존성 원칙도 어떤 한 인권의 실현이 증진되면 다른 인권의 실현도 촉진되어야 한다는 것을 요구한다. 예를 들어 최소한의 교육에의 권리를 실현하지 않고 정보에의 권리를 말하는 것은 아무런 의미가 없으며, 참여의 권리와 공공서비스에의 동등한 접근권이 침해된 상황에서, 그리고 인종, 피부색, 성, 언어, 종교를 이유로 차별하는 사회에서, 일할 권리를 말하는 것은 무의미할 것이다. 이 두 가지 원칙은 권리에 기초한 개발의 실현을 모든 인권이 함께 실현되는 과정으로 바라보게 한다.

개발권 선언은 참여에의 권리가 갖는 중요성을 인식하고 있으며 참여를 통해서 다른 모든 권리가 행사되고 보호받을 수 있음을 강조하고 있다. 개발권의 이행에 있어 참여는 능동적이고 자유롭고 의미 있는 것이어야 하며, 개발권의 이행 과정은 다른 공동체, 소수자, 선주민, 여성, 특수 이익집단, 시민사회의 참여를 과정의 일부로 포용해야 한다. 또한 이 과정은 참여자들을 세력화해 그들이 스스로를 위한 결정과 행위를 할 수 있도록 해야 한다. 나아가 모든 측면에서 반차별적이어야 하며 동등한 조건과 기회를 제공해야 한다. 이는 국가적 차원과 국제적 차원 모두에서 차별 시정 조치와 같은 특별 조치를 취할 것을 허용한다. 국가적으로는 사회 내 소외 집단의 취약성과 불평등을 개선하고, 국제적으로는 개도국이 바람직한 속도로 개발을 추구하는 것을 제약하는 방해물을 없애기 위해 특별 조치를 취하는 것이 허용된다.

책무성과 법치주의는 권리에 기초한 접근법에 있어서 주춧돌과 같은 것이다. 국가는 개발권의 이행 과정에서 일반 국민에 대한 책무를 다해야 한다. 책무에의 권리 소유자와 그 자격을 규명하고, 그에 상응하는 의무 담지자와 그 의무 내용을 밝혀야 한다. 의무 담지자인 국가, 지방정부, 자치단체, 기업, 원조 공여국(자), 다자간 기구와 개인은 인권을 촉진하고 보호하고 제공할 적극적 의무뿐만 아니라 인권침해를 삼가야 할 소극적 의무도 갖는다. 책무성은 사람들이 이행 과정에 자유롭게 참여할 수 있도록 하기 위해 이행 과정이 눈에 보이게 투명하고 신뢰할 수 있는 것이어야 함을 요구한다.

사회권 규약하에서 국가는 규약의 점진적 실현을 위한 즉각적인 조치를 취해야 한다. 만약 필요한 조치를 취하지 못하거나 퇴보가 발생한다면 이는 의무의 위반에 해당한다. 이와 마찬가지로 자유권 규약하에서 국가는 규약의 권리를 존중하고, 존중되도록 보장하고, 효력을 가지도록 필요한 조치를 취해야 한다. 이와 같이 어떤 권리는 점진적 실현의 대상인 반면, 직접적으로 보장될 수 있는 권리는 잠정적 부인, 퇴보, 위반으로부터 무제한ad infinitum 보호되어야 한다는 인식은 개발권 이행에 관한 권리에 기초한 접근법에 지속 가능성이란 개념을 포함시켰다. 사실 권리에 기초한 접근법은 어디서나 웰빙과 자유의 지속 가능성을 매 순간 다루는 것이라 할 수 있다. 이런 측면은 자신의 인권 실현을 위한 역량 개발을 거부당한 사람들에게 진정한 법적·행정적 구제 청구권을 제공하는 문제에서 보다 강조되고 부각되어 나타난다.

지표 개발에서 고려해야 할 사항　　　개발권 선언에서 윤곽을 드러낸 개발권의 개념과 그에 대한 해석과 정밀화, 그리고 이행에 관한 접근법은 개발권 지표를 개발할 때 고려해야 할 사항이 무엇인지 분명하게 제시하고 있다. 고려 사항은 다음과 같이 요약될 수 있다.

- 모든 권리의 혼합체로서 개발권 지표는 특정 권리의 성취 현황을 반영해야 한

다. 또한 그런 권리의 실현을 촉진하기 위해 의무 담지자가 취하고 있는 노력도 반영해야 한다.

- 개발권의 이행을 위한 특정 권리의 선정은 국가적 맥락, 개발의 우선순위, 국민의 열망에 따라 달라진다.
- 이행 과정은 인권 원칙을 준수해야 한다는 필요에 근거해, 개발권 지표는 인권 원칙의 운용과 준수의 정도를 반영한 지표를 포함해야 한다.
- 가능하다면 주어진 조건에서 전체적인 개발권의 실현 상태를 보여 줄 수 있는 종합 척도summary measure를 제공해야 한다.

다른 인권과 마찬가지로 개발권도 그 이행에 있어서 권리에 기초한 접근법을 따라야 한다. 이때 다른 실체적 권리들과는 구분되는 개발권의 두 가지 특성을 염두에 두어야 한다. 먼저 인권의 불가분성과 상호 의존성은 개발권의 이행 전략과 정책을 수립함에 있어서 중요한 원칙이다. 이와 더불어 국제 협력의 원칙은 개발권의 이행을 앞당길 수 있는 매우 중요한 요소라고 개발권 선언은 강조하고 있다. 따라서 개발권의 이행을 촉진시키기 위한 지표는 이런 개발권의 원칙들을 반영할 필요가 있다.

둘째, 각 국가마다 처한 국내외 상황이나 이미 이룩한 인권 수준, 개발 우선순위, 국민의 열망이 서로 다르기 때문에 개발권의 실현 정도를 전 세계적으로 일관되게 적용할 수 있는 보편적 지표를 개발하기는 어렵지만, 일국적 차원에서는 전반적인 종합 척도를 개발하는 것이 가능할 것이다. 예를 들어, 부와 수입의 불평등한 분배 또는 빈곤 발생률(특히 취약한 인구 집단의 빈곤 발생률)을 총괄적으로 보여 줄 수 있는 지표는 어떤 맥락에서 개발권 실현이 증진되는지를 추적하는 데 매우 유용한 대표 지표가 될 수 있다. 국민들이 그들의 삶과 웰빙에 지대한 영향을 미치는 문제에 관한 의사 결정 과정에 참여하는 정도를 반영한 지표 또한 좋은 종합 척도들 가운데 하나이다. 개발권에 관한 일국 차원의 종합 척도는 현재의 국가적 맥락에서 무엇이 개발권의 핵심을 구성하는지를 평가함으로써 결정되어야 할 것이다. 일국 차원에서 결과 지표들과 과정 지표들을 모두 포괄한 종합 척도의 개발을 고려해 볼 수도 있지만, 이는 많은 위험과 한계를 가지고 있다. 그러나 만약 개발권에 관한 종합 척도의 개발이 가능하고 적합한 것이라면, 이는 개발권에 관한 주창뿐만 아니라 이행의 증진에 획기적인 수단이 될 것이다.[16]

아직까지 학계에서는 인권 지표와 개발권 지표를 구성하는 요소가 무엇인지에 대한 합의에 도달하지 못했다. 센굽타는 개발권 실현을 위한 개발 과정을 평가하고 모니터링하기 위해 보편적으로 다양하게 사용되고 있는 사회경제적 지표에 초점을 두었다. 이런 시도는 출발점으로서는 유용하지만, 개발권의 이행과 모니터링을 촉진시키기 위해 지표를 규명하고 설계하는 데 필요한 접근법으로서는 적합한 프레임워크를 제시하지 못했다.

지표 개발을 위한 프레임워크

모든 '지표'는 일반적으로 어떤 사건, 행위, 결과의 상태나 조건에 대한 특수한 정보를 제공한다는 공통의 목적을 가지고 있다. 그러나 그 형태는 질적·양적 성격을 반영해 다양하게 구성되어야 한다. 이런 접근법은 지표 개발을 위한 개념과 방법론에 대한 다양한 이해가 가능하도록 하지만 동시에 혼란의 원천이 되기도 한다. 따라서 개발권의 이행에 관한 모니터링에 유용하리라 생각하고 이 글에서 초점을 두고 있는 지표의 형태에 대해 먼저 최소한의 공통의 이해를 확립할 필요가 있다.

인권 규범과 기준에 연관될 수 있는 사건, 행위, 결과의 상태를 나타내는 특정 정보를 인권 지표로 보는 것이 유용하다. 정보는 인권 문제를 다루고 인권 원칙을 반영하며, 인권의 촉진과 보호를 평가하고 모니터링하기 위해 사용된다.

이런 관점에서 인권은 다른 맥락에서는 일반적으로 사용될 수 없는 고유의 지표를 가질 수 있다. 이 지표는 특정 인권 규범과 기준에 의거한다. 예를 들어 사법외적으로, 약식으로 혹은 자의적으로 집행된 처형의 수, 경찰과 군대에 의한 고문 희생자의 수, 공권력의 차별로 인해 초등교육에 접근하지 못한 아동의 수와 같은 것은 인권 특유의 지표에 해당될 것이다. 동시에 유엔개발계획의 인간개발 지표와 같은 거대한 사회경제적 통계는 인권 지표의 모든 결정적 요구 조건을 충족시킬 수 있다. 이 사회경제적 지표는 그것이 인권 기준과 원칙에 관련된 정도, 인권 평가에 사용되는 정도에 따라 인권 지표로 고려할 것인지를 판단하는 것이 바람직하다.

질적 지표와 양적 지표　　　　　지표는 양적 지표와 질적 지표로 구분된다. 양적 지표는 좁게는 통계와 동일한 것으로 볼 수 있으며, 질적 지표는 특정 권리의 준수 또는 향유에 관한 정보를 나타내는 것으로 좀 더 넓게 쓰인다. 이 글에서 양적 지표[17]란 용어는 숫자, 백분율 등 계량적 형태로 표현될 수 있는 지표들을 가리킨다. 양적 지표와 관련해서는 전통적으로 아동의 취학률, 조약의 비준률, 여성의 의석 점유율, 강제 실종 발생률과 같은 지표를 개발하기 위한 시도들이 있어 왔다. 동시에 점검 목록 또는 일련의 질문들이 지표로서 광범위하게 사용되어 왔는데, 이는 인권 실현에 관한 수치화된 정보를 보완하고 정교화하기 위한 것이었다. 여기서 지표는 통계 수치 이상의 정보를 보여 준다. 유엔 기구들과 인권 분야의 전문가들은 단순한 통계 수치보다는 그 이상의 정보를 보여 주는 질적 지표를 더 선호한다. 그러나 인권 분야에서는 양적 지표와 질적 지표의 사용을 서로 대립하는 것으로 여기지 않는다. 인권 준수에 관한 평가가 얼마나 복잡한 것인지를 생각한다면 관련된 모든 질적·양적 정보가 잠정적으로 유용하기 때문이다. 양적 지표는 사건의 크기와 양을 측정함으로써 질적 평가를 도울 수 있다. 반대로 질적 정보는 양적 지표의 해석을 보완할 수 있다.

객관적 지표와 주관적 지표　　　　　인권 지표는 양적·질적 분류 외에도 객관적
　　　　　　　　　　　　　　　　지표와 주관적 지표로도 분류될 수 있다. 이와
같은 구분에 있어서 반드시 지표의 정의를 위한 데이터 수집 방법의 사용 또는
미사용, 그것의 신뢰성 또는 대체 가능성을 기준으로 삼을 필요는 없다. 그 대신
지표가 나타내는 정보의 내용에 따라 구분하는 것이 이상적일 것이다. 그래서
아동의 몸무게, 국가 폭력의 희생자 수, 희생자의 국적과 같이 직접적인 관찰과
입증이 가능한 대상, 사실 및 사건은 객관적 지표로 분류되고, 개개인의 인식,
의견, 평가, 판단에 기초한 지수는 주관적 지표로 분류된다.[18] 그러나 인권의 종
류에 따라서 이런 구분이 실제로 적용되기 어려운 경우가 종종 있다. 어떤 지표
가 객관적 지표 군群으로 분류되더라도 주관적 요소가 전혀 개입되지 않은 경우
는 찾아보기 어렵다. 수집한 정보의 성격을 특성화하는 작업은 그 자체가 주관
적 행위이기 때문이다. 그러나 특정 대상, 사건 및 사실에 대해 투명하고 구체적
이고 보편적인 정의를 사용하면 지표의 유형(양적·질적·객관적·주관적)을 규명
하고 설계할 때 객관성을 한층 높일 수 있다.

　　그 유형이 무엇이든 상관없이 인권 평가에서 지표들을 사용하게 되면, 지표
들은 대부분의 경우 서로 보완하고 보조하는 방식으로 작동한다. 이 관점에서
본다면 하나의 지표나 하나의 지표 군으로 주어진 상황을 완벽하게 평가한다는
것은 불가능한 일이다. 어떤 상황을 적절히 평가하려면 주어진 지표 이외의 정
보와 분석을 살펴봐야 하듯이 주어진 상황의 본질을 평가하려면 관련된 다른
지표들이 보여 주고 있는 정보도 함께 고려해야 한다.

개발권에 관한 지표　　　　　개발권의 이행과 모니터링에 필요한 지표를 규명
　　　　　　　　　　　　하고 설계하기 위한 프레임워크를 구성할 때, 두
부류의 지표 군을 고려할 필요가 있다. 첫 번째 지표 군은 특정 인권의 실현에만
관련된 것이 아닌 일반적 지표로, 이는 권리에 기초한 접근법에 따르는 인권 원
칙의 준수 과정을 질적으로 보여 주도록 설계되어야 한다. 즉, 이 지표 군은 개

발 과정이 어느 정도로 참여적이고, 포용적이고, 책무적이고, 반차별적이고, 지속 가능하고, 세력화를 촉진하고 있는지를 보여 주어야 할 것이다. 두 번째 지표 군은 보다 구체적인 것인데, 개발권의 충족과 향유에 중요하다고 생각되는 권리, 예를 들어 적절한 식량권, 주거권, 생명권과 같은 개개인의 인권이 실현된 정도를 보여 주도록 설계되어야 한다. 앞서 언급한 바와 같이 이런 권리 군은 개발의 수준, 우선순위, 국민의 열망 등에 따라 국가마다 다르게 구성될 수 있다. 이렇게 설계된 인권 지표는 관련 조약의 조문이나 일반 논평에서 공식적으로 인정됨으로써 인권의 규범적 내용 안에 안착되어야 한다. 이를 위해 인권 프레임워크의 법적 기준이 인권 이행과 모니터링에 적합한 지표를 규명하고 선택하는 데 직접적으로 기여할 실행 요소가 될 수 있도록 심사숙고해야 한다. 두 부류의 지표 군 간의 상호 보완적인 관계를 이용해 잠정적으로 개발권 실현을 위한 행위의 과정과 결과를 모두 다룰 수 있을 것으로 기대된다.

인권 원칙에 관한 지표　　　　권리에 기초한 인권의 이행과 모니터링에 대한 접근법을 정의하는 원칙에 관한 지표를 개발할 때 염두에 두어야 할 문제가 있다. 첫째, 각각의 원칙에 해당하는 고유의 지표를 개발하는 것이 항상 가능한 것은 아니라는 점이다. 원칙들 간의 상호 연관성을 고려해 원칙들의 가장 적합한 운용을 나타내는 지표에 주목해야 한다. 같은 지표라고 하더라도 하나 이상의 원칙을 나타낼 수 있기 때문에 그런 지표들을 가능한 한 많이 활용하는 것이 바람직하다. 이는 수행 기관과 감독 기관의 데이터 수집을 용이하게 할 것이다. 둘째, 권리에 기초한 접근법의 수행 과정에 적용되는 원칙을 직접적으로 나타낼 수 있는 지표가 없다면 대리 지표를 사용할 필요가 있다. 대리 지표는 원칙을 간접적으로 반영하는 것이지만, 과정이 바람직한 방향으로 나아가고 있는지를 평가할 때 유용하게 쓰인다. 마지막으로 지표들을 분해해서(예를 들어 국가, 지방 또는 보다 작은 규모의 프로젝트 단위로 해체), 그것들이 어떤 인권 원칙들을 반영할 수 있는지를 검토해야 할 것이다.[19] 지금부터 인권 원칙에 관한 지표들을 확인해 보도록 하자.

먼저 지표가 국제 인권 기제와 객관적 연관성을 가지기 위해 필요한 것이 무엇인지 생각해 보자. 이는 인권 모니터링에 사용될 지표를 명확하게 정의할 것을 요구한다. 그래야만 지표들이 권리의 규범적 내용에 관한 고유의 특징을 나타낼 수 있다. 인권 가운데 생명권이나 교육권과 같은 실체적 권리는 비교적 분명한 내용을 가지고 있으며 점진적으로 또는 단계별로 실현될 소지가 있다. 또 인권 가운데 차별받지 않을 권리나 공정한 재판에의 권리와 같은 절차적 권리[20]가 있는데, 이런 권리의 실현은 위와 같은 실체적 권리의 실현 과정에 매우 중요하다. 따라서 실체적 권리뿐만 아니라 절차적 권리에 관한 지표가 관련 인권 기준 속에 안착될 필요가 있다. 이에 대해서는 개발권 이행에 중요하다고 생각되는 실체적 권리에 관한 지표를 논의하는 과정에서 좀 더 자세히 다룰 것이다.

자유권과 사회권에 관한 지표를 개발함에 있어서 인권의 보편성, 불가분성, 상호 의존성의 원칙에 따라 공통의 접근법을 취할 필요가 있다. 모든 인권의 이행에는 보호적 요소와 촉진적 요소가 공존한다. 자유권과 사회권 모두 그 기초적 이행 과정에서 공통의 인권 기준과 원칙을 준수해야 한다는 인식은 인권의 이행과 모니터링에 있어서 공통의 접근법을 취할 필요성을 더욱 분명하게 해준다. 개발권의 이행에 있어서 상호 의존성과 불가분성의 원칙은 개발권의 모든 측면을 전부 반영해 보여 줄 수 있는 지표의 개발을 요구한다.

참여와 세력화를 강조하는 접근법은 두 가지 측면을 가지고 있다. 첫째, 참여와 세력화에 대한 강조를 통해 권리 이행에 있어서 적어도 이 원칙의 본질을 보여 주는 지표가 존재할 수 있도록 한다. 둘째, 권리 이행에 대한 모니터링을 위한 지표를 개발하고 그것을 사용하는 과정 자체가 모든 이해 당사자의 참여를 통해 이루어지도록 한다. 사실 이 원칙에 관한 특정한 지표의 개발이 이 원칙을 인권 이행의 모니터링 과정에 적용하는 것보다는 중요하지 않을 수 있다. 그러나 지니계수와 같이 개발 과정의 결과가 각 부문의 인구 집단에게 어떻게 배분되었는지를 수입의 공유라는 측면에서 총괄적으로 보여 줄 수 있는 지표는 개발 과정의 참여도를 평가하기 위한 대리 지표가 될 수 있다. 그런 불평등 지표는 빈곤 발생률의 변화와 연동해서 사용될 수 있다. 예컨대 불평등 지표와 빈곤 발생률의 감소는 개발의 결과가 보다 많은 인구에게 고르게 분배되었음을 의미하므로 개발이 적어도 그 결과에 있어서는 참여적이었다고 말할 수 있게 된다. 이 지표를 지방이나 지역 단위로 확대해서 적용할 수도 있다. 나아가 이런 지표는 결과 지표로서 뿐만 아니라 과정 지표로도 작용할 수 있다. 이 경우 지방 차원에서의 총생산량의 불평등한 성장률을 나타내는 지표들을 읽어 낼 수 있다. 참여의 과정 역시 시민·정치적 권리, 특히 정무, 의사 결정, 정부에의 참여와 관련된 권리에 관한 지표를 도입함으로써 쉽게 포착해 낼 수 있다.

세력화의 개념을 직접적으로 보여 줄 수 있는 지표의 개발은 쉽지 않다. 그러나 세력화를 사람들이 자기 자신이나, 자신의 가정, 자신이 속한 공동체와 관련된 의사 결정 과정에서 선택권을 주장하고 행사할 수 있도록 하는 것이라고 정의한다면, 대리 지표를 찾아낼 수 있다. 일반적 취업률, 특정 부문(여성, 소수자 등)별 취업률, 지역별 취업률, 고용 형태별 취업률은 유용한 지표가 될 수 있다. 이런 지표들은 개발 과정이 직업(고용)을 창출한 정도를 드러낼 것이고, 선택권을 행사할 사람들의 수입과 기회를 보여 줄 것이다. 낮은 식자율은 인지, 정보 습득, 세력화에 장애가 된다고 볼 수 있다는 점에서 세력화 개념은 교육 습득의 정도와 관련된 것으로 볼 수 있다. 이와 비슷하게 의사 결정 과정, 선거 참여, 구제 청구, 재정적·행정적 분산화의 수준 또한 세력화 개념을 나타내는 유용한 지표이다. 이 지표들 가운데는 절차상의 참여도를 반영한 것도 있을 수 있다.

인권 이행에 있어서 반차별과 평등의 원칙을 나타내는 지표를 찾아내려면 취약하고 소외된 집단의 상황을 나머지 인구 집단의 상황과 대비해서 반영할 수 있도록 데이터를 분석하는 데 특히 집중할 필요가 있다. 보다 중요하게는 개개인의 권리 실현에 필요한 물품과 서비스에의 접근성 — 단순히 가용성이 아닌 — 을 나타내는 지표를 강조할 필요가 있다. 반차별과 평등, 법치주의, 구제 청구 메커니즘과 관련된 원칙들은 절차적 권리로 보는 것이 유용할 것이다. 사실 실체적 권리의 맥락에서 절차적 권리를 정의하는 것이 더 쉬우므로, 반차별의 원칙 또는 구제 청구의 개념은 실체적 권리를 모니터링하기 위한 지표에 편입될 수 있다. 예를 들어 교육에의 권리에서 반차별 원칙의 준수는 여아의 취학률을 동년배 남아의 취학률과 대비해서 보여 줌으로써 포착할 수 있다.

인권의 이행에 있어서 책무 원칙의 준수 정도를 객관적으로 보여 줄 수 있는 계량적 지표의 개발은 무엇보다 어려운 일이다. 모든 인권 문제가 언제 어디서든 재판에 회부될 수 있는 것이 아니기 때문이다. 더구나 책무의 개념은 맥락에 따라 다르게 해석될 수 있다. 인권의 내용을 명확히 하고 가능한 한 적절한 지표로 계량화함으로써 의무 담지자의 의무를 좀 더 분명하게 구체화하는 것만으로도 이미 인권의 이행 과정에서의 책무를 한 단계 증진한 것이라 할 수 있다. 책무의 개념은 국가의 의무와 그에 상응하는 목적이나 관련 인권 실현의 이정표라 할 수 있는 바람직한 결과 간의 연관성을 명확하게 구성하는 지표를 선정함으로써 포착될 수 있다. 그런 이정표가 되는 중요한 결과에 관한 지표들을 추적해서 권리 이행에 있어서 국가의 작위 또는 부작위에 대한 책무의 정도를 평가해야 한다. 책무 원칙에 대한 이와 같은 접근법은 실체적 인권에 관한 지표 프레임워크를 다루고 있는 다음 절에서 그 윤곽이 제시될 것이다. 여기서 간단히 살펴보자면 제안된 프레임워크는 점진적 실현의 원칙에 관한 본질을 포착하는 데 매우 유용하며, 이는 주기별로 권리의 실현을 모니터할 수 있는 지표들을 규정하는 것을 주목적으로 하고 있다.

실체적 인권 지표　　　　　　개발권을 구성하고 있는 실체적 권리에 관한 지표는 인구의 식자율과 같은 적극적 결과와 사법 외적으로 집행된 처형의 수와 같은 소극적 결과 모두를 반영할 수 있다. 이는 또한 인권의 실현에 관련된 기초 과정을 반영할 수 있다. 실체적 인권에 관한 지표를 규정하려면 이 지표와 거기에 상응하는 인권 기준 간의 분명한 연계성을 확립해야 한다. 먼저 인권의 법적 기준에 관한 서술들을 몇 가지 고유 속성에 따라 정리해야 한다. 이는 권리의 이행을 모니터링하기에 적합한 지표를 규정하고 권리의 규범적 내용 분석을 용이하게 한다. 흔히 관련 조문에 권리를 나열하고 일반 논평을 통해 정교화하고 있는데, 일반 논평의 내용이 너무나 일반적이고 심지어는 중복적이어서 지표를 규정하는 데 전혀 도움이 되지 않는다. 그러므로 권리들의 주요 속성을 먼저 규명함으로써 적합한 지표 또는 지표 군을 선정하는 과정을 촉진시킬 수 있다. 예를 들어 생명권은 자유권 규약 제6조와 그 위원회의 일반 논평 6번에서 다루고 있는데, 여기서 적어도 생명권에 관한 네 가지 속성을 찾아낼 수 있다. '생명의 임의적 박탈', '개인의 실종', '보건과 영양', '사형'이 그것이다. 또 사회권 규약 제11조와 그 위원회의 일반 논평 12번에 근거해 식량권을 살펴보면, '영양', '식량 안보와 소비자 보호', '식량 가용성', '식량에의 접근성'을 그 속성으로 구분해 낼 수 있다.[21]

모든 실체적 권리의 속성은 가능한 한 각 권리의 법적 기준에 대한 철저한 분석을 토대로 서로 중복되지 않도록 상호 배타적인 방식으로 규명되어야 한다. 대부분의 사회권은 '적절성', '접근성', '가용성', '순응성', '우수성'의 개념을 토대로 그 속성을 규명해야 한다는 주장이 있을 수 있다. 그러나 이 접근법은 대부분의 자유권에는 적용할 수 없으며 사회권에 있어서도 일괄적으로 적용하기는 어렵다. 또한 사회권에 있어서 적절성의 개념은 개별 권리의 기준에 따라 다르게 표현될 것이다. 따라서 개별 권리의 속성을 규명하기 위해서는 유연한 접근법을 취하는 것이 최선일 것이다. 다만 개별 권리의 속성은 그 권리의 규범적 내용의 본질을 반영해야 하며, 관련 지표를 더 쉽게 규명할 수 있는 성질을 가져야 한다.

두 번째 단계는 첫 번째 단계에서 선정된 인권의 속성에 따라 구조, 과정, 결과 지표의 배열 구성을 확립하는 것이다. 그런 지표를 구성할 때 가장 주의해야 할 점은 각 권리의 이행 모니터링에 필요한 지표를 규명하는 데 있어서 간단하고 체계적이고 포괄적인 접근법을 취해야 한다는 점이다. 지표의 구성은 사회권뿐만 아니라 자유권의 모니터링에 필요한 구체적인 정보를 편성하는 데 있어서 공통의 접근법을 취할 수 있도록 한다. 이 접근법은 인권 실현 과정의 중요성을 부각시킨다. 앞의 절에서 지적한 바와 같이 가능한 한 국가의 의무(정책 기제)와 인권 실현의 바람직한 목표(이정표) 간의 분명한 연계성을 확립함으로써, 이 접근법은 권리에 기초한 접근법의 부가가치를 이끌어 내며, 특히 인권의 이행과 모니터링에서 책무의 중요성을 부각시킨다. 실제로 구조 지표, 과정 지표, 결과 지표 간의 함축적인 인과관계를 통해서 국가의 의무 이행 노력 — 인권 이행의 모니터링에서 제일의 관심사가 되어야 할 문제 — 을 규정하고 평가할 수 있다.

구조 지표는 국가에 의한 법 제도의 채택이나 비준을 반영한 지표이다. 이는 또한 관련 인권의 실현을 촉진하는 데 필요한 기초적 제도의 존재 여부를 반영한다. 예를 들어 식량권의 맥락에서 구조 지표는 식량권이 갖는 법적 지위에 관한 정보를 포함할 것이다. 또 농지에 대한 여성의 권리와 같이 식량권과 관련된 권리들의 법적 지위, 정책과 규제 프레임워크를 포함한 제도적 메커니즘의 존재, 식량의 가용성과 식량에의 접근성을 다루고 이를 모니터하도록 위임받은 대리 행위자에 관한 정보도 포함할 것이다. 이와 비슷하게 법 제도에 의한 구제에의 권리에 관한 구조 지표는 관련 국제 협약의 비준, 필수 불가결한 사법 기제의 확립, 관련 권리의 이행에 필요한 법·규칙·규제를 지원하는 프레임워크에 관한 정보를 포함할 수 있을 것이다.

과정 지표는 국가정책 기구를 인권 실현에 보다 직접적인 관련성을 가질 수 있는 개발의 이정표적 목표들과 연결시킨다(달성된 목표들은 결과로 축적된다). 과정 지표는 책무에 대한 의지를 포착해 낼 수 있을 뿐만 아니라 권리의 점진적 실현에 대한 간접적 모니터링이나 권리의 보호 과정에도 도움에 된다. 결과 지표와는 달리 과정 지표는 변화를 보다 민감하게 반영한다. 그래서 과정 지표가 여러 해 동안 지켜봐야 하는 결과 지표보다 권리의 점진적 실현을 포착하는 데 유리하다. 즉, 과정 지표가 결과 지표보다 권리 보호를 위한 국가의 노력에 진전이 있었는지를 더 잘 반영해 낸다. 식량권의 경우 과정 지표는 토지 보유 체계, 토지개혁, 관개시설에의 공공투자, 농업기술의 개발과 확산, 농업 보조금, 거래

체계에 관한 지표와 같은 다양한 국가정책에 관한 정보를 포함할 수 있다. 이는 또한 식량 보조금을 받는 인구 비율, 정부 배급에 의존하는 인구 비율, 식량 구제를 위한 국가의 역량에 관한 지표도 포함할 수 있을 것이다. 이와 비슷하게 생명권에 관한 과정 지표는 독립적인 조사 메커니즘에 의해 보고된 임의적 생명 박탈의 비율, 사법절차 이전에 경찰에 구금된 평균 시간, 항소권을 행사한 죄수의 비율을 포함할 수 있을 것이다.

결과 지표는 주어진 조건에서의 개인적·집단적 권리의 향유 수준을 보여 준다. 식량권에 관한 결과 지표 가운데는 식량에 대한 월간 가계 지출, 적용 가능한 기준과 인체에 필요한 수준의 여성 및 아동의 평균 칼로리 섭취율이 포함될 수 있을 것이다. 생명권에 관한 결과 지표에는 사형수의 감형률 또는 자의적 인명 손실률이 포함될 수 있을 것이다. 결과 지표는 적어도 두 개의 중요한 특징을 가지고 있다. 먼저 위에서 언급한 바와 같이, 이는 상응하는 권리의 실현과 더 직접적인 연관성을 가질 수 있다. 둘째, 여러 가지 과정이 하나의 결과를 가져올 수 있다. 그러므로 과정 지표와 결과 지표를 구분하는 것이 좋다. 예를 들어 기대 수명을 보건권의 실현에 관한 결과 지표로 사용한다면, 유아 사망률, 공중위생, 영양, 교육에 관한 과정 지표를 보건권의 실현과 충족을 위해 점진적으로 달성될 필요가 있는 이정표에 상응하는 목표로 보는 것이 유용할 것이다. 이와 동일하게 보고된 실종 또는 임의적 구금의 발생률이 생명권 실현에 관한 결과 지표라면, 경찰의 인권 감수성을 일깨우기 위한 경찰 훈련 프로그램 과정, 국가인권위원회와 같은 독립적인 조사 기구의 설립 여부, 개인의 법적 절차에의 접근 정도를 생명권에 대한 보호와 촉진의 수단으로 모니터링하는 것이 유용할 것이다.

이상과 같이 세 종류로 나누어 각 지표를 규정하려 한다면 인권 모니터링은 수많은 지표를 필요로 할 것이라는 주장이 나온다. 이는 부분적으로 사실이지만 이런 우려를 극복할 수 있는 방법이 있다. 특정 권리를 위한 지표를 최종적으로 선정할 때 그에 대한 제한 기준을 설정하는 것이다. 때로는 하나의 지표가 권리의 한 가지 이상의 속성을 포괄적으로 보여 줄 수 있고, 반대로 한 가지 속성을 보여 주기 위해 여러 가지 지표가 필요할 때도 있다. 즉, 한 권리의 한 속성을 고유하게 보여 줄 수 있는 지표를 찾기가 항상 쉬운 것은 아니라는 점을 고려한다면, 하나 이상의 속성을 잠정적으로 포착해 낼 수 있는 지표들을 선정하는 것이 바람직할 것이므로 총 지표의 개수를 줄일 수 있다. 구조 지표, 과정 지표, 결과 지표의 배열은 의무 담지자와 그들의 의무, 권리 소유자와 그들의 권리라는 관점에서 권리 실현의 모든 측면을 체계적으로 다룰 수 있는 구성 체계로 보아야 한다. 지표를 실제로 선택할 때에는 국가적 맥락과 우선순위를 고려해야만 한다. 대부분의 경우 통계적 분석과 데이터의 가용성에 따라 인권 이행의 모니터링에 적합한 지표들이 선정될 것이다. 마지막으로 개발권 이행을 촉진시키기 위한 국제 협력의 본질과 중요성을 나타내는 지표에 대해서 국가별로 처한 상황에 따라 서로 다른 필요성을 가질 수 있으므로 개발권 이행의 맥락에서 이 점을 염두에 두는 것이 바람직하다. 또한 선정된 지표는 시간적·공간적으로 적합해야 하며 동시에 젠더와 같은 특정 인구 집단에 따라 유연하게 해체 또는 분해될 수 있어야 한다는 점을 염두에 둘 필요가 있다.

프레임워크의 이점　　궁극적으로 한 지표가 구조 지표, 과정 지표, 결과 지표 가운데 어떤 지표로 규정되든 크게 문제가 되지는 않는다. 위와 같은 접근법은 지표의 선정을 단순화하고, 맥락에 맞는 정보를 사용하고, 권리의 다양한 속성들을 좀 더 포괄적으로 다룰 수 있도록 한다. 이는 또한 권리 실현의 모니터링에 필요한 지표의 수를 최소화한다. 비록 세 분야의 지표들과 인권을 존중하고 보호하고 충족시켜야 할 국가의 의무가 일대일로 대응하는 관계는 아니지만, 각 분야의 지표들 간의 적절한 조합, 특히 과정 지표는 국가의 의무 이행을 평가하는 데 많은 도움을 줄 수 있다.[22]

이와 같이 지표의 배열을 통해서 인권의 촉진과 보호를 위한 사회 변화와 개발 과정의 정적·동적 국면을 포착해 낼 수 있다. 동적 지표로는 일 년 단위의 일시적 변화(예를 들어 연간 일인당 식량 가용률, 임의로 자유를 박탈당한 사람과 거기에서 벗어난 사람 수)에 대한 모니터링이 가능하고, 정적 지표는 그런 변화를 합한 종합적 결과(일정 기간 동안의 취학아동의 신체 발달 측정 수치, 임의적으로 자유를 박탈당한 사람의 수)를 반영할 수 있다. 그와 같은 지표의 적절한 조합을 통해서 적합한 정보의 가용성과 데이터 부족의 문제와 관련된 제약들을 잠정적으로 극복해 낼 수 있다.

권리에 기초한 모니터링

개발권의 이행을 촉진시키기 위한 지표의 개발에 필요한 프레임워크의 윤곽을 잡았다면, 그 다음으로는 지표를 적절히 적용하고 해석하는 것이 중요하며, 권리에 기초한 방식으로, 즉 인권 기준과 원칙에 맞게 개발권 이행에 대한 평가 과정을 수행하는 것이 바람직하다. 권리에 기초한 모니터링은 국가 또는 지역 차원에서 행정기관이 농업 생산과 식량 안보, 사법 또는 프로젝트 결과와 영향을 감독하기 위해 수행했던 기존의 접근법과는 다르다. 권리에 기초한 모니터링은 정보 수집을 위한 특정한 제도적 장치를 필요로 하며, 가장 취약하고 소외된 집단의 인권 실현을 반영한 특정 데이터에 초점을 맞출 필요가 있다. 국가적 평균으로부터 취약한 집단의 상태로, 나아가 개인의 차원으로 초점을 옮김으로써, 권리에 기초한 모니터링은 차별과 불평등의 정도뿐만 아니라 인권 실현의 모니터링에 있어 근본적인 관심사인 권리침해를 평가할 수 있게 된다. 그러나 권리에 기초한 모니터링이 분산된 정보와 지표 전체를 의미하는 것은 아니다. 위에서 언급한 바와 같이 권리에 기초한 모니터링은 인권 실현에 관한 신뢰성 있는 평가를 촉진하기 위한 수단으로서 적절한 지표들을 필요로 한다.

권리에 기초한 모니터링은 종종 기존의 모니터링 체계를 기반으로 구축되는데, 이는 기존의 모니터링 체계에 의무 담지자와 권리 소유자를 포함한 다양한 이해 당사자의 인식과 그들에 관련된 정보를 통해 인권적 관점을 도입함으로써 가능해진다. 이는 독립적인 모니터링 메커니즘을 수행할 기관을 인권 의무의 충족에 관한 정보 제공과 프로그램 이행에 책임이 있는 기관으로부터 분리하는 것을 의미한다. 예를 들어 식량권에 대한 모니터링 체계에 있어서 농업부 또는 보건가족복지부와 독립적인 국가인권기구 또는 비정부기구는 식량권의 실현을 모니터링함에 있어서 서로 구분된 역할을 수행해야 할 것이다. 권리에 기초한 모니터링 체계의 설계에 있어서 담당 기구와 그 책임을 규정하는 것이 필요하며, 또한 참여, 투명, 책무의 원칙에 따라 정보를 수집할 방법을 강구해야 한다. 더 중요한 것은 그 과정이 다양한 이해 당사자의 의견을 반영하도록 충분히 분산적이며 포용적이어야 한다는 데 있다.

국가적 차원에서 권리에 기초한 모니터링 메커니즘을 수립하거나 특정 인권의 실현을 모니터링하기 위해 기존의 메커니즘을 강화할 때에는 무엇보다도 아래에서 논의하고 있는 절차와 원칙을 따라야 할 것이다. 이 절차는 인권 이행을 증진시키기 위한 역량의 격차를 줄이고 모니터링에 필요한 제도적 장치를 통합하는 데 도움이 될 것이다.

이행 당사자의 규명   먼저 다양한 공식적·비공식적 이해 당사자가 누구인지 확인해야 한다. 이들은 정보의 제공자로서, 가용 정보의 독립적 해석자로서, 정보의 궁극적 사용자(정보를 이용해 인권 실현을 모니터링하고, 동시에 자신의 권리 주장을 위해 정보를 이용한다)로서, 모니터링 과정에 기여할 수 있다. 여기에는 관련 부처, 국가인권기구, 관련 시민사회단체, 소비자 단체, 의회 내 관련 위원회와 같은 사회적 집단이 포함되고, 보다 넓게는 개개인의 권리 소유자 모두가 포함된다. 국가 차원에서 모니터링을 위한 이해 당사자가 정해지면, 서로 다른 이해 당사자나 이해 당사자 집단이 참여적 과정에 개입하도록 해야 할 것이다. 각자의 다양한 능력, 서로 다르지만 상호 보완적인 관점, 그리고 서로 다른 방식으로 수집한 정보는 모니터링 과정에 크게 기여할 것이다. 이 과정에서 중요한 요소는 가용 정보를 인권의 관점에서 해석하도록 이끌고 각자의 평가를 조정할 독립된 기구를 선정하는 것이다. 아마도 국가인권기구나 비정부기구가 거기에 적합할 것이다. 이상과 같은 절차는 국가 차원의 모니터링 메커니즘 확립을 촉진할 것이다.

주요 취약 집단의 규명　　　　전체 인구 중에서 특정 인권의 핵심 내용을 구성하고 있는 요소와 속성에 대해 특별히 취약한 집단을 구분해 낼 수 있다. 충분한 식량에의 권리를 예로 들면, 아동들이 성인보다 영양실조와 음식 부족으로 고통받기 쉽고, 이주민 또는 노동자 집단이 식량 안보와 소비자 보호의 관점에서 다른 집단보다 훨씬 취약하다. 각국에서 인구 계층별로 그리고 지역별로 취약하고 소외된 집단을 평가하는 것이 바람직할 것이다. 취약 집단을 적절한 기준에 따라 규명하는 과정은 참여와 투명성의 원칙을 토대로 해야 한다. 또 필요하다면 개인들 스스로가 취약 집단에 속하는지를 선택할 가능성도 열어 두어야 한다. 이와 같은 절차는 권리에 기초한 모니터링이 집중적으로 필요한 집단을 확인하고, 이를 위한 정보와 데이터의 분석에 필요한 조건을 평가하는 데 도움이 될 것이다.

반차별과 접근성 지표의 중요성　　　　인권의 보편성과 양도 불가성을 감안해 권리에 기초한 모니터링은 개인과 집단에 대한 차별이 그들의 인권 실현에 미치는 영향을 보여 주는 정보, 데이터, 지표에 특별한 주의를 기울여야 한다. 따라서 단순한 '가용성'과는 다른 의미로서 '접근성'은 인권 프레임워크와 권리에 기초한 모니터링에서 각별히 중요하다. 인권의 실현에 필요한 물품과 서비스의 가용성만으로는 불충분하다. 반차별과 평등의 원칙을 준수하는 가운데 모든 개인에게 그런 물품과 서비스에 대한 접근성을 보장하는 것이 중요하다.[23] 따라서 권리에 기초한 모니터링이나 인권적 평가에서 차별에 관한 정보를 규명하고, 수집하고, 조정하고, 발표하는 메커니즘을 보여 주는 데이터, 즉 적절한 지표를 용도에 맞게 재단하는 작업이 필요하다.

| 후속 조치 | 인권이 일회성 이벤트로 실현되는 것이 아니라는 |

후속 조치　　　　　　　　　인권이 일회성 이벤트로 실현되는 것이 아니라는
　　　　　　　　　　　　　　점을 감안한다면, 그 보호와 촉진은 지속적으로 이
루어져야 한다. 따라서 서로 다른 시점에서 가능한 한 정기적으로 인권을 모니
터링할 수 있는 정보와 데이터를 가지고 있어야 한다. 이는 시간의 흐름에 따른
권리의 점진적 실현과 위반에 관한 모니터링에 도움이 될 것이다. 권리에 기초
한 모니터링 메커니즘은 또한 모든 이해 당사자, 특히 권리 소유자가 가용 정보
에 접근할 수 있도록 한다. 이는 관련 정보의 발표와 보급에 관한 일정을 다룰
제도적 틀을 필요로 한다. 또한 모니터링 과정의 후속 조치로서 가용 정보를 인
권 중심의 개발을 고취시킬 수 있는 수단으로 사용할 수 있도록 하는 프레임워
크 역시 필요할 것이다. 이는 권리 자격과 의무에 대한 인식을 제고하고, 권리
소유자가 자신의 주장을 더욱더 타당하게 구성하도록 하며, 의무 담지자의 의
무 이행을 모니터하는 데 도움을 줄 것이다.

결론

이 글에서는 개발권의 이행과 모니터링에 도움이 될 지표를 규명하고 설계하기
위한 프레임워크의 윤곽을 그려 보았다. 그리고 이 틀을 구축하기 위해 우선 유
엔 인권위원회의 다양한 메커니즘에서 논의되고 있는 개발권의 개념을 개괄함
으로써 지표의 개념적 토대를 다루었고, 개발권의 이행 과정에서 항상 준수해
야 할 인권 원칙에 관한 지표뿐만 아니라 어떤 맥락에서도 상시적으로 개발권
을 구성하게 될 실체적 인권에 관한 지표를 규명할 수 있는 접근법을 제안했다.
이 글은 또한 개발권의 이행을 모니터링하기 위한 권리에 기초한 프레임워크의

구성 요소를 확인해 보았다.

인권의 이행을 촉진시킬 적합한 지표가 권리 실현에 매우 중요한 요소이기는 하지만, 이 역시 인권의 이행을 촉진시키는 여러 가지 요소들 가운데 하나에 불과하다는 점을 인식해야 한다. 중요한 것은 지표와 함께 다른 관련 정보와 적합한 수단을 더불어 사용해 인권 이행을 위한 정책과 프로그램을 수립하는 것이다.

이 글에서는 개발권의 이행에 도움을 줄 수 있는 정책과 프로그램의 성격에 대해서는 논의하지 않았다. 지표가 인권의 규범적 내용을 실체화하고 개발권의 실현에 걸맞은 개발의 목표와 결과를 규명하는 데에는 도움이 되겠지만, 그런 목표와 결과에 도달하기 위해서는 여전히 정책적 도움이 있어야 한다. 개발권은 처한 상황적 맥락에 따라 그 이행 방법이 크게 달라지기 때문에 고유의 이행 모델이 없다는 주장은 사실이다. 그러나 그동안 개발권의 운용을 촉진할 수 있는 요소들을 규명하기 위한 개발 경험(개도국과 개발국 모두의 경험)의 분석에 많은 진전이 있었으며, 그 분석 대상 분야가 상당 부분 정리되어 있다. 어떤 국가가 개발권과 그것을 구성하고 있는 권리들의 강제성에 관한 문제를 다루기 위해 그 국가의 상황적 맥락에서 채택할 수 있는 전략을 규명하는 것은 흥미로운 일일 것이다. 권리의 위반에 대해 법적 청구권 외에 다른 구제책을 도입할 수 있는 새로운 접근법을 연구하는 것도 바람직하다. 그와 같은 분석의 결과는 개발권의 이행을 앞당기는 데 많은 도움을 줄 수 있을 것이다.

마지막으로 점진적으로 실현해야 할 인권들을 이행할 때 어떻게 우선순위를 설정해야 하며, 주어진 맥락에 따라 달라지는 개발권의 구성 요소(인권)를 어떻게 정의할 것인가의 문제는 이 글에서 다루지 않았다. 이 또한 개발권 논의에서 앞으로 다루어야 할 주제이다. 이런 주제는 그것이 문제가 되는 곳에서는 무엇보다도 중요한 과제가 될 수 있다. 예를 들어 자원 부족의 압박 속에서 인권 실현 정도가 일괄적으로 낮은 가난한 개도국에서 인권들 사이에 우선순위를 설정하거나 어떤 권리의 충족을 위해 다른 권리를 암묵적으로 희생시키는 문제는 잠정적으로 의무 담지자를 매우 곤란하게 만들 것이다. 인권 원칙을 동원해 그런 문제를 다룰 수도 있겠지만, 우선순위의 선정 과정을 공식적으로 분석하고 좀 더 엄격한 접근법을 개발하는 것이 그런 국가에서 개발권의 이행을 앞당기는 데 도움이 될 것이다.

라지브 말호트라

RAJEEV MALHOTRA

개발경제학자로 현재 제네바에 있는 유엔 인권고등판무관실에서 일하고 있다. 인도 국가기획위원회 부자문직을 역임했다. 델리 대학과 런던 정경대 출신의 거시경제학자로 10년 넘게 인도의 계획 모델과 계획 프로세스 분야에서 일해 왔으며, 1998년부터 2000년까지 인도 국가 개발 예산 수립 활동에 관여했다. 주로 빈곤 측정에서의 방법론적 문제, 인권 지표, 개발권, 인도 경제에 관한 글들을 집필했다. *National Human Development Report for India*(2002)의 주필자이다.

제4부

국제기구의 지구적 운영 체제

11장
세계화 시대의 인권에 기초한 개발

아스비에른 에이데
Asbjørn Eide

우리는 세계화가 급속히 진행되고 있는 시대에 살고 있다. 세계화의 과정은 공통의 목표를 향한 상호 간의 약속을 기반으로 한 다자간 협력을 통해 모든 인간의 자유를 효과적으로 확대하기 위한 포섭의 과정이어야 했다. 사실 제2차 세계대전 이후 주도권을 잡은 사람들에게 세계화는 유엔을 설립하고 그 목표 안에 모두의 인권 실현을 포함시키도록 한 고무적인 미래상이었다. 그러나 세계화는 우리가 지난 사반세기 동안 지켜본 바와 같이 세계경제의 지배적인 세력이 그 힘을 확장하는 과정이었다. 이는 몇몇 소수에게 거대한 부를 가져다주었지만, 국가들 간의 불평등을 심화시켰으며 가장 취약한 사람들을 정말로 피폐하게 만들었다. 세계화의 경제적 양식은 이제 심각한 분란의 대상이 되었다. 이 글의 목적은 세계화의 경제적 양식이 유엔의 설립과 보편적 인권 기준의 채택 과정에서 상정했던 지구적 협력으로부터 벗어난 것이라는 점을 입증하는 것이다. 이 글은 건설적이고 합의에 따르는 세계화를 보장할 수 있는 유일한 방법은 경제·사회적 권리에 시민·정치적 권리와 동등한 지위를 부여하고 있는 인권에 기초한 개발뿐이라고 주장하고 있다.

1941~48년 루스벨트의 비전과 약속

미국의 루스벨트 대통령은 인권과 자유에 기초한 세계적 개발의 비전을 제시한 최초의 정치인이었다. 그는 1941년 1월 6일 미국 의회에서 일명 '네 가지 자유에 관한 연설'Four Freedoms Address로 불리는 연두교서를 발표했다. 그는 연두교서를 통해 언론과 표현의 자유, 신앙의 자유, 결핍으로부터의 자유, 공포로부터의 자유 등 이상의 네 가지 자유에 입각해 설립된 세계상을 제안했다. 이 제안은 1941년 8월 루스벨트와 처칠이 공동으로 선언한 '대서양 선언'Atlantic Declaration[1]에 명시되었으며, 1942년 1월에 정부(대부분이 망명정부) 간 회담에서 채택된 '대서양헌장'Atlantic Charter(유엔은 이를 '대서양 선언'이라고 부름)에서 재차 확인되었다.[2] 이는 제1차 세계대전을 겪은 사람들의 염원을 반영한 것으로 유엔과 세계인권선언의 초석이 되었다.

유엔의 설립과 세계인권선언의 준비 과정은 우울한 시대적 배경에 대항해 시작되었다. 당시 유럽에서는 민주주의가 빛을 잃어 가고 있었으며 일본의 군국주의 침략은 동아시아에서 맹렬한 기세를 떨치고 있었다. 또한 대규모의 인권침해 행위가 처벌되지 않은 채 자행되고 있었고 많은 나라는 여전히 식민 지배 아래서 고통받고 있었다.

유럽에서의 정치적 격변과 권위주의 정권의 등장은 1930년대의 경제공황으로 인한 사회경제적 혼란과 이 혼란을 수습할 적절한 사회경제적 정책의 부재로부터 기인한 것이었다는 인식이 점점 확산되었다. 결국 경제적·사회적·인도주의적 문제에 대해 전 지구적 차원의 보다 협력적인 접근이 필요하다는 인식이 형성되었다.

제2차 세계대전의 결과는 기존의 국제 질서에 근본적인 변화를 가져왔다. 기존의 국제 질서가 서로를 잠재적 위협으로 보는 자기중심적 주권국가들 간의 공존이었다면, 제2차 세계대전 이후에는 세계 공통의 문제를 해결하기 위한 협력 공동체로 바뀐 것이다. 유엔은 이런 목적을 달성하기 위한 포럼과 제도적 수단으로서 구상되었다.

1945년 5월에 채택된 유엔헌장은 "경제·사회·문화·인도주의적 성격의 국제 문제를 해결하고,…… 인종, 성, 언어, 종교에 대한 구분 없이 모두를 위한 인권과 기본적 자유를 존중하도록 촉진하며, 이를 장려함에 있어서 국제 협력"이 필요하다고 명시함으로써 국제 협력을 유엔의 세 가지 주요 목적 가운데 하나로 제시하고 있다.[3] 이는 1948년 세계인권선언에서 다시 채택되었다. 세계인권선언의 서문은 그 영감의 원천으로 루스벨트의 네 가지 자유를 언급하고 있다. 세계인권선언의 근본적인 출발점은 인권은 세상 모두를 위한 것이라는 전제, 즉 "모든 사람은 그 존엄성과 권리에 있어서 자유롭고 평등하게 태어났다"[4]는 것이다. 선언은 그렇게 타고난 자유와 평등의 유지를 보장하기 위해 일련의 권리를 나열했다. 시민·정치적 권리와 경제·사회·문화적 권리가 선언 안에 복합적으로 구성되어 있는데, 이들은 오늘날 인권의 규범적 체계를 구축하고 있다.

유엔총회는 인권 규범의 상호 연관성과 불가분성의 체계에 대해서 다음과 같이 공표했다.

> 모든 개인과 사회 기관은 모든 사람과 국가를 위해 달성할 공통의 기준으로서 이 선언을 항상 염두에 두고, 가르침과 배움을 통해 선언의 권리와 자유의 존중을 촉진하며, 국가적·국제적 차원에서의 점진적 노력을 통해 선언의 권리와 자유를 보편적이고 효과적으로 인정하고 준수하도록 노력을 경주해야 한다.[5]

세계인권선언은 그런 권리가 실제로 향유될 수 있도록 보장할 의무가 누구에게 있는지 구체적으로 표현하지는 않았으나 책임의 귀속에 관한 몇 가지 중요한 언급을 하고 있었다. 이는 세계인권선언에 따른 주요 인권 규약들이 채택되면서 좀 더 분명해졌다. 세계인권선언의 서문은 선언의 권리를 보장하고 실현할 일차적 책임이 국가에 있는 것이라고 한 반면, 권리에 기초한 개발에 대한 책임은 모두에게 있다고 했다. 선언의 제29조 1항 역시 모든 사람은 자신이 속한 공동체에 대해 의무를 가진다고 하고 있다. 이는 모든 사람이 공동체를 통해서만 자신의 인격을 자유롭고 온전하게 개발할 수 있기 때문이다.

지구적 행동에 대한 요구는 선언의 제28조에서는 "모든 사람은 이 선언에서 제시하고 있는 권리와 자유가 온전히 실현될 수 있도록 노력하는 사회질서와 국제 질서 속에서 살아갈 자격이 있다"[6]고 표현되어 있다. 여기서 "사회질서"는 일국 내 사회를 의미하며, "국제 질서"는 국제 공동체를 의미한다. 이와 같이 권리의 실현을 위해 두 차원의 행동이 요구된다는 점은 애초부터 분명했다.

책임의 확립　　　　보편적 인권에 대한 공약은 알맹이 없는 수사에 그치고 말 수도 있었을 것이다. 인권 옹호자들이 의무 담지자를 규명하고 그 의무를 분명히 해야 함을 깨닫기까지는 많은 시간이 필요했다. 유엔총회에서 국가의 의무를 명시한 두 개의 인권 규약이 채택되기까지 거의 20년이 걸렸다. 그토록 많은 시간이 걸린 데에는 냉전의 영향도 있었다. 세계인권선언의 인권들을 존중하고 보장하며 충족시킬 의무가 국가에 있음을 명시한 두 인권 규약, 즉 사회권 규약과 자유권 규약은 1966년에야 비로소 채택될 수 있었다.

사회권 규약 제2조에서 각 회원국 정부는 "모든 적절한 수단, 특히 입법 조치를 통해서 규약에서 인정하고 있는 권리를 점진적으로 완전히 실현한다는 관점에서, 가용 자원이 허용하는 최대한도까지, 독자적으로 그리고 국제적 원조와 협력을 통해서, 특히 경제적·기술적 원조와 협력을 통해서 (필요한) 절차를 수행할 것을 약속한다"고 명시되어 있다.[7] 이는 개발에 기초한 인권을 추구할 의무에 관한 가장 명확한 표현일 것이다. 자유권 규약의 제2조에는 각 회원국 정부는 "자국의 영토와 관할권 아래 있는 모든 개인에 대해 규약에서 인정하고 있는 권리를 존중하고 보장할 것을 약속한다"고 되어 있다.[8] 이런 표현은 모든 회원국 정부가 규약에서 인정하고 있는 모든 권리를 존중하고 실현할 분명한 의무를 가지고 있음을 보여 준다. 두 규약은 다른 협약이나 선언에 의해 보완되어 왔다.

1965년 채택된 인종차별금지 협약CERD, 1979년에 채택된 여성차별 철폐 협약CEDAW, 1984년에 채택된 고문 방지 협약CAT, 1989년에 채택된 아동권 협약, 1990년에 채택된 이주노동자 보호 협약 등이 그것이다. 또한 유럽, 미주, 아프리카에서는 지역 차원의 인권 협약을 별도로 채택해 국제 협약을 보완하고 있다.

인권의 이행과 책임　　　1966년에 채택된 사회권 규약과 자유권 규약이 발효되기까지는 다시 10년이 걸렸다. 두 규약은 1976년에야 35개국의 비준으로 비로소 발효되었다. 규약의 회원국이 된다는 것은, 자국의 법적·행정적·사회적 질서 속에서 규약의 권리를 이행할 책임과 그 의무의 충족을 위해 유엔과의 대화에 나서야 한다는 책임을 명시적으로 인정하는 것이다. 회원국 정부의 주요 책임은 그들의 영토에 사는 모든 사람을 위해 규약에서 인정하고 있는 자유를 존중하고 권리를 보호하고 충족시키는 것이다. 현재 몇 개의 악명 높은 국가들을 제외하고 절대다수의 국가들이 두 인권 규약의 비준을 마쳤다.

국제 협력의 의무?　　　인권 협약의 채택, 비준과 이행을 모니터링하기 위한 국제기구의 설립은 유엔헌장 제1조 3항에서 유엔의 주요 목적 가운데 하나로 제시된 '협력'과 관련된 국제법을 좀 더 정교화하는 과정이다. 유엔헌장 제55조에서 좀 더 구체적으로 유엔은 ⓐ 더 높은 생활수준, 완전고용 그리고 사회경제적 진보와 발전의 조건, ⓑ 경제·사회·보건 등 관련 문제의 국제적 해결, 문화와 교육에 관한 국제 협력, ⓒ 인종·성별·언어·종교에 대한 차별 없이 모두를 위한 인권과 기본적 자유의 보편적 존중과 준수를 촉진해야 한다고 규정하고 있다.[9] 제56조에서는 유엔의 모든 회원국이 제55조에서 규정한 목적을 달성하기 위해 유엔과 협력해 공동의 또는 독자적인 조치를 취할 것을 약속하도록 규정하고 있다. 유엔총회는 1986년에 개발권 선언을 채택했는데, 이는 세계인권선언 제28조와 유엔헌장 제55조와 56조에서 규정하고 있는 국제 협력에 참여해야 할 국가의 의무에 근거를 두고 있다. 이와 같이 개발에의 인권에 기초한 접근법의 규범적 근원과 법적 토대는 비교적 분명하다고 할 수 있다. 그러나 인권을 개발에 관한 이론과 실행에 체계적으로 통합시키기까지는 다시 많은 시간이 할애되었다.

전후 대결 관계

유엔헌장과 세계인권선언에서 인권에 기초한 개발협력의 미래상을 넌지시 내비치고 있지만, 전후의 냉혹한 정치경제적 현실 속에서 그런 미래상은 현실화될 수 없었다. 지구적 정치경제를 둘러싸고 서로 대립하게 된 권력관계 속에서 선한 의지는 어디론가 사라져 버렸다.

제2차 세계대전의 경험과 그에 대한 성찰로부터 점화되었던 초기의 협력은 동서 갈등으로 곧 사그라들었다. 근본적으로 서로 다른 정치경제적 접근법은 개발의 핵심 개념에 일격을 가했다. 중앙 계획적인 사회주의 국가들과 시장 주도적인 국가들 사이에 협력의 공간은 존재할 수 없었다. 자유롭고 부유한 공산 사회를 건설하기 위한 조건을 구축하는 것을 목적으로 한다는 소련식의 프롤레타리아독재가 동유럽 국가들로 확산되었다. 유고슬라비아나 중국에서는 1950년에 자생적 공산주의home-grown communism가 권력을 장악했고 베트남에서도 뒤따라 자생적 공산주의가 권력을 잡았다.

동서의 대치는 이제 역사가 되었지만 거의 40년 동안 지구적 개발 정책에 부정적 영향을 매우 깊숙하게 미쳤다. 미국과 소련은 각자의 영향력을 확장하려 했고, 힘의 경쟁은 여러 나라에서 사회경제적 정책을 둘러싼 긴장과 갈등을 야기했으며, 미국과 소련은 여기에 직간접적으로 관여했다.

미국의 초기 관심사는 주로 공산주의의 확산을 막고 견제하는 것이었다. 이를 위해 미국은 '채찍'과 '당근'이라는 정책을 개발했다. 당근 정책에는 경제적 원조가 포함되어 있었고, 채찍 정책에서는 제3세계 국가들의 군사를 훈련시키고 세뇌시키는 것이 무엇보다 우선시되었다. 채찍 정책은 특히 좌파적 경제정책이 우세할 가능성이 있는 국가에서 시행되었다. 당근 정책의 대표적인 예는 1961년 케네디 대통령이 취임 직후 도입한 '진보 동맹'Alliance for Progress이다. 이는 라틴아메리카 국가들에게 사회 개혁을 조건으로 원조를 제공한 프로젝트였다. 그러나 그 이면에는 라틴아메리카에서 점점 커지고 있는 반미 정서에 대한 공포가 자리하고 있었다. 반미 정서는 1958년 당시 부통령이었던 닉슨이 라틴아메리카를 방문했을 때 생생하게 드러났다. 닉슨은 당시 거대한 반대 집회와 적대감에 맞닥뜨려야 했다. 미국은 쿠바에서 카스트로가 정권을 잡았을 때도 크게 당황했다. 이때의 공포로 미국은 라틴아메리카 국가들과 다른 많은 제3세계 국가에 군사원조와 군사훈련 프로그램을 제공하게 되었다. 이것은 라틴아메리카와 아시아의 많은 국가에서 미국이 권위주의 정권을 지원하게 된 원인이 되었다. 라틴아메리카에 대한 당근 정책으로 의도된 경제원조는 결과적으로는 그렇게 많지 않았고 그 효과 역시 제한적이었다. 사실 미국의 경제원조는 여러 가지 저항에 부딪혔다. 기업들은 경제원조에 포함된 사회 개혁에 대한 요구 항목에 의구심을 드러냈으며, 라틴아메리카의 보수 세력 — 대토지 소유자 — 또한 토지개혁을 강력하게 반대하면서 민족주의적 대처를 통해 미국을 위협했다.[10]

　서구 국가들의 경우 기본적으로 시장 주도적 국가라 하더라도 그 접근법에 있어서는 상당한 차이를 보였다. 1929년 미국에서 시작된 공황이 유럽과 여러 서구 국가들로 확산되었을 때 서구 국가들은 경제에 대한 국가의 강력한 역할을 주문했다. 경제에 대한 국가 개입의 정당성은 1935년에 케인스의 『일반 이론』The General Theory이 출판됨으로써 강화되었다. 이는 1776년에 발표된 애덤 스미스의 『국부론』Wealth of Nations으로부터 발전해 온 고전경제학 이론에 치명타를 날렸다.[11] 유엔헌장이 채택된 후 사반세기 동안 서유럽과 캐나다의 경제생활은 케인스의 학설을 따른 국가의 경제 개입과 자본, 노동, 국가 간의 협력을 특징으로 한다. 또한 이들 국가는 사회복지 분야에서도 혁신을 가져왔다. 미국도 루스벨트 시기에는 케인스의 학설을 수용했다. 그러나 미국의 접근법은 유럽의 경우와는 사뭇 다른 것이었고, 제2차 세계대전의 종식과 함께 미국의 케인스주의는 잠식되기 시작했다. 특히 1951년 공화당 후보 아이젠하워가 대선에서 승리하면서 미국의 케인스주의는 거의 설 곳을 잃게 되었다.

신자유주의에 직면한 케인스주의 서구에서는 케인스주의적 처방과 소위 신자유주의라고 불리는 신고전경제학설을 두고 정치인들과 경제학자들 사이에 의견 충돌이 있었다. 이는 경제학 이론에 관한 토론이었을 뿐만 아니라 정치경제적 우선순위에 관한 논쟁이었으며, 때로는 '올바른' 경제적 해결책에 관한 논쟁이었다. 이 논쟁은 존 토이John Toye와 리처드 토이Richard Toye가 그들의 기념비적 논문에서 지적한 바와 같이 유엔 내부의 논의에도 영향을 미쳤다.[12] 이를 간략하게 요약하자면, 케인스주의는 완전고용을 목적으로 한 정책을 주장했다. 완전고용은 경제에 대한 국가의 역할을 결정지을 만큼의 중대한 문제이다. 국가는 기업가인 동시에 복지의 수호자가 되어야 한다. 기업가로서 국가는 미래의 가능성을 개척할 수 있는 조치들을 채택하고 구조적 개선을 주도하고 역량을 미치지 못하는 공적 부문의 기업들에 투자함으로써 사기업들과 함께 그 역할을 수행해야 하는 것이다. 또한 국가는 선진국 기업들과의 경쟁에서 자국의 산업을 보호해야 한다.

케인스주의 접근법은 국가가 산업화와 고용에 대한 결정적 요소를 통제할 수 있도록 경제를 규제할 것을 요구한다. 영국도 초기(클레먼트 애틀리 수상 집권기)에는 스칸디나비아 국가들을 포함해 다른 많은 서구 국가들과 마찬가지로 케인스주의 접근법을 강력하게 지지했다.

케인스주의는 미국의 주요 사기업의 이익에 반하는 것이었기 때문에서 미국에서는 빠른 속도로 호소력을 잃어 갔다. 미국의 기업들은 전 세계 시장이 최대한 개방되기를 원했다. 그들은 초기 단계의 지구적 차원의 시장에 대한 강력한 지배력을 배경으로 삼아 시장 접근에 방해가 되는 정치·경제·사회적 걸림돌을 제거할 수 있는 정책을 지지했다. 공산주의는 가장 큰 걸림돌이었다. 그들은 유럽의 지배하에 남아 있는 식민지 또한 커다란 장애물로 여겼다. 식민주의 국가들은 자신의 식민지를 원자재 조달의 보고이자 상품의 판로로 취급하는 경향이 있었기 때문이다. 그래서 미국은 1950년대와 1960년대 초에 탈식민화를 밀어붙였다. 그 과정에서 미국은 신생 독립국이 공산주의 노선을 채택하는 것을 막고 세계시장에 합류하도록 했다. 국가가 기업가이자 보증인으로서 강력한 역할을 하는 규제된 국가 경제에도 마찬가지로 기업의 무역과 투자 활동에 걸림돌이 될 것이라는 이유로 의심의 눈초리를 보냈다.

로크, 몽테스키외, 루소, 스미스 이후 서구 세계의 자유 이념은 여러 갈래로 나뉘었다. 그 한편에는 과거 '맨체스터 자유주의'Manchester Liberalism에 기반을 둔 극단적인 경제적 자유주의가 있었는데, 이는 1970년대에 '신자유주의'로 부상하게 되었고 국가의 경제 개입을 강력하게 거부했다. 다른 한편에는 사회의식적 자유주의socially conscious liberalism가 있었는데, 이는 사적 시장을 필수적인 것으로 보았지만 신자유주의와는 다르게 시장 기능의 촉진, 평등한 분배의 보장 및 평등한 기회의 제공을 보장하는 공적 조치가 필요하다고 주장했다.

남북 갈등과 신국제경제질서에 대한 요구

1960년대에 제3세계 국가들이 유엔 안팎으로 연합 전선을 구축하고 지구적 경제구조의 변화를 요구했다. 이들은 자신들의 입장에서 개발의 개념을 정의했으며 국제경제체제에서 자신들이 담당할 역할이 무엇인지를 규명했다. 라틴아메리카 국가들은 1세기 전에 이미 유럽의 식민 지배로부터 독립을 획득한 반면, 아프리카와 아시아 국가들은 제2차 세계대전 이후에 독립한 경우가 많고, 몇몇 국가들은 1960년대까지도 식민지로 남아 있었다. 식민주의는 식민지 국민이 그들 고유의 문화와 전통을 토대로 한 정치경제적 체제를 개발할 수 없도록 했다. 유엔헌장이 자결권을 강조함으로써 탈식민화는 급물살을

탔다. 탈식민화의 과정은 1960년대에 거의 완성되었으나 이미 산업화를 이룬 북반구 국가들과 그들의 식민지였던 남반구 국가들 간의 긴장 관계는 끝나지 않았다. 신생 독립국들은 비현실적인 약속과 무책임한 현실 앞에서 수없이 많은 난관에 봉착했고 기대는 무너져 내렸다. 외부의 광범위한 개입 또한 난관 중 하나였다.

많은 신생 독립국이 적절하고 책임감 있는 거버넌스를 구축하는 과정에서 큰 어려움에 직면했다. 이는 오랫동안 식민 지배를 받으면서 책무와 책임을 가진 거버넌스를 경험해 보지 못했기 때문이었다. 사실 식민주의는 식민지 국민의 요구에 대해 최소한의 책무와 책임만을 보여 주었었다. 대부분의 신생 독립국은 명목상 인권을 헌법에 포함시키고는 있었으나 정치적 실천은 흔히 권위주의 방향으로 나아갔으며, 차이의 평화로운 공존, 광범위하고 효과적인 참여, 사회정의 수호에 필요한 메커니즘을 확립하지 못했다. 또한 식민주의의 경험은 신생 독립국과 지배국 간의 관계를 매우 불평등한 것으로 만들었다. 식민 시기부터 양자 간에 확립된 비대칭적 경제 관계는 오히려 식민 지배가 끝난 후에 더욱 심화되곤 했다. 이외에도 다른 여러 가지 식민주의적 요소들 때문에 신생 독립국 정부는 건전한 사회경제적 정책을 수립하고 정치 체계를 운영하는 데 상당한 어려움을 겪어야 했다.

유엔헌장의 주권 평등의 원칙을 국제 협력의 토대로 삼은 1960년대 비동맹운동은 '신국제경제질서'를 밀어붙이기 시작했다. 신국제경제질서는 국가 간의 평등주의를 좀 더 강조한 것으로 "프레비쉬-싱어 이론"Prebisch-Singer Theory[13]에 근거를 두고 있었다. 아르헨티나의 경제학자 라울 프레비쉬Raul Prebisch는 1950년에 '유엔 남미경제위원회'UN Economic Commission for Latin America, ECLA의 사무총장이 되었으며 1963년에는 '유엔 무역과 개발 회의'UN Conference on Trade and Development, UNCTAD의 초대 사무총장이 되었다. 한스 싱어Hans Singer는 나치 독일의 난민으로 제2차 세계대전 동안 영국에서 케인스의 지도하에 연구를 수행했는데, 1953년에 경제학자로서는 처음으로 유엔사무국에 임명되었다.[14] 이들은 개발국과 개도국 간의 국제수지가 항상 적자인 것은 일차상품의 수출 이익 성장률과 투자, 성장, 소비에 필요한 공산품의 수입 비용 증가율 사이에 격차가 존재하기 때문이라고 주장했다.[15] 프레비쉬-싱어 이론의 핵심 주장은 국가적·국제적 차원에서 경제정책에 획기적인 변화가 일어나지 않는 한 부유한 나라는 더욱더 부유해 질 것이고 가난한 나라는 더욱더 가난해질 것이라는 것이다.

그와 같은 상황을 개선하기 위해 프레비쉬-싱어 이론이 제시한 권고 내용은 케인스주의의 완전고용 정책과 매우 흡사하다. 가격의 격차를 줄이기 위해서라도 개도국의 농업 생산성이 상승해야 하는데 이는 기술의 진보를 통해서만 가능하며, 기술의 진보를 위해서는 비싼 기계 설비를 수입해야 하는데 기계 설비는 농업 생산품의 수출 이익만으로는 감당할 수 없을 정도로 비싸다는 것이다. 따라서 개도국 스스로 농업 생산성을 높일 수 있는 기계와 설비를 생산하는 등의 신생 산업을 개발해 개발국으로부터의 수입을 대체할 필요가 있으며, 농업의 기계화로 남아돌게 될 노동력을 흡수하고 종속으로부터 벗어나기 위해서 산업화를 이루어야 한다는 주장이다.

제3세계의 학자들은 이 이론을 정교하게 다듬어 종속이론으로 발전시켰다. 학자들 가운데는 개발국 경제로부터의 완전한 분리를 주장한 급진적 학자들도 있었다.[16] 이보다 온건한 이들은 국제경제질서에 획기적인 변화를 가져와야 한다고 주장했다. 이 주장은 나중에 신국제경제질서에 대한 요구로 발전하게 된다.

그런 주장의 결과로 1964년에 보다 공정한 무역을 촉진하고 더 나은 개발 금융을 장려하는 것을 목적으로 하는 유엔 무역과 개발 회의UNCTAD가 설립되었다. 석유수출국기구OPEC가 1973년에 공동 행동을 통해서 석유 가격을 올리는 데 성공하자 이에 힘입어 개도국들은 유엔총회에서 국제경제체제의 변화를 강력히 요구하기 시작했다. 급기야 1974년 유엔총회 제6차 특별 회기에서는 '신국제경제질서에 관한 선언 및 실천 프로그램'Declaration and Programme of Action of the New International Economic Order(NIEO 선언)[17]이 '경제적 권리와 국가의 의무에 관한 헌장'Charter of Economic Rights and Duties of States(경제권 헌장)의 승인에 이어 채택되었다.[18]

NIEO 선언은 개도국이 빈곤에서 벗어나기 위해 자국의 경제를 개선할 수 있도록 중요한 기회를 제공했다.[19] 거기에는 개도국의 수출 상품에 대한 가격을 지원할 것, 개발도상국 상품의 가격연동제에 의한 가격보상, 국내총생산 대비 0.7퍼센트를 공적개발원조로 제공할 것, 국제통화기금의 특별인출권과 개발원조를 연계시킬 것, 개도국과의 협상에 따라 개발국의 자원과 산업을 재배치할 것, 개도국의 제조 상품에 대한 수입관세를 인하할 것, 국제적 식량 프로그램을 개발할 것, 자본의 직접투자와는 별개로 기술이전을 위한 메커니즘을 구축할 것 등 통합적 접근법이 포함되었다.

경제권 헌장은 국외 자산의 귀화를 포함해 모든 경제활동과 자연 자원에 대한 영구적이고 온전한 국가주권을 인정하고 있다. 헌장은 또한 일차상품 생산자는 생산자 간의 카르텔에 가입할 권리를 가져야 하며, 다른 나라는 이 카르텔의 해체 행위를 자제할 의무를 가진다고 명기하고 있다.

NIEO 선언과 경제권 헌장의 채택은 개도국의 승리를 보여 주는 상징이 되었다. 그러나 개도국들 사이에 이해관계의 격차가 커지면서 강력한 산업국들과의 협상에서 공동의 입장을 유지하기가 어려워졌다. 그 밖의 다른 이유들 때문에도 개도국들은 선언과 헌장이 이행되도록 강제할 수 있는 경제적 힘을 가질 수 없었다. 공정하고 평등한 국제경제에의 꿈과 비전은 그렇게 1970년대 말에 와서 거의 무산되어 버렸다.

자본과 금융에 대한 통제력　　개도국이 봉착한 난관 가운데 하나는 산업 개발 등에 투자할 저축액이 부족하다는 것이었다. 그래서 유엔헌장은 유엔에게 더 높은 생활수준, 완전고용 그리고 사회경제적 진보와 발전의 조건을 촉진시킬 임무를 부여했으며,[20] 모든 회원국은 이 목표를 달성하기 위해 유엔과 협력해 공동의 또는 독자적인 조치를 취하도록 되어 있다.[21] 개도국들은 투자 자본에 접근하기 어렵기 때문에 이를 극복할 수 있도록 유엔이 기금 마련을 위한 장이 되어 주기를 희망했다.

그러나 개도국들은 곧바로 '브레턴우즈 회의'Bretton Woods Conference라는 장애물과 맞닥뜨리게 되었다. 브레턴우즈 회의는 유엔의 설립보다 먼저 시작되었다. 1944년 워싱턴 근방에서 개최된 이 회의는 금융과 재정에 관한 국제기구의 설립을 결정했다. 이 결정에 따라 국제통화기금과 세계은행이 설립되었다. 이들의 의사 결정 구조는 유엔과는 근본적으로 달랐다. 유엔은 모든 회원국에게 동등한 투표권을 부여하고 있는 반면, 이들 금융기구는 재정적 기여금에 따라 투표권을 다르게 할당했고, 결국 미국을 위주로 한 부유한 국가들의 통제력 아래 놓이게 되었다. 이들 기구들은 표면상으로는 유엔의 특별 기구 형태를 띠고 있지만, 유엔으로부터 아무런 관여도 받지 않는다. 미국은 처음부터 국제통화기금과 세계은행의 업무에 대한 유엔의 관여를 반대하는 입장을 확고히 했다. 이것이 루스벨트의 미 재무성의 입장이었고, 그때 이후로 미국은 줄곧 같은 입장을 견지해 왔다.[22]

1950년대에 유엔총회는 개도국에 연화 차관soft-loan● 을 제공하기 위한 기금을 설립하려 했다. 유엔 내 핵심 경제 전문가 한스 싱어가 제안하고 대변인으로도 활동한 '유엔 경제개발 특별기금'Special United Nations Fund for Economic Development, SUNFED이 그것이다. 싱어의 SUNFED 제안은 미국 내 우익 세력의 강력한 저항에 부딪혔다. 그들은 SUNFED가 미국을 무너뜨리기 위한 사회주의자의 음모라고 주장했다. 싱어는 악의적인 인신공격을 당했으며 결국 자리에서 물러났다.[23] 미국뿐만 아니라 영국과 캐나다도 극렬하게 이 기금의 설치를 반대했다. 그럼에도 불구하고 유엔 경제사회이사회는 유엔총회에 SUNFED를 설립하도록 권고했다. 기금의 설립안이 유엔총회에 상정되었을 때에는 이미 그 위상이 심각하게 약화된 상태였다. 유엔총회는 SUNFED에 매우 제한적인 역할과 예산만을 허용했다. 원래 의도했던 연화 차관 제도는 '국제개발협회'International

● 연화 차관이란, 달러 등 경화인 국제통화로 빌려 주고 현지 통화로 상환받는 유리한 차관을 말한다.

Development Association, IDA란 이름으로 세계은행 산하에 설치되었다. 결국 연화차관의 제공권이 미국이 지배하는 부유한 국가들의 손에 들어간 것이다. 기금을 유엔 통제 아래 두고자 했던 개도국의 노력은 성과를 거두지 못했다. 그들에게 남은 것은 "좀 더 효과적이고 실현 가능한 투자 환경을 만드는 것,"[24] 즉 투자유치를 위한 활동에 착수하는 것뿐이었다. SUNFED와 1949년에 설립된 '기술원조 확장 프로그램'Expanded Technical Assistance Programme, ETPA은 나중에 유엔개발계획에 흡수되었다. 이렇게 유엔 내 유일한 개발 전문기구인 유엔개발계획은 매우 제한적인 기금으로 인간 개발과 인권에 대한 높은 수준의 책무를 갖게 되었다. 반면 유엔의 통제권 밖에 있는 개발 행위자들(세계은행과 국제통화기금)은 실질적 자원과 권력을 장악하고도 인권에 대해서는 아주 낮은 수준의 또는 아주 미미한 책무만을 갖게 되었다.

부채 위기와 신자유주의의 부활　　　개도국의 집단행동을 무너뜨린 것은 다름 아닌 부채 위기였다. 1980년대 초반부터 부채 위기는 개도국의 무기력함을 역력히 보여 주었으며, 이와 거의 동시에 서구 국가에서는 신자유주의 정부가 들어서기 시작했다.

1982년에 멕시코가 처음으로 대외 채무 지급유예(모라토리엄)를 선언했다. 채권국들은 멕시코의 행위를 국제금융시스템에 대한 위협으로 받아들였다. 레이건 행정부의 강력한 영향력 아래 있던 국제통화기금과 세계은행은 부채 상환을 확실히 하기 위해 가혹한 '구조조정' 조건을 확립함으로써 국제금융자본의 제1차 대리인이 되었다.[25] 그들은 자신들이 제시한 기준을 수용하지 않는 국가에 대해 융자를 받을 모든 가능성을 차단시켰다. 개도국에게는 거기에 복종하는 것 외에 다른 선택의 여지가 없었다.

NIEO의 사멸과 부채 위기, 그리고 국제금융기구들의 위기 대응 속에서 그렇지 않아도 불평등한 경제 질서는 더욱더 불평등해졌다. 많은 남반구 정부의 부패는 불평등을 더욱 심화시켰다. 그들 대부분은 민주적으로 선출된 것이 아니었으며 행정 운영에서도 최소한의 투명성조차 보여 주지 않았다. 북반구의 대출 기관들 역시 비난받아 마땅했는데, 그들은 채무국이 채무를 불이행하더라도 자국 정부가 긴급 구제를 실시할 것이라고 믿고 있었기 때문에 채무자의 상환 능력에 크게 주의를 기울이지 않았다.

소련의 붕괴와 냉전의 종식은 개도국의 협상력에 마지막 일격을 가했다. 남반구를 둘러싼 동서 간의 힘의 경쟁 속에서 개도국들은 비동맹 운동을 통해 개발국으로부터 어느 정도 양보를 얻어낼 수 있었으나, 동서의 경쟁이 끝나면서 그런 지렛대효과조차도 사라지게 된 것이다.

1970년대 중반에 서구의 정치경제적 접근법에도 상당한 변화가 일어났다. 마가렛 대처가 1975년 보수당 총수로 선출되면서 변화는 시작되었다. 그녀는 1979년 보수당의 승리와 함께 영국의 총리가 되어 1990년까지 임기를 지속했다. 미국에서는 1980년에 레이건이 대통령으로 선출되었다. 서구의 두 강대국은 제2차 세계대전 이후 쓸모없는 것으로 여겨졌던 19세기의 자유방임주의 정치경제를 약간 현대화한 신자유주의를 국가정책으로 수용하기 시작했다. 이때부터 미국과 영국은 노동조합의 영향력을 파괴하는 데 많은 에너지를 쏟아붓고, 사회복지와 보건 부문에 대한 공공 지출을 삭감하며, 부자를 위한 세금 감면 정책을 채택하고, 광범위한 규제 철폐에 착수했다.

신자유주의 사상에 기초한 다양한 규범적 이론이 나타났다. 그 가운데 사회계약론에 대한 그들 특유의 해석에 근거해 인권을 사적 자율권과 사유재산의 보호에만 한정시켜야 한다는 주장이 제기되기도 했다.[26] '공공 선택'public choice 이론가들은 공공 부문 종사자가 전적으로 또는 부분적으로라도 자기의 이익에 따라 행동하기 때문에 '지대 추구'rent-seeking에 개입하거나 그것을 지지하게 된다고 주장했다.[27] 또 다른 무리의 이론가들은 위의 두 가지 주장을 조합[28]해 자유무역의 이점을 주장하면서 고전경제학 이론의 부활을 주장하기도 했다. 이렇게 수십 년을 풍미했던 사회정책이 퇴색하고 자유방임주의가 재등장하게 되었다. 미국과 영국에서 신자유주의의 부상은 내부적 요인에 의해 스스로 선

개발 정책의 선봉에 선 브레턴우즈체제　　　택된 것이었지만, 지구적 차원에서는 신자유주의가 부채 위기와

동시에 부상함으로써 신국제경제질서를 위한 제3세계의 비동맹 운동을 좌초시켰다. 신자유주의는 브레턴우즈체제에 기존과는 전혀 다른 역할을 부여했다. 1980년대에 국제통화기금과 세계은행은 세계경제의 주요 행위자가 되었으며, 개도국의 경제정책과 통화정책에 대해 전례 없이 강력한 영향력을 행사하게 되었다. 1990년대부터는 소련의 붕괴와 냉전의 종식으로 등장한 소위 체제 전환 국가들에 대해서도 그 영향력을 행사하기 시작했다. 특히 국제통화기금은 규제, 세금, 공공 지출, 사회보장과 관련된 사회적 문제에 대한 개별 정부 차원의 의사 결정을 면밀히 감시했다. 국제통화기금은 신자유주의 의제에서 빗나간 개도국에게 상당한 정도의 경제적 제재를 가할 수 있는 재량을 가지고 있었다.

국제통화기금과 세계은행은 국가들이 부채에 대한 이자를 지불하거나 새로운 개발 조치를 위해 기금이 필요할 때 기댈 수 있는 주요한 제도가 되었다. 특히 국제통화기금은 사적 해외투자의 문지기 역할도 함께 수행하게 되었다. 이제는 국제통화기금이 어떤 개도국의 거시경제정책이 충분히 건실하지 않다고 평가하면 잠정적 투자자는 그 국가에 투자하지 않는 것이 일반적 현상이 되었다.

워싱턴 컨센서스　　　레이건과 대처의 집권기에 이루어진 미국 재무성과 국제금융기구 간의 유대는 '워싱턴 컨

센서스'Washington Consensus의 등장을 주도했다. 신자유주의 의제를 반영한 워싱턴 컨센서스가 천명하고 있는 구체적 조치는 공기업의 사유화, 경제적 규제의 철폐, 무역과 산업의 자유화, 대대적인 세금 감면, 인플레이션의 억제를 위한 통화주의 조치, 엄격한 노동 통제, 공공 지출 감축, 정부 기구의 축소, 국제적 시장 확대, 지구적 금융 유동성의 증대로 요약될 수 있다.[29]

국제통화기금과 세계은행이 추구해 온 구조조정 정책은 표면적으로는 조정 대상국의 지속 가능한 거시경제정책을 촉진하는 것을 목적으로 하고 있지만, 실

제적으로는 기업과 외국인 투자자의 입맛에 맞게 이루어졌다. 그들은 융자의 조건으로 공기업의 사유화와 국내 산업 보호조치의 철폐를 강요했으며 통화가치를 낮추고 이자율을 높이도록 주문했다. 그들은 또한 '노동규율'labour discipline이라는 이름하에 노동권 보호조치의 철폐 및 축소를 의미하는 노동시장의 '유연화'를 주문했고, 식량 보조금을 철폐하도록 요구했으며, 투자에 관한 규제와 기준을 줄이거나 낮추도록 했다. 이와 같은 구조조정은 1960년대와 1970년대에 비동맹 운동이 요구한 국제경제질서의 구조적 변화와는 완전히 상반된 것이다.

국제통화기금의 경제 전문가들은 단순히 경제적 자문만을 제공하는 것이 아니다. 그들이 제시한 융자 조건은 사회보장, 교육, 보건, 노동관계와 같은 광범위한 국가정책에 영향을 미치며, 그들의 처방은 현실적으로 구속력을 발휘한다. 결과적으로 그들은 선출된 정치인들이 수행해야 할 민주적 의사 결정 과정을 장악해 버렸다. 무엇보다 그들 경제 전문가들에게 인권, 특히 경제·사회적 권리는 전혀 고려의 대상이 아니다.

브레턴우즈체제가 요구한 조치들 가운데 상황에 따라 합당한 것도 있을 수 있겠지만, 구조조정 프로그램은 많은 가난한 나라에 치명적인 피해를 가져왔으며 가난한 나라들이 점점 더 부유한 국가에 의존하게 만들었다. 통화가치를 안정적으로 유지하려면 수출을 늘리고 부채를 탕감할 외화를 벌어들일 필요가 있었다. 그러나 일차상품은 수입 비용 대비 그 가치가 떨어지고 있기 때문에 많은 정부가 지출과 소비를 줄이고 금융 규제를 철폐하거나 줄여야만 했다. 동아시아 국가들은 그렇게 달라진 조건이 가져온 충격을 상쇄시키고 거기에 유리한 새로운 산업을 촉진할 수 있는 산업적 기반을 이미 갖추고 있었다. 그러나 그렇지 못한 국가들은 구조조정 프로그램을 따르기 위해 노동, 교육, 보건과 관련된 분야의 경제·사회적 권리를 희생시켜야만 했다.

세계무역기구의 개발 개념　　　　　　 1948년에 채택된 '무역과 고용에 관한 아바나 헌장'Havana Charter on Trade and Employment은 당시 통용되던 국가 간 협력의 일반적 모델을 본뜬 '국제무역기구'International Trade Organization, ITO의 설립을 계획했다. 그러나 미국 의회의 거부로 ITO의 설립 계획은 실패로 돌아갔다. '관세와 무역에 관한 일반 협정'General Agreement on Tariffs and Trade, GATT이 ITO의 필요성을 어느 정도 대신했지만 제도적 메커니즘을 통해 좀 더 충족되어야 할 공백이 있었다. UNCTAD는 1964년에 보다 공정한 조건의 무역과 보다 좋은 조건의 금융을 촉진하기 위해 설립되었다. UNCTAD는 개도국이 채택한 산업과 무역 정책을 촉진함으로써 국제시장에서 개도국의 상대적 입지를 강화시켰어야 했는데 그러지 못했다.

UNCTAD는 1994년부터 세계무역기구에 자리를 내주고 주변으로 밀려났다. 세계무역기구는 1986년부터 1994년까지 지속된 '우루과이 라운드'의 결과물로 설립되었다. 세계무역기구는 신자유주의 경제정책이 가져온 GATT의 한계와 위기를 극복하기 위한 것이었다.

WTO가 UNCTAD와 상당히 다르다는 점은 그 명칭에서부터 분명하게 드러난다. WTO의 W는 World(세계)의 약자인데 UNCTAD의 UN과 대립하는 개념이다. 이는 고의적인 것이었다. 주요 산업국은 무역 기구가 유엔 체계에 속하는 것을 원치 않았다. UNCTAD의 TAD는 Trade and Development(무역과 개발)의 약자인 반면, WTO는 고의적으로 개발을 의미하는 D를 명칭에서 제외했다. WTO는 그 명칭으로 보나 내용으로 보나 개발 기구가 아니다.

대부분의 국제무역은 기업들 간에 이루어진다. 심지어는 같은 기업의 지부들 간에 이루어지는 경우도 있다. 연구 조사에 따르면 국제무역의 70퍼센트를 다국적기업이 수행하고 있다.[30] 세계무역기구는 워싱턴 컨센서스의 핵심 요소인 수출 지향 정책을 촉진한다. 그런 수출 지향 정책은 기업의 대외 확장에 없어서는 안 될 필수 요소이다.

개발 개념에 관한 유엔의 담론들　　　　정치경제학적 논의는 '개발'의 의미가 무엇
인지 좀처럼 분명하게 말하지 않는다. 개
발의 개념은 분명하게 드러나지 않고 함축적으로 사용되는 경우가 많다. 그러
나 개발 개념의 여러 가지 측면을 분명하게 해둘 필요가 있다. 개발의 일차적 또
는 이차적 목적은 무엇인가? 누가 그런 목적을 결정하는가? 누가 개발의 실행
주체가 되어야 하며, 누가 참여자가 되어야 하고, 누가 수혜자가 되어야 하는가?

　과거의 논의들을 성찰해 보면 개발은 '의도적 개발'intended development과 '비
의도적 개발'immanent development[31]로 나뉠 수 있다. 1980년까지 유엔 차원의 논
의는 대부분 의도적 개발에 관한 것이었다. 여기서의 개발은 바람직하고 긍정
적이라고 생각되는 목표를 달성하기 위해서 한정된 행위자가 취한 조치였다.
위에서 언급한 모든 질문을 의도적 개발에 대해 던질 수 있다. 즉, 누가 개발의
목적 또는 가치를 정하는가? 누가 계획된 조치를 실행하는가? 누가 그런 조치의
영향을 모니터링하는가?

　경제 부문의 사적 행위자를 하고 싶은 대로 자유롭게 두면 어떻게 될 것인
가? 비의도적 개발은 이런 질문에 답하기 위해 사용되어 왔다. 이는 애덤 스미
스의 '보이지 않는 손'이 가져올 수 있는 결과에 대한 것으로 볼 수 있다. 1980년
이후의 신자유주의 사상과 세계은행과 국제통화기금의 경제 전문가들은 국가
개입을 최소화하고 시장 기능을 활성화하고 사회구조적 장애물을 제거하는 방
식으로 사기업의 자유로운 활동을 촉진시킴으로써 얻게 될 혜택에 초점을 맞추
었다. 신자유주의에 대한 그들의 신념은 종교적 믿음과 견줄 만했다. 자유 시장
의 기능에 기대했던 결과가 경제적 과정에서 나타나지 않을 때, 그들은 언제
나 시장의 실패를 탓하면서 결과를 무시해 버렸다.

　리처드 졸리Richard Jolly와 같은 학자들은 개발에 관한 유엔의 이념과 행동이
진화해 온 과정 속에서 새로운 개념을 찾아볼 수 있다고 주장한다. 1940년대와
1950년대에 유엔의 개발에 대한 생각과 관행은 토대를 갖추었다. 1960년대에
는 '개발을 위한 유엔 10년 계획'UN Development Decade하에 동원이 이루어졌다.

1970년대에는 유엔의 초점이 개발 속에서 공정성을 높이는 데로 옮겨 갔다. 1980년대에는 유엔의 주도권이 브레턴우즈체제로 넘어가면서 가난한 국가들이 주변부로 밀려났다. 1990년도에는 유엔개발계획을 중심으로 '인간 개발'과 '자유로서의 개발'에 초점을 둔 인권적 관점이 되살아났다.[32]

워싱턴 컨센서스는 끝났는가?　　　　1990년대에 국제통화기금과 세계은행에 대한 비판이 극적으로 증가했다. 유엔 인권 기구들은 국제통화기금과 세계은행의 정책에 대해 연구 조사를 실시하고, 그들의 정책이 인권과 상반된다는 점을 지적한 결의안을 채택했다.[33] 유엔개발계획은 인간 개발에 방점을 두고 개발과 인권을 연결함으로써 암묵적으로 세계은행과 국제통화기금을 비난했다. 세계은행은 울펀슨James Wolfensohn이 1996년에 총재로 부임하면서부터 젠더 평등, 참여, 시민사회의 개입, 굿거버넌스, 환경 보존과 같은 인권적 관심사와 보다 조화로운 방식으로 융자 프로그램을 다양화했다.[34] 1997년에는 클린턴 대통령의 경제자문위원회 의장을 지낸 스티글리츠를 세계은행 부총재로 임명했다. 그는 보다 나은 금융 규제와 기술이전 정책을 도입했으며, 보다 평등한 분배와 민주화를 세계은행의 정책에 통합하고자 했다. 이는 미국 재무성을 자극했다. 미 재무성은 울펀슨 총재에게 그의 두 번째 임기를 보장하겠다는 조건으로 스티글리츠를 해고하도록 강요했다.[35] 스티글리츠는 1999년에 세계은행을 사임했다. 그는 2001년에 노벨 경제학상을 수상했다. 2002년도에는 『세계화와 그 불만』Globalization and Discontents이란 제목의 획기적인 책을 내놓았다. 이 책에서 그는 국제통화기금에 대한 미 재무성의 지배적 영향력과 세계은행에 대한 직간접적 영향력을 폭로했다. 그는 또한 세계화에 대한 반대는 세계적 기업에 대한 반대가 아니라 워싱턴 컨센서스의 교리에 대한 반대라고 강력하게 주장했다. 그는 워싱턴 컨센서스를 "균형의 개념을 중요하게 여기는 경제학뿐만 아니라 일반 상식에도 거스르는 것"이라고 말했다.[36]

2004년 중국 상해에서 열린 빈곤 감축 회의에서 세계은행 총재 울펀슨은 다음과 같이 워싱턴 컨센서스는 끝났다고 선언했다.

> 여기는 워싱턴 컨센서스를 가르치기 위한 회의가 아닙니다. 워싱턴 컨센서스는
> 지난 여러 해 동안 죽어 있었습니다. 워싱턴 컨센서스는 다른 컨센서스들로 대체
> 되었습니다. 그러나 우리는 오늘 컨센서스 없이 토론 주제에 접근하고 있습니다.
> 우리는 아이디어를 교환하고, 경험을 공유하고, 서로에게 배운다는 생각으로 토
> 론 주제에 접근하고 있는 것입니다.[37]

세계은행의 미래가 울펀슨의 연설과 같다면 개발 논의에 상당한 발전을 가
져올 것이다. 세계은행과 국제통화기금에 대한 가장 강력한 비난 가운데 하나
는 그들이 본질적으로 대상국과의 대화보다는 대상국이 무엇을 해야 하는지 처
방을 내리는 데 치중한다는 것이다. 울펀슨은 2005년 6월로 그의 두 번째 임기
를 마쳤다. 워싱턴 컨센서스는 끝났다는 울펀슨의 주장이 맞는지는 앞으로 지
켜봐야겠지만 신자유주의 의제가 엉망진창이라는 점에는 의심의 여지가 없다.
이것이 우리가 인권에 기초한 개발을 지지하기 위해 유엔헌장과 세계인권선언
의 본래 의도가 무엇인지를 살펴보아야 하는 이유 가운데 하나이다.

그러므로 개발에의 인권에 기초한 접근법의 규범적 유래와 법적 토대는 유
엔헌장을 포함한 주요 인권 기제에 분명하고 구체적으로 표현되어야 한다. 그
러나 국제 개발에 관한 이론과 실천에 체계적으로 인권을 통합시키려면 상당한
시간이 걸릴 것이다. 이 문제는 다음 절에서 다루기로 한다.

권리에 기초한 개발의 가치와 내용 : 왜 지금인가?

과거 개발에 관한 유엔의 담론에서 인권과 관련된 쟁점이 종종 나타나곤 했으

나 지구적 정치경제에 대한 동서의 대립 속에서 인권 문제는 침몰되어 버렸다. 1930년대의 대공황에 대한 기억이 아직 생생하게 남아 있던 시절까지만 해도 완전고용에 관한 논의가 활발했으며, 모두가 완전고용을 통해 적절한 수준의 삶을 향유해야 한다는 주장이 제기되곤 했다. 그러나 이런 경향은 점차 산업화와 성장에 관한 논의에 자리를 내주고 밀려났다. 그 가운데서도 성장과 함께 분배를 요구하는 반대 의견들이 끊임없이 제기되었다. 보수 진영의 맹공이 펼쳐진 1980년대에 신자유주의 세력은 워싱턴 컨센서스의 원칙을 기반으로 구조조정을 강요했다. 이때에도 유니세프가 주축이 되어 인간의 얼굴을 한 구조조정을 요구했다. 1990년에는 유엔개발계획이 아마티아 센의 주장에 고무되어 '인간 개발'의 개념을 도입했다. 인간 개발의 개념은 센의 『자유로서의 개발』 *Development as Freedom*[38]에서 보다 정교하게 정리되었다. 이는 신자유주의 물결을 인권에 기초한 개발로 전환시키는 데 크게 기여했다.

이런 흐름은 유엔의 인권 프로젝트와 궤도를 같이했다. 1990년을 전후해서 많은 국가들이 주요 인권 협약의 회원국이 되었고, 그로 인해 인권을 신장시켜야 할 법적 의무를 가지게 되었다. 국제적 인권 모니터링 기구들 — 자유권 위원회, 사회권 위원회, 여성차별 철폐 위원회, 아동권 위원회 — 은 회원국들이 그들의 인권 의무를 보다 잘 이행할 수 있도록 좀 더 효과적으로 각자의 요구 조건을 구성했다. 국제 인권 체계는 포괄적인 발전을 보여 주었다. 현재 인권 기준을 확립하기 위한 과정과 확립된 기준을 실행하기 위한 장치들은 이미 구축되었다. 회원국들이 어떻게 인권에 기초한 개발을 수행해야 하는지에 대한 구체적인 지침도 마련되었다.

인권 단체의 영향력도 점점 강화되어 왔으며, 유엔은 인권 기제를 개발할 수 있도록 압력을 행사하는 등 국제적 차원에서 많은 역할을 수행해 왔다. 국가 차원에서도 인권 단체들은 인권에 대한 인식을 제고하고 인권 희생자와 소외된 집단을 도와 그들의 권리 주장을 이끌어 내는 등 그 존재감과 역할을 점점 더 강화해 나아가고 있다. 국제 시민사회에서 인권 단체와 개발 단체의 역할은 점점 더 커지고 있으며 그들 간의 협력과 상호작용 또한 증가하고 있다.

냉전은 확실히 종식되었다. 제3세계의 민주적·사회적 개발을 망쳐 버린 동서 대립이 가져온 비극적 결과는 현재 천천히 회복되고 있다. 공여국(자)이 인권에 기초한 개발에 큰 관심을 가지게 되었는데, 그 이유는 원조의 형태가 특정 부문 또는 프로젝트 단위의 개입에서 포괄적인 예산 지원으로 바뀌면서 지원된 예산이 책무성 있게 사용되는 것이 중요해졌기 때문이라고 안드레아 콘월Andrea Cornwall과 셀레스틴 니야무 무셈비Celestine Nyamu-Musembi는 지적하고 있다. 책무성을 담보하려면 시민사회의 역량을 제도적으로 강화하고 지원해 줄 필요가 있다.[39]

1980년대의 세계화를 향한 극단적 신자유주의 노선은 철저한 비난 속에서 상당히 약화되었다. 심지어 세계은행의 총재를 지낸 울펀슨조차도 그의 임기 중인 2004년에 워싱턴 컨센서스는 끝났다고 선언할 정도로 신자유주의 노선은 현재 후퇴하고 있다.

인권에 기초한 개발의 가치   '개발'의 개념은 근본적으로 규범적 질문에 토대를 두고 있기 때문에 사실상 서술적인 개념인 '사회적 변화'와는 다르다. 그러므로 누가 개발의 구성 요소에 대한 규범을 결정하는지를 밝히는 것이 중요하다. 이는 유엔의 역사상 가장 논쟁적인 문제 가운데 하나이며 오늘날까지도 논쟁은 계속되고 있다. 다양한 개발 개념이 등장했으며 하나의 개념이 한 시기를 풍미하다가 다른 새로운 개념에게 그 자리를 넘겨주는 식으로 이어져 왔다. 그 개념들은 모두 불충분한 내용과 잘못된 방향성 때문에 계속해서 도전받고 있다. 개발에 대한 유엔 차원의 색다른 접근법은 국제개발기구의 정책 선택에도 많은 영향을 미치고 있다.

'부가가치'가 아니라 가치의 변화   개발 이론의 정통성을 고집하는 사람들은 흔히 인권에 기초한 접근법을 사용하면 생기는 부가가치가 무엇인지에 대해 질문을 한다. 하지만 그런 질문은 잘못된 것이다. 인권에 기초한 접근법은 부가가치의 문제가 아니기 때문이다. 인권에 기초한 접근법은 가치의 근본적 변화를 의미하는 것이다. 다른 개념의 개발, 특히 시장의 확대를 통한 성장을 절대적 기준으로 삼고 있는 개발의 개념과 비교해 보면, 인권에 기초한 접근법이 단순히 부가가치가 아니라 가치의 변화를 의미한다는 것을 쉽게 알 수 있다.

결과와 과정의 결합　　　인권에 기초한 개발의 정수는 개발권 선언 속에 제시되어 있다. 개발권 선언 제1조는 "개발에의 권리는 양도할 수 없는 인권이며, 그로 인해 각 인간과 모든 사람들은 모든 인권과 기본적 자유가 온전히 실현될 수 있는 경제·사회·문화·정치적 개발에 참여하고, 기여하고, 향유할 수 있는 자격을 부여받았다"[40]라고 규정하고 있다. 그러므로 인권에 기초한 개발의 근본적 가치는 다음과 같다.

　　ⓐ 경제·사회·문화·정치적 개발의 목적은 모든 인권과 자유가 온전히 실현될 수 있는 성과를 내는 것이다. 이것이 세계인권선언 제28조의 직접적인 적용이다.

　　ⓑ 개발의 과정은 모든 개인과 집단을 포용해야 한다. 모두가 개발에 참여하고, 기여하고, 그 혜택을 향유할 수 있는 자격을 가지고 있기 때문이다.

　이를 보다 분명히 하기 위해서 개발권 선언 제1조는 "인간은 개발의 핵심 주체이며, 개발권에 대한 능동적 참여자인 동시에 수혜자가 되어야 한다"[41]고 명시하고 있다.

　그러므로 인권에 기초한 개발은 바람직한 결과를 설정하고, 참여를 통해서 그런 결과에 도달한다는 점에서 다른 개발 개념과는 확실히 다르다.

자선이 아닌 권리와 책임　　　인권에 기초한 접근법은 욕구에 기초한 접근법과는 근본적으로 다르다. 욕구에 기초한 접근법은 종종 성장 지향형 개발 정책의 보조 수단으로 사용되기도 하는데, 주변화된 집단에게 서비스를 전달하는 데 중점을 두고 있다. 사회적 강자가 이런 서비스를 사회적 약자에 대한 자선으로 정당화하는 경우도 흔하다. 욕구에 기초한 접근법은 결과적으로 주변화된 사람들을 주변화된 채로 남겨 두기 쉽다. 반면 권리에 기초한 접근법은 서비스에의 접근을 권리로 보고 모두에게 접근할 수 있는 자격을 부여하도록 요구한다. 그래서 누구도 부끄러움을 느끼지 않고 효과적으로 그런 서비스를 요구할 수 있게 된다.

인권에 기초한 접근법에서 권리는 책임과 짝을 이룬다. 인권에 기초한 접근법에서 책임은 분명히 국가에 있다. 사람들은 좀 더 높은 수준의 인권 실현을 위해 충분한 참여를 보장할 수 있는 조치와 적절한 개발 과정을 채택할 수 있는 자격을 가진다.

인권에 기초한 접근법에서는 책무성, 투명성, 법규, 효과적인 구제 등 정당한 절차에 대한 책임 또한 국가에 있다. 국가 차원의 책무와 책임은 국제적 모니터링 메커니즘과 조화를 이룬다. 국제적 모니터링 메커니즘은 국가가 국제 인권 기제의 회원국이 됨으로써 가지게 된 책임을 어떻게 얼마나 준수하고 있는지를 감독하고 그에 대해 각 회원국 정부와 대화를 갖는다.

나의 자유와 타인의 자유 인권은 모두를 위한 것이기 때문에 한 사람이 자유와 권리를 향유하는 데는 타인이 권리를 향유하기 위해 필요한 조건이 무엇인지에 대한 고려가 필요하다. '모두의 인권 향유'는 누구나 자유의 행사를 자제할 의무와 타자의 권리 향유를 촉진하는 데 협조할 의무를 가지고 있음을 함축하고 있다. 이에 대해 세계인권선언 제29조 1항은 "모든 사람은 자신이 속한 공동체에 대해 책임을 가지고 있다. 공동체를 통해서만이 자신의 인격을 자유롭고 온전하게 개발할 수 있다"라고 선언하고 있다.[42]

나의 자유와 타인의 자유 사이에 형성된 상호 연관성은 인권의 규범 체계가 상호 의존적이고 불가분한 것이어야 하는 중요한 이유이다. 그래서 권리들은 서로 간의 균형을 유지해야 하는 것이다.

유엔에서 채택된 대부분의 인권 협약이 의무의 내용에 대해 분명하게 언급하지 않고 있다. 그들은 대부분 국가가 모두에게 인권을 균등하게 보장해 주기 위해 의무 또는 책임을 수용하고 시행해야 한다는 식의 함축적인 방식으로 의무의 내용을 이야기하고 있다. 아마도 작위(적극적 의무)와 부작위(소극적 의무), 둘 다를 의미할 것이다. 인종차별금지 협약의 경우에는 다른 협약과 달리 제4조에서, 국가는 인종차별을 부추기는 조직 활동과 선전 행위(인종차별을 부추기는 것이 아니라면 표현의 자유 또는 결사의 자유의 행사로 볼 수도 있는 행위)를 금지하고 처벌해야 한다고 분명하게 말하고 있다. 인권 협약이 이런 내용의 조문을 포함하고 있는 경우는 매우 드물기 때문에 보통은 국가가 스스로 부과할 의무의 내용을 정해야 한다. 교육에의 권리 또는 보건 서비스에의 권리를 실현시킬 예산을 마련하기 위해 국가가 취한 과세 조치가 좋은 예이다. 세계인권선언과 여타 인권 기제의 기저에는 국가에 요구된 의무를 국민들에게 떠넘길 것이라는 가정이 깔려 있다. 그래서 세계인권선언은 다음과 같이 선언하고 있다.

> 모든 사람은 자신의 권리를 행사함에 있어서 오직 타자의 권리와 자유를 충분히 인정하고 존중할 목적으로, 그리고 민주 사회의 도덕, 공공질서, 일반적 복지의 정당한 요구를 충족시킬 목적으로, 반드시 법으로 정한 (권리 행사에 관한) 제한 조치에만 복종한다.[43]

타자의 권리를 보장하고 일반적 복지의 정당한 요구를 충족시키기 위해 요구된 바가 무엇인지를 평가하는 데 있어서 시민·정치적 권리와 경제·사회·문화적 권리의 상호 의존성은 필수적 고려 사항이다.

인권에 기초한 개발과 빈곤 감축

최근 세계은행과 국제통화기금이 빈곤 감축에 중점을 두고 있는데, 이는 그들이 워싱턴 컨센서스로부터 벗어나 좀 더 사회의식적인 개발로 향하고 있다는 변화의 신호로 봐야 한다. 그러나 그렇게 변화된 정책 역시 아직 권리에 기초한 접근법과는 상당한 거리가 있다.

'빈곤 감축'의 개념은 빈곤하게 만드는, 즉 '빈곤 생산'이라는 중요한 측면을 간과하는 경향이 있다. 개발이라는 명목으로 특정 집단에게는 큰 혜택을 가져다주면서 나머지 사람들에게는 오히려 광범위한 빈곤을 가져다주는 경우가 종종 있다. 이런 경우 개발의 가장 큰 수혜자는 이미 부유한 사람들로 한정되고, 가난한 사람들이 피해를 받게 된다. 이는 선주민의 자원과 삶의 터전을 파괴하는 시장 지향형 개발의 전형적인 결과이다.

빈곤을 생산하는 양식은 매우 다양하다. 대부분은 빈곤 생산을 의도하지 않았더라도 그런 결과를 가져오리라는 걸 예측할 수 있는 것들이며, 경우에 따라서는 개발을 이유로 의도된 것들도 있다. 자본 집약적인 저인망어선의 어획을 허용한다면 어부들은 생계 수단을 잃게 될 것이다. 농업이 기계화된다면 일손이 남아돌게 되고 결국에 농장 노동자들은 해고될 것이다. 많은 개발이 소외 효과를 가져온다. 디지털 기술의 급속한 성장은 수많은 혜택을 가져왔지만 많은 사람들을 더 뒤처지도록 만들었으며, 심지어 사회 공동체 안팎의 사람들을 서로 동떨어지게 만드는 결과를 가져왔다.

그렇다고 진보와 변화를 막을 이유는 없다. 인권은 러다이즘luddism[44]을 장려하는 것이 아니라, 기술 등의 변화로 부정적 영향을 받을 사람들의 상황을 고려해야 한다고 말하고 있는 것이다. 그래서 인권은 부정적 결과를 최소화하는 방법을 논의하는 과정에 부정적 영향을 받게 될 사람들의 참여를 보장하고 의미 있는 대안을 찾아내도록 요구한다.

전통적으로 빈곤 감축은 성장 지향적·기술원조적 시장 확장에 추가되는 것으로 간주되었다. 그러나 개발에의 인권에 기초한 접근법에서는 모든 사람, 특히 물질적으로 가난하고, 보건 또는 교육 서비스를 받지 못하고, 다른 사람의 권력에 종속되어 있다는 이유로 당연히 누려야 할 권리와 자유를 속박당한 사람들을 위해서 자유를 확장하는 포괄적인 과정을 개발로 보고 있다.

유엔 사회권 위원회의 요청에 따라 인권고등판무관실은 인권을 빈곤 감축 전략에 통합시키기 위한 지침서Draft Guidelines : A Human Rights Approach to Poverty Reduction Strategies를 개발했다. 이 과정에 법률학자로서는 만프레드 노박Manfred Nowak과 폴 헌트Paul Hunt가 참여했고, 경제 전문가로는 시디크 오스마니가 참여해 초안을 만들었다. 지침의 초안은 빈곤 감축 전략이 국제 인권 기제에서 제시하고 있는 규범과 가치를 토대로 삼아야 한다고 주장하면서 그 근거로 인권 프레임워크가 범지구적으로 인정받은 유일한 규범 체계라는 점을 제시했다. 또한 인권 프레임워크는 가난한 사람들을 세력화할 수 있는 잠재력을 가지고 있기 때문에 빈곤 감축에 필연적인 것이라고 주장했다. 지침의 초안은 가난한 사람들과 그들이 속한 집단이 참여, 인식 제고, 법률적 절차를 통한 권리 주장(특히 집단적 권리 주장)을 통해 세력화되는 것을 핵심 내용으로 하고 있다. 이는 단순히 도덕적 프레임워크에 그치는 것이 아니라, 유엔 인권 협약의 모든 회원국에게 법적으로 적용될 프레임워크이다.

지침의 초안은 인권적 접근법이 빈곤 감축의 목표 달성을 아래와 같이 다양한 방식으로 앞당길 수 있는 잠재력을 가지고 있다고 주장한다.

ⓐ 인권에 기초한 빈곤 감축 전략을 법적 의무 사항으로 조속히 채택할 것을 촉구
ⓑ 빈곤을 양성하고 영구화하는 차별 구조를 빈곤 감축 전략의 대상 범위에 포함
ⓒ 빈곤의 원인인 교육 문제를 해결하는 데 중요한 수단이 되는 시민·정치적 권리의 확장을 촉구
ⓓ 경제·사회·문화적 권리가 단순히 프로그램 차원의 기대치가 아니라 구속력을 가진 국제법이라는 인식을 제고

ⓔ 의사 결정 과정에의 의미 있는 참여를 보장하라는 요구에 대한 정당성 부여

ⓕ 균형을 평가로 한 최소한의 핵심적 의무의 불이행 또는 역행에 대한 경고

ⓖ 정책 입안자의 책무성을 강제할 수 있는 기제의 설립 및 강화[45]

인권 체계의 불가분성　　세계인권선언은 최초로 권리에 기초한 개발을 요구한 인권 기제로 볼 수 있다. 세계인권선언 제28조는 선언이 인정하고 있는 모든 권리의 온전한 실현을 보장하기 위해 국제적·사회적 질서를 바꾸도록 요구하고 있다. 유엔은 이런 요구를 반복적으로 강조해 왔다. 1993년 비엔나 회의에 참가한 국가들은 합의에 의해 비엔나 선언을 채택했다. 비엔나 선언은 다음과 같이 시작된다.

> 모든 인권은 보편적이고, 불가분한 것이며, 상호 의존적이며, 상호 연관된 것이다. 국제사회는 인권을 같은 기반 위에서, 같은 비중으로, 전 지구적으로 공정하고 평등하게 다루어야 한다. 국가적·종교적 배경의 중요성은 염두에 두어야 하지만, 국가의 의무는 그 정치·경제·문화적 체제와는 상관없이 모든 인권과 기본적 자유를 촉진하고 보호하는 것이다.[46]

그러면 국제 인권 체계의 다른 구성 요소는 무엇인가? 세계인권선언은 인간의 존엄성, 행동의 자유, 공정한 재판과 정당한 절차에의 권리와 같은 고전적 시민권에 관한 언급으로 시작된다. 어떤 사회라도 행동의 자유를 제한하지 않을 수는 없다. 사실 국가 형성의 목적 가운데 하나는 사람들이 다른 사람들의 존엄성과 자유를 해치는 방식으로 행동하지 않도록 하고, 복지를 보장하기 위해 취한 불가피한 사회적 조치를 방해하지 않도록 하기 위해 법과 질서를 유지하는 것이다. 그러므로 국가는 제한 규정을 세우고 의무를 부과해야 한다. 형사 기소와 그 근거가 되는 법이 인권적 요구와 모순되지 않도록 하려면 공정한 재판과

정당한 절차에의 권리가 보장되어야 한다. 그래서 공정한 재판과 정당한 절차에의 권리가 중요한 것이다.

세계인권선언은 "정부의 권한은 국민의 의지를 토대로 삼아야 한다"[47]고 표명하고 있는데, 이는 모든 사람이 자유로운 직접선거로 선출한 대표를 통해서 정부의 권한 행사에 참여할 권리와 모든 사람이 동등하게 공공서비스에 접근할 수 있다는 권리를 함축하고 있다. 이는 참여를 수반한 또는 참여를 통한 자유라는 개념을 뒷받침해 준다.

세계인권선언이 만들어 낸 가장 큰 혁신은 경제·사회·문화적 권리를 수용한 것이다.[48] 세계인권선언 제22조는 경제·사회·문화적 권리가 "인간의 존엄성과 인격의 자유로운 개발에 필수 불가결한 것이며," 국가가 제공하는 복지에 접근할 수 있는 자격을 모든 사람에게 부여하고 있는 "사회보장에의 권리"에 반드시 필요한 것이라고 밝히고 있다.[49] 이 조항은 뒤이어 나오는 5개의 조항, 즉 제23조 노동에의 권리, 제24조 휴식과 여가에의 권리, 제25조 적절한 생활수준에의 권리, 제26조 교육에의 권리, 제27조 공동체의 문화생활에 자유롭게 참여할 권리로 뒷받침되고 있다.

사회적 권리의 정수는 제25조의 적절한 생활수준에의 권리이다. 사회적 권리를 누리기 위해서는 경제적 권리가 보장될 필요가 있다. 제17조의 재산에의 권리, 제23조와 제24조의 직업에의 권리와 직업에 관련된 권리, 제22조와 제25조의 사회보장에의 권리가 그런 경제적 권리에 속한다.

경제적 권리와 사회적 권리의 조합은 인권에 기초한 접근법이 목적으로 삼고 있는 자유와 평등 모두에 해당된다. 문화적 권리는 다양한 분야의 권리를 포괄하고 있는데, 그 가운데는 자신의 문화를 유지하고 개발할 수 있는 소수자의 권리나 선주민의 권리와 같이 별도의 협약이나 조약을 통해 더욱 구체적으로 발전하고 있는 권리들도 있다.

국가로부터의 자유와 국가에 의한 자유 중요한 것은 근본적인 실수를 인식하고 이를 사전에 예방하는 것이다. 가장 흔한 오해 가운데 하나가 인권은 순전히 '국가로부터의 보호'로서 기획된 것이라는 인식이다. 국가 행위로부터의 보호는 인권의 부분적 기능일 뿐이다. 이에 대한 오해는 매우 왜곡된 그림을 그려 낸다. 거의 모든 인권은 국가가 권리의 향유를 보호하고 촉진하도록 요구하고 있다. 생명에의 권리, 고문과 비인도적 대우를 받지 않을 권리, 노예가 되지 않을 권리 등 많은 인권이 국가로부터의 보호뿐만 아니라 국가에 의한 사적·비정부 행위자로부터의 보호를 필요로 한다. 인권은 국가가 여성에 대한 가족이나 기타 행위자의 폭력, 아동에 대한 잔혹 행위를 막을 수 있는 조치를 마련하도록 요구하고 있다. 경제·사회적 권리 또한 그것이 보호되고 충족될 수 있도록 국가에 의한 적극적 조치를 요구하고 있다. 인권은 국가로부터의 보호 그 이상이라는 점을 이해하지 못한다면 왜 권리에 기초한 개발이 중요한지도 파악할 수 없을 것이다.

인권에 기초한 개발을 위한 책임 국제인권법에서 일차적 책임은 국가에 있다. 그러나 이것이 전부는 아니다. 개발권 선언은 "모든 사람은, 자신의 인권과 기본적 자유 외에도 자신이 속한 공동체에 대한 의무를 충분히 존중할 필요가 있다는 점을 고려해, 개발에 대해 개인적·집단적 책임을 가진다. 그래야만 인권이 자유롭고 온전하게 충족되는 것을 보장할 수 있다. 그러므로 모든 사람은 개발을 위한 적절한 정치·사회·문화적 질서를 촉진하고 보호해야 한다"고 천명하고 있다.[50]

인권에 기초한 개발은 인간이 개발의 주체일 뿐만 아니라 자신이 필요로 하는 바를 스스로 돌볼 수 있으며 개발 과정에 기여할 것이라는 전제로부터 시작된다. 이 전제를 인식하는 것이 중요하다. 위에서 언급한 개발권 선언의 공동체에 대한 의무는 세계인권선언 제29조에서 가져온 것이다. 적어도 세 가지 차원의 공동체를 고려할 필요가 있다. 지방 또는 종족 공동체, 국가 공동체, 세계 공동체가 그것이다. 이 세 가지 차원 모두에 대해 책임을 인정해야 한다. 실천적 측면에서 보면 개인에게는 다소 무리가 있는 요구일 것이나 국가와 국제기구는 이 요구를 수용할 수 있을 것이다.

국제 인권 체계하에서 국가의 역할은 한편으론 개인이 자신의 필요를 충족시키기 위해 취하는 노력을 존중하고 보호하는 것이고, 다른 한편으론 적절한 정책을 통해 그런 노력을 촉진하고 개인의 역량만으로는 적절한 생활수준을 보장할 수 없을 경우에는 그 후견인이 되어 주는 것이다.

개발권 선언 제2조 3항은 "국가는 개발과 개발 혜택의 공정한 분배에 대한 전체 주민과 모든 개인의 능동적이고 자유롭고 의미 있는 참여를 바탕으로 그들의 웰빙을 지속적으로 증진시키는 것을 목적으로 한 적절한 국가 개발 정책을 수립할 권리와 의무를 가진다"고 말하고 있다.[51]

이는 국제인권법하의 보편적 국가 의무에 해당한다. 그러나 광범위한 사회적 지원이 없다면 국가는 그 책임을 이행할 수 없다. 인권은 종종 국가로부터의 자유, 사회 내 다른 행위자(개인, 기업, 기타 다양한 활동)와의 관계 속에서의 자유 등과 같이 '자유'로 표현된다. 이와 같은 자유는 대부분의 행위자가 자신의 권리뿐만 아니라 다른 사람의 권리도 함께 고려하는 인권적 문화를 필요로 한다. 국가는 인권을 존중할 의무뿐만 아니라 보호하고 충족시킬 의무도 가지고 있다. 그런 의무가 이행될 수 있도록 하려면 국가의 조치가 광범위한 사회적 지원을 확보해야 한다. 그렇지 않으면 국가는 강제적 통제 조치를 사용해야 하거나, 반대로 필요한 행위를 취하지 않음으로써 자신의 인권 의무를 게을리하게 될 것이다.

그러나 국가는 모든 사람이 자신의 필요를 돌볼 일차적 책임을 가지고 있으며 그러기 위해 필요한 자유를 보장받아야 한다는 원칙으로부터 도출된 보완성 subsidiarity 개념이 갖는 보편적 정당성을 인정할 필요가 있다. 여기서의 자유는 무한정한 자유를 의미하는 것이 아니다. 다른 사람의 권리 또한 보장되어야 하기 때문에 개인의 무한정한 자유란 불가능한 것이다. 이는 국가가 다른 사람의 권리를 보호하고 충족시킬 수 있을 만큼으로 제한된 자유를 의미한다.

보완성의 개념은 소수자와 선주민과도 다양하게 관련되어 있다. 가능하다면 선주민은 자신의 방식으로 자신의 필요를 돌볼 충분한 자결권을 가져야 한다. 예를 들어 선주민에게는 대대로 그들의 삶을 꾸리기 위해 의존해 온 자연 자원을 통제할 권리를 보장해 주어야 한다. 이는 또한 선주민과 비슷한 조건에서 사회의 대다수와는 다른 삶의 방식을 유지하며 살아가는 소수자 집단에게도 적용되어야 한다.[52]

국가 차원의 인권 기제는 인권에 기초한 개발을 위해 반드시 필요하다. 국가 인권기구는 최근에 매우 중요한 역할을 담당하고 있다. '국가인권기구 설립 및 기본적 권리와 자유의 실현에 관한 파리 원칙'(이하 '파리 원칙')Paris Principles on Establishment of National Human Rights Institutions and Realization of Fundamental Rights and Freedoms은 광범위한 임무를 국가인권기구에 부여했다. 국가인권기구는 모든 인권을 다루어야 하기 때문에 인권의 상호 의존성과 불가분성의 문제를 회피해서는 안 된다. 여기서 중요한 쟁점은 국가인권기구가 경제·사회적 권리를 다루어야 하는가와 만일 국가인권기구가 이 권리를 다룬다면 어느 정도까지 개입해야 하는가이다. 서구에서는 시민적 권리에 중점을 두는 것이 지배적 경향이다. 이는 시민적 권리의 위반을 더 쉽게 파악할 수 있기 때문이다. 그러나 남아프리카 공화국, 인도, 덴마크 등의 국가인권위원회는 이미 시민적 권리뿐만 아니라 사회적 권리도 함께 다루고 있다.

1993년 비엔나 회의는 각국이 인권 보호 및 신장을 위한 단계별 계획, 즉 국가적 행동 계획 수립에 관한 타당성을 논의할 것을 권고했다.[53] 인권에 기초한 개발을 요구한 것과 마찬가지이다. 비엔나 회의는 또한 인권고등판무관실[당시에는 인권센터Center for Human Rights]에게 국가들이 인권의 보호와 신장을 위한 포괄적이면서도 일관된 행동 계획을 준비하고 이행할 수 있도록 더욱 강화된 자문 서비스와 기술적 원조를 제공토록 요구했다.

국가 행동 계획은 인권의 상호 의존성을 충분히 고려한 통합적·체계적 이행을 보장할 수 있는 매우 유용한 메커니즘이 될 수 있다. 그 내용에는 다양한 차이가 존재하지만 이미 많은 국가들이 그와 같은 행동 계획을 수립하고 이행하고 있다.

권리에 기초한 개발을 위한 전략   1993년 비엔나 회의에서 세계 각국의 정부는 "정부의 최우선적 책임은 인권의 보호와 신장"이라는 데 동의했다.[54] 그러므로 인권의 보호와 신장의 책임은 국가의 다른 모든 공약을 뛰어넘어 그 어떤 책임보다도 우선한다.

유엔 새천년선언에서 각국 정부는 "세계인권선언을 온전히 존중하고 준수하며," "모두를 위해 모든 나라에서 시민·정치적 권리와 경제·사회·문화적 권리가 온전히 보호되고 신장될 수 있도록 노력하고," "모든 나라에서 소수자의 권리를 포함해 인권이 존중되고 민주주의 원칙과 절차가 이행될 수 있도록 그들의 역량을 강화할" 것을 결의했다.[55]

인권에 기초한 개발에 관한 가이드라인은 원래 국제 협약이나 조약, 선언 등 국제 인권 기제의 조문 속에 있던 것을 모니터링 기구가 발췌해 정교하게 정리해 낸 것이다. 자유권 규약 제2조는 각 회원국에게 자신의 영토와 관할권하의 모든 개인의 시민·정치적 권리를 차별 없이 보장하고 존중하도록 요구하고 있다. 사회권 규약의 제2조에서 국가는 경제·사회·문화적 권리를 점진적으로 실현한다는 관점에서 가용 자원이 허용하는 최대한도까지 (필요한) 절차를 수행하도록 스스로의 의무를 규정하고 있다. 또한 아동권 협약에서 국가는 "협약에서 인정하고 있는 권리의 이행에 필요한 모든 적절한 법적·행정적 조치와 그 외의 필요한 조치를 취해야 한다. 회원국들은 경제·사회·문화적 권리에 대해서 가용 자원이 허용하는 최대한도까지 필요한 조치를 취해야 하며, 필요하다면 국제 협력의 틀 속에서 그와 같은 조치를 취해야 한다."[56] 그리고 '조약 법에 관한 비엔나 협약'Vienna Convention on the Law of Treaties 제26조는 국가에 자유권 규약, 사회권 규약, 아동권 협약과 같은 국제 협약의 의무를 성실하게 이행할 것을 요구하고 있다.

인권 협약의 의무는 입법부, 행정부, 사법부를 포함해 연방정부, 주정부, 지방정부를 모두 구속한다. 유엔 자유권 위원회는 2004년에 일반 논평 31번을 채택하고, 규약의 권리를 보장할 회원국의 적극적 의무는 국가의 대리 행위자에 의한 규약의 위반으로부터 개인들을 보호하고, 동시에 사인私人 또는 사단社團에 의해 자행되는 침해 행위로부터도 보호할 때 온전히 이행될 수 있다고 지적했다.

자유권 규약 제2조하에서 회원국 정부는 국내 질서 속에서 규약의 권리가 효력을 가질 수 있도록 필요한 절차를 수행해야 한다.[57] 즉, 규약을 비준함에 있어서 국내의 법과 절차가 규약의 권리를 이미 보호하고 있지 않다면, 회원국 정부는 국내법이 규약의 내용과 절차에 부합하도록 필요한 법 개정 조치를 취하도록 되어 있다. 이는 규약이 회원국 정부에게 인권에 기초한 개발을 위한 시민·정치적 권리의 프레임워크를 구축하도록 의무를 부과하고 있음을 의미한다.

사회권 위원회는 경제·사회·문화적 권리의 점진적 실현을 위한 가이드라인을 정교하게 다듬었다. 그 핵심 내용은 권리에 기초한 개발에 관한 것이다. 사회권 위원회는 일반 논평 3번과 9번을 통해서 보편적 가이드라인을 제시하고 있다. 일반 논평 4번과 7번에서는 주거에의 권리에 대해, 11번, 13번, 14번에서는 교육에의 권리에 대해, 12번에서는 식량에의 권리에 대해, 그리고 15번에서는 물(식수)에의 권리에 대해 구체적인 가이드라인을 제시하고 있다.

경제·사회·문화적 권리의 온전한 실현은 당장에는 불가능하다. 그러나 온전한 실현을 향한 절차는 국내에서 규약이 발효되자마자 곧바로 착수되어야 한다. 위원회는 그런 절차가 규약에서 인정하고 있는 의무를 논의하고 구체화하고 충족시키는 것을 목적으로 해야 한다고 요구하고 있다. 위원회는 또한 경기 침체 및 경제 조정 등의 이유로 자원 부족 문제가 심각할지라도 상대적으로 비용이 낮은 프로그램[58]을 목표로 선정하는 방식을 통해 사회 내 취약 집단을 보호해야 한다고 강조하고 있다. 회원국 정부는 아무리 못해도 규약의 각 권리가 최소한은 충족되도록 보장할 의무를 가지고 있다는 것이 위원회의 입장이다. "예를 들어 회원국 내 상당수 사람들이 꼭 필요한 수준의 식량과 보건 서비스, 기본적 주거, 가장 기초적 형태의 교육조차 받지 못한다면, 그 정부는 규약의 의무 이행에 명백히 실패한 것이다." 위원회는 또한 회원국 정부에게 권리 위반

또는 의무 태만에 대한 구제를 확실히 하도록 요구하고 있다.[59] 아동권 위원회
역시 이와 비슷한 접근법을 취하고 있다. 아동권 위원회는 일반 논평 5번을 통
해 아동권 협약 내의 시민·정치적 권리뿐만 아니라 경제·사회적 권리 또한 재
판에 회부가 가능한 것으로 보아야 한다고 주장하고 있다.

사회권 위원회와 아동권 위원회 둘 다 국가에 관련 협약에 포함된 다양한 권
리의 이행 전략을 채택할 것을 요구하고 있다. 이행 전략의 준비와 이행에 관한
가이드라인은 사실 권리에 기초한 개발을 위한 가이드라인으로 볼 수 있다.

이를 입증하기 위해 식량권을 다루고 있는 사회권 위원회의 일반 논평 12번을
자세히 살펴보자. 사회권 위원회는 다른 인권과 마찬가지로 적절한 식량에의 권
리는 세 가지 형태의 의무를 국가에 부과한다고 공표했다. 존중의 의무, 보호의
의무, 충족의 의무가 바로 그것이다. 충족의 의무는 촉진의 의무와 제공의 의무를
포함한다. 현재의 적절한 식량에의 접근을 존중할 의무는 국가가 이미 성취된 현
재의 접근 정도를 방해할 어떤 조치도 취하지 말도록 요구한다. 보호의 의무는 국
가에 개인 또는 집단이 다른 개인의 접근을 방해하지 않도록 필요한 조치를 취할
것을 요구한다. 충족 및 촉진의 의무는 국가가 사람들의 자원에 대한 접근과 사용
을 목적으로 한 활동에 적극적으로 개입해야 함을 의미한다. 이는 또한 국가가 식
량 안보를 포함해 사람들의 생계를 보장해야 함을 의미한다. 마지막으로 개인 및
집단이 그들이 통제할 수 없는 이유 때문에 적절한 식량에의 권리를 향유할 수 없
을 때에는 국가가 직접적으로 이 권리를 충족시켜야 한다. 이 의무는 자연재해와
같은 재난으로 인해 희생자가 발생할 경우에도 적용된다.

사회권 위원회가 지적한 바와 같이 적절한 식량에의 권리를 이행하기 위한
최적의 수단은 국가에 따라 달라진다. 그러나 사회권 규약은 각 국가가 배고픔
으로부터 모두가 자유로울 수 있도록 할 것과 가능한 한 빠른 시일 내에 적절한
식량에의 권리를 향유할 수 있도록 필요한 조치를 취할 것을 분명하게 요구하
고 있다. 이는 인권 원칙에 기초해 모두에게 식량과 영양을 보장할 수 있는 국가
전략, 정책, 벤치마크를 채택하도록 요구한다. 국가는 이 목적을 달성하기 위해

가용 자원을 마련함은 물론, 비용 대비 효율이 가장 높은 방식으로 자원을 이용해야 하며, 상황과 맥락에 맞는 정책적 조치와 활동을 체계적으로 규명한 후 전략을 수립해야 한다. 각 부처 간의 조정뿐만 아니라 중앙정부와 지방정부들 간의 조정을 촉진하고 관련 정책과 행정이 규약의 제11조하의 의무를 준수토록 해야 한다. 식량에의 권리를 위한 국가 전략의 수립과 이행은 책무, 투명성, 참여, 분권화, 입법 역량, 사법부 독립의 원칙을 완전하게 준수해야 한다. 굿거버넌스는 빈곤 퇴치와 모두의 만족스러운 생활 보장을 포함해 모든 인권의 실현에 반드시 필요한 요소이다.[60]

나아가 사회권 위원회는 전략 수립에 있어 대의 절차를 보장할 수 있는 제도를 채택할 것에 대해 상세히 언급하고 있다. 필요한 조치를 이행하기 위한 책임과 일정에 관한 가이드라인을 제시하고 있으며, 식량에의 접근 또는 식량을 얻기 위한 자원에의 접근에 있어서의 차별 금지에 특별한 주의를 기울이고 있다. 이런 절차는 상속권, 토지 및 기타 재산의 소유권, 융자, 자연 자원, 석합한 기술, 자신과 가족의 적합한 생활을 보장할 보수를 지급하는 직장과 자가 고용을 존중하고 보호할 조치(규약의 7조 a항 ii목에 규정된 대로)를 포함한 경제적 자원에 대한 온전하고 평등한 접근, 특히 여성의 접근을 보장할 것이다.

식량을 얻기 위한 재원을 보호해야 한다는 의무를 충족시키기 위해서 국가는 사기업과 시민사회의 활동이 다른 사람의 식량에의 권리를 침해하지 않도록 적합한 조치를 취해야 한다. 국가는 만일 경기 침체, 경제 조정, 기후 조건 등을 이유로 심각한 자원 부족의 압박하에 있더라도 적절한 식량에의 권리가 충족될 수 있도록 필요한 조치를 취해야 한다. 특히 취약 계층이나 개인을 위한 조치를 우선적으로 취해야 한다.

국가는 그와 같은 전략을 이행함에 있어 국내적·국제적 모니터링을 위해 입증 가능한 기준과 목표를 설정하고, 목표 달성을 위한 일정과 수단을 제시해야 한다. 이는 시민사회, 사기업, 국제기구와의 협력 방법과 과정에 대한 제도적 책임, 국가적 차원의 모니터링 메커니즘, 가능한 청구 절차를 포함해야 한다. 또한 벤치마크와 프레임워크의 개발에 있어서 국가는 적극적으로 시민사회단체를 참여시켜야 한다. 국가는 또한 권리의 실현 과정을 감독하기 위한 메커니즘을 개발하고 유지해야 한다. 그런 메커니즘을 통해서 권리의 이행에 영향을 미치는 요소와 장애가 되는 요소를 규명하고, 이에 대해 수정 입법안을 발의하거나 행정적 조치를 취해야 한다. 국가는 또한 권리를 침해당한 개인 또는 집단을 위한 구제를 확실히 해야 한다. 이들에게 적합한 보상과 배상을 지급하고 재발 방지를 보장해야 하므로, 판사를 비롯한 기타 법 집행관은 권리침해에 보다 많은 주의를 기울여야 한다.

이외에도 다른 위원회에서 채택한 비슷한 가이드라인을 검토하고 분석함으로써 권리에 기초한 개발을 위한 포괄적인 전략을 정교하게 만들어 낼 수 있을 것이다. 유엔 식량농업기구FAO는 사회권 위원회의 일반 논평 12번을 토대로 2004년 11월에 식량에의 권리 이행을 위한 실무 가이드라인을 채택했다.[61] 인권에 기초한 개발을 위한 분명한 로드맵을 식량과 영양 분야에 도입한 것이다. 다른 국제기구에서도 FAO와 비슷한 조치를 취할 것을 기대한다. 특히 보건 문제를 다루고 있는 세계보건기구WHO와 교육과 문화를 다루고 있는 유네스코에서 비슷한 과정을 수행함으로써 인권에 기초한 개발을 위한 광범위한 가이드라인과 권고안이 만들어질 수 있길 기대한다. 앞으로 인권에 기초한 개발을 적용함에 있어서 인권 조약 기구의 역할은 점점 더 중요해질 것이다. 조약 기구들은 국가와의 질의응답 방식의 대화를 통해 해당 국가가 취한 조치가 최적의 것인지를 논의할 수 있다. 각 회원국에 대한 권고 사항을 담고 있는 조약 기구의 최종 견해는 인권에 기초한 개발의 진보와 직접적으로 관련되어 있다. 그와 같은 조약 기구의 판결은 원조 공여국(자)에게도 매우 중요한 판단의 원천이 될 것이다. 조약 기구의 판결은 해당 국가와의 대화의 결과이며 세계 도처에서 선발된 다양한 민간 전문가의 의견을 반영한 것이기 때문이다. 판결의 정당성은 국제 금융기구들에서 서구 일색의 경제 전문가들이 내놓은 좁은 식견과는 비교할 수 없을 만큼 높다.

국제적 행위자의 바람직한 역할

개발원조 분야에서 인권 논의가 점점 더 일반화되고 있는 것은 환영할 만한 일이다. 개발의 조건을 결정하는 더욱 큰 요소가 무시된다면 개발원조는 실패로 돌아갈 것이라는 인식이 중요하다.

정부가 인권에 기초한 개발을 추구하고자 하는 의지와 관심을 가지고 있지 않다면, 양자 간 또는 다자간 기구를 통한 개도국과 개발국의 대화는 그 자체로서는 인권에 기초한 개발을 이끌어 내지 못할 것이다. 국제적 행위자는 인권에 기초한 개발에 대해 국가들을 대상으로 설득해 볼 수는 있지만 그것을 강요할 수는 없다. 대부분의 국가가 주요 인권 기제를 비준했으며 그렇게 비준한 인권 협약이나 조약에서 명시하고 있는 권리를 이행할 법적 의무를 받아들이고 있다. 국가들 가운데는 자국의 시민사회 행위자들의 압박이 있다면 국내 권력관계의 변화를 무릅쓰고서라도 권리에 기초한 개발을 출범시키려는 국가도 있을 것이다. 그러나 많은 국가가 국제적 차원에서 부과된 조건에 좀 더 의존적이다.

공여국과 국제사회가 할 수 있는 일은 인권에 기초한 개발이 더 실현 가능하고 추구할 만한 것이 되도록 국제적 환경을 조성하는 것이다. 그들은 또한 원조 제공을 통해 그런 개발을 추구할 수 있도록 개도국 정부의 역량을 강화할 수 있다. 이에 대해 개발권 선언과 새천년선언은 국가들 간의 공동의 책임이라고 분명하게 표현하고 있다. 국제 평화와 안보에 대한 위협의 관리뿐만 아니라 전 세계의 사회경제적 개발에 대한 관리 또한 국가들 간에 공유되어야 하며 다자간의 문제로 다루어져야 한다. 현재 가장 보편적인 대의 기구로서 유엔이 여기서 핵심 역할을 수행해야 한다.

이 글은 주로 국가적 차원에서 인권에 기초한 개발이 이행되는 문제에 초점을 맞추고 있지만, 이에 관한 많은 것들이 지구적 차원의 정치경제 질서 속에서 결정된다. 예를 들어, 국제금융기구들의 개발에 대한 접근법의 변화, 유엔의 역할 강화, 세계무역기구의 개발 지향적 접근법 등은 국가적 차원에서 개발이 이행되는 데 지대한 영향을 미친다.

지구적 경제체제의 거버넌스에 대한 개선의 필요성이 강력하게 대두되고 있다. 현재 세계화는 지구적 현상이지만 지구적 거버넌스를 갖고 있지는 않다. 지구적 경제체제는 자체의 규제 메커니즘을 가지고 있지도 않으면서 현재의 국제적 거버넌스 체계 밖에 존재하고 있다. 먼저 불공정한 투표권 때문에 민주적 정당성을 확보하지 못하고 있는 국제통화기금과 세계은행이 중요한 결단을 내려야 한다. 세계무역기구는 의사 결정에 있어서 합의에 토대를 두고는 있지만 보다 공정한 남북 관계를 보장하는 데에서는 실질적 영향력을 발휘하지 못하고 있다.

국제사회의 모든 행위자가 협력할 필요가 있다. 유엔, 금융기구, 지역 기구, 국가, 지방정부, 시민사회단체 모두가 각자의 방식으로 각자의 자원을 동원해 모두를 위해 불평등을 줄이고 진정한 자유를 촉진하는 데 기여해야 한다. 표현과 신앙의 자유뿐만 아니라 결핍과 공포로부터의 자유를 촉진해야 한다. 이는 개도국과 개발국 간의 격차를 좁히고 사회경제적 안정과 안보를 위협하는 사회적 긴장 관계를 극복하기 위해 필수 불가결한 것이다.

새천년선언 제2조에서 전 세계 지도자들은 다음과 같이 선언했다.

> 우리는 각자의 사회에 대한 책임 외에도 지구적 차원에서 인간 존엄성, 평등, 공정성의 원칙을 준수할 집단적 책임을 가지고 있음을 인정한다. 그러므로 우리 지도자들은 모두 전 세계 모든 사람들 특히 가장 취약한 사람들, 특히 우리의 미래가 달려 있는 전 세계 어린이에 대한 의무를 가진다.

새천년선언 제5조에서는 다음과 같이 덧붙이고 있다.

> 우리는 오늘날 우리가 직면하고 있는 주요한 도전이 세계화가 전 세계 모든 사람들에게 긍정적인 힘이 되도록 보장하는 것임을 확신한다. 세계화가 커다란 기회를 제공하는 것은 사실이나 현재 그 비용이 불균등하게 분배되고 있으며 그 혜택

역시 매우 불평등하게 분배되고 있다. 우리는 개도국과 과도 경제 국가가 이와 같은 주요한 도전에 대응하는 데 있어서 특별한 어려움에 직면하고 있음을 인정한다. 그러므로 서로 차이는 존재하지만 공통의 인류애를 토대로 공동의 미래를 만들기 위한 광범위하고 지속적인 노력을 통해서만이 세계화를 온전히 포용적이고 공정한 것으로 만들 수 있다. 이와 같은 노력은 개도국과 과도 경제 국가의 필요에 부합하며 그들의 효과적인 참여로 형성되고 이행되는 지구적 차원의 정책과 조치를 포함해야 한다.[62]

인권에 기초한 개발은 이에 상응하는 국제적 의무에 대한 인식과 함께 이와 같은 목표를 달성할 수 있는 방법이다.

결론을 대신해 : 11가지 과제

과제 1 권리에 기초한 실천은 여전히 수사적 차원에 머물러 있다
개발에의 인권에 기초한 접근법은 1990년대 중반까지도 개발 분야에서 간과되어 왔다. 그 이후 점점 더 많은 주목을 받고 있기는 하지만, 개발 정책의 실질적 이행으로 나아가지 못한 채 여전히 수사적 차원에 머물러 있다.

권리에 기초한 개발에의 공약은 중요한 문건들, 특히 유엔개발계획이 이끌고 있는 유엔개발그룹UN Development Group 내 행위자들과 노르웨이, 영국, 네덜란드, 독일의 개발 부처의 문건들 속에서 찾아볼 수 있다.[63] 그러나 그 문건들 속에서조차 권리에 기초한 접근법의 운용 내용은 매우 막연하게 표현되어 있거나 아예 찾아보기조차 어렵다. 이는 경제학, 정치학과 인권법에 대한 가치와 관심이 국가적으로나 국제적으로나 본질적으로 차이가 있음이 반영된 것일 뿐 전혀 놀라운 일은 아니다.

과제 2 권리에 기초한 개발의 행위자 규명이 필요하다

인권에 기초한 접근법은 공여국(자) 또는 개발 기구의 힘만으로는 추진될 수 없다. 수원국(자)에게 일차적 책임을 부과해야 한다. 수원국은 인권에 기초한 접근법을 단순히 내재화하거나 마지못해 수용하는 것이 아니라, 자발적으로 개발하고 선택할 수 있어야 한다. 여기에서 국제 시민사회의 잠재적 역할의 중요성이 매우 크기 때문에, 그 역할이 무엇인지 잘 정의할 필요가 있다. 다자간 협력의 역할은 아직 모호하다. 국제금융기구들은 누구를 위해 기능해야 하는지, 그것이 기업인지 부유한 국가들인지 아니면 가난한 국가들인지 불확실하다. 이들이 섞여 있다면 누구의 이익이 가장 큰 주목을 받게 되겠는가?

과제 3 개념의 구분이 필요하다

구분 1 권리에 기초한 접근법은 욕구에 기초한 접근법과 다르다. 욕구는 자선에 의해 충족된다. 자선은 성장과 지구적 축적 과정 속에서 풍요로운 중심부로부터 떨어져 나온 잉여물이다. 반면 권리는 의무 담지자에게 주장할 수 있고, 이를 충족할 의무를 부여하는 것이다.

구분 2 인권에 기초한 개발은 '단순한' 권리에 기초한 개발, 그 이상에 관한 것이며 때로는 확연히 다른 것이기도 하다. '권리'는 어떤 종류의 권리들도 포함할 수 있으며, 권력관계의 결과로서 국가적 차원에서 결정된다. 이미 확립된 재산권이 재산의 기원과 사용, 상속 원칙이 '정당'한지의 여부에 관계없이 권리로 인정될 수 있다는 것이다. 이와는 다르게 인권에 기초한 개발은 권리와 의무의 국제적 규범 체계에 토대를 두고 있으며, 이를 통해 권리의 내용과 거기에 상응하는 의무 담지자의 책임에 관한 국제적 합의가 확장되고 있다.[64]

구분 3 개발에의 인권에 기초한 접근법의 목적이 보호주의적이고 불평등의 해소를 추구한다고 해서 국가 중심의 계획경제체제와 같은 것은 아니다. 또한 그 목적이 자유주의적이고 선택의 자유를 주장하는 경향이 있다고 해서 신자유주의적 경제 이념과 같은 것도 아니다. 인권은 국가 또는 그 대리 행위자에 의한 보호와 국가 또는 그 대리 행위자로부터의 자유라는 양면성을 갖고 있다. 인권의 핵심 기능은 취약한 사람들을 세력화하고 그들의 효과적인 참여를 가능하게 만듦으로써 바르게 기능하는 사회를 추구하는 것이다.

과제 4 인권의 불가분성은 유지하되 인권 근본주의는 피해야 한다.

일반적으로 인권에 기초한 접근법은 시민·정치적 권리와 경제·사회·문화적 권리를 같은 수준에 놓고 있다. 그러나 특정 국가 또는 특정 시기나 시점에서는 권리들 간의 우선순위를 결정할 필요가 있는데, 이때에는 가장 무시되고 있는 권리를 우선순위로 삼아야 한다.

과제 5 국제법적 근거를 인정하고 사용해야 한다.

인권에 기초한 접근법에 대한 국제법적 근거는 유엔헌장 제1조, 55조, 56조와 세계인권선언 제1조, 28조를 비롯해 자유권 규약, 사회권 규약, 인종차별 철폐 협약, 여성차별 철폐 협약, 아동권 협약과 같은 인권 협약에서 찾아볼 수 있다. 또한 1969년 사회개발선언, 1986년 개발권 선언, 1993년 비엔나 선언, 2000년 새천년선언도 인권에 기초한 접근법의 법적 근거로서 중요한 의미를 가진다.

과제 6 인권에 기초한 개발 전략은 이미 존재하며 더 발전되어야 한다.

필요한 전략의 구성 요소가 조약 기구들의 일반 논평을 통해서 점점 더 정교하게 다듬어지고 있다. 사회권 위원회의 일반 논평 대부분은 국가가 식량, 보건, 주거, 교육 등 부문별 전략을 채택할 것을 분명하게 요구하고 있다. 자유권 위원회, 여성차별 철폐 위원회, 아동권 위원회 또한 개발에 대해 포괄적이고 인권에 기초한 접근법을 위한 전략적 토대를 세우고 있다.

과제 7 부가가치가 아닌 가치의 변화

인권에 기초한 접근법은 전통적 개발 정책에 가치를 부가하는 문제가 아니다.

우리가 항상 해오던 바를 좀 더 잘해 보자는 것도 아니다. 그것은 개발의 개념과 그 우선순위의 선정에 있어서 기본적 가치의 변화를 요구한다. 그것은 결과뿐만 아니라 과정에 대한 주의도 요구한다.

인권에 기초한 접근법은 개발 과정에 대한 광범위한 참여, 특히 개발을 가장 필요로 하는 사람들의 참여와 개발로 인해 영향을 받는 사람들의 효과적인 참여를 보장할 것과, 표현과 정보의 자유, 집회와 결사의 자유를 보장할 것, 소수자와 선주민의 권리에 주의를 기울일 것, 직업 또는 다른 수입 창출 활동에 대한 선택의 자유를 보장할 것 등을 요구하고 있다.

또한 결과에도 주의를 기울여야 하는데, 특히 사회보장을 받지 못하고 있는 사람들, 적절한 기준에 못 미치는 생활을 하고 있는 사람들, 보건과 교육에 만족할 만큼 접근하지 못하고 있는 사람들 등 취약 계층에서의 결과에는 특별한 관심을 가져야 한다. 이를 위해 벤치마크가 사전에 조정되어야 하고, 국가적·국제적 차원의 모니터링, 과정에 대한 책임자 규명, 효과적인 구제책의 마련 등이 이루어져야 한다. 특히 빈곤의 생산이라는 부정적 결과를 야기하지 않도록 요구하고 있다. 지금까지 나온 대부분의 '빈곤 감축 전략'은 이런 기준을 충족시키지 못하고 있다.

과제 8 가치에 대한 국제적 합의

인권에 기초한 접근법이 완성되면 공여국과 수원국 간의 광범위한 가치의 합의가 요구될 것이다. 또한 공여국(자)들 간의 가치 합의도 요구하게 될 것이다. 현재까지는 가치에 대해 합의가 단편적으로만 이루어져 왔다. 그러나 유엔개발그룹은 개발 기구 간의 두 번째 워크숍에서 "인권에 기초한 접근법에 관한 유엔 기구 간의 공동 이해"*A Common Understanding among UN Agencies on a Human Rights-Based Approach*를 채택하는 진일보를 이루어 냈다.[65]

과제 9 인권에 기초한 개발에의 공약을 시험해 보기

인권 기구 내에서 현재 진행 중인 다양한 활동을 인권에 기초한 개발에 대한 국가들의 공약을 시험하는 데 사용할 수 있다. 아래 나열한 항목을 통해서 국가들의 책임 여부를 시험할 수 있을 것이다.

- 경제·사회·문화적 권리의 위반을 진정할 수 있도록 규정하고 있는 선택의정서의 채택에 대한 국가의 태도
- FAO의 후원 아래 채택된 식량권의 이행에 관한 자발적 가이드라인에 대한 국가의 태도
- 인권 조약 기구의 다양한 일반 논평, 특히 인권에 기초한 개발에 관한 가장 구체적인 지침을 제시하고 있는 사회권 위원회의 일반 논평에 대한 국가의 태도
- 유엔헌장 제55조와 56조와 이에 상응한 인권 조약의 조문들에 근거한 국제적 인권 의무에 대한 태도

과제 10 인권에 기초한 개발은 실현 가능하고 바람직하지만, 아직 현실적 개연성은 불확실하다

인권에 기초한 접근법에 대한 관심이 점진적으로 고조되고 있다는 것은 바람직한 일이며, 이 접근법은 실현 가능하다. 그러나 현실적 개연성에 대한 의문이 끊임없이 제기되고 있다. 국제경제체제의 구조가 부유한 국가에 혜택을 가져다주는 방식으로 매우 불평등하게 작동하고 있는 현실에서 부유한 국가가 가난한 국가에 권리에 기초한 접근법을 요구하는 것은 부당한 처사이다. 부유한 국가들은 현재의 불평등한 국제경제체제의 구조에 의미 있는 변화가 일어나는 것을 원하는 것 같지 않다.

과제 11 공통의 합의는 확장 가능하다

여러 행위자들 간의 서로 다른 이해관계 때문에 근본적인 변화는 쉽게 일어나지 않을 것이다. 그러나 같은 정책으로 서로 다른 이해를 동시에 증진시킬 수 있

다면 중첩적 합의overlapping consensus를 확장해 나갈 수 있다. 노동과 자본 간의 이해를 조정함으로써 사회경제적 사고를 근본적으로 바꾸었던 케인스의 일반 이론이 좋은 예이다.

인권에 기초한 접근법 앞에 놓인 가장 중요한 도전 과제는 사적 자본의 이익과 국민 일반의 이익 사이에서 공공선(예를 들어 교육, 보건, 사회보장)을 위한 광범위한 공통의 합의를 이끌어 내는 것과, 국가가 국제적 의무를 인정하고 국가의 개입을 통해 모두에게 완전고용이나 소득 창출의 기회를 제공하는 것이다.

아스비에른 에이데

ASBJØRN EIDE

예테보리 대학 인권학 교수를 역임하고, 현재는 스웨덴 룬드 대학 방문 교수이자 노르웨이 인권센터의 특별수석연구원으로 활동하고 있다. 1987년 노르웨이 인권연구소(현재는 노르웨이 인권센터)가 창설될 때부터 1998년까지 소장을 역임했다. 지난 20년간 '인권 신장과 보호를 위한 유엔 소위원회' 위원으로 활동해 왔으며, 동시에 '민족적 소수자에 관한 유럽의회 자문위원회' 대표직을 겸하고 있다. 주로 인권 보호를 위한 국제 시스템 개발 문제에 대한 저술 활동을 해왔으며, 그 중에서도 사회경제적 권리와 소수자의 권리에 대한 저서가 많다.

12장
세계화는 인권에 부정적인가

시디크 오스마니
Siddiq Osmani

이 글에서는 개발에의 인권적 접근을 추구함에 있어서 현재의 세계화가 의미하고 있는 바가 무엇인지를 밝히고자 한다. 사람들, 특히 가난한 사람들의 세력화 없이는 포괄적 개발이 불가능하다는 점은 이제 폭넓게 인식되고 있다. 개발에 대한 인권적 접근법은 바로 세력화에 관한 것이다. 누군가 권리를 가지고 있다는 개념, 즉 권리를 청구할 수 있고, 권리 청구를 충족시켜야 할 의무 담지자가 존재한다는 것은 그 누군가가 정치적 힘을 갖게 한다. 정책 결정이 인권 프레임워크와 일관되게 이루어지도록 요구하게 되면 개발 정책의 원리가 근본적으로 바뀌게 된다. 그런 개발 정책을 추진하기 위해서는 사람들이 충족되어야 할 욕구(수요)를 가지고 있다는 인식만으로는 부족하다. 그런 개발 정책은 사람들이 국가와 기타 관련 행위자의 법적 의무를 수반하는 권리를 가지고 있다는 인식 위에서 비로소 추진될 수 있다.

이런 접근법에 따르면 국민국가는 그들의 관할권 내에 있는 모든 사람의 인권이 온전히 실현되도록 보장해야 하는 일차적 의무를 갖게 된다. 그러나 현재 세계를 휩쓸고 있는 거대한 세계화의 물결이 국가의 인권 의무 이행을 위한 동기와 능력을 강화시킬 것인지 아니면 약화시킬 것인지는 알 수 없다. 이 글의 목

적은 바로 이 질문에 대한 해답을 찾는 것이다.[1]

이 글의 핵심 주장은 국가의 인권 의무 이행을 위한 동기 또는 능력에 세계화가 미치는 영향에 대해서는 확정적으로 이야기할 수 있는 것이 아직 아무것도 없다는 것이다. 세계화는 모든 단계에서 기회와 제약을 동시에 제공한다. 그러므로 세계화의 영향력은 국가적·국제적 정책이 그것을 어떻게 다루느냐에 따라 달라진다. 이 글은 세계화의 잠재적 제약과 기회를 면밀히 검토하고, 세계화가 개발에의 인권적 접근법과 모순되지 않고 나아가 도움이 되도록 하기 위해 국가의 정책 과정에서 따라야 할 원칙들을 제시하고 있다.[2]

세계화 시대에 인권적 접근법을 제약하는 요인들

전문가 토론뿐만 아니라 대중적 담론 안에서 세계화는 인권의 보다 온전한 실현에 여러 가지 제약을 가하는 것으로 여겨지고 있다. 세계화는 절대로 인권과 양립할 수 없다는 주장도 제기되곤 한다. 여기에서는 세계화와 인권 간의 잠재적 갈등에 대해서 다음의 세 가지 문제를 중심으로 살펴보고자 한다. 먼저 세계화가 부추기는 경쟁이 노동자의 권리에 어떤 영향을 미치는가? 둘째, 무역과 자본 이동의 자유화가 어떻게 국가의 재정 집행력을 침식하는가? 셋째, 세계화로 인한 고용과 생산구조의 변화가 어떻게 사회 내 가난하고 취약한 집단의 권리를 위협하는가?

세계화와 노동 기준 : 바닥으로의 경쟁?

세계화를 인권에 반하는 것으로, 심지어는 적대적인 것으로 보는 이유 가운데 하나는 세계화로 인한 노동 기준의 완화 때문이다. 노동계급은 산업혁명 이후 줄곧 다양한 권리를 확보하기 위해 오랫동안 정치적 투쟁을 벌여 왔다. 이제 국제사회는 적어도 원칙적으로는 노동자와 고용주, 정부 간의 관계 속에서 반드시 준수해야 할 기본적 노동 인권이 존재함을 인정하게 되었다. 국제노동기구는 그런 기본적 노동 인권을 핵심 '노동 기준'이라고 정의 내렸다. 여기에는 강제 노동의 금지, 결사의 자유, 단결권과 단체교섭권, 아동노동 착취의 철폐, 고용 차별 금지가 포함되어 있다. 또한 급여, 안전하고 위생적인 노동환경, 해고 등에 관련된 기준들도 있는데, 이 기준들은 핵심적 노동 기준에는 속하지는 않지만 '양질의 노동'decent work의 조건으로 중요하게 여겨지고 있다. 이런 권리를 쟁취하기 위한 투쟁은 아직도 계속되고 있다. 노동 인권 가운데 어떤 권리는 다른 권리보다 덜 달성되었고, 어떤 나라의 노동자는 다른 나라의 노동자들보다 권리를 덜 누리고 있다. 많은 사람들은 세계화를 투쟁의 적으로 여기고 있다. 그들은 세계화가 노동자의 권리의 보다 온전한 실현에 방해가 될 뿐만 아니라 정부에게 노동 기준의 수준을 낮추도록 압력을 가함으로써 실제로 노동자의 권리를 후퇴시킬 것이라고 우려하고 있다.

세계화가 부추기고 있는 경쟁이 이와 같은 우려를 자아내고 있다. 점점 많은 국가들이 세계경제에 편입되면서 국가 간의 생존경쟁이 치열해지고 있다. 우려 섞인 주장에 따르면, 경쟁의 심화는 적어도 두 가지 방식으로 노동 기준을 훼손시킬 수 있다고 한다. 첫째, 더 높은 노동 기준은 더 높은 수준의 고용 비용을 수반하기 쉽기 때문에 세계시장에서 경쟁하고자 하는 국가는 자국의 노동 기준을 경쟁국 수준으로 낮추어 가격과 비용 면에서 경쟁력을 높이려 할 것이라는 점이다. 둘째, 국가들은 외국인 투자를 유치하기 위해서 자국의 노동 기준을 완화시킬 것이라는 점이다. 그렇지 않으면 외국인 투자자들이 기준이 덜 엄격한 국가로 옮겨갈 것이기 때문이다. 이와 같이 세계시장에서 경쟁력을 유지하고 외국인 투자자를 끌어들이고자 하는 욕망은 국가들 간 경쟁적인 노동 기준의 완화, 즉 바닥을 향한 경주race to the bottom로 이어질 수 있다.

이와 같은 주장은 표면적으로는 상당히 타당성이 있어 보이지만 이론적으로 분명하게 밝혀진 바가 없으며 경험적으로도 그런 주장을 지지할 만한 증거는 없다.[3] 노동 기준이 높다고 해서 경쟁력이 약화되는 것은 결코 아니다. 먼저 경쟁적 노동시장에서 노동자는 더 높은 노동 기준을 달성하기 위해서 일정 부분 금전적 보상을 포기해야 할지도 모른다. 그럴 경우에도 고용주가 부담할 전체 노동비용을 상승시킬 필요는 없다. 둘째, 세계시장에서의 경쟁력과 외국자본의 유치를 위해 고려해야 할 사항은 단순히 비용의 문제라기보다는 노동비용과 생산성과의 관계이다. 더 높은 노동 기준이 더 높은 비용을 수반한다면 노동자의 사기, 인센티브, 성실성, 육체적 능력의 진작을 통해 노동생산성을 높일 수 있을 것이다. 생산성의 향상이 노동비용의 상승분을 초과한다면 노동 기준이 높다고 해서 경쟁적 우위를 잃게 되는 경우는 발생하지 않는다. 셋째, 생산성의 향상이 높은 노동비용을 따라잡지 못해서 상품의 가격이 올라가게 되더라도 소비자가 더 나은 노동 기준하에서 생산된 상품에 추가 비용을 지불할 의향을 가지고 있다면 그 상품의 경쟁력은 결코 약해지지 않을 것이다.

경험적 측면에서도 경쟁력과 노동 기준 사이에 유기적 관계가 존재한다는 확실한 증거를 찾아보기란 어렵다. 국가들 간의 비교 연구를 통해 로드릭Dani Rodrik은 노동 기준이 국가의 수출 경쟁력에 아무런 영향을 미치지 않는다는 점을 발견했다. 그는 생산성이나 요소 부존factor endowments과 같이 수출에 영향을 미치는 요소를 통제한 후에 그와 같은 결과를 도출했다.[4] 그는 미국 시장에 수입되는 주요 개도국(10개국)의 상품을 비교 분석한 결과 더 낮은 수준의 노동 기준을 갖고 있는 나라 상품의 미국 내 시장점유율이 그렇지 않은 나라보다 높지 않음을 발견했다. 또한 더 수출 지향적 기업들이 그렇지 않은 기업들에 비해 비슷하거나 더 높은 노동 기준을 가지고 있음을 발견했다.[5] OECD의 연구 조사 결과도 "더 낮은 노동 기준을 가진 나라가 더 높은 노동 기준을 가진 나라보다 수출 실적이 좋다는 증거는 없다"는 것을 보여 주었다.[6] 그러므로 세계시장에서 경쟁력을 높이기 위해 노동 기준을 평가절하하는 일반적 경향을 만들어 낸다는 주장은 지지할 만한 근거가 없다.

노동 기준과 자본 이동 간의 관계에서도 '바닥을 향한 경주'라는 가설을 지지할 만한 근거를 찾아볼 수 없다. 1980년대 미국의 해외직접투자를 분석한 결과, 시민·정치적 권리 일반과 노동자 권리의 보호 수준이 낮은 국가에 대한 미국의 투자가 다른 투자 조건을 고려했을 때 예상보다 적게 이루어졌다.[7] 다른 연구 조사에서는 투자 대상국의 노동 기준과 미국을 비롯한 OECD의 직접투자 규모[8] 사이에 구조적 연관성이 없음을 밝혔다.[9] 외국인 투자와 노동 기준 사이의 연관성에 관한 대중적 논의는 주로 집단 교섭권과 관련된 노동 기준이 취약한 수출 가공 지역Export Processing Zones에 초점을 두고 있다. 그러나 더 낮은 수준의 노동 기준을 가진 수출 가공 지역이 더 높은 노동 기준을 가진 수출 가공 지역보다 일반적으로 외국자본 유치에 성공적이라는 증거는 없다. 반대로 최근의 연구는 "외국인 직접투자를 유치하기 위해 더욱 통합적인 정책 — 예를 들어 의사 결정에서 노동자, 고용주, 정부의 삼자 대의제를 촉진하고, 결사의 자유와 단체 교섭권을 포함한 노동자의 권리를 보장하며, 기술과 노동조건을 개선하는 정책 — 을 추구하는 국가가 더 좋은 조건의 외국인 직접투자를 유치하는 경향이 있음을 보여 주고 있다.[10] 나아가 국제노동기구, 노동조합을 포함한 노동자 협의회, 시민사회단체의 노력으로 수출 가공 지역의 노동 기준은 시간이 흐를수록 나빠지기보다는 호전될 것으로 예상된다.[11]

어떤 나라는 다른 나라를 은근슬쩍 넘어서기 위해서 자신의 노동 기준을 굴욕적으로 양보할 수도 있다. 그러나 노동자의 권리 수준을 의도적으로 그리고 경쟁적으로 낮추는 행위는 세계경제에 편입되기 위해 필요한 것도 아니며, 편입을 원하는 국가들에서 나타나는 일반적 경향도 아니다.

국가 재정의 자율성 세계화의 주요 특징 가운데 하나가 무역자유화와 자본 이동의 자유화이다. 일국의 경제가 세계경제에 더욱 긴밀하게 통합되는 것이다. 무역자유화는 관세와 쿼터제와 같은 무역 장벽의 철폐를 가져오게 되며, 관세 인하는 무역의 흐름과 정부 예산에도 영향을 미치게 된다. 대부분의 개도국은 세수를 거둬들일 수 있는 기반이 빈약하기 때문에 정부가 무역상품에 대한 관세에 크게 의존하는 경향이 있어서 관세가 정부 수입의 주요 원천이거나 가장 중요한 원천인 나라도 더러 있다. 그러므로 무역자유화는 정부 수입에 상당한 손실을 가져올 수 있다. 자본 이동의 자유화도 이와 비슷한 결과를 가져올 수 있다. 정부는 외국인 투자를 유치하기 위해서 다른 나라보다 좋은 조건을 제공하려 할 것이다. 이는 외국자본이 자국에서 얻은 소득에 대해 세금을 감면해 주거나 인하해 주는 정책으로 나타난다. 이로 인한 세수의 손실은 국민의 인권 실현(식량·보건·교육 등에 대한 더 나은 접근)을 위해 직간접적으로 기여해야 정부의 공공 지출 능력에 심각한 제약이 될 수 있다.

세수의 손실 외에도 자본의 자유로운 이동으로 인해 정부의 재정 집행력에 제약을 가하는 요소들이 더 있다. 개도국 정부는 자국 내에서 거둬들일 수 있는 적은 세수로는 감당할 수 없는 공공 지출을 위해 적자재정에 의존하는 경우가 많다. 그런데 적자재정은 인플레이션을 유발할 수 있고, 인플레이션은 다시 외환시장에서 자국 통화의 평가절하를 강요하는 요소로 작용할 수 있다. 통화의 평가절하는 외국인 투자자에게는 우려할 만한 일이다. 통화가치가 하락하면 투자자의 자산과 수입의 실질 가치가 떨어지기 때문이다. 그러므로 외국자본은 정부가 과도한 재정 적자에 빠질 가능성이 높은 나라를 피해 달아나려고 할 것이다. 결과적으로 정부가 외국자본을 국내에 붙잡아 두려면 적자재정에 대한 의존도를 낮추어야 할 것인데 이는 공공 지출을 통한 인권 실현을 위한 정부의 능력에 심각한 제약이 될 수 있다.

이와 같이 무역과 자본 이동의 자유화는 한편으로는 세수의 양을 줄이고, 다른 한편으로는 적자재정 정책의 사용을 제약함으로써 바람직한 공공 지출을 수행할 정부의 능력을 제한할 수 있다.[12] 이는 더 나은 인권 실현을 위해 반드시 필요한 재정지출에 대한 정부의 자율권을 훼손할 것이다.

그러나 재정적 제약이 세계화의 피할 수 없는 결론은 아니라는 인식이 중요하다. 재정적 제약에 대해 지나치게 비관적일 필요가 없다는 것이다. 먼저 온전한 인권 실현을 위해 그렇게까지 많은 예산이 필요한 것은 아니다. 인권 분야에서 광범위하게 논의되어 온 국가의 인권 의무, 즉 존중의 의무, 보호의 의무, 충족의 의무를 살펴보면 인권 실현을 위해 그렇게까지 많은 예산이 필요하지 않다는 것을 알 수 있다.

존중의 의무는 국가에 국민의 권리를 침해할 어떤 행위도 하지 말 것을 요구하고 있다. 이를 정치적 측면에서 보면, 국가가 언론의 자유를 부정하지 말아야 하며 정당한 법 절차 없이 국민을 구속하지 말아야 함을 의미한다. 경제적 측면에서 보면, 국가는 개인 또는 집단이 생계 수단, 보건 서비스, 교육 등에 접근하는 것을 가로막지 말아야 함을 뜻한다.

존중의 의무는 일종의 소극적 의무로 국가가 해서는 안 될 것을 규정하고 있다. 보호의 의무와 충족의 의무는 적극적 성격의 의무로 국가가 반드시 해야 할 것들을 규정한다. 보호의 의무는 비록 국가는 누군가의 권리를 침해하지 않을 수 있지만, 국가가 아니더라도 제삼자가 누군가의 권리를 침해하려 할 수 있다는 가능성으로부터 나온 것이다. 이 경우 국가는 타자에 의해 권리가 침해되거나 위협받고 있는 사람들을 보호할 의무가 있다. 예를 들어 폭압적인 지주가 소작농을 그들의 생계 수단인 토지로부터 불법적으로 이주시킴으로써 그들의 식량권을 침해한다면 국가는 지주에게 적절한 처벌을 가해 소작농을 보호해야 한다.

충족의 의무는 촉진to facilitate의 의무와 제공to provide의 의무, 이 두 가지로 나누어진다. 촉진의 의무는 사람들이 스스로의 욕구(필요)를 충족시킬 수 있도록 국가가 미리 나서서 그들의 능력을 강화시키는 방식으로 개입할 것을 요구한다. 예를 들어, 모든 개인은 자신의 건강을 유지할 책임을 갖고 있지만 국가는 국민이 요구한 보건 서비스를 시장이 제공할 수 있도록 필요한 조건을 만들어냄으로써 그 과정을 촉진할 의무를 가지고 있다. 또한 시장이 실패할 경우에도 시장을 대신해 국가가 직접 보건 서비스를 제공함으로써 사람들이 건강을 유지할 수 있도록 해야 한다.

제공의 의무는 한걸음 더 나아가 국가가 사람들이 스스로에게 서비스를 제공할 수 있도록 조건을 만들어 주어야 할 뿐만 아니라 여타의 이유로 스스로에게 서비스를 제공할 수 없는 사람들에게 필요한 자원을 직접 제공할 것을 요구한다. 그래서 개인 또는 집단이 그들이 통제할 수 없는 이유(예를 들어 늙고 허약함, 전쟁 또는 자연재해 등으로 인한 장애) 때문에 스스로에게 필요한 식량을 공급할 수 없을 경우 국가는 그들에게 직접 식량을 제공해야 한다.

이런 의무들 모두가 똑같이 자원의 가용성에 의존하는 것은 아니다. 예를 들어 존중의 의무는 경제적 자원보다는 정치적 의지를 요구한다. 존중의 의무보다는 보호의 의무와 충족의 의무가 전형적으로 자원에 좀 더 의존적이다. 그러나 자원 사용의 효율성을 증진시킴으로써 자원에 대한 의존도는 빠르게 개선될수 있다. 예를 들어 비생산적인 활동에 대한 지출을 줄이고, 불균형적으로 사회적 특권 집단에게 혜택이 돌아가는 활동에 대한 지출을 줄임으로써 자원에 대한 의존도를 줄일 수 있을 것이다. 정부들은 자원 부족의 압박 때문에 인권을 실현할 능력이 없다고 항변하곤 하는데, 대부분의 경우는 실제로 자원이 그렇게 많이 부족해서 문제인 것이 아니라 자원을 쓸모없는 곳에 낭비하거나 강력한기득권층의 이해에 영합해 사용한다는 것이 문제가 된다.

대부분의 개도국에서 인권의 온전한 실현을 가로막고 있는 자원 부족의 문제가 사실이 아니라고 말하려는 것이 아니다. 정부가 쓸모없는 지출을 최소화하더라도 인권 의무를 온전히 이행할 만큼 충분한 자원을 갖고 있지 못할 수 있다. 그런 경우에 세계화로 인한 재정 집행력의 감소는 우려할 만한 일이 될 수있다. 그러므로 세계화가 실제로 재정지출에 대한 개도국의 자율권을 압박하게되는지, 그렇다면 그런 압박은 어느 정도인지를 논의해 볼 필요가 있다.

사실 정부의 재정 집행력에 미치는 세계화의 영향에 대해 지나치게 과장된공포가 조성되어 있다. 먼저 관세 인하의 효과를 생각해 보자. 무역의 자유화 과정에서 전형적으로 나타나는 현상은 갑작스러운 관세 철폐가 아니라 가변적이고 높은 관세율을 비교적 일률적이고 낮은 관세율로 조정하는 것이다. 그렇게되면 평균 관세율은 결과적으로 내려가겠지만 동시에 세원이 확장될 가능성이 크기 때문에 관세의 총수입은 반드시 내려가지만은 않을 수도 있다.

우선 관세가 인하되면 무역량이 늘어나기 때문에 평균 관세율이 낮아지더라도 관세의 총수입은 수출입 상품의 가격탄력성에 따라 늘어날 수 있다. 또한 무역자유화는 수입에 대한 수량 규제를 관세 규제(소위 쿼터제)로 대체시키기 때문에 이전보다 훨씬 많은 상품이 관세의 대상이 된다. 그러므로 무역자유화가 필연적으로 세수의 손실을 가져올 것이라는 가설은 옳지 않다. 자본 이동의 자유화에 대해서도 마찬가지인데, 정부가 외국자본을 유치하기 위해 세수 비율을 줄이더라도 외국자본이 충분히 유입된다면 전체 세수입은 오히려 증가할 수 있다. 즉, 외국자본이 충분히 유입되고 그것을 생산적으로 사용함으로써 세수 감축 비율보다 많은 가계 수입이 창출된다면 세수의 총액은 증가하게 된다.

무역자유화가 세수에 미치는 영향은 단순히 관세에 대한 효과만으로 판단할 수 없다. 관세가 다른 세금으로 대체될 수 있기 때문이다. 관세는 국산품 대비 수입 상품에 대해 차별적으로 적용되는 세금이다. 이런 차별적 과세 정책은 인센티브 구조를 왜곡시킴으로써 경제적 비효율성을 야기한다.[13] 이것이 바로 (경제적 효율성 증진을 목적으로 한) 무역자유화가 관세의 인하나 종국적으로 관세 폐지를 요구하는 이유이다. 그렇다고 무역자유화가 수입 상품에 대해 아예 관세를 부과하지 말라고 요구하는 것은 아니다. 수입 상품에 대한 관세를 국산품에 대한 세금과 동일한 형태의 세금으로 대체하도록 요구하는 것이다. 이런 중립세neutral tax는 매우 타당해 보이며, 무역자유화의 원칙과 완벽하게 조화를 이루면서 세수를 증가시킬 것이다. 결국 관세 수입이 떨어지더라도 세수는 오히려 올라갈 수 있다. 그러므로 무역자유화가 세수에 미치는 영향이 우려된다면 부가가치세와 같은 중립세의 도입을 고려해 볼 만하다.

세계화가 국가의 재정 집행력에 대해 끼치는 영향은 정해져 있는 것이 아니다. 정부는 자신의 재량으로 국가의 재정 집행력을 강화하기 위한 가용 정책들 가운데 필요한 것들을 선택할 수 있다. 그런 가용 정책으로는 쿼터제, 관세 수입의 심각한 손실을 막을 수 있을 정도까지의 평균 관세율 인하, 관세의 중립세로의 대체, 세금 징수의 효율성(특히 개도국에서 낮게 나타나고 있는) 제고 등을 들 수 있다. 그러나 개도국이 무역자유화를 추진하면서 실제로 이런 정책을 얼마나 수용하고 있는지에 대해서는 아직까지 별로 알려진 바가 없다. 이 분야에 대한 연구가 아직 매우 제한적이긴 하지만 지금까지 밝혀진 이론적·경험적 증거만으로도 정부가 적합한 정책을 채택한다면 무역자유화는 국가의 재정 집행력을 증진시킬 것이며 양자는 나란히 발전할 수 있을 것이라고 주장할 수 있다.

이 점에 있어서 방글라데시의 경험은 우리에게 많은 교훈을 주고 있다.[14] 방글라데시는 1980년대 말과 1990년대 초에 무역자유화 조치를 전면적으로 수용했다. 그 결과 관세 수입이 국내총생산에서 차지하는 비율은 약간 감소했지만 수입 상품으로 거둬들인 총 세수는 줄어들지 않았다. 이는 정부가 1992년에 수입관세를 국산품에 적용되는 것과 동일한 중립적 부가가치세로 바꾸었기 때문이다. 중립적 부가가치세는 한편으론 국내 생산품에 대한 기존의 소비세를 대신하면서, 다른 한편으론 수입 상품에 대한 관세와 판매세를 부분적으로 대체한 것이었다. 정부는 또한 일명 부가세supplementary tax라는 과세 정책을 도입하고 수입 상품과 국산품에 동일한 세금을 적용했다.

방글라데시는 이와 같이 세제 개혁을 통해서 무역자유화에 뒤따르는 간접세 징수의 어려움을 겪지 않았다. 실제로 국내총생산에서 간접세가 차지하는 비율이 1980년대 후반에는 4.6퍼센트였던 것이 1990년대 상반기에는 5.6퍼센트로 하반기에는 6.3퍼센트로 상승했다.

간접세 수입의 증가는 보다 많은 직접세 징수를 위한 움직임으로 보완되었다. 그 결과 총 세수가 국내총생산에서 차치하는 비율이 1980년대 후반에는 6.3퍼센트였던 것이 1990년대 후반에는 9.2퍼센트로 상승했다. 거기에 준해 공공 지출이 국내총생산에서 차지하는 비율 또한 12.9퍼센트에서 13.6퍼센트로 상승했다. 상승 비율이 매우 적기는 하지만 같은 시기 동안 해외 원조의 유입이 지속적으로 줄어들었음에도 불구하고 상승이 발생했다는 사실은 매우 중요하다. 또한 정부는 보건, 교육, 사회 기반 시설과 같이 가난한 사람들에게 돌아가는 혜택이 비교적 더 많은 부문에서 공공 지출을 늘렸다. 교육과 보건 부문에 대한 공공 지출이 1980년대 초반에는 전체 예산의 14퍼센트를 차지했는데 1990년대 후반에 23퍼센트로 늘어났다. 한 나라의 사례만으로 결론을 내릴 수는 없지만 적어도 세계화가 국가의 재정 집행력을 제한함으로써 정부의 인권 의무 이행을 어렵게 한다는 주장이 항상 타당한 것은 아니라고 말할 수 있다. 사실 그런 주장의 타당성은 자유화 과정에서 이행될 구체적인 정책에 따라 달라진다고 할 수 있다.

경제의 구조적 변화
: 승자와 패자

세계경제에 편입되기 위해서 국가 경제구조의 변화는 불가피하다. 경제구조의 변화는 고용과 가계 수입을 늘릴 수 있는 새로운 기회를 제공하기도 하지만, 동시에 그런 기회를 박탈하거나 적어도 기존의 생계 수단을 상당수 축소시키게 될 것이다. 경제학적으로 말하면, 비교 우위를 가진 영역에서는 기회가 증가하고 비교 열위를 가진 영역에서는 기회가 줄어든다. 이는 인권적 접근법에 함의하는 바가 크다.

경제학 이론은 일반적으로 전체 소득이 전체 손실보다 많으면 나라 전체의 사회복지가 상승한다고 말한다. 그러나 문제는 소득과 손실이 모든 사람에게 균등하게 배분되지 않는다는 점이다. 분배의 문제는 누가 소득 또는 손실을 확대하는 활동에 참여했는가, 누가 그것을 축소하는 활동에 참여했는가, 누가 앞으로 열릴 기회를 잡을 수 있는 기술과 수단을 가지고 있는가에 따라 많은 부분이 달라진다. 사회적 약자에게 손실은 더 크게 느껴진다. 그들은 새로운 기술과 자원에의 접근이 어렵기 때문에 시장에서 일어난 변화의 바람을 이겨 낼 수 있는 유연성이 부족하다. 그러므로 경제구조의 변화로 인해 그들 가운데 일부가 식량, 직업, 보건, 주거권과 같은 인권의 퇴보에 직면하게 될 현실적 위험이 존재한다. 이런 위험 때문에 세계화와 인권 간의 양립 가능성을 검토해 봐야 하는 것이다.

세계화가 기회의 구조에 변화를 가져옴으로써 가난한 사람들을 더 취약하게 만들 수 있는 잠재성을 가지고 있음을 인정하더라도 이에 대해 미리 지나치게 걱정할 필요는 없다. 여기서 몇 가지 점을 짚고 넘어갈 필요가 있다.

첫째, 세계화가 전 세계의 소득 불평등을 확대해 왔음이 자명한 사실인 것처럼 제기되곤 한다. 그런 주장은 가난한 사람들이 세계화의 과정에서 심각한 타격을 받는다는 주장을 뒷받침하는 근거로 사용되어 왔다. 그러나 심화된 불평등이 가난한 사람들의 생활 조건의 전면적 개선과 밀접하게 관련되어 있다는 사실은 차치하고서라도 세계화가 불평등을 확대하고 있다는 주장은 문제의 소지가 매우 많다. 현재 전 세계적 소득분배를 살펴본다면 현 단계의 세계화가 거기에 미친 영향을 확정적으로 단정 지을 수는 없을 것이다.[15] 더 중요하게는 여러 가지 요소가 전 세계적 소득분배에 영향을 미치는데, 이 가운데서 세계화의 영향만을 분리해 낼 수 있는 방법을 누구도 찾아내지 못했다는 것이다.

세계화가 실제로 세계적 불평등을 확대했다고 보더라도 그것이 세계화의 본질적 성격이라고는 말할 수 없다. 1950년대와 1960년대에 후진 경제가 자본주의 노선을 따라 발전하기 시작했을 때, 성장 초기에는 소득분배가 악화되다가 성장이 본격화된 후에는 소득분배가 개선될 것이라는 가설을 믿었다. 쿠즈네츠의 가설Kuznets hypothesis로 알려진 이 가설은 그간의 경험적 증거를 통해 오늘날에 신뢰를 얻게 되었다. 모든 개발 과정에서의 소득분배는 정부 정책에 따라 크게 달라진다. 경제가 성장함에 따라 정부가 적합한 정책을 취한다면 분배의 문제는 실제로 개선될 수 있다. 쿠즈네츠의 가설에서 필연적인 것은 아무것도 없다. 세계화의 효과에 있어서도 원칙적으로 필연적인 것은 아무것도 없다. 즉, 국가적·국제적 정책에 따라 세계화의 효과는 달라진다. 이것이 세계화 시대에 인권적 접근법을 취해야 하는 분명한 이유이다. 이 점에 대해선 아래에서 좀 더 자세히 다루고 있다.

두 번째는 꼭 세계화가 아니더라도 빈사 상태에 빠진 경제를 제외하고는 모든 경제에서 구조적 변화가 발생한다는 것이다. 기술, 기호, 인구구성 등의 변화로 인해 생산 분야에서 새로운 기회가 만들어지고 낡은 기회는 사라지게 된다. 이와 같은 자생적 구조 변화의 효과는 세계화가 낳은 효과와 질적으로 다르지 않다. 둘 다 새로운 기회와 함께 새로운 불확실성과 취약성을 만들어 낸다. 자생적 구조 변화가 가져온 부정적 효과의 비용 역시 세계화의 경우에서와 같은 이유로 좀 더 취약한 집단에게 불공평하게 부과될 가능성이 높다. 자생적 구조 변화를 거부할 이유가 없다면 세계화를 거부할 이유도 없다.

그러나 세계화의 부정적인 잠재 효과를 검토하고 대책을 강구할 필요는 있다. 장기간에 걸친 조정의 틈을 주면서 점진적으로 진행되는 자생적 구조 변화와 달리, 현 단계의 세계화는 단기간에 구조적 변화를 야기하기 때문이다. 빠른 속도의 변화는 심각한 조정의 문제를 일으킬 수 있다. 특히 구조적 변화가 야기한 혼란으로 가장 고통받는 사람들을 적절히 보호하기 위한 체계를 확립하기 위해 조정은 더욱 민감한 문제가 된다. 조정의 문제는 아래와 같이 다른 두 가지 요소와 중첩되어 나타날 수 있기 때문에 더욱 심각하다고 할 수 있다.

첫 번째 요소는 비교 우위의 변화이다. 앞에서 언급한 바와 같이 한 국가가 세계경제에 편입될 때 국가의 생산구조는 비교 열위를 가진 활동에서 비교 우위를 가진 활동으로 옮겨 가게 된다. 문제는 이런 이전으로 인한 구조적 변화가 한번으로 끝나는 것이 아니라는 점이다. 이는 비교 우위의 성격 자체가 세계화가 진행되는 동안 지속적으로 빠르게 변화하기 때문이다. 비교 우위는 태생적으로 상대적 성격을 가지고 있다는 점을 상기할 필요가 있다. 즉, 비교 우위는 특정 국가의 특성에만 의존하는 것이 아니라 무역 네트워크에 참여하고 있는 다른 나라의 특성에 따라서도 달라진다. 세계화를 이미 수용한 나라는 네트워크의 확장과 함께 자국의 비교 우위가 계속해서 변화한다는 것을 알 수 있을 것이다. 말레이시아나 태국과 같은 나라는 여러 해 동안 노동 집약적인 가발 산업에서 누려 왔던 그들의 비교 우위가 방글라데시, 스리랑카, 베트남이 값싼 노동력으로 가발 수출 시장에 뛰어듦으로써 갑자기 상실되는 낭패감을 맛보았을 것이다. 라틴아메리카 국가들 역시 노동 집약적인 활동 분야에서 비교 우위를 누려 왔으나 인구가 많은 중국과 인도가 세계화에 합류하자 더 이상 그 분야에서 비교 우위를 누릴 수 없음을 알게 되었다. 한 분야에서 비교 우위를 잃은 나라는 종국에는 다른 분야에서 비교 우위를 찾아낼 것이다. 그러나 문제는 이와 같은 비교 우위의 변화는 일국의 경제구조를 장기간 지속적으로 유동적인 상태에 머물러 있게 한다는 것이다.[16] 이와 같은 세계화의 파괴적 효과는 매우 심각한 문제이다.

두 번째 요소는 국제금융자본의 변덕스러운 태도에 기인한 것이다. 세계화로 인해 기대되는 혜택 가운데 하나는 자본의 자유로운 이동을 통해 자원을 효율적으로 사용할 수 있게 되리라는 것이었다. 즉, 투자 한계 수익률이 낮은 지역에서 높은 지역으로 자본이 이동할 것으로 예측됐다. 불완전하고 불균형적인 정보와 지식은 자본시장의 내재적 성격 가운데 하나인데, 이로 인한 다양한 시장 실패 때문에 자본이 효율적인 방식으로 움직이지 못하는 경우가 허다하다. 완전한 정보의 부재 속에서 자본의 유출입은 '군중심리'에 따라 이루어지곤 한다. 그래서 자본 이동의 규모가 기본 수익률에 비해 지나치게 커질 수 있다. 그럴 경우 질서정연하고 제한적으로 이동했어야 할 자본이 우르르 떼로 몰려다니게 되고, 이는 경제적 여건에 비해 훨씬 심각한 경제위기를 불러온다. 또한 이동의 방향조차도 종잡을 수 없게 되는 경우가 허다하다. 예를 들어 한 국가의 경제가 건실함에도 불구하고 그와 비슷한 유형의 다른 국가에서 위기를 겪고 있다는 이유만으로 그 국가에서 자본이 빠져나오는 경우도 있다. 지난 1990년대 중반의 아시아와 라틴아메리카에서의 금융 위기는 국제금융자본의 변덕스러운 태도를 여실히 보여 주었다.

위기를 경험한 국가의 경제정책이 크게 잘못되지 않았다거나 근본적 경제구조 변화를 가져올 필요가 없었다는 주장을 하려는 것이 아니다. 그들은 대부분 잘못된 경제정책을 가지고 있었다. 그러나 국제금융자본의 변덕스러운 이동이 효율성의 측면에서 볼 때는 꼭 필요하지 않은 추가적인 구조 변화를 강요하는 측면도 있다.[17] 그런 추가적 구조 변화는 자본 회수를 통해 잠재적으로 효율적인 산업까지 문을 닫게 만드는 등 국가 경제에 해로운 영향을 미쳤다. 불필요했던 추가적 구조 변화는 국가가 위기에서 벗어나면서 대부분 다시 되돌려졌고 국제금융자본은 여전히 예전처럼 움직이고 있다.

세계화가 아니더라도 어디서든 경제의 구조적 변화가 일어날 수 있지만 세계화로 인해 경제의 구조적 변화가 악화 또는 왜곡될 수 있다. 그러므로 세계화의 맥락 속에서 새로운 기회와 함께 새로운 불확실성과 취약성이 나타날 수 있는 가능성이 더 크다고 볼 수 있다. 또한 사회적 취약 집단을 해칠 잠재력 역시 더 크다. 그래서 세계화의 시대에는 사회적 취약 집단을 보호하기 위한 의식적인 노력이 요구된다.[18]

개발에의 인권적 접근법이 사실상 중요한 역할을 수행할 수 있는 지점이 바로 이런 점이다. 국제 인권의 규범적 프레임워크는 특별히 사회적으로 취약하고 열악하며 소외되고 배제된 개인 및 집단에 집착한다. 그렇기 때문에 이것은 세계화의 파괴적 효과를 효과적으로 상쇄할 수 있는 균형추로서 기능할 수 있다. 특히 세계화의 부정적 효과가 바로 가난하고 사회적으로 배제된 사람들에게 불균형적으로 전가되기 때문에 더욱더 그러하다. 국제 인권 프레임워크의 특성 가운데 두 가지 요소가 특히 이 부분과 관련이 깊다.

반차별의 원칙과 평등의 원칙은 국제인권법의 가장 기본적 요소이다. 이 원칙은 세계인권선언과 자유권 규약, 사회권 규약, 인종차별 철폐 협약, 여성차별 철폐 협약, 아동권 협약을 포함해 수많은 인권 협약에서 정교하게 발전되어 왔다. 국제사회는 이 쌍둥이 원칙의 근본적인 중요성을 인정하고 인종차별 철폐 협약과 여성차별 철폐 협약에 근거한 두 조약 기구를 설립했다. 이 조약 기구들은 전적으로 반차별과 평등의 촉진과 보호에만 전념해 오고 있다.

세계화로 인한 조정의 부담이 불균등하게 부과되도록 그대로 방치해 두었다면 이는 반차별과 평등의 원칙을 위반했다고 볼 수 있다. 문제는 세계화가 사회 내 모든 개인에게 중립적이거나 동일한 효과를 발휘하지 않을 것이라는 점에 있는 것이 아니다. 어떤 정치경제적 변화도 그런 이상적인 결과를 가져올 것으로 기대할 수 없다. 문제는 특정 집단 또는 개인에게 세계화의 부담이 의도적으로 혹은 체계적으로 부과되었을 때 나타난다. 만약 정책적·경제적 변화의 역효과가 사람들에게 무작위로 분산될 경우에는 차별의 문제는 일어나지 않을 것이다. 그러나 그럴 가능성은 매우 희박하다. 세계화의 부담은 특히 취약한 집단에게 부과되기 쉽기 때문에 차별의 가능성은 매우 현실적인 문제이다.

이런 맥락에서 다음 두 가지를 염두에 두고 문제에 접근할 필요가 있다. 첫째, 차별과 불평등은 다양한 형태로 나타날 수 있으며, 다양한 원천으로부터 나온다는 점을 인식하고 있어야 한다. 차별과 불평등은 객관적인 법적 지위와 자격의 불평등으로부터 발생할 수 있다. 또한 특정 개인 및 집단의 필요를 무시하는 정책으로부터도 발생할 수 있고, 특정 집단을 차별하는 방식으로 가계나 공동체 내의 관계를 구성하는 사회적 가치로부터 일어날 수도 있다. 둘째, 의도가 아니라 정책의 효과를 주시하는 것이 중요하다. 예를 들어 정책적 효과가 여성, 선주민, 기타 주변화된 집단을 불균형적으로 가난하게 만들었다면, 이는 정책 입안자가 그런 집단을 차별할 의도가 없었을지라도 명백한 차별인 것이다.

그러므로 개발에 대한 인권적 접근법을 적용하려면 세계화가 야기한 혼란으로 의도적인 피해를 당한 사람들에게 특별한 주의를 기울여야 한다. 특히 그들이 구조적 변화로 인해 새롭게 열린 기회를 잡을 수 있도록 기술과 자원을 제공하고 생산적 노동에 접근할 수 있도록 당면한 걸림돌을 제거해 구조조정으로 인한 그들의 손실을 최소화하고 새로운 기회로부터 얻을 수 있는 소득을 최대화하도록 노력해야 한다.

권리의 역행 불가non-retrogression의 원칙 또한 취약한 사람들을 실질적으로 보호하는 기능을 가지고 있다. 이 원칙은 권리를 향유함에 있어서 언제 어디서든 누구도 권리의 전면적 후퇴를 허용해서는 안 된다는 것이다. 인권적 접근법은 모든 권리가 온전히 향유되기 위해서는 상당한 시간을 필요로 한다는 점을 인정하고 있다. 또한 권리마다 진전 속도가 달라서 시간의 흐름에 따라 어떤 권리는 다른 권리보다 느리게 진전될 수 있다는 점도 인정하고 있다.[19] 그러나 어떤 권리라도 그 향유 수준이 과거보다 낮아지는 것은 허용하지 않는다. 세계화는 이 원칙을 분명히 위반할 수 있다. 세계화가 가져온 빠르고 중복적인 구조적 변화가 가난하고 취약한 사람의 생활수준을 전면적으로 퇴보시킴으로써 심각한 혼란을 야기한다면, 이는 권리의 역행 불가 원칙을 위반한 것이다. 지난 금융 위기 시절 수많은 사람들에게 권리 향유의 후퇴가 일어났다. 정상적인 시기에도 많은 개인과 집단이 생활수준의 퇴보를 경험하고 있다. 물론 위기 때보다는 덜 극적이겠지만 당사자들에게는 하나같이 매우 생생한 고통일 것이다. 개발에의 인권적 접근법은 그런 후퇴를 막기 위해 적절한 사회보장제도를 확립할 것을 요구하고 있다.

세계화와 성장 : 개발에의 인권적 접근법을 위한 기회

세계화는 인권 실현의 속도에 잠재적으로 제약을 가할 수도 있지만 동시에 더욱 빠른 경제성장을 촉진시킴으로써 인권 실현을 위한 새로운 기회를 제공할 수도 있다. 세계화로 인해 발생되는 제약은 적절한 정책적 대응을 통해 통제될 수 있기 때문에 잠재적인 것이다. 경제성장이 가져올 기회 역시 잠재적인 것이다. 그런 기회는 정책적·제도적 지원과 함께 인권 실현을 위한 동력으로 이용되어야 한다. 그와 같은 정책적·제도적 지원 체제를 지탱할 원칙에 대해서는 추후에 논의하기로 하고, 여기서는 우선 세계화, 성장, 인권 간의 연계성을 규명하고자 한다.

전통적인 인권 담론과 개발 담론은 경제성장에 대해 많은 의구심을 가지고 대하는 경향이 있다. 많은 성장론자들이 잘못된 경제성장이 인권에 미칠 역효과를 거의 무시할 정도로 경제성장에만 사로잡혀 있다는 사실을 감안한다면, 그런 경향은 그리 놀랄 일이 아니다. 그러나 일반적 경제성장과 잘못된 경제성장은 구분할 필요가 있다. 물론 인권을 무시하거나 심지어 박탈하고 침해하는 성장은 개발에의 인권적 접근법에서 거론할 가치도 없다. 그렇다고 인권적 접근법에서 경제성장의 필요성을 아예 무시해도 된다는 말은 아니다. 경제성장의 힘을 개발권의 보다 조속한 실현을 위한 동력으로 사용할 수 있으며 그래야만 한다.

나아가 경제성장이 인권적 접근법과 양립 가능할 뿐만 아니라 인권적 접근법의 한 부분이라고 주장할 수도 있을 것이다. 인권적 접근법의 두드러진 특징 가운데 하나가 자원 부족의 압박 때문에 인권을 일정 시간을 두고 점진적으로 실현시켜야 함을 인정한다는 것이다. 그러나 점진적 실현을 핑계 삼아 의무 담지자가 이행의 노력을 늦추지 않도록 하기 위해 인권적 접근법은 모든 권리의 온전한 실현을 위해 '가능한 한 신속한' 조치를 취하도록 요구하고 있다. 권리의 조속한 실현을 충분히 중요한 것으로 여긴다면 조속한 경제성장이 인권적 접근에 왜 중요한지 쉽게 알 수 있을 것이다. 이는 센굽타가 강력하게 주장한 바이다.[20] "물론 경제성장 없이도 기존의 자원을 재분배하고 재배치함으로써 특정 기간 동안 어느 정도 어떤 권리의 실현을 증진시킬 수 있다. 그러나 시민·정치적 권리를 포함해 모든 권리는 거기에 상응하는 물질과 서비스의 공급을 확대하기 위해 자원의 사용과 공공 지출을 수반한다는 점을 인식할 필요가 있다. 그러므로 모든 혹은 대부분의 권리를 다함께 온전히 지속 가능한 방식으로 실현하려면 경제성장을 확고히 함으로써 자원 부족의 압박을 완화할 수 있는 조치를 취해야 한다." 요약하자면 권리의 실현은 자원을 필요로 하기 때문에 권리의 조속한 실현을 위해서는 자원 부족의 압박을 완화시켜야 하는데, 자원 부족의 압박의 완화를 위해서는 경제성장이 필요하다는 주장이다.

권리에 기초한 접근법에 있어서 성장이 중요한 또 다른 이유는 성장이 권리들 간의 타협의 고통을 줄여 준다는 것이다. 권리 간의 교환이 가능하다는 생각은 거의 신성화된 권리의 불가분성의 개념과 불편한 관계에 놓여 있다. 그러나 실제로 두 가지 권리 간의 타협이 존재한다는 점을 인정한다면, 권리 간의 타협이 권리의 불가분성과 대립해야 할 이유는 사라진다. 그러나 타협에 의한 교환이 어떤 권리의 수준을 향상시키기 위해 다른 권리의 수준을 실제로 끌어내리는 것이라면, 이는 당연히 불가분성의 원칙과 명백히 모순되는 것이다.

그러나 이와는 다른 종류의 타협은 불가분성의 개념과 양립 가능할 뿐만 아니라 불가피한 것이다. 정부가 자원 부족의 압박 아래서 다양한 권리의 수준을 향상시키려 할 때에는 불가피하게 부족한 자원을 어떤 권리에 어떻게 배분할 것인지 선택의 기로에 놓이게 된다. X라는 권리의 신장에 더 많은 자원을 배분하고 Y라는 권리에 더 적게 배분할 수도 있고, 반대로 Y에 더 배분할 수도 있다. X에 좀 더 많이 배분하기로 결정했다면, Y에는 불가피하게 좀 더 적게 배분하기로 결정해야 한다. 이것이 바로 위에서 말한 불가피한 타협이다. 이 경우에는 단 하나의 권리도 기존의 상태보다 나빠질 이유가 없다. 이런 측면에서는 타협이 아니라고 할 수도 있지만, 다른 권리와 비교해 볼 때 어떤 한 권리의 신장을 얼마나 많이 이룰 수 있는지 그 정도를 따지게 된다면 타협적 교환이 되는 것이다. 이런 종류의 타협은 자원이 한정된 세계(우리가 살고 있는 진짜 세계)에서 불가피한 것이다.

이와 같은 타협은 권리의 불가분성의 원칙에 위배되지 않는다. 즉, 다른 어떤 권리의 신장을 위해 특정 권리의 수준을 기존의 상태로부터 끌어내리지 않으며, 어떤 권리를 특별히 신장시키고 있다고 해서 다른 권리의 신장을 완전히 유보하지는 않기 때문이다. 동시에 모든 권리의 실현을 빠르게 증진시키고자 하지만 자원 부족의 압박 때문에 그럴 수 없는 정책 입안자에게 이런 교환 조건은 고통스러운 선택이 될 것이다. 이럴 때 조속한 경제성장은 더 많은 가용 자원을 가져다줌으로써 불가피한 타협의 고통을 줄여 줄 것이다.

그러므로 경제성장을 이끌어 낼 수 있는 전략은 인권적 접근법에 통합되어 그 일부로 구성되어야 한다. 이런 측면에서 세계화는 경제성장을 촉진시키는 잠재력 때문에 인권적 접근법에 매우 강력한 우방이 될 수 있다.[21]

물론 세계화를 수용한다고 해서 성장률이 자동으로 급속히 증가할 것이라는 보장은 없다. 오히려 여러 가지 이유로 잘못될 수 있는데, 그것은 국제금융체계의 붕괴와 같은 외부적 요인이 작용한 결과일 수도 있겠지만, 대부분은 취약한 거버넌스, 내전, 환경 파괴 등과 같은 내부적 요인이 작용한 결과이다. 여러 가지 우려에도 불구하고 세계화는 더 효율적인 자원 배분을 가져오고 경쟁을 촉진하며 기술의 확산을 고무함으로써 성장 잠재력을 강화할 것이다. 이와 같은 세계화의 잠재력을 인권을 신장시키는 동력으로 사용해야 한다.

그러나 세계화를 통해 조속한 성장을 보장하는 것과 인권 신장을 위해 세계화의 잠재력을 동력으로 사용하는 것은 별개의 문제이다. 성장이 가져올 수 있는 최선은 권리의 점진적 실현을 가속화하고 불가피한 교환의 고통을 절감시킴으로써 인권적 접근법이 더 쉽게 나아갈 수 있도록 한다는 것이다. 성장은 증가한 가용 자원이 인권을 신장시키는 목적으로 사용되지 않을 수 있기 때문에 인권의 실질적 실현을 보장할 수는 없다.

성장이 인권의 우방이 되게 하려면 자원을 권리로 전환하기 위해 윤리적으로 고안된 포괄적 정책과 제도의 틀 속에서 성장 전략을 구체화해야 한다. 물론 구체적인 정책과 제도는 처한 상황에 따라 달라지겠지만 보편적 원칙은 국제인권법이 제시한 규범으로부터 끌어낼 수 있다. 그런 원칙들 가운데 가장 중요한 몇 가지 원칙을 다음 절에서 다루고 있다.

인권적 접근법의 원칙

개발에의 인권적 접근법의 주요 원칙을 서술하기 전에 먼저 인권 규범이 정확하게 요구하는 바가 무엇인지를 살펴볼 필요가 있다. 즉, 인권 규범이 어떤 목적을 설정하고 있는지, 어떤 의무를 부과하고 있는지, 어떻게 그런 목적을 실현하려고 하는지 살펴보아야 한다.

개발에의 모든 접근법은 일련의 가치와 규범에 토대를 두어야 한다. 인권적 접근법은 국제 규약, 조약, 선언, 협약을 통해 성문화되어 보편적으로 수용되고 있는 객관적 규범과 가치에 기초하고 있다. 먼저 인권적 접근법은 개발의 구성요소가 무엇인지에 대한 고유의 관점을 가지고 있다. 그런 관점은 국제사회에서 비교적 최근에 채택된 개발권의 개념을 통해서 가장 잘 드러난다. 개발권 선언 제1조는 "개발에의 권리는 양도할 수 없는 인권이며, 그로 인해 각 인간과 모든 사람들은 모든 인권과 기본적 자유가 온전히 실현될 수 있는 경제·사회·문화·정치적 개발에 참여하고, 기여하고, 향유할 수 있는 자격을 부여받았다"[22]라고 명시하고 있다.

이에 따르면 개발은 "모든 인권과 기본적 자유"가 온전히 실현될 수 있는 "경제·사회·문화·정치적 개발"이라는 의미로 정의될 수 있다. 그래서 인권적 접근법은 과거 개발학계에서 우세했던 경제적 정의로부터 개발의 개념을 확장시킬 것을 요구한다. 개발에 대한 경제적 개념이 여전히 중요하지만 이제 그것만으로는 불충분하다. 개발은 한편으로는 보다 온전한 경제·사회·문화적 권리의 실현을 가져와야 하며, 다른 한편으로는 시민·정치적 권리의 실현을 가져와야 한다. 개발권 선언은, 어느 한편의 권리만을 추구하고 다른 권리들을 무시하는 것은 개발을 구성하지 못한다고 말하고 있다. 이와 같은 개발의 개념은 인권 분야에서 오랫동안 옹호해 온 '인권의 불가분성' 원칙을 내포하고 있다.[23]

인권적 접근법은 개발에 대한 포괄적 개념뿐만 아니라 개발을 촉진시킬 정책과 제도를 이끌어 줄 일련의 원칙들도 제시하고 있다. 그 원칙들은 분석의 편의를 위해 ① 정책 형성 과정에 적용되는 원칙, ② 정책 내용을 구성하는 원칙, ③ 정책 이행에 대한 모니터링에 적용되는 원칙으로 크게 분류할 수 있다.[24]

권리에 기초한 정책 형성 과정   정책 형성에 적용되는 가장 중요한 원칙은 그 과정이 참여적이어야 한다는 것이다. 특히 특정 정책에 의해 직간접적으로 영향을 받게 될 인구 집단이 정책 형성의 과정에서 영향력을 발휘할 수 있는 역할을 담당할 수 있도록 해야 한다. 참여는 ① 선호에 대한 표현 단계, ② 정책 선택의 단계, ③ 정책 이행의 단계, ④ 정책 이행의 모니터링, 평가, 책무의 단계와 같이 구분된 네 단계 모두에 적용되어야 한다.

먼저 선호에 대한 표현 단계는 정책 형성을 위한 모든 과정의 시작 단계이다. 정책이 형성될 수 있으려면 그전에 사람들이 선호하는 것이 무엇인지, 예를 들어 달성하고자 하는 목적이 무엇인지를 표현할 수 있도록 해야 한다. '정책 선택의 단계'는 자원 배치에 관한 정책 형성과 의사 결정이 이루어지는 단계이다. 자원을 어떻게 배치하느냐에 따라 사람들 간의 이해관계가 달라진다. 이행 단계에서의 충돌은 거의 모든 정책 형성 과정에서 불가피하게 나타나는 현상이지만, 전통적으로 이 과정에서 가난하고 주변화된 인구 집단의 이해가 희생되어 왔다. 그들은 자신의 이해를 관철시킬 만한 정치경제적 힘이 없기 때문이다. 인권적 접근법은 그들이 정책 형성에 효과적으로 참여할 수 있도록 법적·제도적 프레임워크를 만듦으로써 그런 상황을 바꿀 수 있는 조치를 취해야 한다.

정책 이행의 단계에서는 사람들이 정책의 이행에 대한 참여의 권리를 행사할 수 있는 기회를 만들어 주어야 한다. 정책 이행에 대한 일차적 책임이 행정 부처에 있을지라도 주민들이 이행 과정에 참여할 수 있도록 보장되어야 한다. 또한 국가 또는 의무 담지자가 이행에 대한 책무를 준수할 수 있도록 정책 이행의 성공과 실패에 관한 모니터링과 평가의 단계에서도 주민들의 참여를 보장해야 한다.[25]

진정한 참여가 이루어지기 위해서는 몇 가지 전제 조건이 충족되어야 하며 몇 가지 다른 권리가 사전에 충족되어야 한다. 가장 중요한 전제 조건은 보통 사람들이 자신의 권리를 주장할 수 있고 의사 결정 과정에 효과적으로 참여할 수 있을 만큼 세력화되어 있어야 한다는 것이다. 대부분의 사회는 불균형적인 권력관계가 깊게 뿌리내리고 있기 때문에 세력화 과정은 그 자체만으로도 매우 복잡하고 많은 시간을 필요로 하는 과정이 될 수 있다.

세력화를 위해서는 우선 정치형태가 민주적이어야 한다. 민주적 거버넌스는 ─아무리 잘 만들어도 충분한 것이 될 수는 없지만─ 모든 집단이 국가정책을 형성하는 과정에 효과적으로 참여할 수 있는 공간을 만들어 내기 위한 필수 조건이다. 두 번째 전제 조건은 주변화된 집단이 갈등 분쟁이 잠재된 상황에 효과적으로 참여할 수 있도록 그들의 협상력을 강화하는 것이다. 이를 위해서는 그들의 역량을 강화하는 활동이 매우 중요하다. 이 단계에서 시민사회가 건설적인 역할을 수행할 수 있다. 이를 위해서 국가는 독립적 시민사회가 번창할 수 있도록 필요한 법적·제도적 환경을 조성해 주어야 한다. 그런 환경이 조성되려면 정보에의 권리, 표현의 자유, 결사의 자유, 법 절차에의 동등한 접근권 등 시민·정치적 권리가 동시에 신장되어야 한다. 이와 같은 권리 신장 없는 세력화가 불가능하고, 세력화 없는 효과적인 참여가 불가능하다. 따라서 참여의 권리를 충족시키기 위한 조치를 취하는 것이 인권적 접근법을 구성하는 중요한 요소인 것이다.

인권적 접근법하에서 정책 내용을 구성하는 원칙들

정책의 내용은 국가가 설정한 목표와 목적, 목표 달성을 위해 할당된 자원과 이를 위해 채택된 방법에 따라 달라진다. 목표 설정과 자원 배분은 불가피하게 우선순위의 선정 과정을 거치게 되는데, 우선순위의 선정은 다시 가능한 목표들 간의 타협 과정을 수반한다. 우선순위의 선정과 타협에는 불가피하게 가치판단의 과정이 따르게 된다. 인권적 접근법과 양립 가능한 정책을 만들어 내기 위해서는 인권 규범에 근거해 가치판단이 이루어져야 하며, 그 가치판단은 정책 내용의 특성을 결정하는 데 여러 가지 함의를 가지고 있다.

첫째, 국가가 설정한 목표와 목적은 다양한 인권 협약에서 제시하고 관련 조약 기구에서 정교하게 만들어 낸 목표와 목적에 부합해야 한다.

둘째, 정책은 국제인권법의 가장 근본적 교리인 평등과 반차별에의 권리를 염두에 두어야 한다.

세 번째 원칙은 권리들 간의 타협에 관련된 것이다. '점진적 권리 실현'은 자원 부족의 압박으로부터 나온 생각이다. 자원 부족의 문제는 권리들 간의 타협을 불가피하게 만들었다. 정책 입안자들은 모든 권리가 동시에 같은 속도로 충족될 수 없기 때문에 어떤 권리의 실현을 다른 권리의 실현보다 우선시해야 한다. 인권적 접근법은 권리들 간의 타협의 불가피성을 인정하고 있지만 거기에 분명한 조건을 부과하고 있다.

첫 번째 조건은 권리의 불가분성의 원칙에 의해 부과된 것이다. 이는 어떤 인권이 우선순위의 선정 과정에서 밀려났다고 해서 그 인권을 다른 인권보다 본질적으로 열등한 것으로 여겨서는 안 된다고 요구하고 있다. 어떤 권리가 우선시 되었다면 그것은 단지 실용적 차원에서 그렇게 된 것이지 본질적으로 그 권리가 다른 권리보다 우월해서 그런 것이 아니다. 예를 들어 어떤 권리가 역사적으로 다른 권리에 비해 덜 실현되어 왔다거나, 어떤 권리가 다른 권리의 조속한 실현에 촉매제 역할을 할 수 있는 경우 그 권리를 실용적 차원에서 우선순위로 삼을 수 있는 것이다.

두 번째 조건은 권리가 퇴보해서는 안 된다는 권리 역행 불가의 원칙에 의해 부과된 것으로 어떤 권리도 그 실현 수준이 의도적으로 현재보다 나빠져서는 안 된다는 것이다. 이 조건은 주어진 시점에 한해 우선순위가 부여된 특정 권리에 더 많은 자원을 할당하게 할 수는 있지만, 나머지 권리의 실현 수준이 적어도 기존의 수준에서 더 낮아지지 않도록 보장하고 이에 대해 주의를 기울일 것을 요구하고 있다.

마지막 조건은 우선순위의 선정과 이에 대한 타협은 사회적 약자 집단의 가치와 이해가 힘 있는 이익집단의 압력으로 무시되지 않도록 진정한 참여가 이루어지는 방식으로 결정되어야 한다는 것이다.

**정책 이행에 대한 모니터링에
적용되는 원칙**

성과에 대한 모니터링과 평가는 모든 종류의 개발 전략에서 — 그것이 권리에 기초한 것이든 아니든 — 반드시 필요한 부분이다. 보통의 접근법과는 다른 인권적 접근법만의 특징은 바로 책무성의 개념을 강조하고 있다는 점이다. 다른 전통적 전략이나 접근법에서는 책무의 개념을 도입하지 않고 있다.

권리의 개념은 의무의 개념을 내포하고 있다. 의무는 의무 담지자가 그 이행에 대한 책무를 가질 때에만 의미가 있다. 그러므로 책무를 확실하게 부과하는 것은 인권적 접근법에서 매우 중요한 요소이다.

어떤 국가가 적절한 정책의 채택과 이행에 실패했을 경우, 이에 대한 국가의 잘못을 규명하고 제제를 가할 수 있는 메커니즘이 있어야 한다. 책무 메커니즘은 다양한 형태로 존재할 수 있다. 사법적·행정적 메커니즘도 가능하고 공동체에 기반을 둔 메커니즘도 가능하다. 반드시 법정에서 의무 담지자의 책무를 추궁할 필요는 없으므로 사법적·비사법적 수단이 모두 가능하다. 옴부즈맨이나 조약 기구와 같은 준사법적 기제를 비롯해 의회와 같은 정치적 메커니즘, 행정적 조치, 시민사회의 모니터링 등이 비사법적 수단에 속한다고 할 수 있다. 인권적 접근법에서는 그런 메커니즘이 적절히 조화롭게 사용될 수 있다. 각 국가는 사례별로 어떤 메커니즘이 가장 적절한지 그때그때 스스로 결정한다. 다만 어떤 메커니즘을 선택하든 접근이 용이하고, 투명하고, 효과적이어야 하며 무엇보다 중요한 것은 참여의 원칙을 확실히 보장함으로써 사람들이 국가의 행위에 대해 책무를 추궁할 수 있도록 보장해야 한다는 점이다.

결론

인권은 국가에 중점적 역할을 부여하고 있다. 인권 담론으로부터 나온 의무를 이행할 일차적 책임은 국가에 있다. 그러나 세계를 휩쓸고 있는 세계화의 물결이 인권의 목적을 수행해 나갈 국가의 능력과 동기를 잠식시킬 수 있다는 우려가 최근에 여기저기서 표출되고 있다. 이런 우려는 다는 아니지만 대부분 세계화에 의해 고삐가 풀린 경제 세력의 성격에 근거한 것이다. 본문에서 그런 우려

속에서 가장 흔히 논의 대상이 되고 있는 경제 세력, 즉 국제통화기금과 세계은행에 대해서 살펴보았다. 그리고 그런 우려가 완전히 근거가 없는 것은 아니지만 심각하게 과장된 경향이 있음을 지적했다.

같은 맥락에서 세 가지 통상적인 가설도 면밀히 검토했다. 첫 번째 가설은 세계화가 국가의 재정 집행력에 제약을 가함으로써 인권 의무를 충족시킬 국가의 능력을 훼손할 수 있다는 것이었다. 두 번째 가설은 세계화가 시장과 자본을 위한 국제적 경쟁을 부추기고 국가의 노동 기준을 낮추도록 인센티브를 제공함으로써 노동자의 권리를 제한할 것이라는 것이었다. 세 번째는 세계화로 인한 경제구조의 변화가 경제적으로 취약한 사람들의 권리에 부정적 영향을 미칠 것이라는 가설이었다.

이론적·경험적 분석을 통해 첫 번째 가설과 두 번째 가설이 보편적 타당성을 가질 수 없음을 밝혔다. 물론 그런 가정이 사실이 될 수 있는 가능성을 완전히 배제할 수는 없으나, 그것은 매우 특수한 경우에 한해서일 것이다. 나는 위의 두 가지 가설이 강조하고 있는 바가 결코 불가피한 것이 아님을 주장했다. 또한 세계화의 인권에 대한 진정한 기여야말로 그런 가정이 현실화되는 것을 막을 수 있는 보루가 될 수 있음을 주장했다.

세 번째 가설은 매우 높은 타당성을 가지고 있다. 그러나 몇 가지 요소를 염두에 둘 필요가 있다. 먼저 사회적 약자 집단은 경제구조의 변화로 피해를 입을 수 있다는 점은 비단 세계화로 인한 변화뿐만이 아니라 거의 모든 구조적 변화에서 나타나는 현상이라는 점을 염두에 두어야 한다. 둘째, 사회적 약자 가운데 피해를 입게 될 사람도 있지만 이득을 얻게 될 사람도 있다는 점이다. 특히 세계화가 다중의 경로를 통해 경제성장의 가능성을 넓힘으로써 사회 전체적으로 실보다는 득이 더 많을 수도 있다는 점을 염두에 두어야 한다. 보다 높은 성장 잠재력을 인권 신장의 동력으로 — 특히 구조적 변화로 가장 큰 타격을 입은 사람들의 경제·사회적 권리를 보호하기 위한 동력으로 — 사용할지를 결정하는 문제는 원칙적으로 국가의 권한에 달려 있다. 그러나 실제로 성장 잠재력이 인권의 동력으로 바뀌려면 국가정책과 제도가 인권적 접근법의 원칙에 부합하도록 설계되어야 한다. 끝으로 나는 인권 원칙에 기초한 국가정책과 제도의 설계에 있어서 반드시 고려해야 할 절차와 방법을 규명하고 제시했다.

시디크 오스마니
SIDDIQ OSMANI

영국 얼스터 대학의 개발경제학 교수이며, 하버드 공중보건대학 'FXB 건강과인권센터'의 방글라데시 개발권 연구 프로젝트 진행자로 활동하고 있다. 유엔 인권고등판무관에 의해 설립된 '빈곤 감축에 대한 인권적 접근법 이행 가이드라인' 개발팀에 참여했다.

13장
인권 조약의 진정 절차를 통한 개발권 옹호

마르틴 샤이닌(Martin Scheinin)

서론

이 글은 인권 조약하의 국제적 모니터링 메커니즘이 개발권에 관련된 권리 주장을 다룰 수 있는 능력과 권한이 있는지에 대해 논의하고 있다. 국제적 모니터링 메커니즘이 권리 주장을 다루기에 적합하지 않다는 주장을 반박하고자 하는 것은 아니다. 여기에 적용한 첫 번째 방법론적 관점은 많은 인권 조약이 실제로 개발권의 운용화와 관련된 잠재력을 가지고 있음을 선정된 사례를 통해서 입증할 수 있다는 것이다. 기존의 인권 조약 프레임워크 내에서 그런 잠재력을 입증하기 위해 나는 국제판례법의 주요 흐름을 쫓기보다는 기존 사례에서 미개발된 영역이나 앞으로 기대되는 사례를 주로 검토할 것이다.

또 다른 방법론적 관점은 개발 문제와 관련해 국제조약 기구에 진정된 선주민의 사례를 개발권에 관한 주변적 문제로 치부해서는 안 된다는 것이다. 오히려 선주민은 한 국가 내에 존재하고는 있지만 국가와는 별도로 자신의 정체성을 구성하는 집단으로, 개발권과 관련된 인권 조약하의 사법적·준사법적 절차가 가동된다면 국가가 개발권의 권리 주장자가 될 가능성이 매우 높다. 정부 외에 다른 정당한 대의기관이 없다는 이유만으로 선주민 집단의 전체 주민이 국가에 대항해 인권 조약 기구에 진정을 할 수 있을 것이라고는 상상하기는 어렵다. 다른 시나리오는 개도국 정부가 하나 이상의 개발국에 대항해 그들의 국제적 의무 불이행을 이유로 진정하는 것이다.[1] 그러나 개도국 정부를 포함해 어떤 정부도 인권 조약 기구의 국가 간 진정 절차에 기대어 문제를 해결하려 하지 않는다. 만일 국가 간에 사건이 발생해 제삼자의 개입이 필요하다면 정부는 인권 조약 기구보다는 국제사법재판소로 그 사건을 가져가기 쉽다.

인권 변호사라면 개발권이 '불완전한 의무' 즉 상응하는 권리 자격을 부여할 수 없는 도덕적 의무만을 부과하고 있다는 주장을 인정해서는 안 된다. 만약 기존의 조약들의 상호 의존성에 기초해 개발에 대한 해석을 내릴 수 있다면, 기존의 인권 조약하의 모니터링 메커니즘을 통해 개발권을 실현하고자 하는 노력은 실현 가능한 선택지가 될 수도 있다. 그렇게 되면 개발권은 단지 불완전한 의무에 관한 것이라는 주장을 인정하지 않아도 된다.

이 주장이 정당화된다면 개발권을 위한 별도의 새로운 절차를 만들 필요 없이 기존의 인권 조약들과 그 모니터링 메커니즘을 이용하면 된다. 기존의 프레임워크 속에서 복합적인 개발권을 추구하려면 인권 조약들 간의 상호작용이 이루어져야 한다. 기존의 인권 기구들은 인권의 상호 의존성을 반영해 각 조약들을 해석할 만한 충분한 역량을 가지고 있다. 즉, 인권 신장에 필요한 새로운 부가가치를 창출할 잠재력을 가지고 있다는 것이다. 따라서 상호 의존성이 부족하다고 가정하더라도 그 때문에 개발권을 위한 새로운 모니터링 메커니즘이 필요하다고 하는 주장은 설득력이 약해 보인다.

기존 메커니즘의 경험

1966년의 양대 국제 인권 규약

사회권 규약과 자유권 규약은 둘 다 개발권에 관한 별도의 조항을 두고 있지 않다. 다만 모든 사람의 자결권을 다루고 있는 두 규약의 공통 조항인 제1조에서 개발권의 '근원'을 찾아볼 수 있다. 공통 조항 제1조 1항은 실제로 개발권의 개념을 자결권의 구성 요소로 채용하고 있다.[2] 제2항은 개발권과 긴밀하게 연결된 경제적 자결권 또는 자원에 대한 자결권을 운용하는 데 좀 더 중요한 의미를 가지고 있다.[3] 제3항은 자결의 연대성, 즉 다른 나라에서의 자결권을 신장시켜야 할 국가의 의무에 대해서 언급하고 있는데, 이는 자유권 규약의 틀 안에 소위 말하는 초국적 의무를 도입하고 있는 것이다. 종합해서 보면 포괄적이고 야심찬 두 규약의 공통 조항 제1조는 개발권에도 중요한 요소들로 구성되어 있다.

1986년에 채택된 개발권 선언은 제1조 2항에서 자결권 개념을 언급하고 사회권 규약과 자유권 규약 간의 공통 조항 제1조 2항의 핵심 내용을 반복함으로써 선언과 양대 규약 간의 연속성을 확보하고 있으며, 자결권과 개발권 간의 상호 연관성을 확립하고 있다. 개발권 선언 제1조 2항의 내용은 아래와 같다.

> 개발권은 또한 사람들의 자결권의 온전한 실현을 내포하고 있다. 자결권은, 양대 인권 규약의 관련 조항에 따라, 그들의 모든 자연 자원과 부에 대한 양도할 수 없는 주권의 온전한 행사를 포함한다.[4]

자결권과 개발권의 잠재적 연결에도 불구하고 공통 조항 제1조의 실질적 효과가 아래와 같은 세 가지 절차적 결점 때문에 크게 약화되고 있다는 점을 살펴볼 필요가 있다. 세 가지 결점은 ① 현재까지 사회권 규약하의 진정 절차가 없다, ② 공통 조항 제1조를 적용할 수 있는 자유권 규약하의 국가 간 진정 절차를 국가들이 아직까지 사용한 적이 없다, ③ 자유권 규약하의 개인 진정 절차가 개별 희생자에게만 제한되어 있기 때문에 집단적 자결권을 진정의 대상 범위에서 배제하고 있다는 것으로 요약될 수 있다.[5]

이와 같은 절차적 결점에도 불구하고 공통 조항 제1조가 개발권에 대해 가지는 의미는 여전히 중요하다. 자유권 위원회(자유권 규약의 감독 기구)는 아래의 두 가지 접근법을 통해 자결권과 경제적 개발과의 연결성을 확립하고 그것을 토대로 개발권을 지원할 수 있었다. 자유권 위원회는 ① 보고 절차를 다루고 있는 규약의 제40조에서 공통 조항 제1조의 중요성을 재차 강조함으로써 그에 대한 인식을 제고해 왔으며, ② 소수자의 권리에 관해 규정하고 있는 제27조를 비롯해 규약의 각 조항에 대한 해석에서 공통 조항 제1조를 기준으로 삼아 권리들 간의 상호 의존성을 강조해 왔다.

자유권 규약 제40조는 회원국 정부가 정기 보고서를 제출하도록 규정하고 있는데, 자유권 위원회는 이 보고서를 검토하는 과정에서 공통 조항 제1조에 의거해 국가의 규약 준수에 대해 평가했다. 경제적 영역 및 자원에 관한 자결권을 다루고 있는 공통 조항 제1조 2항은 특히 개발권과 맥락이 닿아 있는데, 자유권 위원회는 선주민이 이 조항에 표현된 "사람들"의 범주에 속한다고 해석해 왔다. 예를 들어 1999년 캐나다에 관한 자유권 위원회의 최종 견해는 다음과 같이 강조하고 있다.

> 자결권은 모든 사람이 무엇보다도 그들의 자연 자원과 부를 자유롭게 처분할 수 있도록 할 것과 그들의 생계 수단이 박탈당하지 않도록 보호할 것을 요구한다(1조 2항). 위원회는 토지와 자원 배분에 관한 '왕립 선주민 위원회'의 권고가 완전히 이행될 수 있도록 단호한 조치를 조속히 취할 것을 권고한다.[6]

캐나다 고등법원이 먼저 다양한 "사람들"이 한 국가 내에 존재할 수 있다는 암묵적인 판결을 내리자[7] 자유권 위원회는 캐나다의 국가 정기 보고서를 검토하는 과정에서 처음으로 자결권에 관한 규약의 제1조를 선주민에게 적용할 수 있다고 인정했다. 자유권 위원회는 영토 내에 선주민이 있는 다른 국가에 대해서도 같은 접근법을 취했다. 위원회는 멕시코,[8] 노르웨이,[9] 호주,[10] 덴마크,[11] 스웨덴,[12] 핀란드[13]에 대한 최종 견해에서도 규약의 제1조 또는 자결권의 개념에 관해 분명히 언급했다. 특히 규약의 제1조 2항을 강조했는데, 예를 들어 호주에 대한 최종 견해에서 위원회는 정부가 "선주민의 전통적 토지와 자연 자원에 관해 어떤 결정을 내릴 때 선주민의 역할이 더욱 강화될 수 있도록 필요한 조치를 취해야 한다"고 권고했다.

그러나 자유권 규약 제1조 2항은 이제까지 개발국의 보고서를 검토하는 과정에 대해서만 한정적으로 적용되어 왔다. 이 조항이 개도국의 선주민 또는 그와 유사한 집단에도 같은 방식으로 적용될 수 있다면, 개발권과 관련된 권리 주장에 대해서도 매우 타당하게 적용될 수 있을 것이다.

자유권 규약 제1조 2항이 점점 더 중요해지고 있는 또 다른 영역은 규약의 선택의정서Optional Protocol에 의거한 진정 절차이다. 자유권 위원회는 진정을 다루는 과정에서 자결권이 다른 조항의 해석에 미치는 '해석적 효과'를 인정했다. 위에서 언급한 바와 같이 위원회의 입장은 개인은 자결권과 관련해서 '희생자'의 자격을 주장할 수 없다는 것이다. 선택의정서는 규약의 제1조에 직접적으로 근거한 진정을 용인하고 있지 않다. 대신 소수자의 권리에 관한 규약의 제27조, 특히 '문화'의 개념을 해석한 위원회의 판례는 많은 자결권의 내용, 심지어 개발권의 내용까지도 수용해 왔다. 이와 관련해 핀란드 정부에 대항해 샘Sam 족이 순록 목초지에 대한 자결권을 주장한 사례는 그 의미가 매우 깊다. 자유권 위원회는 이 사건을 다루면서 토착 경제의 지속 가능성과 선주민의 참여를 연관 지어 검토하며 규약의 제27조에 의거해 어떤 종류의 자원에 대해 경쟁적 사용이 허용되는지를 평가했다.[14]

뉴질랜드 정부 대 마우이카 사건Mahuika et al. v. New Zealand은 전국적으로 어업권을 재설정하는 과정에서 선주민인 마우리 족의 어업권을 둘러싸고 진정된 사건이었다. 자유권 위원회는 규약의 제27조에 관한 기존의 판례(샘 족의 사례)에 근거해 선주민 집단은 고립된 전통적 생활 방식 속에 반드시 갇혀 있을 필요가 없으며, 국가 경제에 중요한 경제활동(어업)에 충분히 참여할 수 있을 것이라는 의견을 제시했다. 위원회는 또한 이 사건에 대해 제27조의 적용 가능성을 다루면서, 자결권의 해석적 효과를 통해 규약의 제27조와 제1조가 연결되어 있음을 마침내 인정했다.[15] 규약의 제27조와 제1조의 상호 의존성은 캐나다 정부 대 루비콘 호수 밴드Lubicon Lake Band(보통 루비콘 크리Lubicon Cree 족이라 부름) 사건에서 이미 드러난 바 있다. 또한 랜스만Länsman 사건에서 지속 가능성과 참여를 통합적으로 검토하는 과정에서도 이미 드러났었다. 그러나 위원회가 규약의 제27조에 근거한 권리 주장이 규약의 제1조와 관련성을 가지고 있음을 공식적으로 인정한 것은 마우이카 사건이 처음이다. 비록 개인이 규약 제1조에 근거해 자신의 권리를 주장할 수는 없지만, 제1조가 규정하고 있는 자결권은 소수자가 자신의 문화를 향유할 권리(27조)를 포함해 규약의 다른 조항에 대한 해석에 영향을 미칠 수 있다. 이런 접근법은 나미비아 정부에 대한 진정 사건Diergaardt et al. v. Namibia에서도 적용되었다.[16]

자결권과 규약의 다른 조항 간의 상호 의존성은 2002년에 판결이 내려진 프랑스 정부 대 질로Gillot et al. v. France 사건에서 더욱더 부각되었다.[17] 이 사건은 뉴칼레도니아에서 열린 주민 투표에 참여를 제한한 것으로, 규약의 제25조(대중적 참여에의 권리)에 근거해 진정되었다. 위원회는 탈식민화 이후 자결을 결정하는 과정에서 마련된 주민 투표에 해당 지역과 긴밀하게 연결된 사람들(거주민들)에게만 참여를 허용한 것이 정당한가를 심의했다. 위원회는 그것이 과도하지도 차별적이지도 않기 때문에 제25조의 위반이 아니라고 결론 내렸다. 이는 위원회가 규약의 제1조(자결권)에 비추어 제25조를 해석한 것이다.

미주 인권 협약　　미주 인권 협약American Convention on Human Rights하에서 살펴볼 사건은 니카라과 정부 대 아와스 팅니 공동체

사건Awas Tingni Community v. Nicaragua이다.[18] 이 사건은 한 선주민 공동체가 공동으로 소유한 토지의 경계를 설정해 줄 것을 진정한 사건이었다. 정부는 대대로 물려받은 토지와 천연자원에 대한 공동체의 재산권을 보장할 수 있는 효과적인 조치를 제공하지 못했으며, 공동체 소유의 토지에서 벌목을 할 수 있도록 허가해 주었다. 미주 인권위원회Inter-American Commission on Human Rights는 이 사건을 미주 인권재판소Inter-American Court of Human Rights에 진정했다. 위원회의 보고서는 주로 자유권 규약 제27조에 근거하고 있었으며 자유권 위원회의 관행에 비추어 선주민의 토지와 자원에 대한 권리를 이해하고 있었기 때문에 인권들 간의 상호 의존성에 기초한 접근법을 강조했다. 그러나 미주 인권재판소는 미주 인권협약 내에서만 본 사건에 적용할 관련 조항을 찾고자 했다. 재판소는 이 사건이 미주 인권 협약 제21조(재산권)와 제25조(법적 보호)를 위반했다고 판결했지만, 그렇다고 해서 미주 인권재판소가 인권 간의 상호 의존성을 무시했다고 말할 수는 없다. 미주 인권재판소는 토지에 대한 선주민의 권리가 갖는 특수성에 집중하는 방식으로 협약의 제21조와 25조를 다루었으며, 시민·정치적 권리를 중심으로 하는 비교적 전통적인 인권 조약의 프레임워크 안에서 개발권이 어떻게 가시화되고 어떤 효력을 갖게 되는지를 입증했다. 미주 인권재판소는 협약의 제21조에 대해 다음과 같이 해석했다.

> 선주민 집단은 그 존재만으로도 그들 자신의 영토에서 자유롭게 살 권리를 가진다. 선주민과 토지와의 긴밀한 관계는 그들의 문화, 신앙생활, 존엄성, 경제적 생존의 근본적 토대로서 인정받고 이해받아야 한다. 선주민 공동체에게 토지는 소유와 생산의 문제일 뿐만 아니라 문화적 유산을 지키고 그것을 다음 세대에게 물려주기 위해 온전히 향유해야 할 물질적·정신적 요소이기도 하다.[19]

재판소는 사건에 대한 구제명령에서도 같은 접근법을 보여 주었다.

국가는 공동체 구성원들의 토지에 대해 그 범위를 정해 경계 짓고 소유권을 부여해야 한다. 그리고 그 범위, 경계, 소유권이 다할 때까지 국가는, 국가 스스로가 직접 나서던, 국가의 암묵적 허용하에 제삼자가 나서던, 공동체의 구성원들이 살고 있고 생계 활동을 하고 있는 지역에 위치한 재화의 존재, 가치, 사용, 향유에 영향을 미칠 수 있는 어떤 행위도 삼가도록 해야 한다.[20]

아프리카 인권 헌장　　　　　　아프리카 인권 헌장African Charter on Human and Peoples' Rights의 특징은 개별적 권리에 대한 보편적 접근 외에도 집단적 권리를 강조하고 있다는 점이다. 개발과 관련된 권리 주장을 검토할 때 집단적 권리의 인정 여부에 따라 그 결과가 크게 달라진다. 집단적 권리에 대해 다루고 있는 헌장 제19-24조가 특히 이 글의 논의와 관련이 깊은데, 차례대로 살펴보면 다음과 같다. 제19조는 사람들 간의 평등을 규정하고 있고, 제20조는 "사회경제적 개발"에 근거한 생존권과 자결권, 그리고 "외세 지배에 대항한 해방 투쟁에 대해 국가의 지원을 받을 권리"를, 제21조는 경제적 자결권과 자원에의 자결권을 다루고 있다.[21] 제22조에서는 명백하게 개발권을 규정하고 있고, 제23조는 평화와 안보에의 권리를 다루고 있다. 마지막으로 제24조는 개발에 대한 명백한 언급과 함께 만족할 만한 환경에의 권리를 다루고 있다.

제22조가 명백하게 개발권을 규정하고는 있지만, 위의 조항들이 개발권과 관련된 내용을 상당히 중복해서 담고 있을 뿐만 아니라 개발권을 좀 더 구체화하고 보완할 수 있는 내용들을 포함하고 있기 때문에, 22조만이 개발권을 보호하고 있다고 볼 수는 없다.

개발권과 관련해 아프리카 인권 헌장의 실체법상의 잠재력이 나이지리아 정부 대 오고니 족Ogoni People v. Nigeria 사건을 통해서 입증되었다. 이는 아프리카 인권위원회African Commission of Human and Peoples' Rights가 2001년 10월에 판정을 내린 사건이다.[22] 나이지리아 국영 석유 회사Nigerian National Petroleum Company, NNPC가 컨소시엄 형태로 셸 석유 개발 회사Shell Petroleum Development Corporation, sPDC에 대주주로 참여해 왔는데, SPDC의 환경오염으로 오고니 족의 생활환경이 파괴되고 건강상의 문제가 발생했다. 이에 오고니 족은 나이지리아 군사정부가 NNPC를 통해서 SPDC의 석유 생산 활동에 직접적으로 개입되어 있다고 주장하면서, 군사정부에 대항해 그들의 환경과 건강에의 권리를 보호해 줄 것을 아프리카 인권위원회에 진정했다.[23]

환경과 건강의 문제로 시작된 이 진정 사건은 점점 임의적 처형, 마을 파괴, 불처벌impunity, 식량 자원과 농장의 파괴로 그 범위가 확대되었다. 결론을 말하자면, 아프리카 인권위원회는 이 사건이 위에서 언급한 인권 헌장 제21조와 24조 외에도 제2조, 4조, 14조, 16조, 18조 1항을 모두 위반한 것으로 판정했다. 제2조는 반차별에의 권리, 4조는 생명에의 권리, 14조는 재산에의 권리, 18조는 가족 보호에의 권리에 관한 것이었다. 제21조와 24조는 개발권에 관한 조문인데, 국가가 이 조항을 위반했다고 결정한 위원회의 판정에 주목할 필요가 있다. SPDC가 위반한 그 모든 권리의 개별적 희생자가 누구인지 분명치 않은 상황에서 아프리카 인권위원회는 보고서에서 오고니 족(오고니 주민 또는 오고니 족들)이라고 자주 언급함으로써 헌장의 제21조 24조의 권리를 집단적 권리로 공식화하고 오고니 족의 개발권이 나이지리아 정부에 의해 침해되었다고 결론 내렸다.

헌장 제24조에 의거해 위원회는 국가가 "오염과 생태적 파괴를 막을 온당한 조치를 취하고, 생태적으로 지속 가능한 개발과 자연 자원의 사용을 촉진하고 보장할 것"을 요구했다.[24] 나아가 다음과 같이 덧붙였다.

> 정부가 헌장 제16조와 24조의 정신을 준수하려면 위협받은 환경에 대해 독립적·과학적 모니터링을 명령하거나 적어도 그것을 허용해야 하며, 주요한 산업을 개발하기에 앞서 환경적·사회적 영향 평가를 요구하고 그 결과를 공표해야 한다. 또 적절한 모니터링 활동을 수행하고 유해 물질과 활동에 노출된 공동체에게 정보를 제공해야 하며, 개개인에게 의미 있는 공청의 기회와 공동체에 영향을 미치는 개발에 관한 의사 결정에 그들이 참여할 기회를 제공해야 한다.[25]

위원회는 특히 "협력적 경제개발의 복구"[26]를 위한 헌장 제21조의 목적에 근거해 그 위반 사실에 대해 다음과 같이 결론 내렸다.

> 헌장의 의무에 반해, 그것이 국제적으로 확립된 원칙임에도 불구하고, 나이지리아 정부는 사적 행위자, 특히 오고니 족들의 웰빙에 엄청난 영향을 미칠 석유 회사에게 녹색 신호등을 켜주었다. 이는 어떤 기준을 적용하더라도 정부에 기대되는 최소한의 행위에조차 미치지 못하는 것이므로 헌장 제21조를 위반한 것이다.[27]

위원회는 헌장 제22조의 개발에의 보편적 권리를 별도의 독립된 권리가 아니라 식량에의 권리를 구성하는 한 요소로 다루었다.[28] 오고니 족의 진정 사건에 대한 위원회의 요약 보고서에서는 본 사건이 헌장 제22조의 위반이라고 언급하지는 않았지만, 위원회의 결과 보고서에서는 매우 분명하게 다음과 같이 결론 내리고 있다.

> 정부의 오고니 족에 대한 대우는 식량권에 상응하는 세 가지 의무를 모두 위반한 것이다. 정부는 그 치안 부대와 국영 석유 회사를 통해서 식량 자원을 파괴했으며, 사기업이 식량 자원을 파괴하도록 허용했으며, 테러를 통해서 오고니 공동체가 스스로를 부양하는 데 심각한 장애를 일으켰다. 나이지리아 정부는 아프리카 인권 헌장과 국제 인권 기준의 조문하에서 정부에게 기대된 바를 충족시키지 못했다. 그러므로 이는 오고니 족의 식량권을 침해한 것이다.[29]

유럽 인권 협약 유럽 인권 협약은 지역 차원의 인권 조약들 중 모니터링 메커니즘이 가장 효율적인 것으로 유명하다. 이 메커니즘은 법적 구속력을 가진 유럽 인권재판소의 판결과 그 판결의 이행에 대한 장관급 위원회Committee of Ministers(유럽위원회의 주요 정치기구)의 체계적이고 무조건적인 지원을 토대로 하고 있다. 그러나 유럽 인권 협약은 서유럽의 정치적 전통을 크게 반영하고 있기 때문에 개발권을 비롯한 집단적 권리는 다루지 못하고 있다.

그럼에도 불구하고 협약의 제8조(사생활, 가족, 가정에 대한 권리)하에서 환경 파괴와 관련된 세 가지 사례를 검토하는 과정에서 개발권의 적용 가능성을 시사해 주었다.

샘 족 선주민들이 노르웨이 정부에 대해 진정한 알타 강 댐 사건G. & E v. Norway에서 유럽 인권위원회는 협약 제8조하에서 소수집단은 원칙적으로 사생활, 가족, 가정에 적용될 수 있는 고유의 생활 방식을 존중받을 권리를 주장할 수 있는 자격을 부여받고 있음을 인정했다. 그러나 위원회는 수몰될 토지(순록 목초지)의 규모에 대한 평가와 더불어 국가 내 다수의 의견을 청취하고 경제적 웰빙을 검토한 뒤 정부의 명백한 잘못을 인정할 수 없다고 선언했다.[30]

스페인 정부 대 로페즈 오스트라López Ostra v. Spain 사건에서 유럽 인권재판소는 가죽 쓰레기 처리 공장의 설립과 작동으로 인한 환경 피해는 협약 제8조의 위반이라고 판결했다. 인권재판소는 스페인 정부가 거주지에 공장 설립을 허락함으로써 보다 넓은 공동체의 웰빙과 제8조하의 개인의 권리 사이에 적합한 균형을 찾는 데 실패했다고 보았다.[31]

영국 정부 대 해턴Hatton and Others v. the United Kingdom 사건에 대해 유럽 인권재판소 재판부Chamber는 2001년 10월 2일에 협약의 제8조를 위반한 것이라는 판결을 내렸다. 그러나 대재판부Grand Chamber는 2003년 7월 8일에 12 대 5로 재판부의 판결을 기각했다. 이 판결에서는 비록 제1심 재판부의 판결이 전복되기는 했지만, 환경적 피해를 유발한 프로젝트가 인권에도 영향을 미친다는 것을 입증했다는 점에서 의미가 있다. 이는 개발 상황에서 나타나는 환경적 피해에 대한 중요한 접근법을 보여 주었다. 히드로 공항의 야간 비행 계획에 관해서 재판부는 다음과 같이 판결을 내렸다.

국가가 국가에 요구된 균형을 찾는 데 있어서 가능한 모든 요소(환경·경제·인권

등)를 고려해야 함을 재판부는 강조해 왔다. ······ 재판부는 국가가 가능한 한 권리 실현을 방해하지 말아야 한다고 생각한다. 이를 위해 국가는 다른 대안적 해결책을 강구하고, 인권에 최대한 부담을 주지 않는 방식으로 국가의 다른 목적을 달성하도록 노력해야 한다. 그러기 위해서는 현실적으로 최적의 균형을 찾아낼 최선의 해결책을 모색하기 위해 적합한 전문적인 조사와 연구가, 관련 프로젝트에 앞서 이루어져야 한다.[32]

이상의 세 가지 사례는 유럽 인권 협약을 통해서 개인 또는 집단의 개발권과 관련된 문제를 해결하고자 하는 잠정적 권리 주체에게 타당성 있는 논리를 제공해 주고 있다. 그런 접근법의 잠재력이 현실화될 수 있는 사례로는 러시아의 경우를 생각해 볼 수 있다. 러시아에서 유럽 인권 협약은 국내법의 일부로 수용되고 있다. 러시아의 선주민 집단은 국내적 수단에 의해 자신의 권리를 보호받을 수 없을 경우 유럽 인권재판소에 진정을 제기할 수도 있을 것이다.

결론

이상의 인권 조약하의 판례에 대한 분석을 토대로 다음과 같은 결론에 도달할 수 있다.

① 개발권에 관한 명백한 조문을 가지고 있든(아프리카 인권 헌장) 그렇지 않든(자유권 규약, 사회권 규약, 미주 인권 협약, 유럽 인권 협약을 포함해 본문에서 논의된 모든 조약), 거의 대부분의 인권 조약은 적어도 개발권을 주장할 수 있는 잠재적 가능성을 제공하고 있다. 개발권의 복합적 성격을 고려한다면 이는 놀라운 사실이 아니다.

② 어떤 권리 조항이 개발과 관련된 권리 주장에 가장 유력하게 적용될 것인가는 특정 조약 내의 권리 항목과 각 조문을 해석하는 제도적 전통에 달려 있다. 예를 들어 사생활과 가족생활에 관한 유럽 인권 협약 제8조, 재산에 관한 아프리카 인권 헌장 제21조, 소수자의 권리에 관한 자유권 규약 제27조는 서로 다르게 보이지만 개발과 관련한 권리 주장의 측면에서 보면 이들은 매우 비슷한 결과를 가져올 수 있다.

③ 본문에서 다룬 많은 판례들은 인권 간의 높은 상호 의존성을 보여 주었다. 자유권 규약 제1조와 27조 간의 상호작용, 자유권 규약 제27조의 판례법에 대한 미주 인권 체계의 암묵적 의존, 아프리카 인권 체계에서의 개발권과 주거권 간의 연결, 이 모두가 인권 간의 높은 상호 의존성을 보여 주었다.

④ 토지와 자원 관리에 대한 선주민 집단의 권리 주장은 개발권의 운용에 있어 부차적 의미 그 이상을 가지고 있는데, 이는 국제 인권재판소들과 국제조약 기구들의 진정 절차를 통해서 그 의미를 살려낼 수 있다.

⑤ 경제·사회적 권리를 위한 국제적 진정 절차가 아직 없었기 때문에 개발권은 다른 권리들에 비해 기존의 메커니즘을 통해서 발전하지 못하고 있다. 이런 점에서 개발권에 관한 명백한 조항을 가지고 있는 아프리카 인권 헌장에 좀 더 많은 주의를 기울일 필요가 있다.

⑥ 기존의 메커니즘이 가지고 있는 또 다른 결점은, 오직 국가만이 회원이 될 수 있는 인권 조약하에서 국가 의무를 다루는 메커니즘이라는 일반적 성격에 기인하고 있다. 정부 간 기구나 국제금융기구, 초국적 기업과 같은 다른 행위자는 이 메커니즘의 대상이 될 수 없다는 한계가 있다.

본문에서 소개한 사례들은 국가책임이라는 프리즘을 통해서 다양한 "사람들"(집단)이 제기한 개발권에 관한 국가의 작위 또는 부작위를 바라보고 있다. 그럼에도 불구하고 초국적 석유 회사나 벌목 회사와 같은 비국가 행위자 또한 인권침해 사건에 개입되어 있음을 보여 주었다. 따라서 국가 외의 다른 행위자가 국가에 적용되는 것과 같은 국제적 책무를 가질 수 있도록 제도적 장치를 모색해 보는 것도 의미 있는 일이 될 것이다.

마르틴 샤이닌

MARTIN SCHEININ

판란드 오보 아카데미 대학의 헌법과 국제법 교수이며 동 대학의 인권 연구소 소장이다. 또한 '선주민의 권리를 위한 노르웨이 인권 연구 교수 및 겸임교수 네트워크'를 이끌고 있다. 반테러리즘과 관련해 인권과 기본적 자유를 보호하고 촉진하기 위한 유엔 특별 보고관으로 활동하고 있으며, 1997년부터 2004년까지 유엔 인권위원회의 자유권 위원회 위원직을 역임했다.

14장
국제금융기구의 인권적 역할

시그룬 스코글리
Sigrun Skogly

서론

최근 국제금융기구[1]와 국제인권법[2] 간의 관계를 다룬 논문들이 많이 발표되었다. 논의의 흐름을 살펴보면, 1980년대와 1990년대 초반에는 국제금융기구들의 활동을 인권으로부터 뚜렷하게 분리시켰는데, 1990년대 중반부터 양자 간의 연관성[3]을 수용하기 시작한 것으로 나타난다. 이런 변화는 개발 과정이 궁극적으로는 사람[4]과 그들의 생활 조건에 관한 것이라는 인식상의 변화가 있었기 때문이다. 학계에서는 국제금융기구들의 정책과 프로그램[5]이 인권에 미치는 긍정적·부정적 영향을 중심으로 논의를 진행하고 있다. 국제금융기구들은 인권에 도움이 되는 정책이 그들의 임무를 충족시키는 적극적인 방법임을 스스로 인정[6]하는 방향으로 나아가고 있다. 그러나 아직까지는 인권적 의무를 수용하겠다는 의지나 의사는[7] 분명하게 표명하고 있지 않다.

　이 글에서는 그와 같은 논의를 반복하지는 않을 것이다.[8] 대신 국제금융기구들이 국제법의 주체라는 가정하에서 이들도 국제인권법을 포함한 국제법의 테두리 안에서 자신의 기능을 수행해야 할 의무를 가지고 있음을 살펴볼 것이다.

세계화 시대에 국제금융기구가 권리에 기초한 접근법의 맥락에서 수행해야 할 역할은 매우 명백하다. 아준 센굽타가 개발권에 관한 유엔 민간 전문가의 자격으로 유엔 인권위원회에 제출한 보고서에는 세계화가 개발권에 부과하고 있는 도전 과제들이 제시되어 있다. 특히 국제금융기구와 같은 지구적 행위자가 세계화와 개발권이 팽팽하게 대치하고 있는 상황에 어떤 영향을 미치는지를 보여 주고 있다. 센굽타는 "개발권을 인정한다는 것은 국가, 국제사회, 기타의 행위자가 적절한 개발 정책을 수행할 의무를 충족시키겠다는 것을 의미한다"[9]고 말한다.

센굽타는 보고서에서 개발권에 필요한 개발 정책은 "모든 인권의 점진적인 단계별 실현 과정과 모든 인권의 실현을 위한 개발 정책의 이행 과정, 그리고 경제개발을 통해서 모든 인권에 대한 자원 부족의 압박을 완화하는 과정"[10]을 모두 포함해야 한다고 제안했다. 그는 또한 다음과 같이 권고했다.

> 세계화의 과정이 부과한 제약 조건을 인정하고 그 대신 주어진 기회를 최대한 사용함으로써 개발권을 성취할 수 있는 개발 정책을 수립하고 이행할 수 있다. 그런 정책은 개별적 권리(식량, 보건, 교육, 직업, 사회보장 등)를 실현하기 위한 정책들과 지속 가능하고, 참여적이고, 공정한 경제성장을 실현하기 위한 정책들이 서로 조화를 이룬 프로그램에 토대를 두어야 한다.[11]

센굽타는 세계화가 개발권에 부과하고 있는 도전 과제를 규명했지만, 국제기구의 실질적 역할에 대해서는 전혀 숙고하지 않았다. 그는 개발 과정에의 권리를 위해 국제사회와 그 기구들이 수행할 수 있는 역할보다는 세계화된 세계에 "적합한" 개별 국가의 역할에 초점을 두고 있었다.[12]

이 점이 바로 이 글에서 중점적으로 다루게 될 내용으로, 이 글은 개발 과정에의 권리에 기초한 접근법 속에서 국제금융기구들이 수행할 수 있는 역할이 무엇인지에 관해 다루고 있다. 먼저 국제금융기구들의 역할과 관련된 권리에 기초한 접근법의 질적 특성을 분석하고, 권리에 기초한 접근법이 국제금융기구에 부과하게 될 도전 과제가 무엇인지 두 개의 영역으로 나누어 살펴볼 것이다. 하나는 국제적 독립 법인으로서의 국제금융기구가 직면한 도전의 영역이고, 다른 하나는 국제금융기구의 회원으로서의 국가들이 직면하고 있는 도전의 영역이다. 마지막 결론 부분에서는 권리에 기초한 접근법이 국제금융기구의 결과 지향적 업무를 어떻게 증진시킬 수 있겠는가에 관해 논의할 것이다.

개발에의 권리에 기초한 접근법의 질적 특성

국제적인 개발 과정에 붙여진 여러 표어들과 마찬가지로 권리에 기초한 접근법 역시 지난 10여 년 동안 하나의 표어로 일반화되었다.[13] 국제기구,[14] 비정부기구,[15] 정부[16]와 같은 개발의 행위자들이 권리에 기초한 접근법을 승인했다. 이처럼 최근 몇 년 사이에 권리에 기초한 접근법이 보편적으로 수용되고 있음에도 불구하고, 정작 그 정의와 실질적 내용에 대해선 아직 분명한 합의가 이루어지지 않고 있다. 비평가들이 제시한 권리에 기초한 접근법의 가장 일반적인 특성은 ① 정책 선택에 있어서 법에 기초하거나 적어도 규범적 프레임워크에 기초하고,[17] ② 법률적 객관성, 확정성, 선명성의 장점을 살려 예측 가능한 프레임워크를 제공하며,[18] ③ 진정한 참여[19]를 이끌어 낼 수 있는 세력화 전략[20]을 수반하고, ④ 이를 위반할 때 구제를 보장할 수 있는 법적 수단[21]을 동반하는 동시에 국가, 정부 간 행위자, 비정부 행위자의 보다 넓고 보다 강한 책무를 동반하는 것[22]으로 요약될 수 있다. 센굽타는 개발권을 다음과 같이 정의했다.

> 개발권은 각각의 인권과 모든 인권을 다함께 실현시킬 수 있는 개발 과정에 적용된다. 개발 과정은 권리에 기초한 방식, 즉 국제 인권 기준을 준수하는 방식으로

수행되어야 한다. 이는 한편으로는 의사 결정의 공정성과 성과의 공유를 보장하고, 다른 한편으로는 참여적이며, 반차별적이고, 책무적이고, 투명한 절차를 수행해야 함을 의미한다.[23]

　이런 점들을 일반화해서 요약하자면, 권리에 기초한 접근법은 규범적 토대를 제공하고, 정부와 국제기구 편에서도 수용할 수 있는 행위를 법적으로 규정하고, 개발 과정에의 참여자인 지역사회와 국가에서 인권을 신장시키겠다는 최종 목표를 향한 참여적 과정을 수반하는 접근법이라 할 수 있다.

　센굽타가 민간 전문가의 자격으로 진행한 지난 몇 년 동안의 활동을 살펴보면, 개발권과 개발에의 권리에 기초한 접근법 사이에 상당 정도 수렴이 이루어진 것으로 보인다. 이는 개발권이 국제인권장전에서 규정하고 있는 모든 인권의 충족에 관한 것임을 의미하며, 또한 인간 존엄성, 참여, 반차별을 토대로 한 개발 과정에의 권리가 존재함을 의미한다. 이와 같이 개발권은 인권의 충족과 그 과정을 강조하고 있다.

　인권의 충족과 그 과정에 대한 강조는 권리에 기초한 접근법에서 국제금융기구가 담당할 역할을 논의하는 데 필수적인 요소이다. 사실 권리에 기초한 접근법뿐만 아니라 개발권에 대한 모든 접근법에서 개발 활동에 긍정적·부정적 영향을 받게 될 사람들이 포함되어야 한다는 점이 강조되고 있다.[24] 이는 바람직한 일이다. 정보의 자유, 참여의 권리, 효과적인 구제에의 권리와 같은 권리들은 그 자체로서도 권리이지만, 식량권, 건강권, 교육권과 같은 다른 권리들의 실현을 돕는 수단으로도 작용하기 때문이다. 지금까지는 후자의 권리들보다는 전자의 권리들을 강조하는 경향이 우세했다. 이 점에 대해서는 국제금융기구의 역할과 관련해서 좀 더 논의하도록 하겠다.

　권리에 기초한 접근법은 주로 세력화와 참여에 관한 것이지만 개발 정책에 대한 수용 가능한 조건과 한계가 무엇인지에 대해서도 제시해 준다. 그런 조건과 한계는 정부, 비정부기구, 국제기구의 행위와 연관되어 있는데, 이는 그들의 이행 정책, 프로그램, 전략이 국제인권법의 구체적 내용에 의거해 정의된 질적 특성을 가지고 있어야 한다는 측면에서 그러하다. 개발 정책에 대한 수용 가능한 조건과 한계는 세력화되고 참여하고 있는 주민들과도 깊이 관련되어 있다. 이는 국제인권법이 취약한 집단, 즉 가난한 사람들, 소수자, 선주민, 아동, 여성과 같이 참여적 구조에 참여하기 어려운 집단들을 보호하고 있기 때문이다. 이와 같은 조건과 한계 때문에 인권침해가 발생한 상황에서 정부 또는 국제기구가 주민들이 참여를 통해서 문제의 정책을 결정했다고 방어를 하더라도 그 주장이 수용될 수는 없을 것이다.[25] 참여적·공개적 절차를 취했다고 해서 국가와 국제적 행위자의 국제인권법상의 책임이 사라지는 것은 아니다.

개발권의 실현을 위해서는 국제금융기구가 그 과정에 들어가 건설적으로 기여해야 한다. 개발권의 충족 과정은 소수 행위자의 힘만으로는 완성될 수 없다. 말로만 떠든다고 해서 되는 것도 아니며, 인권에 대해 '추가적인'add on 공약을 한다고 해서 되는 것도 아니다. 과정으로서의 개발권은 국제사회의 주요 행위자들이 수립한 목표를 성실히 달성하겠다는 공약을 지킬 때에야 비로소 실현될 수 있다. 개발권을 실현할 의무가 주로 국가에 부과되어 있지만 국가정책에 지대한 영향력을 행사하고 있는 세계화와 그것을 추진하고 있는 국제기구들에 대해서도 특별한 주의를 기울일 필요가 있다.

국제통화기금과 세계은행은 국가 개발 정책의 결정과 개발 조건의 형성에 지대한 영향을 미친다. 그들의 영향력은 적어도 다음과 같은 세 가지 기능에서 비롯된 것이다.

① 국제통화기금과 세계은행은 개발 과정에 있는 나라에 금융 지원을 제공한다. 금융 지원에 대한 결정은 대상국의 개발 및 금융 정책에 대한 그들 내부의 질적 평가를 토대로 이루어진다.
② 그들은 개도국에 대한 외국인 투자와 여타 사적·공적 지원을 통해서 사적·공적 자금의 이동을 촉진하는 매개체로서 기능한다.

③ 그들은 세계화된 신자유주의적 국제사회의 핵심 주자로서 G8 국가들과 세계무역기구와 같은 기구들과 함께 국제금융 및 개발 분야의 경향을 주도한다.

이상의 세 가지 기능은 국제금융기구들이 국제사회에서 결정적인 역할을 담당하고 있음을 보여 준다. 이를 토대로 국제금융기구들은 궁극적으로는 국가의 경계를 무너뜨리고 있으며, 개발권과 관련해 국가의 수행 능력에 치명적인 영향을 미칠 수 있다.

독립 법인으로서의 국제금융기구들이 직면한 도전

개발권을 구성하고 있는 인권은 정당한 개발 정책에 필요한 질적 조건을 형성한다. 국제금융기구가 국제인권법이나 인권 분야의 국제관습법에 구속받는다고 가정한다면,[26] 인권 규범의 실체법상의 내용으로 국제금융기구들이 운영되고 있는 프레임워크를 구성할 수 있다. 이는 국제금융기구에게 이중의 도전 과제를 부과한다. 즉, 국제금융기구는 각자의 내부 규정을 준수하면서 동시에 국제법과도 모순되지 않게 자신의 임무와 기능을 수행해야 하기 때문이다.

위에서 언급한 바와 같이 국제금융기구, 특히 국제통화기금과 세계은행은 그 회원국들의 법적 지위로부터 독립적인 국제 법인의 자격을 가지고 있다.[27] 그들은 내부 규정뿐만 아니라 국제 법인으로서 국제법에 근거한 권리와 의무를 가진다. 일반적으로 국제법은 국제기구의 허용 가능한 행위가 어디까지인지 그 한계를 설정하고, 내부 규정은 각 기구가 충족시켜야 할 적극적 임무를 규정한다. 따라서 국제금융기구는 내부 규정에 의해 부여된 임무를 충족시키는 과정에서 국제법을 준수하고 불법적 행위는 피해야 한다. 국제법에는 국제관습법,

법의 일반 원칙, 국제조약(국제금융기구가 회원으로 가입한 조약)이 포함되어 있는데, 국제금융기구는 조약들이 제시한 규범하에서 각자의 법적 의무를 가진다.[28] 이 의무는 다시 소극적 의무(어떤 행위를 억제할 의무)와 적극적 의무(어떤 결과를 성취하기 위해 행위를 취할 의무)로 나누어진다. 국제인권법과 관련해 소극적 의무란 관습적 인권법 또는 국제인권법의 일반 원칙을 위반할 수 있는 행위를 억제하는 것이다. 적극적 의무는 예를 들어 프로젝트의 이행을 하청받은 기관이나 기업에 대해 인권을 위반하지 않도록 규제 조치를 취하는 것이다.

적극적 의무와 소극적 의무를 행위의 의무와 결과의 의무로 전환시킬 수 있다.[29] 국제금융기구는 궁극적으로는 결과의 의무를 충족시키기 위해 노력할 것이다. 즉, 국제금융기구의 활동은 종국에는 인권의 존중을 가져올 수 있을 것이다. 그러나 이는 극히 일부분에 불과하다. 행위의 의무는 국제금융기구와 그 정책으로 혜택을 받는 사람들에게 결과의 의무만큼이나 중요한 것이다. 인권적 관점에서 결과에 어떻게 도달했는가는 매우 중요한 문제이다. 그렇기 때문에 장기적으로는 인권 상황을 개선할 수 있지만 단기적으로는 인권을 심각하게 제약하거나 침해할 수 있는 정책은 용납될 수 없다. 예를 들어 칠레의 경제·사회적 권리는 지난 40년에 걸쳐 결과적으로 개선되었다. 그렇다고 해서 지난 1980년대와 1990년대 피노체트 정권 아래서 자행된 막대한 시민·정치적 권리의 침해가 정당화될 수는 없다. 결과적으로 인권이 신장되었다고 해서 그 과정에서 일어난 침해 행위가 정당화되는 것은 결코 아니다. 어떤 정책적 목표를 달성하기 위한 방법은 목표만큼이나 중요하다. 그러므로 인권적 관점에서 보면 진정한 참여의 과정을 통해 결정된 개발 정책이 워싱턴에 기반을 둔 기구들에 의해 결정된 정책보다 (회원국의 개입 여부를 떠나) 훨씬 바람직한 것이다. 설사 두 정책이 동일한 결과를 가져올지라도 전자가 후자보다 바람직하다는 점에는 변함이 없다.

정책과 프로그램 차원에서의 개발권

그러므로 개발권의 실현 과정이 국제금융기구의 정책과 프로그램으로 통합될 수 있도록 보장할 필요가 있다. 이는 그 자체만으로도 절차적·내용적 측면에서 몇 가지 인권 신장을 가져올 수 있다.

참여   지난 몇 년 동안 참여의 문제는 개발 담론의 주요 쟁점이 되었다. 권리라는 개념적 틀 안에서는 하나의 인권으로서의 참여에 초점을 두고 있으며,[30] 개념적 틀 밖에서는 개발에 대한 '상향식'bottom-up 접근법의 필수 요소로서의 참여[31]에 초점을 두고 있다.

인권으로서의 참여는 세계인권선언 제21조와 자유권 규약 제25조에 법적 근거를 두고 있다. 두 조항은 공무 행위에 참여할 권리(자유권 규약)와 국가의 통치에 참여할 권리(세계인권선언)를 각각 보장하고 있다. 뿐만 아니라 자결권을 다루고 있는 자유권 규약과 사회권 규약의 공통 조항 제1조는 참여에 대한 집단적 권리를 함축적으로 시사하고 있다.

최근에 국제금융기구들도 개발 정책에 대한 참여적 접근법을 강조해 왔다. 특히 빈곤 감축 전략을 통해서 참여적 접근법을 강력하게 촉구하고 있다.[32] 이는 분명 환영해야 할 만한 긍정적 조치이다. 그러나 빈곤 감축 전략이 참여적 접근법을 통해 인권 원칙을 준수하도록 보장하려면, ① 참여를 정책적 수단이 아닌 인권으로 인정해야 하며, ② 진정한 참여, 즉 빈곤 감축 전략으로 영향을 받게 될 사람들이 그들에게 영향을 미칠 개발 정책의 우선순위, 설계, 이행에 관해 실제로 발언권을 가질 수 있도록 보장해 주어야 한다.

이와 같은 접근법에는 많은 어려움이 상정되어 있으며 복잡하고 다양한 시행착오를 거쳐야 할 것이다. 예를 들어 특정 프로그램, 프로젝트, 정책으로 인해 정확히 누가 영향을 받게 될 것인지 구분하기도 어렵지만, 그 사람들을 위한 적합한 대의 기구(풀뿌리 조직, 비정부기구 등)를 찾아내기도 어렵다. 바로 이런 점

때문에 행위의 의무가 중요한 것이다. 권리로서의 참여를 성공적으로 보장하는 것이 현실적으로 불가능할지라도 그렇게 될 때까지 관련된 모범 사례를 지속적으로 알리고 참여에의 권리를 이행하기 위한 시도를 멈추지 말아야 할 것이다.

정보와 표현　　　정보에의 권리 역시 개발권의 효과적인 실현에 반드시 필요한 권리이다. 여기서 정보에의 권리란 정보를 제공받을 권리와 정보에 영향을 미칠 권리, 모두를 의미한다. 이는 세계인권선언 제19조와 자유권 규약 제19조에서 보장하고 있다. 정보에의 권리는 그 자체로서도 중요한 권리이지만 참여에의 권리를 실현하기 위한 전제 조건으로서의 기능으로도 중요하다. 참여에의 권리는 정보에 접근할 수 없거나, 제공받은 정보를 개인 또는 집단이 공유하지 않는다면 제대로 실현될 수 없기 때문이다. 세계은행이 잠비아의 구리 광산 사유화에 개입한 일이 있었는데, 그 과정이 폐쇄적이고 불투명했으며 주민들은 충분한 정보를 제공받지 못했다.[33] 사유화로 인해 부정적 영향을 받은 집단들은 정보가 부족했기 때문에 그 과정에 효과적으로 참여할 수 없었다. 그들은 사유화를 반대한다는 주장은커녕, 그 과정의 폐쇄성과 불투명성을 개선하라는 요구조차 전달할 수 없었다. 잠비아 정부는 사유화와 관련된 구체적인 정보를 공개하지 않으려 했다. 정부는 그렇다 치더라도 세계은행은 국제적으로 인정된 인권 조항을 근거로 주민들에게 정보를 공개해야 한다고 잠비아 정부에게 요구했어야 했다. 그랬다면 세계은행은 국제 법인으로서의 인권 의무를 충족시킬 수 있었을 것이다.

정보에의 권리와 매우 밀접한 표현의 자유 역시 참여에의 권리를 실현하는 데 필수 불가결하다. 제시된 정책에 대해 박해나 위협에 대한 두려움 없이 자신의 의견, 특히 정책을 반대한다는 의견을 표현할 수 있는 능력은 개발권의 실현을 위해 없어서는 안 될 조건이다. 국제금융기구는 회원국 정부와의 합의 사항을 그 국민들이 알도록 해야 한다. 또한 더 구체적인 정보를 원하는 사람이 있거나 반대 의사를 주장하는 사람이 있다면 그들이 검열과 박해를 당하지 않도록 보호해야 할 것이다.

반차별　　　　　　　차별 금지는 국제인권법의 기본 원칙이다. 차별 금지의
　　　　　　　　　　원칙은 유엔헌장[34]을 비롯해 모든 인권 조약[35]에 포함
되어 있다. 많은 국제법학자들이 차별 금지의 원칙이 국제법의 보편적 의무obli-
gation erga omnes(혹은 전체에 대한 의무)에 해당된다고 주장하곤 한다.[36] 국제금융
기구가 반차별의 원칙을 존중할 국제법상의 의무를 가지고 있음은 당연한 것이
다. 따라서 사람들이 개발의 혜택에 차별 없이 접근할 수 있도록 보장하는 것은
그 자체로서도 개발의 목적을 구성한다. 그것은 또한 다른 권리를 충족시키기
위한 수단이기도 하다. 반차별의 요소가 개발 정책의 혜택과 서비스에 대한 동
등한 접근을 보장할 것이기 때문이다. 인권법은 오늘날 혜택에 대한 불공평한
접근 혹은 서비스의 불평등한 향유를 야기한 과거의 체계적 인권침해를 구제하
기 위해 채용된 차별 시정 조치 또는 적극적 차별positive discrimination에 찬성하고
있다. 국제금융기구가 개발권의 실현 과정에서 가난하고 소외된 사람들에게 차
별적으로 큰 혜택을 제공하는 정책을 채택한다면, 이는 적극적 차별 정책이기
때문에 정당화될 수 있다.

책무　　　　　　　모든 인권 논의의 핵심은 인권침해를 구제하는 문제이
　　　　　　　　　　다. 국제인권법하에서는 다양한 구제책을 적용할 수
있다. 사법적 구제 또는 법정에의 접근 보장은 여러 가지 방법 가운데 하나일 뿐
이다. 국제금융기구는 인권적 접근법의 요구 사항을 준수하지 못했을 경우 그
에 상응하는 책무를 감수해야 한다. 국제금융기구가 인권을 위반했을 경우 현
재로선 국제금융기구에 주어진 면책특권과 재판 관할상의 한계[37] 때문에 국내
법정 또는 국제 법정을 통해서 구제를 강제하기가 어렵다. 그러나 기존의 구제
시스템을 개조하면 성공적으로 구제를 강제할 수 있을 것이다. 개조가 가능한
시스템 가운데 하나가 세계은행의 조사 패널Inspection Panel(일종의 진정 절차)이

다. 패널의 임무는 최근에서야 확립되었는데, 인권침해를 다루기에는 물론 턱없이 부족하다. 무엇보다도 패널은 세계은행의 정책을 위반한 사례만을 한정적으로 다루도록 되어 있다. 세계은행은 인권에 관한 실행 정책을 갖고 있지 않기 때문에 패널에서 인권 문제를 다룰 일도 없다.[38] 패널의 또 다른 한계는 그것이 세계은행 내 독립 기구이지만 최종 결정권이 없다는 점이다. 이사회가 패널의 권고 사항을 검토하고 권고 내용을 따를 것인지의 여부를 결정하도록 되어 있다.[39] 이와 같은 한계에도 불구하고 세계은행의 조사 패널은 인권침해를 효과적으로 다룰 수 있는 시스템으로 발전할 수 있는 가능성을 가지고 있다. 이를 위해서는 먼저 세계은행이 인권에 관한 실행 정책을 채택하고 패널의 임무를 수정해야 한다. 또한 패널의 기능이 국제통화기금의 활동에도 적용될 수 있도록 확산시켜야 한다.

조사 패널의 역할 확장은 개발권의 위반에만 초점이 맞추어져 있으며 아직까지 개발권의 촉진에 대해서는 아무런 고려도 없는 실정이다. 국제금융기구 스스로가 회원국 정부와 채권자에 대한 책무뿐만 아니라 자신의 정책에 영향을 받은 수백만의 사람들에 대한 책무를 인정하고 받아들이는 것이 중요하다. 국제금융기구가 책무를 수용한다면 과거와 현재의 정책, 프로그램, 프로젝트가 인권 신장에 가져올 효과에 대해서 평가가 가능해질 것이다. 그런 평가를 통해 과거의 실책으로부터 교훈을 얻고 앞으로의 정책을 개선한다면 국제금융기구는 인권 위반에 관한 사법적 구제 그 이상의 책무를 이행할 수 있을 것이다.

정책과 프로그램 차원에서의 인권

위의 모든 변수는 개발권의 실현 과정에서 없어서는 안 될 요소들이다. 국제금융기구가 참여에의 권리, 정보에의 권리, 표현의 자유, 차별받지 않을 권리를 존중하고 자신의 정책에 대한 책무를 확고히 한다면, 이는 권리 그 자체에 대해서 뿐만 아니라 사람들의 인권 실현 역량을 향상시키는 데에도 많은 영향을 미치게 될 것이다. 개발 과정에 관한 인권 담론에서 참여의 권리는 절차적 권리의 성격이 강하지만, 흔히 목적 그 자체로 여겨진다. 그 이유는 참여에의 권리가 충족되면 자연스럽게 다른 모든 권리가 뒤따라올 것이라고 여겨지기 때문이다.

그러나 이것은 잘못된 인식이다. 참여에의 권리가 비록 다른 인권이 이행되는 방식을 결정하는 과정에 사람들이 개입할 수 있도록 보장하고 있지만, 그 스스로 모든 권리가 모든 개인을 위해 이행되도록 보장하지는 못한다. 의무 담지자로서 국제금융기구가 나서서 자신의 정책이 개발 과정을 증진시키고 동시에 인권의 실질적 요소를 충족시킬 수 있도록 보장해야만 가능하다. 국제금융기구들이 자신의 회원국 정부가 자발적으로 그리고 공개적으로 동의한 국제적 기준을 근거로 회원국 정부에게 어떤 정책 또는 행위를 취하도록 요구한다면, 어떤 정치적 의도를 숨기고 있다거나 강대국의 정치적 압력에 따라 움직인다는 비난을 피할 수 있을 것이다. 회원국 정부에게 그들 스스로 인정한 국제법상의 의무를 준수하도록 요구하는 것은 정치적 개입이 아니기 때문이다. 특히 그런 요구를 일관되게 지속한다면 더욱더 그러하다. 이런 맥락에서 국제금융기구는 자신의 인권 조약(환경에 영향을 미칠 수 있는 프로젝트와 프로그램에서 도입한 회원국 간의 조약)에 대해서도 이와 유사한 정책을 채택해야 한다. 예를 들어 세계은행은 자신의 인권 조약에 반하는 회원국의 프로그램을 승인해서는 안 될 것이다.[40]

아마티아 센은 그의 저서 『자유로서의 개발』에서 개발은 개인적 선택의 폭을 확장시킬 수 있도록 역량을 키우는 방식이라고 했다.[41] 이 글에서도 센이 제시한 개발의 관점을 유지하면서 국제금융기구가 준수해야 할 몇 가지 인권에 관해 살펴보고자 한다.

건강　　　　　　건강권은 개발권의 실현을 위한 과정에서 매우 중요한 역할을 수행한다. 가능한 한 최고의 정신적·육체적 건강[42]의 보호는 개발 과정에 참여하고 개발의 혜택을 누릴 수 있는 개인의 능력에 필수 불가결한 요소이다. 국제금융기구가 보건 서비스를 제공하기 위한 사회 기반 설비의 건립 또는 확충 프로젝트에 개입하거나 국가 보건 서비스를 위한 기금 배분의 논의에 관여할 경우, 해당 국가의 정책 입안자는 건강권의 핵심 내용을 그 지침으로 삼아야 한다. 이는 유엔 사회권 위원회가 일반 논평을 통해 요구한 내용이다. 사회권 위원회의 일반 논평을 인용하자면 아래와 같다.

> 규약의 제22조와 23조에 따라 세계보건기구, 국제노동기구, 유엔개발계획, 유니세프, 유엔 인구기금, 세계은행, 지역개발은행, 국제통화기금, 세계무역기구 등 유엔 내 관련 기구들은 각자의 임무를 충분히 존중하는 가운데 각자의 전문성을 토대로 회원국 정부와 효과적으로 협력해야 한다. 특히 국제금융기구들, 그중에서도 세계은행과 국제통화기금은 대출 정책, 금융협정, 구조조정 프로그램에서 건강권을 보호하도록 특별한 주의를 기울여야 한다.[43]

식량 국제금융기구들을 포함해 식량과 농업 분야에서 활동하고 있는 기관들은 농산품 수출을 통한 외화 수입이라는 재정적 목적 외에도 적절한 식량에의 권리를 보호하기 위한 정책이나 조치에 관심을 기울여야 한다. 적절한 식량에의 권리는 농업정책을 결정함에 있어서 재정적 목표와 동등하거나 우선시되어야 한다. 이런 접근법은 농업 생산 분야의 소득 창출과 식량 안보에 대한 거시적 관점을 미시적 관점으로 전환하게 될 것이다. 센굽타를 비롯한 많은 학자들에 의하면 "자유로서의 개발은 사람들이 스스로 가치 있다고 생각한 것을 실현할 수 있는 자유와 역량의 확장으로 이루어져 있다"[44]고 한다. 여기서 역량의 확장은 인권의 향유에 필요한 가용 자원을 포함한 개념이다. 인권의 향유는 오직 다른 사람의 권리와 사회 전반의 복지를 보호하기 위한 경우에만 제제를 받을 수 있다.[45] 그러므로 국제금융기구는 식량권을 충족시킨다는 관점에서 농업 생산 분야의 정책 변화 또는 정책 조정을 고려해야 한다. 즉, 수입을 창출할 수 있는 농업 생산을 강화하려면 농업 종사자의 가용 자원에 대한 접근을 제한해서는 안 되며, 그들이 이미 확보하고 있는 재원을 보호해 줌으로써 권리에 기초한 접근법의 요구 조건을 충족시킬 수 있다. 이와 같은 변화를 위한 조정은 반차별적으로 이루어져야 한다. 여성을 포함해 어떤 집단에게도 부담이 더 많이 부과되어서는 안 되며, 모든 집단이 조정의 혜택을 공유해야 한다.

식량권의 핵심 내용과 거기에 국제금융기구가 영향을 미치는 방식은 식량정책 또는 농업정책의 결정에 주요한 지침이 되어야 한다. 이에 대해 사회권 위원회는 다음과 같은 논평을 제시했다.

> 국제금융기구, 특히 국제통화기금과 세계은행은 그들의 대출 정책, 금융협정, 그리고 부채 위기를 다룰 국제적 조치 속에서 식량권이 보호되도록 특별한 주의를 기울여야 한다. 국제금융기구들은 위원회의 일반 논평 12번 제9절에 따라 모든 구조조정 프로그램 속에서 식량권이 보호되도록 보장 조치를 취해야 한다.[46]

공정한 법 절차에의 접근　　　1990년대 초반부터 국제금융기구들은 개발 과정에 사법 체계가 필요하다는 점을 인식하기 시작했다. 이는 특히 굿거버넌스를 위한 접근법에서 강조되어 왔다. 법치가 굿거버넌스를 위한 접근법에서 핵심적 역할을 담당하기 때문이다. 그러나 법치와 공정한 법 절차에 대한 접근권을 둘러싸고 국제금융기구의 접근법과 인권적 접근법 간에는 질적인 차이가 존재한다. 1990년대 초반에 진행되었던 국제금융기구들 간의 굿거버넌스 논의는 그들의 사업을 위한 안정적이고 예측 가능한 환경을 조성하는 데 초점을 두고 있었다.[47] 반면 오늘날의 인권적 접근법은 인권의 희생자가 법 앞에 평등하고 법 절차에 효과적으로 접근할 수 있도록 보장할 것을 강조하고 있다. 현재 사법부의 독립성과 공정한 법 절차에의 접근권을 보장하기 위해서는 회원국의 사법제도가 국제적 기준에 적합하게 개혁되어야 하며, 국제사회는 그런 개혁 과정을 지원해야 한다는 주장들이 제기되고 있다.[48] 그렇게 된다면 회원국 정부는 일관성과 예측 가능성 속에서 자신의 사법 제도를 개혁해 나갈 수 있을 것이다. 국제사회의 지원은 또한 사법 개혁과 관련된 국내의 정치적 문제를 극복할 수 있는 수단이 되어 줄 것이다.[49]

법 앞의 평등, 공정한 법 절차에의 접근, 공정한 재판의 보장, 사법부의 독립은 국제인권장전과 모든 인권 기제의 핵심 내용을 구성하고 있다. 국제금융기구는 인권 보호에 매우 중요한 국가 사법제도의 개혁이나 강화에 여러 가지 방식으로 기여할 수 있을 것이다. 특히 법률 지원 계획, 법률 교육, 부패 방지와 같은 활동을 적극적으로 지원해 준다면 큰 도움이 될 것이다. 이미 세계은행이 그와 같은 노력을 취하고 있지만 이를 훨씬 더 강화할 필요가 있다. 그러나 국가마다 법적 전통과 문화가 상당히 다르므로 공정한 법 절차에의 접근을 지원하기 위한 방법이나 정책을 수립할 때 대상 국가의 특성을 충분히 염두에 두고 접근하는 것이 무엇보다 중요하다.

빈곤 감축 전략

다음에서는 위에서 논의한 전략들이 어떻게 빈곤 감축 전략에 영향을 미치는지에 대해 살펴볼 것이다. 개발권의 실현 과정은 빈곤 감축의 목표를 달성하기 위한 전략으로 볼 수 있다. 개발을 가난한 사람들이 자신의 열망과 선택을 실현할 수 있도록 역량을 증진시키는 과정으로 이해한다면, 가난한 사람들의 기본적 권리를 인정하고 존중하는 것이 무엇보다 중요해진다. 센은 "빈곤은 단순히 수입이 낮은 것이 아니라 기본적 역량이 박탈된 것으로 봐야 한다. 기본적 역량의 박탈이 빈곤을 다른 것들과 구분하는 표준 척도이다"[50]라고 주장하고 있다. 그러므로 개발권의 실현 과정은 빈곤 감축과 관련해 경제성장뿐만 아니라 그 이상의 것, 즉 기본적 역량이 성취될 수 있는 환경을 조성해야 한다.

국제금융기구들은 빈곤 문제를 다루고 빈곤 감축을 위해 활동한다는 목적을 가지고 있다. 1999년에 도입된 빈곤 감축 전략[51]은 그와 같은 목적을 달성하는 데 매우 중요한 요소이다. 1980년대와 1990년대에 국제금융기구들이 채택한 정책들이 애초에 계획한 빈곤 감축의 목표를 달성하지 못하자 국제금융기구들은 새로운 접근법을 모색하기 시작했다. 그 가운데 하나가 바로 빈곤 감축 전략이다. 빈곤 감축 전략은 곧 부채 절감 프로그램과 통합되었다. 굿거버넌스 전략의 핵심 요소로서 민주화와 책무를 중요하게 여겼던 당시의 분위기 또한 빈곤 감축 전략의 등장에 영향을 미쳤다. 빈곤 감축 전략은 개발 정책, 프로그램, 프로젝트에 대한 국가 또는 지역의 주인 의식을 형성하는 것을 새로운 접근법으로 제시했으며, 특히 개발 목표를 설정하는 과정에서 대중적 참여를 요구했다. 이와 같이 빈곤 감축 전략은 그 도입 단계에서부터 참여를 중요하게 여기고 있었다. 이는 개발권 실현 과정에서 강조하고 있는 참여와 서로 맞닿아 있다.

만약 빈곤 감축 전략을 개발권 실현에 필요한 환경을 조성하는 것으로 본다면 국제금융기구는 빈곤 감축 전략에 몇 가지 인권적 요소를 추가해야 할 것이다. 2002년에 유엔 인권고등판무관실에서는 '빈곤 감축 전략에의 인권적 접근법에 관한 가이드라인 초안'Draft Guidelines on a Human Rights Approach to Poverty Reduction을 발표했다. 이 가이드라인은 빈곤 감축 전략 안에 인권 원칙의 준수 여부를 감독할 모니터링 기구의 설립을 제안하고 있다. 모니터링 기구의 중요성에 대해 가이드라인은 다음과 같이 표현하고 있다.

> 지구적 행위자는 수용 가능하고 투명하고 효과적인 감독 및 책무 절차에 따라야
> 한다. 지구적 행위자가 빈곤 감축과 인권적 책임과 관련해 적합한 모니터링 또는
> 책무 메커니즘을 설립하지 못한다면 다른 행위자가 그런 메커니즘의 설립을 위
> 해 필요한 수속을 밟아야 한다.[52]

그런데 국제금융기구가 자신들의 빈곤 감축 목표를 효과적으로 달성하기 위해 빈곤 감축 전략을 만들었는데, 빈곤 감축 전략을 추진하는 과정에서 사회권 보호를 위한 가이드라인은 이상하게도 국제금융기구가 아닌 국가와 국가가 해야 할 바를 강조하고 있다.

국제금융기구의 회원국들이 직면한 도전

지금까지의 논의 내용은 독립 법인으로서의 국제금융기구에 관한 것이었다. 그리고 독립 법인으로서의 국제금융기구가 개발권을 실현하기 위한 과정에서 직면하고 있는 도전에 관한 것이었다. 그러나 국제금융기구는 인권 의무를 가지고 있는 개별 국가들로 구성되어 있다. 인권 의무는 국제금융기구 안에서의 국가 행위에 대해서도 어느 정도 영향을 미친다. 여기에서는 국가의 인권 의무가 국제금융기구 차원에서 이루어진 국가 행위 속에서 어떻게 드러날 수 있는지를 살펴볼 것이다.

국제인권법의 전통적 접근법에서 국가는 주요 의무 담지자로서 자신의 관할권 내에 있는 모든 개인이 인권침해로 고통당하지 않도록 보장할 의무를 가지고 있다.[53] 인권 원칙에 대한 이와 같은 이해 방식은 국가 영토 주권에 대한 예양禮讓의 원칙Comity Principle[54]과 일반 원칙에 근거한 것이다. 이 접근법은 국가를 국제사회의 지배적 행위자로 보는 전통적 관점에서 나온 것이다. 여기서 국가는 영토와 그 부속물에 대해 완전한 주권을 부여받은 존재이다. 그와 같은 완전한 주권이 존재한다면 모든 인권 의무를 국가에 부과하는 것이 타당할 것이다. 그러나 이런 접근법은 21세기의 시작과 함께 국제사회의 현실이 변화하고 있다는 점을 간과하고 있다. 오늘날 우리는 기술의 전 지구적 효과, 전 세계적 자본 이동, 초국적 기업의 경제력, 국제적 규제, 국가들 간의 불평등한 지위가 일국적 차원에서의 정책적 선택을 제한하고 있는 현실 속에서 살고 있다. 국내 정책에 대한 국가의 역할은 상당히 줄어들었다. 특히 가난한 나라의 경우 국제금융기구의 정책적 개입으로 국가의 역할이 대폭 축소되었다.

우리는 또한 한 국가의 행위가 다른 국가의 정부와 개인에게 상당한 영향을 미치는 세계에 살고 있다. 최근의 정치경제적 제제, 테러와의 전쟁, 잦은 재래식 전쟁은 어떻게 다른 나라의 정책 결정이 자국민에게 영향을 미치는지를 보여 주는 좋은 예이다. 그러므로 인권 의무를 국가에 제한하고 있는 전통적 이론은 새로운 시각에서 재고될 필요가 있다. 국제인권법은 인권 의무를 좀 더 광범위하게 해석할 것을 요구하고 있으며 그런 해석을 뒷받침하는 별도의 조항도 가지고 있다. 유엔헌장 제55조와 56조, 세계인권선언 제28조는 국제적 협력과 노력이 인권법의 전제 조건임을 보여 주고 있다.[55] 사회권 규약[56]은 더욱 분명하게 회원국 정부에게 "가용 자원이 허용하는 최대한도까지, 독자적으로 그리고 국제적 원조와 협력, 특히 경제적·기술적 원조와 협력을 통해서 규약의 권리를 온전히 실현하기 위한 조치를 취하도록" 요구하고 있다. 이 조항이 의미하는 바가 국제개발원조를 제공할 의무인지 아니면 원조를 받을 가난한 나라의 권리인지는 불분명하다.[57] 그러나 분명한 것은 사회권 규약의 회원국들은 국제기구를 통한 국가 행위에 대한 책임을 비롯해 자국의 국경을 초월하는 책임을 가지고 있다는 점이다.[58]

이는 국가들이 국제금융기구의 활동에 참여할 때에도 그들의 인권 의무가 계속 유지된다는 것을 의미한다. 국제금융기구의 회원국(채권국과 채무국 가운데 여기서는 채무국)은 국제금융기구와 협상할 때 사회권 규약하의 인권 의무를 상기해야 한다.[59] 국제인권법이 국제금융기구의 행위에 제한을 가하는 것처럼 그 회원국의 행위에도 제한을 가하기 때문이다. 즉, 그들이 국제금융기구가 독자적으로 혹은 공동으로 기금을 출자한 정책, 프로그램, 프로젝트에 동의할 때 국제인권법의 제약을 받도록 되어 있다. 인권 의무가 채무국에게만 적용되는 것은 물론 아니다. 사회권 규약과 국제관습법[60]은 채권국에게도 국제금융기구 내에서 어떤 결정을 내릴 때 그 결정이 제3국의 인권에 미칠 영향을 고려하도록 요구하고 있다. 그러므로 채권국은 자신의 정책, 프로그램, 프로젝트가 이행될 국가의 사람들에게 어떤 영향을 미칠지 고려하고[61] 인권침해의 소지가 있을 경우에는 그것을 의무적으로 수정해야 한다.

인권에 기초한 접근법과 의무

국제금융기구가 어떤 정책을 선택할 때 인권의 질적 내용에 의해 제한을 받는 것과 마찬가지로 그 회원국도 어떤 정책, 프로그램, 프로젝트에 대한 지원을 결정할 때 인권의 질적 내용에 의해 제한을 받는다. 이런 제한에 대해서는 위에서 절차적 내용과 실질적 내용으로 나누어 설명했다. 또한 행위의 의무와 결과의 의무로도 구분해서 살펴보았다. 회원국 정부에게 그들의 국제금융기구에 관한 정책 속에 인권 요소를 수용하라고 요구한다고 해서 모든 문제가 해결되는 것은 아니다. 국제금융기구들이 그랬듯이 그 회원국들 역시 그들의 정책이 다른 나라의 인권에 부정적 영향을 미치지 않도록 하려면 여러 가지 시행착오를 겪어야 할 것이다. 이는 유엔 사회권 위원회가 취한 접근법과 유사하다. 사회권 위원회는 규약의 모든 권리가 당장에 온전하게 실현되리라고 기대하지 않는다. 대신 그 회원국들이 규약의 권리 실현을 위해 노력하고 있다는 점과 그 결과로 점진적 발전이 이루어지고 있다는 점을 보여 주기를 기대한다.[62]

국제금융기구와 그 회원국의 인권 의무와 관련해 가장 시급하게 요구되는 것은 국제금융기구 내에서 국가정책을 책임지고 있는 직원과 각국의 대표(국제통화기금의 경우 주로 각 국의 중앙은행장)에 대한 교육과 그들 간의 의견 조율이다. 기구의 직원들과 국가 대표에게 국제 인권 의무가 국제금융기구에서의 국가 행위에 제한을 가한다는 점을 충분히 숙지시키지 못한다면 어떤 접근법도 소용이 없을 것이다.

그러므로 개발권의 실현 과정에서 회원국은 국제금융기구를 통한 그들의 행위가 "모든 인권과 기본적 자유를 충족시킬 수 있도록 하고, 공정하고 정의로운 경제성장을 통해서 빈곤, 문맹, 영양부족, 질병을 없애도록 하고, 사회적으로 소외되고 취약한 집단을 보호하도록 해야 한다."[63]

국제인권법적 의무의 원천

국가 또는 여타 행위자의 인권 의무에 관한 많은 논의들과 마찬가지로 여기에서도 인권 의무의 내용을 규명할 것이다. 단순히 국제인권법에 근거해 국제금융기구가 모든 인권 의무를 가지고 있다고 주장할 수는 없다. 국제금융기구는 어떤 인권 조약의 회원도 아니며, 당연히 가장 정교하게 의무 조항을 확립하고 있는 양대 인권 규약의 회원도 아니기 때문이다.[64] 그러나 국제금융기구의 회원국들은 그 사정이 다르다. 약 180개국의 국제금융기구 회원국 가운데 151개국이 사회권 규약을 비준했고, 규약을 비준한 회원국은 규약이 부과하고 있는 의무에 구속을 받게 된다. 다른 인권 조약을 비준했다면 당연히 해당 조약의 의무에 의해서도 구속을 받는다. 이런 방식으로 현재 총 153개의 회원국이 사회권 규약을 포함해 다양한 국제인권법에서 나온 인권 의무에 구속을 받게 되어 있다. 그러므로 국제금융기구를 통한 국가 행위와 관련해 인권 의무를 좀 더 자세히 살펴볼 필요가 있다.[65]

존중respect의 의무 측면에서 보면, 국가는 자신이 지원한 정책, 프로젝트, 프로그램이 그것이 이행될 국가의 인권을 위반하지 않도록 보장해야 한다. 적어도 기존의 인권 향유 수준이 유지되도록 보장해야 한다. 예를 들어 제안된 정책 또는 프로그램이 부모들이 감당하기 어려운 수업료를 도입함으로써 여자아이를 더 이상 학교에 보내지 못하게 할 가능성이 있다면, 그 정책 또는 프로그램은 인권적 관점에서 지속 가능한 것이 아니며 존중의 의무를 위반한 것이다. 제삼자에 의한 인권침해로부터 보호protect할 의무 측면에서도 국가는 국제금융기구의 프로그램을 수행할 하청 계약자 또는 사적 행위자가 개인의 인권에 역효과를 가져오는 행위를 주도하거나 그런 행위에 연루되지 않도록 보장해야 한다. 이는 국제금융기구가 프로젝트 또는 프로그램을 승인할 때 거기에 특별히 인권 보호의 조건을 부가함으로써 보장될 수 있다. 그러므로 국제금융기구는 프로젝트 제안서나 하청 계약자의 적격성 평가시 적절한 인권 영향 평가가 함께 수행될 수 있도록 해야 한다.

충족fulfill의 의무는 위의 두 가지 의무보다 조금 더 복잡하다. 국제금융기구의 충족의 의무가 확고하게 구성된 것인지는 아직 불분명하다.[66] 국가(주로 채권국)의 충족의 의무 역시 법률의 역외 적용에 해당할지라도 국경을 벗어나면 약화되어야 하는 것은 아닌지 의구심이 생긴다.[67] 인권 의무는 일반적으로 영토 국가에 가장 강력하게 적용되는 것이기 때문에 다른 나라에게 국제금융기구를 통해 적극적으로 다른 나라의 인권을 충족시키라고 요구하는 것은 주권 존중의 원칙에 반하는 것은 아닌지 의문이 제기될 수 있다. 이런 의문을 사회권 규약에 적용해 보면, 규약의 제2조 1항을 위반하지 말아야 할 의무, 제삼자의 위반으로부터 보호할 의무, 국제 협력을 통한 인권 충족을 촉진할 의무를 사회권 규약이 진정으로 내포하고 있는지 의문을 제기할 수 있게 된다.

그와 같은 의문에 대한 대답은 부정적일 수 있다. 즉, 오직 영토 국가만이 인권 의무를 가진다고 말할 수 있기 때문이다. 그러나 충족의 의무가 역외 적용 행위를 요구하는 것이라면 국가들 간의 강력한 상호 의존성과 불평등한 파트너십 속에서 많은 국가가 인권의 의무를 충족시킨다는 것은 불가능한 일일 것이다. 그러므로 제기된 의문에 대한 대답은 이런 현실을 반영해 좀 더 긍정적인 방식으로 제시될 필요가 있다. 사실 이와 같은 입장은 1950년대와 1960년대에 유엔에서 사회권 규약을 초안할 때 많은 국가 대표단이 보여 주었던 입장이다.[68] 국제금융기구는 직접, 혹은 보증이나 정책 승인을 통해서 실제 자본을 이동시킬 수 있기 때문에, 국가들이 국제금융기구를 통해 충족의 의무를 수행한다면 실질적인 인권 신장을 가져올 수 있을 것이다. 이와 같은 접근법은 사회권 규약에만 한정될 것이 아니라 개발권 선언과 개발권의 실현 과정에도 적용되어야 한다. 국제금융기구의 회원국이 기구의 정책을 통해 그들의 인권 의무를 실행한다는 것은 매우 합리적이고 정당한 정책이다. 국제금융기구가 그런 정책을 선호하지 않을지라도 채권국과 채무국이 그런 정책적 목표를 향해 서로 간의 의견을 좁혀 나간다면 정책의 실현 가능성이 매우 높아질 것이다. 국가가 국제금융기구를 매개로 인권을 신장시킬 수 있는 정책 선택의 폭은 국제금융기구가 수행할 수 있는 임무의 폭에 따라 제한된다. 즉, 국제금융기구의 정책, 프로젝트, 프로그램을 통해 인권을 신장시키려고 한다면 거기에 국제금융기구의 임무에 반하는 내용이 포함되어서는 안 된다.

개발권의 이행 과정 또는 권리에 기초한 접근법을 추진하고 있는 국가는 국제금융기구의 활동에 대한 지원이나 국가적 행위를 통해 인권과 기본적 자유를 충족시킬 수 있을 것이다. 더불어 센굽타가 민간 전문가의 자격으로 말한 모든 인권 원칙들을 준수하면서 경제성장[69]도 달성할 수 있을 것이다.

도전 과제의 결합

이제 남아 있는 문제는 개발 과정에 참여하고 있는 다양한 행위자에게 각각 부과된 도전 과제를 어떻게 결합시킬 것인가이다. 이 글에서는 개발 과정에서 서로 상호작용을 일으키고 있는 세 종류의 행위자를 규명했다. 채무국, 채권국, 국제금융기구가 그것이다. 여기서 채무국과 채권국은 모두 국제금융기구를 구성하는 회원국이다. 이들 세 행위자의 책임이나 의무를 주어진 정책, 프로그램, 프로젝트의 맥락에서 결합시키기란 매우 어려운 일이다. 그러나 세 행위자 모두는 국제법에 따르는 인권 의무를 가지고 있다. 물론 의무의 내용과 정도에는 차이는 존재한다. 국제금융기구에 원조를 요청한 채무국에게는 모든 인권 의무가 부과될 것이다. 특히 그 채무국이 인권 조약들을 비준했다면 더욱더 그러하다. 독립 법인으로서 국제금융기구는 국제인권법과 국제인권관습법에 근거한 의무를 가진다. 채권국은 그들이 비준한 인권 조약의 내용에 따라 그 정도가 결정되는 역외 적용의 인권 의무를 가진다.[70]

개발권을 이행하는 과정이라는 관점에서 의무에 접근한다면 세 행위자에게 부과된 도전 과제들을 결합시키는 것이 그리 어렵지 않게 된다. 이는 '의무의 상호성'[71] 또는 공정한 파트너십이란 용어로 표현될 수 있다. 센이 칸트철학을 토대로 불완전한 의무에 관해 논의하고 있는 바와 같이, 개발권에 상응하는 의무가 불완전하다는 이유로 여전히 국제인권장전의 권리들과 개발권을 구분하고 있는 경우가 허다하기 때문에 파트너십의 개념을 특별히 강조할 필요가 있다.

사실 개발권은 상응하는 의무 담지자를 명확하게 규정하기 어렵기 때문에 재판에 회부될 가능성이 적다. 그렇다고 개발권에 대한 의무가 없어지는 것은 아니다. 세 행위자는 개발권의 실현이라는 공통의 목표를 향해 함께 노력하는 건설적인 파트너십을 통해 개발권의 의무를 온전하게 이행할 수 있다. 그런 파트너십은 행위자 간의 공평성을 토대로 삼아야 가능할 것이다. 만약 세 행위자가 공통의 목표 달성에 실패한다면 그 책임 역시 세 행위자가 함께 공유해야 할 것이다.

채권자와 채무자로서의 국제금융기구상의 국가 행위와 국제금융기구의 독자적 활동에 이상의 접근법을 적용함으로써 부가되는 가치는 무엇인가? 개발권이 국제금융기구의 운영 지침이 될 수 있다면 국제금융기구의 임무 수행을 더 완전하게 만들 수 있는 건설적인 접근법을 제시할 수 있을 것이다. 개발 과정에의 권리에 기초한 접근법은 개발 정책에 질적 제한을 가하기도 하지만, 동시에 모든 개인이 개발 과정으로부터 혜택을 누릴 수 있도록 하는 정책 결정을 이끌어 낼 수도 있다.

국제인권법이 부과하고 있는 제한조건, 특히 세계인권선언 제29조하에서 국제금융기구의 정책, 프로그램, 프로젝트는 거기에 영향을 받게 될 사람들이 우선순위 결정에 참여하도록 보장함으로써 좀 더 분명하게 개발 목표를 반영해낼 수 있을 것이다. 그들에게 인권적 접근법이 부과한 제한조건이 특정 정책, 프로그램, 프로젝트에 관한 것임을 처음부터 분명히 해둘 필요가 있다. 그렇지 않으면 인권적 접근법의 조건을 외부 행위자에 의해 국가정책이 변화했다는 식으로 왜곡되게 받아들여질 수도 있기 때문이다. 또한 새로운 조건이 추가되었다는 인상을 주지 않기 위해서도 애초부터 분명히 해두어야 한다. 문제는 국가정책의 변화로 인해 가장 큰 혜택을 받게 될 바로 그 당사자들이 그런 문제 제기를 한다는 점이다. 그러나 이는 각 행위자가 자신의 인권 의무의 틀 속에서 참여의 과정을 명확하게 수행한다면 충분히 해결될 수 있는 문제이다.

결론

국제금융기구와 그 회원국들이 개발권을 심도 있게 수용하려면 그 태도를 고칠 필요가 있다. 인권에 대한 국제금융기구의 접근법은 자신의 의무를 최소화하기에 급급한 것이었다. 이처럼 부정적이고 제한적인 사고를 버리고 접근법을 전환한다면, 어떻게 하면 국제금융기구와 그 회원국들이 개발권의 실현에 기여할 수 있으며, 또 어떻게 하면 권리에 기초한 접근법이 국제금융기구의 업무를 증진시킬 수 있는가의 문제만이 남는다. 지금은 국제금융기구와 그 회원국들이 인권을 장애물이 아니라 정책 개발의 기회로 보아야 할 때이다. 인권은 특히 인간 개발이라는 최종의 목표 달성을 위한 효과적인 정책 개발의 기회를 제공하고 있다. 인간 개발은 인류의 진보에 기여할 건설적이고 활기찬 사회의 건설을 위한 가용 자원의 증가를 의미한다. 국제금융기구들이 성장, 반차별, 참여를 수반하고 있는 개발권을 장애물이 아니라 기회로 본다면, 그들 자신의 임무 수행에 있어서도 효율성이 강화될 것이다. 왜냐하면 인권적 접근법은 보편적 기조 속에서 국가별·지역별 특수성을 반영하고 있으며 사회적으로 가장 취약하고 인권침해에 가장 많이 노출된 사람들을 개발의 중심에 두고 있기 때문이다.

시그룬 스코글리

SIGRUN SKOGLY

영국 랭커스터 대학 법대 인권법 강사이다. 주로 인권 의무, 사회권, 인권과 빈곤의 관계에 대해서 많은 글을 발표하고 있다. 최근에는 법의 역외 적용 인권 의무에 집중하고 있다. 대표 저서로는 *The Human Rights Obligations of the World Bank and the International Monetary Fund*(2001), *Beyond National Borders : State's Human Rights Obligations in International Cooperation*(2006)을 들 수 있다.

결론

스티븐 마크스Stephen P. Marks
보르 안드레아센Bård A. Andreassen

이 책에 참여한 저자들은 개발에의 권리, 개발에의 권리에 기초한 접근법, 개발 과정에서의 인권에 관해 풍부한 분석과 통찰을 보여 주었다. 저자들의 연구와 노벨 심포지엄의 토론을 통해서 우리는 개발에의 권리와 그에 대한 접근법을 둘러싼 복잡한 문제들에 관해 다양한 결론에 도달할 수 있었다.

가장 명백한 결론은 인권적 프레임워크의 규범적 요소들을 도입함으로써 개발 이론과 그 실행 방법이 한층 더 풍요로워질 수 있다는 것이며, 개발과 인권은 인간의 웰빙 증진을 위한 상호 보완적 관계에 있는 전략들이라는 주장이다. 그러나 개발 과정 속에서 인권의 내용과 그 실용적 가치는 아직 분명하게 규명되지 못한 채 불확실하게 남아 있음을 알 수 있다.

건강 및 교육과 같은 특정 부문에서의 인권 의무를 규명하는 것으로부터 개발의 전 과정에서 인권 규범을 좀 더 체계적으로 적용하는 것에 이르기까지 개발 내 인권에 대한 다양한 접근법이 존재한다. 개발권 선언을 포함해 개발 내 인권에 관한 유엔 차원의 결의와 선언은 개발과 인권의 더욱 체계적인 연계를 뒷받침해 오고 있다.

개발 과정에서 인권 개념을 제대로 적용하려면 인권 개념의 법적·정치적 접근법을 개발 과정의 사회경제적 맥락과 연결시켜야 한다. 이에 대해 이 책에 실린 여러 글들에서는 한편으로 이론과 실천 양쪽 분야에서 모두 사용될 수 있는 중요한 개념들을 제시하고 있으며, 다른 한편으로 개발 분야에서 인권 의무가 어떻게 국가 간의 관계에 적용되는지를 밝히고 있다.

몇 가지 정의

개발 내 인권 또는 개발에의 인권에 기초한 접근법은 개발 정책과 그 실행 과정을 통해 인권 의무를 충족시킬 수단과 방법에 관한 것이다. 정부와 국제기구는 최근 인권적 접근법에 관한 개념과 정책을 개발하고 발전시켜 적용해 오고 있다. 최근 개발 담론에서 유망한 경향은 새로운 개발 프로그램과 개입 모델을 만드는 것이다.

1986년 개발권 선언과 센굽타가 유엔 민간 전문가 자격으로 발표한 보고서에서 제시된 개념을 정리해, 우리는 개발권을 "공정한 성장의 맥락에서 모든 인권의 온전한 실현을 목적으로 한 점진적 결과와 과정에의 권리"로 정의했다. 넓게 보았을 때 개발권에는 인권을 준수하는 방식으로 사람들의 역량을 보편적으로 개선하는 과정과 활동도 포함된다.

개발권이 이행되려면 정부와 개발 파트너들이 그들의 개발 정책과 그 실행 과정에서 인권과 개발권 선언이 규정하고 있거나 암묵적으로 제시하고 있는 다른 요구 사항들을 통합적 방식으로 적용해야 한다는 점에서 개발권과 개발에의 인권적 접근법은 서로 관련되어 있다. 둘 사이의 관계는 경계만을 서로 접하고 있는 서로 다른 것들이 아니라, 개발권이 개발에의 인권적 접근법을 포괄하고 있는 형태이며, 이런 방식으로 둘 사이의 관계가 형성되려면 개발에의 인권적 접근법이 경제의 한 부문으로 또는 현지화된 개발 프로젝트 속에 적용될 수 있어야 한다. 개발의 맥락에서 인권의 통합적·체계적 신장과 보호의 개념을 최대한 확장하면 개발 내 인권, 즉 개발에의 인권에 기초한 접근법과 개발권이 같은 것이 된다. 비록 개발권이 과정 자체를 권리로 여겨야 한다는 부가적 요구 조건을 하나 더 가지고 있지만, 양자는 본질적으로 같다고 할 수 있다. 그러나 이처럼 확장된 해석을 좀처럼 사용하지 않기 때문에 개발권의 개념은 개발 내 인권에 대한 체계적이고 통합적인 접근법의 배경이나 근거로서 유용하게 사용될 수 있다.

가장 큰 도전 과제는 추상적인 정의를 실용 가능한 방법으로 전환시키는 일이다. 사실 개발권의 구성 요소를 나열하고 설명한다고 해서 그 이행에 필요한 조치나 방법이 도출되는 것은 아니다. 경험적으로 말해 개발권은 다른 인권 규범의 이행 방법으로는 이행될 수 없다. 즉, 기존의 방법으로는 개발권의 위반에 대응할 적절한 책무 메커니즘과 구제 조치를 마련할 수 없다는 말이다. 적절한 책무 조치 또는 메커니즘을 마련하지 못한다면 개발권은 말뿐인 수사로만 남게 될 것이다.

개발권의 법적 지위

개발권의 법적 지위에 관해서는 개별 정부에 따라 매우 다양한 입장차를 보여 왔다. 개발권이 인권이라는 주장을 전면적으로 거부하는 정부가 있는가 하면, 법적으로 구속력을 가져야 할 핵심적 권리이며 인권 신장과 보호에 있어서 없어서는 안 될 권리라고 주장하는 정부도 있다. 우리의 입장은 그 중간쯤에 놓여 있다. 개발권은 국제인권법에 근거하고 있으나 정부에 대한 법적 구속력은 아직 진화 단계에 있기 때문이다. 1970년대 중반 이후에 나온 정부들의 공식적 입장은 개발권에 법적 의미를 부가해 왔다. 1986년 개발권 선언, 1993년 비엔나 선언, 기타 유엔총회와 정상회담의 결의는 특히 더 그러했다. 개발권 선언은 유엔총회가 채택한 다른 선언들과 마찬가지로 개별 정부들이 정치적 공약에 머무르지 않고 법적 의무로 실행시켜 나아갈 것이라는 강한 기대를 갖게 했다. 그러므로 개발권 선언은 적어도 정부에게 정치적 책무 정도는 요구할 수 있는 정당성을 가지고 있다. 사실 국제법은 선언과 같은 국제적 규범이 결정화結晶化된 것이다.

자유권 규약이나 사회권 규약과 같은 법적 구속력을 가진 인권 규약 속에 개발권이 이미 포함되어 있다는 사실이 부정되지 않는 한, 개발권은 그와 같이 구속력 있는 규범에 의존함으로써 혹은 그런 규범을 흡수함으로써 (그 자체로서는 가지고 있지 않지만) 법적 구속력을 가질 수 있다. 즉, 복합적 권리로서 개발권은 그것을 구성하고 있는 권리들이 가진 '완전한 의무'를 이용할 수 있는 것이다. 그러므로 개발권의 의무 담지자는 쉽게 규명될 수 있으며 개발권의 요구 사항은 법적 시행이 가능하다. 그러나 개발권은 거기서 한걸음 더 나아가 정부들에게 개발권을 구성하고 있는 권리들을 그들의 개발 정책 속으로 수용할 것을 요구하고 있다. 이와 같은 요구는 '불완전한 의무'를 구성한다. 불완전한 의무를 이행하기 위해서는 국가적·국제적 차원에서 관련 정책들을 개발하고 적용해야 한다. 이는 일련의 복잡한 행위와 자원을 필요로 한다. 정부는 센굽타가 열거한 다섯 가지 핵심적 인권 원칙, 즉 공정성, 반차별, 참여, 투명성, 책무성을 체계적으로 수용하는 방식으로 개발을 진전시킬 수 있는 정책을 수립해야 한다. 이는 도덕적 의무에 해당한다. 이런 점에서 개발권은 염원의 권리라고도 할 수 있다. 즉, 정부들이 정치적으로 공약은 했으나 아직 법적 구제 수단이 마련되지 않은 권리가 개발권인 것이다. 불완전한 의무로 시작된 개발권은 점진적으로 더욱 구체적인 의무로 바뀌어야 한다. 최근 유엔 인권이사회의 권한하에 '개발권에 관한 무기한 실무 그룹'과 그 내부에 고위급 전문위원회가 설립되었다. 그들의 임무가 바로 개발권이 그런 방향으로 나아갈 수 있도록 기회를 제공하는 것이다.

국가 개발 정책과 실천에 관한 의무

인권과 개발의 실현 책임은 일차적으로 국가(정부)에 있다. 다른 나라와 시민사회도 인권과 개발을 위해 중요한 역할을 담당하고는 있지만, 근본적 책임은 역시 당사국에게 있다. 국가는 법적으로는 국제 인권 의무에 구속되며, 정치적으로는 개발권에 대한 자신의 공약에 구속을 받는다. 그동안의 인권 담론에서 축적된 결론은 국가가 자신의 대리 행위자에게 개발 과정에서 인권을 존중하고 제삼자(비국가 행위자)에 의한 인권침해로부터 주민들을 보호해야 한다는 의무를 부과할 책임을 가지고 있다는 것이다. 더 나아가 국가는 외부의 지원과 원조를 포함해 자신의 역량이 허용하는 최대한도까지 개발권의 모든 측면을 촉진하고 촉구하고 제공하기 위한 조치들이 취해지는 것을 주시하고, 또 그것을 보장할 의무를 가지고 있다. 이 이론에 따르면 개발권 역시 그 규범적 내용에 대해 조약 기구의 감시·감독을 받는 다른 권리들과 같은 분석적 틀 속에 놓여 있다. 그런 분석적 틀은 정부들 또는 독립적인 국가적·국제적 집단이 한 나라의 개발권이 어느 정도 진전되었는지, 또 이행 과정에서 직면한 어려움은 무엇인지를 평가하는 데 유용할 것이다. 동료 평가peer review는 유엔 인권이사회 차원의 '보편적 정례 검토'[국가별 인권 상황 정기 검토]Universal Periodic Review, UPR의 맥락에서 이루어져야 한다. 이 과정의 신뢰성은 정보의 질, 지수와 벤치마크에 대한 분석 정도, 시민사회와 개발 파트너의 의견 반영 정도, 건설적 비평과 권고의 수용 의지에 달려 있다. 개발권의 잠재력을 온전하게 실현시키려면 아직도 가야 할 길이 멀다. 이 점에 있어서는 어떤 나라도 예외가 될 수 없다.

개발에의 권리와 개발 내 인권을 위한 국제 협력

사회권 규약 제2조에서 예시하고 있는 바와 같이 국제인권법은 국제사회의 모든 구성원, 즉 국가, 정부 간 기구, 비정부기구에게 인권 의무의 점진적 충족을 위해 국제 협력을 통해 서로 지원할 의무를 부과하고 있다. 그러나 국제적 원조와 협력의 의무 속에 인권을 도입하고 개발 정책에 개발권을 반영할 의무가 포함되는지에 대해서는 아직 의견이 분분하다. 그런 의무에 대한 엄격한 해석에 따르면, 원조의 법적 의무는 국제정치경제구조에 아무런 영향을 미치지 않으면서 국제기구 또는 양자 간 기구의 정책과 프로그램에 최소한으로 기여하는 것이다. 좀 더 넓은 의미의 해석에서는 국가와 다른 행위자(비국가 행위자 포함)가 개발권의 실현에 우호적인 국내적·국제적 조건을 형성할 책임을 가지고 있다고 의무의 범주를 확대하고 있다. 즉, 넓은 의미의 해석에서는 국제정치경제의 구조적 변화를 요구하고 있는 것이다. 이런 맥락에서 새천년개발목표를 달성하겠다는 국제사회의 공약이 등장하게 되었다. 그래서 2015년까지 목표를 달성하겠다는 공약의 실현 가능성이 매우 낮음에도 불구하고, 그것의 인권적 측면에 대한 국제사회의 평가가 이루어질 수 있었던 것이다.

시장의 자유와 자유무역을 지지하는 세계화의 과정은 국가 간, 사람 간의 격차와 불평등한 개발과 같은 부정의를 더욱 심화시키고 인권 보호를 약화시킬 수 있다. 이와 동시에 세계화로 인한 아이디어, 사람, 재화, 이미지, 기술, 자본, 노동의 자유로운 이동은 개발권의 실현에 필수 불가결한 공정한 성장과 빈곤 퇴치의 기회를 제공할 수도 있다. 세계화의 약탈적 경향과 부정적 효과는 개발권 선언에서 요구하고 있는 "개발권 실현에 우호적인 국내적·국제적 조건"의 형성과 "적절한 국가 개발 정책의 수립"에 실패한 결과물로 봐야 한다. 이와 같이 개발권의 관점은 국제적으로 분배 정의의 원칙과 관점을 통해 세계화의 과정을 평가할 수 있는 일련의 규범적 수단을 제공하고 있다.

개발권의 이행을 위한 국제적 메커니즘은 인권 기구, 개발 기구, 금융기구를 포함한 다자간·양자 간 기구의 책임을 포함하고 있다. 이제 남아 있는 도전 과제는 개발권의 운영에 필요한 구체적인 원칙과 메커니즘, 가이드라인을 개발하는 것이다. 원칙과 메커니즘, 가이드라인의 제도화는 현재로선 아직 배아 단계에 머물고 있다. 지수와 벤치마크는 과학적 연구 조사를 통해 개발될 수 있다. 지수와 벤치마크의 장점은 10장의 라지브 말호트라의 글에서 충분히 강조하고 있다.

개발권 선언에서 국가들에게 부과되는 '개발권의 실현에 우호적인 국제적 조건을 조성할 의무'는 일차적으로 부유한 국가에 적용된다. 부유한 국가는 "개발권의 온전한 실현을 촉진한다는 관점에서 국제 개발 정책을 수립하기 위해 독자적·집단적으로 조치를 취할 의무"를 가지고 있다. 따라서 공여국(개발협력 프로그램 또는 국제기구를 통해 원조를 제공하고 있는 국가)은 생산적 자원에 대한 압박을 완화하고 공적 개발을 지원함으로써 개도국에서의 개발권 실현을 위한 노력을 장려할 의무가 있다.

법적 구속력이 없는 개발권 선언이 부과하는 이런 의무는 구속력을 가진 유엔헌장 제55조, 56조와 사회권 규약 제2조에서 부과하고 있는 의무로 보완되거나 강화될 수 있다. 유엔헌장과 사회권 규약은 유엔의 개발과 인권의 목적을 달성하기 위해 독자적으로 그리고 공동으로 행동하고, 국제 협력을 통해 사회권의 실현에 기여할 의무를 부과하고 있다. 이것이 개발권의 가장 확실한 법적 근거이다. 자유권 규약은 비록 국제 협력의 의무를 표명하고 있지는 않지만 "모두가 시민·정치적 권리와 경제·사회·문화적 권리를 향유할 수 있는 …… 조건"을 조성할 필요성에 대해서는 분명하게 언급하고 있다. 또한 세계인권선언은 제28조를 통해서 모든 권리가 온전히 실현될 수 있는 사회적·국제적 질서를 요구하고 있다. 이와 같이 전 지구적 차원에서 보편적으로 수용되고 있는 국제적 기준들이 개발권의 실현을 위해 국제적으로 협력해야 할 의무를 강화시켜 주고 있다.

국제 경제 관계의 전환

개발권이 등장했을 당시에는 정치적 분위기로 인해 개발권이 우선순위 선정이나 자원 배분과 같은 규범적인 영역이 아니라 수사뿐인 정치적 영역에 지속적으로 붙잡혀 있었다는 주장은 충분히 납득할 만하다. 개발 파트너들(개도국, 개발국, 국제기구 등) 사이에서 양자 간에 또는 독자적으로 '개발 콤팩트'나 그와 유사한 제도가 실시된다면 개발권의 실현에 도움이 될 것이다. 이와 같은 제도는 인권의 상호 책무성을 일국 내에서 또는 양자 간에 제도화할 수 있는 대안적 접근법을 제시하고 있기 때문이다. 이것이 개도국과 부유한 나라 사이에 확립된다면 개도국은 인권과 조화된 개발 정책을 적용해야 할 자신의 의무를 충족시킬 수 있을 것이고, 부유국은 원조, 빚 탕감, 무역, 융자를 통해 파트너의 개발권을 지원해야 하는 의무를 충족시킬 수 있을 것이다.

궁극적으로 양자 간·다자간 국제 협력을 통해 기존의 국제적 경제 관계를 개도국과 개발국 간의 공정성, 파트너십, 공통의 책임에 기초한 것으로 바꿀 수 있다면, 개발권의 실현 가능성은 크게 열릴 것이다. 이런 접근법은 또한 "개발권을 모두에게 실현시켜 모든 인류를 결핍에서 해방"시키겠다는 새천년선언의 다소 과장된 공약에 실속 있는 결과를 가져다 줄 것이다.

옮긴이 후기

2009년 후반기, 한국 국제개발협력과 관련된 일을 하고 있는 사람들에게 두 가지 중요한 사건이 있었다. 하나는 경제개발기구OECD 개발원조위원회DAC에 가입한 일이고, 다른 하나는 3년 넘게 국회에서 표류 중이던 '국제개발협력기본법'이 제정된 것이다. 불과 반세기 전에 한국전쟁의 폐허 위에서 미국과 유럽의 원조로 전후 복구 작업을 일구어 낸 역사를 되돌아보면, 반세기 만에 신흥 공여국으로서 개발원조위원회에 가입한 사실은 국가의 위상을 바꾸는 계기라 불릴 만한 일이다.

국제사회에서 개발협력의 역사도 처음에는 세계대전의 폐허 위에서 전후 복구 원조나 최빈국의 빈곤 퇴치, 개발도상국의 경제사회 발전을 위한 원조 등 주로 경제적 개발 지원에서부터 시작되었다. 그러나 지속적인 노력에도 불구하고 아프리카 등지의 빈곤 상황이 개선되지 않자 개발협력 분야에서도 다양한 정책 변화가 일어났다. 원조 효과성aid effectiveness과 인간 중심 개발로 개발 패러다임을 전환하고, 사회경제 인프라 건설을 지원하는 데서 벗어나 법체계, 민주주의 실현 등 정책과 제도 개선 부분으로 원조 대상이 변화하게 된 것이다. 또 인간 안보 개념을 도입하여 거버넌스와 안보 체계 구축을 지원하는 것도 시도되었다.

하지만 이런 모든 정책 변화에도 불구하고 개발이 지향하는 근본적 가치는 일관된 것이다. 바로 인권과 기본적 자유의 실현이 그것이다. 즉, 유엔 개발권 선언에서도 언급된 것처럼, 개발이란 경제를 넘어 사회 전 영역에 걸쳐 있는 포괄적인 과정이며, 개발의 과정과 결과에 대한 모든 사람들의 활발하고 자유롭고 의미 있는 참여를 통해 인권과 기본적 자유를 실현하는 것으로 정의될 수 있다.

현대사회는 눈부시게 빠른 속도로 변화하고 있다. 국제사회가 해결해야 할 공동의 범지구적 과제는 빈곤 퇴치만이 아니라 테러와 신종플루부터 기후변화에 이르기까지 복잡하고 다원화되었다. 이런 문제의 해결은 기금이나 획기적인 구상, 정책으로는 해결할 수 없는 것이기 때문에, 국제사회는 공동의 체제를 구축함으로써 지구적 개발 사업에 대한 정책적 협력을 꾀하고 있다. 개발은 인간의 삶에 정치·경제·사회적인 측면에서 포괄적인 영향을 미치게 되므로 진정한 개발 효과는 인권과 환경, 성평등, 부패, 민주주의 실현과 같은 원칙들이 개발의 전 과정에 걸쳐 함께 고려되어야 한다는 전제가 있어야 도출될 수 있는 것이다. 이 책에서 저자들이 이야기하고 있듯이, 국제사회는 이미 개발을 가난한 나라에 대한 단순한 원조로 보는 데서 벗어나, 만연한 빈곤과 산재한 초국가적 문제들을 해결하기 위해서는 공여국과 수원국의 파트너십이 필수적이며, 시민사회와 기업의 열정적 개입 없이는 새로운 도전들을 헤쳐 나갈 수 없다고 판단하고 있다. 더불어 세계화는 우리에게 국제적 차원에서의 개발 정책이 국내의 개발 전략과도 일치해야 하는 상호 의존적 관계에 있음을 깨닫게 해주고 있다.

최근 들어 한국 정부가 적극적으로 보여주고 있는 개발협력 확대 의지는 지구촌의 좋은 이웃으로 살기 위한 의미 있는 행보가 될 것이라 생각하며, 이를 진심으로 환영하는 바이다. 그러나 동시에 아직 여러모로 세계시민으로서는 서툰 우리가 국제사회에서 '실수'라도 하지 않을까, 원망이라도 사지 않을까 노심초사하게 되는 몇 가지 이유가 있다. 우선 '우물 안 개구리' 같은 생각과 가난에 대한 경시가 그것이다. 문화적 다양성에 대한 이해보다는 '우리보다 어떠어떠하다'는 식의 비교를 앞세워 다른 나라를 차별화하며 바라보던 냉소적인 시선이 개발협력이나 국제 관계에 고스란히 반영되리라는 우려를 쉽게 떨칠 수가 없다. 또 아직 한국 정부는 종합적이고 체계적인 국제개발협력 사업을 추진할 수 있는 인프라를 충분히 갖추고 있지 않다. 사업 대상의 선정 과정에서 국익을 앞세우는 관행이 많이 남아 있고, 아직 구속성 원조tied aid 비율과 유상 원조 비율이 상대적으로 높기 때문이다. 또 무상 원조와 유상 원조가 각각 외교통상부와 기획재정부로 분산되어 집행되고 있어 비효율적이다. 한편, 시민사회는 개발협력 사업에 필요한 충분한 전문적 역량을 갖추지 못하고 있다. 학계에서도 몇몇 대학에서 개발 관련 학과와 강좌가 열리고 있기는 하지만, 아직도 우리 학계의 연구는 광범위한 국제개발학 연구 성과에 비해 양적으로 매우 빈약하며 다양한 연구도 이루어지지 못하고 있는 실정이다. 두말할 것도 없이 질 좋은 개발협력을 위해서는 시민사회단체의 활동뿐 아니라 지역 전문가와 개발 전문가들의 긴밀한 협력이 절실히 요구된다.

우리들은 이 책을 번역하는 일이 '남부럽지 않은' 실천이 아니라 '남에게 해를 끼치지 않기 위한' 실천의 일환이라고 생각한다. 우리는 2005년 시민사회단체에서 한국 정부의 공적개발원조라는 국제 협력 사업을 감시하는 일을 하다가 자연스럽게 개발 관련 자료와 정보를 접하게 되었고, 더 많은 연구의 필요성을 느끼게 되었다. 2007년 한국인권재단의 ODA 연구팀에 참가해 국가인권위원회의 용역으로 "ODA 정책이 수원국의 인권에 미치는 영향"이라는 연구 조사 사업을 하게 되었다. 당시 연구팀은 인도네시아와 필리핀의 현지 조사 사업을 통해 수원국의 요구나 개발의 영향보다는 경제적 실효성을 앞세우면서 수원국의 인권이나 환경문제, 빈곤 퇴치 등의 중요한 가치가 훼손되는 사례가 적지 않다는 것을 발견할 수 있었다. 그리고 개발협력 사업의 정책 과제나 효율성과 관련된 연구나 조사 활동은 많아도, 정작 ODA 사업이 수원국의 현지 환경과 인권에 어떤 중장기적 영향을 미치는지에 대한 연구가 거의 없다는 사실을 발견했다. 이는 이미 일본의 시민사회가 개발협력 사업의 부작용에 대해 많은 조사와 주창 활동을 통해 개선 노력을 기울이고 있는 것과는 매우 비교되는 것이었다. 당시 우리가 가졌던 문제의식은 ODA 정책의 수립, 집행, 평가의 모든 단계에서 인권에 기초한 정책의 현실화를 제안해야 한다는 것이었다.

또 다른 연구 조사에서 우리들은 공여국 정부나 공여 기관에서 구체적으로 요구하지 않는 한, 수원국의 정부나 기관이 이주나 생태 보전, 문화유산 보존 등에 관여하고 있는 국제기구가 이미 요구하고 있던 기준에 대해 적극적인 조치를 취하지 않는 사례들을 목격했다. 이런 연구 조사들의 연장선상에서 우리들은 한국 정부의 국제개발협력 사업 정책을 수립하는 데 인권적 접근이 반드시 필요하다는 제안을 하기 위해 이 책을 번역하기로 결정했다.

유엔과 유럽, 북미주에서 내로라하는 개발학 연구자들의 논문을 모은 이 책에는 14개의 다양하면서도 값진 글이 실려 있다. 저자들의 글에서 자세하게 논의되고 것처럼, 개발은 시혜나 도움이 아니라 공존을 위한 인권의 관점에서 이루어져야 하며, 국가와 정부는 인권을 침해하지 않고 인권을 보호하고 신장시켜야 할 의무와 책임이 있다. 세계화 시대에 복잡다단해진 국제 관계와 국가 간 관계를 씨줄 날줄로 다양하게 엮어 내고 있는 국제기구, 특히 국제금융기구들의 의무를 자세히 논증한 논문들은 향후 우리 정부와 기업이 다양한 국제사회의 관계망 속에서 어떤 의무와 책임을 가지고 있으며, 그 책무가 얼마나 다양한 경로를 통해 실천될 수 있는지를 잘 보여 준다.

이제 새롭게 떠오르는 신흥 공여국으로서 각광받고 있는 한국의 국제개발협력사업이 새로운 단계로 발전하고 있는 국제사회의 개발 논의에 동참하기 위해서는 이 분야에 대해 집중적인 인적 투자가 필요한 시점이다. 우리들은 개발과 국제개발협력에 대해 관심 있는 젊은이들이 이 책을 읽고 인권과 개발이 왜 통합의 길을 가야 하는지 공감해 주기를 간절히 바란다. 그리고 물론 개발협력사업의 수행 기관이 이 책을 참고로 좋은 정책을 수립하고 실행할 수 있기를 진심으로 기대한다.

번역을 결정하고 책이 나오기까지 꼬박 1년이 걸렸다. 하루라도 일정을 앞당기려 조바심을 내봤지만 모든 것에는 다 시기가 있는 법인 모양이다. 이 책을 번역, 출판하는 데 흔쾌히 동의해 준 도서출판 후마니타스에 감사한다. 또 바쁘신 와중에도 추천사로 이 책을 빛내 주신 조효제 교수의 따뜻한 우정에 마음으로부터 감사를 드린다.

2010년 1월 양영미, 김신

미주

서론

1 비엔나 회의에서 채택된 '비엔나 선언 및 행동 계획'(Vienna Declaration and Programme of Action)은 "개발권 선언에서 확립하고 있는 바와 같이, 개발권은 보편적이고 양도할 수 없는 권리이며, 기본적 인권의 중요한 일부이다"라고 정의하고 있다. 이는 Vienna Declaration and Programme of Action, UN GAOR, World Conference on Human Rights, 48차회기, 22차 전체 회의, UN Doc. A/CONE157/23(1993). www.unhcr.ch/html/menu5/d/vienna.htm에서 볼 수 있다.

2 당시 G-77은 개발권 선언에 세계인권선언과 동등한 지위를 부여하자는 제안을 지지했다. 그러나 인권고등판무관의 제지로 그런 시도는 무산되었다. 결국 유엔 창립 50주년 총회 결의문에는 그런 제안이 수용될 수 없었다.

3 DRD 제2조 3항.

4 *Ibid.*

5 Amartya Sen, *Commodities and Capabilities*(North-Holland, 1985) ; *Development is Freedom*(Oxford : Oxford University Press, 1999).

6 Mohammed Bedjaoui, "Le Droit au development," Mohammed Bedjaoui(ed.), *Droit international : bilan et perspectives*(Paris : Pedone, 1991), pp. 1247-73 ; Bedjaoui, "Unorthodox Reflections on the Right to Development," Snyder, Slinn(eds.), *International Law of Development : Comparative Perspectives*(Abingdon : Professional Books, 1987).

7 UDHR 제29조는 "모든 사람은 자신의 권리를 행사함에 있어 오직 다른 사람의 권리와 자유를 충분히 인정하고 존중할 목적으로, 그리고 민주 사회의 도덕, 공공질서, 일반적 복지의 정당한 요구를 충족시킬 목적으로 반드시 법으로 정한 제한 조치에만 복종한다"라고 규정하고 있다.

8 UDHR 제26조, 경제·사회·문화적 권리에 관한 국제 규약(International Covenant on Economic, Social and Cultural Rights, 이후 사회권 규약 또는 ICESCR) 제13조.

9 UDHR 제25조, ICESCR 제11, 12조.

10 UDHR 제23조, ICESCR 제6조.

11 UDHR 제22조, ICESCR 제9조.

12 제2조 1항의 국가 의무의 성격에 관한 일반 논평 3번(1990).

13 생명권에 관해 인권위원회에서 채택한 일반 논평 6번(UN Doc. A/37/40)은 수많은 아이들을 사망에 이르게 하는 광범위하고 심각한 영양실조를 "생명권의 불충족"이라고 규정하고 있다. 아동의 영양실조에 대처하기 위한 구제책은 종종 정부의 직접적인 식량 공급을 필요로 한다. 시민·정치적 권리의 보호를 위해 반드시 필요한 정의에의 동등한 접근을 보장하려면 최저 소득층에게 법적 지원을 제공할 필요가 있다. 또한 시민·정치적 권리에 대한 의무를 온전히 수행하려면 국가의 지원이 뒷받침되어야 할 것이다.

14 이와 같은 구분에 대한 자세한 내용은 1999년 5월 3일부터 7월 23일까지 진행된 국제법위원회(International Law Commission)의 51차회기의 논의 결과 참조(UN Doc. A/54/10, 제145-180절).

15 사회권 위원회는 일반 논평을 통해 국가에 기대되는 행위가 무엇인지 구체화하고 있다. 예를 들어 1999년 5월에 채택한 일반 논평 2번은 식량권을 다루고 있는데, 이는 국가의 의무, 위반, 권리의 국가적·국제적 이행을 분명히 규명하고 있다. 그렇게 규명된 의무는 *Voluntary Guidelines to Support the Progressive Realization of the Right to Adequate Food in the Context of National Food Security*에 좀 더 구체적으로 수용되었다. 이에 대해서는 IGWG RTFG, 최종 보고서, 부록 1(2004/09/23) 참조.

16 DRD 서문.

17 DRD 제3조.

18 DRD 제4조.

19 *Ibid.*

20 인간 개발의 개념은 원래는 UNDP의 *Human Rights Report 1994*, p. 77에서 제안되었다.

21 Arjun Sengupta, *Frameworks for Development Cooperation and the Rights to Development*, Fifth Report of the Independent Expert on the Right to Development, E/CN. 4/2002/WG.18/6, 2002/09/18, 제14(C)절.

22 2002년 3월 22일 멕시코 몬테레이 회의에서의 발언.

23 몬테레이 합의문, 부록, 제11절.

제1부 개념적 토대

1장 인권으로서의 개발

1 Jeremy Bentham, "Anarchical Fallacies : Being an Examination of the Declaration of Rights Issued during the French Revolution(1792)," J. Bowring(ed.) 개정판, *The Works of Jeremy Bentham* Vol. II(William Tait, 1843), p. 523.

2 *Ibid.*, p. 501.

3 Maurice Cranston, "Are There Any Human Rights?" *Daedalus*(1983 가을).

4 노르웨이 외무부 주최로 2002년 3월 4일 오슬로에서 열린 '빈곤과 개발에 관한 심포지엄'(Symposium on Poverty and Development)에서 나는 "Development and the Foundation of Freedom"을 제목으로 인권과 빈곤 간의 관계를 논의한 바 있다.

5 Amartya Sen, "Consequential Evaluation and Practical Reason," *The Journal of Philosophy* 97(2000/09).

6 John Rawls, *A Theory of Justice*(Harvard University Press, 1971) ; *Political Liberalism*(Columbia University Press, 1993).

7 특히 John Rawls, *The Law of the Peoples*(Harvard University Press, 1999).

8 Adam Smith, *The Theory of Moral Sentiments*(1759 개정판, 1790 재판, Oxford Clarendon Press, 1976), III, 1, 2, p. 110. 도덕적 근거에 대한 스미스주의의 관점에 대해서는 Amartya Sen, "Open and Closed Impartiality," *The Journal of Philosophy* 99(2002/09) 참조.

9 Herbert L. A. Hart, "Are There Any Natural Rights?" *The Philosophical Review* 64(1955/04), Jeremy Waldron(ed.), *Theories of Rights*(Oxford University Press, 1984), p. 79.

10 모니터링 기구에 대한 논의는 *The State of Human Rights, 2001*(Human Rights Commission of Pakistan, 2002)에서 찾아볼 수 있다. 여기서 2003년 노벨 평화상을 수상한 이란의 인권 운동가 시린 에바디(Shirin Ebadi)의 사례도 빼놓을 수 없다.

11 Cranstone, 미주 3과 같음, p. 13

12 이에 대해서는 이 책의 2장, 4장, 7장, 11장 참조.

13 Andrew Ashworth, Eva Steiner, "Criminal Omissions and Public Duties : The French Experience," *Legal Studies* 10(1990) ; Glanville Villiams, "Criminal Omissions : The Conventional View," *Law Quarterly Review* 107(1991).

14 Immanuel Kant, *Critique of Practical Reason*(1788 ; L. W. Beck 옮김, Bobbs Merrill, 1956).

2장 개발권의 정의와 실천

1 1986년 12월 4일 채택, GA Res. 41/128 UN GAOR, 41차 세션, 부록, UN Doc.A/Res/41/128 Annex(1987).

2 나열하자면 다음과 같다. 1994 International Conference on Population and Development ; the 1995 World Summit for Social Development ; the 1995 Fourth World Conference on Women ; the 1996 World Food Summit ; the 1996 Second UN Conference on Human Settlements ; the 2001 World Conference against Racism, Racial Discrimination, Xenophobia and Related intolerance ; the 2000 Millennium Summit ; 2002 World Social Summit.

3 개발권을 인권으로 인정한 선언 및 결의와 개발권의 의미에 관한 국제사회의 합의는 규범의 형성

과정에 기여해 왔다. 이런 과정은 종국에는 개발권에 상응하는 법적 의무를 이끌어 낼 수 있다. 개발권의 원칙이 국제사회에서 지속적으로 인정받기 위해서는 국가의 지속적인 실천이 수반되어야 한다. 그래야만 개발권의 원칙이 국제관습법의 지위를 획득할 수 있다. 그렇게 되면 개발권 선언이 협약이나 관습법이 아니기 때문에 모든 국가를 구속할 수는 없을지라도, 그 원칙들이 법을 구성한다고 추정적으로 주장할 수 있게 된다. 이 주장에 대해서는 Arjun Sengupta, "On the Theory and Practice of the Right to Development," *Human Rights Quarterly* Vol. 24, No. 4(2002/11) ; B. Sloan, "General Assembly Resolutions Revisited Forty Years Later," *British Yearbook of International Law*(1987) 참조. 나중에 논의하겠지만 개발권의 경우, 개발권을 구성하는 권리들이 이미 자유권 규약이나 사회권 규약과 같은 국제조약에 의해 인정되었다는 사실에 근거해 법적 구속력을 강화하고 있다.

4 민간 전문가 보고서(Reports from the Independent Expert)(1999~2001) : 1차 보고서 : E/CN.4/1999/WG.18/2, 1999/07/27, ; 2차 보고서 : A/55/306, 2000/08/17 ; 3차 보고서 : E/CN.4/2001/WG.18/2, 2001/01/02 ; 4차 보고서 : E/CN.4/2002/WG.18/2, 2001/12/20 ; Fourth report of the independent expert on the right to development–Mission, E/CN.4/2002/WG.18/2/Add.1, 2002/03/05 ; 5차 보고서 : E/CN.4/2002/WG.18/6, 2002/09 /16과 E/CN.4/2002/WG.18/6/Add.1, 2002/12/30 ; Preliminary study of the independent expert on the right to development on the impact of international economic and financial issues on the enjoyment of human rights, E/CN.4/2003/WG.18/2, 2003/01/27 ; Review of progress and obstacles in the promotion, implementation, operationalization, and enjoyment of the right to development, E/CN.4/2004/WG.18/2, 2004/02/17. 이상의 보고서는 http://www.unhchr.ch/html/menu2/7/b/mdev.htm에서 볼 수 있음. 실무 그룹 보고서(Reports of the Working Group)(1993~98) : 1차회기 보고서, UN Doc. E/CN.4/1994/21 ; 2차회기 보고서, UN Doc. E/CN.4/1995/11 ; 3차회기 보고서, UN Doc. E/CN.4/1995/27 ; 4차회기 보고서, UN Doc. E/CN.4/1996/10 ; 5차회기 보고서, UN Doc. E/CN.4/1996/24. 이상의 모든 보고서는 논평과 함께 *The Right to Development : Reflections on the First Four Reports of the Independent Expert on the Right to Development*(Geneva, Switzerland : Franciscans International, 2003/01/23)에 재정리되어 실려 있다.

5 "개발은 포괄적인 경제·사회·문화·정치적 과정으로서 전체 인구와 모든 개인의 개발과 그 혜택의 공정한 분배에 있어서 능동적이고 자유롭고 의미 있는 참여를 토대로 그들의 웰빙을 지속적으로 증진시키는 것을 목적으로 한다"(서문).
"개발에의 권리는 양도할 수 없는 인권이며, 그로 인해 각 인간과 모든 사람들은 모든 인권과 기본적 자유가 온전히 실현될 수 있는 경제·사회·문화·정치적 개발에 참여하고, 기여하며, 향유할 수 있는 자격을 부여받았다"(제1조).

6 "개발이 광범위한 실업을 야기하고, 불평등을 강화하고, 세력화를 저해하고, 차별을 부추기는 방식으로 이루어진다면, 즉 인권 기준에 반하는 방식으로 수행된다면 다른 권리의 실현은 불가능하거나 어려워질 것이다. 권리에 기초한 과정은 인권 기준을 준수한 과정이라고 말할 수 있다. 그와 같은 인권 기준은 공평, 반차별, 참여, 책무, 투명성으로 요약될 수 있다. 사실 우리가 인권을 존중하는 세상에 산다면 모든 행위는 권리에 기초한 방식으로 수행되어야 한다. 그러나 실제 세상은 그렇

지가 않다. 권리는 권리로 주장되기 전까지는 권리가 아니다. 개발권은 권리에 기초한 개발 과정에 대한 권리 주장이다." Arjun Sengupta, Asbjørn Eide, Stephen Marks, Bård Anders Andreassen, "The Right to Development and Human Rights in Development : A Background Paper" for the Nobel Symposium, 2003/10/13~15(Norwegian Centre for Human Rights, 2003), p. 9.

7 Partha Dasgupta, "Well-Being and the Extent of Its Realization in Poor Countries," *Economic Journal* Vol. 100, Issue 400(1990), p. 3. 아서 루이스(Arthur Lewis)는 1955년에 이미 개발의 목적으로서 GNP의 성장을 주장했다. 이에 대해서는 Arthur Lewis, *The Theory of Economic Growth*(Allen & Unwin, 1965), pp. 9-10, 420-421 참조.

8 이 접근법은 로버트 맥나마라(Robert McNamara)가 세계은행 총재로 재임할 당시 시행된 '최소한의 필요' 프로그램이나 국제노동기구의 개발을 위한 '기본욕구' 프로그램과 연관된 것이다. 여기서 일인당 실질소득의 성장을 가속화시키는 정책은 기본욕구의 제공을 증가시키기 위한 정책, 수입의 재분배를 위한 정책, 가난한 사람들이 기본욕구를 충족시킬 수 있도록 제도를 개혁하는 정책으로 보완 또는 조정 받는다. 이에 대해서는 Paul Streeten, et al, *First Things First : Meeting Basic Human Needs in the Developing Countries*(Oxford University Press, 1981) 참조.

9 Amartya Sen(1989), "Development as Capability Expansion," *Journal of Development Planning* Vol. 19, pp. 41-58.

10 이런 변수를 나타내는 적절한 지표를 고안할 수 있다면 웰빙 함수는 효과적으로 작동할 수 있다. 이에 대한 좋은 예가 다스굽타가 연구한 가난한 국가의 평균 웰빙이다. 이에 대해서는 미주 7 참조. 그의 연구에서 웰빙 지수의 구성 요소는 6가지이다. 일인당 국민소득, 기대 수명, 영아 생존율, 성인 식자율은 복지와 적극적 권리를 나타낸다. 나머지 두 개의 지수는 시민·정치적 권리와 관련된 것으로 소극적 권리를 대변한다. 그는 일인당 실질소득이 권리에 기초하도록 조정하지 않았다. 그러나 그런 조정은 어렵지 않을 것이다. 적어도 공평, 참여, 책무 지표와 관련해서는 쉽게 조정할 수 있을 것이다. 그는 최근 저서를 통해서 훨씬 구체적인 논의를 보여 주고 있다. 최근의 논의를 보려면, Partha Dasgupta, *Human Well-Being and the National Environment*(Oxford : Oxford University Press, 2001) 참조.

11 여기서의 웰빙의 개념은 자유와 권리에 초점을 두고, 원하는 바를 할 수 있는 역량을 강조하고 있다. 또한 복지와 행복의 개념을 확장해 효용성을 토대로 한 웰빙으로 개념화하고 있다. 일인당 실질소득은 평균 복지를 나타내고, 권리는 센의 '에이전시의 자유'와 '웰빙의 자유'를 나타낸다. 이에 대해서는 Amartya Sen, *Inequality Reexamined*(Oxford University Press, 1992), pp. 56-72 참조. 일인당 실질소득과 권리는 같은 것은 아니지만 흔히 상보적 관계를 형성하고 있다. 각자의 정책 이행은 보통은 서로를 강화하는 방향으로 작용한다. 다스굽타는 가난한 국가들 간의 웰빙 분배를 평가하기 위해서 웰빙 지수를 광범위하게 사용하고 있다. 이에 대해서는 미주 7 참조.

12 조정의 예를 들자면, $y^* = y(i - gini)$이다. 여기서 지니계수에 관한 데이터는 불평등 수준을 나타내는 데 사용된다. 권리의 결정 요소 또한 y^*값에 영향을 미칠 수 있기 때문에 이 과정에서는 계산이 이중으로 이루어질 수 있다. 예를 들어, 만약 Ri가 식량권을 나타낸다면, 식량 생산이 결정 요소가 되는데, 그 값이 상승하면 y^*값 또한 상승한다. 같은 수준의 y^*가 나타내는 두 가지 상황 가운데 한 가지 상황이 다른 한 상황보다 높은 값의 Ri를 수반한다면, 이는 더 높은 값의 권리에 기초한 웰빙을 누리는 상황으로 인식되어야 한다. 여기서 y^*의 권리에 기초한 기준은 자원을 비롯한

권리에 기초한 웰빙의 실질적 요소에 관한 명령 지표이다. 그러므로 다른 권리의 실현은 웰빙 수준의 값을 보완하고 강화한다.

13 좀 더 명확하게 하려면, Ri's가 Rjit로 표현되어야 한다. 여기서 i = 1, 2, ... n, j = 1, 2, ... m, t = 1, 2, ... T이다. Rit는 모든 개인, 즉 j = 1, 2, ... m의 평균 지표가 될 것이다. 여기서 Ri는 모든 개인(j)의 권리(i)의 합이라는 간단한 가정이 가능하다. 이에 대해서는 Georges Abi-Saab, "The Legal Formulation of a Right to Development" René-Jean Dupuy(ed.), *The Right to Development at the International Level*(Hague Academy of International Law, 1980), p. 159 참조. 일정 기간(T) 동안 권리의 점진적 실현은 dRit(t=1, 2, ... T)이다. 여기서 시간 첨자를 빼고 dRi를 권리 신장 지표로 사용하면 dRi는 그 기간 동안 Ri의 평균 증가율을 보여주게 될 것이다.

14 이 두 가지 변수는 서로 충돌하지 않는다. 권리에 기초한 경제성장뿐만 아니라 다른 권리에 관한 지표도 구축하고, 각 권리의 결정 요소, 상호 의존성, 경제성장과의 상호작용을 평가하고, 권리를 실현할 프로그램을 모색할 필요가 있다. 그러나 그 두 변수에 상응하는 의무는 서로 다를 것이다. 그래서 g*를 단지 수단으로만 본다면 경제성장 값에 대해선 신경 쓸 필요 없이 권리의 실현에만 집중할 수 있다.

15 Amartya Sen, "Elements of a Theory of Human Rights," *Philosophy and Public Affairs* Vol. 32, No. 4(2004), p. 319

16 이와 같은 불가침성의 원칙은 모든 인권 운동에서 강력하게 요구해 온 것이다. 따라서 공공 프로그램은 어떤 인권도 위반해서는 안 된다. 이는 권리들 간의 상쇄 작용을 배제하고 있다. 어떤 권리 실현의 하강이 다른 권리 실현의 상승으로 보상될 수 있을지라도 마찬가지이다. 사실 이것이 인권과 다른 형태의 권리를 구분 짓는 특성이다. 법문에서는 비상사태 또는 한 사람의 권리가 다른 사람의 권리에 유해한 경우에는 예외적으로 그런 위반을 허용하고 있다. 그 외의 경우에 인권은 절대 침해되어서는 안 된다. 이에 대해서는 "Maastricht Guidelines on Violations of Economic, Social and Cultural Rights," *Human Rights Quarterly* Vol. 20(1998), pp. 691-730 참조. 경제학자들은 이 원칙을 불편하게 생각하곤 한다. 한정된 재정적·물리적 자원이나 제도적 자원이 권리를 충족시키기 위해 소모될 경우, 한 권리의 충족이 다른 권리의 위반을 야기할 가능성이 매우 높고, 권리들 간의 상쇄가 불가피해질 가능성이 높기 때문이다. 이런 문제는 개발권의 경우에는 크게 문제가 되지 않는다. 복합적 권리로서 개발권은 모든 권리의 증진 과정에 관한 권리이기 때문이다. 어떤 권리도 위반하지 않으면서, 즉 dRi ≥ 0 또는 어떤 권리의 실현 수준도 떨어뜨리지 않으면서 권리들 사이의 우선순위를 결정하고 dRi's와 dRj's 간의 상쇄 메커니즘을 찾아낼 수 있다. 제도적·재정적 자원에 따라 식량에의 권리가 교육에의 권리보다 약간 더 실현될 수도 있다. 이는 어떤 권리에 대한 성적이 나쁜 개도국이 직면한 문제를 해결할 수 있는 방법이기도 하다. 그 개도국들이 나쁜 성적의 권리를 그대로 유지한다면 개발권 실현을 향상시킬 수 있다. 예를 들어, 재판 절차 없이 이루어진 구금을 시민권의 충족을 나타내는 지표로 사용할 경우, 그와 같은 구금자의 수가 늘어나지 않고 다른 권리가 신장된다면 그 나라는 개발권의 실현을 향상시킬 수 있다.

17 미주 10의 Dasgupta, p. 14. 일정 기간 동안 개발권 DR이 신장되었는지 또는 위반되었는지 알고자 한다면 DR을 계수로 나타낼 필요가 없다. DR을 증진되고 있는 권리에 관한 벡터로 사용하면 충분하다. 그러나 DR = F(g*, dRi, i = 1,2, ... n)을 응용함으로써 개별 권리의 충족을 DR의

계수 지표로 전환할 수 있다. 그 과정은 논란의 여지가 많을 수 있다. 아마도 프랜시스 스튜어트 (Frances Stewart)가 식량, 건강, 교육, 주택, 물에 관한 지수를 '온전한 삶'의 달성에 관한 지수로 종합하려 했던 시도보다도 더 큰 논란이 일 것이다. 이에 대해서는 Frances Stewart, *Planning to Meet Basic Needs*(Hampshire, UK : Macmillan, 1985) 참조. 단지 국가정책이 개발권의 실현에 도움이 되는지 그렇지 않은지를 판단하기 위해 dRi's를 총괄 지표 속으로 넣는 것은 불필요한 일일 것이다.

18 미주 13의 Abi-Saab.

19 *Universal Declaration of Human Rights : Origins, Drafting and Intent*(University of Pennsylvania Press, 1999).

20 아마티아 센은 이론의 결정과 근거의 선택에 있어서 최고점의 결과(최종적으로 발생한 것) 대신에 포괄적인 결과(최종 결과에 도달하기까지의 과정, 취한 행동)에 주의를 기울여야 한다고 주장했다. 이에 대해서는 Amartya Sen, "Consequential Evaluation and Practical Reason," *The Journal of Philosophy*(2000/09), pp. 491-492 참조. 그것은 최종 결과의 성격과 내용이 과정에서 부가된 가치에 의해 영향을 받을 수 있다는 것을 의미한다. 그래서 일의 최적의 상태는 최종 결과와 그 결과를 가져온 과정 모두에 의해 결정된다고 할 수 있다. 이에 대해서는 Amartya Sen, "Maximization and the Act of Choice," *Econometrica* Vol. 65(4)(1997), pp. 745-779 참조.

21 Louis Henkin, "International Human Rights a Rights," Morton E. Winston(ed.), *The Philosophy of Human Rights*(Wadsworth, 1989), p. 129.

22 Louis Henkin, *The Age of Rights*(Columbia University Press, 1990), p. 17.

23 이와 같은 수용의 과정은 자동적으로 이루어지는 것이 아니다. 심지어 모든 국가가 개발권을 인정하더라도 그것은 마찬가지이다. 국가와 의무 담지자가 국가적·국제적 차원에서 관련 의무를 수용함으로써 자신들의 정책을 바꾸고 정치·사회적 권력관계와 이행에 수반되는 충돌을 해결해야 이루어질 수 있다. 국제법에 대한 공약은 그 과정에 큰 도움이 될 것이다. 또한 국가들이 국제사회의 일원으로서 합당하게 행동하도록 할 것이다.

24 미주 22의 Henkin, pp. 1-42.

25 Amartya Sen, *Development as Freedom*(New York, 2000), p. 228.

26 Amartya Sen, "Consequential Evaluation and Practical Reason," *The Journal of Philosophy* Vol. XCVII, No. 9(2000/09), p. 498.

27 Morton E. Winston(ed.), *The Philosophy of Human Rights*(Wadsworth Publishing Company, 1989). 이 책에는 Joseph Raz, Joel Feinberg, Henry Shue, Ronald Dworkin, Louis Henkin, Reiza Martin가 공저자로 참여했다.

28 윈스턴의 정의가 보호할 의무에만 의존하고 있는 것은 사실이다. 그러나 그는 소수자, 선주민의 권리뿐만 아니라 경제·사회·문화적 권리를 촉진할 것을 분명하게 언급하고 있다. 이에 대해서는 Morton E. Winston, *On the Indivisibility and Interdependence of Human Rights*, HRHD Lecture Series(1999/04) 참조. http://www.bu.edu/wcp/Papers/Huma/HumaWins.htm에서 볼 수 있음.

29 *Ibid.* 앞에서 논의한 바와 같이 권리는 내재적 가치와 도구적 가치를 모두 가지고 있다. 이해, 자

유, 권력은 권리의 내재적 가치에 대한 주장이다. 이해, 자유, 권력을 충족시키기 위한 수단에의 접근은 권리의 도구적 가치에 대한 주장이다. 둘 다 권리로서의 자격을 갖추고 있다.

30 그와 같은 개발의 목적은 정부, 국제기구가 추구하기에 바람직한 것으로 매우 광범위하게 수용될 수 있다. 그 목적이 국제법 또는 입법적·제도적 기제에 기초한 국가 활동에서 인정된다면 구체적인 의무를 수반한 권리가 될 수 있다. 자유권과 사회권은 모두 인권 운동의 오랜 시간에 걸친 규범적 정당화 과정을 통해서 국제 규약으로 채택될 수 있었으며, 그 이후로도 국내법 체계의 비준과 수용을 거쳐 법적 권리로 확립될 수 있었다.

31 모든 권리와 기본적 자유를 실현하는 과정으로서의 개발이 권리로서 인정받으려면, '실현 가능한' 것이어야 한다. 즉, 개발권을 향유할 수 있도록 하는 사회제도를 설계할 수 있어야 한다. 분명 개발은 점진적으로 실현되어야 한다. 모든 권리를 당장에 실현시키는 것은 불가능할 것이다. 정책 입안자나 국가권력은 허용된 자원과 제도 속에서 최대한 빠르게 가능한 많은 권리의 점진적 실현을 추진하려 노력해야 할 것이다.

32 오닐(Onora O'Neill)은 경제·사회·문화적 권리를 포함하고 있는 '복지 권리'(welfare rights)의 개념을 거부했다. 이에 대해서는 Onora O'Neill, *Towards Justice and Virtue*(Cambridge University Press : 1996), p. 132 참조.

33 이 경우, 일차적 의무 담지자는 적절한 개발 정책을 수립하고 그것을 이행할 수 있는 위치에 있는 국가권력일 것이다. 그러나 개발의 다른 측면에 대해서는 다른 의무 담지자가 의무를 부여받을 것이다. 예를 들어, 납세자는 세금을 납부해야 할 의무를 가질 것이고, 다국적 행위자는 적절한 행위 지침을 따라야 할 의무를 가질 것이고, 국제사회는 협력할 의무를 가질 것이다. 국가는 다른 의무 담지자가 그들의 의무를 충족시킬 수 있도록 보장할 의무를 가진다. 국가 외의 다른 의무 담지자가 국내의 법적·행정적 힘이 미치는 범위 내에 있다면 국가는 그들 의무 담지자가 책무를 갖도록 보장해야 한다. 그런 의무 담지자가 다른 국가 또는 기구일 경우, 국가는 그들이 협력해서 의무를 수행하도록 설득해야 한다. 그러나 두 경우 모두에서 개발 정책의 다른 측면에 대한 확실한 의무는 국가 외 의무 담지자에게 부과되어야 한다. 개발 정책을 설계할 때 국가 외 행위자(다른 나라 포함)에 대한 의무와 그 이행에 대한 모니터링과 시행 방법을 분명하게 확립해야 한다.

34 권리 소유자와 거기에 상응하는 의무 담지자를 분명하게 규명할 수 없을 경우 대부분의 인권법에서는 권리 소유자의 권리 주장을 충족시킬 수 있는 제도적·법적 장치를 마련할 일차적 책임을 국가에 부과하고 있다.

35 Rex Martin, "Human Rights and Civil Rights," *Philosophical Studies* Vol. 37, No. 4(1980) ; Joel Feinberg, "The Nature and Value of Rights," *Journal of Value Inquiry and Social Philosophy* Vol. 4, Englewood Cliffs, Ch. 4(1973) 참조.

36 미주 25의 Sen, pp. 228-233. 외에 Philip Alston, "Conjuring Up New Human Rights : A Proposal for Quality Control," *The American Journal of International Law* Vol. 78(1984), pp. 607-621 ; F. G. Jacob, "The Extension of the European Convention on Human Rights to Include Economic, Social, and Cultural Rights," *Human Rights Review*(1978), p. 166 참조.

37 Philip Alston, "Making Space for New Human Rights : The Case for the Right to Development," *Harvard Human Rights Yearbook*(1988), pp. 3-40.

38 인권 위반이 사회혁명의 동기가 될 수 있다는 인식은 미국 독립선언문(1776), 세계인권선언문

(1948) 등 여러 가지 문건에서 발견할 수 있다. 인권 위반과 사회혁명과의 관련성에 대해서 Ronald Dworkin, *Taking Rights Seriously*(Harvard University, 1977) ; "Rights As Trumps," Jeremy Waldron(ed.), *Theories of Rights*(Oxford University Press, 1995), pp. 153-167 참조.

39 이 주장에 대한 논평은 Margot E. Salomon and Arjun Sengupta, *The Right to Development : Obligations of States and the Rights of Minorities and Indigenous People*(Minority Rights Group International, February 2003) 참조.

40 Amartya Sen, "The Right Not to be Hungry," in Alston and Tomaševski(eds.), *The Right to Food*(SIM, 1984).

41 Henry Shue, *Basic Rights*(Princeton University Press, 1980), pp. 19-20.

42 *Ibid.*

43 비엔나 선언은 사실 "인권과 기본적 자유는 모든 인간의 타고난 권리로, 그와 같은 권리의 보호와 촉진은 국가의 첫 번째 책임이며," 나아가 "인권 분야에서의 국제 협력의 강화는 유엔의 목적을 온전히 달성하기 위해 필수 불가결하다"라고 선언하고 있다.

3장 권리에 기초한 접근법의 함의

1 Mary Robinson, United Nations High Commissioner for Human Rights at International Conference, "Stopping the Economic Exploitation of Children : New Approaches to Fighting Poverty As a Means of Implementing Human Rights?"(Hattingen, Germany : 2000/02/22~24).

2 Kevin Boyle, S*tock-taking on Human Rights : The World Conference on Human Rights* (Vienna, 1993), pp. 89 ff., I ; David Beetham(ed.), *Politics and Human Rights*(Blackwell, 1995), pp. 79-95.

3 David Beetham, *Democracy and Human Rights*(Polity Press, 1999), p. 115.

4 개발권 선언, 유엔총회 결의문 41/128로 채택.

5 *Ibid.*

6 Hans-Otto Sano, "Good Governance, Accountability and Human Rights," Hans-Otto Sano, Gudmundur Alfredsson, Robin Clapp G. Alfredson(eds.), *Human Rights and Good Governance*(Martinus Nijhoff, 2002), pp. 123-146.

7 *Rio Conference on Environment and Development*(1993), UN *International Conference in Cairo on Population and Development*(1994), *World Conference on Human Rights* in Vienna(1993), *Copenhagen Social Summit*(1995).

8 Vienna Declaration and Programme of Action, UN Doc. A/CONE157/23(1993/07/12).

9 평화와 안보, 사회경제적 문제, 개발협력, 인도주의적 문제. 유엔사무총장 보고서, *Renewing the United Nations : A Programme for Reform*, UN Doc. A/51/950(1997/07/14) 참조.

10 www.unhchr.ch/development/approaches.html에서 볼 수 있음.

11 www.interaction.org/files.cgi/2496_Analysis_of_RBA_Definitions1.pdf에서 볼 수 있음.

12 인간 개발 접근법은 1980년대 후반과 1990년대 초반에 UNDP나 유니세프와 같은 기구의 개발 전략이 되었다. 이는 인간의 얼굴을 한 개발로 인간 역량, 빈곤 퇴치, 참여, 환경보호, 젠더 세력화를 기본적 토대로 삼았다.

13 Commission on Human Rights, Open-Ended Working Group on the Right to Development, *Fourth Report of the Independent Expert on the Right to Development*, Arjun Sengupta 제출, UN Doc. E/CN.4/2002/WG 18.2(2001/12/20).

14 Overseas Development Institute, "개발에의 권리에 기초한 접근법은 인권적 성취를 개발 정책의 목적으로 삼는다."(1999) 이 정의는 인권고등판무관실의 정의보다 좀 더 직접적으로 개발 정책의 목표와 목적이 인권 실현에 있다고 정의하고 있다.

15 Commission on Human Rights, Working Group on the Right to Development, *Report of the Independent Expert on the Right to Development*, Arjun Sengupta 제출, UN Doc. E/CN.4/2000/WG.18/CRP/1(2000), p. 8.

16 Andre Frankovits, Patrick Earle, *The Rights Way to Development : A Human Rights Approach to Development Assistance, Policy and Practice*(The Human Rights Council of Australia, 2001), p. 25.

17 Bas de Gaay Fortman, *Rights-Based Approaches : Any New Thing Under the Sun?* IDEA Newsletter(2000/12).

18 *Ibid.*

19 Jack Donnelly, *Universal Human Rights in Theory and Practice*(Cornell University Press, 2002).

20 Peter Uvin, *On High Moral Ground : The Incorporation of Human Rights by the Development Enterprise*, p. 1. http://fletcher.tufts.edu/praxis/xvii/Uvin.pdf에서 볼 수 있음.

21 *Ibid.*

22 Craig G. Mokhiber, *Human Rights in Development : What, Why and How*(UN OHCHR, 2000).

23 "운용"(operationalize) 또는 "운용화"(operationalization)는 근본적으로 의도, 가이드라인, 행동 계획을 의미한다. 그러나 그것을 수행할 방법에 대해서는 확정적으로 말할 수 없다. 권리에 기초한 접근법의 적용은 아직 시험 단계에 머물러 있다.

24 Stephen Marks, *The Human Rights Framework for Development : Five Approaches*, UNDP Global Forum on World Development(2000/10).

25 유엔 사무총장 연례 보고서(Annual Report of the Secretary-General on th Work of the Organization), UN Doc. A/53/1(1998/08).

26 UNDP, *Poverty Reduction and Human Rights : A Practice Note*(2003/06).

27 UNICEF, *A Human Rights Approach to UNICEF Programme for Children and Women : What It is and Some Changes It Will Bring*, UNICEF Doc. CF/EXD/1998-04(1998/04/21).

28 SIDA, *Democracy and Human Rights in Swedish Development Cooperation*(1999/02). www.sweden.gov.se/content/1/c6/02/04/00/ab9c2080.pdf에서 볼 수 있음.

29 세 번째 부류는 권리라는 용어를 사용한 프로그램을 채택한 기구에서 볼 수 있다. 그러나 자체적으로 정의한 권리의 개념에 의존하고 있다. 이는 신중하게 고안된 보편적 체계를 침식할 잠재력을 가지고 있다.

30 UNDP, *Integrating Human Rights with Sustainable Human Development : A Policy Document*(UNDP, 1998) ; UNDP, *A Human Rights-Based Approach to Developing Programming in UNDP : Addressing the Missing Link*(UNDP, 2001).

31 미주 22와 같음.

32 UNDP, *Poverty Reduction and Human Rights : A Practice Note*(2003/06)

33 미주 28과 같음.

34 http://coe-dmha.org/Unicef/HPT_IntroReading01.htm에서 볼 수 있음.

35 Oxfam, *Strategy Plan 2001~2004*(Oxfam International, 2001)

36 미주 32와 같음.

37 NORAD, *Handbook in Human Rights Assessment*(2001/02).

38 권리에 기초한 접근법이 공여자의 책무를 요구하지 않는다는 의미로 받아들여서는 안 됨.

39 *Ibid.*

40 Caroline Moser, Andy Norton, *To Claim Our Rights : Livelihood, Security and Sustainable Development*(Overseas Development Institute, 2001).

41 UNDP, *The Application of a Human Rights Approach to Development : What is the Added Value?*http://www.undp.org/governance/docshurist/rightsapproach.doc에서 볼 수 있음.

42 Oxfam, *Strategic Plan 2001~2004*(Oxfam International, 2001).

43 미주 22와 같음.

44 OHCHR, *What is a Rights-Based Approach?*, http://www.unhchr.ch/development/approaches-04.html에서 볼 수 있음.

45 미주 22와 같음.

46 미주 32와 같음.

47 미주 22와 같음.

48 SIDA, *Democratic Governance : Four Reports on Democratic Governance in International Development Cooperation Summary*(2003/02). www.sida.se/shared/jsp/download.jsp?f=SIDA2950en_webb.pdf&a=2880에서 볼 수 있음.

49 UNICEF, *Human Rights for Children and Women : How UNICEF Helps Make Them a Reality*(UNICEF, 1999).

50 미주 42와 같음.

51 *Ibid.*

52 Craig Mushier, *Human Rights in Development : What, Why, How*(OHCHR, 2000).

53 미주 16, p. 36. 그 외 Patrick Van Weerelt, *The Application of a Human Rights Approach to Development : What is the Added Value?*(UNDP, 2000).

54 이 그림은 오슬로에서 열린 노벨 심포지엄에서 발표한 것이다.

55 흥미롭게도 민간 전문가의 첫 번째 보고서는 권리에 기초한 접근법을 언급하고 있지 않다. 이에 대해서는 아준 센굽타가 민간 전문가 자격으로 제출한 Commission Resolution 1998/72, General Assembly 53/155에 따라 제출한 *UN Economic Social Council, Commission on Human Rights, Study on the Current State of Progress in the implementation of the Right to Development*(1999) 참조. 두 번째 보고서에서부터 권리에 기초한 접근법을 언급하고 있다. 두 번째 보고서에서는 "개발에의 권리에 기초한 접근법은 개발권의 실현과 같은 것이 아니다"라고 강조하고 있다. 이에 대해서는 UN Doc. E/CN.4/2000.WG.18/CRP.1, 2000/09. p.4 참조. 세 번째 보고서에서는 "각각의 인권 실현과 모든 인권의 동시적 실현은 권리에 기초한 방식으로 이루어져야 한다"고 쓰고 있다. 이에 대해서는 UN Doc. E/CN.4/2001.WG.18/2, 2001/01. p.8 참조. 민간 전문가의 보고서는 개발권과 권리에 기초한 접근법을 연결시키는 경향이 있다. 이에 대해서는 Margot E. Salomon and Arjun Sengupta, *The Right to Development : Obligations of Sates and the Rights of Minorities and indigenous Peoples*(Minority Rights Group International, 2003) 참조.

56 예를 들어, 2003년 영국의 옥스팜이 스스로 권리에 기초한 접근법을 추구했는지를 평가하기 위해 개발한 점검 목록은 다음과 같다.
   · 우리는 사람들의 권리에 초점을 두었는가?
   · 우리는 최악의 위반과 가장 취약한 사람들에게 집중했는가?
   · 우리는 자신의 권리를 요구한 사람들을 지원했는가?
   · 우리는 권리에 대한 정부의 책무를 강화했는가?
   · 우리는 차별에 대항하고 평등을 촉진하기 위해 노력했는가?

57 인권고등판무관실은 인권 전문가들이 일반적으로 분명하게 정의된 규범적·법적 정책 프레임워크 안에서 일하기 때문에 도구주의자의 주장에 매우 회의적인 경향이 있다고 주장한다. 이에 대해서는 Craig Mokhiber, *Human Rights in Development : What, Why, How*(OHCHR, 2000) 참조.

제2부 인권과 개발, 누구의 의무이고, 누구의 책임인가

4장 개발권 이행의 의무

1 개발권 선언, UN Doc. A/RES/41/128(1986), 제2조 3항.

2 *Id.*, 제3조 1항.

3 *Id.*, 제3조 3항.

4 *Id.*, 제4조 1항.

5 개발권 선언 제5조는 "국가는 대규모의, 중대한 인권 위반을 근절하기 위해 단호한 조치를 취해야 한다"고 규정하고 있으며, 제8조는 "국가는 특히 기초 자원, 교육, 보건 서비스, 식량, 주거, 고용, 수입의 공정한 분배에의 접근에 있어서 모두에게 평등한 기회를 보장해야 한다"고 규정하고 있다.

6 *Id.*, 제9조 2항.

7 법 이론의 측면에서 볼 때 자연법적 전통은 개인에게 속한 권리를 인권으로 본다. 그 권리는 자연과 사회를 지배하는 보편적 원칙에 기초한 것이어야 한다. 또한 그런 사회와 자연은 18세기의 표현을 빌자면, 자연적, 불가침의 '남성의 권리'를 보호하는 것을 목적으로 한다. 피니스는 자연법 이론은 "실천적 덕성(right-mindness)의 조건과 원칙, 사람들 간의 선하고 적합한 질서의 조건과 원칙, 그리고 개인 행위 속의 조건과 원칙을 규명할 수 있다"고 정의하고 있다. 이에 대해서는 John Finnis, *Natural Law and Natural Rights*(Clarenden Press, 1980), p. 18 참조.

8 Ronald Dworkin, *Sovereign Virtue : The Theory and Practice of Equality*(Harvard University Press, 2000), p. 6.

9 토마스 아퀴나스는 "압제적인 법은 이성에 따른 것이 아니기 때문에 단언컨대 그것은 법이 아니다. 그것은 법의 왜곡이다"라고 했다. 이에 대해서는 Thomas Aquinas, "On the Law," *Summa Theologiae*, i-ii(Alfred J. Freddoso 옮김) 참조. www.thomasinternational.org/projects/step/treatiseonlaw/delege092_1.htm에서 볼 수 있음.

10 Dworkin, 미주 8과 같음, pp. 65-119.

11 *Id.*, pp. 11-64.

12 DRD 서문, 제2조 3항.

13 Finnis, 미주 7과 같음, PP. 85-99.

14 DRD 제1조 2항.

15 사회계약의 교리에서는 개인이 재산을 얻기 위해 그들의 자유를 포기하고 사회 보호를 핑계 삼아 마음대로 폭력을 휘두른다고 전제하고 있다.

16 John Rawls, *A Theory of Justice* (Harvard University Press, 1971).

17 John Rawls, *Political Liberalism* (Columbia University Press, 1993).

18 DRD 제6조 3항 : "국가는 시민·정치적 권리를 준수하는 데 실패함으로써 야기된 개발에의 장애를 제거하기 위한 조치를 취해야 한다."

19 DRD 제8조 1항.

20 Michael Blake, "International Justice," *The Stanford Encyclopedia of Philosophy*(2005년 가을호).

21 John Rawls, *The Law of Peoples*(Harvard University Press, 1999).

22 미주 20과 "Reciprocity, Stability, and Intervention : The Ethics of Disequilibrium," Chatterjee, Scheid(eds.), *Ethics and Foreign Intervention*(Cambridge University Press, 2003).

23 Rawls, 미주 21과 같음, p. 81.

24 *Id.*, p. 80. 롤스는 인권을 생명, 자유, 형식상의 평등에의 권리라고 나열했다. 이에 대해서는 같은

책, p. 65 참조.

25 *Id.*, p. 80, 미주 23.

26 Blake, 미주 20과 같음.

27 *Id.*, p. 37.

28 Rawls, 미주 21과 같음, p. 90.

29 *Id.*, p. 106.

30 *Id.*, p. 108.

31 *Id.*

32 *Id.*, pp. 108-109.

33 *Id.*, p. 117.

34 *Id.*, p. 118.

35 *Id.*, p. 118.

36 *Id.*, p. 119.

37 DRD 제4조 2항.

38 Jeremy Bentham, *A Fragment on Government*(Payne, 1776).

39 Amartya Sen, "Consequential Evaluation and Practical Reason," *The Journal of Philosophy* Vol. XCVII, No. 9, 2000/09, pp. 493-494.

40 *Id.*, p. 494.

41 *Id.*, p. 495.

42 *Id.*

43 *Id.*

44 *Id.*, p. 496.

45 *Id.*, p. 497.

46 Stanley Hoffman, *Duties Beyond Borders : On the Limits and Possibilities of Ethical international Politics*(Syracuse University Press, 1981).

47 Henry Shue, *Basic Rights : Subsistence, Affluence and U.S. Foreign Policy*(Princeton University Press, 1996).

48 Thomas Pogge, *World Poverty and Human Rights : Cosmopolitan Responsibilities and Reforms*(Policy Press, 2002).

49 Shue, 미주 47과 같음, p. 60.

50 *Id.*, p. 174.

51 *Id.*, p. 142.

52 *Id.*, p. 149.

53 *Id.*, p. 152.

54 Pogge, 미주 48과 같음, p. 169.

55 *Id.*, p. 248, n. 270.

56 *Id.*, p. 227. n. 100.

57 *Id.*, p. 170.

58 *Id.*, p. 176.

59 *Id.*

60 *Id.*, pp. 196-215.

61 UN Doc. A/C.3/41/SR61(1986) 참조. 이에 대해서 Roland Rich, "The Right to Development : A Right of Peoples," James Crawford(ed.), *The Rights of Peoples*(Oxford University Press, 1988), p. 52에서 인용.

62 Commission on Human Rights Resolution 2002/69(2002/04/25, 찬성 38, 반대 0, 기권 15로 채택).

63 Final Document of the XIII Conference of Heads of State or Government of the Non-Aligned Movement Kuala Lumpur, 2003/04/23~24, 제336절. www.bernama.com/cgi-bin/events/nam2003/speechnew_read/dc2502_final에서 볼 수 있음.

64 *Id.*, 제345절.

65 인권위원회는 2003년 8월 25일 결의문 2003/8을 찬성 47, 반대 3, 기권 3으로 채택했다. 이 결의문은 소위원회에게 "개발권의 이해 방안과 실현 가능성, 특히 구속성에 관한 국제법 기준, 개발권 이행에 관한 가이드라인, 개발 파트너십을 위한 원칙을 수립한 개념서(concept document)를 준비하도록" 요구했다.

66 인권위원회 결의문 2005/4(2005/04/12 채택, 찬성 48, 반대 2, 기권 2로 채택)

67 Florizelle OiConnor가 제출한 *Concept Document on the Right to Development*, UN Doc. E/CN.4/Sub.2/2005/23, 2005/06/24, 제14절.

68 *Id.*, 제18절.

69 *Id.*, 제69절.

70 Sub-Commission on the Promotion and Protection of Human Rights, Resolution 2005/17, UN Doc. E/CN.4/2006/2 ; E/CN.4/Sub.2/2005/44, 2005/10/17, p. 33.

71 www.un.org/ffd/statements/usaE.htm에서 볼 수 있음.

72 2003년 인권위원회 59차회기에서 미국 정부가 발표한 성명.

73 http://www.mca.gov 외에 "The Launching of the Millennium Challenge Account," Alan p. Larson, Under Secretary for Economic, Business, and Agricultural Affairs, Department of State, Foreign Press Center Briefing, 2004/02/03 참조. http://fpc.state.gov/28839.htm에서 볼 수 있음.

74 개발권의 관점에서 MCA의 성격을 자세히 분석한 내용에 대해서는 Stephen Marks, "The Human Right to Development : Between Rhetorics and Reality," *Harvard Human Rights Journal* Vol. 17(2004년 봄), pp. 137-168.

75 International Council on Human Rights Policy, *Duties sans Frontieres : Human Rights and*

Global Social Justice(Geneva, 2003).

76 *Id.*, p. 86.

77 *Id.*, p. 87.

78 이는 사회권 위원회가 일반 논평 3번을 통해서 채택한 접근법이다. 일반 논평 3번은 1999년 12월 14일에 채택되었다(UN Doc. document E/1991/23, 제14절 참조).

79 *The Maastricht Guidelines on Violations of Economic, Social, and Cultural Rights,* 가이드라인 19번. 이는 1997년 1월 22~26일에 International Commission of Jurists가 개최한 전문가 회의에서 채택되었다.

80 미주 69와 같음.

81 새천년선언, UN Doc. A/57/270, 제11절.

82 사무총장 보고서 : Implementation of the United Nations Millennium Declaration, UN Doc. A/57/270, 제38절, 제82~89절.

83 UNDP, *Human Development Report* 2003, p. 28.

84 *Report of the High-Level Task Force on the Implementation of the Right to Development*(Geneva, 2004/12/13~17), UN Doc. E/CN.4/2005/WG.18/2, 2005/01/24, 제3절. 첫 번째 회기에 대한 포괄적인 분석은 Margot E. Salomon, "Towards a Just Institutional Order : A Commentary on the First Session of the UN Task Force on the Right to Development," *Netherlands Quarterly of Human Rights* Vol. 23, No. 3(2005) ; "The Significance of the Task Force on the Right to Development," Special Report, Human Rights and Development, Roberto Danino, Joseph K. Ingram(eds.), *Development Outreach*, The World Bank Vol. 8, No. 2(2006년 여름).

85 *Report of the High-Level Task Force on the Implementation of the Right to Development on its Second Meeting*(Geneva, 2005/11/14~18), UN Doc. E/CN.4/2005/WG.18/TF/3, 2005/11/08.

86 *Report of the Working Group on the Right to Development on its Seventh Session* (Geneva, 2006/01/09~13), UN Doc. E/CN.4/2006/26, 2006/02/22, 제35절.

87 같은 문서, 제77절.

88 Philip Alston, "Ships Passing in the Night : The Current State of the Human Rights and Development Debate Seen Though the Lens of the Millennium Development Goals," *Human Rights Quarterly* Vol. 27 (2005), p. 774. 이 글은 앨스턴이 Millennium Task Force on Poverty and Economic Development에 제시하기 위해 적성한 "A Human Rights Perspective on the Millennium Development Goals"를 토대로 한 것이다.

89 *Id.*

90 *Id.*, p. 775.

91 *Id.*, p. 777.

92 *Id.*

93 *Id.*, p. 778.

94 미주 65 참조.

95 이 책에 실린 아마티아 센의 글(1장) 참조.

5장 개발에 대한 권리와 의무

1 Laurent Meillan, "Le Droit au Developpement et les Nations Unies : Quelques Reflex-ions," *Droit en Quat Monde*, No. 34(2003/01), p. 14

2 Ian Brownlie and Guy S. Goodwin-Gill(eds), *Basic Documents on Human Rights*, 제4판 (Oxford University Press, 2002), pp. 845-851.

3 Meillan, 미주 1과 같음. 불어 원문 : Il s'agit de dénoncer le vieux pacte colonial, dont la sit-uation actuelle n'est encore que le prolongement. De lui substituer un droit nouveau. De même que l'on a proclamé dans les Nations développées pour les individus le droit à l'instruction, à la santé, au trvail, nous devons proclamer, ici, hautement, pour les Nation du tiers-monde le droit au développement.

4 Limburg Principles on the Implementation of the International Covenant on Economic, Social and Cultural Rights, *Human Rights Quarterly*, 9(1987), pp. 125-135, 제23절.

5 Arjun K. Sengupta, "On the Theory and Practice of the Right to Development," *Human Rights Quarterly* Vol. 24(2002), pp. 887-888.

6 예를 들어, UNDP, *Human Development Report* 1996(Oxford University Press, 1996) ; Amartya Sen, *Development as Freedom*(Oxford University Press, 1999).

7 Meillan, 미주 1과 같음.

8 예를 들어, Brian Barry. "Statism and Nationalism : a Cosmopolitan Critique," Ian Shapiro, Lea Brilmayer(eds.), *Global Justice : Nomos XLI*(New York University Press, 1999), pp. 12-66.

9 Ian Brownlie and Guy S. Goodwin-Gill, 미주 2와 같음, pp. 848-849.

10 Philip Alston, "Out of the Abyss : The Challenge Confronting the New UN Committee on Economic, Social and Cultural Rights," *Human Rights Quarterly* 9, 323-381(1987), p. 353.

11 Henry Shue, *Basic Rights*(Princeton University Press, 1980), p. 53.

12 Ian Brownlie and Guy S. Goodwin-Gill, 미주 2와 같음, p. 850.

13 Thomas W. Pogge, *World Poverty and Human Rights*(Polity Press, 2002), p. 132.

14 David Beetham, *Democracy and Human Rights*(Polity Press, 1999), pp. 125-129.

15 Thomas W. Pogge(ed.), *Global Justice*(Blackwell, 2001), p. 14.

16 예를 들어, A. Dobson, *Justice and the Environment*(Oxford University, 1998) ; J. Lichtenberg, "National Boundaries and Moral Boundaries, a Cosmopolitan View," P.G. Brown, H.

Shue(eds.), *Boundaries : National Autonomy and its Limits*(Rowman, 1981), pp. 79-100.

17 Charles Beitz, *Political Theory and International Relations*(Princeton University Press, 1979).

18 Paul Q. Hirst, Grahame Thompson, *Globalization in Question : The International Economy and the Possibilities of Governance*(Polity Press, 1996), 제1장.

19 John Rawls, *A Theory of Justice*(Oxford University Press, 1971).

20 George Soros, *On Globalization*(Public Affairs, 2002)

21 Joseph Stiglitz, *Globalization and its Discontents*(Allen Lane, 2002) ; Joseph Stiglitz, *The Roaring Nineties : Seeds of Destruction*(Allen Lane, 2003).

22 Naomi Klein, *Fences and Windows*(Flamingo, 2002).

23 George Monbiot, *The Age of Consent*(Flamingo, 2003).

24 Soros, 미주 20, p. 33.

25 Stiglitz, 미주 21, p. 60.

26 Soros, 미주 20, p. 123.

27 Stiglitz, 미주 21, p. 76.

28 Stephen Lonergan, "UN early warning and assessment center, Nairobi," *The Guardian*(2003/08/11)에서 인용, p. 8.

29 Joseph Stiglitz, *The Roaring Nineties : Seeds of Destruction*(Allen Lane, 2003)

30 Pogge, 미주 13, p. 20.

31 Ian Shapiro, Lea Brilmayer(eds.), *Global Justice : Nomos XLI*(New York University Press, 1999)

32 Samuel Scheffler, "The Conflict between Justice and Responsibility," 미주 31, p. 102.

33 Peter Singer, *One World : The Ethics of Globalization*(Yale University Press, 2002), 제5장.

34 같은 책, pp. 174-175.

35 Charles Jones, *Global Justice : Defending Cosmopolitanism*(Oxford University Press, 1999), 제6장.

36 Pogge, 미주 13, pp. 132-133.

37 Lichtenberg, 미주 16, pp. 94~95.

38 Singer, 미주 33, pp. 182-185.

39 Greg Palast, *The Best Democracy Money Can Buy*(Robinson, 2003).

40 Amartya Sen, 미주 6, 제6장.

41 Beetham, 미주 14, 제5장.

42 Pogge, 미주 13, pp. 163-164.

43 Allan Rosas, "The Right to Development," Asbjørn Eide, Catarina Krausa, Allan Rosas(eds.), *Economic, Social and Cultural Rights*(Martinus Nijhoff, 1995), pp. 247-255.

1 "가장 가난한 국가와 지역은 지속적인 경제성장을 어렵게 만드는 구조적 장애에 직면하고 있다. 그 러므로 그들이 가난한 것은 우연한 사고가 아니다." *UNDP Human Development Report 2003 : Millennium Development Goals*(Oxford University Press, 2003), 제3장 ; "현재의 지구적 거버넌스는 불균형적이고 때로는 불공정한 결과를 가져오는 정책과 규칙에 기반하고 있다. 지구적 거버넌스는 개혁될 필요가 있다." *A Fair Globalization : Report of the World Commission on the Social Dimension of Globalization*(ILO, 2004), 부록 1 : Guide to Proposals and Recommendations, p. 143. 국제노동기구 보고서를 토대로 스티글리츠는 "세계화는 긍정적 잠 재력에도 불구하고 그 잠재력을 살려내는 데 실패했을 뿐만 아니라 실제로 사회적 고통을 증가시 켰다(The Guardian, 2004년 3월 12일)"라고 평가했다.

2 인권 조약 기구의 임무는 회원국이 각 조약하의 의무를 어느 정도 이행하고 있는지를 검토하는 것 이다. 이에 대해서는 ECOSOC Res. 1985/17 (사회권 위원회) ; 아동권 협약 제43조 1항 (아동권 위원회) ; 아동권 협약 (1989), GA Res. A/RES/44/25, 부록 44, UN GAOR Supp. (No. 49), p. 167, UN Doc. A/44/49 (1989).4 ; 유엔 새천년선언, 제2조, 6조, UN Doc. A/55/2 (2000) 참조.

3 Center for Human Rights and Global Justice, *Human Rights Perspectives on the Millennium Development Goals,* Conference Report(New York University : 2003/09), p. 12. www.nyuhr.org 에서 볼 수 있음.

4 UN Millennium Declaration, 제2조, 6조, UN Doc. A/55/2(2000).

5 일례로 몬테레이 합의문, 제6절, UN Doc. A/CONE198/A1(2002) 참조.

6 새천년개발목표는 굶주림, 교육, 젠더 평등, 환경적 지속 가능성과 같은 주요 분야에서의 빈곤 감축 과 지속 가능한 인간 개발을 위한 지구적 전략을 의미한다.

7 MDG 8 : 개발을 위한 지구적 파트너십 개발(www.unmillenniumproject.org에서 볼 수 있음). 이 목표는 특히 아프리카와 기타 개도국의 빈곤 상태를 지속시키는 왜곡된 무역, 관세, 보조금의 문 제를 다루기 위한 것이다. 코피 아난 유엔 사무총장은 "무역 체계는 개도국에 대해 좋지 않은 엄청 난 편견을 없애고, ……가난한 사람들을 도울 농업에 관한 협정이 요구된다(세계경제포럼, 다보스, 2004/02, SG/04/223)"고 했다. 이 목표에 대한 인권적 관점에서의 비판은 Margot E. Salomon, "Addressing Structural Obstacles and Advancing Accountability for Human Rights : A Contribution of the Right to Development to MDG 8," *Briefing Note to the UN High-Level Task Force on the Implementation of the Right to Development*(2005/11, www.ohchr.org/english/issues/development/taskforce.htm에서 볼 수 있음) 참조.

8 2005년 7월에 열린 G8 정상회담에 이어 세계은행과 국제통화기금 연례 회의가 2005년 9월 24~25일에 개최되었는데, 18개국이 2005년 말까지 빚을 탕감하겠다고 공약했다. 더 자세한 내용 은 국제통화기금이 발표한 2005년 9월 24일자 보도자료 No. 05/210 참조.

9 몬테레이 합의문 제6절 ; Declaration and Plan of Implementation, UN World Summit on Sustainable Development, 제85절 a, UN Doc. A/CONE 199/20(2002) 참조. 미국의 거부에 도 불구하고 유엔은 총회와 정상회의를 통해 국내총생산 대비 0.7퍼센트의 목표 설정을 꾸준히 관 철시켜 왔다. 이에 대해서는 2005 World Summit Outcome 제23절 b 참조.

10 미주 4, 제11조.

11 2005년 7월에 개최된 G8의 EU 회원국 간의 회의에서 프랑스와 영국은 각각 2012년, 2013년까지 국내총생산 대비 0.7퍼센트의 목표를 달성하겠다는 일정을 발표했다. 최근 EU는 2015년까지 0.7퍼센트의 목표를 달성하겠다는 합의를 도출했으며, 그 중간 목표로 2010년까지 2004년 대비 2배인 0.56퍼센트까지 달성하겠다고 발표했다. 이에 대한 더 자세한 내용은 2005년 6월 11자 영국 정부 보도 자료 "G8 Finance Ministers' Conclusion on Development" 참조.

12 포게는 2003년 개발국 전체 평균 공적개발원조가 0.22퍼센트 줄어들었음을 지적했다. 이는 거의 0.7퍼센트의 목표에 도달했거나 이 목표량을 초과한 노르웨이, 스웨덴, 덴마크, 네덜란드, 룩셈부르크의 원조를 포함한 수치이다. 이에 대한 더 자세한 내용은 Thomas Pogge, *The First Un Millennium Development Goal*(2003), p. 16 참조. 많은 문건에서 개발원조는 양적 확대뿐만 아니라 거버넌스 강화, 국가 차원에서의 주인 의식의 확대, 비구속성 원조, 공여국 간의 조정을 통해 더욱 효과적으로 이뤄져야 함을 지적하고 있다. 이에 대해서는 *UNDP Human Rights Report 2003 : Millennium Development Goals, A Compact among Nations to End World Poverty*, 제8장 참조.

13 CESCR, Statement on Poverty and the International Covenant on Economic, Social, Cultural Rights(2001년 25차회기), UN Doc. E/C./12/2000/10, 제1절.

14 Amartya Sen, *Development as Freedom*(Oxford Press, 1999), 제4장.

15 Amartya Sen, "Consequential Evaluation and Practical Reason," *The Journal of Philosophy* 9(2000), p. 478 ; Arjun Sengupta, *First Report of the Independent Expert on the Right to Development*(General Assembly, 2000년 55차회기), UN Doc. A/55/306, 제8절 ; *Forth Report of the Independent Expert on the Right to Development*(Working Group on the Right to Development, 2002년 3차회기), UN Doc. E/CN.4/2002/WG.18/2, 제15, 31, 35절 ; Stephen P. Marks, *The Human Rights Framework for Development : Seven Approaches* (2004), pp. 18-20.

16 하루 2달러라는 수치가 세계적 빈곤의 규모를 평가하는 데 아무런 의미가 없다는 비판적 의견이 제시되어 왔다. 그런 의견들은 좀 더 정확하게 수치를 이끌어 내려면 세계적 빈곤 상황이 실질적으로 좀 더 심각하다는 점을 반영해야 하며, 세계은행은 빈곤이 이미 약간은 개선되었다고 발표했지만 개선의 흐름이 실질적으로는 그다지 좋지 않다는 점을 반영해야 한다고 주장해 왔다. 이에 대해서는 Thomas Pogge and Sanjay Reddy, *How Not to Count the Poor*(2003, www.columbia. edu/-sr793/techpapers.html) 참조.

17 Thomas Pogge, *World Poverty and Human Rights*(Polity Press, 2002), p. 2.

18 UNDP *Human Development Report 2003 : Millennium Development Goals, A Compact among Nations to End Human Poverty*(UNDP, 2003).

19 미주 1(*A Fair Globalization : Report of the World Commission on the Social Dimension of Globalization*), p. xi.

20 이 관점은 유엔이 그 모든 회원국으로 구성된 '국제사회'를 통해서 국제 규범을 만든다는 주장에 반대되는 의견이다.

21 개발권 선언, GA Res. A/RES/41/128. 1986/12/04, 부록 41, UN GAOR Supp.(No. 53) 186, UN Doc. A/RES/41/53(1986). 이하 미주에서는 DRD로 함.

22 General Assembly Resolutions on the Declaration and Programmes of Action on the Establishment of a New International Economic Order, GA Res. 3201(S-VI) and GA Res. 3202(S-VI) of May 1, 1974 and on the Charter on the Economic Rights and Duties of States, GA Res. 3281(XXIX) of December 12, 1974 참조.

23 Charter on the United Nations, 1945년 10월 24일 발효, 19 Stat. 1031, TS 993, 3 Bevans 1193.

24 DRD 서문 제1, 2절은 유엔헌장 제1조 3항과 세계인권선언 제28조에 근거하고 있다.

25 DRD 제1조 1항.

26 DRD 제8조 1항.

27 Report of the Working Group on the Right to Development(2005년 6차회기), UN Doc. E/CN.4/2005/25, 제42절.

28 Ibid., 제46절.

29 DRD 제2(3), 3, 4, 5, 6, 7, 8, 10조

30 DRD 제2(3), 3(1), 5, 6(3), 8(1, 2), 10조.

31 Report of the Intergovernmental Working Group on the Right to Development(1982, 제5차회기), UN Doc. E/CN.4/1983/11. 더 자세한 내용은 Arjun Sengupta, "On the Theory and Practice of the Right to Development," Human Rights Quarterly 4(2002), pp. 849-850 ; Margot E. Salomon, "Towards a Just Institutional Order : A Commentary on the First Session of the UN Task Force on the Right to Development," Netherlands Quarterly of Human Rights 3(2005), p. 409 참조.

32 DRD 서문 제15절.

33 Hector Gros Espiell, "Community-Oriented Rights : Introduction," Mohamed Bedjaoui(ed.), International Law : Achievements and Prospects(Martinus Nijhoff Publishers, 1991), p. 1170 ; Stephen Marks, "Emerging Human Rights : A New Generation for the 1980's?" Rutgers Law Review 33(1981), pp. 435-452.

34 DRD 제2조 3항.

35 Anne Orford, "Globalization and the Right to Development," Philip Alston(ed.), Peoples' Rights(Oxford University Press, 2001), p. 137.

36 DRD 서문 제16절, 제8조 1항.

37 새천년선언은 책임 공유의 원칙을 강조하고 있으며 이를 공정성의 원칙과 사회정의의 원칙에 연결시키고 있다(미주 4의 Values and Principles ; 미주 9의 Values and Principles 부분 참조).

38 미주 14 외 Margot E. Salomon and Arjun Sengupta, The Right to Development : Obligations of States and The Right of Minorities and indigenous Peoples(Minority Rights Group International, 2003) 참고.

39 1996년 채택, 1976년 발효, GA Res. A/RES/2200A(XXI), 993 UNTS 3.

40 ICESCR 2조 1항, 11조 1항과 2항, 22조, 23조 참조.

41 CRC 4조 : "회원국들은 협약에서 인정하고 있는 권리의 이행에 필요한 모든 법적·행정적 조치와 그 외의 조치를 취해야 한다. 회원국들은 경제·사회·문화적 권리에 대해서 가용 자원이 허용하는 최대 한도까지 그런 조치를 취해야 하며, 필요하다면 국제 협력의 틀 속에서 그런 조치를 취해야 한다."

42 CRC 서문 12절, 23조 4항, 24조 4항, 28조 3항 참조.

43 CRC 일반 논평 5번 : General Measures of Implementation of the Convention on the Rights of the Child(제4, 42조, 6절)(2003년 34차회기), UN Doc. CRC/GC/2003/5(2003), 제60절.

44 유엔헌장 제55 : "인간의 평등권 및 자결 원칙의 존중에 기초한 국가 간의 평화롭고 우호적인 관계에 필요한 안정과 복지의 조건을 창조하기 위해, 유엔은 ① 더 높은 생활수준, 완전고용 그리고 사회경제적 진보와 발전의 조건, ② 경제·사회·보건 등 관련 문제의 국제적 해결, 문화와 교육상의 국제 협력, ③ 인종·성별·언어·종교에 대한, 모두를 위한, 차별 없는 인권과 기본적 자유의 보편적 존중과 준수를 촉진해야 한다." 유엔헌장 56조 : "유엔의 모든 회원국은 제55조에 규정된 목적을 달성하기 위해 유엔과 협력해 공동의 또는 독자적인 조치를 취할 것을 약속한다."

45 CESCR 일반 논평 3번 : The Nature of State Parties's Obligations(제2.1조)(1990년 51차회기), UN Doc. HRI/GEN/1/Rev.7(2004), 제14절.

46 미주 43의 제60절.

47 미주 45의 제13절 외 CESCR 일반 논평 2번 : International Technical Assistance Measures (제22조)(1990년 4차회기), UN Doc. E/1990/23, 부록 III, p. 86(1990) 외 Draft Report of the Committee on Economic, Social and Cultural Rights to ECOSOC, UN Doc. E/C.12/2003/CRP.1 참조.

48 미주 43의 제8-9절 외 CRC 최종 판정 : 적도 기니(2004년 37차회기), UN Doc. CRC/C/15/Add.245, 제14, 53절, CRC최종 판정 : 브라질(2004년 37차회기), UN Doc. CRC/C/15/Add.241, 제9, 21, 23, 36, 48(e), 50(i), 58(d)절 참조.

49 CESCR 일반 논평 14번 : The Rights to the Highest Attainable Standard of Health(제12조)(2000년 22차회기), UN Doc. E/C.12/2000/4(2000), 제45절 외 미주 13의 제16절 참고.

50 유엔 인권 조약 기구들의 발표는 법적 구속력은 없으나 권위를 가진 것으로서 각 조약에 대한 정교한 해석을 제시한다.

51 CESCR, Statement on Human Rights and Intellectual Property(2001년 27차회기), UN Doc. E/C.12/2001/15(2001), 제14절.

52 *Ibid.*, 제5절.

53 *Ibid.*, 제38절.

54 *Ibid.*, 제39절.

55 *Ibid.*, 제64절.

56 CESCR 일반 논평 12 : The Right to Adequate Food(제11조)(1999년 20차회기), UN Doc. E/C.12/1999/5(1999), 제41절.

57 CESCR 일반 논평 15 : The Right to Water(제11, 12조)(2002년 29차회기), UN Doc.

E/C.12/2002/11(2002), 제60절.

58 미주 43의 제64절.

59 CESCR, Decision on Globalization and its impact on the Enjoyment of Economic, Social and Cultural Rights(1998년 18차회기), UN Doc. E/1999/22, 제5절.

60 *Ibid.*, 제7절.

61 CESCR, Statement on the Third Ministerial Conference of the World Trade Organization(1999년 21차회기), UN Doc. E/C.12/1999/9(1999).

62 *Ibid.*, 제6절. 위원회가 성장의 도구적 역할을 강조하고 있는 입장은 이번이 처음은 아니다. 1990년에 발표된 일반논평 2 : International Technical Assistance(미주 47번) 제6절에서도 이와 비슷하게 국제(무역)기구의 중요성은 "경제성장 또는 다른 광범위하게 정의된 목적뿐만 아니라 인권의 향유를 강화하는" 데도 있다고 설명한다. 2005년에 발표된 UNDP의 『인간개발보고서』 *International Cooperation at a Crossroads: Aid, Trade and Security in an Unequal World*(Oxford University Press, 2005) 4장 113페이지에서도 "경제성장과 마찬가지로 무역 개방은 그 자체로서 목적이 아니라 인간의 역량을 확장하는 수단이다"라고 지적하고 있다.

63 미주 51의 제10절.

64 The Millennium Development Goals and Economic, Social and Cultural Rights, 2002년 11월 29일 발표.

65 *Ibid.*, 제9절 외 미주 7, 13, 60번 참조.

66 아동권 위원회 역시 국제 협력의 개념에 국내총생산 대비 0.7퍼센트의 개발원조를 제공할 것을 포함시키고 있다. 이에 대해서는 미주 43의 제61절 참조. 또한 독일에 대해 조속히 0.7퍼센트의 목표를 달성할 것을 권고했다. 이에 대해서는 CRC 최종 판정 : 독일(2004년 35차회기), UN Doc. CRC/ C/15/Add.226, 제21절 참조.

67 미주 57의 제1절.

68 미주 13의 제1절.

69 *Ibid.*, 제8절.

70 *Ibid.*, 제10절.

71 *Ibid.*, 제18절.

72 *Ibid.*, 제16절.

73 미주 57의 제37절.

74 ESCR 최종 판정 : 이스라엘(2003년 30차회기), UN Doc. E/C.12/1/Add.9, 제31절.

75 미주 43의 제61절.

76 미주 13의 제21절.

77 미주 51의 제14절.

78 *Ibid.*, 제21절 외 미주 17 참조.

79 General Assembly Res. 2200A(XXI), 21 UN GAOR Supp.(No. 16), p. 52, UN Doc. A/6316(1966), 999 UNTS 171, 1976년 3월 23일 발효.

80 HRC 일반 논평 31번 : The Nature of Legal Obligations Imposed on States Parties to the Covenant(제2조)(2004년 80차회기) UN Doc.CCPR/C/21/Rev.1/Add.13(2004).

81 미주 79의 제10절.

82 *Ibid.* 외 HRC 최종 판정 : 미국(1995년 53차회기), UN Doc. CCPR/C/79/Add.50, 제284절 ; HRC 최종 판정 : 이스라엘(1998년 63차회기), UN Doc. CCPR/C/79/Add.90, 제10절 ; HRC 최종 판정 : 이스라엘(2003년 78차회기), UN Doc. CCPR/CO/78/ISR, 제11절 ; HRC 최종 판정 : 벨기에(2004년 81차회기), UN Doc. CCPR/C0/81/BEL, 제6절 참조. 앞서 HRC는 우루과이 정부의 재외동포에 대한 대우를 다루었던 *Lopez Burgos v Uruguay* 사건에서도 제2조 1항의 역외 적용에 대한 입장을 상당히 구체적으로 보여 주었다. 이에 대해서는 *Delia de Lopez v Uruguay*, Communication No. 52/1979(1981) 제12.1~3절, *Celiberti de Casarieago v Uruguay*, Communication No. 56/1979(1981) 제10.1~3절 참조. 유럽인권재판소는 *Bankovic* 사건에서 유럽 인권협약 제1조에 대해 소극적인 입장을 보여 주었지만, 협약의 역외 적용을 결정함에 있어 유효한 통제력을 결정적 기준으로 적용했다. 이에 대해서는 *Bankovic, Stoimenovski, Joksimovie and Sukovic v Belgium, the Czech Republic, Denmark, France, Germany, Greece, Hungary, Iceland, Italy, Luxembourg, the Netherlands, Norway, Poland, Portugal, Spain, Turkey and the United Kingdom* (Appl. No. 52207/99), ECHR, admissibility decision of December 12, 2001, 제75절 참조. 또한 *Issa and Others v Turkey* (Appl. No. 31821/96), ECHR judgement of November 16, 2004, 제74절 참조.

83 HRC, 일반 논평 31번, The Nature of General Legal Obligation, 미주 79의 제12절(강조는 첨가).

84 *Ibid.*, 제10절 외 미주 82의 벨기에(2004), 제6절 참조.

85 *Delia Saldias de Lopez Burgos v Uruguay* 진정 사건 52/1979(1982), 제12.3절 외 *Celiberti de Casariego v Uruguay* 진정 사건 56/1979(1981), 제10.3절 참조.

86 CESCR 최종 판정 : 이스라엘(1998년 19차회기), UN Doc. E/C.12/1/Add.27, 제8절 외 미주 74의 제31절 참조.

87 미주 86 이스라엘(1998)의 제86절 외 Magdelena Sepulveda, *The Nature of the Obligations under the International Covenant on Economic, Social and Cultural Rights*(Intersentia, 2003), pp. 272-277 참조.

88 ICJ, *Legal Consequences of the Construction of the Wall in the Occupied Palestinian Territory,* Adv. Op.(2004), 제112절 참고. www.icj-cij.org에서 볼 수 있음.

89 *Ibid.*, 제113절.

90 Judge Weeramantry(diss. op.), ICJ, *Legality of the Use by a State of Nuclear Weapons in Armed Conflict,* ICJ Rep(1996), p. 144. 이 발표는 지적재산권의 맥락에서도 적용될 수 있다. WTO의 지적재산권협정(TRIPS)을 비롯해 지적재산권의 무역에 관한 양자 간 또는 지역 간 협정(일명 TRIPS Plus)하에 현재의 지적재산권체제는 광범위한 공공의 이익보다는 기술 보유국의 이익을 우선시하고 있다는 이유로 비판받고 있다. 지적재산권협정은 개도국의 빈곤 감축 정책에 대한 결정권을 제한하고 주요 의약품에 대한 접근을 어렵게 하고 있으며 개도국의 식량 안보를 위협하고 있다. 이에 대해서는 *The Report of the Commission on Intellectual Property*

Rights: Integrating Intellectual Property Rights and Development Policy(UK : 2002) ; 미주 62 : *International Cooperation at a Crossroad* 제4장, p. 135참조.

91 ICESCR 제11조 2항에서 권리 실현을 위한 회원국의 협력적 조치에 대해서 재차 강조하고 있다.

92 ICESCR 제11조 1항에서 권리 실현을 위한 국제 협력의 중요성을 재차 강조하고 있다.

93 미주 88의 제109, 111절.

94 HRC 일반 논평 15번 : The Position of Aliens under the Covenant(1986년 27차회기), UN Doc. HRI/GEN/1/Rev.7(2004) 외 HRC 일반 논평 23번 : The Rights of Minorities(제27조)(1994년 50차회기), UN Doc. HRI/GEN/1/Rev.7(2004) 참조.

95 DRD 서문 제4절, 제10, 6(2, 3), 9조.

96 UN World Conference on Human Rights, Vienna Declaration and Programme of Action(1993), UN Doc. A/cone157/23, 제1절, 제5조.

97 미주 13의 제8절 외 Paul Hunt, Manfred Nowak, Siddiq Osmani, *Draft Guidelines : A Human Rights Approach to Poverty Reduction Strategies*(UN Office of the High Commissioner for Human Rights, 2002) 참조.

98 PRSPs는 경제성장과 빈곤 감축을 촉진하기 위해 필요한 국가의 거시경제적·구조적·사회적 정책과 프로그램에 대한 계획으로 세계은행과 국제통화기금이 개발한 것이다. 신자유주의 모델을 반영하지 않은 경제정책이 PRSP의 요구 조건을 충족시킬 수 있을 것인지에 대해 회의적인 의견이 많다. 세계은행과 국제통화기금은 PRSP가 융자 제공뿐만 아니라 채무 탕감 조치를 위해서도 필요하다는 점을 인정했다.

99 ICESCR는 꼭 필요한 수준의 권리 충족을 보장할 최소한의 의무를 부과하고 있다. 이에 대해서는 미주 45의 제10절 외 미주 13의 제15-18절 참조.

100 영국 국제개발위원회는 국제 개발 관련 부처의 지출, 행정, 정책을 감독한다. 구성 위원들에 대한 임명권은 하원이 가지고 있다. 2004년 11월 9일에 개최된 입증 회기에 비정부기구인 액션 에이드(Action Aid)와 브레턴우즈 프로젝트(Bretton Woods Project)의 대표가 증인으로 참석해 증거를 제시했다. 이에 대한 회의록은 의회 웹사이트 www.parliament.uk/parliamentary_committees/international_development.cfm에서 볼 수 있음.

101 해외 원조에 의존적인 국가에서 공여국이 재정적으로나 기술적으로 막대한 영향력을 가지고 있다는 점을 감안할 때, 수원국이 진정으로 자율권을 행사할 수 있을지는 의문스럽다. 이에 대해서는 *Partnerships for Poverty Reduction : Rethinking Conditionality*(Department for International Development, 2005/03), 제5.17절 참조. 세계은행과 국제통화기금 역시 비슷한 입장을 보이고 있다. 이에 대해서는 제6.1절 참조. 이 외에도 액션 에이드(Action Aid)가 13개국에 대한 연구 조사를 마치고 2005년 9월 15일자로 발표한 보도자료 "Global Democracy Endangered, Says New Report" 참조.

102 HRC 일반 논평 25번 : The Rights to Participate in Public Affairs, Voting Rights and the Right of Equal Access to Public Services (제25조)(1996년 17차회기), UN Doc. CCPR/C/21/Rev.1/Add.7, 제5절.

103 *Ibid.*, 제8절.

104 Paul Hunt, "Relations Between the UN Committee on Economic, Soical and Cultural Rights and International Financial Institutions," Willem van Genugten, Paul Hunt, Suan Mathews(eds.), *World Bank, IMF and Human Rights*(Wolf Legal Publishers, 2003), pp. 145-150.

105 현재 여러 유엔 기구들이 이 문제에 골몰하고 있다. 문제의 해결을 위해 유엔 인권위원회는 '개발권 이행에 관한 고위급 전문위원회'(CHR Res. 2004/17)를 설립했다. 2003년에는 '인권의 촉진과 보호에 관한 소위원회'에게 개발권을 발전시킬 수 있는 다양한 요소에 관해 연구하도록 했다. 2004년에는 인권고등판무관실에 개발을 위한 지구적 파트너십에 중점을 둔 '개발권에 관한 고위급 세미나'(High-Level Seminar on Right to the Development, CHR Res. 2003/83, 제2, 5절)를 개최하도록 했다.

106 여러 학자가 이와 같은 구분을 제안하거나 따르고 있다. Rolf Kunnernann, *Report to ICESCR on the Effect of German Policies on Social Human Rights in the South*(The Foodfirst Information and Action Network, 2001) ; Sigrun I. Skogly, Mark Gibney, "Transitional Human Rights Obligations," *Human Rights Quarterly 24*(2002), p. 781 ; *Duties sans Frontieres : Human Rights and Global Social Justice*(International Council on Human Rights Policy, 2003) ; Margot E. Salomon, *International Cooperation and the Global Responsibility for Human Rights*(Oxford University Press, 2006) ; Rolf Kunnemann, "Extraterritorial Application of the International Convenant on Economic, Soical and Cultural Rights," Fons Coomans, Menno T. Kamminga(eds.), *Extraterritorial Application of Human Rights Treaties*(Intersentia, 2004), p. 201, 227 참조.

107 앨스턴은 '의무의 국제화'에 대해서 국제사회의 반복된 공약에 근거한 국제 협력의 의무가 존재한다고 주장할 수 있지만, 기껏해야 국제사회에 부속된 두드러지지 않은 평범한 의무 가운데 하나에 불과하다고 했다. 이에 대해서는 미주 13, p. 777 참조.

108 Statement on behalf of the European Union, Working Group on the Right to Development(2004년 5차회기), agenda item 4(a) : Consideration of the ideas and proposals raised at the High-Level Seminar 참조.

109 2004년 11월에 개최된 '개발권에 관한 전문위원회'(Task Force on the Right to Development) 회의에서 책임의 공유에 관해 가장 진보적인 스웨덴조차 "우리의 입장은 비밀이 아니다. 우리는 국제 연대의 의미를 넘어서는 국제 협력에의 법적 의무를 가지고 있지 않다. …… 우리는 도덕적 의무를 가질 뿐이다"라고 말했다.

110 *Velasquez Rodriguez v Honduras*, Inter-American Court of Human Rights(Ser. C) No. 4, Judgement of 1998/07/29, 제172절

111 *Ibid.*

112 인종차별 철폐 조약, GA Res. A/RES/2106(XX), 660 UNTS 195, 제1조 1항 ; 여성차별 철폐 협약, GA Res. A/RES/34/180, 1249 UNTS 20378 참조.

113 미주 1의 UNDP, *Human Development Report 2003 : Millennium Development Goals* (Oxford University Press, 2003), 총론 8 참조.

114 *Ibid.*

115 미주 79의 제8절 외 *Osman v UK*(Application No. 87/1997/871/1083), ECHR judgement, 1998/10/28, 제116절 ; *Mastromatteo v Italy*(Application No. 37703/97), ECHR judgement, 2002/10/24, 제68절 ; 미주 110의 제172, 174절 참조.

116 *Ibid*.

117 Thomas Pogge, *What is Global Justice?*, Lecture in Moral Philosophy(University of Oslo, 2003/09), www.etikk.no/globaljustice에서 볼 수 있음.

118 세계무역기구, 국제통화기금, 세계은행을 포함한 국제금융기구의 민주화를 요구하고 있는 최근의 연구로는 *Final Report and Recommendations Derived from the Multi-Stakeholder Consultations Organized by the New Rules for Global Finance Coalition*(2004/11~2005/09) ; *On Addressing Systemic Issues, Section F, Monterrey Consensus Document, Financing for Development/New Rules for Global Finance*(2005) ; 미주 62의 문건 ; *Investing in Development : A Practical Plan to Achieve the Millennium Development Goals*(UNDP, 2005) ; *Our Common Interest, Report of the Commission for Africa*(2005) ; *EU Heros and Villains : Which Countries are Living up to their Promises on Aid, Trade, and Debt?* Joint NGO Briefing Paper, Action Aid, Eurodad and Oxfam(2005) ; 미주 1의 *A Fair Globalization : Report of the World Commission on the Social Dimension of Globalization*(ILO, 2004) 등이 있다.

119 개도국에 8억 5천만 명 이상이 살고 있는데, 그 가운데 3억 명의 어린이가 매일 굶주림에 시달리고 있다. 3억의 어린이 가운데 90퍼센트가 장기적인 영양실조로 고통받고 있으며, 매년 6백만 명의 어린이가 영양실조로 사망하고 있다. 아프리카에선 40퍼센트 이상의 인구가 하루치의 식량을 구할 수단을 갖고 있지 않다. 그럼에도 불구하고 국제무역 체계는 부유한 국가에 유리하게 설계되어 있다. 이에 대해서는 *Fast Facts : The Faces of Poverty*(UK Millennium Project, 2005) ; 미주 62의 *International Cooperation at a Crossroads*, 제1장 참조.

120 국제무역 분야에서의 인권 영향 평가에 대해서는 미주 31의 Margot E. Salmon의 책, p.423 참조.

121 미주 79의 문건 ; *Hasen and Others v Moldova and the Russian Federation*(Application No. 48787/99), ECHR judgement, 2004/07/08, 제314절 참조 ; ICJ의 "책임을 수반한 통제력"에 관한 찬성 내용은 Richard Lawson, "Life after Bankovic : On the Extraterritoriality of the European Convention on Human Rights," Fons Coomans, Menno T. Kamminga(eds.), *Extraterritorial Application of Human Rights Treaties*(Intersentia, 2004), p.86참조

122 Joseph K. Ingram(세계은행 대변인), *Speech to the High Level Seminar on the Right to Development*(2004/02) ; Klaus Enders(IMF 대변인), *Challenges to Developing Countries If They Are to Benefit From the Current Phase of Globalization*, The High-Level Seminar on the Right to Development(2004/02)에서 개인 자격으로 한 연설 참조. 2004년과 2005년에 세계은행과 국제통화기금의 대변인들이 '개발권에 관한 고위급 세미나'에 참석해 '개발권에 관한 전문위원회'의 권고안 작성에 기여했다. 전문위원회는 개발권 이행을 위한 건설적인 제안서를 마련하기 위해 인권 전문가와 무역·투자 분야 대변인들의 다양한 관점과 경험을 통합할 방법을 강구했다.

123 Francois Gianviti, "Economic, Social and Cultural Rights and the International Monet-

ary Fund," Philip Alston(ed.), *Non-State Actors and Human Rights*(Oxford University Press, 2005), p. 113 참조.

124 미주 104의 Paul Hunt의 논문, p. 148 외 미주 106의 Rolf Kunnemann의 논문 참조.

125 Martin Scheinen, "Extraterritorial Effect of the International Covenant on Civil and Political Rights," Fons Coomans, Menno T. Kamminga(eds.), *Extraterritorial Application of Human Rights Treaties*(Intersentia, 2004), p. 75 참조.

126 Onora O'Neill, "Global Justice : Whose Obligations?" Deen K. Chatterjee(ed.), *The Ethics of Assistance : Morality and the Distant Needy*(Cambridge University Press, 2004), p. 250.

127 미주 121의 문건 가운데 *Hasen and Others v Moldova and the Russian Federation,* p. 139.

128 *Ibid.* 또한 *Assanidze v Georgia*(Application No. 71503/01), ECHR judgement, 2004/04/08 참조.

129 미주 86의 제6절.

130 UN Committee Against Torture 최종 판정 : 영국(2004년 33차회기), UN Doc. CAT/C/CR/33/3, 제4절 (ii)(b).

131 CESCR은 경제·사회·문화적 권리의 실현에 있어서 회원국 정부는 다른 나라의 권리 향유를 보호할 국제 협력의 의무를 갖는다고 분명하게 말하고 있다. 이에 대해서는 미주 49의 제39절, 미주 56의 제36절, 미주 57의 제30-36절 참조.

132 전 세계은행 총재 제임스 울펀슨(James Wolfensohn)은 사하라사막 이남의 아프리카 47개국의 빈곤이 확대되고 있다고 발표했다. 이에 대해서는 James D. Wolfensohn, *Conference on Human Rights and Development : Towards Mutual Reinforcement,* Ethical Globalization Initiative and the Center for Human Rights Global Justice(New York University, 2004/03) 참조. 포게는 세계적 빈곤이 감소한다고 해도 지구적 질서가 자동적으로 가난한 사람들에게 피해를 주지 않게 되었다는 것을 의미하는 것이 아니라고 지적했다. 이에 대해서는 미주 12의 책, pp. 19-20 참조.

133 Thomas Pogge, "Priorities of Global Justice," Thomas Pogge(ed.), *Global Justice* (Blackwell Publishers, 2001), p. 22 ; Thomas Pogge, "The International Significance of Human Rights," *Journal of Ethics* 4(2000), p. 45.

134 Analytical Compilation of Comments and Views on the Implementation and Further Enhancement of the Declaration on the Right to Development, UN Doc. E/CN.4/AC.39/1989/1, p. 22에서 인용한 Final Act of the United Nations Conference on Trade and Development VII(1987) 참조.

135 New Delhi Declaration of Principles of International Law Relating to Sustainable Development, 70th Conference of the International Law Association, Res. 3/2002, 제3절 참조.

136 미주 13의 문건 가운데 ESCR의 Statement on Poverty 제13절 참조.

137 UNDP는 최근의 『인간개발보고서』(*Human Development Report*)에서 "기존의 규칙을 토대로 한 다자간 체계 속에서 비용과 혜택이 국가들 간에 불균등하게 분배되었다. 이는 거대한 빈곤과 불평등이 심화되는 가운데 몇몇 소수에게만 번영을 가져다주는 세계화의 패턴을 영속시키고 있다"고 결론 내렸다. 이에 대해서는 미주 62의 문건 가운데 *International Cooperation at a Cross-*

roads 제4장, p. 113 참조.

138 Georges Abi-Saab, "The Legal Formulation of the Right to Development," *The Right to Development at the International Level*, René-Jean Dupuy(ed.), Workshop of the Hague Academy of International Law(1979), Hague Academy of International Law(1980), pp. 170-171.

139 *The Sate of the World's Children 2005 : Summary*(UNICEF, 2004), P. 16.

140 *Ibid.*, p. 15.

141 폴 헌트는 이에 대해 *The Nobel Symposium on the Right to Development and Human Rights in Development*(Norwegian Center for Human Rights, 2003/10)에서 통찰력 있는 분석을 보여 주었다.

142 비국가적 권력을 배제하는 것은 아니다.

7장 비국가 행위자의 인권 책임

1 Philip Alston, "The Not-a-Cat Syndrome : Can the International Human Rights Regime Accommodate Non-State Actors," in Philip Alston(ed.), *Non-State Actors and Human Rights*(Oxford University Press, 2005), p. 4.

2 필립 앨스턴은 비국가 행위자의 '의심스런 효용성'(questionable utility)이란 용어가 등장하게 된 배경에 대해 매우 타당성 있는 주장을 제시했다. 앨스턴에 따르면 이 용어는 유엔 주도의 인권 체계에서 국가 중심적 사고를 강조한 결과물이라고 했다. 그는 유엔은 인권 체계 속에서 국가(state)를 대문자(State)로 쓰도록 요구하고 있는데, 이는 성경에서 신(god)를 대문자(God)로 쓰도록 하는 것과 같은 이치라고 했다. 그는 오늘날의 세계는 유엔이 설립된 1945년 당시와는 달리 다원주의 사회가 됐음에도 불구하고 유엔이 여전히 '대문자 국가'(State)의 프리즘으로 세상을 본다면 당연히 왜곡된 세상의 이미지를 보게 될 것이라고 덧붙였다.

3 기업이 인권에 미치는 영향에 대한 연구가 점점 많아지고는 있지만, 아직까지 체계적으로 정보를 수집하고 분석하기 위한 국제적 체계가 마련되지 않고 있다. '기업과 인권 정보 센터'(The Business and Human Rights Resource Center : www.business-humanrights.org/Home)가 겨우 부족한 공백을 메우고 있는 실정이다.

4 Simon E. Reich, "Global Versus National Norms : Are Codes of Conduct Converging Across Regions," *Working Paper 2005/03*(University of Pittsburgh : Ford Institute for Security). www.fordinstitute.pitt.edu/pub-workingpapers.html에서 볼 수 있음.

5 "Third Report of the Independent Expert on the Right to Development," UN Doc. E/CN. 4/2001/WG. 18/2, 제25절.

6 Marius Emberland, *The Human Rights of Companies : Exploring the Structure of ECHR Protection*(Oxford University Press, 2006), p. 3. 이 책의 종합적 결론은 "유럽 인권재판소는 유럽 인권 협약과 그 해석이 허용하는 한, 그리고 대립하고 있는 이해관계자들이 타협을 제시하지

않는 한, 기업의 불평에 대해 공감한다"(p. 205)는 것이다.

7 UN Doc. E/CN.4/Sub.2/2003/12/Rev.2(2003/08/26). 유엔 인권위원회에서 이 규범을 채택하지 않았기 때문에 초안이라고 표현한 것임.

8 United States Mission to International Organizations, Geneva, Switzerland, "Re : Note verbal from the OHCHR of 2004/08/03"(GVA 2537), 2004/09/30.

9 미주 1, p. 19.

10 Ralph G. Steinhardt, "Corporate Responsibility and the International Law of Human Rights : The New Lex Mercatoria" in Alston(eds.), *Non-State Actors and Human Rights*(Oxford University Press, 2005), p. 178f.

11 *Id.*, p. 180.

12 www.globalcompact.org 참조.

13 국제사회책무기구는 국제적 비정부기구로 사회적 책임 윤리의 기준을 개발하고 이행함으로써 작업장과 공동체의 질을 개선하는 활동을 추구하고 있다(www.sa-intl.org 참조).

14 August Reinisch, "The Changing International Legal Framework for Dealing with Non-State Actors," in Alston(ed.), *Non-State Actors and Human Rights*(Oxford University Press, 2005), p. 77.

15 Mary Robinson, Second Global Ethic Lecture, University of Tubingen, Germany (2002/01/21). "Globalization Has to Take Human Rights into Account," *Irish Times* (2002/01/22) 발표됨.

16 미주 14, p. 77.

17 OECD는 2000년도에 가이드라인을 내용적으로 수정·보완했다. 삼자 선언 역시 그 채택 이후에 새롭게 통과된 법적 기제를 수용해 1987년, 1995년, 2000년도에 수정되었다.

18 United Nations Development Programme, *Human Development Report 2005 : International Cooperation at a Crossroads : Aid, Trade and Security in an Unequal World* (UNDP, 2005)

19 World Bank, *World Development Report : A Better Investment Climate for Everyone* (Oxford University Press), p. 184

20 Jem Bendell, "Making Business Work for Development : Rethinking Corporate Responsibility" 미주 21 Insights No. 54(2005/03), Institute for Development Studies, University of Essex(www.id21.org/insights54/insights-iss54-art00.html에서도 볼 수 있음).

21 1993년 12월 20일에 유엔총회에서 채택(Resolution A/48/104)

22 *Id.*, 제4조 c항.

23 *Id.*, 제4조 d항.

24 1992년 여성차별 철폐 위원회의 11차회기에서 채택(www.un.org/womenwatch/daw/cedaw/recommendations/recomm.htm에서 볼 수 있음).

25 Recommended Principles and Guidelines on Human Rights and Human Trafficking :

Report of the United Nations High Commissioner for Human Rights to the Economic and Social Council, UN Doc. E/2002/68/Add.1, 2002/05/20 원칙 1.

26 예를 들어 미국 정부의 해외부패관행법(US Foreign Corrupt Practices Act, FCPA, 1977)은 뇌물을 외국인 기업을 유인하기 위한 수단으로 이라고 표현했다(www.usdoj.gov/criminal/fraud/fcpa.html에서 볼 수 있음).

27 2000년 3월에 영국 외무부와 국무부는 채취 산업 분야의 선도적 기업들을 초청해 '인권과 안보에 관한 대화'를 창설하고 초국적 기업의 역할과 책임에 대해서 다루었다. 여기에는 네덜란드와 노르웨이 정부와 비정부기구들이 차츰 가담하게 되었다. 그리고 2000년 12월에 "Voluntary Principles"를 발표했다. www.voluntaryprinciples.org/timeline/index.htm 참조.

28 Judgement of Nuremberg Tribunal, International Military Tribunal, Nuremberg(1946), *41 American Journal of International Law 172*(1947).

29 1998년 7월 17일 채택, 2002년 7월 1일 발효, Cf. A/CONF/183./9.

30 미주 7 참조.

31 Joachim Karl, "The OECD Guidelines for Multinational Enterprises," in Michael K. Addo (ed.), *Human Rights Standards and the Responsibility of Transnational Corporations* (Kluwer International, 1999), p. 89.

32 OECD, *Guidelines for Multinational Enterprises : 2005 Annual Meeting of the National Contact Points Report by the Chair*(Investment Division, OECD, www.oecd.org/investment에서 볼 수 있음).

33 Commission of EC, Communication from the European Commission Concerning Corporate Social Responsibility : A business Contribution to Sustainable Development, Com(2002) 346 final, 브뤼셀(2002/07/02).

34 Report of the Sub-Commission on the Promotion and Protection of Human Rights, UN Doc.E/CN.4/2005/91, p. 7.

35 1977년 11월 16일 선언이 채택된 이후 국제노동회의(International Labour Conference)에서 많은 협약과 권고가 채택되어 왔다. 선언 자체도 1987년, 1995년, 1998년 세 차례에 걸쳐 부록을 추가하게 되었다. 선언의 전문은 www.ilo.org/public/english/standards/norms/sources/mne.htm에서 볼 수 있음.

36 원칙 전문은 www.corpwatch.org에서 볼 수 있음

37 Global Compact Guidelines for "Communication on Progress," www.globalcompact.org/CommunicatiningProgress/cop_guidelines.pdf 참조.

38 미주 10, p. 206.

39 초안 과정에 대한 자세한 검토 의견은 David Weissbrodt, Muria Kruger, "Human Rights Responsibilities of Business as Non-State Actors" in Alston(ed.), *Non-State Actors and Human Rights*(Oxford University Press, 2005) 참조.

40 미주 7.

41 *Id.*, p. 328.

42 *Id.*, p. 338.

43 Commission on Human Rights Decision 2004/116, 2004/04/20 채택

44 www.blihr.org 참조.

45 Human Rights and Transnational Corporation and Other Business Enterprises, Commission on Human Rights Decision 2005/59, 2005/04/20.

46 UN Doc. E/CN.4/2006/97, 2006/02/22.

47 *Id.*, 59절.

48 *Id.*, 59-69절.

49 *Id.*, 69절.

50 미주 7의 제21조.

51 자세한 내용은 미주 46과 인권고등판무관이 유엔 인권위원회에 제출한 보고서 UN Doc. E/CN.4/2005/91, 2005/02/15 채택 참조.

52 *Id.*, 22절.

53 UN Doc. E/CN.4/Sub.2/2003/9, 2003/07/02, 31-35절

54 Aliens Tort Claims Act : 이 법률은 충분히 구제를 제공할 수 있는 능력을 가지고 있으나 제한적으로만 적용되고 있다(*Ibid.*, 17절, 미주 46의 문서 15절 특히 62절 참조).

55 인권고등판무관실은 초안 규범에 대한 논평에서 기업과 관련된 인권 항목은 "차별 금지, 생명, 자유, 안전에의 권리, 고문 금지, 사생활에의 권리, 표현의 자유, 정보를 구하고 받고 공유할 권리, 결사의 자유, 단결에의 권리, 착취 또는 강제 노동 금지, 아동노동 금지, 건강에의 권리, 적절한 생활 수준에의 권리, 교육에의 권리"라고 발표했다. 기업의 활동에 영향을 받은 집단의 권리에 대해서는 여성, 아동, 노동자, 선주민, 이주노동자와 그 가족의 권리와 관련해서 설명했다. 더 자세한 내용은 "Report of the United Nations High Commissioner on Human Rights on the Responsibilities of Transnational Corporations and Related Business Enterprises with regard to Human Rights," UN Doc. E/CN.4/2005/91, 2005/02/19, 42절, p. 15 참조.

제3부 국가적 현실과 도전

8장 올바른 개발을 위한 국가 설계 : 개발권에 기초한 케냐 헌법

1 GA Res. A/RES/41/128, 1986/12/04, 부록 41, UN GAOR Supp.(No. 53) 186, UN Doc. A/Res/41/53(1986).

2 이 책의 2장 센굽타의 글 참조.

3 Yash Ghai, "A Journey Around Constitutions : Reflecting on Contemporary Constitutions," *South African Law Journal*(2005).

4 Vivien Hart, "Democratic Constitution Making"(Washington : USIP, 2003 : USIP 웹사이트, http://www.usip.org/pubs/specialreports/sr107.pdf 검색일 2006/01/06에서 볼 수 있음) ; Julius Ivonhbere, *Towards a New Constitutionalism in Africa*, CCD Occational Paper No. 4(London Center for Democracy and Development, 2000) ; Goran Hyden and Denis Venter(eds.), *Constitution-Making and Democratization in Africa*(Pretoria : African Institute of South Africa, 2001) 등 참조. 남아공에 관한 연구는 Hassen Ebrahim, *Soul of a Nation* (Oxford University Press, 1998), 에리트레아에 관한 연구는 Bereket Habte elassie, *The Making of the Eritrean Constitution: The Dialectic of Process and Substance*(The Red Sea Press, Inc., 2003) 참조.

5 DRD 제4조.

6 *Ibid.*, 제5조.

7 *Ibid.*, 제6조 3항.

8 Giovanni Sartori, *Comparative Constitutional Engineering : An Inquiry into Structures, Incentives and Outcomes*(Basingstoke : Macmillan, 1994), p. 1971. 나는 "A Journey Around Constitutions : Reflecting on Contemporary Constitutions"에서 현대 헌법의 목적과 역동성에 대해 다룸. 이에 대해서는 미주 3 참조.

9 Elster, Office and Preuss, *Institutional Design in Post-Communist Societies : Rebuilding the Ship at Sea*(Cambridge University Press, 1998).

10 제2차 세계대전 이후 사회혁명을 목적으로 한 헌법의 예로는 1950년에 제정된 인도 헌법, 1997년에 제정된 태국 헌법, 1996년에 제정된 남아프리카공화국 헌법을 들 수 있다. 인도 헌법은 서문에서 헌법의 목적이 사회정의, 자유, 평등, 우애에 있음을 규정하고 있다. 제38조에서는 경제·사회·정치적 정의를 다루고 있으며, 제46조에서는 신분 차별 철폐와 차별 시정 조치에 대해 규정하고 있으며, 제140조에서는 참여 촉진을 위한 마을의회(Panchayat)의 설립에 관해 규정하고 있고, 제143조에서는 산업 노동자의 권리에 대해 규정하고 있다. 태국 헌법은 제83조에서 국가에 수입의 공정한 분배를 보장토록 요구하고 있으며, 제80조에서는 노인과 장애인을 포함해 사회적으로 소외되고 가난한 사람들에 대한 국가적 지원을 요구하고 있고, 제76조에서는 정책 결정, 경제·사회·정치적 개발, 정부의 조사에 대중의 참여를 보장할 것을 요구하고 있고, 제78조에서는 자격의 분권화를 요구하고 있다. 남아공 헌법은 대전제나 대원칙을 별도로 구성하지 않고 각 조항 속에 그런 대전제나 원칙을 흡수시켰다. 예를 들어, 제9조에서는 평등이라는 대원칙 대신 "모든 권리와 자유의 온전하고 평등한 향유"라고 정의하고 있으며, 제10조에서는 인권의 목적을 "인간 존엄성을 지키는 것"이라고 서술하고 있다. 제23조에서는 토지에 대한 특별 조항을 통해서 재산권 보호를 다루고 있다. 사회경제적 권리에 대해선 문화와 언어(30, 31조), 교육(29조), 주거, 식량, 물, 건강(27조)으로 나누어 각각 규정하고 있다. 제32조에서는 공적 정보에 대한 접근과 분권화를 통해 참여를 보장하고 있다. 헌법재판소의 개입은 정부로 하여금 이런 권리를 심각하게 받아들이도록 했다.

11 남아공 헌법은 제9장 "입헌 민주주의를 지원하는 국가 제도"하에 인권위원회, 성평등위원회, 문화·언어촉진보호위원회, 선거위원회, 검찰부, 감사부의 설치를 요구하고 있다. 제297조는 이들 기구가 "독립적이고 헌법과 법률에만 복종하고 공정해야 하며, 공포, 편애, 편견 없이 권력을 행사하

고 기능을 수행"할 것을 요구하고 있다. 여기서 더 나아가 우간다 헌법(1995)과 태국 헌법(1997)은 독립적인 부패방지위원회의 설립을 요구하고 있다.

12 Henry Steiner, "Political Participation as a Human Rights," *Harvard Human Rights Yearbook*, p. 77(1988) ; Thomas Franck, "The Emerging Right to Democratic Governance," *American Journal of International Law*, p. 46(1992) ; Gregory Fox, "The Right to Political Participation in International Law" in Gregory Fox and Brad Roth(eds.), *Democratic Governance and International Law*(Cambridge University Press, 2000), pp. 48-90 ; Yash Ghai, *Minority and Public Participation*(Minority Rights Group, 2002 개정판).

13 United States Institute of Peace(USIP)와 International Institute for Democracy and Electoral Assistance(IDEA)의 "Constitution-making, Peace-building and National Reconciliation"에 관한 각자의 프로젝트 참조(USIP 웹사이트 : www.usip.org/ruleoflaw/projects.html), IDEA 웹사이트 : www.idea.int/conflict/cbp/).

14 서문 10절과 조항 제1조, 6조 참조.

15 이와 관련된 내용은 내가 참여한 Commonwealth Human Rights Initiative 보고서 *Human Rights and Poverty Eradication : A Talisman for the Commonwealth*(CHRI, 2001), pp. 29-30에서 가져온 것임.

16 Yash Ghai, *Human Rights and Social Development : Towards Democratization and Social Justice*(UNRISD, 2001), p. 45.

17 부패가 파푸아뉴기니 헌법에 미친 영향을 보려면 Yashi Ghai, "Securing a Liberal Democratic Order Through a Constitution : The Case of Papua New Guinea," *Development and Change*(1997), pp. 303-330 참조.

18 나는 2000년 11월부터 2004년 6월까지 케냐 헌법심의위원회(Constitution of Kenya Review Commission)와 국가헌법회의(National Constitutional Conference)의 의장직을 수행했다.

19 독립 헌법의 제정 배경과 이후의 파괴 과정에 대해서는 Yashi Ghai and J. P. W. McAuslan, *Public Law and Political Change in Kenya : A Study of the Legal Framework of Government from Colonial Times to the Present*(Oxford University Press, 1970) 참조.

20 이 절차에 대한 법적 프레임워크는 헌법심의위원회였는데, 심의위원회는 국가헌법회의에서 통해 여러 해 동안 협의를 거쳐 마련된 절차와 목적에 관한 광범위한 합의를 수용했다. 개혁 운동의 초기 단계에 대한 가장 훌륭한 설명으로는 Willy Mutunga, *Constitution Making from the Middle : Civil Society and Transition Policies in Kenya, 1992~1997*(Harare and Nairobi : Mwengo and Sareat, 1999) 참조.

21 헌법심의위원회는 수많은 — 사실상 지나치게 많은 — 문건을 생산했다. 그 가운데 현장의 분위기를 가장 잘 반영해 위원회의 권고 사항을 간결하게 요약한 문건은 *The People's Choice : The Report of the Constitution of Kenya Review Commission — Short Version*(The Commission, 2002년 9월 18일, 이후 요약본)이다.

22 *Ibid.*, p. 8 참조.

23 헌법심위원회는 전국 순방을 마치고 다음과 같이 발표했다. "위원회는 케냐인의 60퍼센트가 빈곤

선 이하에서 살고 있다는 통계를 이미 알고 있었다. 위원회는 이것이 무엇을 의미하는지 눈으로 직접 확인했다. 사람들은 적합한 삶에 필요한 거의 모든 요소가 결핍된 가운데 힘들게 일하며 살아가고 있었다. 그러나 일손이나 도움이 될 만한 수단을 구할 방법이 없었다. 가난한 사람들은 대부분 우리에게 호의적이었다. 그들은 일상의 고된 삶에도 불구하고 헌법의 심의 과정에 참여할 준비가 되어 있었다. 국민들이 기존의 정부 체계와 헌법에 매우 실망하고 있었다. 전체 인구 가운데 60퍼센트의 가장 큰 관심사가 '심의에 관한 법률'에서 말한 '기본욕구'에 있었다. 그 가운데서도 가장 큰 관심사는 물과 식량이었다. 농부는 곡물 재배를 위한 관개시설을 필요로 했다. 많은 지역에 수돗물이 공급되지 않기 때문에 여성들이 매일 먼 거리를 걸어서 물을 길어 와야 했다. 많은 공동체에 보건 설비가 갖추어져 있지 않았다. 의사는 물론 간호사도 없고 약도 없는 보건소도 있었다. 그들에게 의사는 단지 꿈에 불과했다. 학교가 있는 곳도 있었지만 수업료를 포함한 여타의 비용 때문에 어린이들을 학교에 보내지 못하는 가계가 많았다. 식자율과 진학률이 올라가기는커녕 오히려 떨어지고 있었다. 오래 전에 학교에 다녔던 사람들은 자신들도 다닐 수 있었던 학교를 그들의 손자, 손녀는 — 초등학교조차 — 다니지 못하는 작금의 현실을 원망했다. 많은 공동체에서 삶의 질 개선에 있어 가장 시급한 문제는 도로였다. 건기임에도 불구하고 도로 사정이 형편없이 나빠서 곡물을 시장에 내다 팔 수 없었다. 또한 아이들은 학교에 가지 못했고 환자는 병원에 가지 못하고 있었다. 사람들은 도로 사정이 너무 나빠서 외바퀴 손수레조차 사용할 수 없다고 불평했다. 많은 사람들이 물리적으로나 안전성 면에서도 부적절한 주택에서 살고 있었다. 그들은 불법 토지 점유자로 그들의 이름이 적힌 권리증조차 받지 못했다"(요약본 p. 8).

24 요약본에서 위원회는 그와 같은 과정은 "새로운 헌법에 단순히 동의하는 섯 이상의 의미를 가지고 있다. 그것은 정체성에 관한 것이었다. 그것은 국민의 표현의 자유와 국민주권을 인정한 것이었다. 그것은 우리에게 국가와 헌법의 역사를 성찰할 기회를 주었다. 그것은 우리의 국가와 정부에 대한 감사, 즉 처음으로 진정하게 현재와 과거의 정부를 공개적으로 평가한 것이었다"라고 했다 (요약본 pp. 6-7).

25 패널들은 케냐의 법률 전문가, 비정부기구, 사업가, 판사 등을 만나본 결과, 케냐 사법부 내에 광범위하게 퍼져 있는 부패를 확인하고 충격에 휩싸였다고 보고서에서 밝히고 있다. 이에 대해서는 *The Kenya Judiciary in the New Constitution : Report of the Advisory Panel of Eminent Commonwealth Judicial Experts*(Nairobi : CKRC, 2002/05) 참조.

26 미주 20 참조.

9장 구별 짓기 : 남아프리카공화국의 새로운 시도

1 R. I., Abel, *Politics by Other Means : Law in th Struggle against Apartheid, 1980~94*(New York : Routledge, 1995), p. 549.

2 남아프리카공화국 헌법(Act 108, 1996) 전문(이하 '헌법')

3 *Du Plessis v. De Klerk*, 1996(5) BCLR 658(CC), 제147절.

4 이는 정보 접근에의 권리와 공정한 행정 절차에의 권리를 포함하고 있다.

5 진실화해위원회(The Truth and Reconciliation Commission)의 활동은 인종차별주의하에서 국가와 민간 부분에서 흑인에게 자행된 조직적인 사회경제적 부정의를 제대로 다루지 못했다는 비판을 받았다. 이에 대해서는 S. Terreblanche, *A History of Inequality in South Africa 1652~2002*(University of Natal Press & KMM Review Publishing, 2002), pp. 124-132 참조.

6 사회경제적 권리를 위한 특별위원회(Ad Hoc Committee for the Campaign for Social and Economic Rights)가 제헌의회에 제출한 청원(1995/07). 이 청원은 남아공 사회에 많은 영향을 미쳤는데, 주요 부분을 발췌 분석한 내용에 대해서는 S. Liebenberg, K. Pillay, S*ocial-Economic Rights in South Africa : A resource Book*(Community Law Center, 2002), p. 19 참조.

7 재건과 개발 프로그램 백서(RDP 백서, The Reconstruction and Development Programme Base Document) : 집권 여당인 아프리카국민회의(African National Congress)가 1994년 선거를 앞두고 인종차별주의 유산을 극복하기 위해 당의 기본 정책 프레임워크로 채택했다. RDP백서는 인간 중심의 사회를 만드는 것을 목적으로 하는 것으로, 1994년 9월에 채택되었다. RDP에 관한 논의는 H. Marais, *South Africa : Limits to Change – The Political Economy of Transformation*(University of Cape Town Press and Zed Books Ltd., 1998), 제8장 참조.

8 미주 6의 청원에 많은 시민사회단체가 광범위하게 참여했다. 그들은 "사회적으로 가장 취약한 사람들이 그들의 개인적·집단적 권리를 보호받고 점진적으로 실현시켜 나갈 수 있도록 그들에게 모든 가용 수단을 제공해야 한다"고 주장했다. 그들은 또한 제헌의회가 "사회적으로 가장 취약한 사람들이 최상위의 법, 즉 헌법을 통해서 그들의 기본적 인권을 점진적으로 실현해 나갈 수 있도록 보장해야 한다"고 주장했다.

9 "상호 의존성"(interdependence)은 인권이 인간의 생존과 발전을 보장할 수 있도록 전체론적으로 다루어져야 한다는 것을 의미한다. 이와 같은 주장에 대해서는 Craig Scott, "The Interdependence and Permeability of Human Rights Norms : Towards a Partial Fusion of the International Covenants on Human Rights," *Osgoode Hall Law Journal* 27/769 (1989). p. 886 참조. 남아공은 또한 자유권 규약(1996), 아프리카 인권 헌장(1981)을 비롯해 국제적·지역적 차원의 인권 조약 대부분을 비준했다. 그런데 이상하게도 사회권 규약(1966)에 대해서는 서명(1994)만 한 채 아직 비준하지 않고 있다.

10 제8절 1항은 권리장전이 성문법과 관습법을 포함해 "모든 법"에 적용된다고 규정하고 있다. 제2항은 "권리장전은 권리의 성격과 그 권리에 의해 부과되는 의무의 성격을 고려해 적용 가능하다면, 그리고 적용 가능한 정도까지 자연인 또는 법인을 구속한다"라고 규정하고 있다.

11 *Du Plessis v. De Klerk*, 1996(5) BCLR 658(CC) 제85절 참조. *Du Plessis v. De Klerk*, 1996(5) BCLR 658(CC) 판결문 제85절 "지금까지 흑인은 국토의 87%에 대해서 소유권을 가질 수 없었다. 토지를 흑인에게는 팔지 않겠다는 조건이나 흑인이 토지를 점유하지 못하도록 하겠다는 조건하에 개인들 간에 토지에 대한 계약이 체결되거나 처분되어 왔다. 헌법은 이러한 불공정성에도 불구하고 개인의 사적 재산권을 보호한다는 측면에서 해석되어 왔다. 이는 그러한 불공정성을 영구화했으며 매우 고통스러운 결과를 가져왔다. 이 사건과 여타 다른 사례를 통해 봤을 때 헌법이 인종차별주의의 사유화를 결코 의도한 바가 없다는 점은 매우 분명하다. 헌법은 인종차별주의로 인해 소수에게 불공정한 혜택이나 특혜가 돌아가는 것을 허락하지 않고 있다. 헌법은 흑인에 대한 공격적 태도를 허락하지 않고 있다. 이는 화석화되어야 하며 법원의 판결로 금지시켜야 하며 헌법

의 언어로 무력화되어야 한다."

12 인권 담론 내에서 경제·사회적 권리는 전통적으로 주변화되어 왔다. 경제·사회적 권리는 유엔에서 사회권 규약으로 공식적으로 채택된 후에도 시민·정치적 권리와 같은 지위를 누리지 못했다. 경제·사회적 권리는 유엔 인권감독기구의 개인 진정 절차의 대상이 아니며 많은 국내 헌법에서도 배제되어 있다. 법적 보호 또한 약하다. 이 점에 대해서는 S. Liebenberg, "The Protection of Economic and Social Rights in Domestic Legal System," A. Eide, C. Crause and A. Rosas (eds), *Economic, Social and Cultural Rights : A Textbook*(Martinus Nijhoff Publishers, 2001), p. 55 참조.

13 미주 35의 트리트먼트 액션 캠페인 사례에서 법원은 그런 제도적 한계에 대해서 분명한 입장을 보여 주고 있다. 판결문 제37-38절 참조.

14 개발권 선언 제2조 1항에 의하면, "인간은 개발의 핵심 주체이며 개발권에 대한 능동적 참여자인 동시에 수혜자가 되어야 한다."

15 *Soobramoney v. Minster of Health, KwaZulu-Natal,* 1997(12) BCI.R1696(CC) 제8절.

16 UNDP, *South Africa : Transformation for Human Development*(2000), p.55. 세계은행은 빈곤을 상대적 개념으로 사용한다. 즉, 전 세계 인구 가운데 하위 40퍼센트를 빈곤층으로 분류하고 하위 20퍼센트를 극빈층으로 분류한다. 세계은행의 분류에 따르면, 남아공 인구의 53퍼센트가 빈곤층에 속하고 29퍼센트가 극빈층에 속한다. 이에 대해서는 World Bank, *Key Indicators of Poverty in South Africa*(1995), p. 8 참조. 또 다른 연구에 의하면, 남아공은 일인당 소득의 측면에서 중상위권 국가에 속하지만 대부분의 가계가 극심한 빈곤을 겪고 있다. 이에 대해서는 J. May(ed.), *Poverty and Inequality in South Africa*(Praxis Publishing, 1998), p. 115 참조.

17 UNDP, *Ibid.*, p.55-56.

18 2005년 9월의 고용에 관한 공식 통계에 의하면, 실업률은 27.7퍼센트이다. 여기에 적극적인 취업 활동을 포기한 사람들을 더하면 실업률은 38.9퍼센트에 달한다. 이에 대해서는 Statistics SA, Statistical Release P0210, Labour Force Survey(2005/09) 참조. 이 실업률 통계는 매우 낮은 급여를 받는 '일하는 빈곤'이나 공식 부문의 고용 감소, 비정규 고용의 성장과 같은 어두운 측면을 감추고 있다. 이에 대해서는 J. Theron, "Employment is not what it used to be : The nature and impact of the restructuring of work in South Africa," E. Webster and K. Von Holdt(eds.), *Beyond the Apartheid Workplace*(University of KwaZulu-Natal Press, 2005) 참조.

19 1996년 통계에 따르면, 하위 20퍼센트의 수입이 전체 수입의 1.5퍼센트를 차지한 반면, 상위 20퍼센트의 수입은 전체 수입의 65퍼센트를 차지했다. 이에 대해서는 미주 17, p. 64 참조.

20 미주 17, p. 59.

21 E. Lahiff, S. Rugege, "A Critical Assessment of Land Redistribution Policy in the Light of the Grootboom Judgement," *Law, Democracy and Development* 6(2002), p. 279.

22 2005년 조사에 의하면, 15~49세 사이의 인구 가운데 15.6퍼센트가 HIV에 감염되어 있었다. 이에 대해서는 O. Shisana et al., *South African National HIV Prevalence, HIV Incidents, Behavior and Communications Survey,* 2005(HSCR Press, 2005) 참조.

23 남아공의 노동조합연맹인 COSATU(The Congress of South African Trade Unions)는 이 정책의 채택 과정이 참여적이지도, 투명하지도 않았다고 비난했다. 이에 대해서는 *Accelerating Transformation : COSATU's Engagement with Policy and Legislative Processes during South Africa's First Term of Democratic Governance*(2000), p. 83 참조.

24 COSATU는 GEAR 정책에 대한 가장 큰 반대자 중 하나였다. 그들은 특히 민간 주도의 성장, 과도한 예산 지출 감축 및 부채 탕감 목표의 채택, 기업에 대한 세금 감축, 국가 지출을 축소하는 방향으로의 구조조정에 대해 강력하게 비판했다. 이에 대해서는 *Accelerating Transformation : COSATU's Engagement with Policy and Legislative Processes during South Africa's First Term of Democratic Governance*(2000), p. 83-90 참조. 이외의 GEAR정책에 대한 비판 내용을 보려면, 미주 7의 H. Marais의 글, p. 161 ; 미주 5의 S. Terreblanche의 글, p. 116- 7 참조. COSATU는 GEAR 정책에 대한 가장 큰 반대자 중 하나였다. 그들은 특히 민간 주도의 성장, 과도한 예산 지출 감축 및 부채 탕감 목표의 채택, 기업에 대한 세금 감축, 국가 지출을 축소하는 방향으로의 구조조정을 강력하게 비판했다. 이에 대해서는 *Accelerating Transformation : COSATU's Engagement with Policy and Legislative Processes during South Africa's First Term of Democratic Governance*(2000), p. 83-90 참조. RDP와 GEAR의 관계에 대해서 H. Marais는 "모성과 사과 파이의 경우와 마찬가지로 GEAR의 공식적 목적은 비판을 무시했다. 정부는 RDP를 표면적으로만 수용하면서 GEAR가 고용과 분배와 함께 성장을 이룰 수 있다고 주장했다. 그러나 GEAR는 재무의 통제 불능이나 금융 불안 없이 RDP를 어떻게 성취할 것인가를 결정하기보다는 재무와 금융의 긴축 위에서 RDP를 예측했다(미주 7의 H. Marais의 글, p. 161)" 라고 평가했다. Terreblanche 교수는 GEAR가 "더 높은 성장률을 가져오더라도 이는 고용 없는 성장이 될 수 있으며 높은 성장률이 지속되더라도 가난한 사람들에게 실제로 하향침투 효과가 나타나지 않을 수 있다는 가능성을 배제했다(미주 5의 S. Terreblanche의 글, p. 116-117)"라고 비판했다. COSATU는 SANGOCO(South African National NGO Coalition), SACC (South African Council of Churches)와 같은 시민단체들과 함께 연대체(People's Budget Initiative)를 결성하고 대안적 거시경제정책과 예산정책을 개발하고 사회개발에 있어서 국가의 적극적인 역할을 촉구했다.

25 미주 5의 Terreblanche의 글, pp. 117-121. 이 외에도 미주 23의 COSATU, pp. 90-95 참조.

26 F. Pieterse, M. van Donk, "Incomplete Ruptures : The Political Economy of Realizing Socio-Economic Rights in South Africa," *Law, Democracy and Development* 6(2002), pp. 193, 202, 220-225 참조. 이는 임산부와 6세 이하의 아동에게 무료 보건 서비스 제공, 초등학교 급식제도 도입, 사회 안전망 확대, 2000년까지 모든 가구에 대한 무료 기초 자치 서비스 정책 도입을 핵심내용으로 하고 있다.

27 2005년 7월 음베키(Mbekie) 대통령은 Asgi-SA(South African Government's Accelerated and Shared Growth Initiative for SA)를 발족시켰다. 이 기구는 2014년까지 실업과 빈곤을 절반으로 줄이고 정부의 새천년개발목표 달성을 지원하겠다는 것을 목적으로 했다. 또한 2004년부터 2014년까지의 평균 성장률이 5퍼센트가 되도록 하겠다는 목표를 설정하고 그에 대한 전략들을 제시했다. *Catalyst for Accelerated and Shared Growth : South Africa(ASGISA)* : Summary Background document. 전문은 www.info.gov.za/speechs/briefings/asgiback ground.pdf에서 볼 수 있음.

28 헌법 제7조 2항. 헌법 제7조 2항은 국가에 권리장전의 권리를 "존중하고, 보호하고, 촉진하고, 충족시킬 것"을 요구하고 있다. 유엔 사회권 위원회나 아프리카 인권위원회와 같은 인권 조약 기구들도 이러한 분석틀을 채택하고 있다. 이에 대해서는 *The Social and Economic Rights Action Center and the Center for Economic and Social Rights v. Nigeria*, Comm. No. 155/96, October, 2001 참조.

29 헌법 제38조. 헌법재판소는 모든 헌법 문제에 관한 최상위의 법원이다(s. 167(3)(a)). 헌법재판소는 그 권한 내에서 헌법 문제를 결정할 때 헌법에 준하지 않는 모든 법과 행위는 무효임을 선언해야 하며(s. 172(1)), 정의롭고 공정한 명령을 내릴 수 있다(s. 172(2)).

30 *S. V. Makwanyane*, 1995(6) BCLR 665(CC).

31 예를 들어, *National Coalition for Gay and Lesbian Equality v. Minster of Justice*, 1998(12) BCLR 1517(CC) ; *National Coalition for Gay and Lesbian Equality and Others v. Minster of Home Affairs and Others*, 2000(1) BCLR 38(CC) ; *Du Toit and Another v. Minster of Welfare and Population Development and Otehrs(Lesbian and Gay Equality Project as amicus curiae)*, 2002(10) BCLR 1006(CC) ; *Satchwell v. President of The Republic of South Africa and Another* 2002(9) BCLR 986(CC) ; *Minister of Home Affairs and Another v. Fourie and Another* 2006(3) BCLR 355(CC).

32 *Minister of Home Affairs v. National Institute for Crime Prevention(NICRO) and Others* 2004(5) BCLR 445(CC)

33 *Bhe v. Magistrate, Khayelitsha ; Shibi v. Sitbole ; SA Human Rights Commission v. President of RSA* 2005(1) BCLR 1(CC).

34 제26조 2항, 제27조 2항 참조.
제26조
　　① 모든 사람은 적절한 주거에 접근할 권리를 가진다.
　　② 국가는 이 권리의 점증적 실현을 위해 가용자원 내에서 합리적인 입법 등의 조치를 취해야 한다.
　　③ 모든 관련 상황을 심의한 후 내려진 법원의 명령 없이 누구도 자신의 집에서 퇴거당할 수 없으며 누구도 다른 사람의 집을 파괴할 수 없다. 강제퇴거를 법으로 금지한다.

제27조
　　① 모든 사람은 다음의 각 항에 접근할 수 있는 권리를 가진다.
　　　ⓐ 출산 보건을 포함한 보건 서비스
　　　ⓑ 충분한 식량과 물
　　　ⓒ 자신과 자신의 부양가족을 부양할 수 없을 경우 적절한 사회적 지원을 포함한 사회보장
　　② 국가는 각 권리의 점증적 실현을 위해 가용자원 내에서 합리적인 입법 등의 조치를 취해야 한다.
　　③ 누구도 긴급의료처치를 거부할 수 없다.

28조 1조 c항은 18세 이하의 모든 아동에게 기초 영양, 주거, 기초 보건 서비스, 사회적 서비스에의 권리를 부여하고 있다. 제29조는 교육에의 권리를 보호하고 있다. 제35조 2조 e항은 수형자의 사회·경제적 권리를 보호하고 있다. 제15, 30, 31조에서는 종교적·문화적 권리를 보호하고 있다.

권리장전은 재산권에 관해서도 다루고 있는데, 이는 국가에 기존의 재산권을 보호하도록 하는 소극적 의무뿐만 아니라 국민이 토지에 평등하게 접근할 수 있도록 입법 등의 조치를 취하는 적극적 의무를 부과하고 있다. 이는 1913년 6월 19일 이후 인종차별정책 및 법의 결과로서 재산을 빼앗긴 사람 또는 공동체에 대해 공정하게 구제하고 그들의 재산을 회복시켜 주기 위한 것이다. 남아공의 헌법상의 재산권에 대해서 살펴보려면 A. J. van der Walt, *Constitutional Property Law*(Juta & Co., 2005) 참조.

35 *Soobramoney v. Minster of Health, KwaZulu-Natal*, 1997(12) BCLR 1696(CC) ; *Government of the Republic of South Africa and Others v. Grootboom and Others* 2001(11) BCLR 1169(CC) ; *Minster of Health v. Treatment Action Campaign and Others*, 2002(10) BCLR 1033(CC) ; *Minster of Public Works and Others v. Kyalami Ridge Environmental Association and Others* , 2001(7) BCLR 652(CC) ; *Khosa v. Minister of Social Development, Mahlaule v. Minster of Social Development* 2004(6) BCLR 569(CC) ; *Port-Elizabeth Municipality v. Various Occupiers*, 2004(12) BCLR 1268(CC) ; *Jaftha v. Schoeman and Others*, 2005(1) BCLR 78(CC) ; *President of RSA and Another v. Modderklip Boerdery Ltd. and Others*, 2005(8) BCLR 786(CC).

36 남아공의 사회경제적 권리에 관한 포괄적인 분석은 S. Liebenberg, "South Africa," M. Langford(ed.), *Socio-Economic Rights Jurisprudence Emerging Trends in Comparative and International Law*(Cambridge University Press, 2006) 참조.

37 헌법재판소 판사 야쿱(Yacoop)은 "문제의 근본적 원인은 그들이 저비용 주택을 할당받기 위해서 순서를 기다리며 어려운 생활 조건을 견디며 살아왔다는 것이다"라고 했다. 더 자세한 내용은 *Government of the Republic of South Africa and Others v. Grootboom and Others* 2001(11) BCLR 1169(CC), 제35절.

38 *Grootboom v. Oostendberg Municipality and Others*, 2000(3) BCLR 277(C).

39 헌법재판소는 제28조 1항 c목하의 아동의 주거에의 권리는 위반되지 않았다고 판결했다. 판결의 근거에 대한 분석을 보려면, J. Sloth-Nielsen, "The Child's Right to Social Services, the Rights to Socail Security, and Primary Prevention of Child Abuses : Some Conclusion in the Aftermath of Grootboom," *South Africa Journal of Human Rights* 17(2001), p. 232 참조.

40 이 접근법은 남아공 인권위원회와 공동체법 센터(Community Law Center)가 법정 참고인(Amici Curiae)으로서 주장한 것이다. 이에 대해서는 Heads of Argument on Behalf of th Amici Curiae, 2003/09/10. www.communitylawcenter.org.za/ser/docs_2002/Grootboom_Heads _of_Arguments.doc에서 볼 수 있다. 그들의 주장은 유엔 사회권 위원회의 일반 논평 3번에 근거하고 있었다. "각 권리를 최소한의 필요 수준까지 보장할 최소한의 핵심 의무는 모든 국가에 있다. 최소한의 핵심 의무 충족의 실패를 가용 자원의 부족 탓으로 돌리려면 최소한의 의무를 우선적으로 충족시키기 위해 할당된 모든 자원을 사용하기 위해 모든 노력을 취했다는 점을 증명해야 한다" 일반 논평 3번 : 회원국의 의무의 성격(The Nature of States' Parties Obligations) : 사회권 규약 제2조 1항, UN Doc. E/1991/23, 제10절. 이와 같은 최소한의 핵심 의무의 증명에 실패한 헌법재판소의 판결을 비판한 글로는 D. Bilchitz, "Towards a Reasonable Approach to the Minimum Core : Laying the Foundations for Future Socio-Economic Rights Jurispru-

dence," *South African Journal on Human Rights* 19(2003) ; Sl Liebenberg, "South Africa's Evolving Jurisprudence on Socio-Economic Rights : An Effective Tool in Challenge Poverty," *Law, Democracy and Development* 6(2002), p. 159.

41 미주 35의 *Grootboom*, 제41절.

42 *Ibid.*, 제38-39절.

43 *Ibid.*, 제42절.

44 *Ibid.*, 제43절.

45 *Ibid.*

46 *Ibid.*, 제46절. 헌법재판소에 따르면 "목적과 수단은 서로 균형을 이루고 있다. 목적을 신속하고 효과적으로 이루기 위한 조치가 취해져야 한다. 자원의 가용성은 무엇이 합리적인가를 결정하는 데 있어서 중요한 요소이다."

47 *Ibid.*, 제36절.

48 *Ibid.*, 제45절.

49 *Ibid.*, 사회권 위원회 일반 논평 3번(1990) 제9절.

50 특히 주택법(Housing Act) 107, 1997.

51 미주 35의 *Grootboom*, 제53절.

52 *Ibid.*, 제54절.

53 *Ibid.*, 제53절.

54 *Ibid.*, 제64, 68절.

55 *Ibid.*, 제66절.

56 *Ibid.*, 제44절.

57 *Ibid.*

58 *Ibid.* 인간 존엄성, 자유, 평등은 남아공 헌법의 기본 가치이다(s. 1(a), s. 7(1)).

59 *Ibid.*, 제99절. 명령 2(c).

60 헌법재판소는 또한 제26조 1항이 "국가, 다른 모든 단체, 사람에게 적절한 주거에의 접근권을 방해하거나 손상하는 행위를 하지 말도록" 소극적 의무를 부과하고 있음을 지적했다. 이 소극적 의무는 제26조 3항에서 좀 더 구체적으로 임의적 이주와 거주처의 파괴를 금지하고 있다. 미주 35의 Jaftha v. Schoeman and Others 사건에서 법원은 이 소극적 의무의 위반은 오직 인권 법안의 일반 제한 조항이 엄중하게 요구하는 조건을 충족하는 경우에만 정당화될 수 있다고 했다.

61 캠페인에 대한 더 자세한 내용은 www.tac.rog.za 참조. 캠페인 전략에 관한 분석으로는 E. Pietrese, M. van Donk, "Incomplete Ruptures : The Political Economy of Realizing Socio-Economic Rights in South Africa," *Law, Democracy and Development* 6(2002), pp. 193, 213-19 ; Mark Heywood, "Shaping, Making and Breaking the Law in the Campaign for a National HIV/AIDS Treatment Plan," P. Jones and K. Stokke(eds.), *Democratizing Development : The Politics of Socio-Economic Rights in South Africa* (Martinus Nijhoff Publishers, 2005), p. 181 참조.

62 미주 35의 TAC, 제48-66절.

63 *Ibid.*, 제49절. 상담, 모유를 대신할 우유 제공, 항생 치료, 비타민 공급과 네비라핀을 사용한 여성 과 아이에 대한 관찰 등이 여기에 포함될 수 있다.

64 *Ibid.*, 제51-66절.

65 *Ibid.*, 제73절. 결국 네비라핀 제조업자는 2000년 7월에 HIV 모자 간 감염의 위험을 줄이기 위해 5년간 무상으로 네비라핀을 제공하기로 했다.

66 *Ibid.*, 제80절.

67 *Ibid.*, 제70절. 재판소는 빈곤이 그 집단의 취약성을 판단할 수 있는 중요한 지표라고 생각하고 "보건 서비스에 돈을 지불할 수 있는 사람들과 그렇지 못한 사람들 사이에 차이가 존재한다. 국가 는 이런 차이를 고려해야 한다"라고 했다.

68 *Ibid.*, 제81절.

69 *Ibid.*, 제135절[명령 3(a, b)].

70 *Ibid.*

71 *Ibid.*, 제82, 95절.

72 *Ibid.*, 제90절.

73 *Ibid.*, 제95절 외 제135절(명령 3(c, d)) 참조.

74 *Ibid.*, 제123절. "사실 이와 같은 공공 프로그램이 헌법상의 합리성을 충족시키기 위해서는 그 내 용이 적합하게 알려져야 한다."

75 *Ibid.*, 제123절. 재판소는 HIV/AIDS로 인한 도전 과제는 국가적 합의, 조정, 협력을 통한 공동의 노력을 필요로 한다고 지적하고, 지방정부를 포함한 모든 단위의 정부와 시민사회가 자원과 기술 을 동원해 앞장설 것을 요구했다.

76 *Ibid.*, 제123절.

77 G. Budlender, "A Paper Dog with Real Teeth," *Mail & Guardian*, 2002/07/12~18.

78 *Housing Assistance in Emergency Circumstances*, 제12장, National Housing Code. 그루 트붐 판결이 천천히 이행된 것은 재판소의 명령이 선언적 성격을 갖고 있기 때문이라고 보는 학자 도 있다. 이에 대해서는 K. Pillay, "Implementation of Grootboom : Implications for the Enforcement of Socio-Economic Rights," *Law, Democracy and Development* 6(2002), p. 255 참조.

79 최근 강제 이주를 다룬 고등법원의 판결은 이 프로그램의 이행에 여전히 심각한 문제들이 남아 있음 을 보여 준다. 이에 대해서는 *City of Cape Town v. Rudolph*, 2003(11) BCLR 1236(CC) ; *The City of Johannesburg v. Rand Properties Ltd. and Others*, 2006(6) BCLR 728(W) 참조.

80 어떤 주정부는 판결의 이행을 완고하게 거부하고 있다. 이에 대해서는 M. Heywood, "Contempt or Compliance?" *Economic and Social Rights in South Africa Review* 7/4(2003), p. 9. 어 떤 주정부는 판결의 이행을 완강하게 거부하고 있다. 이에 대해서는 TAC위원 Heywood는 "포괄 적인 PMTCT 프로그램 도입에 대해 정치적 의지가 분명한 주에서는 법원이 보건부와 정치인들의 활동을 구속하지 않고 있으며 프로그램이 이행될 수 있도록 하고 있다. 이들 주에서는 지속적으로

프로그램이 확대 증진되고 있다. 반면 다른 주들은 TAC의 적극적인 개입과 주창 활동을 요구하고 있으며 법무팀은 그러한 차원에서 법규의 준수를 증진하는 데에 초점을 두고 있다"고 설명했다. 이에 대한 더 자세한 내용은 M. Heywood, "Contempt or Compliance?" *Economic and Social Rights in South Africa Review* 7/4(2003), p. 9 참조.

81 Health E-News 보고서 "Government's Mother-to-Children HIV Prevention Programme in Trouble," 2003/01/27 참조. www.health-e.org/za/news/article.php?uid=20030618에서 볼 수 있음.

82 헌법 제184조 1항.

83 헌법 제184조 2항. 이 권한은 국가인권위원회법 54(1994)에서 좀 더 규제하고 있다.

84 헌법 제184조 3항. 외 Dwight G. Newman, "Institutional Monitoring of Social and Economic Rights : A South African Case Study and a New Research Agenda," *South African Journal on Human Rights* 19(2003), p. 189.

85 보고서 전문은 www.sahrc.org.za/esr_report_2002_2003.htm에서 볼 수 있음.

86 예를 들어 제4차 Economic & Social Rights Report 2000/2002에서 위원회는 그루트붐 판결에 효력을 부여할 조치를 채택할 필요가 있다고 권고했다. 또한 HIV/AIDS 환자가 항레트로바이러스 치료약에 보편적으로 접근할 수 있도록 하는 계획을 수립할 것을 권고했다. 이외에도 기초 소득 보조금제, 비용을 기준으로 한 예산 체계 등의 도입을 권고했다.

87 국가인권위원회법에 따르면, 위원회는 중재, 화해, 협의와 같은 대안적인 문쟁 해결 메커니즘을 이용할 수 있다(제8조). 위원회는 또한 개인 또는 집단을 대신해 위원회 명의로 사건을 법원에 제소할 수 있다(제7조 1항 e목).

88 위원회의 조사 권한에 대해서는 제9조에서 규정하고 있다.

89 젠더평등위원회의 권한과 기능은 그 설립법 Commission for Gender Equality Act 39(1996) 뿐만 아니라 헌법 제187조에서도 규정하고 있다.

90 K. Pilay, "The Commission for Gender Equality : What Is Its Role? *Economic and Social Rights in South Africa Review* 1/3(1999), pp. 13-15.

91 헌법재판소는 그루트붐 사건을 다루면서 헌법상의 권리 실현을 목적으로 한 합리적 정부 프로그램이 무엇인지, 그 주요 기준을 규명했다. 이에 대해서는 미주 35의 Grootboom, 제39-40절 참조.

92 *Full Report of the Joint Health and Treasury Task Team Charged with Examining Treatment Options to Supplement Comprehensive Care for HIV/AIDS in the Public Health Sector*, 2003/08/08. www.gov.za/report/2003/ttr010803final.pdf에서 볼 수 있음.

93 Statement on Special Cabinet Meeting : Enhanced Programme against HIV and AIDS, 2003/08/08 참조. 내각은 "보건부가 항레트로바이러스 프로그램에 대한 구체적인 운용 계획을 조속히 마련하도록" 결정했다. 이어서 내각은 2003년 9월 말까지 구체적인 운영 계획을 완성하도록 지시했다. 이에 보건부는 "Task Team Charged with Examining Options to Supplement Comprehensive Care For HIV/AIDS in the Public Sector"를 설치하고 운용 계획을 마련할 임무를 부과했다. 2003년 말에 정부는 드디어 *Operational Plan on Comprehensive HIV and AIDS Care, Management and Treatment for South Africa*(2003/11/09)를 출판할 수 있었다.

보고서 전문은 www.tac.org/za/Document/Treatmentplan/OperationalTreatmentPlan.
pdf에서 볼 수 있음.

94 치료 계획 수립을 위한 팀(Joint Health and Treasury Task Team)은 헌법학자와 의료윤리학자로 구성된 소위원회를 구성하고 다양한 조건의 법적·윤리적 측면을 검토하도록 했다. 미주 92의 보고서는 항레트로바이러스 프로그램의 이행에 관한 헌법적 원칙과 고려 사항에 대해서 다음과 같이 요약하고 있다.

① 정책적·법적 프레임워크를 수립함에 있어서 국가는 치료를 긴급하게 필요로 하는 사람들의 문제를 다룰 메커니즘을 제공해야 한다.
② 국가정책과 프로그램은 상황과 수요의 변화에 유연하게 대처해야 한다.
③ 개인의 권리가 실현될 수 있는 조건을 조성한다.
④ 투명성과 효과적 의사소통을 프로그램의 합리성 평가 기준으로 부분적으로 사용한다.
⑤ 수요의 긴급성은 부자와 가난한 사람들 간에 정도의 차이가 있음에 특별히 주의를 기울여 판단되어야 한다.
⑥ 자유, 존엄성, 평등의 인권과 관련한 인도주의를 실천해야 한다.

보고서는 또한 "인종, 젠더, 성, 임신, 결혼, 종족, 출신, 피부색, 성적 취향, 나이, 장애, 종료, 신념, 문화, 언어, 출생을 근거로 한" 불공정한 직간접적 차별을 금지하고 있는 헌법 제9조에 비추어 보건 서비스 제공이 갖는 헌법적 의미를 고려하고 있다. *Ibid.,* pp. 62-63. 보고서는 프로그램의 이행에 있어서 지역 간 공정성과 협력적 거버넌스가 필요하다는 점을 강조하고 있다. *Supra,* pp. 63-64. 보고서의 부록 4는 헌법적 고려에 대해서 매우 자세히 다루고 있다. 이 주제에 관한 논문으로는 P. de Vos, "So Much to Do, So little Done : The Right of Access to Anti-retroviral Drugs Post-Grootboom," *Law, Democracy and Development* 7(2003), p. 83 참조.

95 *Civil Society Submission on the Operational Plan for the Roll-out of an Antiretroviral Programme, A Poeple-Centre ARV Programme,* TAC and Others, 2003/09/16, p. 7. www.tac.rog.za에서 볼 수 있음. 이 보고서에는 "Key Elements of an Antiretroviral Treatment Programme That Is Consistent with the Constitution"라는 제목의 부록(Annexure B)이 비망록 형식으로 추가되어 있는데, 여기에서 TAC 사건의 프로그램에 대한 함의는 무엇보다도 "계획이 빈곤의 측면과 HIV 확산의 측면에서 긴급한 조치가 필요한 부문을 조속히 규명해야 한다"고 주장하고 있다. 이는 또한 "치료소가 수요의 규모가 아무리 크더라도 조치를 제공할 준비가 되어 있다는 것을 스스로 입증할 수 있어야 한다는 것이 계획 속에 반영되어야 한다. 이로써 이 계획이 아무도 치료 기회를 놓치지 않는 것을 방지할 수 있다"고 주장하고 있다.

96 *The International Treatment Preparedness Coalition Report,* 2005/11/28, pp. 73-74. www.tac.org.za/Ddocuments/ARVRollout/TTPSTreatmentReportFinal28nov05.pdf에서 볼 수 있음.

97 The Medicines and Related Substances Amendment Act 90(1997). 이는 Medicines and Related Substances Control Act 101(1965)가 개정된 것임.

98 Case No. 4183/98, High Court(Transvaal Provincial Division), 2001/03.

99 더 자세한 사항은 M. Heywood, "Debunking 'Conglomo-talk' : A Case Study of the Amicus Curiae as an Instrument for Advocacy, Investigation and Mobilization," *Law, Democracy and Development* 5(2001), p. 133 외 미주 94의 P. de Vos, p. 83 참조.

100 트리트먼트 액션 캠페인의 회계사인 마크 헤이우드(Mark Heywood)는 이런 개입의 중요성에 대해서 다음과 같이 이야기했다. "캠페인은 국내외적으로 중요한 성과를 거두었다. 3년간의 법률 싸움은 정부로 하여금 법을 이행토록 했다. 캠페인은 의약품, 가격, 특허, 건강권을 강조함으로써 시작 단계에 있었던 건강에 대한 인권적 접근법의 지지 기반을 대폭 확대했으며, 특허법에서 건강을 비롯해 인간 존엄성과 웰빙에 직결된 의약품과 같은 상품은 다른 상품들과는 다르게 취급해야 한다는 인식을 크게 확산시킬 수 있었다. 이는 세계무역기구의 지적재산권을 둘러싼 협상에도 영향을 미쳤다." 더 자세한 내용은 미주 99의 책, p. 156 참조.

101 헌법 제29조 1항 : "모든 사람은 ⓐ 성인 기초 교육을 포함해 기초 교육에의 권리를 가지고 있으며 ⓑ 국가가 합리적 조치를 통해 점진적으로 …… 접근을 보장해야 할 기초 교육 이상의 교육을 받을 권리를 가지고 있다."

102 헌법재판소장 마호메드 DP(Mahomed DP)는 기초 교육에의 권리는 그 권리의 추구를 방해하지 말아야 할 소극적 의무뿐만 아니라 그 권리의 실현을 촉진해야 한다는 적극적 의무를 수반한다고 했다. 이에 대해서는 *The School Education Bill of 1995*(Gauteng) 1996(4) BCLR 537(CC), 제8-9절 참조. 마호메드는 또한 기초 교육은 "공공 지출"의 대상임을 언급했다.

103 *White Paper on Education and Training*, 제7장, 14절.

104 School Act(1996), 제3조.

105 *Ibid.*, 제34조 1항.

106 *Ibid.*, 제39조. 학비의 부과는 학교의 연간 예산을 심의하는 학부모 회의에서 다수의 찬성으로 결정되어야 한다.

107 *Ibid.*, 제39조 2항 b목, 제40조과 연동해서 해석.

108 Report of the National "Speak Out on Poverty Hearings," 1998/03~06, *Poverty and Human Rights*, pp. 30-35. 교육권 프로젝트나 비트바테르스란트(Witwatersrand) 대학과 같은 단체는 학비의 의무제를 철폐할 것을 요구하는 캠페인을 펼쳤다. 남아공이 회원국으로 참여하고 있는 아동권 협약(1989) 제28조 1(a)는 초등교육은 의무교육이며 모두에게 무료로 제공되어야 한다고 규정하고 있다. 사회권 규약(1966) 역시 제13조 2(a)항과 14조에서 똑같이 규정하고 있다. 남아공은 아직 사회권 규약에 서명만 하고 비준하지 않은 상태이다. 남아공의 교육에의 권리를 다룬 논문으로는 F. Veriava, F. Coomans, "The Right to Education," D. Brand and C. Heyns(eds.), *Socio-Economic Rights in South Africa*(Pretoria University Press, 2005), p. 57 참조.

109 Department of Education Report to the Minister on a Review of the Financing, Resourcing and Costs of Education in Public Sector Schools, www.education.gov.za/dynamic/dynamic.aspx?pageid=329&catid=Reports에서 볼 수 있음. 보고서의 제1.1절에 의하면 보고서의 목적은 공립학교의 재정에 대한 정부, 학교, 사회적 차원의 건설적인 토론을 촉구하겠다는 것이다.

110 "Comments on the Department of Education's Report to the Minister on a Review of the Financing, Resourcing and Costs of Education" Law & Transformation Programme, Center for Applied Legal Studies, University of Witwatersrand, 2003/04/30, p. 34. www.law.wits.ac.za/cals/lt/pdf/Minreview_findraft.pdf에서 볼 수 있음.

111 MTEE의 범위 안에서 특정 회계연도에 부수적으로 교육예산을 증액한다.

112 미주 110의 Law & Transformation Comments, p. 5.

113 *Ibid.*, pp. 5-6.

114 전문은 www.education.gov.za/dynamic/dynamic.aspx?pageid=329&catid=10&category= Reports에서 볼 수 있다. 이는 가난한 하위 40퍼센트의 학생들이 지속적으로 학업의 질적 향상을 경험할 수 있도록 보장하고, 학비를 비롯해 학업에 대한 모든 걸림돌을 앞으로 3년 안에 완전히 제거할 것을 강조하고 있다. 이외에도 "Access to free and quality education for all : Constitutional imperatives," p. 4-5 참조.

115 이 학교들은 학비를 부과하기 전에 의무적으로 교육부의 승인을 받도록 할 것이다. 실천 계획은 이들 학교의 재정을 위해서 "기본적 최소한의 종합 계획"을 제안하고 있다(pp. 15~16). 이는 또한 학교에 대한 접근성을 높이기 위해 교복과 책값의 규제와 같은 개혁 조치도 제시하고 있다.

116 *Ibid.*, pp. 4-5. 남아공의 교육 체계 개혁에 관한 권리에 기초한 평가를 보려면 Stuart Wilson, "Taming the Constitution : Rights and Reform in the South African Education System," *South African Journal of Human Rights* 20(2004), p. 418.

117 역사적 개관에 대해서는 C. Murray and C. O'Regan(eds.), *No Place to Rest : Forced Removals and the Law in South Africa*(Oxford University Press, UCT Labour Law Unit, 1990) 참조. 인종차별적인 토지, 주택정책을 시행하기 위해 입법(예를 들어 Prevention of Illegal Squatting Act)을 이용한 역사에 대한 분석은 C. O'Regan, "No More Forced Removal? An Historical Analysis of the Prevention of Illegal Squatting Act," *South African Journal on Human Rights* 5(1989), p. 361 참조.

118 Prevention of Illegal Eviction and Unlawful Occupation of Land Act 19(1998, 이하 PIE) 제4조.

119 대안적 토지 사용 가능성의 조건은 불법 점유자가 절차가 시작될 당시 이미 6개월 이상 토지를 점유해 왔을 경우에 적용된다(PIE 제4절 6, 7항). PIE를 적용한 재판 사례로는 *Cape Killarney Property Investment Ltd. v. Mahamba and Others*, 2001(4) SA 12222(SCA) ; *City of Cape Town v. Rudolph*, 2003(11) BCLR 1236(C) ; 미주 35의 *Port Elizabeth Municipality v. Various Occupiers* 등이 있다.

120 *Port-Elizabeth Municipality v. Various Occupiers*, 2004(12) BCLR 1268(CC).

121 *Ibid.*, 제28절.

122 *Ibid.*

123 *Ibid.*, 제43절.

124 The Extension of Security of Tenure Act 62(1997, 이후 ESTA).

125 ESTA 제4절은 국토부 장관(Minister of Land Affair)에게 개발 계획과 그 이행을 촉진하기 위해 보조금을 제공할 수 있도록 권한을 부여하고 있으며, 현재의 토지 점유자, 과거의 점유자, 장기간

의 토지 보유권을 필요로 하는 사람들의 토지 확보를 지원할 수 있도록 하고 있다.

126 이에 대해 ESTA 제8조 4항은 예외를 허락하고 있는데, 그것은 점유자가 자신의 권리와 의무를 중대하게 위반했을 경우이다.

127 *Report : Summary of Key Findings from the National Eviction Survey,*(Nkuzi Development-ment Association and Social Services Africa, 2005), p. 7. 외 M. Wegerif, B. Russell, I. Grundling, *Still Searching for Security : The Reality of Farm Dweller Evictions in South Africa*(Nkuzi Development Association and Social Services Africa, 2005) 참조.

128 *Ibid.,* p. 15.

129 행정법원에서 내린 이주 명령은 모두 토지전문특별법원(LCC, Land Claims Court)의 검사를 거치도록 되어 있다. 그러나 위의 연구 조사에 따르면 2004년 말까지 겨우 25퍼센트의 이주 명령만이 LCC의 검사를 거친 것으로 나타났다. 이 결과는 다른 연구 조사에 따르면, 남아공의 형식주의 법문화에 기인한 것이라고 한다. 즉, 형식주의 법문화가 헌법에서 보호하고 있는 사회경제적 권리와 ESTA와 같이 가난한 사람들에게 유리한 법률에 대한 변화된 해석을 제약하고 있기 때문이라고 한다. 이 주장에 대해서는 Theunis Roux, "Pro-poor Court, Anti-poor Outcomes : Explaining the Performance of the South African Land Claims Court," *South African Journal of Human Rights* 20(2004), p. 511.

130 미주 128.

131 H. Bhorat, "The South African Social Safety Net : Past, Present and Future," *Develop-ment Southern Africa* 12(1995), p. 595 ; S. van der Berg, "South African Social Security under Apartheid and Beyond," *Development Southern Africa* 14(1997), p. 485 참조. 새로운 민주 정부가 들어설 당시 사회보장제도는 파편화되어 있었으며 불공평하고 행정적으로 비효율적인 것이었다. 이는 14개 정부 부처가 인구를 집단별·출신별로 구분해 파편적으로 사회보장제도를 운영해 온 결과이다. 이에 대해서는 *Mashava v. President of the RSA and Others* 2004(12) BCLR 1243(CC) 참조.

132 한 달 최대 820랜드까지 지급(2006/2007회계연도)하도록 되어 있는데, 남성의 경우는 65세부터 여성의 경우는 60세부터 수령할 수 있다.

133 18세 이상의 신체적·정신적 장애인으로, 스스로를 적절히 부양할 수 없는 사람에게 한 달 최대 820랜드까지 지급(2006/2007회계연도)하도록 되어 있다.

134 18세 이하의 아동을 입양해 양육하고 있는 부모에게 지급하도록 되어 있다.

135 14세 이하의 아동을 일차적으로 돌보고 있는 사람에게 아이 한 명당 180랜드를 지원하도록 되어 있다.

136 A. Case and A. Deaton, *Large Cash Transfers to the Elderly in South Africa,* Princeton Research Program in Development Studies Discussion Paper No. 176. 정부의 거시경제 전략은 빈곤 퇴치에 있어서 현금의 이전이 담당하고 있는 중요한 역할을 잘 인식하고 있으며, 특히 시골에서 더욱 효과적임을 알고 있었다. 이에 대해서는 정부의 거시경제전략서 *Growth, Employment and Redistribution : A Macroeconomic Strategy*(1996), pp. 14-15 참조.

137 T. Manuel(재무부장관), Budget Speech 2001/2002. www.polity.org.za/gov-docs/budgets/index.html에서 볼 수 있음.

138 복지부, 사회복지백서(White Paper for Social Welfare)(1997) 제7장 26절 a항.

139 *Ibid.*, 제7장 26절 b항.

140 *Ibid.*, 제7장 27절.

141 노동조합연맹, COSATU, 교회, 인종차별 반대를 위한 여성 단체 Black Sash, ACESS(Alliance for Children's Entitlement of Social Security Rights) 등이 참여했다. 이들은 '기초 소득 보조금 연합'(Basic Income Grant Coalition)을 구성하고 연대해 캠페인을 펼쳤다. 더 자세한 내용은 www.big.org.za 참조.

142 *Transforming the Present-Protecting the Future : Consolidated Report of the Committee of Inquiry into a Comprehensive System of Social Security for South Africa*(이하 '조사위원회 보고서'), 2002/03, p. 59.

143 여기에는 물, 전기, 적절한 무료 보건 서비스, 무료 교육, 식량 안보, 적절한 주택, 적절한 교통과 같이 사람들이 사회에서 살아가고 기능할 수 있도록 하는 기초 서비스의 제공이 포함된다(미주 142, p. 42).

144 여기에는 토지나 사회 기반 시설과 같이 수입을 창출하는 자산이 포함된다. 이런 자산의 빈곤이 남아공의 빈곤과 불평등의 구조적 토대이다(미주 142, p. 42).

145 이는 장애와 같은 특별한 수요를 다루고 있는 조치를 포함한다.

146 위원회의 제안을 인용하자면 "모두에게 유효하고 서로 상쇄되어서는 안 될 기초적 수요가 존재하기 때문에 종합 계획이 필요하다(미주 142, p. 41)."

147 미주 142, p. 41.

148 *Ibid.*, p. 42.

149 *Ibid.*

150 *Ibid.*, pp. 62-66.

151 *Ibid.*, p. 61.

152 조사위원회 보고서는 둘(중장기적 계획과 당장의 수요) 사이의 연관성을 분명하게 보여 주고 있다. "그루트붐 사건은 사회경제적 권리에 효력을 불어넣을 합리적인 조치를 취할 책임이 국가에 있음을 강조하고 있다. 그러나 위원회는 사회경제적 권리가 모두에게 제공될 수 있도록 최소한의 수준 또는 그 정도로 전환되어야 한다고 생각한다. 결과적으로 서비스 제공에 대해 국가가 스스로 생각하는 최소한의 의무와 그것을 점진적으로 이행하기 위한 잠정적 일정을 솔직하게 명문화할 필요가 있다. 무료 물 프로그램에 대해 현재 시행하고 있는 바와 같이 하면 된다"(미주 142의 조사위원회 보고서, pp. 43-44). 그루트붐 판결이 남아공의 사회보장제도의 개혁에 함의하는 바에 대해서는 S. Liebenberg, "The Right to Social Assistance : The Implication of Grootboom for Policy Reform in South Africa," *South Africa Journal of Human Rights* 17(2001), p. 232.

153 Transcript of the Media Briefing by President Thabo Mbeki following the Cabinet Lekgotla, 2003/07/29. 여기서 정부는 확대된 공공 근로 사업 프로그램에 관해 내각에 다음과 같이 발표했다. "빈곤 퇴치의 수단이자 기술 개발의 토대로 기획된 공공 근로 사업 프로그램에 대한 준비 상황에 대해 내각에 보고한다. 이 프로그램은 정부 최우선의 의제이다. 이는 당장에 공식 경제 부문으로 흡수될 수 없는 수많은 남아공 국민에게 수입 창출의 기회를 제공하고 거기

서 기술을 습득할 수 있도록 하기 위해서 필수 불가결한 것이기 때문이다(p. 3)."

154 ACESS가 주도적 역할을 수행했다.

155 헌법 제28조 1항 c목은 모든 아동이 기초 영양, 주거, 기초 보건 서비스, 사회보장 서비스에 대한 권리를 가지고 있다고 규정하고 있다.

156 무료 기초 서비스 정책은 지방선거를 앞두고 2000년 5월에 공표되었다.

157 Department of Provincial and Local Government, Departmental Circular, "Issues to be Taken into Account When Implementing Fee Basic Services," 부록 B, 제1절.

158 Water Services Act No. 108(이하 '물 서비스에 관한 법률')(1997), 제3조 외 법률의 목적을 밝히고 있는 제2조 a항 참조.

159 *Ibid.*, 제1조 3항.

160 이 밖에 수압이 최소한 1분당 10리터는 되어야 하며, 가계당 20미터 이내에서 제공되어야 하며, 1년에 7일 이상 공급되어야 한다고 규정하고 있다. 더 자세한 내용은 Regulations Relating to Compulsory National Standards and Measures to Conserver Water, Government Notice No. 509, GG No. 22355, 2001/01/08. 이 규정은 세계보건기구의 기준에 따른 것이다. 무료 물 공급 서비스 정책의 이행에 관한 비판의 글은 J. de Visser, E. Cottle, J. Mettler, "Realizing the Right of Access to Water : Pipe Dream or Watershed?" *Law, Democracy and Development* 7(2003), p. 27.

161 공동체법 센터(Community Law Center) 세미나, *Privatization of Basic Services, Democratization and Human Rights*, 2003/10/02~03. www.communitylawcentre.org.za/scr/index/php에서 볼 수 있다.

162 미주 158의 '물 서비스에 관한 법률' 제4조 3항 a-c목. 이 조항을 적용해 지방정부에 주민들에게 다시 물을 공급하도록 명령한 판례로는 *Residents of Bon Vista Mansions v. Southern Metropolitan Local Council*, 2002(6) BCLR 625(W)을 들 수 있다. 이 판례는 경제·사회적 권리를 존중할 의무를 제정법으로 시행한 사례이다. 이에 대해서는 사회권 위원회의 일반 논평 5번, UN Doc. CRC/GC/2003/5(2003), 제21-22절 참조. 외 A. Kok, M. Langford, "The right to water," D. Brand, C. Heyns(eds.), *Socio-Economic Rights in South Africa*(Pretoria University Press, 2005), p. 191 참조.

163 헌법 제26조 2항, 제27조 2항 참조.

164 미주 35의 Grootboom, 제46절.

165 묄렌도르프(Darryl Moellendorf)가 주장한 바와 같이 경제·사회적 권리가 정책에 의존하는 것이 아니라 정책을 이끌어 가는 것이라면 "가용 자원"의 개념은 단순히 배정된 예산이 아니라 그보다 넓은 의미의 개념으로 사용될 필요가 있다. Darryl Moellendorf, "Reasoning About Resources : Soobramoney and the Future of Socio-Economic Rights Claims," *South African Journal on Human Rights* 14(1998), pp. 330-332.

166 헌법재판소는 그루트붐 사건을 다루면서 국가 주택 프로그램과 관련해서 국가에 당장의 수요를 충족해야 할 의무를 부과했다. "국가 주택 프로그램은 당장의 수요를 충족시키고 위기를 관리하기 위한 계획을 수립하고 예산을 지원하고 그것을 감독할 필요가 있다. 이는 긴급한 상황에 처한 상당수

사람들이 구제받을 수 있도록 보장하기 위한 것이다. 이 또한 중앙정부·주정부·지방정부 모두의 협력을 필요로 할 것이다"(미주 35 Grootboom의 68절). 자신이 내린 명령과 관련해서 헌법재판소는 다음과 같이 말했다. "명령은 국가에 헌법 제26조 2항에서 부과하고 있는 의무를 충족시키기 위해 행동해야 한다고 요구하고 있다. 이는 긴급한 요구를 가진 사람들에게 구제를 제공할 조치를 고안하고, 예산을 배정하고, 이행하고, 감독할 의무를 포함한다"(미주 35 Grootboom의 96절).

167 *Ex parte Chairperson of the Constitutional Assembly : In re Certification of the Republic of South Africa*(1996)(4) SA 744(CC) 제77절. TAC사례에서 헌법재판소는 다음과 같이 썼다. "합리성에 대한 결정은 사실상 예산상의 함의를 가지고 있다. 그러나 그 자체가 예산 조정을 겨냥한 것은 아니다. 이런 방식으로 입법부, 사법부, 행정부의 기능이 서로 적절하게 헌법상의 균형을 이루게 된다"(미주 35 Treatment Action Campaign의 제38절).

168 미주 35.

169 *Ibid.,* 제62절.

170 헌법 제214조는 의회법이 "중앙정부·주정부·지방정부에 대한 공평한 세수 배정"을 규정해야 한다고 명시하고 있다. Intergovernmental Fiscal Relations Act 97(1997)을 통해서 헌법 제214조에 효력을 부여하고 있다.

171 Financial and Fiscal Commission Submission on the medium-Term Expenditure Framework 2004~2007, *Towards a Review of the Intergovernmental Fiscal Relations System*(2003/04), Part A, pp. 28-33. www.ffc.co.za/docs/submissions/2003/chap 3.pdf 에서 볼 수 있음. 이 보고서는 내부의 제안 사항이 *Transforming the Present-Protecting the Future : Consolidated Report of the Committee of Inquiry into a Comprehensive System of Social Security for South Africa*(미주 142)에서 제안한 저소득 빈곤, 역량 빈곤, 자산 부족의 제거 조치와 상당히 맞닿아 있음을 지적하고 있다. 보고서는 나아가 무료 기초 서비스 제공 비용보다 빈곤 퇴치 비용에 무게를 두어야 한다고 제안하고 있다(p. 49). 그래서 기초 사회 서비스 제공 비용에 대해 빈곤 퇴치에 미치는 영향의 측면에서 더 많은 연구가 이루어져야 한다고 제안하고 있다(p. 50).

172 *Ibid.,* p. 48.

173 *Ibid.,* pp. 48-49.

174 South African Human Rights Commission, 4차 Economic & Social Rights Report 2000/2002(2003), p. 516.

175 *Ibid.,* p. 521.

176 *Ibid.,* 제77조 2항은 의회법이 재정 법안을 개정할 절차를 규정해야 한다고 명시하고 있다. 재정 법안은 아직 입법화되지 않았다.

177 더 자세한 논의는 D. Chirwa, *Obligations of Non-state Actors in Relation to Economic, Social and Cultural Rights under the South African Constitution*(2002) Research Series of the Socio-Economic Rights Project, Community Law Center ; Community Law Center, Report of a Seminar on privatization of Basic Services, *Human Rights & Democracy,* 2003/10/02~03. www.communitylawcentre.org.za/ser/index/php에서 볼 수 있음.

178 사회경제적 권리 소송이 사회개혁 효과를 가질 수 있는 조건에 대한 분석은 Siri Gloppen, "Social Rights Litigation as Transformation : South African Perspectives," P. Jones and K. Stokke(eds.), *Democratizing Development : The Politics of Socio-Economic Rights in South Africa*(Martinus Nijhoff Publishers, 2005), p. 153.

179 2003년 9월 10일 웨스턴케이프(Western Cape) 대학 법학 석사 과정 강의 중에 제기된 논평. 버틀렌더는 가난한 사람들의 공익을 위해 무료 법률 서비스를 제공하고 있는 법정보센터(Legal Resource Center)의 소장으로 오랫동안 근무했다.

10장 개발권 이행을 위한 지표 개발과 모니터링 방법

1 Thmas Hammarberg, "Searching the Truth : The Need to Monitor Human Rights with Relevant and Reliable Means," 스위스 몽트뢰에서 국제공식통계협회(International Association for Official Statistics)가 주최한 '통계와 개발 그리고 인권 회의'(Statistics, Development and Human Rights conference, 2000/09/04~08)에서의 연설.

2 Douglas N. Daft(코카콜라 CEO), United National Development Programme, *Human Development Report 2002 : Human Rights and Human Development*(UNDP and Oxford University Press, 2000), p. 126.

3 "정보와 통계는 책무 문화의 형성과 인권 실현을 위한 강력한 수단이다," *Ibid.*, p. 10.

4 여기에는 지표의 신뢰성이나 타당성과 같은 방법론적 문제들이 포함된다.

5 예를 들어 교육권의 경우 높은 식자율은 그 권리의 향유나 충족 정도를 보여 주는 데는 좋은 척도이지만, 권리가 신장되고 있음을 나타내기에는 지표로서 적합하지 않다. 교육권이 점진적으로 실현되고 있음을 살펴보기 위해서는 차라리 아동 취학률을 살펴보는 것이 낫다. 건강과 웰빙을 위한 적절한 생활수준에의 권리의 경우에도 기대 수명은 개인의 장수와 건강을 나타내는 데는 좋은 척도이지만, 정책 처방을 위한 지표로서의 유용성은 제한적일 수 있다.

6 예를 들어, Rajeev Malhotra and Nicolas Fasel, *Quantitative Human Rights Indicator : A Survey of Major Initiatives*(핀란드, 투르쿠에서 열린 세미나에서 발표됨) 참조. www.abo.fi/instut/imr/indicators/index.htm에서 볼 수 있음. 이 보고서는 계량적 인권 지표를 개발하기 위해 주요 이니셔티브를 조사한 것으로 데이터 형성 방법론에 따라 인권 지표를 분야별로 규명하고 분석했다.

7 개발권 선언(UN Doc. A/41/128)과 Resolution on the Right to Development(UN Doc. A/41/133)(1986/11/04).

8 1970년대와 1980년대 초에 국제 무대의 틀 내에서 개발권은 공동체와 국가, 그리고 식민 지배와 착취하의 국민의 권리로 보았다. 그래서 집단적 권리인 개발권을 주장할 수 있는 주체는 국가, 지역, 주, 지방, 도시와 같은 다양한 집단 차원의 법인들이었으며, 의무 담지자는 국가, 개발국, 국제 사회였다. 개발권은 최근까지도 국제법뿐만 아니라 국내법에서도 개념화되지 않았다.

9 *The Realization of the Right to Development : Global Consultation on the Right to Development as a Human Rights*, 인권위원회 결의문 1989/45에 따라 유엔 사무총장이 작성한 보고서, UN Doc. HR/PUB/91/2, p. 44, 제143절.

10 민간 전문가의 보고서는 http://ap.ohchr.org/documents/dpage_e.aspx?m=52에서 볼 수 있다. 제1차 보고서는 UN Doc. E/CN.4/1999/WG. 18/2, 제2차 보고서는 UN Doc. A/55/306, 제3차 보고서는 UN Doc. E/CN.4/2001/WG. 18/2, 제4차 보고서는 UN Doc. E/CN.4/2002/WG. 18/2, 제5차 보고서는 UN Doc. E/CN.4202/WG. 18/6, 제6차 보고서는 UN Doc. E/CN.4/2004/WG. 18/2, 국가 보고서는 UN Doc. E/CN.4/2004/WG. 18/3, 기초 조사 보고서는 UN Doc. E/CN.4/2003/WG. 18/2 참조.

11 이는 주로 세계인권선언, 사회권 규약, 자유권 규약을 의미하지만, 특정 집단 또는 지역의 상황을 다루기 위해 채택된 인종차별 철폐 협약(Convention on Racial Discrimination), 여성차별 철폐 협약(Convention on Elimination of Discrimination Against Women), 아동권 협약(Convention on the Right to the Child), 고문 금지 협약(Convention Against Torture) 등도 포괄하는 개념이다.

12 민간 전문가의 제5차 보고서 UN Doc. E/CN.4202/WG. 18/6, 제11절 참조.

13 개발권의 개념 속에서 경제성장이 수단적 중요성을 갖는지, 아니면 구성적 관련성(constitutive relevance)을 갖는지는 논란의 여지가 많다. 경제성장이 사람들에게 생산적으로 고용될 기회를 제공하고 존엄하고 자존적인 삶의 기회를 제공한다는 측면에서 구성적 역할(constitutive role)을 가진다고 주장할 수 있다. 그러나 그와 같은 경제성장의 바람직한 측면이 개발권을 구성하는 과정과 결과 속에 반영될 수 있는 정도에 따라 '경제성장에의 권리'를 주장할 수 있을 것이다. 그럴 경우에 한해 경제성장은 개발권의 개념 안에 반영될 수 있을 것이다.

14 인권고등판무관실은 권리에 기초한 접근법을 인간 개발 과정에 대한 개념적 프레임워크, 즉 규범적으로는 국제 인권 기준에 근거하고 있으며, 운용상에서는 인권의 촉진과 보호를 지향하고 있는 개념적 프레임워크로 정의했다. 더 자세한 내용은 www.ohchr.org/english/issues/index.htm 참조.

15 더 자세한 내용은 *Report of the Second Interagency Workshop on Implementing a Human Rights-based Approach in the Contest of UN Reform* 참조. www.undp.org/governance/docshurist/030617Stamford_Final_Reprot.doc에서 볼 수 있음.

16 유엔개발계획의 『인간개발보고서』가 제시하고 있는 인간 개발 지수(Human Development Index)가 좋은 예이다.

17 양적 지표, 통계 지표, 수량 지표 이 세 가지 표현은 서로 호환되고 있다.

18 객관적 지표와 주관적 지표의 구분은 원래 개발경제학에서 시작된 것이다. *Human Development Report 2002*(Oxford University Press and UNDP, 2002), pp. 36-37의 내용이 이와 같은 구분의 좋은 예이다.

19 예를 들어, 국가 또는 지역 차원에서 참여를 나타내는 지표는 프로젝트 또는 프로그램 차원에서 참여를 나타내는 지표와는 다를 것이다.

20 Maria Green, "What We Talk About When We Talk About Indicators : Current Approaches to Human Rights Measurement," *Human Rights Quarterly* Vol. 23, No. 4(2001/11), p. 1071 참조.

21 생명권의 맥락에서는 사회권 규약 제10, 11, 12조, 아동권 협약 제6조, 이주노동자 권리 협약 제9 조를, 식량권의 맥락에서는 자유권 규약 제6조 1항, 인종차별 철폐 협약 제5조 e-iii항, 여성차별 철폐 협약 제14조 2-h항, 아동권 협약 제27조 3항을 고려해 볼 수 있다. 더 나아가 아동의 권리에 관한 자유권 위원회의 일반 논평 17번, 식량권에 관한 사회권 위원회의 일반 논평 12번, 사법외·임 의·즉결 처형에 관한 효과적인 예방 및 조사 원칙(UN Principles on the Effective Prevention and Investigation of Extra-legal, Arbitrary and Summary Executions), 법 집행관을 위한 행위 지침(UN Code of Conduct for Law Enforcement Officials), 학살 범죄 예방 및 처벌에 관한 협약(Convention on the Prevention and Punishment of the Crime of Genocide), 사 법외·임의·즉결 처형에 관한 특별 보고관 보고서(Reports of the Special Rapporteur on Extra-judicial, Summary and Arbitrary Executions) 역시 생명권의 원천이다. 물에의 권리에 관한 사회권 위원회 일반 논평 15번, 생명권에 관한 자유권 위원회 일반 논평 6번, 식량권에 관한 특별 보고관 보고서(Reports of the Special Rappoteur on the Right to Food)는 식량권을 고 려할 수 있는 자료이다.

22 세 가지 종류의 의무 이행을 추론해 내기 위해 사회경제적 데이터와 기타 행정적 데이터를 사용할 경우 특히 그러하다. 결과 지표는 세 가지 의무 이행에 대한 국가의 종합적 실패를 보여 줄 수는 있겠지만, 세 가지 의무 가운데 어떤 의무가 실제로 위반되었는지는 나타낼 수 없을 것이다. 과정 지표는 어떤 의무가 위반되었는지를 보다 쉽게 구분해 보여 줄 수 있다. 그러나 관련 정보의 수집 방법론이 정해진 상황에서 인권 위반에 대해 사건별로 수집한 데이터를 생각한다면 존중, 보호, 충족의 의무 위반을 특정해서 보여 줄 수 있는 지표를 끌어내는 것이 가장 쉬운 방법일 것이나.

23 접근성 개념은 물리적·경제적 차원의 접근을 포함한다. 이런 차원의 접근은 감독의 대상이 될 수 있다.

제4부 국제기구의 지구적 운영 체제

11장 세계화 시대의 인권에 기초한 개발

1 선언의 내용은 Ruth Russell, *The History of the United Nations*(The Brookings Institution, 1958), p. 975에서 볼 수 있음.

2 *Ibid.,* p. 976.

3 유엔헌장 제1조 3항. www.un.org/aboutun/charter/에서 볼 수 있다.

4 *Ibid.,* 제1조.

5 세계인권선언 서문. General Assembly Resolution 217 A(Ⅲ)(1948/12/10). www.unhrc.ch/ udhr/에서 볼 수 있음.

6 *Ibid.,* 제28조.

7 사회권 규약 제2조. General Assembly Resolution 2200A(ⅩⅩⅠ)(1966/12/16). www.unhrc.ch/ html/menu3/b/a_ccpr.htm.

8 자유권 규약 제2조.

9 유엔헌장 제56조.

10 John Toye, Richard Toye, *The UN and Global Political Economy : Trade, Finance and Development*(Indiana University Press, 2004), p. 175

11 John Maynard Keynes, *General Theory of Employment, Interests and Money*(1935) ; *Collected Writings of John Maynard Keynes Vol. 7 – The General Theory*, Donald Moggridge(ed.) (Macmillan for the Royal Economic Society, 1973).

12 미주 10과 같음.

13 *Ibid.*, p. 111.

14 Louis Emmerij, Richard Jolly, Thomas G. Weiss, *Ahead of the Curve? Ideas and Global Challenges*(Indiana University Press, 2001), p. 51.

15 이 이론은 20년 넘게 유엔 안팎의 논의에 막대한 영향을 미치고 있다. 이 이론의 등장 역사에 관해서는 미주 10, pp. 111-116 참조.

16 Richard Jolly, et al., *UN Contributions to Development Thinking and Practice*(Indiana University Press, 2004), pp. 100-102.

17 유엔총회 결의문 3201(S-VI)(1974). http://daccessdds.un.org/doc/RESOLUTION/GEN/NR0/071/IMG/BR007194.pdf?OpenElement에서 볼 수 있음.

18 유엔총회 결의문 3281(XXIX)(1994/12/12). www.un.org/documents/ga/res/30/area30.htm 에서 볼 수 있음.

19 미주 16, pp. 120-124.

20 유엔헌장 제55조.

21 *Ibid.*, 제56조.

22 미주 10, p. 23.

23 *Ibid.*, p. 173.

24 UNGA 결의문 1240(XIII), 미주 10의 책, p. 174 미주 56에서 인용.

25 Joseph E. Stiglitz, *Globalization and its Discontents*(Allan Lande and the penguin Press, 2002).

26 Robert Nozick, *Anarchy, State and Utopia*(Blackwell, 1974).

27 Milton Friedman and Rose Friedman, *Fee to Choose*(Penguin, 1980).

28 F. A. Hayek, *The Road to Serfdom*(1944 ; Routledge and Kegan Paul 재판, 1978).

29 Manfred B. Steger, *Globalization : A very Short Introduction*(Oxford University Press, 2003), p. 41.

30 David Held, et al., *Global Transformation*(Stanford University Press, 1999).

31 1995년에 코원(M. Cowan)과 쉔턴(R. Shenton)이 처음으로 도입한 개념. 이 글에서는 K. G. Nustad, "The Development Dicourse in the Multilateral System," *Global Institutions and Development : Framing the World*, Morten Boas, Desmond McNeill(eds.)(Routledge,

2004), pp. 3-14에서 인용.

32 미주 19, pp. 49-246.

33 예를 들어, J. Oloka-Onyanga and DeepikaUdagama, *Globalization and its Impact on the Full Enjoyment of Human Rights*, United Nations Sub-Commission on Promotion and Protection of Human Rights에 제출한 최종 보고서, UN Doc. E/CN.4/Sub.2/2003/14, 2003 참조.

34 미주 10, p. 286.

35 *Ibid.*

36 미주 25, p. 221.

37 James Wolfensohn, Scaling Up Poverty Reduction conference 개막 연설(상해, 2004/05/25).

38 Amartya Sen, *Development as Freedom*(Oxford University Press, 1999).

39 Andrea Conrnwall, Celestine Nyamu-Musembi, "Why Rights, Why Now?" *IDS Bulletin* 36, No. 1(2005/01), p. 13F.

40 개발권 선언 제1조.

41 *Ibid.*

42 세계인권선언 제29조 1항.

43 *Ibid.*, 제29조 2항.

44 러다이트(Luddites 또는 Ludds)는 1800년대 초에 영국 노동자들이 산업혁명이 가져온 변화에 저항해 일으킨 사회운동이다. 노동자들은 산업혁명이 그들의 고용을 위협한다고 생각하고 섬유 기계를 파괴하는 등 저항운동을 펼쳤다.

45 인권고등판무관실, Draft Guidelines : A Human Rights Approach to Poverty Reduction Strategies Draft Guidelines, 제24절, p. 3. www.unhchr.ch/development/povertyfinal.html 에서 볼 수 있음.

46 비엔나 선언(1993/07), UN Doc. A/CONE157/23(1993/07/12), 제5절.

47 세계인권선언 제21조.

48 세계인권선언 속의 경제·사회·문화적 권리에 대해서는 Gudmunder Alfredsson, Asbjørn Eide, *The Universal Declaration of Human Rights : A Common Standard of Achieve-ment*(Martinus Nijhoff Publishers, 1999) 가운데 세계인권선언 제22-27조를 다루고 있는 장 참조. 보다 발전된 논의를 보려면 Asbjørn Eide, Catarina Krause, Allan Rosas(eds.), *Economic, Social and Cultural Rights : A Textbook*(Martinus Nijhoff Publishers, 1995) 참조.

49 세계인권선언 제22조.

50 개발권 선언 제2조 2항.

51 *Ibid.*, 제2조 3항.

52 Margot E. Salomon and Arjun Sengupta, *The Right to Development : Obligations of States and the Rights of Minorities and Indigenous Peoples*(Minorities Rights Group International, 2003).

53 미주 46의 비엔나 선언 제1조. www.unhchr.ch/html/menu5/vwchr.htm에서 볼 수 있음.

54 *Ibid.*

55 유엔 새천년선언, 유엔총회 결의문 55/2(2008/09/08) 제V절. www.ohchr.org/english/law/millennium.htm에서 볼 수 있음.

56 아동권 협약, 유엔총회 결의문 44/25(1989/11/20), 제4조. www.unhchr.ch/html/menu3/b/k2crc.htm에서 볼 수 있음.

57 자유권 규약 제2조 2항.

58 사회권 위원회 일반 논평 3번, 제9, 12절. www.unhchr.ch/html/menu2/6/cescr.htm에서 볼 수 있음.

59 *Ibid.*, 일반 논평 9번, 제10절.

60 *Ibid.*, 일반 논평 14번, 제22-24절.

61 유엔 식량농업기구 뉴스, "FAO Council adopts Rights to Food Guidelines." www.fao.org/newsroom/en/news/2004/51653/에서 볼 수 있음.

62 미주 55와 같음.

63 L. H. Piron, "Right-Based Approaches and Bilateral Aid Agreement : More than a Metaphor?" *IDS Bulletin* 36, No. 1, p. 25.

64 미주 63, p. 23.

65 Second Interagency Workshop on Implementing a Human Rights Based Approach in the Context of UN Reform, *The Human Rights Based Approach to Development Cooperation : Towards a Common Understanding Among UN Agencies*(Stamford, CT : 2003/05/05~07) 안에 수록되어 있음.

12장 세계화는 인권에 부정적인가

1 세계화의 개념은 매우 유연하게 사고할 수 있다. 그 개념이 경제적 통합을 넘어서 정치·문화적 통합을 포괄하는 개념으로 나아가고 있기 때문이다. 이 글은 세계화의 경제적 측면에만 초점을 맞추고, 경제적 세계화가 개발에의 인권적 접근법에 미치는 함의를 분석하고 있다.

2 충분히 효과적인 정책을 수립하기 위해서는 국제 정책을 수용해 국내 정책을 보완할 필요가 있다는 점은 이미 잘 알려진 바이다. 그러나 이 글에서는 지면상의 제약 때문에 인권적 접근법의 국제적 영역에 대해서는 다루지 않을 것이다.

3 이론적·경험적 증거에 관한 총론을 보려면, K. E. Markus "Should Labour Standards be Imposed Through International Trade Policy?" *Policy Research Working Paper 1817* (World Bank, 1997) ; R. M. Stern, "Labour Standards and International Trade," Discussion Paper No. 430. Research Seminar in International Economics(University of Michigan. 1998) 참조.

4 D. Rodrik "Labour Standards in International Trade : Do They Matter and What Do We

Do About Them?" Rober Lawrence, Dani Rodrik, and John Whalley(eds.), *Emerging Agenda for Global Trade : High Stakes for Developing Countries*(Overseas Development Council, 1996).

5 M. Aggrawal, "International Trade, Labor Standards and Labor Market Conditions : An Evaluation of the Linkages," Working Paper 95-06-C(US International Trade Commission, 1995).

6 OECD, *Trade, Employment, and Labour Standards : A Study of Core Workers' Rights and International Trade*(Organization for Economic Co-operation and Development, 1996), p.12.

7 미주 4와 같음.

8 미주 5와 같음.

9 미주 6과 같음.

10 UNCTAD, *World Investment Report 2002 : International Corporations and Export Competitress*(United Nations Conference on Trade and Development, 2002), p. 244.

11 ILO, "Employment and Social Policy in Respect of Export Processing Zones(EPZs)," GB.286/ESP/3. Committee on Employment and Social Policy, Governing Body(International Labor Organization, 2003), p.15.

12 자유화가 개도국의 세수와 정부 지출에 미친 영향에 관한 분석적·경험적 문제를 보려면, B. Khatri, M. Rao, "Fiscal Faus Pas? An Analysis of the Revenue Implications of Trade Liberalization," *World Development* 30(8), 2002 ; B. Khatri, "Trade Liberalization and the Fiscal Squeeze : Implications for Pubic Investment," *Development and Change* 34(3), 2003 참조.

13 다만 외부 효과를 이유로 관세가 정당화될 수 있는 특별한 경우는 예외이다.

14 S. R. Smani, W. Mahmud, B. Sen, H. Dagdeviren, A. Seth. *The macroeconomics of Poverty Reduction : The Case Study of Bangladesh*(UNDP, 2003).

15 B. Milanovich, "Can we Discern the Effect of Globalization on Income Distribution? Evidence from Household Surveys," Policy Research Working Paper 2876(World Bank, 2002) ; M. Ravallion, "Debates on Globalization, Inequality and Poverty : Why Measurement Matters," Policy Research Working Paper 3038(World Bank, 2003).

16 이론적으로 보면 전 세계가 세계화의 네트워크 속에 편입됨으로써 경제구조는 결국 안정되겠지만 여기에는 매우 긴 시간이 필요하다.

17 이런 문제는 브레턴우즈체제가 저지른 정책적 오류로 인해서 더욱 악화되었다. 이 문제에 관한 분석은 J. Stiglitz, *Globalization and its Discontents*(Allen Lane, 2002) 참조.

18 세계화가 가난한 사람들에게 미친 일방적인 영향에 관한 경험적 증거를 분석한 글을 보려면 P .R. Agenor, "Does Globalization Hurt the Poor?" Policy Research Working Paper 2922(World Bank, 2002) ; M. Ravallion, "Looking Beyond Average in the Trade and Poverty Debate," Policy Research Working Paper 3461(World Bank, 2004) 참조.

19 이것이 권리의 점진적 실현의 원칙이다. 이에 대해서는 아래에서 좀 더 논의하고 있다.

20 센굽타가 개발권 실무 그룹(Open-Ended Working Group on the Right to Development)에 제출한 제5차 보고서(Commission on Human Rights, UN Economic and Social Council, 2002).

21 세계화와 성장 사이의 연관성에 관한 이론과 증거를 철저히 분석한 글을 보려면 J. Bhagwati, *In Defense of Globalization*(Oxford University Press, 2004) 참조.

22 개발권 선언(1986) 제1조.

23 이는 센의 '자유로서의 개발' 개념과 완전히 일치한다. 이에 대해서는 A. Sen, *Development as Freedom*(Alfred A. Knopf, 1999) 참조. 베를린(Berlin)의 용어를 빌자면, 센은 소극적 자유와 적극적 자유를 모두 포괄하는 자유를 정의했다. 소극적 자유와 적극적 자유의 개념에 대해서는 I. Berlin, "The Two Concepts of Liberty," *Four Essays on Liberty*(Charendon Press, 1969) 참조. 소극적 자유는 대강 자유권에 상응하고, 적극적 권리는 대강 사회권에 상응하기 때문에, 자유로서의 개발은 모든 범주의 인권 실현을 주요 목적으로 하는 개발에 가깝다고 할 수 있다.

24 이어지는 논의는 크게 S. R. Osmani, "An Essay on the Human Rights Approach to Development" A. Sengupta, A. Negi and M. Basu(eds.), *Reflections on the Right to Development*(Sage Publication, 2005)에 의존하고 있다. 빈곤 감축 전략에 대한 인권적 접근이라는 특수한 맥락에서 이런 원칙들에 관해 논의한 글로는 OHCHR, *Guideline for A Human Rights Approach to Poverty Reduction Strategies*(Office of the High Commissioner for Human Rights, 2005) 참조.

25 책무에 관한 문제는 아래에서 좀 더 논의하고 있다.

13장 인권 조약의 진정 절차를 통한 개발권 옹호

1 사회권 규약 제2조 1항은 "국제적 원조와 협력"을 규약이 정하고 있는 국가의 의무라고 언급하고 있다.

2 "모든 사람은 자결의 권리를 가지고 있다. 이 권리에 근거해 모든 사람은 그들의 정치적 지위를 자유롭게 결정하고, 그들의 경제·사회·문화적 개발을 자유롭게 추구한다."

3 "모든 사람은 호혜의 원칙에 입각한 국제적 경제협력으로부터 발생하는 의무와 국제법상의 의무를 위반하지 않는 한, 그들 자신의 목적을 위해 그들의 천연자원과 부를 자유롭게 처분할 수 있다. 어떤 경우에도 자신의 생계 수단을 박탈당하지 아니한다."

4 개발권 선언, 유엔총회 결의문 41/128(1986/12/04).

5 *Lubicon Lake Band v. Canada*(Communication 167/1984) 진정 사건에 대한 자유권 위원회의 1990년 3월 26일 판정. 이에 대해서는 Report of the Human Rights Committee, GAOR, 38차회기, Suppl. No. 40(A/38/40), pp. 1-30 참조.

6 Concluding Observations on Canada, UN Doc. CCPR/C/79/Add.105(1999), 제8절.

7 *Reference re secession of Quebec*(1998) 2.S.C.R., p. 217.

8 Concluding Observation on Mexico, UN Doc. CCPR/C/79/Add.109(1999).

9 Concluding Observation on Norway, UN Doc. CCPR/C/79/Add.112(1999).

10 Concluding Observation on Australia, UN Doc. CCPR/CO/69/AUS(2000).

11 Concluding Observation on Denmark, UN Doc. CCPR/CO/70/DNK(2000).

12 Concluding Observation on Sweden, UN Doc. CCPR/CO/74/SWE(2002).

13 Concluding Observation on Finland, UN Doc. CCPR/CO/82/FIN/Rev.1(2004).

14 *Länsman et al. v. Finland*(Communication 511/1992) 진정 사건에 대한 자유권 위원회의 1994
년 10월 26일 판정. 이에 대해서는 Report of the Human Rights Committee Vol. II, GAOR, 제
50차회기, Suppl. No. 40(A/50/40), pp. 66-76 ; *Länsman et al. v. Finland*(Communica-
tion No. 671/1995) 진정 사건에 대한 자유권 위원회의 1996년 10월 30일 판정. 이에 대해서는
Report of the Human Rights Committee Vol. II, UN Doc. A/52/40(Vol. II), pp. 191-204 참
조. 참여와 지속 가능성에 대한 통합적 시험에 관한 논의는 Martin Scheinin, "The Right to Enjoy
a Distinct Culture : Indigenous and Competing Uses of Land," Theodore S. Orlin, Allan
Rosas and Martin Scheinin(eds.), *The Jurisprudence of Human Rights Law : A compara-
tive Interpretive Approach*(Abo Akademi University Institute for Human Rights, 2000),
pp. 159-222 참조.

15 "나아가 제1조의 조항들은 규약에서 보호하고 있는 다른 권리들의 해석, 특히 제27조의 해석과 관
련이 있다." *Mahuika et al. v. New Zealand*(Communication No. 547/1993) 진정 사건에
대한 자유권 위원회의 2000년 10월 27일 판정 제9.2절. 이에 대해서는 Report of the Human
Rights Committee Vol. II, UN Doc. A/56/40(Vol. II), pp. 11-29 참조.

16 "나아가 제1조의 조항들은 규약에서 보호하고 있는 다른 권리들의 해석, 특히 제25조, 26조, 27조
의 해석에 관련이 있다." *J. G. A. Diergaardt et al. v. Namibia*(Communication No.
760/1997) 진정 사건에 대한 자유권 위원회의 2000년 7월 20일 판정 제10.3절. 이에 대해서는
Report of the Human Rights Committee Vol. II, GAOR, 55차회기, Suppl. No.
40(A/57/40), pp. 140-160 참조.

17 *Marie-Helene Gillot et al. v. France*(Communication No. 932/2000) 진정 사건에 대한 자
유권 위원회의 2002년 7월 15일 판정. 이에 대해서는 Report of the Human Rights Commit-
tee Vol. II, GAOR, 57차회기, Suppl. No. 40(A/57/40), pp. 270-293 참조.

18 Inter-American Court of Human Rights. *The Case of the Mayaghua(Sumo) Awas Tingni
Community v. Nicaragua*. 2001년 8월 31 판결.

19 *Ibid.,* 제149절.

20 *Ibid.,* 제173(4)절.

21 이는 양대 인권 규약의 공통 조항 1조 2항과 매우 비슷한 조항으로 시작하고 있다. 즉, "모든 사람
은 천연자원과 부를 자유로이 처분할 수 있다."

22 진정(Communication) No. 155/96, *The Social and Economic Rights Action Center and the
Center for Economic and Social Rights v. Nigeria.*

23 *Ibid.,* 제1절.

24 *Ibid.,* 제52절.

25 *Ibid.*, 제53절.

26 *Ibid.*, 제56절.

27 *Ibid.*, 제59절.

28 *Ibid.*, 제64절.

29 *Ibid.*, 제66절.

30 *G. and E. v. Norway*, European Commission of Human Rights, *Decisions and Reports* Vol. 35(1984), pp. 30-45.

31 *Lopez Ostra v. Spain*, European Court of Human Rights, 1994년 11월 9일 판결.

32 *Hatton and Others v. the United Kingdom*, Chamber of the European Court of Human Rights, 2001년 10월 2일 판결, 제97, 106절.

14장 국제금융기구의 인권적 역할

1 여기서 국제금융기구라는 용어는 다른 언급이 없는 한 세계은행과 국제통화기금을 의미하지만, 지역 개발은행과 같은 다른 금융기구에 대해서도 적용하고 있으며 세계무역기구에 대해서도 제한적으로 적용하고 있다.

2 Katarina Tomasevski, *Development Aid and Human Rights Revisited*(Pinter, 1993), pp. 59-70 ; Clarence Dias, "Influencing the Policies of the World Bank and the International Monetary Fund," Lars Adam Rehof and Clause Culmann(eds.), *Human Rights in Domestic Law and Development Assistance Politiceis of the Nordic Countries*(Martinus Nijhoff Publishers, 1989) ; Philip Alston, "The International Monetary Fund and th Right to Food," 30 *Howard Law Journal,* 1987, pp. 473-482 ; Jack Donnelly and Rhoda Howard, *Human Rights Self-Monitoring : A proposal for the Northern European Democracies*(Christian Michelsen's Institute, 1996) ; Lawyers Committee on Human Rights, *The World Bank, Governance and Human Rights*(1993/08) ; Sigrun I. Skogly, *The Human Rights The Rights Obligations of th World Bank and the International Monetary Fund*(Cavendish, 2001) ; Jason Morgan-forster, "The Relationship of IMF Structural Adjustment Programme to Economic, Social and Cultural Rights : The Argentina Case Revisited," *Michigan Journal of International Law* Vol. 22(2003) ; Mac Darrow, *Between Light and Shadow : The World Bank, the International Monetary Fund and International Human Rights Law*(Hart Publishing, 2003).

3 World Bank, *Development and Human Rights : the Role of the World Bank*(The World Bank, 1998) 참조.

4 Clarence Dias, "Mainstreaming Human Rights in Development Assistance : moving from Project to Strategies," H. H., F. Bonghese(eds.), *Human Rights in Development Cooper-*

ation, SIM Special No.22(Netherlands Institute for Human Rights, 1998). p. 189 참조.

5 미주 2, 제이슨 모건 포스터(Jason Morgan-forster)의 글. 이 글은 세계은행과 국제통화기금의 구조조정 정책이 아르헨티나에서의 인권 향유에 어떤 영향을 미치는지를 보여 주고 있다.

6 이에 대해서는 세계은행이 국제통화기금보다 더 구체적으로 인정하고 있다. 이는 세계은행의 개발과 인권에 대한 역할을 다루고 있는 미주 3의 책을 통해 입증되었다. 세계은행은 또한 유엔 고등인권판무관을 비롯한 유엔 인권 체계와의 대화에 들어갔다. 이에 대해서는 Mary Robinson, *Bridging the Gap between Human Rights and Development : From Normative Principles to Operational Relevance*(Presidential Fellows' Lecture, 2001) ; UN High Commissioner for Human Rights, *Human Rights in Development : Draft Guidelines : A Human Rights Approach to Poverty Reduction Strategies*(2002) 참조.

7 그런 의지나 의사는 좀 더 정밀한 검증이 필요하다. 2001년 국제통화기금 법무실장(General Counsel)은 사회권 위원회와의 대화에서 국제통화기금이 사회권 규약에 구속받는다는 입장을 분명하게 거부한 반면, 국제관습법에는 구속받는다고 인정했다. 이런 의견에 의거해 국제통화기금은 국제인권관습법의 구속을 받는다는 주장을 추정해 낼 수 있다. 이에 대해서는 Francois Gianviti, "Economic, Social and Cultural Rights and the International Monetary Fund," Working paper submitted to the UN Committee on Economic, Social and Cultural Rights, UN Doc. E/C.12/2001/WP.5, 2001/05/07). 2001년 5월 세계은행의 법무부 대표단은 나와의 개인적 만남에서 세계은행은 인권을 위반하지 말아야 할 국제법상의 의무를 가지고 있다는 주장에 대해서 아무런 거부감을 가지고 있지 않은 듯한 태도를 보였다.

8 국제금융기구의 국제인권법상의 의무에 대해서는 미주 2 Sigrun Skogly의 글 참조.

9 Arjun Sengupta, *Preliminary Study of the Independent Expert on the Right to Development on the Impact of International Economic and Financial Issues on the Enjoyment of Human Rights*(United Nations, commission on Human Rights, 2003), 제41절.

10 *Ibid.,* 제3절.

11 *Ibid.,* 제42절.

12 *Ibid.,* 제43절. 이 점에 대해서는 좀 더 정밀한 검증이 필요하다. 센굽타의 보고서는 세계화 시대에 개발권의 실현을 위해 개별 국가가 해야 할 일에 초점을 맞추고 있다. 동시에 국제사회의 의무 또한 인정하고 있다. 보고서에서 센굽타는 "개발 과정에의 권리가 국가에 의해 이행되는 것이라고 할 때 그 이행을 촉진할 국제사회의 의무는 무엇보다 중요해진다"고 주장하고 있다.

13 개발 과정을 설명하기 위한 다양한 개념들의 중요성과 인권 개념을 사용할 수밖에 없도록 하는 근거에 대한 논의는 Philip Alston, "What's in a Name : Does it Really matter if Development Policies Refer to Goals, ideas or Human Rights?" H. H and E. Borghese, *Human Rights in Development Co-operation,* SIM Speicial No.22(Netherlands Institute for Human Rights, 1998), p. 189.

14 유엔 사무총장 코피 아난은 모든 유엔의 활동에서 인권을 주류화할 것을 요구했다. 개발에의 권리에 기초한 접근법은 유니세프의 중심적 정책 방향이 되었으며, 다른 유엔 기관들도 그 뒤를 따랐다.

15 예를 들어, 옥스팜이나 세이브 더 칠드런.

16 스웨덴, 노르웨이, 네덜란드, 뉴질랜드를 포함해 많은 나라가 개발에의 권리에 기초한 접근법에 대해 지지를 표하고 있다. 다소 오래되긴 했지만 그런 국가들의 지지 공약에 대해서는 미주 13 H. H. and E. Borghese의 책, 부록 참조.

17 미주 2 Dias, p 80 ; Darrow, p. 5

18 미주 2 Darrow, p. 5.

19 미주 2 Alston, p. 105.

20 *Ibid.*

21 미주 2 Darrow, p. 5.

22 미주 2 Alston, p. 104.

23 Arjun Sengupta, "The Theory and Practice on the Right to Development," *Human Rights Quarterly* 24(4)(2002), p. 845.

24 미주 2 Dias, p.75.

25 여기에 맞서 로절린 히긴스(Rosalyn Higgins)를 비롯한 몇몇 학자들은 인권 존중은 자결권에 대한 물리적 제한이 된다고 주장하고 있다. 이에 대해서는 Rosalyn Higgins, *International Law : Problems and Process*(Clarendon Press, 1995), 제7장 참조[옮긴이] 히긴스는 이스라엘과 팔레스타인의 분쟁을 예로 들어 팔레스타인의 자치는 이스라엘의 점령 포기와 동시에 일어나야 하는데, 이스라엘의 점령이 없었다면 팔레스타인의 자결권은 아예 발생조차 하지 않았을 것이기 때문에 국제사법재판소에 소수 의견을 내는 것이고, 자유권 규약 1조 1항 등의 조항은 오히려 자결권에 심각한 장애를 준다고 생각한다.)

26 국제통화기금 법무실장 프랑수아 지안비티(François Gianviti)는 기금의 사회권 규약과의 관계를 다룬 글에서 국제통화기금도 국제관습법에 구속됨을 간접적으로 인정한 반면, 인권이 국제관습법의 일부라는 주장은 거부했다. 이에 대해서는 미주 7의 Gianviti, 제18-20절 참조.

27 미주 2의 Sigrun Skogly 참조.

28 H. G. Schermers and N. M Blokker, *International Institutional law : Unity within Diversity*(Martinus Nijhoff, 1995), p. 984 ; Jan Klabbers, *An Introduction to International Institutional Law*(2003), p. 310(국제법 위반에 대한 책임에 대한 글) ; 미주 2의 Sigrun Skogly.

29 일반 국제법에서도 행위의 의무와 결과의 의무가 가지는 중요성을 인정하고 있다. 과거 국제법위원회는 "The Articles on State Responsibility" 최종 초안에서 행위의 의무와 결과의 의무 간의 구분을 삭제했었다. 그러나 현재는 두 의무를 구분하는 방식으로 의무의 성격을 규정하고 있다. 이에 대해서는 James Crawford, *The International Law Commission's Articles on Sate Responsibility : Introduction, Text and Commentaries*(Cambridge University Press, 2002) 참조. 인권 분야에서는 이런 구분을 명확히 하고 있다. 이 구분을 보여 주는 공식 문건으로는 *Maastricht Guidelines on the Violation of Economic, Social and Cultural Rights*(1997/01)가 있다(문건의 제7절 참조). 이 문건은 www.un.nl/unpublish/homerechtsgeleer/onderzoek /onderzoekscholen/sim/english/instruments/22884main.html에서 볼 수 있음. 센굽타가 개발권에 과한 민간 전문가 자격으로 작성한 제3차 보고서(UN Doc. E/CN.4/2001/WG. 18/2) 제4절에서도 두 의무의 구분이 타당하다고 인정하고 있다.

30 예를 들어, Dominic McGoldrick, *The Human Rights Committee : Its Role in the Development of the ICCPR*(Oxford University Press, 1991). p. xxxiii ; James C. N. Paul, "Law and Development into the 1990s : The need to Use International Law to Impose Accountability to People on International Development Actors," *Third World Legal Studies* 1992. p. 7 ; Matthew Craven, *The International Covenant on Economic, Social and Cultural Rights : A Perspective on its Development*(Clarendon Press, 1995), pp. 120-122.

31 Sarah C. White, "Depoliticising Development : The Uses and Abuses of Participation." *Development in Practice* 6 No. 1, 1996.

32 빈곤 감축 전략은 1999년에 세계은행과 국제통화기금이 도입한 것이다. 세계은행의 정의에 따르면, "빈곤 감축 전략서는 부채 절감 프로그램(Heavily Indebted Poor Countries Initiative)하의 부채 탕감뿐만 아니라 세계은행과 국제통화기금이 제공하는 원조의 기준을 규정하기 위한 것이다. 빈곤 감축 전략서는 국가가 주도해야 하며, 포괄적이어야 하고, 파트너십을 지향해야 하며, 참여적이어야 한다. 국가는 3년마다 빈곤 감축 전략서를 작성하되, 연간 성과 보고서(Annual Progress Report)를 반영해 그 내용을 중간에 수정할 수 있다." www.worldbank.org/powerty/strategies/define.htm#prsp에서 볼 수 있음.

33 *Zambia, Deregulation and the Denial of Human Rights.* Inter-African Network for Human Rights and Development, Citizens for a Better Environment, Rights and Accountability in Development가 사회권 위원회에 제출한 보고서(2000), p. 13ff.

34 유엔헌장 제1조 3항.

35 세계인권선언 제2조, 자유권 규약 제2조, 사회권 규약 제2조 2항. 모든 다른 국제적·지역적 인권 기제들도 반차별에 관한 유사한 조문을 포함하고 있다.

36 Theodor Meron, *Human Rights and Humanitarian Norms as Customary Law*(Clarendon Press, 1989), pp.193-194.

37 더 자세한 논의는 미주 2 Skogly 외 H. E. Becker, *The Legal Position of Intergovernmental Organizations : A Functional Necessity of their Legal Status and Immunities* (Martinus Nijhoff Publishers, 1994) 참조.

38 그럼에도 불구하고 세계은행이 인권 정책을 내세우고 있는 영역이 존재한다. 대표적으로 선주민과 관련된 영역을 들 수 있다. 세계은행의 "Operational Directive 4 : 20 on Indigenous Peoples" 제6절은 "개발 과정에서 선주민의 존엄성, 인권, 문화적 특수성이 온전히 존중될 수 있도록 보장"해야 한다고 규정하고 있다.

39 이사회(Board of Executive Directors)가 조사 패널의 권고 사항을 수용하지 않은 예로는 브라질 이타파르티카 섬의 정착 및 관개 프로젝트를 들 수 있다. 더 자세한 사항은 World Bank, "World Bank Board Agrees to Action Plan for Itapartica Resettlement and Irrigation Project"(Press Release, 1997/09/10) 참조.

40 Ibrahim Shihata, *The World Bank Inspection Panel*(Oxford University Press, 1994). p. 141.

41 Amartya Sen, *Development as Freedom*(Oxford University Press, 1999), p. 89.

42 사회권 규약 제12조.

43 사회권 위원회, 일반 논평 14번 : 건강에의 권리, 제66절.

44 미주 9 Sengupta, p. 15.

45 세계인권선언 제29조.

46 사회권 위원회 일반 논평 12번 : 적절한 식량에의 권리, 제41절.

47 *World Bank Managing Development : The Governance Dimension-A Discussion Paper*(The World Bank, 1991) 와 Ibrahim Shihata, *The World Bank in a Changing World : selected Essay*, Franziska Tscofen and Antonio R. Parra(eds.)(Martinus Nijhoff Publisher, 1991) 참조.

48 세계은행은 회원국들의 사법제도 개혁을 적극적으로 지원하고 있다. 이에 대해서는 http://www.worldbank.org/legal/leglr/ 참조.

49 International Council on Human Rights Policy, *Local Perspectives : Foreign Aid to the Justice Sector*(1999). p. 85.

50 미주 41 Sen, p. 87.

51 빈곤 감축 전략에 관련해서는 세계은행의 웹사이트 http://www.worldbank.org 참조.

52 미주 6 Draft Guidelines, 제245절.

53 여기서 '관할권 내'가 의미하는 바를 두고 많은 논란이 있어 왔다. 특히 유럽 인권재판소가 뱅코빅 사건에서 대해 용납하기 어렵다는 판결을 내리면서 논란은 더욱더 가열되었다. 이에 대해서는 *Bankovic and Others v. Belgium and 16 Other Contracting States*(Application No. 52207/99) 참조.

54 예양의 원칙(Comity Principle)은 입법, 사법, 영토를 포함해 주권에 대해 서로 존중하겠다는 국가들 간의 공약을 반영하고 있다.

55 미주 6 Draft Guidelines, 가이드라인 15번. 이 외 Sigrun I. Skogly, "The Obligation of International Assistance and Cooperation in the International Covenant on Economic, Social and Cultural Rights," Morten Bergsmo(ed.), *Human Rights and Criminal Justice for the Down Trodden : Essays in Honour of Asbøjrn Eide*(Martinus Nijhoff Publishers, 2003), pp. 403-421 ; Sigrun I. Skogly and Mark Gibney, "Transnational Human Rights Obligations of States," 23 *Human Rights Quarterly*, No. 3, 2002 참조. 제55, 56조에 관한 보다 심도 깊은 분석은 Sigurn I. Skogly, *Beyond National Borders : States' Human Rights Obligations in International Cooperation*(Intersentia, 2006) 참조.

56 2005년 10월 현재 사회권 규약에는 151개 국가가 가입해 있다.

57 더 자세한 논의는 미주 55의 Skogly(2006) 참조.

58 사회권 위원회 일반 논평 3번(1999), 제14, 15절 ; 일반 논평 8번(1997) ; 일반 논평 12번(1999), 제36-39절 ; 일반 논평 15번(2002), 제30-36절 ; 미주 29의 Maastricht Guidelines, 제19절 ; 미주 6의 Draft Guidelines, 가이드라인 15번.

59 이 점에 대해서 사회권 위원회는 국제금융기구로부터 원조를 받은 국가들의 보고서를 검토하면서 여러 차례 강조했다. 이에 대해서는 이집트의 국가 보고서에 관해 사회권 위원회가 채택한 최종

판정, UN Doc. E/C. 12/1/Add 44, 2000/05/23, 제10, 14, 28절 참조.

60 국제 인권의 다양한 법적 원천이 어떻게 역외 적용의 의무를 형성하는지에 관한 자세한 논의는 Sigrun I. Skogly, *Beyond National Boarders : States Human Rights Obligations in International Cooperation*(Intersentia, 2005) 참조.

61 사회권 위원회는 국제금융기구에 가입한 회원국들에 관한 정보를 정기적으로 요구하고 있다. 이는 회원국의 국제금융기구 내에서의 활동이 그들의 인권 의무를 충족시키고 있는지를 검토하기 위한 것이다. 이에 대해서는 이탈리아의 국가 보고서에 관해 사회권 위원회가 채택한 최종 판정, UN Doc. E/c.12/1/Add 43, 2000/05/23, 제20절 참조.

62 사회권 위원회 일반 논평 3번(1990), 제9, 10절.

63 미주 9 Sengupta, 제7절.

64 이에 대해서 나는 국제통화기금 법무실장 지안비티의 의견에 동의한다. 즉, 기금이 규약의 회원이 아니며, 될 수도 없기 때문에, 규약은 그 자체로서는 국제통화기금을 구속할 수 없다. 그러나 국제 인권법의 다른 원천에 대한 기금의 의무에 대해서도 같은 방식으로 주장해서는 안 될 것이다.

65 사회권 규약과 관련해 역외 적용의 의무를 다루고 있는 글로는 미주 55의 Skogly ; Fons Coomans, "Some Remarks on the Extraterritorial Application of the International Covenant on Economic, Social and Cultural Rights," Fons Coomans and Menno T. Kamminga, *Extraterritorial Application of Human Rights Treaties*(Intersentia, 2004) ; Rolf Kunneman, "Extraterritorial Application of the International Covenant on Economic, Social and Cultural Rights," Fons Coomans and Menno T. Kamminga, *Extraterritorial Application of Human Rights Treaties*(Intersentia, 2004) 참조.

66 미주 2 Skogly, 제7장.

67 미주 55 Skogly(2006) 참조.

68 예를 들어, 칠레(E/CN.4/SR.216, 1951/05/21), 프랑스(E/CN.4/L.55), 인도(E/CN.4/SR.231), 그리스(E/CN.4/SR.236), 이집트(E/CN.4/SR.236), 덴마크(E/CN.4/SR.236).

69 미주 9, 10, 11번 참조.

70 국제적으로 협력할 의무는 사회권 규약뿐만 아니라 다른 인권 조약들에서도 찾아볼 수 있다. 대표적으로는 아동권 협약 제4조와 고문 방지 협약을 들 수 있다.

71 미주 9 Sengupta, 제46절. 센굽타는 "의무의 상호성"에 대해 "권리에 기초한 프로그램을 수행할 개도국의 의무는 그 프로그램의 이행이 가능토록 협력할 국제사회의 보답의 의무와 짝을 이룬다"고 설명하고 있다.

찾아보기